THE GLOBAL COLD WAR
냉전의 지구사

냉전의 지구사
미국과 소련 그리고 제3세계

초판 1쇄 발행일 2020년 5월 25일   초판 2쇄 발행일 2021년 3월 5일

지은이 오드 아르네 베스타 | 옮긴이 옥창준 · 오석주 · 김동욱 · 강유지
펴낸이 박재환 | 편집 유은재 | 관리 조영란
펴낸곳 에코리브르 | 주소 서울시 마포구 동교로15길 34 3층(04003) | 전화 702-2530 | 팩스 702-2532
이메일 ecolivres@hanmail.net | 블로그 http://blog.naver.com/ecolivres
출판등록 2001년 5월 7일 제201-10-2147호
종이 세종페이퍼 | 인쇄 · 제본 상지사 P&B

ISBN 978-89-6263-208-8 93900

냉전의 지구사

미국과 소련 그리고 제3세계

오드 아르네 베스타 지음 | 옥창준·오석주·김동욱·강유지 옮김

에코
리브르

루스 퍼스트와 사예드 알리 마지루흐를 위하여

옮긴이 일러두기

- 이 책은 Odd Arne Westad, 《The Global Cold War》(Cambridge University Press, 2007)를 번역한 것이다. 프랑스어 번역본 《La Guerre Froide Globale》(2007)와 일본어 번역본 《グローバル冷戰史》(2010)를 일부 참고했다.
- 이 책에는 참고문헌이 존재하지 않는다. 2차 자료의 참고문헌은 옮긴이가 정리한 것이다.
- 2차 자료 중 우리말 번역서가 있는 경우 함께 소개했다.
- 지은이가 중국어 문헌을 영어 병음으로 표기한 경우 중국어를 한자로 바꾸어 표기했다.

차례

지도 목록

한국어판 서문

냉전은 다른 그 어떤 지역보다도 한반도에 중요하다. 냉전이 지구화하면서 한반도인은 분열되었고, 이는 오늘날까지 지속되고 있는 인위적 분단의 기초를 형성했다. 냉전으로 인해 조국을 황폐화한 전쟁이 발발했고, 적어도 250만 명의 한반도인이 목숨을 잃었다. 한반도만큼 냉전의 영향이 심하고 파괴적인 곳은 없었다. 이는 심지어 동유럽, 중국 그리고 냉전 초강대국과 비교해봐도 그러하다.

이 책이 보여주듯 냉전이 한반도에 이토록 파괴적이었던 데에는 두 가지 주요 원인이 있다. 첫 번째 원인은 1890년대부터 본격화한 자본주의와 사회주의의 이데올로기 대립과 일본의 점령 및 식민화가 한반도에서 동시에 진행되었다는 점이다. 두 번째 원인은 1940년대부터 국제 체제가 냉전 체제로 재편되면서 미국과 소련이 남과 북의 단독 정부 수립을 지원했다는 사실이다. 《냉전의 지구사》의 한국어판 서문이니만큼 이 두 과정을 좀더 자세히 살펴보자.

한반도는 중국의 여러 제국들과 관계를 맺어왔지만 오랫동안 독립성을 유지했다. 조선은 19세기 후반부터 제국주의라는 새로운 형태의 압력을 받기 시작했다. 청 제국은 기존의 전통적인 조선-청 관계를 폐기하고, 새로운 형태의 종속 관계를 수립하고자 했다. 유럽과 미국의 제국주의자들은 조선의 개국을 원했고, 이를 통해 통상권을 확보하고자 했다. 또 근대화를 급속히 진행하던 일본 제국은 조선에서 청과 서구의 영향력을 배제하는 한편, 조선을 일본의 관리하에 두고 일본식 근대화를 강요하려 했다. 청일전쟁과 러일전쟁에서 모두 승리한 일본은 1910년 한반도를 일본 제국의 일부로 병합했다.

한반도가 일본 제국에 불법적이고 잔인하게 병합되기 이전에, 한반도에는 새로운 형태의 이데올로기적 지향이 나타났다. 이는 외국 제국주의와의 조우를 통해서였다. 당대 조선인 엘리트 대부분은 어떻게 그들만의 방법으로 근대화를 이루고, 조국의 부국강병을 성취할 수 있을지 고심했다. 몇몇 인사는 일본과 협력하면 이와 같은 목표를 이룰 수 있을 거라 생각했지만, 다른 이들은 독립을 강하게 추구하며 이를 민족주의와 사회주의를 통해 이루고자 했다. 망명 상태로 독립 운동을 하던 조선인들이 주로 선택한 방향은 바로 민족주의와 사회주의였다. 20세기 초 지구의 모든 지역에서 전개된 사회주의자와 그 반대자들 사이의 투쟁이 그러했듯 조선인 민족주의자와 사회주의자의 대립은 매우 격렬했고, 이 둘은 서로를 용납하지 않았다.

그렇기 때문에 1940년대 일본 제국이 미국 및 소련과 대립하는 길(일본 제국은 이 두 나라를 상대로 승리할 수 없었다)을 택하자, 조선 독립운동가들이 조국의 미래를 두고 자신들의 이상을 추구할 수 있게 된 건 놀라운 일이 아니다. 조선인의 이데올로기적 분열과 1940년대 국제 체제가 지구적 차원의 냉전으로 전환되면서 한반도에는 두 분단 정권이 등장했다. 한반도의 냉전적 분단은 1950년부터 1953년까지 벌어진 한국전쟁으로 고착화했고,

북한과 남한은 격렬히 대립하는 두 국제 동맹 체제하에 편입되었다. 지구적 차원의 냉전이 1991년 소련의 해체로 종식되었지만, 한반도인의 노력에도 남과 북의 평화적 통일은 여전히 이루어지지 않고 있다. 지금도 한반도에서 냉전이 지속되고 있는 것은 사실이다. 1990년대 이전과는 상황이 상당히 다르지만 말이다.

나는 한국 독자들이 이 책을 통해 지구적 차원의 국제 역사와 한국 역사를 함께 반추할 수 있었으면 한다. 현재의 국내 및 국제 문제를 해결하는 전제 조건은 역사를 바라보는 사려 깊은 시각이다.

2020년 4월, 코네티컷주 뉴헤이븐에서

오드 아르네 베스타

감사의 글

다섯 대륙에서 진행된 50년 넘는 국제사를 통합하려는 목표를 지닌 이 책을 쓰는 데 지적(知的)으로든 그 이외의 측면에서든 많은 신세를 졌다. 가장 먼저 이 책에서 다룬 아프리카, 아시아, 라틴아메리카 냉전의 다양한 면모를 글로 집필했던 여러 학자들에게 감사를 드리고 싶다. 역사학, 사회학, 사회인류학 등 다양한 분과 학문에서 진행된 연구를 통해 냉전의 큰 상을 그릴 수 있었다. 이 책은 뛰어난 선행 연구를 더 넓은 범주에서 연결하기 위해 집필했다.

책을 쓴 지난 4년 동안 런던정경대학교 대학원 세미나에 참가했던 학생들(앨리타 버드, 제프리 번, 얀 코르넬리우스, 타냐 하머, 줄리아 후버, 알렉스 마르티노스, 알렉산드라 밀리아초, 데이비드 밀른, 클라우디아 슐리펜, 심치인, 캔다스 소버스, 아말 타르후니, 데이비드 월시, 발디스 위시, 루이즈 우드루프, 신시아 우)의 도움을 받았다. 그들은 개인으로든 집단으로든 좋은 토론 상대였으며 많은 격려와 응원을 통해 책의 틀을 잡는 데 힘을 보탰다.

책을 준비하는 기간 동안 원고 중 일부 혹은 전부를 읽어주는 수고를 해준 여러 학자들에게 깊은 감사를 전한다. 《케임브리지 냉전사》(2012년 출간―옮긴이)를 함께 편집하고 있는 멜빈 레플러는 훌륭한 비평가이자 좋은 동료였다. 그 덕분에 원고 내용이 여러 방면에서 매우 달라졌다. (여전히 기본적인 점에서 나는 그와 생각을 달리 하지만 말이다.) 런던정경대학교의 같은 과 동료 맥그리거 녹스, 피어스 루드로, 나이절 애슈턴, 스티븐 케이시는 책의 방향에 대해 중요한 충고를 해주었다. 2002년 봄 뉴욕대학교에 방문 교수로 머물 당시 메릴린 영은 이 책의 1장을 읽고 평을 해주었다. 캘리포니아대학교 샌타바버라 캠퍼스의 하세가와 쓰요시(長谷川毅)와 코넬대학교(지금은 하버드대학교에 재직 중이다―옮긴이)의 프레드리크 로게발은 2003년 봄 세미나를 조직해 연구의 주요 내용을 발표할 수 있는 기회를 제공했다. 뉴질랜드 캔터베리대학교의 캠벨 크레이그 교수도 비슷한 세미나를 조직해주었다. 2004년 봄 베이징대학교의 뉴쥔(牛軍)과 그의 동료들은 더 좋은 책이 나올 수 있도록 여러 방면에서 도움을 주었다. 모스크바에 체류하는 동안 러시아과학아카데미 역사연구소의 알렉산드르 추바리안과 그곳 동료들에게 과분한 호의를 받았다. 가까운 케임브리지대학교에서 진행된 토론과 세미나에서는 데이비드 레이놀즈, 조너선 해슬롬, 크리스트퍼 앤드루가 많은 조언을 건네주었다. 2001년 존 루이스 개디스는 옥스퍼드대학교 베일리얼칼리지에서 이스트먼 교수로 재직할 당시 올솔즈칼리지에서 진행된 세미나 발표에 나를 초청해주었다. 나는 이 세미나를 통해 많은 걸 배울 수 있었다.

이 작업 중 일부는 이미 공개된 자료나 쉽게 접근 가능한 자료군에 기초했으나, 전체 얼개를 그리기 위해 지구 곳곳의 문서고를 방문해 기초 조사를 수행해야만 했다. 모스크바에서는 러시아연방외교정책문서고(Arkhiv Vneshnei Politiki Rossiiskoi Federatsii)의 책임자 알렉산드르 추리린과 문서고의 전임 소장들, 러시아국립사회정치사문서고(Rossiiskii

Gosudarstvennyi Arkhiv Sotsial'no-Politicheskoi Istorii)의 책임자 키릴 안데르손, 러시아국립현대사문서고(Rossiiskii Gosudarstvennyi Arkhiv Noveishei Istorii) 의 책임자 나탈리아 토밀리나, 그리고 러시아연방대통령문서고(Arkhiv Prezidenta Rossiiskoi Federatsii)의 도움을 받았다. 베이징의 중화인민공화국외교부당안관(中华人民共和國国外交部档案馆)에서는 담당자 장수린이 직무 이상으로 호의를 베풀어주었다. 베오그라드의 세르비아·몬테네그로 연방문서고(Arhiv Srbije i Crne Gore)에서는 담당 직원, 특히 당시 차장이었던 밀라딘 밀로셰비치의 협력 덕분에 지금까지 이용되지 않은 자료를 열람할 수 있었다. 프리토리아에서는 남아공외교부문서고(South African Department of Foreign Affairs Archives) 담당자 닐스 뮬러가 알려준 자료 접근 노하우를 통해 문서 더미에서 길을 찾았다. 베를린에 위치한 동독의 정당·대중조직문서고(Stiftung Archiv der Parteien und Massenorganisationen der DDR im Bundesarchiv)에서는 문서고 직원이 큰 도움을 주었다. 그리고 크게 보면 연구소 기록 보관자의 공이겠지만, 로마의 그람시연구소문서고(Fondazione Istituto Gramsci)는 국제사 연구자에게 노다지와 같았다.

이 작업은 냉전 국제사 프로젝트(Cold War International History Project: 1991년 우드로 윌슨 센터가 시작한 사업으로, 냉전과 관련된 주요 1차 자료를 영어로 번역하고 관련 학술 회의를 개최하고 있다—옮긴이)와 국가안보문서고(National Security Archive: 1985년에 설립된 독립적인 민간단체로, 조지워싱턴대학교와 협력해 문서를 공개하고 있다—옮긴이)의 조력을 통해 완성할 수 있었다. 워싱턴에 위치한 이 두 기관은 세계 각국의 문서 공개 및 학자들 간 국제적 협력을 훌륭하게 이끌고 있다. 냉전 국제사 프로젝트의 전임 담당자였던 제임스 허슈버그, 데이비드 울프, 현재 담당자인 크리스티안 오스터만이 많은 도움을 주었다. 국가안보문서고 담당자였던 토머스 블랜턴, 맬컴 번, 윌리엄 버, 스베

틀라나 사브란스카야, 현재 템플대학교로 자리를 옮긴 블라디슬라프 주보크(지금은 런던정경대학교에 재직 중이다―옮긴이)의 후의도 빼놓을 수 없다.

항상 그렇듯이 아내 인군 그리고 안데르스와 예니는 이 집필 작업의 의미였다. 그들은 이 책을 냉전기에 목숨을 잃은 나의 두 친구에게 바쳐도 이를 이해해주리라. 먼저 남아공 공산주의자였던 루스 퍼스트(Ruth First)는 1982년 모잠비크 수도 마푸토에서 남아공 아파르트헤이트 정권이 파견한 요원에게 암살되었다. 사예드 알리 마지루흐(Sayed Ali Majrooh)는 1988년 파키스탄 페샤와르에서 이슬람 극단주의자에게 살해당했다. 좋은 삶을 산 이는 두 번 산 것과 같다(Bis vivit qui bene vivit).

서론

옥스퍼드대학교의 고전학자 재스퍼 그리핀(Jasper Griffin)은 "우리가 역사를 들여다보는 데에는 두 가지 동기가 있다"고 말한 바 있다. "하나는 과거를 알기 위한 호기심으로 우리는 무엇이 일어났으며 누가 무엇을 왜 했는지를 알고 싶어 한다. 또 다른 동기는 현재를 이해하려는 희망이다. 역사 공부의 이유는 우리의 시간과 경험을 해석하고 이를 통해 미래의 희망을 찾기 위해서이기도 하다."[1] 고대사와 마찬가지로 가장 좋은 현대사 공부는 이 두 가지 동기에서 진행된다. 역사를 과거의 관점 그리고 현재의 관점에서 접근하는 동기 말이다. 그리핀 교수의 격언에 비유하자면 이 책은 오늘날의 세계가 어떻게 형성되었는지를 알기 위해 쓰였다. 이 책은 20세기 후반의 초강대국 아메리카합중국(이하 '미국'―옮긴이)과 소비에트사회주의공화국연방(이하 '소련'―옮긴이)이 아프리카, 아시아, 라틴아메리카에서 이뤄진 변화 과정에 어떻게 반복적으로 개입했는지를 다룬다. 미국과 소련의 개입은 여러 국가뿐 아니라 국제 문제를 지배한 여러 운동과 이데올로기를 부채질했다. 주제 선정이라는 측면에서 이 책은 매우 현재적인 내용을 다루지만 동시에 역사학자가 집필한 역사책이기도 하다.

이 책은 냉전 초강대국의 제3세계 정책 결정 및 그 결정의 동기는 무엇일까라는 관심에서 출발했다. 양 진영의 문서고에 모두 접근하는 일이 가능해지면서 나는 이 주제를 처음부터 다시 조사해야만 했다. 연구를 진행하면서 책의 주제는 점점 광범위해졌다. 미국과 소련의 결정을 이해하기 위해서는 냉전 개입주의 이데올로기의 기원을 검토하고, 초강대국의 개입을 촉진한 제3세계 정치의 변환을 탐구해야 했다. 개입을 다루는 연구로 시작했던 이 책은 제3세계의 변화 과정을 다루는 내용으로 점점 채워져갔다. 책의 관점이 남반구로 향한 것이다.

이와 같은 관점의 전환은 역사가의 호기심만으로는 이루어지지 않았다. 1970년대 후반부터 1980년대 초까지 아프리카와 아시아 지역에서 시간을 보냈던 경험이 책 집필에 큰 도움을 주었다. 당시 청년이었던 나는 현장에서 일련의 사회·정치적 변화를 흥미롭게 지켜볼 수 있었다. 나는 더 공정하고 평등한 사회를 쟁취하고자 노력한 이들뿐 아니라 외세의 개입에 반대해 공동체를 지키고자 한 이들에게 깊이 동조했다. 〔이 글을 쓰면서도 25년 전 모잠비크 마푸토(Maputo)에서 시위를 마치고 집으로 돌아가던 날이 떠오른다. 그날 평범한 모잠비크 민중이 빈곤과 전쟁에 맞서 보여준 용기와 결심에 매우 놀랐다.〕 이와 같은 동조와 매혹은 여전히 남아 있다. 비록 지금은 그때처럼 복잡한 사회 문제를 간단하게 해결할 수 있을 거라고 생각하지 않지만 말이다. 제3세계의 냉전을 서술하면서 초강대국의 시각만으로 책을 집필할 수는 없었다.

언어에 민감한 한 친구는 이 책에서 선택한 개념과 다루는 소재가 얼마나 시대 의존적인지를 두고 핀잔을 주기도 했다. 요컨대 '냉전'과 '제3세계'는 모두 20세기 후반에 만들어진 신조어로서 여러 목적과 문화적 배경에서 활용되었으며, 그 시대의 가장 중요한 패권적 담론의 일부를 형성했다는 것이다. 당연히 그 친구의 말이 맞다. 이 두 용어는 제2차 세계대전 이전에는 존재하지 않았다. 아울러 이 용어가 어떻게 쓰이는지는 사용자가 20세기의 마지막 대립에서 어느 편에 속했는지를 그대로 보여준다. '냉전'이라는 말은 조지 오웰(George Orwell)이 1945년에 처음 사용했다. 조지 오웰은 이 용어를 통해 소련과 미국의 세계관, 신념, 사회 구조뿐 아니라 미국과 소련 간의 선포되지 않은 전쟁 상태를 비판하고자 했다. "원자탄은 피착취 계층과 민중의 저항권을 전부 빼앗아버리는 동시에 이를 보유한 자를 군사적으로 대등하게 해줌으로써 그런 과정을 완수할지도 모른다. 그들은 서로를 정복할 수 없기에 그들끼리 세계를 계속해서 지배해나갈 것이다."[2] 처음에 '냉전'은 이처럼 비판적 용어로 출발했으나 1950년대의 '냉전'은 소련을 상대하는 미국의 전쟁 개념을 상징하는 말이었다. '냉전'은 전쟁 상태가 아닌 공격적 봉쇄를 의미했다. 다른 한편 고르바초프 시대 전까지 소련은 공식적으로 '냉전'이라는 용어를 사용하지 않았다. 소련은 자국은 '평화적'이고 오직 '제국주의'만이 공격적이라는 공식 서사를 고수했다. 마찬가지로 미국(과 서유럽) 지도자들은 '냉전'을 오직 소련의 위협을 암시할 때에만 사용했다.

'제3세계'라는 말은 1950년대 초에 등장했다. 〔'제3세계'는 프랑스 경제학자 알프레드 소비가 〈롭세르바퇴르(L'Observateur)〉 1952년 8월 14일자에 게재한 "Trois Mondes, Une Planète"라는 글에서 처음 등장했다—옮긴이.〕 프랑스어 개념이 먼저 등장했고, 영어 개념이 뒤이어 나타났다. 1955년 아시아·아프리카 국가들이 독립 이후 처음으로 함께 모인 반둥(Bandung) 회의 이후 '제3세계'는 널리 확산되었다. 수적으로 가장 많지만 가장 대표성을 갖지 못했던 사회 계급인 '제3신분(tiers-état)'에서 유래한 '제3세계'라는 용어는 지구적 차원의 '민중'을 함축했으며, 식민주의에 예속되고 짓밟혔으나 이제는 가장 큰 영향력을 누릴 다수를 의미했다. 이 용어는 냉전적 용례에서 볼 때 확고한 어떤 입장을 뜻하기도 했다. '제3세계'는 초강대국의 지배 및 이데 올로기를 거부한다는 의미뿐 아니라 자본주의와 공산주의의 대안으로서 '제3의 길'(이 말은 토니 블레어가 사용한 '제3의 길'이라는 위선적 표현과 구분해야 한다)을 모색하는 신생국의 노선을 의미했다.

그런 의미에서 이 책에서 사용한 용어는 두 가지 상반된 방향으로 독해할 수도 있다. 이 책에서 '냉전'이라는 용어가 서구 엘리트의 거대 계획을 의미한다면, '제3세계'는 식민·탈식민(이 책에서 postcolonial은 '탈식민'으로, decolonization은 '탈식민지화'로 번역했다—옮긴이) 과정과 연결되어 있는 제3세계의 소외 및 이 과정에 맞선 저항을 함축한다. 어떤 이는 내가 제3세계라는 개념을 냉전 담론과 연결함으로써 서로 구분되는 2개의 다른 개념을 거칠게 다루었다고 비판하기도 했다. 냉전 종식 무렵까지 나온 제3세계의 냉전 관련 글을 다시 읽으면서 나는 다음과 같은 결론을 내릴 수 있었다. 즉 미국에서 나온 대부분의 기존 연구는 제3세계 혁명과 급진 운동의 정당성을 인정하지 않았고, 이를 소련에서 영감을 얻거나 소련이 사주한 운동으로 이해했다.

그러나 냉전이 개념적으로나 분석적으로 남반구에 속하지 않는다는 위와 같은 주장은 두 가지 측면에서 오류가 있다. 첫째, 미국과 소련의 개입은 국제적·일국적 틀을 통해 제3세계 국가의 정치·사회·문화를 변화시켰다. 냉전이 없었다면 아프리카·아시아 그리고 아마도 라틴아메리카는 오늘날과 전혀 다른 지역이 되었을 것이다. 둘째, 제3세계 엘리트는 종종 미국과 소련이라는 냉전 초강대국이 제시한 발전 모델을 의식하며 정치적 의제를 설정했다. 많은 경우에 제3세계 지도자의 이데올로기 지향이 무엇인지에 따라 그들은 냉전의 초강대국 중 한 국가와 긴밀하게 협력했다. 이는 제3세계 민중에게 비참한 결과를 안겨준 발전 모델의 채택으로 이어졌다. 제3세계의 냉전과 관련한 두 번째 측면의 연구는 매우 희소하다. 아마도 이 지점이 냉전의 전사들이었던 미국과 소련의 정책 결정자와 그들의 반대자가 모두 수긍하기 어려운 대목이기 때문일 것이다.[3]

이 책에서 사용한 주요 개념의 정의는 꽤 단순하다. '냉전'은 미국과 소련의 지구적 대립이 국제 문제를 지배했던 1945~1991년의 기간을 의미한다. '제3세계'는 유럽(미국과 러시아를 포함한다면 범유럽이라는 표현도 가능하다)의 지배를 받았던 아프리카, 아시아, 라틴아메리카의 식민지나 반(半)식민지 국가를 의미한다.[4] '지구적'이라는 말은 거의 동시에 각기 다른 대륙에서 벌어진 과정을 말한다. '개입'은 한 국가가 다른 국가의 정치적 방향을 결정하려는 목적을 두고 이루어지는, 국가 차원의 합의된 행동을 뜻한다. 이는 간단한 조작적 정의로서 이 책에서 사용한 특정 맥락에서만 의미를 지닌다. (당연히 더 넓은 맥락에서 보면 이와 같은 정의에 대한 비판은 가능하다.)

제3세계 혁명과 이와 더불어 전개된 초강대국 개입의 기원과 과정을 모두 다루기 위해서는 단행본 두세 권으로도 분량이 부족하다. 늘어나는 분량을 피하기 위해 어려운 선택을 내릴 수밖에 없었다. 이 책이 다루는 주요 시기는 제3세계에서 초강대국의 충돌이 최고조에 달하고 제3세계의 부상이 가장 중요한 의미를 지녔던 1970년대와 1980년대 초이다. 나중에 살펴보겠지만 이는 냉전 초기의 제3세계가 별로 중요하지 않았다는 의미가 아니라, 1970년대에 이르러서야 비로소 제3세계의 조건과 초강대국의 능력이 맞물리며 아프리카·아시아·라틴아메리카에서 발생한 사건이 국제 문제의 중심이 되었다는 의미에 가깝다. 마찬가지로 초강대국이 개입한 제3세계의 모든 사건을 같은 정도로 개별적인 장에서 다루지는 않는다. 이 책은 외세의 개입이 사건의 틀과 과정에 모두 영향을 미쳤던 갈등에 우선권을 부여했다. 예를 들어 아랍-이스라엘 전쟁, 인도-파키스탄 전쟁(이는 냉전보다는 매우 특수한 지역적 맥락에서 전개되었다)의 경우에는 일반적 서술을 했을 뿐이다. 이를 대신해 초반 세 장에서는 초강대국의 개입주의적 이데올로기의 역사적 발전 과정을 추적하고, 탈식민 이후 제3세계의 정치 같은 내용에 지면을 할애했다.

책의 분량이 길어지는 것을 걱정한 편집자의 우려를 덜어주고자 일부 지역의 이야기를 다루지 않았다는 점을 독자 여러분께 미리 밝혀둔다. 냉전은 20세기 후반의 중요한 사건이었지만, 그것만으로 20세기 후반의 역사를 모두 설명할 수는 없다. 냉전과 구분 가능한 다른 주제(동아시아의 경제 성장, 정치적 이슬람의 부흥)는 그 자체의 역사를 지니고 있으며 초강대국 간의 충돌과 일정 기간 동시에 존재했다. (다른 곳에서 언급했듯이 동아시아와 정치적 이슬람의 부흥은 훗날 냉전을 넘어서 국제 문제의 중심으로 부상했다.) 20세기 후반의 역사는 냉전보다 더 넓은 범위를 포괄한다. 냉전은 20세기 후반의 역사와는 구분 가능하며 독자적 영역을 지닌다. 냉전은 서로 대립하는 유럽적 근대성에 기초를 둔 국가 간 체제로 구체화되었다.

이 책은 미국과 소련을 제3세계로 이끈 동인이 두 나라의 정치에 내재된 이데올로기라고 주장한다. 유럽적 근대성 개념을 둘러싼 투쟁 속에서 두 나라는 모두 자국을 유럽적 근대성의 진정한 계승자로 여겼다. 미국과 소련은 자국의 이데올로기가 보편적으로 적용 가능하다는 점을 증명하기 위해 세계를 바꾸고자 했다. 미국과 소련에 있어 신생 독립국의 엘리트는 매력적인 경쟁 대상이었다. 두 국가는 제3세계에서 자유나 사회 정의를 확장해 세계사의 자연적 방향과 자국의 안보를 일치시키고자 했다. 미국과 소련은 모두 자국이 제3세계를 위한 특별한 사명을 지녔다고 여겼다. 미국과 소련은 그들 국가만이 그 사명을 이룰 수 있으며 만약 그들의 개입이 없다면 현지인이 방향을 잃고 우왕좌왕하리라 생각했다.

그러므로 남반구에서 진행된 냉전을 유럽 식민주의 개입의 연장선이자, 유럽이 제3세계 민중을 통제하고자 한 시도로 파악하기 쉽다. 미래의 역사가는 이 시대를 '유럽이 지구를 지배한 마지막 단계'라고 손쉽게 규정할 것이다. 냉전기의 개입 수단과 그 즉각적 동기는 식민주의 후반기의 '신제국주의'와 놀라울 정도로 유사하다. 분명 냉전 시기는 유럽의 식민 지배자가 현지인을 무지와 불결함, 현지인 스스로에 기인한 행동의 결과로부터 구제하기 위해 노력했던 시대와 비슷하다. 20세기 초반과 후반까지 유럽인의 사고방식은 다음과 같았다. 유럽인은 미래로 가는 길을 발견했고, 제3세계 민중이 이 길을 따라오도록 도와주어야 할 의무를 지닌 존재였다. 연구 과정 중 살펴본 미국과 소련의 자문단이 그들에게 매우 먼 지역이었을 제3세계의 우방국이나 적대국에서 보여준 의무감과 희생정신은 놀라울 정도였다. 이를 '냉전 에토스(ethos)'라고 표현한다면, 이는 유럽인과 유럽 제국주의 협력자가 지니고 있던 '제국주의 에토스'와 매우 유사했다.〔제3세계 국가의 지도자와 인터뷰할 때, 나는 인도 작가 니라드 차우드후리(Nirad Chaudhury)가《익명의 인도인 자서전(Autobiography of an Unknown Indian)》(1951)에서 언급했던 영국 제국을 향한 헌사를 자주 떠올렸다. "당시(영국 지배기―옮긴이) 우리 주변(인도―옮긴이)에서 살아 숨 쉬는 것과 좋은 것들이 만들어지고, 개선되고, 빨라졌다."5〕

그러나 냉전과 유럽 식민주의의 차이를 지적할 필요가 있다. 미국과 소련의 지배를 '제국'으로 유형화하는 것은 별로 의미가 없다. 오히려 냉전은 하나의 특수한 시기라는 관점에서 접근해야 한다. 근대 초기에 시작된 유럽의 팽창과 달리 소련과 미국의 목표는 착취나 정복이 아닌 통제와 개선에 있었다. 이와 같은 구분은 개입의 대상이었던 측에서 보면 별로 중요하지 않을 수 있지만, 냉전 담론 그 자체를 이해하는 데 이는 매우 중요한 차이다. 유럽 제국주의가 제3세계 사회의 개선을 의식하기 시작한 것은 그들을 지배하던 도중에 덧붙인 것에 가까웠다. 이와 달리 냉전은 처음부터 제3세계 사회의 개선을 고려하고 있었다. 미국과 소련은 진심으로 유럽 제국주의를 비판했으며, 이러한 비판은 미국과 소련의 이데올로기에 기초했다. 베트남이나 아프가니스탄에서 나타난 냉전기 개입의 폭력성은 소련과 미국이 지켜내고자 했던 이 민중과의 동일시를 통해서만 설명 가능하다. 대부분의 냉전기 개입은 이데올로기를 두고 진행된 내전의 확장판이었으며, 그 쟁투는 내전만이 야기할 수 있는 폭력성과 함께 이뤄졌다.

냉전을 식민 경험과 함께 고찰하기 위해 이 책은 다음과 같이 구성된다. 첫 세 장은 제3세계에서 진행된 냉전의 이데올로기와 정치적 기원을 탐구하기 위해 미국과 소련 그리고 탈식민 독립 국가 지도자들의 동기를 역사적 관점에서 추적한다. 1장은 비유럽인을 향한 미국식 사고방식의 전개 및 이와 같은 사고방식이 미국의 정체성 및 외교 정책과 어떻게 관련되어 있는지를 다룬다. 미국 수립 초기에 등장한 자유, 진보, 시민권을 둘러싼 담론은 현재까지 이어지는 미국 제3세계 개입의 이데올로기적 유형을 구성했다. 2장은 러시아의 제3세계 담론의 기원을 러시아 제국 시기부터 스탈린 사후 시대까지 다룬다. 볼셰비키는 과거로부터 상속받은 여러 문제를 해결하기 위해 집단주의적 형태의 근대성을 강조했다. 그리고 이를 코민테른과 소련의 외교 정책을 통해 세계 다른 지역으로 확산하고자 했다. 3장은 유럽 식민주의에 맞서는 제3세계 저항의 사고방식과 이데올로기의 역사적 기원을 개관하며, 여러 형태의 반식민 혁명 운동의 전개 과정을 다룬다. 이 장은 반식민 운동이 초기 냉전의 충돌과 어떻게 상호작용했으며, 일부 제3세계 지도자가 미국이나 소련 중 한쪽과 어떻게 결속했고, 다른 제3세계 지도자들이 어떻게 미국과 소련 모두를 거부해나 갔는지를 설명한다.

4장과 5장은 반식민 저항 운동의 성공과 미국 냉전 개입주의의 형성이 어떤 상호 관계를 맺고 있는지 탐구한다. 4장은 서구의 지배에 대항한다는 의미에서, 제3세계가 국제 정치에서 유의미한 개념으로 등장하는 과정을 다룬다. 1945~1960년 미국의 대(對)아프리카, 대아시아, 대라틴아메리카 정책은 이와 같은 제3세계 개념이 등장하는 데 일조했다. 5장은 미국의 지배에 대항하는 쿠바와 베트남의 외교 정책을 다루며, 이 두 나라가 다른 지역의 혁명 운동에 어떤 열망을 제공했는지 살펴본다. (그러나 이는 대부분 직접적인 학습이라기보다 '창조적 오해'를 통해 이루어졌다.)

6장부터 8장까지는 냉전 후반부에 진행된 대표적인 개입과 제3세계의 혁명적 변환을 다룬다. 6장은 남부 아프리카에서 이뤄진 아파르트헤이트와 식민주의를 향한 저항 운동의 국제적 측면을 개관하며, 주로 앙골라 내전 및 여기서 진행된 냉전 후반기의 개입에 초점을 맞춘다. 7장은 에티오피아 혁명을 살펴보며 이 혁명이 미국과 소련, 특히 소련과 어떻게 연결되었는지를 다룬다. 또 에티오피아-소말리아 전쟁이 '아프리카의 뿔' 지역에서 사회주의를 향한 전망을 어떻게 높였으며, 미국과 소련 간의 짧은 데탕트를 어떻게 끝장냈는지 살펴본다. 8장은 이란과 아프가니스탄에서 이슬람주의의 성장이 해당 지역의 정권이 추진하던 근대화 사업을 어떻게 좌초시켰으며, 아프가니스탄의 근대화 및 사회주의 정권을 재수립하기 위해 소련이 어떻게 개입 결정을 내렸는지 알아본다.

이 책의 마지막 두 장과 결론은 1980년대 제3세계에서 전개된 냉전과 우리 시대까지 이어지는 냉전의 효과를 다룬다. 9장은 아프가니스탄에서의 소련, 그리고 앙골라와 중미에서 좌익 혁명 정권을 상대했던 레이건 행정부의 공세적 조치를 논한다. 또 이 장에서는 이와 같은 공세를 성공케 했던 지구적 차원의 경제 및 이데올로기 변화를 검토한다. 10장은 자신감을 갖고 아프가니스탄 개입을 잠시 강화했던 미하일 고르바초프가 이후 제3세계와의 충돌에서 소련군을 철수시킨 과정을 살펴본다. 그리고 고르바초프의 방식이 어떻게 민족자결권 원칙에 기초한 국제 질서를 만드는 데 실패했는지 다룬다. 결론에서는 제3세계에서 냉전의 효과를 평가하고, 이러한 효과가 어떻게 외세의 지배에 맞선 저항을 격화시켰는지 논의한다. 또한 개입주의가 어떻게 소련과 미국을 모두 약화시켰으며, 오늘날의 미국 외교 정책 이데올로기를 줄곧 괴롭히고 있는지 살펴본다.

초강대국의 제3세계 혁명 개입을 다루는 문헌은 매우 방대하다. 감사의 글이나 주에서 표현하지 못했지만 책을 쓰면서 여러 학자의 통찰에서 도움을 받았다. 제3세계 혁명과 초강대국의 개입을 다루는 문헌은 이상할 정도로 학술적 차원에서 연결되지 않고 있다. (이는 냉전을 공부하는 학생에게 큰 손해가 아닐 수 없다.) 기존 연구자들은 과거 그들 모두에게 영향을 미친 두 가지 주제, 즉 냉전과 제3세계를 다루며 지적인 경계를 넘지 않고 각자 자신의 틀 속에서 이야기를 한 것처럼 보인다. 대부분의 연구가 개별 분과 학문으로 쪼개져서 이뤄졌기 때문에 교류가 부족했다. 역사학자와 국제정치학자가 개입에 집중했다면, 사회학자와 사회인류학자는 제3세계 혁명과 그로 인한 결과를 탐구해왔다. 이 책은 개별 분과 학문에서 이뤄진 연구로부터 통찰력을 이끌어내고자 한다. (비록 내가 속한 분과의 특징이 문득문득 빛을 발할 테지만 말이다.)

(과거의) 제1·2·3세계 문서고에 접근할 수 있는 기회가 놀라울 정도로 늘어난 덕택에 역사가로서 이 책을 집필할 수 있었다. 10년 전만 하더라도 냉전을 연구하는 역사학자가 미국과 서유럽 밖의 문서고에 접근하기

란 매우 어려운 일이었다. 이제 우리는 소련과 동유럽 문서고뿐 아니라 아프리카, 아시아, 라틴아메리카 국가들의 사료를 폭넓게 볼 수 있다. 원 사료에 더 많이 접근할 수 있기에 앞으로 이 연구 분야에 큰 변화가 있을 것으로 예상한다. 이 책을 통해 학문적 차원의 종합적 접근과 해석이 가능해지고, 연구자가 아닌 많은 사람에게 이 분야가 좀더 의미 있는 학문적 탐구 대상으로 받아들여지길 희망한다. 이 책은 이러한 두 과정을 심화하기 위한 시도다.

01 자유의 제국: 미국 이데올로기와 대외 개입

1890년대, 미국이 역사상 처음으로 북아메리카 대륙 너머를 식민화할 준비를 마치자 미국인들은 공화국이 과연 제국이 될 수 있는지를 둘러싸고 격렬한 논쟁에 돌입했다. 1900년 민주당 대통령 후보 수락 연설에서 윌리엄 제닝스 브라이언(William Jennings Bryan: 미국의 대표적 인민주의자이며 1896년, 1900년, 1908년 대선에서 민주당 후보로 출마했다. '위대한 일반인'이라는 구호를 주창했으며, 특히 1900년 대선에서는 반제국주의 정책을 공약으로 내세웠다—옮긴이)은 필리핀 식민화 정책이 미국 공화주의의 근간을 훼손한다고 주장하며 이를 맹렬히 비판했다. "우리 미국의 역사 전체는 필리핀인뿐 아니라 정부를 향한 발언권을 부인당한 민중 모두에게 용기를 주었습니다……."

비록 우리의 행동이 영향을 미칠 수 있는 범위는 서반구에 제한되었지만, 바다가 우리의 생각까지 막을 수는 없었습니다. 우리 미국인은 우리 자신뿐 아니라 전 세계에서 자치권을 위해 투쟁하는 모든 이에게 공감해왔습니다. 이는 미국인이 독립의 그날부터 지금까지 지니고 있는 인간의 권리와 자의적 권력 간의 대립을 둘러싼 '관심'을 이끌어내고 있습니다.[1]

하지만 브라이언의 대권 도전은 연이어 실패했다. 이후 약 한 세기 동안 브라이언의 감정에서 나타나는 복잡 미묘함은 미국 외교 정책 결정의 주요 순간에 자주 반복해 등장했다. 자유를 소중히 여기는 미국인이 타자를 지배할 수 있는가? 만약 타자를 지배할 수 없다면 브라이언이 주장한 그 '관심'은 어떠한 형태를 띠어야 하는가? 미국의 약속을 이행하는 데 미국인의 자유만으로 충분한가? 아니면 전 세계가 미국적 자유의 대상이 되어야 하는가? 만약 미국의 사명이 미국 영토에만 국한된다면 미국은 어떻게 장기적으로 자유를 지킬 수 있단 말인가? 그리고 만약 그 사명이 **무한히** 확산된다면 미국은 어떻게 미국을 방어하는 **동시에** 전 세계에 자유를 건설할 수 있는가?

이분법을 좋아하는 역사가들은 1890년대와 브라이언의 연이은 패배를 자유를 중시한 공화주의자(republican)와 돈과 이익에 강한 열망을 보인 공화당(Republican)의 대립(결국 이 대결에서는 공화당이 최종 승리를 거두었다)으로 해석했다. 하지만 적어도 19세기 미국 외교 정책의 전환은 18세기부터 21세기까지 이어지는 미국 이데올로기의 지속적 형성 과정에서 특히 중요한 국면이었다. 1785년 토머스 제퍼슨(Thomas Jefferson)은 국내의 자유를 최우선시하는 미국의 **원칙**을 찬양했다. 그러나 동시에 전쟁 회피는 "미국의 위정자가 따를 수 없는 이론"일지 모른다고 덧붙였다. 문제는 미국이라는 나라의 근간이었다. "우리 미국인은 항해와 상업에 관해서는 확실한 애호를 지니고 있습니다."[2] 19세기와 20세기 초 미국의 국가 형성 과정 속에서 '이론(theory)'과 '애호(taste)'는 우월적 지위를 향해 서로 경쟁하는 동시에 점차 혼합되며 상호 조정되어갔다.

20세기 중반이 되자 자유라는 '이론'과 이익이라는 '애호'는 미국 외교 정책 이데올로기로 자연스럽게 통합되었다. 자유와 이익이라는 두 가치는 결합되어 하나의 상징이자 미국의 보편주의적 사명의 핵심 인식으로서 기능했다. 이러한 냉전기 미국적 가치의 역할이 다른 서구의 '보통' 국가와 달랐던 점은 미국의 상징과 미국이 지닌 일련의 표상(자유로운 시장, 반공주의, 국가 권력을 향한 경계, 기술을 향한 믿음)이 **목적론적** 기능을 수행했다는 사실이다. 즉 미국의 오늘은 세계의 내일이 될 예정이었다. 미국의 보편주의와 목적론은 미국 혁명기에 그 기원을 둔다. 그러나 서로 다른 관념 간에 타협이 필요했기에 미국이 보편주의와 목적론을 이데올로기 차원에서 선언하려면 시간이 더 필요했다. 역사학자 마이클 헌트(Michael Hunt)가 지적했듯이 미국 이데올로기라는 상징의 외적 형태는 독립혁명 시기에 기원을 두지만, 그 상징의 내용만큼은 놀랍게도 현대적일 수 있었다.[3] 그러므로 미국 이데올로기가 200여 년 동안의 일관된 역사를 지닌다고 말한다면, 이는 일면 타당한 진술이지만 미국 이데올로기가 여러 세대의 경험을 해석하고 서로 다른 인식의 갈등을 해결하는 과정 속에서 꾸준히 진화해왔다는 사실을 잊어서는 안 된다.

미국의 제3세계 개입의 역사는 이와 같은 미국의 이데올로기가 시간에 따라 어떻게 발전했으며, 미국 외교 정책 엘리트의 정책을 형성하는 데 어떤 기여를 했는지와 관련한 역사라 할 수 있다. 외교 정책을 둘러싼 국내의 강력한 반발이 있기도 했지만, 적어도 미국의 기준에서 냉전기 미국의 외교 정책에는 당면한 목표와 이를 이루기 위한 수단과 관련해 놀라울 정도의 합의가 존재했다. 외교 정책을 둘러싼 정치적 논쟁이 상대적으로 적었기에 학자들은 미국의 국제 정책 수행에서 이데올로기와 드러난 행동 간의 관계를 단순하게 파악하기도 했다. 하지만 미국 대외 관계의 기원에서도 볼 수 있듯이, 냉전기 미국 외교 정책을 둘러싼 합의는 민주공화국이 타국에 영향력을 행사하는 데 무슨 역할을 하고 어떤 수단을 사용해야 하는지를 두고 이루어진 치열한 논쟁 끝에 나온 결과물이었다.

'어떠한 투쟁이라도'

건국기부터 미국은 외교 정책의 근간을 영토 확장에 둔 개입주의 국가였다. 유럽 열강의 입장에서 본다면 미국 독립혁명의 문구인 자유로운 시민과 자유 기업은 신대륙의 크기만큼이나 거대한 도전이었다. 19세기 초에 이르면 많은 미국인은 미국 건국의 핵심 관념이 거대한 아메리카 대륙을 그들 자신의 구상에 맞춰 변환하는 일이라고 생각했다. 이는 미국의 팽창을 '신의 섭리'라고 보지 않던 소수의 사람들까지도 공유한 생각이었다. 이와 같은 미국의 핵심 관념은 일종의 이데올로기를 구성했고, 이는 18세기 연방주의 시대부터 20세기 냉전 시대까지 미국 엘리트의 대외 관계 인식에 지대한 영향을 미쳤다.

미국의 첫 번째 핵심 관념은 바로 미국적 **자유** 개념이었다. 시민이 향유하는 자유는 미국을 다른 국가와 구분해주는 특성이었다. 즉 자유는 미국이라는 국가가 따로 독립해 존재할 수밖에 없는 이유였다. 그러나 미국적 자유는 다른 국가와 구분되는 특정한 인간적 조건 아래에서만 유지될 수 있었다. 미국의 제3대 대통령 토머스 제퍼슨은 프랑스 혁명의 결과를 두고 다음과 같이 말한 바 있다.

미국인은 재산 또는 만족스러운 상태를 유지하기 위해 법과 질서의 유지에 관심을 둡니다. 그리고 미국인이라면 공적인 업무를 완벽하게 통제하며 상당한 수준의 사적인 자유를 조심스럽고 탁월하게 유지할 수 있습니다. 이와 반대로, 자유가 유럽의 우매한 **군중**의 손에 놓이는 순간 모든 공사(公私) 영역은 파괴되며 모든 것은 붕괴해 타락하고 말 것입니다. ……그러나 유럽에서조차 인간의 정신에 변화의 바람이 불고 있습니다. 과학은 독서인과 성찰하는 이들의 생각을 해방시켰고 미국이라는 모범은 인민에게 권리를 향한 욕망을 불어넣었습니다. 그로 인해 저항이 시작되었습니다. ……그 첫 번째 노력이었던 프랑스 혁명은 안타깝게도 실패했습니다. 왜냐하면 저항의 수단으로 이용된 도시의 폭도가 무지와 빈곤 그리고 악덕으로 타락한 나머지 이성으로 통제할 수 없었기 때문입니다. 하지만 세계는 첫 번째 비극의 공포를 곧 회복할 것입니다.[4]

이처럼 제퍼슨과 이후 미국 대통령에게 자유란 사유 재산 및 공적 질서를 향한 헌신과 깊이 연결된 개념이었다. 즉 자유는 모두에게 자동적으로 제공되지 않았으며, 사유 재산의 확보와 교육을 통해 독립적으로 살아갈 능력이 있는 공화국 시민만을 위한 것이었다. 물론 이미 연방주의 시대부터 계몽 가능성의 대상은 확장되고 있었다. 미국인은 구대륙의 유럽인이 미국의 모범을 따른다면 공화국 시민의 지위를 충분히 얻을 수 있다고 생각했다. 그리고 20세기에 이르면 계몽 가능성의 인종적 범위는 더 확대되었다. 하지만 냉전 시기까지도 세계의 많은 이들(여기에는 유럽인이 아프리카 대륙에서 미국에 이식한 '미국 내부의 아프리카 식민지'인 흑인이 포함된다)은 미국이 생각한 계몽 가능성의 범위 **밖**에 놓여 있었다. 아메리카 원주민과 라틴아메리카인 역시 여기에서 제외되었다. 1813년 질베르 뒤 모티에 드 라파예트(Gilbert du Motier de Lafayette)에게 보낸 서신에서 제퍼슨은 남아메리카의 해방을 기원하는 그의 의견에 동의를 표하는 동시에 다음과 같이 말했다.

> 저는 그들이 외세의 굴종으로부터 해방되리라는 사실을 믿어 의심치 않습니다. 그러나 저는 그들이 자유로운 정부를 유지할 만한 능력이 있다고는 생각지 않습니다. 남아메리카의 민중은 가장 어두운 무지에서 헤어 나오지 못하고 있으며 편견과 미신에 빠진 짐승 같은 상태에 놓여 있습니다.

그러나 제퍼슨은 라틴아메리카인을 향한 희망을 포기하지 않았다. "이성의 빛이 마침내 그들의 마음을 비추어줄 것입니다. 그리고 우리 미국이라는 모범은 자극제이자 발전 모델로서 그들이 스스로 통치할 수 있는 능력을 확보하는 데 장기적으로 기여하리라 믿습니다."[5]

반집단주의(독립적인 개인은 공화주의자가 될 수 있지만, 우매한 군중은 불가능하다는 생각) 또한 미국 이데올로기에서 중심적 역할을 수행했다. '집단'은 18세기 미국 혁명가들이 우려한 공화국의 타락을 상징하는 개념이었다. 미국 바깥의 국가들에서 만연한 부자유의 본질적 원인은 타자의 지배에 있었다. 그 형태는 봉건적 속박이기도 했으며, 프랑스 대혁명의 경우처럼 특정 파당이나 운동의 유혹으로 인한 것일 수도 있었다. 미국을 포함해 여러 지역에서 이러한 노예 상태를 벗어나기 위한 대응책으로 점차 교육과 과학을 통한 '합리성'이 제시되고 있었다. 그러나 미국이 스스로의 자유를 수호하는 데 노력하지 않으면 역사가 정반대 방향으로 흘러갈 수도 있다는 위험은 여전히 존재했다. 그리고 여러 세대에 걸쳐 그 위험은 반복적으로 상기되었다. 즉 미국 바깥 지역에서 들어온 집단주의 관념이나 미국인 엘리트들이 인정하지 않는 문화적 정체성을 고수하는, 교육 수준 낮은 이민자들이 미국적 자유를 훼손할지도 몰랐다.

18세기 말부터 19세기 초까지 대부분의 미국인은 **중앙집권적 정치권력**을 향한 경계심을 공유했다. 실제로 건국 이후 첫 200년 동안 강력한 국가 권력의 **회피**는 미국 이데올로기 담론의 중추였다. 18세기 새로 독립한 주들이 모두 동의할 수 있는 연방 헌법을 제정하기 위해, 전쟁 선포권을 포함한 여러 권한이 행정부에서 입법부로 이관된 사실이 대표적인 예다. 한 세기 후 이와 같은 반(反)중앙집권적 전통으로 인해 미국은 유럽처럼 국가 권력을 통해 사회 개혁을 쉽사리 진행하지 못했다. 또 이는 미국에서 국가 주도의 개혁을 선택한 나라를 경계하는 이데올로기를 형성했다. 20세기 동안 몇몇 중요한 개혁이 국가 주도 아래 이루어졌으며 연방 정부의 권력이 절대적 수준에서 증가하기도 했다. 그러나 위와 같은 반중앙집권적 태도는 여전히 미국 엘리트의 세계관을 형성하고 미국의 역할과 관련한 인식을 지배했다.

　'합리적 행동'의 원천으로서 **과학**은 새로 건국된 미국이 세계에서 보편적으로 중요하다는 믿음을 강화했다. 미국은 계몽주의의 '과학적 원칙'을 토대로 건설된 최초의 국가였다. 이는 미국인이 미국이라는 신생 공화국을 세계가 뒤따를 길을 개척하는 선도자(제퍼슨의 표현을 따르자면 "세계 인민의 마음에 새겨질 빛")로 상상했음을 의미한다. 그러나 이는 또한 미국의 정체성이 19세기 맥락에서 근대성 자체와 연결됐음을 뜻하기도 한다. 미국인에게 현존하는 사회 질서는 기술의 발전과 밀접한 관련이 있었다. 그러므로 다른 나라가 진정한 근대화를 이루기 위해서는 미국의 경험을 모방해 생산성과 혁신을 '고대적'(훗날에는 '전통적') 문화와 이데올로기로부터 '해방'시켜야 했다. 결국 20세기에 이르러 미국인의 참고 대상은 오직 미국뿐이었다. 혹자가 말하듯이 그 끝에는 미국 공화국 출범 당시의 자기 완결적 예언의 완성이 있었다.

초기 미국의 '합리적 행동' 중 또 다른 중요한 부분은 바로 후견이나 필요에 방해받지 않고 화폐 가치에 따라 재화와 서비스의 자유로운 교환이 이루어지는 **시장** 개념이었다. 동시대의 많은 미국인처럼 자급자족하는 농부를 이상적 시민상으로 여긴 토머스 제퍼슨조차 대통령 재임 중 미국 선박을 보호하기 위해 북아프리카에 해군을 파견할 정도로 동료 시민의 '항해와 상업에 관한 애호'를 분명히 인식하고 있었다. 19세기 후반 미국의 산업화가 진행되면서 자본주의 시장은 모든 미국인에게 하나의 현실로 다가왔다. 이제 어떠한 형태든 시장 참여 자체가 미국에 소속되어 있다는 일종의 상징이었다. 19~20세기의 전환기에 미국의 수출이 늘어나면서 시장을 향한 신념은 개방된 국제 무역 시장에서의 자국 중심주의적 신념으로 전환되었다. 개방된 세계 시장에서 미국의 기업(많은 경우 그렇게 강한 시장 경쟁력을 지니지는 못했다)은 이익 창출 능력과 기업 조직을 발전시킬 수 있었다. 이와 같은 확신이 **미국** 시장에 **외부인**이 항상 자유롭게 접근할 수 있음을 의미하지 않았지만 자유로운 시장이라는 개념은 자본주의 가치와 보편적 자유의 논리적 연장으로서 미국 외교 정책 이데올로기의 한 부분으로 자리 잡았다.

1812년 영국-미국 전쟁을 거치며 국제 무역 시장을 향한 접근권을 효과적으로 방어한 이후, 19세기 초반의 미국 엘리트는 건국기부터 약속되어 있던 영토 확장에 관심을 기울였다. 19세기 말까지 미국의 영토 확장은 북아메리카 대륙에 한정되어 있었다. 유럽의 식민지가 아메리카 대륙에 존재한다는 사실은 미국의 자유 개념에 입각할 때 도저히 견딜 수 없는 일이었다. 제퍼슨의 재임 중 미국 영토는 대략 200만 제곱킬로미터(원서의 마일 단위를 킬로미터로 바꿨다—옮긴이)였는데, 1848년에는 780만 제곱킬로미터, 러시아로부터 알래스카를 매입한 1867년에 이르러는 900만 제곱킬로미터를 넘었다. 오직 알래스카 매입만이 역사학자 브래드포드 퍼킨스(Bradford Perkins)의 표현에 따르자면 "자유로운 협상을 통한 양도"였다. 반대로 나머지 영토 확장 사례(루이지애나, 플로리다, 텍사스, 서북 지역 그리고 1848년 멕시코로부터 할양받은 땅)는 모두 전쟁이나 전쟁 위협의 결과물이었다. 1845년 처음 사용하기 시작한 "명백한 숙명"과 미국이야말로 아메리카 대륙의 정당한 주인이라는 관념은 사실 미국 제국주의 사업의 또 다른 표현이었다.[6]

그러나 19세기 미국의 가장 중요한 군사 개입은 아메리카 원주민을 대상으로 이루어졌다. 미국 정부는 합리성과 진보의 이름으로 미국이라는 국가가 등장하기 전 아메리카 대륙에 오랜 기간 거주해오던 원주민을 관리하거나 몇몇 경우에는 완전히 말살하고자 했다. 이와 같은 개입의 경험(19세기 초까지만 하더라도 아메리카 원주민은 미국의 제국주의 팽창과 경쟁하면서 아메리카 대륙의 대부분을 점유하고 있었다)은 일종의 사고 틀을 형성했고, 미국은 이러한 사고 틀을 '합리성'이 부족하기 때문에 미국이 주는 선물인 자유를 영유할 수 없다고 판단되는 열등 국가와의 관계에 투영했다. 미국의 목표를 해외(특히 자유가 선택지에 아직 포함되지 않은 지역)에 확산하기 위해 가장 선호한 방법은 '관리'였다.[7]

백인 미국인과 동등한 자유를 누리기에 부족한 이들을 어떻게 관리할 것인가 하는 문제는 유럽인이 아메리카에 내던진 존재였던 흑인의 처우에도 중요하게 작용했다. 비록 19세기에 대다수 미국인이 노예제를 혐오스러운 제도로 점차 인식하고 있었지만, 흑인은 여전히 '합리적 행동'이 부족하고 미국의 진보를 방해하므로 그들을 관리해야 한다는 생각이 우위를 점했다. 재건 시대(1865년 남북전쟁의 종결부터 1877년 남부 주에서 연방군이 철수하기까지의 시기를 말한다. 이 시기에는 파괴된 사회 기반 시설을 재건하고 경제 회복

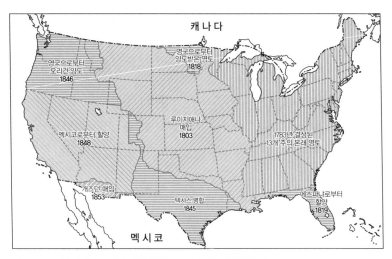

지도 1 1914년까지 아메리카 대륙에서 이뤄진 미국의 지속적 팽창

정책을 전개했다. 또한 수정헌법 13, 14, 15조가 통과되어 미국에서 노예제를 공식적으로 폐지하고 흑인에게 시민권을 부여한 시기이기도 했다—옮긴이) 이후에도 남부의 인종주의와 북부의 '개량' 운동은 20세기 후반까지 흑인에게 선거권을 허용하지 않았다. 이를 통해 미국은 해외에도 적용할 수 있는 관리 기술을 확보했지만, 훗날 미국적 자유에 맞서는 이데올로기의 도전을 맞닥뜨린다. 이에 대해서는 나중에 좀더 살펴보겠다.

19세기 말 범해양적인 제국주의 열강으로서 미국의 지위를 두고 논쟁이 처음으로 불거졌다. 동시에 이민자를 향한 이중적 태도 역시 많은 미국인에게 큰 문제로 부상했다. 한편으로 당시의 미국인(냉전기뿐 아니라 지금도 마찬가지다)은 늘어난 이민자를 미국의 성공을 보여주는 하나의 징표로서 인식했다. 그러나 다른 한편으로 북부 백인은 '동화할 수 없는 외부인'이 미국에 유입되어 '미국의 가치'를 위협하지 않을까 우려했다. 1870년부터 1920년까지 미국은 2600만 명의 이민자를 새로 받아들였는데, 이들은 인종적 편견에 따라 미국 사회에서 최초의 '지위'가 결정되었으며 때로는 인종주의적 이유로 미국 사회에서 배척당하기도 했다. 1882년의 중국인이민금지법은 '열등 인종'을 사회에서 배제하기 위해 추진한 여러 법안 중 첫 출발이었을 뿐이다. 주로 이민규제연맹 같은 단체가 이민 방지 법안을 옹호했는데, 이 단체는 이민을 관리하지 않으면 미국이 지구적 사명을 완수하는 데 걸림돌이 되기 때문에 외부인을 배척해야 한다고 주장했다. 이런 맥락에서 1904년 미국광산노동자연합에 파견된 와이오밍주 대표는 다음과 같이 말했다.

오늘날 우리 미국인은 1776년과 마찬가지로 독립적이면서 고귀한 남성을 대표합니다. 일본인 노동자는 탄광과 다른 산업 현장에서 확인할 수 있듯이 독립적이지도 남성적이지도 않습니다. 일본놈들은 중국인과 마찬가지로 회사가 주는 어떠한 수준의 봉급도 마다하지 않습니다. 또 그들은 소득의 일부를 정기적으로 '보스'라고 불리는 일본인 브로커에게 상납합니다. 이는 분명히 계약 노동을 금지하는 법을 기술적으로 회피하기 위한 것입니다.[8]

'명백한 숙명'이라는 개념이 자국의 역할을 둘러싼 미국인의 인식을 형성하는 데 큰 영향을 발휘하자 그 숙명의 범위는 어디까지인지가 주요한 논쟁 대상이 되었다. 과연 본질적으로 보편주의적이고 목적론적인 미국의 이데올로기는 북아메리카 해안가에서 그 적용을 멈출 수 있는가? 19세기 초까지만 하더라도 미국의 해외 개입은 몇몇 남미 지역에만 국한되었고, 그때의 개입 역시 미국을 정치적으로 지지하는 세력과 운동을 지원하는 정도만을 의미했다. 즉 존 퀸시 애덤스(John Quincy Adams: 당시 국무장관─옮긴이)가 1821년에 주장한 것처럼 미국은 공감의 확대와 군사력 사용을 철저히 구분하고 있었다.

> 자유와 독립의 깃발이 펼쳐져 있거나 미래에 펼쳐질 곳이라면, 어디든지 그녀
> (미국—옮긴이)의 마음과 축복 그리고 기도가 있을 것이다. 하지만 그녀는 괴물
> 을 파괴하기 위해 해외로 박차고 나가지 않는다. 그녀는 만인의 자유와 독립을
> 기원한다. 그러나 그녀는 오직 자신의 자유와 독립을 생각하는 투사이자 옹호
> 자다.[9]

하지만 19세기 말에 이르면 미국이 새 국경 너머에서 '자유와 독립'을
적극적으로 지원할 의무가 있다는 주장에 무게가 실리기 시작했다. 이러
한 전환이 이루어진 데에는 몇 가지 이유가 있었다. 우선 남북전쟁 이후
산업화가 성공적으로 진행되고 사회 질서가 자본주의에 알맞게 재배열되
면서 미국의 엘리트는 미국의 경험이 자국뿐만 아니라 국제적으로 타당
한 교훈을 줄 수 있다는 자신감을 내비치기 시작했다. 또한 미국의 북아
메리카 정복 과정은 열등한 멕시코의 라티노(Latino)를 포함할 필요도 없
었으며, 동시에 미국은 캐나다를 두고 대영제국과 대립하지 않았다. 이런
성공을 통해 미국 엘리트의 자신감은 한층 더 강화되었다. 더 나아가 유
럽 열강의 아프리카·아시아 쟁탈전은 '선진' 국가가 열등 국가를 어떻게
상대해야 하는지를 보여주는 일종의 반면교사였다. 이에 미국 선교사들
은 사회 관리와 사회 개량에 관한 19세기적 운동을 해외로 전파했다. 마
지막으로 미국 상업이 급격히 성장하며 새로운 해외 시장을 향한 강한 열
망이 나타났으며, 그러한 해외 시장이 다른 국가의 배타적 영역으로 전락
할지도 모른다는 두려움이 동시에 등장했다.

　미국의 하와이 점령(1897), 미국-에스파냐 전쟁(1898) 이후 필리핀과 쿠

바 점령을 미국 외교사에서 매우 급진적인 전환이라 여기는 것은 옳지 않다. 미국은 1840년대에 이미 상업적으로나 정치적으로나 동아시아에 관여하고 있었다. 대표적 사례로 1854년에 미 해군 함정은 일본의 개항을 강요했다. 또 미국은 1846~1848년의 미국-멕시코 전쟁〔이 전쟁에서 일본 개항의 주역 매슈 페리(Matthew Perry) 제독이 활약하기도 했다〕을 통해 카리브해와 중앙아메리카 지역을 이미 가까운 이웃으로 두었다. 1855년에는 미국인 윌리엄 워커(William Walker: 미국의 군인으로 100명 남짓한 미국인 용병을 이끌고, 니카라과 수도 마나과를 불법으로 점령하고 처음에는 황제, 나중에는 대통령을 자칭했다. 그러나 에스파냐어 사용국인 니카라과에 영어를 공용어로 지정하고, 니카라과를 미국에 강제 편입시키려 하는 등의 물의를 일으켜 대통령으로 재임한 지 1년도 되지 못해 축출당했다―옮긴이)가 스스로를 니카라과의 통치자로 선포했으며, 19세기 말 미국의 수많은 탐험가가 워커의 뒤를 따르고자 했다.[10] 그리고 우리가 잘 알다시피 미국의 카리브해 지역 개입은 쿠바에만 국한되지 않았다. 1898년부터 1920년까지 미 해병대는 적어도 20개의 서로 다른 지역에 투입되었다.

1890년대 후반기를 이전 시대와 구분해주는 특징은 이제 윌리엄 맥킨리(William McKinley)와 시어도어 루스벨트(Theodore Roosevelt) 정권하에서 연방 정부 주도로 미국 바깥의 사람을 관리하고, 이들에 대한 정치적 책임감을 느끼기 시작했다는 점이다. 역사가들이 흔히 말하듯 범해양적인 미국 제국의 첫 출발은 일종의 일탈이라 할 수 있었다. 이는 정점에 오른 유럽 제국주의를 향한 단기적 대응이었으며, 유럽이 만들어놓은 세계 질서에 대응하기 위한 노력이었다. 미국은 러디어드 키플링(Rudyard Kipling)이 노래한 "백인의 짐"을 짊어지면서 서구 열강 중 하나로 자리매김했다. 그러나 곧 미국 제국주의자들은 미국이 빠른 속도로 여럿 중 하나를 넘어선 특별한 존재가 되어가고 있다는 현실에 직면했다. 경제력과 군사력 측면에서 미국은 이미 자신의 이데올로기에 반하거나 익숙지 않다고 여겨지면 어떠한 역할이든 거부할 수 있는 위치에 있었다. 이제 미국은 제국주의 열강 중 **하나**가 아니라 자본주의 세계 체제의 보호자이자 균형자로서 빠르게 등극했다.

제1차 세계대전 기간 동안 미국은 심지어 유럽을 상대로, 자본주의 세계 체제의 보호자이자 균형자라는 역할을 공식적으로 떠맡았다. 우드로 월슨(Woodrow Wilson)과 다수의 동시대 미국인에게 미국의 제1차 세계대전 참전은 미국이 직접 당대의 세계(즉 교정해야 할 수많은 악이 존재하고 미국의 경험이 모범으로서 역할을 다할 수 있는 세계)를 재구성할 수 있음을 의미했다. 월슨은 미국의 참전이 "합리적인 평화 협정과 세계 질서의 재건"을 쟁취하기 위한 유일한 방법이라 결론지었다.[11] 파리 평화 회의의 14개 조항처럼 월슨은 세계를 위한 일은 필연적으로 미국을 위한 일이라고 생각했다.

'외부인'과 반공주의

무엇보다도 제1차 세계대전은 유럽과 주요 서구 열강이 비참하고 비합리적인 수준으로 추락했다는 사실을 보여주었다. 이는 미국이 지구적 문제를 바라보는 전반적 시각에도 영향을 주었다. 제퍼슨이 말한 빛이 가장 먼저 향했던 유럽은 피와 증오의 추악함으로 권위를 스스로 떨어뜨렸다. 그러므로 이제 미국이 승전국이자 종전 이후 누구도 부인할 수 없는 세계 최강대국으로서 모든 것을 고쳐나가야 할 차례였다. 우드로 월슨 대통령은 국내외 문제를 개입을 통해 해결하려는 개혁가였으며, 미국의 사명이 강대국 간 전쟁을 방지하는 국제 질서의 형성에 있다고 생각한 정치학자이기도 했다. 이를 위해 윌슨은 민족주의와 혁명이라는 두 가지 주요 문제에 집중했다. 윌슨이 민족주의와 혁명이라는 도전에 어떻게 접근했는지를 이해하는 일은 20세기 말까지의 미국 외교 정책 담론을 이해하는 데매우 중요하다.

윌슨은 국가의 안정을 위해서는 민족주의(윌슨 자신의 표현으로는 "자결")가유일한 방법이라 생각했다. 이렇게 탄생한 민족 국가는 미국의 도움을 받으며 민주주의로의 길을 밟아나갈 예정이었다. 그러나 제1차 세계대전에서 확인할 수 있듯이 민족주의는 독일의 파국적 경로처럼 매우 거칠고 저속한 면모를 지니고 있기도 했다. 이미 윌슨이 전쟁 중에 지적했듯이 "긍정적 열망"과 "무정부 상태"(이는 윌슨이 가장 빈번하게 사용한 민족주의를 향한 비난의 말이었다) 사이에는 종이 한 장의 차이밖에 없었다. 유럽의 전후 상황은 윌슨에게 무정부 상태의 사례를 무수히 제공했다. 전후 중·동부 유럽의 민족주의 구상이 결실을 맺는 데 윌슨의 민족자결권 지지는 큰 도움을주었다. 그러나 윌슨은 급진주의나 사회주의가 국가 건설의 주된 원동력이라고 여겨지는 지역을 지원하는 데는 주저했다. 그는 남북전쟁과 재건시대를 전후해 미국 남부 지역에서 활동하며 무정부 상태에 상당한 공포감을 지니고 있었다. 결국 인민의 의지보다는 정치적 안정에 강조점을 둔영국·프랑스 정부의 견해가 유럽의 평화 협정에 반영되었다.

유럽 바깥의 지역에서, 제1차 세계대전 이후 유럽 식민주의의 부정적결과는 도전에 직면했다. 유럽 식민주의자는 식민지를 더 높은 수준의 문명으로 발전시키기보다는 오히려 식민지를 착취하고 학대해 혼란과 무정부 상태의 잠재적 온상을 만들어냈다. 심지어 19세기에는 자비로운 식민지배의 대표 사례로 간주된 인도 같은 대영제국의 식민지를 두고도 전간기 미국의 여론은 점점 더 비판적인 입장을 취했다. 그러나 이러한 새로운 반식민주의적 비판은 식민주의의 대안을 제시하는 데 시작부터 큰 문제에 봉착했다. 유럽이 문명화 사명을 완수하는 데 실패했지만 식민지의 완전 독립은 더 많은 불안정과 고통으로 이어지는 길이었기 때문이다. 특히 윌슨에게 미국 코앞에서 발발한 멕시코 혁명(1910년 멕시코에서 장기 집권하던 포르피리오 디아스에 대항해 시작된 혁명으로 1920년까지 이어졌다. 1916년 윌슨은 멕시코 혁명가 판초 비야를 체포하기 위해 1만 명 이상의 미군을 멕시코에 파견하기도 했다—옮긴이)은 그러한 불안정이 자아낸 끔찍한 결과물이었다.

1920년대 초 비유럽 지역의 불안정과 이에 무관심한 태도를 보이면 어떤 나쁜 결과가 나타나는지에 대해 미국인은 우려했다. 이와 같은 우려는 러시아 혁명과 그 여파를 보면서 더욱 커졌다. 1917년 혁명으로 제정 러시아가 몰락했다. 차르 체제를 유럽의 정치체 중 가장 반동적인 형태라고 여긴 많은 미국인은 초기에 러시아 혁명을 환영했다. 미국인은 새로이 등장한 러시아 체제가 미국 독립혁명과 같은 정책 궤도를 따르기를 희망했다. 하지만 볼셰비키가 권위주의적 집단주의, 영구 혁명과 국제주의를 강조하자 미국 엘리트 집단은 소련 체제를 향한 호의를 거두어들였다. 오히려 소련의 등장 이후 전개된 일련의 사건은 소련 공산주의가 아메리카니즘의 극명한 경쟁자라는 점을 보여주었다. 러시아 혁명은 스스로를 대안적 근대성으로 선포했으며, 가난하고 탄압받는 민중이 미국 모델을 모방하지 **않더라도** 현상을 타파할 수 있는 방법을 제시했다. 이에 미국 정부는 일찍이 1918년부터 다른 제국주의 강대국과 함께 볼셰비키에 맞서는 군사 개입을 전개했다.

제1차 세계대전 후 미국의 국내 여론은 윌슨이 창설한 국제연맹에서 미국이 주도권을 쥐는 상황을 내키지 않아 했다. 이러한 미국의 소극적 태도는 흔히 베르사유 평화회의 과정에서 유럽이 미국의 입장을 거절하자 이에 미국이 정치적으로 보복했다는 식으로 설명되곤 한다. 하지만 1920년대와 1930년대의 이른바 '고립주의'는 외교 협상 차원의 우려보다 더 근본적인 차원에 그 근거를 두고 있다. 미국이 세계 최대 산업 국가가 되면서 미국으로의 이민자 수가 큰 폭으로 증가했다. 제1차 세계대전 직전 이민자 수는 정점에 도달했다. 많은 미국인이 산업의 생산성(그리고 수출 잠재력)에 발맞추기 위해 노동력 수입이 필요하다고 원칙적으로 인정했지만, 동시에 그들은 이와 같은 '새로운' 이민자 집단이 이데올로기 차원에서 문제를 일으키지 않을까 우려했다. 과연 자유의 원칙은 라티노, 슬라브인, 아시아인의 유입을 버텨낼 수 있을까? 인종적 차원에서 합리적 행동이 불가능한 사람에게도 자유가 가능할까? 미국의 대외 개입이 사실은 미국의 자유 개념을 말 그대로 오염시키고 있는 게 아닐까?

제1차 세계대전 이후의 미국(대다수 냉전기 미국 지도자들이 이 시기에 유년기를 보냈다)에서는 유럽과 그 나머지 세계가 아직 미국적 질서, 조직, 권리 개념을 수용하기에는 충분하지 못하다는 생각이 존재했다. 이런 생각이 이민자 유입의 영향을 둘러싼 우려와 결합했다. 이 두 가지 인식은 이데올로기 측면에서 상호 보완적이었다. 만약 다른 국가가 미국의 교훈을 받아들일 수 있는 문명 수준에 도달하지 못했다면, 그곳에서 미국으로 이민 오는 사람은 어떠하겠는가? 이제 외부의 강대국이 미국을 침공할 수는 없었지만, 이민자들은 미국 민주주의를 충분히 압도할 수 있었다. 그리고 이와 같은 내부의 도전에 맞서기 위해서는 '덜 문명화한' 사람의 이민을 제한하고, 미국 안에서 살고 있는 외부인을 미국화해야 했다.

미국 안의 외부인을 미국화하는 과정을 두고, 외부인이 미국에 도착하기 이전부터 이미 불순한 사상에 오염되었을 수 있다는 가능성이 제기되었다. 1920년대에 이러한 불순한 사상 중 가장 위협적인 것은 공산주의였다. 이는 공산주의 사상이 혁명적 집단주의를 내걸고, 공산주의가 대표하는 근대성이 미국이 대표하는 근대성보다 더 우월하다고 주장했기 때문이다. 미국의 엘리트가 보기에 공산주의의 주장은 본질적으로 잘못되었을 뿐만 아니라 미국의 이데올로기에 각인되어 있는 보편주의와 목적론을 향한 공개적 도전이기도 했다. 즉 미국 엘리트에게는 미국 이데올로기만이 유일하게 보편적이었으며 이와 어긋나는 원칙으로 움직이는 세계는 미국 안팎 어디서든 존재해서는 안 되었다. 이런 관점에서 공산주의 그리고 모든 형태의 집단주의는 제1차 세계대전 때 끔찍한 민낯을 드러낸 유럽의 전통이자 반근대적 특성과 자연스레 연결되었다.

1919년(지은이는 1921년이라고 썼으나 미국공산당은 1919년에 창당했다─옮긴이)에 창당된 미국공산당이 대중적 지지를 거의 받지 못했다는 사실과는 별개로 그 존재 자체가 미국에서는 일종의 이데올로기적 징후로 받아들여졌다. 미국 내에 공산당이 존재한다는 사실은 조직범죄 같은 다른 사회악과 마찬가지로, 많은 미국인에게 미국화와 내부를 향한 경계를 더욱 강조할 필요가 있다는 의미였다. 동시에 대공황 이후 짧은 순간이나마, 아메리카니즘에서 권리를 박탈당한 사람들의 눈에 미국공산당의 존재는 미국에서도 대안적 사회 구성이 가능하다는 신호로 이해되었다. 미국 남부의 인종 억압에서 탈출한 후 미국공산당에 잠시 가입했던 작가 리처드 라이트(Richard Wright)는 다음과 같이 썼다.

외롭기 때문에 활기차 보이고 겁에 질려 있기 때문에 공격적인, 너무나도 어리고 너무나도 새로운 우리 미국은 세계를 선 또는 악으로만 보려고 한다. 미국은 사실, 역사, 과정, 필요를 두려워한다. 미국은 자신이 이해할 수 없는 자를 저주하고, 자신과 다르게 보이는 자를 배척하는 쉬운 길을 선택한다. 그리고

정의의 망토를 두르며 스스로의 양심을 위로한다.[12]

그러나 절대 다수의 미국인은 대공황 시기 유럽에서 등장한 권위주의적 집단주의의 대두를 의혹과 경계의 눈초리로 바라보았다. 비록 많은 부분에서 공산주의는 독자적인 위협이었지만, 미국인은 특히 스탈린주의 형태의 공산주의와 파시즘·나치즘 같은 동시대의 다른 정치적 동향이 많은 공통점을 지닌다고 보았다. 이들 이데올로기 모두 미국을 향한 도전을 의미했다. 1938년 신년 연두 교서에서 프랭클린 루스벨트(Franklin Roosevelt)는 "고도의 긴장이 존재하는 무질서의 세계, 안정된 문명이 실제로 위협받는 세계에서 갈등의 평화적 해결을 위한 기본적 의무의 준수는 질서의 유일한 궁극적 기반입니다. 그러므로 이를 보장하기 위해 강력한 국력의 확보는 국내외에서의 평화를 염원하는 모든 국가가 지녀야 할 책임입니다"라고 발언했다.[13]

비록 제1차 세계대전의 교훈으로 인해 1920~1930년대의 미국 행정부가 직접적 군사 개입의 가치를 의심했지만 전간기 미국의 대외 관계를 '고립주의'라고 평가한다면 이는 적절치 않다. 이와 반대로 이 20여 년은 미국이 특히 제3세계에서 국제 경제의 중심으로 도약한 시기라 봐야 한다. 이 시기 미국은 라틴아메리카에서 영국을 대체해 역내 주요 경제 대국으로 등극했고, 동아시아에서 미국의 수출은 1920~1940년 3배 가까이 증가했다. 많은 사람이 대공황 이후 그들 국가의 새로운 모델을 고민하던 중 미국의 관념은 미국산 상품을 따라 널리 확산되었다. 외부 세계의 도전을 감지하고 있던 아주 소수의 미국인만이 미국 이데올로기가 얼마나 확산되었는지를 의식하고 있었다. 미국 이데올로기의 영향은 단지 미국의 생산 방식 또는 경영 모델보다 더 지대한 파급력이 있었다. 유럽과 제3세계의 도시 대중문화에서 미국은 근대성의 전형이었으며, 미국 이데올로기는 기존 사회의 권위·계급·정체성을 저평가하는 관념을 확산시켰다.

미국 엘리트는 전간기 미국이 국내적으로 볼 때 국내외의 위기에 직면했다고 보았다. 또 이들은 국제적으로는 미국이 매우 풍족하며, 팽창하고 있는 존재라 인식하고 있기도 했다. 이와 같은 관점의 차이는 1930년대 이후 대공황으로 인한 미국 내의 정치적 양극화에 반영되었다. 뉴딜 같은 국가 주도 개혁을 집단주의와의 투쟁에서 나타난 불가피한 양보로 찬성한 이도 있었던 반면, 어떤 이에게 루스벨트 행정부의 정책은 경계의 대상이자 미국이 '외세'의 영향으로 정치·문화 그리고 도덕적으로 쇠락한 증거로서 인식되었다. '자유주의'와 '보수주의' 모두 반공적이었지만, 보수주의는 1930년대는 물론이고 대부분의 냉전기 동안 직접적 군사 개입에 상대적으로 더 회의적이었다. 또 자유주의와 보수주의 모두 그들 각자가 상정한 미국의 국내 역할을 확장해 이를 국제 문제에 적용했다. 자유주의와 보수주의 두 사상에 차이가 있다면, 보수주의자가 자유주의자를 "공산주의에 관대하다"고 비난한 반면, 자유주의자는 역으로 보수주의자가 "민주주의를 위해 안전한 세계"를 만들기 위해 필요한 대가를 치르길 꺼린다고 주장했다는 점이다.

냉전기 미국의 세계 구상은 대공황 시기 미국의 대응 경험을 그 주요 원천으로 했다. 반면 그 전략은 제2차 세계대전 시기에 형성되었다. 1941년 일본 제국의 공격으로 미국은 개입주의와 지구 질서의 개혁이 미국 안보에 매우 중요하다는 사실을 확인했다. 미국이 다시금 안보를 확보하기 위해서는 먼저 '괴물'을 물리쳐야 했다. 제2차 세계대전 이후의 세계가 개혁의 실험실이 된 데에는 미국 외교 정책 이데올로기를 둘러싼 자유주의식 해석이 큰 역할을 했다. 제1차 세계대전기의 우드로 윌슨과 마찬가지로 프랭클린 루스벨트는 '긍정적 민족주의'가 권위주의 이데올로기에 대항하는 최적의 방패라고 믿었다. 그러나 윌슨과 루스벨트 사이에는 결정적 차이가 있었다. 루스벨트는 미국에 각국 민족주의의 **내용**과 그들이 각자의 해방된 조국을 위해 세운 계획을 적극적으로 조정할 의무와 능력이 있다고 생각했다. 루스벨트는 뉴딜 시기 미국에서 그러했듯 각 국가의 개혁을 교육해 혁명을 꿈꾸는 자의 힘을 '현대적' 방향으로 지도할 수 있다고 판단했다. 제1차 세계대전 이후의 결과를 지적하면서 1944년 10월 프랭클린 루스벨트는 다음과 같이 약속했다. "성숙한 국가로서 끝없는 지평선에 맞서고자 하는 우리의 의지는 다시는 좌절하지 않습니다. 우리는 최대한의 책임을 지며, 영향력을 발휘하는 동시에, 평화와 자유를 염원하는 이들에게 지원과 격려를 아끼지 않을 것입니다."14

전시 미국의 대(對)중국 개입은 미국이 개혁에 필요한 능력, 교육, 도덕적 역량이 부족하다고 판단되는 동맹국을 어떤 방식으로 개혁의 방향으로 지도하려 했는지를 보여주는 좋은 사례다. 중화민국의 지도자 장제스는 미국과의 동맹이 우선적으로는 일본에 맞서기 위한, 그리고 일본 패망 이후에는 중국 공산주의자에 대항하기 위해 맺은 일종의 정략결혼이라 생각했다. 이에 반해 많은 미국인은 미국-중화민국 협력을 중국의 사회·국가를 개혁하기 위해 장제스에게 수여한 백지수표라고 여겼다. 국가 운영에서 장제스가 미국인의 지도와 교육을 따르려는 의지가 없다는 사실이 분명해지자 미국은 중국을 포기하기보다는 장제스를 미국의 조언에 좀더 순응하는 반공주의자로 대체하려 했다. 이는 결과적으로 실패했다. 그러나 이러한 개입 형식은 이후 20세기의 절반 동안 아시아의 다른 지역에서 되풀이되었다.

제2차 세계대전이 무조건 항복으로 종결되자 미국이 세계적 차원의 악을 물리칠 수 있다는 사실이 명백해졌다. 많은 미국인은 이와 같은 압도적 승리를 세계가 미국의 상품과 이데올로기라는 아메리카니즘을 원하고 있다는 신호로 해석했다. 미국은 중국, 한반도, 이란에서는 물론이거니와 유럽에서 오랫동안 존속해온 사회와 이데올로기의 억압으로부터 해방되어야 할 민중을 목격했다. 그들의 삶은 미국인의 경험과 너무나 다른 나머지, 그 존재 자체가 미국의 지구적 사명의 대상으로 다가왔다. 더 나아가 두 차례의 세계대전은 그러한 민중이 미국적 형태의 진보를 경험하지 **못하고** 오히려 근대성의 거짓된 형태(독일 제국주의 또는 나치즘, 일본 군국주의)에 사로잡힐 경우 어떠한 사태가 일어나는지 잘 보여주었다. 해리 트루먼(Harry Truman) 대통령이 1947년 3월의 그리스와 터키를 지칭하기 위해 사용한 표현을 따르자면 각국은 "혼돈과 무질서"가 확산되기 전에 미국의 지원을 반드시 받아야만 했다.

놀랍게도 소련 및 영국과의 전시 동맹은 미국 지도자의 세계관에 거의 영향을 주지 못했다. 보수주의자는 뉴딜 개혁에 대한 반발로서 루스벨트 정권이 소련과의 관계에서 '순진하다'고 비판했지만 이는 큰 반향을 일으키지 못했다. 루스벨트와 그의 주요 보좌진은 미국이 영국이나 소련보다 더 강력한 국가이기 때문에 미국의 참전 자체가 두 동맹국을 더 '민주적'이고 '진보적'인 방향으로 유도할 수 있으리라 확신했던 것으로 보인다. 그러므로 미국 엘리트에게 제2차 세계대전의 승리는 미국-영국-소련 동맹의 승리뿐 아니라, 미국적 생활 방식 그 자체의 승리이기도 했다. 제2차 세계대전에서 미국은 적을 생산력과 군사력 측면에서 압도했다. 이제는 적국이 아니라 우방국을 미국의 구상에 맞추어 변환시킬 시기가 도래했다.

유럽의 너머에

미국의 제3세계 개입의 기원은 미국의 기원과도 밀접한 관계가 있다. 제퍼슨이 미국의 입장에서 보면 21세기 테러리스트의 선구자라 할 수 있는 북아프리카의 해적을 격퇴하기 위해 개입(1801년부터 1805년까지 이어진 이 개입을 제1차 바르바리 전쟁이라고 부른다—옮긴이)했을 때, 그 목적은 미국의 상업을 보호하는 동시에 미국적 행동 규범을 내세우는 데 있었다. 또한 이는 미국이 자국의 의지를 해외에 표출할 준비가 되어 있다는 선언이기도 했다. 제국 건설 방식과 관련해 유럽 열강과 미국의 극명한 차이로 인해 그와 같은 선언(이후 이는 먼로 독트린의 경우처럼 라틴아메리카를 향한 일종의 원칙이 된다)이 필요했다. 유럽 열강은 식민지 개척을 통해 해외로 제국을 확장했으나, 미국은 서부 개척과 노예제라는 쌍두마차를 통해 대륙 제국 혹은 '내부' 제국을 건설했다.

비유럽인에 관한 미국의 담론은 식민지 건설 시기 이루어진 아메리카 원주민과의 접촉에 그 기원을 둔다. 신생 공화국인 미국은 노예제를 통해 유럽 이외의 공간과 관련한 주요 관념을 형성했다. 그러므로 몇몇 역사학자들이 그러하듯 미국의 제3세계 정책을 미국 대외 관계의 한 부분으로만 파악하는 시각은 옳지 않다. 그 이전부터 중요했지만, 미국 건국 이후 첫 100여 년 동안 흑인 문제는 공화국의 국내외 정책 모두에서 핵심을 차지했다. 노예제를 두고 이루어진 논쟁과 갈등 속에서 미국 외교 정책 이데올로기의 형태가 구축되었고, 20세기 동안 미국이 견지한 자유 개념도 구체화되었다.

19세기 노예제와 남부의 재건을 둘러싼 갈등 경험에서, 20세기 미국의 제3세계 정책의 발전을 위한 토대가 마련되었다. 요컨대 **해방**과 **지도**(指導)

가 두 축을 형성했다. **해방**은 미국의 자유 이데올로기에서 노예제라는 오명을 지울 필요성과 관련이 있다. 즉 해방은 노예제 원인의 제거를 의미했다. 미국인은 노예제의 근본 **원인**으로 미국의 경제적 필요가 아니라 노예들이 본래 살던 사회에 만연한 '무지와 빈곤 그리고 악덕'을 지목했다. 이처럼 미국인에게 노예제의 근본 원인은 비유럽적 소농 사회의 폐단이었으며, 노예제의 재등장을 막을 방법은 오직 해당 사회의 현상 타파에 있었다. 그런 점에서 해방은 매우 긴급한 지구적 차원의 의제로 대두했다. 왜냐하면 미국에 존재했던 노예제가 이제는 미국의 자유에 직접적 위협이 되었기 때문이다. 특히 흔히 '임금 노예제'라 불린 임금 노동의 확대와 이민자의 대규모 유입이라는 미국 사회의 이중 전환으로 북부 반노예제주의자들은 그들의 독립성이 침해받고 있다고 느꼈다.

지도라는 개념과 그 대상인 **피보호자**는 이미 남북전쟁 이전 시기부터 흑인을 향한 미국인의 인상에 중요한 역할을 했으나, 남북전쟁 이후 '지도'는 재건 시대 미국 사회에서 주요한 쟁점으로 부상했다. 과거의 노예는 주체할 수 없는 욕구 때문에 자기관리 능력이 없다고 간주되었다. 그러므로 새로이 해방된 흑인은 '저발전'된 사회의 삶의 방식으로 돌아가거나, 더 심각하게는 새로이 영향력을 확대하고 있는 집단주의 이데올로기(사회주의가 그 대표적인 예다)에 휩쓸릴 가능성이 당시의 다른 이민자 집단보다 더 컸다. 재건 시대의 과제, 그리고 평등과 정의를 향한 흑인의 격렬한 투쟁을 목도한 많은 미국인이 이들을 위한 '지도'가 필요하다고 생각했다. 남부의 백인 엘리트는 정치적 폭력과 테러를 통해 흑인의 투표권을 박탈했다. 역으로 북부에서는 도시의 빈곤과 악을 근절하고자 노력한 개혁가들이 흑인의 정치적 열망을 억압했다. 이들은 미국 사회에 궁극적으로 '동화'하기 위한 조건으로 흑인에게 백인 사회의 규범에 맞출 것을 단호히 요구했다.

그러나 개혁을 향한 19세기 말과 20세기 초의 열의는 미국 국내 정치뿐 아니라 미국인이 해외에서 수행한 여러 활동, 특히 선교 임무에서 핵심 역할을 담당했다. 미국이 선교권을 중국과 일본에 강제하는 데 성공한 19세기 중반 이후, 미국 선교사들은 해당 지역뿐 아니라 아프리카를 포함한 다른 지역에도 점차 진출하기 시작했다. 선교사가 보건과 교육 그리고 소비자주의(consumerism)로 대표되는 '근대성의 복음'을 전파하는 데 지대한 역할을 수행했지만, 그리스도의 복음은 생각보다 잘 전파되지 않았다. 그들은 선교를 통해 구원했다는 영혼의 수를 과장되게 보고했고, 이와 같은 사실은 미국의 국내 여론을 불편하게 했다. 1910~1920년대 들어 많은 미국인은 '이교도 원주민', 특히 동아시아인이 미국의 선교 사업으로 많은 편의를 제공받았으면서 '배은망덕'하게 행동한다고 여겼다.

20세기 초 라틴아메리카를 향한 미국의 시선 역시 '배은망덕함'과 '기회의 낭비'라는 인식으로 가득 차 있었다. 이러한 시선은 쿠바의 경우 특히 두드러졌다. 미국은 1898년 미국-에스파냐 전쟁에서 쿠바를 획득한 이후, 쿠바에 반독립 상태의 보호국 지위를 부여했다. 1920~1930년대 미국 정치평론가들은 라틴아메리카인이 진정한 공화주의에 적합하지 않다는 19세기식 담론을 반복해서 주장했다. 차이가 있다면 20세기 초의 평론가들은 미국이 자유의 씨앗을 쿠바에 뿌리기 위해 부단히 노력했으나 쿠바의 '민주주의'가 내부로부터 전복되었다고 생각했다는 점이다. 이들이 보기에 쿠바와 다른 라틴아메리카 지도자는 미국의 모범을 따르기보다는 식민지 시기 과거의 주인을 모방하는 최악의 길을 택했다. 그렇게 라틴아메리카인들은 미국이 제시한 자유와 진보라는 선물을 내팽개쳤다. 1920년대 중반 국무부의 한 교관은 새로이 파견되는 외교관들 앞에서 다음과 같이 말했다.

> 만약 미국이 감사의 표시를 전혀 못 받았다면, 이는 선생·의사·경찰관에게 감
> 사의 표시를 하는 경우가 극히 드문 세계에서는 충분히 예상할 수 있는 일입니
> 다. 우리가 이 지역에서 이 셋 모두에 해당되었음에도 말입니다. 그러나 시간
> 이 지나면 그들은 미국을 다른 시선으로 볼 것입니다. 무릇 사람이 자신의 옛
> 스승을, 또는 아이가 자신을 곧게 키워준 부모를 바라보듯이 그들은 우리에게
> 존경과 애정을 표할 것입니다.[15]

20세기 초반 미국이 식민화를 통해 미국의 발전 모델을 강요할 수 있
었던 국가는 오직 필리핀뿐이었다. 쿠바와 마찬가지로 필리핀 역시 미
국-에스파냐 전쟁을 통해 확보한 지역이었다. 그러나 보호국이었던 쿠바
와 달리 동남아시아의 필리핀은 종속국으로서 미국의 직접적 관리 아래
놓였다. 미국은 필리핀 점령을 통해 이질적인 문화권에 미국 이데올로기
를 이식해볼 수 있는 기회를 얻었다. 미국 식민 지배 초기에 필리핀인이
식민지 정책에 격렬히 저항했으나 1930년대 중반에 이르면 많은 미국인
은 10년 안에 필리핀이 독립할 수 있을 정도의 충분한 발전을 이루었다
고 판단했다. 필리핀의 독립을 두고 미국 내 보호무역주의자, 뉴딜 개혁
가 그리고 재정 건전론자의 의견이 합치되었고, 필리핀에서 미국의 군사
기지와 정치적 영향력을 확고히 유지한다는 조건 아래 필리핀 독립 계획
표를 확정지을 수 있었다. 이러한 의미에서 필리핀은 미국식 개혁의 성공
적 상징으로 여겨졌다. 즉 미국의 필리핀 지배는 이전에는 그러한 미래에
대한 희망이 전혀 없던 아시아 민중에게 '자유의 새로운 날'을 가져다주
었다.[16]

그러므로 미국의 제3세계 개입과 관련한 대다수 전후 의제는 1945년 (혹은 1941년) 훨씬 이전부터 형성되어 있었다. 제2차 세계대전의 승리는 미국에 새로운 기회와 요건을 제시했다. 미국의 많은 정책 결정자가 믿었던 것처럼 주요 승전국인 미국은 세계를 재창조할 수 있는 지위에 있었다. 하지만 이를 위해서는 미국의 사명이 지닌 내용을 둘러싸고 또 다른 전후 승전국인 소련의 도전에 맞서야 했다. 유럽에서 미국의 목표는 마셜 플랜(유럽 부흥 계획)을 통한 경제 복구와 북대서양조약기구를 통한 안보의 유지였다. 유럽을 향한 두 접근법 모두 각각 다른 방법으로 공산주의에 맞서 싸운다는 목적이 있었다. 훗날 마셜 플랜과 북대서양조약기구는 미국 제3세계 정책의 주요 근간이 되었다.

그렇더라도 미국의 일본 개혁은 비유럽 지역을 대상으로 한 미국 계획 수립의 주요 모델이었다. 일본을 얼마만큼 근본적으로 개혁해야 하는지를 둘러싸고 미국 자문단 간에 의견 불일치가 존재하기도 했다. 그러나 그 기본적 방향에는 논쟁의 여지가 없었다. 비유럽 지역의 유일한 경제·군사 강국인 일본을 구원할 길은 일본이 미국과 더욱 유사해지는 방법뿐이었다. 다시 말해, 성공의 열쇠는 일본의 제도를 새로이 수립하는 것이 아니라 '일본의 뇌'를 재형성하는 데에 있었다. 1945년 일본을 점령한 미군의 교본 영화(instructional film)에 따르면 "우리의 과제는 일본인의 머릿속에 있는 뇌에 있습니다. 일본에는 약 7000만 명의 사람이 있는데, 이들의 뇌는 세계 어느 사람의 뇌와 다르지 않습니다. 실제로 일본인의 뇌는 우리 미국인의 뇌와 동일한 물질로 만들어져 있습니다. 이 뇌는 우리의 뇌와 마찬가지로 선한 일을 할 수도, 악한 일을 할 수도 있습니다. 이는 뇌 속에 어떤 생각이 들어 있느냐에 달려 있습니다".[17]

일본인에게 이데올로기를 주입하기 위해 미국 점령군 담당자는 강제,

유혹, 대중 호소를 혼합해 사용했다. 이는 미국의 대내외 정책에서 국가의 역할이 매우 중요해졌다는 점을 두드러지게 보여준다. 유럽에서의 마셜 플랜과 마찬가지로 일본 개혁의 초기 단계에서 주도적 역할을 수행한 인물들은 프랭클린 루스벨트의 뉴딜 정책을 이끈 백전노장 집단이었다. 이들의 참여는 미국인이 국가의 대외 정책에서 더 넓은 행동 범위와 권한의 행사를 과거보다 긍정적으로 생각하기 시작했다는 걸 보여준다. 냉전이 진행되면서 뉴딜주의자는 군정과 일반적인 미국 대외 정책에서 영향력을 잃어갔다. 하지만 로널드 레이건 이전까지 미국의 모든 전후 행정부는 사회 발전이라는 목적을 위해서라면 기꺼이 국가 권력을 사용했다.

국가 권력은 대개 미국의 지도 아래 현지 정부가 실행한 일련의 사업을 의미했다. 한편 일본의 경험은 미국의 제3세계 정책의 **목표**를 설정한 반면, 유럽 부흥 계획은 그 수단을 결정했다. 마셜 플랜의 주요 책임자인 폴 호프먼(Paul Hoffman)은 1951년 이렇게 말했다. "우리는 유럽의 경험을 통해 아시아에서 무엇을 할지 배웠다. 왜냐하면 마셜 플랜을 통해 우리는 세계 정치의 장에서 성공할 수 있는 필수 도구를 발전시켰기 때문이다."[18] 그 도구란 현지 엘리트에 대한 정치·문화적 유혹, 지역 시장으로의 진출, 그리고 군사 원조 및 훈련을 의미했다. 이와 같은 조치의 목적은 성공적 발전을 이루는 **동시에** 소련과 그 동맹국에 대항하는 미국 봉쇄 정책의 일부를 이루는 국가를 건설하는 데 있었다.

많은 역사가가 트루먼 대통령이 전후에 직면해야 했던 국내 정치의 압력(이제는 악의 세계로부터 미국이 철수해야 한다는 요구)을 과장했다. 그러나 당시 많은 미국인이 영구적인 군사적 대외 관여와 제3세계 개입 정책을 지지한 까닭은 소련 공산주의와의 경쟁 때문이라는 점은 분명하다. 물론 전후 승전국인 소련의 급격한 부상은 유럽과 아시아에 관여하고 있는 강대국이라면 누구에게나 중대한 도전이었을 것이다. 그러나 전후에 확장된 소련의 영향력과 공산주의의 지구적 확산을 견제해야만 한다는 미국의 이데올로기를 통해 미국과 소련의 경쟁은 냉전으로 전환되었다. 미국의 엘리트에게 소련이 세계적 강대국으로 부상하는 현상은 미국이 1917년부터 맞서 싸우고 있던 대안적 근대성의 부상을 의미하기도 했다. 1940년대 후반 공산주의 이데올로기를 주장하는 강대국과의 타협은 그 어떠한 형태도 가능하지 않았다. 이는 소련 입장에서 불행한 일이었다. 소련의 메시아적 근대주의의 영향력이 정점에 다다랐을 때, 미국 또한 지구적 사명을 수행하기 위해 마지막으로 남아 있던 족쇄를 풀고 있었기 때문이다. "무엇이 미국 대외 정책의 한계인가?"라는 질문에 1955년 미국 국무부의 조지프 존스(Joseph Jones)는 다음과 같이 답했다.

이에 대한 답은 우리 미국 대외 정책의 한계가 끊임없이 확장되는 지평선 위에 있다는 사실이다. 실용적인 목적에서 본다면, 우리가 성취할 수 있는 것 그리고 특정 시간 내에 우리가 성취해야 한다고 판단되는 것이 곧 우리의 한계다. ……〔마셜 플랜의 경험은〕 다른 국가의 정책·태도·행위에 미국이 정치적 영향력을 발휘하는 데 한계가 없으며, 다만 무한한 가능성만이 있다는 사실을 잘 보여준다.[19]

그러나 미국 국내 정치 차원에서 지구적 차원의 개입을 위해 미국이 사용할 수 있는 방법을 둘러싸고 격렬한 토론이 이뤄졌다. 특히 중국 공산혁명의 성공과 북한 공산주의자의 무력 통일 시도 이후 미국의 우파는 뉴딜 자유주의자들이 개입을 충분히, 일찍이 그리고 과단성 있게 추진하지 않았다고 비판했다. 조지프 매카시(Joseph McCarthy) 상원의원과 이에 동조한 사람들이 보기에 미국의 개혁 요구에 장제스가 아무리 단호히 저항했다고 하더라도 공산주의자의 맹습에 맞서 장제스 정권을 제한적으로 지원한 조치는 비합리적인 처사였다. 세계가 이데올로기적 동맹국으로 이루어져야 한다는 극단적 주장을 통해 매카시는 뉴딜주의자들이 전후 시기에 공산주의를 격파하는 일에 **전적으로** 집중하지 않았다고 공격했다.

세계의 한 곳에서의 계획은 경제 원조를 통해 국제 공산주의를 격퇴하는 일이었습니다. 또 다른 곳에서의 계획은 군사 원조를 통해 국제 공산주의를 물리치는 일이었습니다. 그런데 세 번째 지역[아시아]에서는 모든 계획을 공산주의자에게 넘겨주는 것처럼 보입니다. ……우리는 얄타 회담에서 배신을 당했다는 사실을 압니다. 또한 이때부터 트루먼 행정부는 의도적으로든 무지 때문이든 국민을 계속 배신해왔습니다. ……우리는 트루먼 행정부가 원하는 것보다 더 자유로우며, 우리가 옳다고 여기는 것을 위해 싸울 준비가 되어 있습니다. 그러나 우리는 가식으로 가득 차 있고 말만 번드르르한 이른바 외교관의 리더십 아래에서는 절대 싸울 수 없습니다.[20]

매카시가 구사한 대결적 수사는 결국 매카시를 몰락으로 이끌었다. 그러나 매카시가 전개한 많은 목표는 드와이트 아이젠하워 행정부가 1950년대에 제3세계를 향해 채택한 정책과 유사한 점이 많았다. 한국전쟁이 끝날 때쯤, 아이젠하워 장군은 아메리카니즘을 전파하기 위해 미국인이 치를 수 있는 희생에는 일종의 한계선이 존재함을 명확하게 인식했다. 아이젠하워는 미국의 군사력을 동원하지 않고 현지 엘리트와 연합하는 비밀 개입 작전을 통해 이란과 과테말라의 중도 좌익 정부를 붕괴시키는 데 성공했다. 미국의 제3세계 원조는 대부분 군사 원조(1954년에는 전체 원조의 95퍼센트, 1960년에는 50퍼센트 이상이었다)였으며, 그 목적은 좌익 정부의 부상을 막고 소련의 압력에 저항하는 현지 엘리트에게 도움을 주는 데 있었다. 〔1961년까지 전체 원조 중 절반 이상이 이른바 '전선 국가(frontline states)'에 주어졌다.〕

미국 이데올로기의 관점에서 볼 때, 1940년대 말에 시작해 1970년대 중반에 완료된 탈식민지화의 물결은 서로 다른 두 방향으로 나아갔다. 한편으로, 미국 엘리트는 유럽 식민주의 제국의 해체를 환영했다. 유럽 제국의 해체는 정치·경제 영역의 자유를 중심으로 한 미국 이데올로기를 확산할 수 있는 새로운 기회를 의미했다. 이는 또한 두 번의 세계대전을 거치면서 이전의 지위를 상실한 유럽 엘리트가 이제는 자국의 개혁과 공산주의에 대항한 방어에 집중할 수 있다는 것을 뜻했다. 1949년 북대서양조약기구 출범을 위한 일련의 협의 이후 마셜 국무장관이 언급했듯 "유럽의 점증하는 안보 문제에 봉착했을 때, 우리는 프랑스 최고 정예 부대가 전부 인도차이나에 파견되어 있었고, 네덜란드 정예 부대는 인도네시아에 있다는 사실을 깨달았다. 서유럽에는 그들의 정예 부대가 하나도 존재하지 않았다".[21] 탈식민지화를 통해 제3세계의 미래는 이제 유럽이 아닌 미국의 책임으로 변모해가고 있었다.

하지만 다른 한편으로, 탈식민지화 이후 집단주의 이데올로기가 제3세계에서 주도권을 잡을 위험성이 높아지기도 했다. 중국 대륙의 공산화, 미국의 베트남·말라야·필리핀 반게릴라 전쟁 지원, 새로 독립한 인도네시아·인도·이집트 정권의 급진성, 그리고 과테말라·이란에서의 성공적 개입을 포함한 일련의 사태로 인해 아이젠하워 행정부는 제3세계가 민주주의를 수용할 준비가 되어 있지 않다고 판단했다. 제2차 세계대전 전후 미국의 노력에 대해 중국과 인도네시아가 보여준 배은망덕함은 미국이 전파하고자 하는 원칙에 대한 공감이 이들에게 부족하다는 사실을 드러냈다. 만약 현실이 이와 같다면, 원조와 무역을 통해 지지자를 확보하는 공개 접근법보다는 비밀 개입 전략이 훨씬 타당성 있는 선택지였다.

만약 미국이 덜 역동적인 사회로서 전혀 다른 이데올로기 기반을 지녔다면, 제3세계의 도전을 다루는 아이젠하워의 비밀주의 접근법은 10년 또는 그 이상의 기간 동안 지속되었을지도 모른다. 그러나 1950년대 말과 1960년대 초 미국 민주주의를 확장한 일련의 개혁은 미국의 해외 정책에 큰 자극을 주었다. 미국 전후 세대는 제3세계에서 공산주의 봉쇄를 넘어 흑인과 여타 미국 소수 집단에까지 민주주의를 확대하자고 주창했다. 그런 견지에서 볼 때, 제3세계의 민중이 민주주의를 누리기에는 아직 준비가 덜 되었다고 주장하기란 점점 더 어려워졌다. 미국 전후 세대는 미국이 제3세계 국가가 민주주의라는 목표를 달성할 수 있도록 적극적으로 도와야 한다고 보았다. 좌·우파를 막론하고 이들은 미국의 개입이 늘어나야 할 필요가 있다고 강조했다. 차이가 있다면 좌파가 소련의 위협을 덜 강조하고 원조의 필요성에 역점을 둔 반면, 우파는 더 공격적인 봉쇄를 통해 더 많은 동맹국을 확보하는 데 주력해야 한다고 주장했다는 점이다. 케네디와 존슨 행정부에 이르면 미국의 좌·우파는 모두 제3세계의 '마음을 사로잡기 위한 전투'에 합류했다. 케네디·존슨 행정부 모두가 합작했던 베트남 전쟁의 실패 이후에야 미국 개입주의를 향한 비판이 수면 위로 떠올랐다. 그러나 미국 대외 정책 이데올로기가 급격히 개입 정책으로 전환된 이 시기에 미국의 개입 정책을 향한 비판은 그 동기나 세계관 차원에서 이루어지지 않았다. 비판은 해외에서의 경제 착취 그리고 미국 내의 산업 독점 같은 쟁점을 둘러싸고 전개되었다.

'세계는 하나의 시장'

흔히 미국 자본주의는 언제나 미국 대외 정책의 중심축으로 여겨지곤 한다. 이 관점에 따르면 미국 대외 관계의 정치적 측면을 파악하기 위해서는 미국의 경제적 영향력이 어떻게 확장되었는지를 심층적으로 이해해야 한다. 이와 같은 견해를 취하는 학파는 20세기에 기본적으로 두 갈래로 나뉘어 있었다. 한 측은 급진적 인민주의의 입장이다. 때로는 고립주의적으로 보이기도 하는 이 주장에 따르면, 19세기 말부터 미국의 대외 정책은 특정 사업체의 이익에 좌지우지되었다. 이들 소수 기업의 사리(私利)가 미국과 세계의 관계를 결정했다는 것이다. 다른 갈래는 마르크스주의 입장을 취하는 비판적 갈래다. 이들은 미국이라는 국가 자체가 부르주아 이익의 반영물이라 주장했다. 즉 미국이라는 국가는 시장 점유를 위해 경쟁하는 부르주아 계급의 상징이었다. 이 시기에 미국의 무역과 투자가 세계 시장에서 차지하는 비중이 증가하고 미국 경제가 전체적으로 성장했다는 사실을 고려할 때, 경제 요인(음모의 결과이든 구조의 결과이든)이 미국의 지구적 역할을 향한 비판적 해석의 중심에 자리 잡았다는 사실은 어쩌면 당연할지도 모른다.

미국 개입주의가 미국 내에서 지속적인 비난을 받아온 세 시기(1900년 무렵, 1920년대 그리고 1960년대) 동안 이루어진 비판의 주된 논점은 시장의 영향으로 미국의 이데올로기가 약화한다는 주장이었다. 필리핀 점령, 윌슨의 유럽 개입, 그리고 베트남 전쟁에 반대한 많은 사람은 대외 정책에서 시장이 어느 정도의 역할을 수행할 수 있다고 생각하지 않았다. 오히려 그들은 사업가의 영향력이 외교 정책의 방향을 잘못 이끌고 갈까 봐 우려했다. 1900년 윌리엄 제닝스 브라이언은 이런 의견(필리핀 지배가 미국에 금전적 이익을 준다는 의견—옮긴이)을 다음과 같이 맹렬히 비판했다. "이러한 주장에 따르면 금전적 이익을 위해서는 전쟁도 정당화할 수 있으며, 강제와 폭력을 통해 무역을 해나가는 게 이익이 됩니다. ……제국주의는 육군 계약자에게 이익을 줍니다. 제국주의는 필리핀으로 살아 있는 병사를, 미국으로는 사망한 병사를 실어올 선박 소유주에게도 이익을 줍니다. 제국주의는 전쟁과 관련한 영업권을 확보한 모든 자에게 이롭습니다."[22] 브라이언과 비슷하게 1962년 '포트휴런 선언(Port Huron Statement)'에서 '민주사회를위한학생위원회(Students for a Democratic Society)'는 이와 같은 현실을 유감스럽게 개탄했다. "해외에 투자하고자 하는 이들이 저발전 지역의 정책 결정 과정에 영향력을 발휘하고 …… '수익성 있는' 자본주의 세계를 구축하기 위해 노력한 나머지, 인류의 요구 및 운명과 관련한 미국 대외 정책의 눈을 가리고 있습니다."[23]

이전 시기부터 냉전기를 통틀어서 보면 미국의 개입 정책에 사업체의 이익이 직접적이고 결정적인 역할을 수행한 경우가 있기는 했다. 그러나 역사적 기록을 통해서 보면 이와 같은 경우가 많다고는 할 수 없으며, 이는 시기적으로도 서로 동떨어져 있다. 적어도 백악관에 입성한 **이후** 제퍼슨부터 레이건까지 미국 대통령들은 사업가의 공개적 사익 추구를 대체로 용인하지 않았다. 많은 은행가, 투자자, 수출업자가 대통령에게 자기 사업체의 보호를 부탁하곤 했다. 그러나 그들의 요구는 받아들여지지 않았다. 이는 소련 지도부가 외교 정책 차원의 조언을 건넸던 소련 정치이론가, 과학자, 우호 협회의 수뇌부들을 다루는 방식과 크게 다르지 않았다.

그러나 위와 같은 사실을 두고 미국 대외 관계의 형성에서 자본주의 시장이 미미한 역할만 했다고 생각해서는 안 된다. 마르크스주의자들의 주장은 자본가의 사업 이익의 **체계적** 역할을 강조했다는 점에서 어느 정도 타당한 측면이 있다. 미국 엘리트는 미국의 핵심 '국익'이 서로 다른 방법을 통해 자유로운 시장을 세계로 확장하는 데 있다고 주장했다. 자본가 개인과 단독 회동을 피하곤 했다 한들 미국 대통령이라면 누구나 시장 자율성의 보호를 자신의 핵심 임무라고 생각했다. 아직 정치가가 아닌 정치학자일 때 행한 우드로 윌슨의 다음과 같은 발언은 미국 대통령의 인식을 잘 보여준다. "제조업자가 세계 시장을 단호하게 요구하므로 …… 국가는 제조업자를 따라 닫힌 문호를 허물어야만 한다. 국가 관료는 자본가가 획득한 이권을 보호하기 위해 힘써야 한다. 그 과정에서 이에 반발하는 국가의 주권을 침해하더라도 말이다."[24]

  19세기 경제의 경이로운 성장(이는 역사상 전례가 없었다)으로 미국은 이미 경제 대국이었다. 군사·정치 영역에서 대국으로서 역할을 하기 전에도 말이다. 1774~1909년 미국은 연평균 3.9퍼센트의 성장을 거듭했다. 그 결과 제1차 세계대전이 발발할 무렵 미국은 세계에서 압도적으로 가장 많은 상품과 서비스를 생산하는 나라가 되었다. 미국의 연간 총생산량은 유럽의 주요 강국인 영국, 독일, 프랑스의 연간 총생산량을 합친 것보다 많았다. 당시 미국 경제의 일부(이는 지금도 마찬가지다)만이 대외 무역에 관여했는데도 미국의 수출은 세계 무역에서 매우 중요한 부분을 차지했다. (1913년 세계 총수출의 13퍼센트를 점했던 미국의 수출량은 1950년 20퍼센트로 늘어났다.) 19세기 미국은 자본의 순수입국이었지만, 1918년 세계 최대의 자본 수출국이 되었고 이러한 지위를 1981년까지 유지했다.[25]

  이처럼 거대한 미국 경제는 무역뿐 아니라 다른 측면에서도 전 세계에 상당한 영향력을 행사했다. 1890년대와 1900년대 초 뉴욕과 런던 사이의 금융망을 통해 최초의 국제 자본 시장이 탄생했다. 이 금융망은 영국과 여타 외국 회사를 거쳐 미국 자본을 세계와 연결했다. 1897~1914년 미국의 해외 총투자는 5배 증가했으며, 그중 상당 부분은 제3세계와 관련이 있었다. 그 형태는 식민지를 착취하는 유럽 기업과 관련된 투자이기도 했으며 멕시코·쿠바·중앙아메리카에 대한 직접 투자, 또는 소규모이지만 그 밖의 다른 라틴아메리카 지역을 향한 투자였다.[26] 미국의 제3세계 투자는 상대적 규모 면에서 제일 높았던 제1차 세계대전 이전 수준으로 다시 돌아가지는 못했지만, 제2차 세계대전 이후에는 더 다양한 국가와 산업 그리고 상품에 대한 투자가 이루어지면서 이전보다 더욱 확장된 형태를 띠었다. 미국이 전 세계 제조품 중 절반을 생산하던 1940년대 말, '미국 자본주의의 세계 질서'라는 말은 매우 타당한 관찰이었으며 모든 주요 경제적 결정은 미국 시장과 관련이 있을 수밖에 없었다.

하지만 냉전 시기 영위했던 경제·재정 측면의 우월성에도 불구하고, 미국은 경제 제국주의를 추구하기를 망설였다. 아마도 1970년대를 제외한 모든 시기 동안 자본은 거대한 미국 국내 시장에 매료되어 있었다. 미국 국내 시장은 부유하고 사회적으로나 지리적으로 이동성이 확보되어 있으며 정치적으로 안정된 반면, 해외 시장(특히 제3세계)은 이러한 이점이 없었기 때문이다. 그리고 비록 거대한 수익을 향한 기대 때문에 미국 자본이 제3세계로 지속적으로 유출되었지만, 극소수의 투자와 무역만이 수익성이 있다고 판명되었다. 냉전 시기 미국 정부는 영향력과 '발전'을 촉진하기 위해 항상 기업이 해외, 특히 제3세계 투자를 확대하도록 촉구했으나 이는 크게 성공하지 못했다. 1950~1960년대 미국이 제3세계 정책을 입안하는 데 직간접 원조에 의존해야 했던 이유는 이처럼 미국 기업이 해외 투자에 소극적이었기 때문이다.[27]

이뿐 아니라 관세 문제는 냉전기 미국만을 위해 자본주의를 활용하기 어려웠다는 사실을 잘 보여준다. 앞에서 지적했듯이 미국 이데올로기의 주요 요소 중 하나는 바로 제한받지 않는 상품의 자유로운 교환이라는 개념이다. 그러나 **자유 무역**이라는 다소 포괄적인 개념은 미국의 역사적 흐름 속에서 독특한 의미를 획득했다. 자유 무역은 국내 시장 안에서의 교환 또는 미국 상품의 해외 시장 진출에 이롭다고 여겨지는 개념이었다. 그러나 자유 무역은 **해외** 상품의 **미국 시장** 진출을 인정하지 않았다. 미국적 관념에 따르면, 수입품은 미국의 자유를 위협했다. 외국의 '자유롭지 못한' 노동자가 생산한 상품이 미국 시민의 일자리와 이익을 빼앗는다고 여겼기 때문이다. 이러한 명분으로 미국은 처음에는 섬유 산업, 이후에는 제철 및 관련 산업으로까지 거대한 수입 대체 정책과 막중한 관세를 활용해 19세기의 경제 성장을 촉진했다. 〔이는 오늘날 국제통화기금(IMF)이 제3세계 국가들이 시행하지 못하도록 하는 정책 수단이다.〕[28] 냉전 시기 동안 여러 행정부가 제3세계 국가의 미국 시장 접근을 보장하고자 노력했지만 1980년에 이르기까지 미국 의회는 항상 위와 같은 정책적 기조를 유지해왔다.

사실 냉전기에는 미국 경제에서 제3세계가 차지하는 비중보다 제3세계 경제에서 미국이 차지하는 비중이 더 중요했다. 그리고 무역이나 해외 투자가 아니라 상품과 생산 방식의 측면에서 이와 같은 비대칭 관계는 두드러졌다. 제3세계의 많은 사람은 미국을 양질의 물품을 생산하는 곳, 기계가 생산의 고역을 대체하는 곳, 그리고 혁신적인 회사의 본부가 위치한 곳으로 이해했다. 해외에서 일하거나 다른 국가를 여행하는 미국인은 미국 상품을 선호하거나 미국의 생활 수준과 기술을 향한 사람들의 경외를 자주 목격하곤 했다. 이러한 경험은 아메리카니즘의 우월성을 확인해주는 증거였으며, 미국인은 자연스럽게 미국의 경험을 여타 지역으로 확장할 수 있다고 확신했다. '아메리칸드림'을 자신의 고국에서 실현할 수는 없다고 믿은 몇몇 상류층 '현지인'은 미국으로의 이민을 선택할 수도 있었다. 1960년대 중반 미국 의회는 인종 차별적이었던 기존의 국가별 이민 인원 할당제를 폐지했다. 그리고 이민 승인의 주요 기준을 인종 대신 기술로 대체했다. 그 결과 미국에는 라틴아메리카와 아시아 출신 이민자가 새로이 대거 유입되었다. 19세기 농업의 상황과 유사하게, 미국 상품의 수입이 증가하자 현지의 생산이 급감했고 그로 인해 발생한 실업 때문에 여러 국가의 사람들이 미국 이민을 결정했다.[29]

　냉전기 미국의 여러 행정부는 자본주의 체제를 위해 안전한 세계를 만들고 싶은 소망 때문에, 그리고 이를 현실화하는 데 나서기를 몹시 꺼리는 미국 자본가들 때문에 1950년대 중반부터 제3세계를 대상으로 대규모 원조 사업을 개시했다. 전후 일본과 서유럽의 경험을 반영해 원조 계획을 수립했다. 원조 제공은 수원국(受援國)에 대한 시장 접근, 그리고 수익의 해외 이전에 대한 수원국의 동의와 긴밀하게 연관되어 있었다. 아울러 수원국 정부의 재조직화 그리고 공산주의자와 좌익 사회주의자를 정부에서 배제하는 방안 역시 원조의 반대급부로 제기되었다. 수원국에 자주 직설적으로 언급하기도 했지만, 미국은 원조의 주된 목적이 원조 대상국의 사회와 정부를 개혁하는 것이라고 믿었다. 미국 국제개발처의 표현에 따르자면 "(수원국의―옮긴이) 거시경제 및 부문별 정책에 영향력을 성공적으로 발휘하는 것이 원조를 통해 자본과 기술을 추가 투입하는 방안보다 경제 성장에 더 큰 효과를 낳는 방법"이었다.[30] 다시 말해, 자본과 기술 교육이 아니라 **사회 구조** 자체가 해당 국가의 발전을 결정했다.

　1950년대에 이루어진 시장의 신격화는 사실 미국 대외 정책 이데올로기의 자본주의적 요소가 가장 극단적 형태로 나타난 결과물이었다. 이 시기에 시장 개념이 신성화한 원인으로는 크게 두 가지를 제시할 수 있다. 하나는 뉴딜 정책에서 비롯된 미국 연방 정부의 역할 확대에 반대하는 우파의 정치 운동이었다. 그리고 다른 하나는 지구적 차원에서 이루어진 집단주의의 도전이었다. 1950년대 중반 이러한 도전은 어느 때보다 더 강력한 모습으로 제3세계와 소련에서 부각되었다. 1954년 국무장관 존 포스터 덜레스(John Foster Dulles)가 다음과 같이 한탄했듯 말이다. "만약 생산 기준을 향상시키고 있는 공산주의의 부단한 노력을 우리가 따라잡지 못한다면 대부분의 세계에서 공산주의의 확산을 막기란 매우 어려울 것이다."[31] 국내 우파의 정치 운동과 해외의 도전으로 인해 시장 개념은 미국 대외 정책의 주요 기조로 재확인되었다. 그러나 시장은 착취적 관행이라기보다는 단지 이데올로기로 머물렀다.

냉전 초기에 미국은 점진적으로 세계 경제를 위한 **체계적** 책임을 졌으며, 이를 위해 세계 경제 구조 속에서 유럽과 제3세계의 위치를 새로이 정의하려고 시도했다. 이 과정에서 이데올로기와 전략은 조화를 이루었다. 제3세계가 시장을 선택해야 하는 부분적 이유는 주변부인 제3세계가 과거 제국의 중심부인 서유럽과 일본을 지탱해야 했기 때문이고, 이를 통해 공산주의를 봉쇄하는 **동시에** 이들 국가의 미국 시장 진입 요구를 줄일 수 있었기 때문이다. 제3세계에 대한 원조는 위의 모든 도전을 일거에 해결하기 위한 방법이었다. 1950~1960년대 동안 소련의 공세에 맞서는 상황에서도 제3세계 원조의 약 90퍼센트는 발전된 자본주의 국가가 제공했다. 그리고 자본주의 국가의 원조 중 60~70퍼센트를 미국이 부담했다.[32] 1950년대부터 1960년대 초까지 제3세계의 많은 국가가 독립하면서 원조를 어떻게 사용할지를 두고, 원칙과 우선순위 문제가 제3세계 지도자들에게 또 다른 문제로 대두했다.

미국 입장에서 볼 때, 냉전기 전략과 동맹의 쟁점 배후에는 미국의 성공 경험이 세계 어느 곳에서도 통할 수 있다는 확신이 자리 잡고 있었다.

미국의 관세와 금수 조치에 대해서는 일말의 모순점도 발견하지 못한 채 미국인은 '지구적 차원의 발전 교육'을 통해 세계가 스스로 시장을 개방하도록 가르치고, 현지에서 사적 자본의 성장을 독려하고자 했다. 발전은 선택의 문제였으며, 그 모범은 미국과 미국의 자유 기업이었다. 해외 전시회에서 미국 상품은 미국이 거둔 성공의 징표였다. 당대에 이를 기록한 기자의 표현에 따르면 전시회를 방문한 이들은 "세탁기, 식기세척기, 진공청소기, 자동차, 냉장고가 제공하는 자유"를 누릴 수 있었다.[33] 무역이 상품을 확산하듯 미국 상품을 따라 미국의 이데올로기도 확산되리라는 것은 미국인 관찰자에게 너무나도 자명한 사실이었다.

근대화, 기술 그리고 미국적 지구주의

제2차 세계대전 이후 미국의 고등 교육이 확장되면서 더 많은 외국인이 미국으로 유학을 왔다. 이후 공산주의에 대항하는 아메리카니즘의 이론적 토대를 마련하기 위해 많은 노력이 이뤄졌다. 학계의 권위자와 정부 관계자들은 모두 미국 내의 교육과 해외 사업을 위해 일종의 모델이 필요하다는 사실을 강조했다. 1957년 사회과학연구협의회(Social Science Research Council, SSRC)는 제3세계 엘리트가 그들의 국가와 사회를 위해 참고할 만한 새롭고 구체적인 형식을 요구하고 있으며, 미국 사회과학자들이 그러한 요구를 충족시켜줘야 할 의무가 있다고 주장했다.[34] 모델의 필요성은 매우 긴급한 사항이었다. 간결하고 명쾌한 마르크스주의의 사회변혁 이론과 달리 서구의 경험은 영웅이라고는 존재하지 않는, 사회 과정의 복잡하고 장황한 연속체에 불과했다. 그 속에서 젊은 제3세계 지식인의 마음을 불태울 구체적인 참고 대상을 찾기란 어려울 수밖에 없었다. 서구의 발전 과정을 학습하기 위해서는 우선 '발전도상 지역'의 정치 구조를 분석하고 이를 서구의 발전 과정과 비교해야 했다. 프린스턴대학교의 게이브리얼 앨먼드(Gabriel Almond) 교수가 말했듯이 처방 도구뿐 아니라 "정치학의 과학적 성격을 결정짓는 중요한 진보" 역시 그 결과물을 통해 도출할 수 있었다.[35]

일종의 지식 사업으로서 '근대화 이론'은 그 주창자들이 경쟁 상대로 의식해온 마르크스주의와 유사한 실증주의적 특징을 지니고 있다. 실제로 두 이론은 모두 일종의 '고도 근대성〔데이비드 하비(David Harvey)의 용어로 '하이 모더니즘(high modernism)'으로 표현하기도 한다. 이는 과학기술의 진보, 생산의 증대, 인간의 필요에 따른 만족의 증가, 자연의 정복 그리고 무엇보다 자연 법칙의 과학적 이해에 상응하는 사회 질서에 대한 합리적 설계 등을 포괄하는 개념이다—옮긴이〕'의 형태를 지니고 있다고 할 수 있다. '근대화 이론'과 마르크스주의 이론 모두 결정론적 태도로 모든 형태의 근대 발전이 산업과 기술을 중심으로 이루어진다고 강조했기 때문이다. 1937년에 쓴 《사회적 행위의 구조(The Structure of Social Action)》를 통해 대다수 전후 발전 이론가에게 영향을 끼친 하버드대학교의 사회학자 탤컷 파슨스(Talcott Parsons)는 오직 정치·문화적 가치를 통해서만 산업 사회로의 통합적이고 안정적인 전환을 이루어낼 수 있다고 주장했다. 마르크스와 달리 파슨스는 경제 발전의 정도만으로는 역사의 흐름이 결정되지 않는다고 생각했다. 파슨스에 따르면, 역사 발전의 결정 요인은 오히려 개인이 사회의 구조에 자리 잡을 수 있도록 어떤 기회가 주어지느냐에 달려 있다. 하버드대학교의 탤컷 파슨스, 매사추세츠공과대학교의 대니얼 러너(Daniel Lerner) 그리고 하버드대학교의 월트 로스토(Walt Rostow)—훗날 로스토의 책 《경제 성장의 제단계: 비공산주의 선언(The Stages of Economic Growth: A Non-Communist Manifesto)》
(1960)은 근대화 이론의 대표 저서가 된다―가 보기에 미국은 각 저서에서
묘사한 근대화 이행 과정을 이미 이룩한 상태였다. 그러나 세계에는 '실
패한 근대화'의 사례로서 독일·소련·중국이 존재했으며, 자연스레 미국
의 정치학자 집단은 '전통'에서 '근대'로의 발전을 설명하기 위한 거대 이
론이 필요하다고 생각했다.

정책 결정 과정에 영향을 끼치기 위해 로스토는 1957년 동료 맥스 밀
리컨(Max Millikan)과 함께 《제안서: 효율적인 대외 정책을 위한 열쇠(A
Proposal: Key to an Effective Foreign Policy)》를 집필했다. 이 책에서 밀리컨과
로스토는 당대 미국이 중대하고 긴급한 지구적 차원의 도전에 직면해 있
다고 주장했다. "지금 미국은 중대한 세계적 혁명의 한가운데 놓여 있다.
수세기 동안 세계 인구의 상당수는 정치적으로 무기력했다. 미국과 서유
럽 이외 지역, 심지어 서유럽의 일부 지역에서조차 최근까지 사회 구조는
본질적으로 서로 단절되어 있는 마을을 중심으로, 생산력이 낮은 농촌의
삶이라는 틀에 고정되어 있었다. 대다수 사람이 변화할 가능성은 현저히
낮아 보였다. 그러나 두 차례의 세계대전과 탈식민지화 과정, 그리고 통
신의 발달은 이전에는 무관심했던 사람들이 처지를 개선할 수 있는 기회
를 마련해주었다."

불행하게도 문제는 갈수록 더 많은 사람이 급격한 변화와 민주주의 제도를 포
기하는 방식으로 새로운 열망을 현실화할 수 있다고 믿을 것이라는 점이다.
그 위험은 …… 공산주의의 존재로 엄청나게 증가했다. 이는 공산주의 사상
이 진정으로 설득력이 있어서가 아니라, 늘어난 열망에 따라 발발한 혁명을
공산주의자들이 활용했기 때문이다. 그들은 공산주의를 사회적 기회, 경제 개

선, 또는 개인의 존엄성과 국가적 자존감을 성취하기 위해 택해야 할 길로 포장했다.

하지만 로스토와 밀리컨에 따르면, 미국은 적극적 개입을 통해 제3세계를 향한 공산주의의 위협을 상쇄할 수 있었다. "더 나은 세계를 건설하는 일처럼 문제를 적극적으로 해결하기 위해 분투할 때 미국 사회는 최상의 상태를 유지할 수 있다. 19세기 내내 아메리카 대륙은 그와 같은 도전을 우리에게 던져주었다. ……우리에게 주어진 이 거대한 기회는 미국이 다른 어느 나라보다도 더 성공적으로 변화를 향한 대중의 광범위한 열망을 강요나 사회의 해체에 의존하지 않고도 현실화할 수 있는 사회·정치·경제적 기술을 개발했다는 사실에 연유한다." 두 사회과학자는 "국가의 독립성과 인간의 자유라는 미국의 원칙을 세계 무대로 확장한다는 새로운 의미의 사명을 미국의 역사적 개념에 부여"하고 싶었던 것이다.[36]

아부라고 읽힐 만큼 자기 지시적인(self-referential) 말이지만 제3세계의 사회·정치 변화를 이해하려는 미국의 시도는 단순한 변명이나 지구적 차원의 위계질서를 확립하는 일 이상이었다. 좋게 보면 미국의 '발전주의'는 미국이 기아와 사회적 혼란 같은 지구적 문제를 진지하게 생각하게끔했다. 또 발전주의는 방대한 미국의 자원을 이용해 세계가 놓여 있는 상황을 개선할 수 있도록 했다. 사회 개혁 운동, 1960년대 미국 민주주의의 확산과 함께 진행된 미국의 대다수 제3세계 지원 계획은 교육과 의료 제도의 향상, 발전 개입이 군사 개입의 **대안**임을 증명하는 데 그 목적이 있었다. 밀리컨과 로스토가 내린 결론처럼 "우리 미국이 지나치게 의기양양한 나머지, 풍요의 늪에 빠지는 일을 막기 위해서라도 세계의 발전이라는 도전이 필요했다".[37]

1960년대 미국에는 그러한 도전에 강력히 부응한 행정부가 출범했다. 존 F. 케네디와 그의 후임 린든 B. 존슨은 모두 미국의 국가 안보 전략에 서 국제적 차원의 발전이 매우 중요한 부분이라고 확신했다. 월트 로스토 를 국무부 정책기획국장(이후 로스토는 존슨 행정부의 국가안보 보좌관으로 일했다) 으로 임명한 케네디는 1961년 의회 연설에서 미국인이 "세계의 지혜로운 지도자로서 우리 미국의 도덕적 책임 …… 다수가 빈곤한 세계에서 가장 부유한 사람으로서 우리 미국의 경제적 책임 …… 그리고 자유의 적에 맞서는 유일한 대항마로서 우리 미국의 정치적 책임"을 피할 수 없다고 열렬히 믿었다.

> 지금 그러한 책임을 완수하는 데 실패한다면, 이는 처참한 결과로 이어질 것입
> 니다. 그리고 장기적으로는 더욱 값비싼 대가를 치러야 할 것입니다. 왜냐하면
> 빈곤과 혼란의 팽배는 현존하는 정치·사회 구조를 파괴하며, 그 결과 전체주
> 의가 모든 유약하고 불안정한 지역으로 확산하고 있기 때문입니다. ……우리
> 는 지금 역사상 매우 특별한 순간을 살고 있습니다. 세계의 남반구 전체(라틴아
> 메리카, 아프리카, 중동, 아시아)가 독립을 주창하고 있으며, 낡은 삶의 방식을 근
> 대화하기 위한 모험에 휩싸여 있습니다.[38]

케네디와 그의 보좌진이 판단하기에 미국이 제3세계의 붕괴를 막을 수 있는 핵심 관건은 미국이 이룩한 기술 분야의 성공이었다. 금전 지원 만으로는 미국의 사명을 완수할 수 없었다. 오직 기술의 확산과 노하우 를 바탕으로 미국은 제3세계 국가가 공산주의의 위협이 도사리는 불확실 한 시기를 무탈하게 극복할 수 있도록 도와줄 수 있었다. 이처럼 제3세 계 국가가 미국의 기술에 보인 수용적인 태도는 지구적 차원에서 진행되

는 근대성을 향한 경쟁에서 미국의 지도적 역할을 인정한다는 것을 의미했다. 몇몇 미국인에게조차 미국 기술의 압도적 우위가 끝나리라고 생각하던 시기에 제3세계 국가들이 미국의 우월성을 인정한 것은 매우 고무적인 현상이었다. 발전에 관해 로스토 및 밀리컨과 유사한 견해를 가졌던 하버드대학교 교수 헨리 키신저는 당시의 상황을 다음과 같이 평가했다. "거의 모든 분야에서 현저히 뒤떨어진 상황으로 출발했던 소련은 우리를 뒤따라 와 이제는 우리가 안심하고 있던 많은 분야에서 우리를 앞질렀다." 이에 대한 해결책으로 1960년 키신저는 미국의 해외 원조를 늘리는 동시에 수원국이 "계몽된 정치 제도"를 구축할 수 있도록 지원하는 안을 해결책으로 제시했다. "경제 원조는 일종의 개입"이라는 사실을 지적하면서, 키신저는 "즉 빵만 제공한다면, 이는 자신만만하게 자신의 목적을 밝힌 자들(소련—옮긴이)에게 무대를 넘겨주는 행위가 될 것이다"라고 주장했다.[39]

케네디와 존슨은 빵 그 이상을 제공하고자 했다. '평화봉사단(Peace Corps)'과 '진보를위한동맹(Alliance for Progress)' 같은 정책은 경제뿐 아니라 정치의 발전을 촉진한다는 목표를 지녔다. 평화봉사단(1965년에는 평화봉사단을 통해 1만 3000명 넘는 미국인이 제3세계 발전 사업의 봉사자로 파견되었다)의 창설을 선언하며 케네디는 "자유를 위해 헌신하는 우리 젊은이들은 자유를 파괴하기 위해 애쓰고 있는 흐루쇼프 서기장의 파견인(missionary)을 압도할 능력이 있습니다"라고 확언했다.[40] 라틴아메리카 국가에 경제·기술·교육 분야 지원을 제공하기 위해 설립한 '진보를위한동맹' 역시 평화봉사단과 비슷한 목적을 지니고 있었다. 케네디의 보좌관이던 하버드대학교의 역사학자 아서 슐레진저 2세(Arthur Schlesinger Jr.)는 '진보를위한동맹'을 설립한 해인 1961년에 라틴아메리카를 순방했는데, 이 지역을 향한 그의 처방은 케네디 행정부가 "경제 근대화를 통해서 도시 지역의 신중산층에게 권력과 생산력을 부여하는 중산층 혁명을 유도하고 동시에 현대 기술 사회에 반드시 필요한 헌정 질서, 공정한 공공 행정 제도, 책임감 있는 정당 체제, 합리적인 토지 제도, 그리고 효율적인 조세 제도가 자리 잡도록" 설계하는 것이었다.[41] 즉 라틴아메리카는 미국을 더욱 닮아가면서 발전을 이룩할 수 있었다.

공산주의자 또는 좌익 세력이 정치권력을 확보하기 위한 공세를 이미 시작한 몇몇 제3세계 지역의 경우, 경제 발전과 함께 군사 발전을 동반해야만 했다. 반게릴라전을 효과적으로 수행해 적을 물리칠 수 있는 '현대화한' 군대가 미국의 세밀한 지원을 통해 조직될 예정이었다. 현지 군대에 교육과 기술을 제공해 적들의 군사적 공세를 저지하는 동안, 근대화를 위한 정치·경제적 동력이 사회를 장악해 공산주의의 위협을 제거한다는 전략이었다. 동시에 미국이 제공한 교육을 받은 현지 장교단은 슐레진저가 예언한 것처럼 근대화한 중산층의 주요 구성원으로 거듭날 터였다. 그러나 제3세계 국가의 젊은 장교들에게는 미국의 군사 지원만 중요한 게 아니었다. 그들이 개인 차원에서 미국의 기술에 매료되었다는 사실 역시 현지 장교단과 미국 간 관계를 정의하는 데 중요하게 작용했다. 실례로 케네디는 사실상 콩고〔이 장에서 콩고는 모두 현재의 콩고민주공화국(자이르)을 지칭한다—옮긴이〕의 지배자였던 조제프 데지레 모부투(Joseph Désiré Mobutu) 장군에게 "세계 그 어느 누구도 장군보다 헌신적으로 공산주의자로부터 자유를 지키기 위해 노력한 사람은 없었습니다"라고 찬사를 보낸 후, 모부투가 포트베닝(Fort Benning)에서 6주간 강하 훈련을 하고 포트브래그(Fort Bragg)의 특수전학교(Special Warfare School)에서 교육을 받을 수 있도록 했다. 그뿐만 아니라 케네디는 모부투에게 콩고에서 활용 가능한 군사 지휘

통제 항공기를 제공했다. 이는 모두 모부투가 요청한 것이었다.[42]

근대화 이데올로기와 함께 등장한 '제한적 개입'이라는 개념에는 문제가 있었다. 세계적 차원의 적인 공산주의는 더더욱 공세적이고 역동적으로 보이는 반면, 미국 측은 아무리 제한된 특성을 가졌다 하더라도 직접적 군사 개입 자체에 날이 갈수록 소극적인 태도를 보이고 있었다. 미국 정책 결정권자들은 이미 1960년대 초반부터 이와 같은 문제가 베트남 전쟁에서 나타나고 있다는 걸 인식했다. 로스토는 베트남이야말로 근대화가 대외 정책의 중요한 부분임을 보여주는 가장 좋은 사례라고 믿었다. 로스토는 이미 1961년 11월 케네디에게 다음과 같이 주장했다.

군대를 투입하지 않는다면, (아시아에 백인을 파견하는 일을 우리가 꺼린다는 사실을 이미 인식하고 있는) 공산주의자들은 이제 그들의 활동과 침투가 용이해졌다고 생각할 것입니다. ······우리가 모호함, 즉 쿠바와 라오스에서 보여준 창백하다고 느껴질 정도의 무력함과는 정반대로 행동한다면, 저는 미국과 자유세계가 충분히 단결할 수 있다고 믿습니다. 거기다 이는 공산주의자를 격퇴하고 그들의 공세를 저지할 수 있는 좋은 기회입니다. 우리는 이 사실을 분명히 인식해야 합니다. 왜냐하면 아시아의 근원적 힘은 우리가 이를 포기하지 않고 활발히 활용한다면 우리와 쭉 함께할 것이기 때문입니다."[43]

특히 로버트 맥나마라(Robert S. McNamara)가 케네디와 존슨 행정부의 국방장관이었다는 사실은 성공적인 대외 개입을 위해 기술이 중요했다는 점을 잘 보여준다. 30세의 나이에 포드(Ford) 최고경영자 자리에 올랐던 맥나마라는 공산주의에 비해 미국이 지닌 강점은 지식과 그 지식을 정책적 도구로 구현하는 방법에 있다고 확신했다. 이는 예를 들어 상황에 부합하는 무기 체계와 전략의 활용을 의미했다. 그러나 이는 사회과학을 군사과학과 종합한다는 뜻이기도 했다. 베트남 전쟁에서 실행한 전략촌 계획은 민간인을 작전 지역으로부터 대피시켜 이들을 공산주의 선전에 덜 노출되도록 하고, 민간인 피해의 위험을 최소화하는 동시에 적을 박멸하기 위한 '군사적' 시도였다. 그러나 맥나마라에게 전략촌 계획은 한층 고차원적인 목적을 띠고 있었다. 맥나마라는 케네디에게 "냉정한 분석에 따르면" 전략촌의 건설을 통해 "개인은 공동체의 일원으로서 정체성"을 부여받을 수 있으며 중앙집권화와 표준화를 통해 발전의 대세를 촉진할 수 있다고 설명했다.[44]

1960~1970년대 동안 고등 교육을 받기 위해 미국으로 오는 제3세계 유학생의 수는 끊임없이 증가했다. 모든 미국 행정부는 이들 유학생이 교육을 마치고 귀국하면, 제3세계를 개혁하고 영향력을 발휘하는 데 미국의 매우 중요한 자산이 되리라는 사실을 분명히 인식하고 있었다. 미국에서 생활하는 동안 미국의 부와 상품, 교육과 일자리 기회, 통신, 이동의 자유, 그리고 청년 문화를 접했기 때문에 많은 유학생은 귀국 후 그들의 조국을 근대화하고 싶어 했다. 하지만 그 방법은 언제나 미국인 스승이 흔쾌히 인정할 내용으로만 이뤄지지 않았다. 물론 목표는 제3세계 학생들이 뉴욕, 캘리포니아 또는 오하이오에서 목격한 근대성의 물질적 풍요를 구현하는 데 있었지만, 그 형태는 자신이 소속된 조국이나 문화권의 사회·이데올로기 흐름과 부합해야만 했기 때문이다. 미국을 방문한 일부 유학생은 미국의 주류 이데올로기에 반발했고, 미국적 근대성과 특히 해외에서 미국의 역할에 대한 비판적 담론을 선택하기도 했다.

미국 유학생들(그리고 미국을 방문하지 못한 더 많은 사람들)에게 영감을 준 상당수의 비판 담론은 미국 사회 내에서 유래했다. 베트남 전쟁의 실패와 미국 민권 운동의 영향으로 1960년대 동안 제3세계를 바라보는 미국의 주된 접근법은 비판의 공세를 받기 시작했다. 비판의 배경과 의도는 다양했지만, 가장 지속적으로 전개된 일부 비판은 민권 운동 지도자들이 제기했다. 민권 운동 지도자들은 미국의 대외 정책에 대항하는 제3세계 지도자들의 투쟁이 그들의 투쟁과 유사하다고 판단했다. 마틴 루서 킹(Martin Luther King)은 1967년 흑인 빈민 지역의 분노하는 젊은이와 나눈 대화를 다음과 같이 설명했다.

당시 나는 좌절하고, 부정적이고, 분노한 젊은이들 사이에 끼어들어 화염병이나 총으로는 문제를 해결할 수 없다고 이야기해왔습니다. 나는 사회적 변화는 비폭력 행동을 통해 해결하는 것이 바람직하다고 확신에 찬 주장을 하면서, 그들을 좀더 깊이 이해하려 했습니다. 하지만 그들은 '베트남 문제는 어떻게 생각해야 합니까?' 하고 단도직입적으로 물었습니다. 우리나라가 문제를 해결하기 위해 엄청난 폭력을 사용하지 않았더라면, 과연 베트남이 원하는 변화를 가져올 수 있었겠느냐고 반문했습니다. 이는 정곡을 찌르는 질문이었습니다. 결국 나는 세계 최대의 폭력 행사국인 우리 정부를 향한 명백한 생각을 밝히지 않으면, 빈민 지역의 억압받는 자들이 행사하는 폭력에 반대해 내 목소리를 높일 수 없다는 사실을 알게 되었습니다."[45]

3년 후 맬컴 X(Malcolm X)는 미국이 국내에서나 해외에서나 식민 제국이라며 다음과 같이 강력히 비판했다. "스스로를 자유의 모범, 민주주의의 모범이라고 표명하며 지구 방방곡곡을 돌면서 다른 나라 시민에게 어떻게 그들의 나라를 바로잡아야 하는지 설교하는 반면, 자국의 시민은 투표권을 얻기 위해 총을 들 수밖에 없도록 내모는 체제보다 더 부패한 체

제는 이 세상에 없습니다."⁴⁶

　20세기 중반 미국에서 진행된 민주주의의 확대로 인해 제3세계를 둘러싼 정책 담론은 두 가지 방향으로 분화했다. 대외 정책 담당 엘리트 계층에게 그 답은 냉전을 통해 해외에 대한 관여를 더욱 심화하고, 미국의 자유를 국내뿐 아니라 해외로 확장하는 것이었다. 반면 많은 소수자들이 스스로의 지위와 평등을 미국 내에서 확보하는 데 성공한 이후, 그들은 미국의 권력에 대항해서 똑같은 목적을 위해 싸우고 있는 외부인에게 연민을 느꼈다. 언제나 소수 의견으로 남은 채 정치적 영향력을 발휘하지는 못했지만, 미국 내 비판 담론은 국내 문제를 해결하는 데 집중하는 동시에 제3세계의 신생 국가와 대화에 나서는, 새로운 미국상(像)을 형성하는 데 기여했다.

　그러나 미국의 공식 대외 정책과 관련한 목표를 적절히 상징하는 건 지구적 차원의 냉전이었다. 이는 20세기 후반 미국이 영위하고 있던 이데올로기와 권력에 부합하는 지구적 시각이었고, 스스로를 대중적이고 현대적이며 국제적이라고 표방하는 공산주의에 맞서 대항하는 것이었다. 18세기 후반부터 미국 대외 정책의 핵심에는 어떠한 조건하에서 이데올로기적 연민이 실제 개입으로 이어져야 하는지를 둘러싼 고민이 놓여 있었다. 냉전은 미국이 다음과 같은 극단적 결론을 내린 계기였다. 즉 **어디든지** 공산주의가 위협으로 성장할 가능성이 있다면 미국은 개입해야만 했다. 그렇게 냉전은 제3세계로 확산되었다.

02 정의의 제국: 소련 이데올로기와 대외 개입

소련은 정체성과 민족 개념이 아니라, 미국과 마찬가지로 인류의 진보를 위한 관념과 계획 위에 건국되었다. 미국과 소련의 건설자는 모두 자국의 건국을 인류의 미래를 건 대규모 실험으로 여겼다. 두 국가는 보편주의적 감각으로 세계에 접근했다. 두 국가의 지도자들은 국제 무대에서 적대국과 우방국은 두 강대국이 건국의 기반으로 삼은 특정한 이데올로기적 전제와의 거리로 규정할 수 있다고 생각했다. 냉전 기간 동안 소련과 미국 지도자는 자국과 어떤 나라의 잠재적 거리를 해당국의 대외·국내 정책이 다른 초강대국과 얼마나 떨어져 있는지에 따라 정의했다.

역사적으로 보면 20세기는 여러 국가가 러시아와 미국을 주권 원칙에 기반을 둔 국제적 상호관계에 맞추어 사회화하려고 지속적으로 시도한 시기였다고 볼 수 있다. 몇몇 경우 이런 노력은 성공을 거두었지만 대개는 실패했다. 사회화가 성공한 경우는 주로 소련이나 미국을 직접적으로 위협할 수 있는 국제 체제 내의 위기와 관련될 때뿐이었다. 우리가 이미 살펴보았듯 대공황, 제2차 세계대전, 그리고 베트남 전쟁의 종결은 미국이 다른 국가의 이익을 좀더 고려할 수 있도록 했다. 러시아의 경우 1905년과 1917년 혁명 사이의 기간, 1941년 독일의 침공 이후, 그리고 고르바초프-옐친 시대가 그런 타협의 신호를 주었다. 그러나 많은 경우 두 강대국은 점차 발전하고 있는 국제적 상호 작용의 규범을 **어기고** 독단적으로 개입하곤 했다. 미국과 러시아(적어도 소련이었던 기간 동안)가 20세기에 취한 정책으로 미루어보면 국가 주권의 원칙과 미국 및 소련이 추구한 지구적 이데올로기는 조화될 수 없었다고 보는 편이 설득력 있다. 비록 냉전기 두 초강대국이 최소한 형식적으로는 동맹과 국제기구를 인정했지만 말이다.

이 장은 러시아라는 국가의 특수하고 독특한 형태가 소련의 대외 정책에서 나타난 대부분의 개입주의 정책의 원동력이었다고 주장한다. 물론 러시아에서 권력을 잡은 공산주의자들은 미국 혁명가들이 대영제국의 경험을 수용했듯이 많은 부분에서 옛 러시아 제국의 팽창 정책을 계승했다. 미국과 러시아 두 경우 모두, 개입을 정당화한 이데올로기는 이전 세기에 형성된 관심사로부터 출발해 전혀 다른 제도 아래에서 발전했다. 러시아 공산주의자가 볼 때 소련의 건국은 인구의 절반 이하만 러시아어를 사용하는 다문화적 공간을 상속했다는 의미뿐 아니라, 차르가 비(非)러시아인 신민(臣民)에게 최소 두 세대에 걸친 러시아화와 근대화 정책을 시도했던 국가를 공산주의자들이 비로소 접수했다는 뜻이기도 했다. 19세기 후반과 20세기 초반 공산주의자를 포함한 많은 러시아인은 그들이 아시아적 야만을 일소하고 동방의 민족을 문명화할 특별한 사명을 지니고 있다고 믿었다.

20세기의 첫 10년 동안, '레닌'으로 더 유명한 블라디미르 일리치 울리

야노프(Vladimir Ilich Ulyanov)가 건설한 당은 마르크스주의적 근대성을 통해 유럽 러시아(유럽에 속해 있는 러시아 지역을 의미한다—옮긴이)에서 후진성을 제거하고 러시아 제국의 아시아인에게는 근대적 발전의 경로를 제공한다는 사명을 믿어 의심치 않았다. 러시아사회민주노동당의 다수파를 의미하는 '볼셰비키〔훗날 러시아공산당(1918), 전(全)연방공산당(1925), 소련공산당(1952)으로 불린다—옮긴이)'는 정치 과정의 중심에 인민의 잠재적 생산력의 해방을 두었다. 마르크스주의자 레닌에게 '해방'은 농민을 근대적 의미의 노동자로 전환한다는 의미를 지녔다. 해방은 다른 유럽 국가들의 경험처럼 자본주의 체제가 산업 프롤레타리아에 가하는 억압적 방식과는 전혀 다른 방식으로 이루어질 것이었다. 볼셰비키는 혁명적 전위인 공산당의 지도가 있다면, 적은 수의 러시아 프롤레타리아 역시 자본주의 발전 단계로부터 자유로울 수 있다고 믿었다. 프롤레타리아를 대표하는 공산당은 러시아의 역사적 발전을 농업 사회에서 산업 노동자 사회로 지도해나갈 것이었다.

미국과 소련의 이데올로기는 그 배경과 기획에서 많은 점을 공유했다. 그러나 이 둘은 근대성이 무엇을 의미하는지를 두고 서로 다른 정의를 내세웠다. 대부분의 미국인이 시장을 찬미했다면 소련 엘리트는 시장을 부정했다. 심지어 유럽을 팽창할 수 있도록 한 기제가 시장이라고 인식하면서도, 레닌 추종자들은 시장이 평등과 정의에 호의적인 계급 기반의 집합 행동으로 대체되는 과정 중에 있다고 믿었다. 근대성은 두 단계로 왔으며, 이는 각기 다른 혁명의 반영이었다. 하나는 자본과 생산성을 중시하는 자본주의 형식의 혁명이었고, 다른 하나는 민주화와 혜택받지 못하는 사람들의 사회적 개선을 반영한 공산주의 형식의 혁명이었다. 공산주의는 근대성의 한층 높은 단계였으며, 러시아 노동자는 공산주의로 향하는 길을 이끌어갈 임무를 부여받았다.

러시아 제국과 러시아 혁명

소련의 붕괴 이후 잠시나마 러시아가 공산주의 실험 이전에는 유럽의 정상(normal) 국가였다는 시각이 존재했다. 이와 같은 시각은 러시아가 탈공산주의화 과정을 거친 이후 다시 유럽으로 되돌아오리라 가정했다. 현재의 시점에서 그 진단은 확실하게 틀렸다. 러시아 제국은 끝까지 다른 주요 유럽 강대국과 이데올로기나 국가 구조 측면에서 거의 공통점이 없었다. 혁명 이전의 19세기 러시아 엘리트는 러시아가 유럽으로부터 오랫동안 배제되었다는 사실을 인정하면서도 동시에 이와 같은 배경 아래 유럽 문화를 새롭고 더 나은 형태로 재창조하고자 했다. 다수의 러시아 엘리트는 유럽인이 후진적이라고 여긴 러시아적 특징이 사실은 더 순수하며 오염되지 않은 동방의 기독교 문명을 건설할 수 있는 새로운 기회라고 보았다. 그들은 러시아 문명이 타락과 쇠퇴의 길을 걷고 있는 유럽 대륙의 구세주가 될 거라고 주장하기도 했다. 그러는 동시에 러시아는 대륙으로의 지속적 영토 확장을 통해 국가 엘리트의 정당성을 확보하는 전제 국가로 남았다. 러시아 제국의 영토 확장은 19세기에 특히 동쪽과 남쪽을 향했다.

16세기에 시작된 러시아의 영토 확장은 표트르 대제 재위 기간인 18세기 초에 가속화했다. 나폴레옹 전쟁 이후 러시아가 서쪽 이웃 국가를 합병하는 일은 더 이상 일어나지 않았다. 러시아의 제국주의적 기획은 이제 캅카스, 시베리아, 중앙아시아를 겨냥했다. 19세기가 끝날 무렵, 제국의 신민 중 러시아인은 절반 이하였으며 슬라브인으로 범위를 넓혀도 겨우 3분의 2에 불과했다. 러시아의 영토로 선언한 지역의 4분의 3 정도에 살고 있던 나머지 사람들은 약 70개 민족 집단으로 구성되었으며, 러시아의 영토는 노르웨이에서 조선 접경 지역까지 뻗어 있었다. 러시아의 비유럽 지역에서 가장 잘 조직된 집단은 중앙아시아와 캅카스 지역의 무슬림이었다. 러시아의 초기 아시아 정복은 대부분 무력으로 이루어졌다. 하지만 제국 중심부와 주변부 사이엔 엄청난 거리가 존재했고, 정복지에는 숙달된 행정 인력이 부족했다. 이로 인해 러시아 제국 정부는 대부분의 지역에서 현지 출신 엘리트에게 행정을 맡길 수밖에 없었다. 몇몇 지역에서 제국 정부는 심지어 제국의 이교도 지역을 '문명화'하는 방편으로 이슬람으로의 개종을 지원하기도 했다.

19세기 중반에 이르러 러시아적 특수성이라는 개념이 통신 수단의 발전과 만나며, 제국의 운영에 훨씬 더 자신감을 지닌 제국 엘리트가 등장했다. 이들은 제국 중심부에서 멀리 떨어진 지역의 문화적 자율성에 압박을 가하기 시작했다. 1830년대에 캅카스 지역 전부를 정복하기 위해 마지막 일격을 감행할 때 러시아 제국 의회는 그 지역이 "같은 몸의 한 팔다리처럼 러시아와 연결되며, 그 지역에 사는 사람들은 러시아적으로 말하고, 사고하고, 느끼게 될 것"이라고 선언했다.[1] 이는 러시아의 국내 개혁을 원하던 사람조차 러시아 제국의 팽창이라는 사명이 반드시 필요하다고 생각하기 시작했다는 걸 의미했다. 일례로 1864년 자유주의 성향의 알렉산드르 고르차코프(Aleksandr Gorchakov) 외무대신은 다음과 같이 말했다. "중앙아시아에서 러시아의 상황은 안정적인 사회 조직을 결여한 반(半)야만, 비(非)정착민과 접촉하게 된 모든 문명국의 상황과 유사합니다. 이런 상황에서 문명국은 안보와 무역의 이익을 위해, 야만적이고 충동적인 습관 때문에 소란을 피우는 이웃에게 어느 정도의 권위를 행사할 필요가 있습니다." 또 고르차코프는 문명국의 '권위'의 효과가 반야만 집단의 행동을 바꾸게 될 거라고 주장했다. 이런 문명화 과정은 이제 **문명화한 반**

야만 집단이 이웃의 또 다른 반야만 집단의 침략에 노출되기 때문에 자연스럽게 연장된다. "그러므로 국가는 반드시 결정을 내려야만 합니다. 이 지속적인 과제를 포기하고 그 바깥 경계를 혼돈 상태로 내버려둘 것인지 …… 아니면 야만 국가로 더욱더 깊숙이 침투해 들어갈 것인지 말입니다." 고르차코프는 만일 후자의 길을 선택한다면 "이는 결코 멈추기 어렵습니다"라고 지적했다.[2]

문명을 확장하는 기획이 저항에 부딪치자, 19세기 중반 아시아에서 러시아의 전쟁은 집단 학살로 변모했다. 캅카스 지역에서는 다수의 무슬림 민간인을 사살 또는 추방했다. 무슬림이 추방되자 슬라브인 이주민이 무슬림의 마을과 평원을 차지했다. 1860년대에 러시아 제국은 미국이 정확히 같은 시기 당면했던 질문에 직면했다. 어떤 사람을 국가에 통합할 수 있으며, 어떤 사람을 관리하거나 최악의 경우 절멸시켜야 하는가? 러시아의 사명을 믿은 엘리트들이 내린 답은 제국의 거주민 중 가능한 한 많은 사람을 러시아화하는 방법이었다. 러시아화 사업은 문명의 확장에 기여할 기회를 부여한다는 목표를 내걸었다. 러시아의 우월성을 확신할 수 있도록 하는 좋은 방법은 피정복민에게 제국을 확장하는 정신적이고 물질적인 기획에 참여할 기회를 주는 것이었다. 콘스탄틴 폰 데르 팔렌(Konstantin von der Pahlen) 공작은 20세기 초 제국이 지배권을 얻은 거대한 영토를 시찰할 때 "러시아의 투르키스탄 정복(1871~1881년 동안 진행되었다─옮긴이)은 많은 일반인의 고통을 완화시켜주었습니다"라고 말했다.[3] 팔렌 공작은 무슬림이 러시아 지배의 이점을 경험한다면 기꺼이 제국적 기획의 일부분이 되고, 이를 통해 불복종이 가져올 절멸을 피할 수 있을 거라고 생각했다.

19세기에 세계 최대의 영토 국가를 건설하려던 러시아의 기획은 국내 개혁을 둘러싼 논쟁과 연결되었다. 러시아 농민의 운명이 개혁 논쟁의 핵심이었다. 대다수 러시아 농민은 알렉산드르 2세가 1861년 해방 칙령을 내리기 전까지 농노 신분에 머물러 있었다. 러시아 농노는 19세기 유럽 농민보다 미국의 노예에 더 가까웠다. 역사학자 도미닉 리븐(Dominic Lieven)이 주장한 것처럼 농노는 러시아 제국의 "내부 식민지"였다.[4] 재산권이 허용되지 않고 **영주**에게 노역을 제공할 의무가 있는 19세기 중반의 농노는 근대 자본주의 경제가 필요로 하는 노동력이 발전하는 길을 저해하고 있었다. 농노 해방 이후에도 러시아 개혁가들은 농촌에 여전히 남아 있는 '후진적' 전통이 러시아를 근대 국가로 만드는 데 장애물이 된다고 보았다. 몇몇 개혁가들은 러시아를 구원하는 방법이 자본주의 시장이라고 여기기도 했다. 1897년의 혁명 활동으로 시베리아에서 유배 생활을 하던 레닌은 아래와 같은 글을 썼다.

시장은 모든 면에서 진보적이다. 시장은 오랜 세월 동안 변화 없이 정체되고 분열되어 있는 소규모 수공업을 해체하기 때문이다. 자본주의는 사회적 노동의 생산성을 제고해 노동자가 더 높은 생활 수준을 누릴 가능성을 만들어낸다. 또 자본주의는 이 가능성을 필연성으로 바꿀 조건을 창출한다. 즉 시장은 '오지(奧地)'의 버려진 '정주(定住) 프롤레타리아', 물리적으로도 도덕적으로도 정주하는 이들을 움직이는 프롤레타리아로 바꾼다. 그리고 시장은 무한히 발전한 속박과 개인적 의존의 여러 가지 형태를 동반하는 아시아적 노동 형태를 유럽적 형태로 바꾸어낸다.

젊은 레닌은 "기계를 효과적으로 이용하기 위해서는 증기, 석탄, 기술보다도 …… 유럽적 사고와 감정의 양식이 필요하다"고 덧붙였다.[5]

19세기 후반에 러시아의 학술·경제 엘리트는 제국의 정치·군사 지도부가 러시아의 개혁에 진지하게 임하지 않는다고 비판했다. 또 그들은 정치·군사 지도부가 제국에 새롭게 편입된 '새로운' 인민(아시아인이나 해방된 농노)을 실망시킨다고 생각했다. 아직까지 레닌 같은 혁명가들은 상대적으로 고립된 소수에 불과했다. '서구화론자'와 '슬라브주의자'의 논쟁은 러시아 제국이 방향을 잃고 있다는 사실을 반영하고 있었다. 두 집단 모두 러시아의 목적이 비유럽인을 향한 러시아의 사명에 있다고 보았다. 서구화론자가 서구 문물의 선택적 수용을 구원책으로 보았다면, 슬라브주의자는 이상화한 러시아의 과거에서 미래를 보았다. 몇몇은 자본주의를 필요악으로 인정했지만, 대다수는 점차 자유 시장의 발전과 그들이 바라던 국가의 강화 사이에 모순을 인식했다. 러시아가 산업화를 시작하자 이 모순은 점점 더 심각해졌고, 기존 엘리트들의 정책이 러시아 제국을 무너뜨리고 있다는 인식이 광범위하게 퍼졌다.[6]

　결국 이와 같은 인식 아래, 위기에 어떻게 대응할지(이는 러시아 제국이 러일전쟁과 제1차 세계대전에서 패배하기 훨씬 전부터 진행되고 있었다)를 두고 많은 서구화론자와 슬라브주의자가 러시아의 특별한 사명을 주축으로 신념을 재구축하기 위해 뭉쳤다. 진정한 엘리트(인텔리겐치아)를 대변하는 새로운 러시아를 만들어야 할 필요가 있다고 주장하던 많은 정치가와 문필가들은 러시아가 인민을 위해 기술과 진보를 이루어야 하며 이를 통해 더욱 공정한 사회 체제를 만들어야 한다고 강조했다. 상당수 개혁가들은 철학자 니콜라이 베르댜예프(Nikolai Berdyaev)가 그러했듯이 "부르주아가 되면 ……물질의 노예이자 영원성의 적이 된다. 완성형의 유럽 및 아메리카 문명은 산업-자본주의 체제를 창출한다. 이 체제는 대단한 경제 발전을 이루지만, 영성의 소멸이라는 정신 현상을 대표한다"고 주장하며 반(反)자본주의로 입장을 선회했다.[7] 훗날 정교회 신부가 된 러시아 마르크스주의자 세르게이 불가코프(Sergei Bulgakov)가 러시아 지식인은 "비현실적 태도, 즉 신의 왕국, 여러 가지 사회주의적 별칭으로 불리기는 하지만 정의가 지배하는 미래의 왕국을 향한 종말론적 몽상, 그리고 죄악으로부터는 아닐지라도 고통으로부터 인류를 구원하려고 노력"하는 사람이라고 정의한 것은 놀라운 일이 아니었다.[8]

20세기 초 팽창주의 전쟁이었던 러일전쟁에서 러시아의 기존 엘리트들이 처참하게 패배하자, 제국의 역할을 개혁해야 한다는 견해가 러시아 정치에서 드디어 기회를 잡았다. 개혁적 시각보다 더 극단적인 요소가 전면에 등장했다. 이미 1850년대 후반 캅카스 지역의 전쟁은 러시아 국가 재정의 6분의 1을 점했다. 일본과 독일의 팽창주의와 맞설 당시 러시아의 제국적 기획은 이에 대항할 만한 충분하고 즉각 활용 가능한 자원을 확보하지 못했다. 1905~1917년 제국의 진로를 둘러싼 정치적 토론의 주도권은 한층 더 많은 인민을 대표하며 러시아의 사명을 추구하는 볼셰비키에게 넘어갔다. 볼셰비키는 급진 민주주의의 이상을 엘리트적 능력주의와 결합했으며, 러시아인이 미래의 세계 재편에서 핵심 역할을 할 수 있다고 약속한 혁명 정당이었다.

볼셰비키의 정책을 (많은 서구 관찰자들이 그러했듯) 러시아 팽창주의 이데올로기의 직접적 연속선상(즉 프롤레타리아 국제주의로 위장한 러시아의 영원성 추구)에서 파악한다면, 이는 공정한 시각이라 할 수 없다. 혁명 전후 레닌이 이끈 볼셰비키의 러시아적 민족주의 수사 중 대부분은 단순한 선전이었다. 그러나 볼셰비키는 진정으로 국제주의적 목표를 지니고 있기도 했다. 레닌은 정신적 차원에서 나타나는 베르댜예프식 러시아예외주의를 경멸했다. "마르크스주의는 유물론이다. ……유물론으로서 마르크스주의는

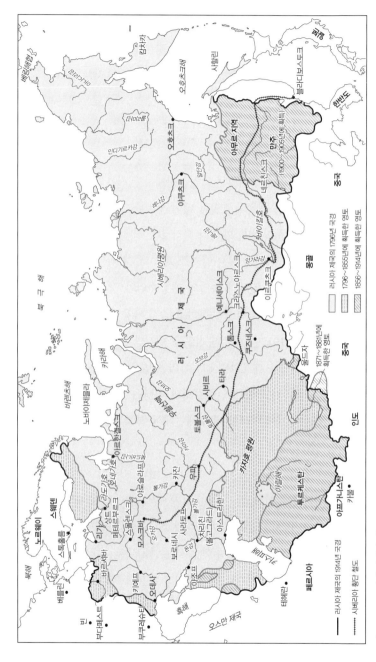

지도 2 1914년의 러시아 제국

베링해협
베링해

알래스카
캄차카
오호츠크해
사할린

로키산맥
하바라카야

중국
한반도
블라디보스토크

인디기르카강
아무르 지역
만주
(1900~1905년에 획득)
네르친스크

오호츠크
(1856~1914년에 획득한 영토)

오브강
콜리마강
레나강
우차츠크
보하이만
헤이룽장
알다노프강

양가라강
이르쿠츠크
몽골

북 극 해
시베리아의 영역
러 시 아 제 국
예니세이스크
크라스노야르스크
톰스크
크루제네스크

러시아 제국의 1736년 국경
1796~1855년에 획득한 영토
1856~1914년에 획득한 영토

바렌츠해

노바야제믈랴
카라해

오브강
타라
시베르
토볼스크

가자흐 평원

1871~1881년에
획득한 영토
울드사
중국
인도

스웨덴

볼가강
카잔
우파

상트
페테르부르크
올로네츠쿠
온네가호
라도가호
우글리치

노보로시스크
키예프
오데사
흑해
페르시아
테헤란
오스만 제국

러시아 제국의 1914년 국경
시베리아 횡단 철도

노르웨이
스톡홀름

베를린

모스크바
보로네시
사라토프
차리친
(볼고그라드)
아스트라한
카스피해
아제르바이잔
카불
아프가니스탄
투르키스탄
힌두쿠시

핀
부다페스트
부쿠레슈티
부카레스트

바르샤바
리가
발트해

090 냉전의 지구사

종교에 가차 없이 적대적이다."[9] 1912년부터 독자 정당을 구성한 볼셰비키 지도자 레닌은 러시아화와 소수 민족 억압에 반대했다. "모든 민족에게 완전한 권리의 평등, 민족자결권, 모든 민족의 노동자 단결"은 레닌이 제1차 세계대전 발발 직전에 내세운 구호였다. 제1차 세계대전을 통해 러시아 제국의 힘은 약해졌고, 잘 조직된 볼셰비키는 1917년 11월의 쿠데타를 통해 권력을 쥘 기회를 얻었다. 그러나 레닌은 동시에 경고했다.

> 이러한 상황에서 러시아의 프롤레타리아는 이중의, 또는 양면의 과제에 직면하고 있다. 먼저 모든 종류의 민족주의, 그중에서도 대(大)러시아 민족주의와의 투쟁이다. 일반적으로 모든 민족의 완전히 동등한 권리를 인정할 뿐 아니라, 정치 체제에 관한 동등한 권리(예를 들어 민족자결권이나 분리권)도 인정해야 한다. 그리고 프롤레타리아의 과제는 모든 민족 사이에 존재하는 모든 종류의 민족주의에 맞서 성공적으로 투쟁하기 위해, 민족적 배타성을 위한 부르주아의 노력에 맞서 프롤레타리아 투쟁과 프롤레타리아 조직의 통일성을 유지하고, 이들 조직을 긴밀하게 연결된 국제적 연합으로 통합해내는 것이다.[10]

러시아 제국의 엘리트와 마찬가지로, 볼셰비키 역시 소련이 결국 현대적이며 정의롭고 새로운 세계 문명의 중심이 되리라는 확신을 공유했다. 레닌은 러시아가 사회주의 혁명을 겪은 첫 국가로서 다른 나라의 혁명가 집단을 돕기 위해 많은 일을 할 수 있다고 믿었다. 러시아는 곧 이어질 선진 유럽 국가의 혁명 기지이자 혁명의 후위로 기능할 수 있었다. 레닌은 러시아가 사회·기술 면에서는 후진적이지만 공산당이라는 프롤레타리아 조직이 있기 때문에 혁명의 우위를 점할 수 있었다고 믿었다. 또한 레닌은 러시아가 10월 혁명의 교훈을 다른 프롤레타리아 정당에 가르칠 수 있다고 보았다. 레닌은 1918년 5월 "노동자 계급이 국제적 규모의 혁명을 일으킬 때까지 기다리는 것은 모두가 허공에 매달리는 것과 같습니다"라고 말했다.[11] 10월 혁명에 뒤이은 내전에서 주요 제국주의 세력이 신생 소련에 반대해 개입했다는 사실은 반제국주의 전선에서 볼셰비키의 역할이 얼마나 중요한지를 증명해주었다.

주요 도시에서 권력을 장악하고 (비록 느리긴 했지만) 내전을 통해 영토를 확장하는 등 자신만의 국가를 건설하기 시작하면서, 볼셰비키는 곧 그들이 러시아뿐만 아니라 '러시아 제국'의 상속자임을 깨달았다. 1917년 혁명 직후 제국 내 모든 주요 민족은 그들 자체의 정부를 구성하면서 분리해나갔다. (1917년 핀란드, 라트비아, 리투아니아, 벨라루스가 독립을 선언했다. 1918년에는 에스토니아, 우크라이나, 폴란드, 캅카스연방이 그 뒤를 따랐다. 캅카스연방은 이후 그루지야, 아르메니아, 아제르바이잔으로 나뉘었다―옮긴이.) 그러나 민족 주권의 원칙이 신생 국가인 소련의 전략적 요구(러시아 프롤레타리아뿐 아니라 전 세계 프롤레타리아의 요구를 대표해야 한다는 것)와 충돌하자, 공산당 지도부는 소련의 전략적 요구를 선택했다. 레닌은 우크라이나 의회(Rada)에 일찍이 1917년 12월 최후통첩을 보냈다. 그 내용은 이랬다. "라다가 이미 독립적인 부르주아 우크라이나공화국의 최고 국가 권력 기관으로 공식 인정을 완전히 받았다고 하더라도, 우리는 어떤 주저도 없이 라다에 전쟁을 선포할 것입니다. 이는 혁명을 향한 라다의 전례 없는 배신적 태도와 …… 〔라다가―옮긴이〕 러시아 인민의 민족 독립에 대한 최악의 적, 그리고 소비에트 권력 및 노동자와 착취당하는 대중의 적을 지지하기 때문입니다."[12] 1921년 내전에서 사실상의 승리가 거의 확실해지자 공산주의자들은 심지어 그루지야(현재의 조지아―옮긴이)를 침략하고 점령했다. 그루지야는 옛 러시아의 정복지로서 몇 년 전 자체적인 혁명을 통해 사회주의 정권이 들어선 지역이었다. 그루지야의 중견 볼셰비키이자 위대한 지도자의 모범을 따라 스스로를 '스탈린'이라는 필명으로 불렀던 이오시프 비사리오노비치 주가슈빌리(Josif Vissarionovich Dzhugashvili)는 다음과 같이 말했다. 트빌리시(Tbilisi)에 수립된 이전의 그루지야 사회주의 정권은 "부르주아가 프롤레타리아에 영향을 미치는 수단"으로 전락했으며 "소련을 향한 자본주의 국가의 심각한 적의를 고려하면, 소비에트 그루지야 혹은 완전히 고립된 소비에트 국가는 군사·경제적 관점에서 존재 불가능합니다. 소비에트 국가의 발전은 소비에트 국가 사이의 상호 경제·군사 차원의 지원 없이는 생각할 수 없습니다".[13]

민족 정책 담당 인민위원이었던 스탈린은 '붉은 제국' 내 비러시아인을 향한 소련공산당의 태도를 결정하는 데 핵심 역할을 했다. 그 자신이 러시아화한 그루지야인이었기 때문에 스탈린은 소련 내의 더 후진적인 인민에게 근대성을 확산하기 위해서는 러시아 노동자 계급의 영향력을 확장해야 한다고 믿었다. 조야하지만 신념에 찬 마르크스주의자였던 스탈린은 공산당이 지도하는 계급 의식을 가진 프롤레타리아의 존재에 따라 발전 단계가 형성된다고 보았다. 19세기의 몇몇 러시아 제국주의자와 유사하게도, 스탈린은 유럽 변방에 있던 러시아가 다른 선진국에 비해 비유럽인과 함께 일하기 더 좋은 위치에 있다고 느끼고 있었다. 심지어 옛 정복지를 소련에 강제적으로 통합하고 그곳의 민족주의 지도부를 잔혹하게 탄압하는 일을 허가한 레닌도 1922년 병상에 누운 후, 스탈린의 중앙집권주의적 태도가 당의 마르크스주의 이념과 충돌할 수 있다는 사실을 감지했다. 레닌은 그루지야의 소비에트화를 논평하면서 "스탈린의 성급함, 그리고 행정을 향한 그의 순수한 심취"는 정복지뿐 아니라 러시아에서도 사회주의를 향한 자연적인 사회적 발전 과정을 방해할 수 있다고 썼다.

레닌은 특유의 과장법을 활용해 "그 대(大)러시아 국수주의자(스탈린을 지칭한다—옮긴이)의 맹공격으로부터 비러시아인을 방어할 수 없으리라는 것은 너무도 당연합니다. 소수에 불과한 소비에트와 소비에트화한 노동자들은 우유에 빠진 파리처럼 대러시아 국수주의 쓰레기의 물살에 휩쓸려 익사할 것입니다"라고 예측했다.[14]

그러나 단기적으로는 소련의 아시아 지역을 재건하기 위해 나선 러시아의 젊은 볼셰비키들은 레닌의 판단이 틀렸음을 몸소 증명했다. 그들은 러시아 국수주의보다는 사회 정의와 기술 발전이라는 공산주의 이상을 향한 완전한 헌신 속에서 움직였다. 그들은 정복된 민중이 권리를 지니고 있으며, 그중 가장 압정에 시달린 이들(정복 당국과 그 지방의 엘리트 양쪽에게 모두 착취당한 이들)은 신생 소련 정권의 자연적 동맹이라고 강조한 점에서 구(舊)러시아 제국의 식민지 행정가들과 구분되었다. 러시아가 촉발하긴 했지만 소수 민족이 자체적으로 수행한 명확한 사회적 변화를 통해서 인민은 소련 사회주의를 만들어낼 거대한 기계의 작은 톱니바퀴가 될 수 있었다. 나중에 제3세계 다른 곳에서도 그러했듯이 변화를 위한 사회주의 처방은 전체 사회를 확연히 갈라놓았다. 한편으로는 그들의 나라를 공산주의라는 공통의 목표를 향해 이끌고 싶어 하는 신념에 찬 소수 현지 추종자 집단이 있었고, 다른 한편으로는 공동체나 다른 이상에 충성을 바치는, 갈팡질팡하거나 저항하는 다수의 집단이 존재했다. 소련 내에서는 저항하는 자라면 그 누구도 용인될 수 없었다. 1920년대 중반 공산주의에 반대한 모든 이들(무정부주의자, 좌익 사회주의자, 자유주의자, 차르주의자)은 유배되거나 투옥 또는 처형당했으며, 갈팡질팡하는 이들은 의문을 그들 마음속으로만 간직하는 법을 배웠다. 오직 중앙아시아의 무슬림들만 1930년대까지 무장 투쟁을 지속했다. 볼셰비키는 이 저항 집단을 바스마치(Basmachi, 도적)라고 불렸다. 바스마치라는 명칭과 사납다는 평판은 두 세대가 지난 후, 아프가니스탄 반소(反蘇) 전사들의 명예로운 상징이 될 터였다.[15]

코민테른과 제3세계

모두를 위한 사회적 정의라는 공산주의의 약속을 실현하기 위해 공산주의가 팽창해야 할 지역은 소련 내부만이 아니었다. 레닌 추종자 중 거의 대부분은 정치 활동을 하는 데 러시아 제국이었던 곳과 그렇지 않았던 국가들 사이에 특별한 차이를 두지 않았다. 사실 레닌에게 러시아 혁명의 주된 목적은 곧 도래할 다른 혁명을 위한 기반을 준비하는 데 있었다. 먼저 유럽의 선진 자본주의 국가들에서 혁명이 도래한 후, 사회적 조건이 무르익으면 식민지에서도 뒤이어 혁명이 일어날 터였다. 식민지 혁명을 지원하고 촉진하기 위해 볼셰비키는 1919년 공산주의 인터내셔널(이하 '코민테른'—옮긴이)을 창설했다. 코민테른은 모스크바에 본부를 둔 범세계적 기구로서 세계 각국의 노동당을 회원으로 두었다. 코민테른을 통해 레닌은 각국의 주요 사회주의 정당을 '볼셰비키화'하려 했으나, 대부분의 경우 이와 반대되는 결과를 초래했다. 새로운 인터내셔널인 코민테른에 가입하기 위한 열망을 지니고 있던 소련 외부의 레닌 지지자들은 조직에서 주변화하거나 종종 배제되곤 했다. 그들은 떨어져 나와 공산당을 새로 건설하거나 코민테른의 각국 지부(소련은 이렇게 생각하는 걸 좋아했다)를 건설해야 하는 상황에 몰렸다.

19세기에 태동한 마르크스주의는 그 분석과 예측을 유럽과 아메리카 지역에 집중했고, 자본주의가 착취의 주된 매개체로 확립되지 않는 국가를 다룰 여유가 없었거나 그런 나라에 큰 관심을 두지 않았다. 나중에 러시아에서 마르크스주의자가 된 사람들과 마찬가지로, 카를 마르크스(Karl Marx)는 세계가 위계적 발전 단계로 조직되어 있다고 보았다. 이 위계에서 핵심적 구별 요소는 산업 노동자 계급(프롤레타리아)의 존재였다. 프롤레타리아가 존재하는 유럽과 아메리카 국가들은 사회주의로 나아갈 가능성이 높은 선두 주자였다. 그 안에 살고 있는 노동자들은 특정한 형태의 자본주의 착취를 경험하며, 그 직접적 과정을 통해 자본주의에 궁극적으로 맞서 싸울 터였다. 마르크스는 아시아와 아프리카는 과거 유럽과 다른 발전 경로를 거쳤으며, 역사적 시각에서 볼 때 이들 대륙이 자본주의를 향해 나아가는 여정을 이제 막 시작했다고 생각했다. 마르크스의 "아시아적 생산 양식"이라는 개념은 전제적이고 비효율적인 국가와 모호한 관계를 맺고 있는 고립된 농촌 공동체라는 특징을 지녔다. 아시아적 생산 양식은 사람들을 "품위 없고, 정체되어 있으며, 수동적인" 삶으로 밀어 넣는 사회 체제였다. 이런 상황에서 마르크스는 제국주의의 희생자에게 연민을 느끼기는 했지만, 제국주의가 일부 진보적 역할을 수행한다고 인정하기도 했다. 1853년 영국이 인도의 반란을 진압하자 그는 "영국은 인도에서 이중의 사명을 수행해야 했다. 파괴의 사명과 재생의 사명이 그것이다. 낡은 아시아 사회를 파괴하고 서구적 사회의 물질적 기초를 아시아에 구축하는 일이다"라고 결론지었다.[16]

교조적이지 않은 마르크스주의자였던 레닌은 특히 생애 끝 무렵, 마르크스가 "반(半)야만 사회"라고 본 지역에 훨씬 더 넓은 전술적 역할을 부여하기 시작했다. 1917년 혁명 직전 쓴 주요 저작 《제국주의: 자본주의의 최고 단계》에서 그는 19세기 후반 식민지 소유를 놓고 벌어진 유럽 국가

간 격렬한 갈등이 자본주의 체제를 변화시켰으며 자본주의의 쇠퇴를 촉진했다고 주장했다.

금융 자본은 식민 정책의 많은 '오래된' 동기들에다 원료 산지 확보, 자본 수출, 교역을 유리하게 하고 이권과 독점 이윤을 높이기 위한 세력권 확장을 부여하고, 궁극적으로 경제성 있는 영토 일반을 획득하기 위한 투쟁을 추가한다. 1876년에 그랬듯 유럽 열강들이 예를 들어 아프리카 대륙의 10분의 1을 그 식민지로 점유하고 있던 때의 식민 정책은 토지를 비독점적인 방식으로, 말하자면 '선착순'으로 차지하는 방식으로 펼칠 수 있었다. 하지만 1900년 무렵 아프리카의 10분의 9를 정복하고 전 세계가 분할되자 독점적인 식민지 보유의 시대, 세계의 분할과 재분할을 위한 첨예한 투쟁의 시대가 도래했다.[17]

레닌에 따르면 특히 제1차 세계대전 이후에 일어나리라 예측했던 유럽 혁명은 실현되지 못했다. 하지만 자본주의적 제국주의 열강의 경쟁이 격화하면서 제3세계 민중의 반제국주의 투쟁은 새로운 가능성과 중요성을 획득했다. 발전 단계와 관련한 마르크스의 믿음과 공개적으로 대립하지는 않지만, 레닌은 러시아 혁명이 일부 발전 단계를 간단하게 도약할 수 있다는 점을 보여주었다고 생각했다. 그리고 그는 1917년 공산주의 쿠데타 직후 즈음부터 제3세계 사회주의자들을 모스크바로 소집했다. 1919년 11월 포교자와 같은 설교로 가득 찬 연설에서 레닌은 다음과 같이 말했다. "제3세계 혁명가의 임무는 노동자 대중을 그들이 도달한 단계에 관계없이 혁명·독립적 활동과 조직을 향해 각성토록 하는 일입니다. 또한 더 선진적인 국가의 공산주의자를 위해 만든 진정한 공산주의 교리를 모든 인민의 언어로 번역하는 일입니다."[18] 2년 후, 레닌은 필사적으로

"이제 모든 서방 문명의 운명은 동방의 대중을 정치적 활동으로 끌어오는 데 달려 있습니다"라고 결론지었다.[19]

볼셰비키는 몽골에서 공산주의 신념을 국경 너머에서 실현해보는 첫 번째 기회를 얻었다. 1911년 신해혁명의 혼란 속에서 중화민국은 몽골에서의 실질적 통제력을 상실했다. 소수의 몽골 혁명가 집단은 러시아 내전 기간 동안 몽골로 도망쳐온 볼셰비키와 접촉했다. 이들은 공산주의가 독립과 근대성 모두를 의미하며, 몽골의 유목민적이고 불교적인 과거를 벗어나는 데 이상적인 방법이 될 수 있다고 생각했다. 1921년 러시아와 몽골의 볼셰비키파 군인들은 마지막 생불(living Buddha, 生佛: 승려이자 몽골의 군주였던 복드 칸(Bogd Khan)을 말함―옮긴이)의 겨울 거주지였던 우르가(Urga)를 점령하고, 이를 '붉은 영웅'이라는 뜻을 지닌 울란바토르로 개칭했다. 소련 외부 지역에서 탄생한 첫 인민공화국으로서 몽골은 제3세계 공산주의 정책의 예비 실험장이기도 했다. 나중에 다른 대륙의 다른 국가에서 나타날 교육 방법, 문화 사업, 집단화 그리고 반(反)종교 선전을 소련 출신 자문단이 몽골에 처음 도입했다. 소련 자문단은 몽골의 공산주의 지도부를 대신해 몽골 국가를 운영했다. 소련 본국의 자원 부족으로 지원이 빈약했지만 소련의 젊은 자문단은 몽골을 지원하기 위해 바쁘게 움직였다. 코민테른 대변인은 몽골 지도자에게 다음과 같은 지시를 내렸다.

10년 안에 우리는 반드시 몽골에 사회주의를 건설해야 합니다. 이 지시를 완수하기 위해 …… 소련으로부터의 밀 수입을 완전히 끝내기 위해, 농업을 발전시키는 것이 시급합니다. 육류 조달 계획을 초과 달성해야 합니다. 몽골의 외부 상황이 불안정하므로 봉건적인 라마와 귀족을 죽이고, 체포하고, 투옥시킬 필

요가 있습니다.[20]

　코민테른은 공산주의자들이 반식민주의 저항을 촉발시키는 수단이어야 했다. 외세의 지배에 반대한 제3세계의 많은 사람에게도 러시아 혁명은 주목할 만한 사건이었다. 볼셰비키는 식민적 억압과 인종적 지배를 혁파한 새로운 국가를 만들고자 했을 뿐 아니라, 같은 목적을 지닌 세계의 모든 운동을 지원하겠다고 약속했다. 또 가장 중요한 점은 공산주의자들이 구제도를 어떻게 뒤엎을 수 있는지 모범적으로 그 방법을 보여주었으며, 정의롭고 동시에 현대적인 새로운 국가의 본보기를 제시했다는 것이다. (여기에 대해서는 다음 장에서 좀더 다룰 예정이다.) 전 세계의 많은 조직가와 지식인은 코민테른 선동가들이 전 세계에 퍼뜨린 10월 혁명의 이미지를 통해 소련이 그들 국가의 미래로서 아주 매력적인 선택지라고 여겼다. 공산당이 1920년대 초반에 대부분의 제3세계에서 등장한 것도 그렇게 놀라운 일은 아니다. 중국, 인도, 인도네시아, 터키, 이란에서 공산당은 모두 1920~1921년 즈음 창당되었다. 이 당의 (기존 정권에 의해 체포되거나 살해당하지 않은) 지도자들이 코민테른 대회를 위해 (유럽 공산주의 지도자들이 그랬듯) 모스크바에 집결했다. 제1차 코민테른 대회(1919년 3월—옮긴이)의 기록을 보면, 초기 공산주의 운동이 얼마나 다양했는지 알 수 있을 뿐만 아니라, 러시아 마르크스주의자 및 그들과 전혀 다른 배경을 가진 마르크스주의자 사이의 만남이 얼마나 어려운지를 다시 한 번 확인할 수 있다.

　소련은 제1차 코민테른 대회에 참가한 서유럽 마르크스주의자들의 반대(그리고 적지 않은 우월감)를 예상하고 있었다. 그러나 소련은 코민테른 대회에서 사회 발전과 공산주의의 정치적 진로를 놓고 독자적 입지를 누리고자 하는 제3세계 마르크스주의자들의 능력과 의지에 더 놀랐다. 제3세계 마르크스주의자들이 입을 모아 소련 사회주의를 비판하지는 않았지만, 이들 지도자의 목소리는 소련의 이후 세대가 제3세계 정책에서 마주할 몇몇 어려움을 말해주었다. 예를 들어 인도의 젊은 공산주의자 마하벤드라 나트 로이(Mahabhendra Nath Roy)는 제2차 코민테른 대회(1920년 7월에 개최했으며 주요 논의 주제는 식민지 해방 투쟁과 민족 문제였다—옮긴이)에서 레닌이 제3세계 공산당이 자국의 반식민주의 혁명을 이끌도록 하는 데 주저하고 있다며 레닌을 강하게 비판했다. 공산주의자가 식민 지배자에 대항해 현지 (혹은 '민족') 부르주아와 동맹을 맺어야 한다고 주장한 레닌의 노선에 동의하면서도, 로이는 공산주의자가 공산당을 위해서 모든 사회적 계급을 대상으로 독자적 선전 사업을 수행하고 모든 계급으로부터 당원을 모집해야 한다고 생각했다. 이를 통해 심지어 농민 대중에 비해 노동자 계급이 매우 적은 지역에서도 '노동자 계급의 전위대'를 만들 수 있었다. 소련과의 동맹을 통해 제3세계 국가가 자본주의적 발전을 회피할 수 있다고 주장한 로이는 적어도 일부 지역에서는 노동자 계급이 완전히 발전하기 전에 공산당이 권력을 잡고, '토지 분배' 같은 프티부르주아지 개혁과 프롤레타리아 권력의 건설을 동시에 진행한다는 선택지를 제시했다.[21]

바시키르(Bashkir) 출신의 공산주의자 미르사이드 술탄 갈리예프(Mirsaid Sultan Galief)의 비판은 소련 입장에서 더 뼈아팠다. 러시아에 정복당한 부족 출신으로 1892년에 태어난 갈리예프에게 혁명이란 무엇보다도 노예화한 민중의 해방을 의미했다. 갈리예프는 '사회주의자–국제주의자의 무장 타타르(Tatar) 조직'의 지도자로서 1914년에 이미 차르 군대에 있는 타타르와 바시키르 병사들에게 봉기를 촉구한 적이 있었다. 갈리예프가 보기에 제1차 세계대전의 원인은 "타타르인, 바시키르인, 투르키스탄인, 캅카스인을 정복하고도 성에 차지 않은 러시아인이 튀르크인과 페르시아인도 정복하고 싶어 했기 때문"이었다.[22] 갈리예프는 1917년 바쿠(Baku)에서 볼셰비키가 되었으며, 곧 무슬림 출신으로는 가장 유명한 볼셰비키 지도자가 되었다. 민족 문제 담당 부(副)인민위원으로서 갈리예프는 "모든 식민화한 무슬림 민중"은 강한 계급 모순이 존재하지 않는 "프롤레타리아 민중"이며, 식민지 해방은 서유럽 혁명이 일어나는 데 필수적인 전제 조건이라고 주장했다. "국제적 제국주의가 …… 그들 국가의 부(富)의 절대적 원천인 동양을 식민지로 보유하는 한 제국주의는 중심부에 고립되어 있는 노동자 대중과의 경제적 대립에서 좋은 결과를 낼 수밖에 없습니다. 이는 제국주의가 (식민지의 부를 활용해—옮긴이) 노동자의 입을 다물게 만들고, 그들의 경제적 요구를 들어줄 수 있기 때문입니다."[23] 소련 정부 내에서 스탈린의 권력이 강해지면서 갈리예프의 위세는 자연스럽게 하락했다. 그는 1923년 반제국주의 인터내셔널을 따로 조직하려 한다는, 또 이슬람이 아시아 민중의 해방에서 진보적 역할을 맡아야 한다고 주장했다는 혐의로 당에서 추방당했다.[24]

1920년대에 스탈린이 당 장악력을 강화하면서 제3세계의 다른 목소리는 소련과 코민테른 내에서 사라졌다. 1928년 마하벤드라 나트 로이는 코민테른의 직책에서 퇴출당했다. 이는 로이가 중국국민당과의 합작 전선을 유지하라는 스탈린의 지시를 거부하고 중국공산당의 독자적 역할을 지지했기 때문이다. 트로츠키와 마지막 결전을 벌이던 1926~1927년, 스탈린은 중국공산당이 중국의 민족주의 정당인 중국국민당과 함께 외국의 제국주의에 반대하고 새로운 중국 국가를 건설하는 데 행동을 같이해야 할 필요성을 제기했다. 자본주의적 발전 단계는 부르주아 혁명과 사회주의 혁명 사이의 아주 짧은 기간일 수 있다는 트로츠키의 영구혁명 개념에 반대한 스탈린은 이행이란 노동자 계급이 부르주아 계급에 성공적으로 대항해 권력을 잡기 전에 충분히 발달한 자본주의적 사회 체제가 출현하는 과정이라고 보았다. 자체적인 무장 부대를 결성하겠다는 중국공산당의 요청을 기각하며, 소련 지도자 스탈린은 "우리는 우파〔국민당〕가 필요합니다. 그들은 여전히 군대를 지휘하고 제국주의자에 대항해 군대를 이끌 능력을 갖춘 사람들을 보유하고 있습니다"라고 선언했다.[25] 스탈린은 러시아에서 트로츠키파와의 정치적 전투를 승리로 이끌었지만, 그가 중국 공산주의자에게 주었던 충고는 자멸적인 결과로 이어졌다. 1927년 4월, 장제스 휘하의 국민당군은 중국공산당을 분쇄하고 그 주요 지도자를 체포하거나 살해했다. (1927년 4월 12일에 일어난 '상하이 쿠데타'를 말한다. 이 사건으로 장제스는 국민당 내 좌파와 공산주의자를 숙청했다―옮긴이.) 중국 공산주의는 이후 거의 10년 동안 중국 내에서 주요한 정치 세력이 될 수 없었다. 그러나 중국공산당의 요청이 기실 레닌이 1917년 러시아에서 했던 것과 크게 다르지 않다고 주장한 로이는 자신의 견해가 옳았다는 데에서 어떠한 이득도 얻지 못했다.

1930년대 스탈린의 진짜 적과 상상의 적이 모두 강제수용소나 집단 학살을 통해 사라지자, 소련 공산주의는 10월 혁명과 관련한 일련의 핵심 신화를 창출해냈다. 이들은 모두 스탈린 권력의 정당성 및 마르크스주의의 역사 발전 법칙에 관한 스탈린의 독단적 견해를 옹호했다. 이 신화에 따르면 1917년 혁명은 공산당의 지도 아래 산업 프롤레타리아의 가장 선진적 집단이 수행했다. 강조가 **선진적**에 놓였으므로, 프롤레타리아의 수는 별로 중요하지 않았다. 페테르부르크의 쿠데타를 실행한 사람들의 '객관적' 역할은 노동자 계급 전체를 대표했다. 그들이 혁명을 통해 타도한 대상은 1905년 이래 점차 등장해서 1917년 2월 이래 명시적으로 권력을 차지하고 있던 부르주아 국가인 러시아의 임시 정부였다. 이런 식으로 스탈린은 볼셰비키가 부르주아 체제를 프롤레타리아 체제로 바꾸어 '자연스러운 방식'으로 발전의 법칙을 따랐다고 강조했다. 비록 부르주아지는 국가의 축복을 겨우 8개월밖에 받지 못했지만 말이다. 러시아에서 이렇게 짧은 이행 기간이 가능했던 이유는 영구혁명이 **아니라**, 레닌과 스탈린이 이끈 러시아 공산주의자의 조직 능력에 있었다. 스탈린은 이런 신화를 마르크스-레닌주의의 불가결한 일부로 포함시키며 그 자신과 당의 역할을 강조했다. 그러나 이를 통해 스탈린은 제3세계 공산주의자들이 사회주의를 향해 빠르게 타고 올라올 수 있는 사다리를 걷어차 버렸다. 스탈린은 중국공산당 세력 붕괴 이후 "역사 발전이라는 법칙은 소홀히 다룰 수 없습니다"라고 힐난하듯이 말했다.[26]

스탈린의 소련에서 진행된 주요한 내부 전환(공산주의자가 러시아를 근대화했다는 주장의 기반이기도 했다)은 농업 집단화였다. 1929년부터 1936년까지 7년간 소련 내부에서는 공산주의 관료 집단과 이에 저항하는 농민 사이에 전쟁이 발발했고, 그 결과 기근이 발생하고 농촌은 황폐해졌다. 전선은 이리저리 이동했다. 1930년 3월에는 58퍼센트를 집단 농장으로 밀어 넣었지만, 1930년 6월에는 그중 절반 이상이 탈출했다. 공포 정치를 통해 점차 토지와 식량을 몰수하고, 대량 체포와 강제수용소로 추방 및 처형을 단행해 볼셰비키는 반대파를 제압하는 데 성공했다. 스탈린의 목표는 간단했다. 그는 제정 러시아에서 내부 식민지로 기능했던 농노 계급을 청산하고 근대 국가를 건설하고자 했다. 스탈린과 그 지지자들은 이러한 목표를 달성할 수 있는 유일한 방법은 농민의 개인주의적이고 지방주의적인 '농노 근성'을 제거하고, 다른 경제 분야에서처럼 중앙집권적 국가 통제 아래 농업을 합리화하는 것이라고 믿었다. 스탈린주의자들에게 농업 집단화는 역사상 최대의 혁명이었으며, 다른 지역에서 어떻게 사회주의로의 전환이 일어날 수 있는지를 보여주는 역사적 실례였다. 산업 경제로의 전환을 위해 국가에 필요한 잉여를 농민이 생산하도록 하는 것은 후진적 국가와 사회가 근대성을 갈망하는 하나의 방법이었다.[27]

코민테른의 정책은 1928~1941년 머리털이 쭈뼛 설 정도의 격변을 겪었다. 코민테른은 1928~1933년 반(反)사회민주주의 노선을 강하게 견지했으며, 이는 '자본주의의 일반적 위기 제3기론(1928년 코민테른 제6차 대회에서 채택한 노선으로, 자본주의 내부의 모순이 격화되어 자본주의가 일반적 위기를 맞이할 것이라고 주장했다. 이는 1929년 대공황의 발발로 많은 지지를 얻었다—옮긴이)'에서 1934~1939년의 '인민전선(기존의 제3기론에 따르면, 사회민주주의자는 파시즘과 마찬가지인 '사회파시즘'으로 여겨졌다. 인민전선 전술은 반사회민주주의 노선을 철회하고, 사회민주주의 및 진보 세력을 인민전선으로 규합한 반파시즘 노선이었다—옮긴이)', 그리고 스탈린과 히틀러의 동맹이라는 구시대적 방어 전술로 회귀하고 말았다. 그러나 소련의 제3세계 정책은 상대적으로 안정적으로 유지되었다. 제2차 세계대전 이전 시기를 통틀어서 스탈린은 가까운 시일 내에 아프리카·아시아 혹은 라틴아메리카가 사회주의로 나아갈 잠재성을 지니고 있지 않다고 판단했다. 왜냐하면 이 지역에는 프롤레타리아가 이끄는 공산당을 창설하기 위한 역사적 조건이 아직 무르익지 않았기 때문이다. 스탈린은 '후진국'이 사회주의로 급속하게 전환될 수 있다는 레닌의 믿음을 포기하지 않았다. 하지만 그는 언제나 제3세계에서 사회주의의 후퇴(그러나 이는 스탈린 자신이 고안한 정책의 결과이곤 했다)를 설명하기 위해 '단계를 도약하지 말 것'을 강조했다. 전체적으로 볼 때 제3세계를 향한 코민테른의 영향력은 1928~1943년 감소했다. 코민테른을 구성하는 상당수의 핵심 정당은 상대 세력의 공격으로 정치적으로나 물리적으로 소멸했다. 예를 들어 코민테른 제6차 대회가 그 "종교적 개념"과 "가장 후진적이고 경제적으로 반동적인 생활 방식"을 이유로 간디주의에 전쟁을 선포한 후, 1930년대 초 인도공산당 당원의 수는 20명 정도로 급감했다. 〔역사학자 켄 포스트(Ken Post)가 지적하듯 이는 인도 인구의 0.000006퍼센트에 불과했다.〕[28]

그러나 코민테른과 코민테른이 통제하던 조직을 거친 수많은 조직원 이 반서구 저항 운동의 미래 지도자로 성장했다는 사실은 매우 중요하다. 베트남의 호치민이나 브라질의 루이스 카를로스 프레스테스(Luis Carlos Prestes) 같은 공산주의자는 코민테른 활동을 통해 사회주의가 통일적이고 국제적인 사상이라고 일평생 확신했다. 인도네시아공산당에서 출발해 훗 날 일본의 지원을 받아 인도네시아 민족주의 정권을 세우려 한 탄 말라카 (Tan Malaka)나 코민테른의 지시 아래 1927년 2월 브뤼셀에서 열린 세계피 압박민족대회에 참가했던 인도의 자와할랄 네루(Jawaharlal Nehru) 같은 반 식민주의자들은 공산주의 및 소련과의 조우를 통해 그들의 운동과 국가 를 어떻게 건설할 수 있는지와 관련해 간명한 생각을 얻었다. 소련의 학 교와 대학〔주로 아시아 학생을 위해 설립한 모스크바 쑨중산대학(孫中山大學: 공식 명칭 은 '중국 노력자를 위한 중산 공산당 대학'이다. 국공합작의 일환으로 1927년부터 1930년 까지 중국공산당 및 중국국민당 혁명가들을 교육했다―옮긴이)〕에서 수학한 수천 명 의 활동가는 소련 동지들의 이상을 향한 헌신과 절대적 믿음에 큰 감명 을 받았다. 심지어 비공산주의자나 이후 공산주의와 결별한 사람들조차 종종 소련을 진보적인 나라이자 모방해야 할 하나의 모델로서 신봉했다. 1928년 소련을 처음 방문한 미국 흑인 지도자 듀보이스(W. E. B. Du Bois) 는 "러시아는 완강한 거짓 선전에 희생당했다. 그리고 지금의 러시아 정 부가 성공하든 못하든, 이 정부가 하려고 하는 바는 세계가 계속 진보한 다면 언젠가 반드시 이루어져야 하며, 이루어질 것"이라고 주장했다.[29]

소련의 다민족적 형태를 반영하는 정책을 고안하려던 모든 시도는 스탈린의 대숙청 기간 동안 말 그대로 피바다에서 익사하고 말았다. 소련 내 소수 민족의 초기 지도자 대부분은 1935~1941년에 사망했다. 그리고 이들을 해당 지역의 러시아인 스탈린주의자들이 대체했다. 이 새로운 지도자들이 **수령**(Vozhd, 영도자)이라 부른 남자, 곧 스탈린은 1937년 11월 내부 인사들에게 민족의 역할과 관련한 자신의 관점을 이렇게 피력했다.

러시아 차르들은 엄청나게 많은 악행을 저질렀습니다. 차르는 민중을 착취하고 노예로 만들었습니다. 그들은 지주의 이익을 위해 전쟁을 수행하고 땅을 점령했습니다. 그러나 차르는 한 가지 좋은 일을 하기도 했습니다. 그들은 캄차카까지 이르는 거대한 국가를 건설했습니다. 우리는 그 국가를 물려받았지요. ……우리는 국가의 통일을 유지해왔습니다. 그중 한 부분이라도 전체 사회주의 국가로부터 소외된다면, 그 부분은 전체 사회주의 국가에 해를 입힐 뿐 아니라 독립적으로 존재할 수 없기에 틀림없이 외국의 지배하에 떨어질 것입니다. 그러므로 우리 사회주의 국가의 통일성을 해치려는 자, 국가의 어떤 부분이나 민족이라도 분리하려고 꾀하는 자, 이런 자는 우리의 적입니다. 국가의 적이자 소련 인민 공동의 적입니다. 그리고 우리는 이런 적을 모두 파괴할 것입니다. 설령 그가 옛 볼셰비키라도 말이지요. 우리는 그의 친척과 가족을 몰살할 것입니다. 우리는 그의 행동과 생각, 그렇습니다, 생각만이라도 사회주의 국가의 통일성을 위협하는 자는 누구라도 파괴할 것입니다. 여기에 자비는 없습니다.[30]

에스파냐 내전(1936~1939년 좌파 인민전선 정부와 프랑코 장군이 이끄는 우파가 격돌한 내전―옮긴이)은 소련 스탈린주의의 무자비함과 소련 스탈린주의가 다른 좌파 정당과 함께 일할 능력이 없다는 사실을 명확하게 보여주었다.

1919~1921년 소련-폴란드 전쟁과 독소 불가침조약 사이에 이루어진 소련의 주요한 대외 개입으로서 에스파냐 내전은 이후 소련의 제3세계 개입을 이해하는 데 매우 중요하다. 에스파냐 내전은 소련의 첫 원거리 개입이었을 뿐 아니라, 냉전기의 많은 지도자가 대외 개입을 계획하거나 실행할 때 의지한 개인적 경험을 제공해주었다. 대부분의 에스파냐 공화주의자는 부분적으로 공산주의 내 종파주의와 소련의 배신 때문에 에스파냐 제2공화국이 프랑코군에게 패배했다고 생각했다. 하지만 소련의 생각은 상당히 달랐다. 스탈린과 그 보좌진들은 에스파냐에서의 실패가 많은 공산당원을 포함한 에스파냐 공화주의자의 '부주의함'과 '과도한 성급함'에서 기인했다고 보았다. 에스파냐 내전 같은 '고립된' 투쟁이 미래에 성공하려면, 그 투쟁은 소련 요원의 지도를 받아야 했다. 그 목적이 공격적이지 않고 방어적이라도 말이다. 스탈린은 지역적 상황에 소련의 경험을 직접적으로 이용해야만 이런 투쟁이 성공할 약간의 가능성이라도 있을 것이라고 선포했다.

1941년에 이르면 스탈린 정권은 제3세계 혁명을 강조하던 초기 공산주의와는 많이 달라져 있었다. 자치적 발전을 열망했던 소련 소수 민족을 분쇄하면서, 스탈린은 그 자신과 당의 역할이 중심에 있는 권위주의적 비자본주의 국가를 건설하는 데 초점을 맞췄다. 다른 대륙의 많은 반식민운동 지도자들이 계속해서 소련공산당과 소련을 영감의 원천으로 여겼지만(이에 대해서는 다음 장에서 다룰 예정이다), 소련의 제3세계 직접 개입은 이미 스탈린이 유럽에 닥칠 전쟁에 집중하던 1930년대 중반부터 급격히 줄어들었다. 히틀러가 1941년 6월 스탈린을 미망에서 깨어나게 할 때까지, 스탈린은 제2차 세계대전을 이렇게 파악하고 있었다. "(식민지, 원자재 등을 기준으로 가난하거나 풍족한) 두 자본주의 국가의 세계 재분할을 위한 싸움입니다. ……우리는 그들이 격전을 치르고 서로를 약화시키고 있는 상황에서 아무런 문제도 못 느끼고 있습니다. ……다음번에 우리는 다른 편을 응원할 것입니다."[31] 스탈린은 제국주의자끼리 싸우는 동안 식민지에서 반란이 일어나리라 예상했다. 하지만 유럽 바깥의 어떤 국가도 소련의 지도와 원조를 받지 않고는 그 혁명을 성공적으로 지켜낼 정도로 충분히 발전했다고 생각하지 않았다.

개입 정의하기: 이란, 중국, 한반도

1941년 독일의 소련 침공으로 스탈린은 대외 정책 및 국제 공산주의 운동 노선을 완전히 변경해야 했다. 스탈린 정권은 대외 및 국내의 적에 대항하며 생존을 위해 싸우고 있었다. 이제 스탈린 정권은 히틀러의 공격이 스탈린의 공포 정치에서 벗어날 좋은 기회라고 생각한 소련 내 세력과의 전쟁에 모든 자원을 쏟아야 했다. 스탈린 정권은 동맹 세력이 절박했다. 그리하여 영국과 미국의 관계를 견고한 전시 동맹으로 발전시키는 데 많은 노력을 기울였다. 스탈린은 영국·미국과의 동맹이 제2차 세계대전이 끝난 후에도 오래 지속되리라고는 결코 생각하지 않았다. 하지만 독일 파시즘과 영미 제국주의라는 두 자본주의 세력 간 전쟁이 지속되는 한, 그리고 아마도 전후 재건의 초기 단계 세계 질서에서는 소련의 양해가 필요할 거라고 믿었다.

소련의 전후 세계 계획은 1942년 독일의 공세가 둔화하자마자 개시되었다. 스탈린은 유럽에서 소련의 영향력을 확대하려 했다. 결정적으로, 이는 소련 서쪽 국경의 인근 지역을 의미했다. 그리고 가능하다면 소련은 중유럽과 독일에서도 영향력을 확장하고자 했다. 그러나 소련 지도자들은 전쟁의 정확한 결과를 예측하는 데 아주 신중해야만 했다. 1942년 이후 독일이 전쟁에서 승리할 수 없으리라는 점은 확실해졌지만, 스탈린은 히틀러 정권이 무너진 후 자본주의 국가들이 독일과 평화 협정을 맺으리라 예상했다. 독일과 자본주의 진영의 단독 강화는 독일이 소련과의 전쟁을 계속해나간다는 것을 의미했다. 이런 공포로 인해 스탈린은 한편으로는 영국·미국과의 동맹에서 마찰을 최소화해 영국·미국이 소련을 독일이라는 늑대에게 내던지려는 시도를 막아야만 했다. 다른 한편, 스탈린은 동쪽에서 일본이 소련을 공격할 가능성을 최소화해야 했다. 스탈린은 일본의 공격이 소련이라는 국가의 종말을 의미하리라는 걸 잘 알고 있었다. 그러므로 소련은 일본과의 전쟁을 피하기 위해 어떤 혁명적 목표가 있더라도 이를 포기해야만 했다. 소련은 제3세계 공산당들을 향해 반제국주의 선전에 동참하지 말고 연합군의 전쟁 동원을 지지하라는 지령을 내렸다. 1943년 소련은 코민테른을 공식적으로 해체했다. 이는 부분적으로 영국과 미국에 보여주기 위한 정책이었다. 그러나 코민테른의 **하부 조직**은 온전히 살아남아 훗날 소련공산당 국제부의 중추로서 제3세계 정책을 전개하는 데 핵심 역할을 수행했다.[32]

제2차 세계대전이 끝나갈 무렵, 스탈린은 마침내 동맹군이 독일과의 단독 강화를 목표로 삼고 있지 않다는 걸 확신할 수 있었다. 스탈린은 소련의 전시 계획을 통해 가능해진 서로 다른 마르크스주의적 전망 사이에서 고민하기 시작했다. 스탈린의 야욕은 동부 전선에서 소련이 승리를 거두면서 더욱 커졌다. 이제 스탈린은 소련의 서쪽 국경 지대에 외교 정책을 소련에 의존하는 국가들로 구성된 안보 지대를 구상했다. 또 스탈린은 유럽의 미래를 결정하는 데 매우 중요한 전후(戰後) 독일이 사회주의를 선택하고 소련과 동맹을 맺으리라 기대했다. 또 소련은 약화한 일본을 공격해 전후 중국과 식민지 조선에서 영향력을 확장할 수 있었다. 이제 소련은 다른 식민지에서도 전후 진행될 재분할에서 권리를 주장할 터였다. 스탈린의 이와 같은 낙관적 시각은 주요 제국주의 국가인 영국과 미국이 전후 전리품을 두고 지속적으로 경쟁하리라는 생각에 기초한 것이었다. 제국주의자들이 대립을 계속하는 동안, 소련은 외교와 힘의 혼합을 통해 사회주의 세계 강대국으로 변모할 수 있었다.

1944~1947년 스탈린은 점차 전후 세계 재분할을 두고 제국주의 국가 간 경쟁이 일어나리라는 예상이 틀렸음을 깨달았다. 강대국들은 서로 경쟁하지 않았으며, 영국을 포함한 약한 유럽 국가들은 미국에 의존하면서 안보와 세계 자본주의 자체의 이익 보호를 꾀했다. 소련 지도자들이 이 새로운, 단극적(unipolar) 자본주의 세계라는 현상을 이해하기란 쉽지 않았다. 이는 전쟁 중 제공된 어떠한 마르크스주의 청사진에도 들어맞지 않는 현상이었기 때문이다. 이는 결국 서유럽 자본주의자들이 미국의 자본과 기술을 수입해야 할 필요성에 의해 비롯된 일시적 현상으로 설명할 수밖에 없었다. 스탈린이 보기에 미국 지배하의 세계는 소련이 제국주의 강대국끼리 싸움을 붙일 수 있는 체제보다 훨씬 더 위험했다. 스탈린은 자본주의 패권이 등장해 사회주의 국가를 목 졸라 죽이려는 합동 전략이 이뤄지고 있다고 생각했다.

소련의 군사 지배하에 있는 동유럽 국가에 공산주의 정권이 들어선 것은 1945~1948년의 일이다. 이는 상당 부분 전후 세계가 어떤 모습일지를 두고 새롭고 훨씬 비관적인 전망에 기초한 반응이었다. 소련의 동유럽 지배는 제3세계를 바라보는 소련의 사고방식에 중요한 시사점을 던져준다. 소련은 공산당이 폴란드, 체코슬로바키아, 헝가리, 루마니아, 불가리아를 장악하는 전략을 세우는 데 도움을 주었다. 소련군은 소련이 점령한 독일 일부 지역에서 독자적인 사회주의 국가를 수립하는 데 일조했다. 스탈린은 동유럽 공산주의자들의 정치적 전략은 오직 소련과 붉은 군대가 지지해야만 성공할 수 있다는 점을 확실히 했다. 현지 공산주의 지도자의 정치적 능력에 회의적이었던 수령은 내부자들에게 소련의 행보는 러시아 혁명을 본 딴 즉각적 사회 혁명보다는 소련의 안보를 위해 취해왔다고 말한 바 있다. 1917년 러시아의 외딴 지방들이 그랬듯 공산주의자와 소련 군대는 현지 사회와 당이 진정한 혁명적 경로를 걷기 시작할 준비를 마칠 **때까지** 지반을 확보해야 했다. 한편 현지 공산주의자들은 그들과 소련 자문단이 아는 유일한 방법(공포 정치와 모든 독자적인 반대 세력의 말살)을 통해 새로운 국가를 만드는 일에 착수했다.

　제2차 세계대전 종전 직후 유럽에서 소련의 대외 정책이 뒤죽박죽되면서 이는 제3세계에서 소련의 목표를 추구하는 데에도 영향을 미쳤다. 터키(다민족 국가 안에서 튀르크적인 부르주아 민족주의가 지배적이었기 때문에 스탈린이 역설적으로 혁명의 희망이 없다고 본 곳) 같은 나라에서 소련의 목표는 안보적 관심사, 무엇보다도 흑해 입구의 통제권에 집중되었다. "터키를 아시아로 몰아넣을 것"을 약속하며, 스탈린은 이미 1940년에 수사적으로 되물었다. "터키는 무엇입니까? 터키에는 200만 명의 그루지야인이 있고, 150만 명의 아르메니아인, 100만 명의 쿠르드인이 있습니다."[33] 1945년 소련은 중동 지역의 호르무즈해협에 해군 기지를 설치하고 터키 동부 국경을 '재조정'할 것을 요구했다. (1945년 6월 소련 정부는 터키해협에 소련-터키 공동 해군 기지의 설치와 소련-터키 국경선을 소련에 유리한 방향으로 변경해달라고 요구했다—옮긴이.) 그러나 자국 영토를 사수겠다는 터키의 결단(미국은 터키의 결정을 지지했다)에 직면하자, 스탈린은 이미 1946년 가을 터키에 지속적 압력을 가할 가치가 없다고 결론 내렸다. 소련은 터키가 "정치·경제적 위기를 겪는 동시에 미국의 정치·군사적 지원에 높은 수준의 의존"을 하고 있으며 튀르크 민족주의자가 "동부의 반소련 동부 진영"을 구축하려 한다고 생각했다.[34] 소련의 정책으로 인해 터키 위기가 촉발되었다는 점은 전혀 고려하지 않았다.[35]

전후 제3세계에 소련의 영향력을 투사하겠다는 스탈린의 욕망은 제2차 세계대전에서 패한 추축국의 아시아·아프리카 식민지로까지 확장되었다. 소련 지도자들은 이탈리아의 옛 식민지이던 리비아의 서쪽 절반인 트리폴리타니아(Tripolitania)가 소련의 확장에 특히 적합하다고 생각했다. 그곳에 "우리는 지중해의 확고한 거점을 세울 수 있습니다"라고 막심 리트비노프(Maksim Litvinov) 전(前) 외무인민위원은 1945년 6월 정치국에 보고했다.[36] 전후 세계는 제국주의 국가들 간 경쟁이 지배적이라는 판단 아래 리트비노프는 "미국은 소련이 북아프리카나 동아프리카에 존재해도, 이에 반대하지 않을 것입니다. 반대로 이는 영국의 영향력을 축소하는 한 가지 방안으로서 권장될 것입니다"라고 지도부에 보고했다.[37] 그러나 미국은 이와 같은 소련의 예상을 거스르고 영국 편에 섰다. 이에 스탈린은 뱌체슬라프 몰로토프(Vyacheslav Molotov)에게 런던 연합국 외무장관 회의에서 소련의 말도 안 되는 주장을 고수하도록 명령했다. 그 노선은 "소련 정부는 트리폴리타니아의 미래가 소련 인민에게 매우 중요하다고 생각하고 있으며, 그렇기에 이 지역에서 소련의 신탁통치를 요구한다"는 내용이었다.[38] 그러나 1946년 말 스탈린은 다시 미국의 강경한 정책으로 인해 북아프리카에서 소련의 직접적 역할 수행이 어려워졌다고 결론지었다. 소련의 요구를 철회하라고 외교관들에게 지시하면서, 스탈린은 영국인과 미국인이 "모든 위임 통치령에서 소련이 중요하지 않은 국가라고 생각하던 시절은 끝났다"는 사실을 깨닫길 바랐다. 스탈린은 후퇴를 정당화하면서 다음과 같이 덧붙였다.

우리는 그 영토(위임 통치령—옮긴이)의 지도자들보다 좌익적 노선을 취해서는 안 됩니다. 이 지도자들은 …… 대부분 부패했으며 자기 특권의 보전에 신경 쓰는 데 비하면 영토의 독립엔 별로 신경 쓰지 않습니다. 우리가 그곳의 부패한 지도자를 포함한 세계의 나머지 지역과 이들 영토의 운명 및 이들의 미래를 놓고 충돌할 때는 아직 무르익지 않았습니다.[39]

소련의 리비아 정책이 모험주의에 가까웠다면 소련 남부 국경 지역의 가장 큰 이웃 국가인 이란을 향한 스탈린의 전후 제3세계 정책은 훨씬 더 큰 지분과 연관되어 있었다. 1941년 소련은 서방 동맹국과의 합의 아래 독일의 지배로부터 이란을 보호한다는 명분으로 이란 북부를 점령했다. 이때 영국은 이란 남부 지역을 점령했다. 한편 영국은 이란 황제 샤(shah)의 축출을 계획하고, 젊은 황태자 모하마드 레자 팔라비(Mohammad Reza Pahlavi)를 새로 황위에 앉혔다. 외국의 점령이라는 충격적 경험은 이란 내에서 새로운 정치 집단과 이념의 문을 활짝 열어젖혔다. 이들은 전통적인 권위주의 왕정에 저항했을 뿐 아니라, 샤의 권력이 놓여 있는 사회·종교적 기반까지 공격했다. 공산주의자들이 지도하는 투데당(Tudeh Party)은 이 나라의 가장 크고 가장 잘 조직된 정치 집단이었으며, 점차 커져가는 공업 및 농업 노조 운동의 대변인이었다. 이란 내 소수 민족(아제르바이잔인, 쿠르드인, 아랍인) 지도자들은 자치 및 완전 독립을 향한 운동을 시작했다. 그리고 이란의 종교적 중심 도시 쿰(Qum)에서는 젊은 성직자 집단이 외세와 외세의 대리자인 샤에 맞선 저항을 부르짖기 시작했다. 그중에는

아야톨라 루홀라 호메이니(Ayatollah Ruhollah Khomeini)도 있었다.[40]

강대국의 점령으로 초래된 민족적 수치심은 이란 내 정치적 경쟁에 불을 붙였다. 1943년 이란 총선에는 대부분의 후보가 무소속으로 출마했으나 자유주의와 좌익 성향의 후보들이 상당한 득표를 했다. 영국의 지원을 받은 젊은 샤가 2년 연속 보수적인 총리를 지명하기는 했지만, 이란 의회 마즐리스(Majlis)의 정치적 주도권은 아흐마드 카밤(Ahmad Qavam)이나 모하마드 모사데크(Mohammad Mossadeq) 같은 자유주의적 민족주의자에게로 점차 넘어갔다.

투데당은 소련에 보내는 전언을 통해 이란에서 즉각적인 혁명적 봉기가 일어날 잠재력이 있다고 강조했다. 그러나 스탈린은 이와 같은 주장에 강력히 반대했다. 이란에서 스탈린의 관심은 방어적이었다. 달리 말하면 이란 북부 유전에 제국주의자가 접근하는 일을 막고, 이란의 좌익 부르주아 민주주의 정부와의 조약을 유지하기만 하면 그만이었다. 1944년 이란 북부의 21만 제곱킬로미터에 달하는 땅을 소련-이란 유전 탐사를 위해 떼어달라는 소련의 요구에 반대하며 이란 내 모든 민족주의자들이 결집했다. 스탈린은 목표를 달성하기 위해 이란 공산주의자가 아니라 북부의 민족 분리주의자를 활용하기로 했다.[41] 수령은 아제르바이잔소비에트사회주의공화국 공산당 중앙위원회 미르 바기로프(Mir Bagirov) 서기장의 요청을 수락하며 그에게 "남부 아제르바이잔(이란령 아제르바이잔―옮긴이)과 북부 이란의 다른 주에서 분리주의 운동을 조직"하고 "남부 아제르바이잔 투데당 지부를 개혁해 '아제르바이잔민주당(1945년 9월 결성. 이를 주축으로 1945년 12월 12일 이란 내 아제르바이잔 자치 정부의 수립을 발표했다―옮긴이)'이라는 이름의 새로운 민주 정당을 만들어 사회 모든 부문에서 분리주의 운동의 지지자를 끌어들이라"고 지시했다.[42] 아제르바이잔 민족주의자 바기로프는 아제르바이잔소비에트사회주의공화국과 이란 내 아제르바이잔의 통합을 바랐을지도 모른다. 하지만 스탈린의 의도는 소련이 이란 분할을 노리고 있다는 의사를 분명히 보여줌으로써 이란 부르주아 정권이 석유 및 소련의 영향력을 다루는 거래에 나서도록 하는 데 있었다.[43] 이와 같은 조치에 이란 공산주의자들은 당연히 분노했다. 그들은 1945년 9월 스탈린에게 이렇게 썼다. "소련의 적들이 반(反)소련 계획을 획책했다 해도 지금 벌어지고 있는 일 같은 악랄한 계획을 만들어내지는 못했을 겁니다."[44]

그러나 스탈린과 바기로프는 포기하지 않았다. 1945~1946년 초 내내 소련은 타브리즈(Tabriz)를 중심으로 이란 내 아제르바이잔 자치 정권을 세우고 지도하는 일을 계속했다. 동시에 소련은 투데당에 이란 내에서 혁명을 위한 어떠한 시도도 하지 말라고 경고했다.[45] 아제르바이잔과 쿠르드 지역(소련이 쿠르디스탄민주당을 지지한 곳)에서조차도 개혁은 점진적으로 진행되어야 했다. "우리는 아제르바이잔인 사이에 내전이나 계급 투쟁이 촉발되길 원하지 않는다고 여러 번 말했다. 모든 힘은 …… 아제르바이잔과 북부 쿠르디스탄의 자치를 위한 투쟁에서 우리를 방해하는 이들에 대항하는 데 쓰여야 한다"고 바기로프는 국경 남쪽의 동지들에게 경고했다.[46] 마하바드(Mahabad)에 위치한 쿠르드 민족주의 정권은 얼마간 자파르 피셰바리(Jafar Pishevari: 이란 내 아제르바이잔 분리주의 지도자—옮긴이)가 이끄는 사회주의자보다 더 소련 입맛에 부합하는 이들로 구성되었다. 특히 박식하고 마음씨 좋은 이슬람 판사 출신인 쿠르디스탄민주당 대표 카지 무하마드(Qazi Muhammad)가 종종 급진적 구호를 사용하면 소련의 지지를 얻기에 좋다는 점을 깨닫고 공식 구호를 작성하는 데 테헤란에서 공부한 쿠르드인의 도움을 받은 이후에는 더욱 그러했다.[47]

1946년 초 이란 엘리트는 이란의 분단뿐만 아니라 소련과의 군사적 충돌이 다가오고 있다는 사실을 깨닫기 시작했다. 이란 의회는 북부 이란 출신의 부유한 지주이자 정치적 급진주의에 가담한 경력이 있는 73세(지은이는 카밤을 76세로 적고 있으나 이는 사실 관계의 오류이기에 수정했다—옮긴이)의 아흐마드 카밤을 다시금 총리로 선출했다. 카밤은 이란의 정치와 사회를 개혁하고 북부의 분리주의자, 투데당 그리고 왕당파 우익의 도전으로부터 승리하기를 원했다. 카밤 총리는 정치 인생 중 여러 번 충돌한 적이 있던 영국의 미움을 받았으며 미국의 신뢰를 얻지 못했다. 미국은 카밤을 교활하고 음모를 잘 꾸미는 구식 정치인으로 보았다.[48] 소련은 카밤을 자신의 개혁 계획을 실현하기 위해 미국이나 소련의 지지를 얻어야 한다는 점을 잘 알고 있는 '부르주아 민주주의자이자 민족주의자'로 여겼다. 소련의 기록에 따르면, 카밤은 석유를 양도하는 문제에서 소련과의 타협을 원했고, 아제르바이잔의 '개혁'을 지지했지만 아제르바이잔의 자치와 독립 국가의 수립까지는 허용하지 않았다.[49]

1946년 2~3월 진행된 소련과 이란의 협상은 제3세계를 향한 스탈린식 접근법의 한계를 보여주었다. 스탈린과 몰로토프는 카밤이 석유 협상에서 양보(이와 관련 있는 일련의 '권리'를 포함해)하고 어떤 형식으로든 아제르바이잔의 자치에 동의하기를 바랐다. 이 두 가지 안 중 어느 하나만이라도 수용한다면, 소련은 북부 이란의 통제권을 장악할 수 있었다. 그러면 몰로토프는 아제르바이잔 문제를 다루는 데 '유연한' 선택을 할 수 있을 터였다. 몰로토프에 따르면, 북부 이란의 진정한 군사·정치력을 이란 중앙 정부에 남기는 방식으로 일정한 타협이 이루어질 수 있었다. 피셰바리는 "죽거나 병에 걸릴 수 있었다".[50] 그러나 아제르바이잔 문제의 해결과 소련군 철수의 시간표는 모두 카밤 총리가 스탈린이 원하는 경제적 양보를

하느냐에 달려 있었다.[51]

카밤은 스탈린과 몰로토프의 냉전적 논리에 동의하지 않았다. 카밤은 소련이 철군을 약속하는 대가로 이란 의회에 아제르바이잔의 제한적 자치와 소련과의 정치·경제적 관계를 둘러싼 포괄적 대화를 제안할 수 있다고 제의했다. 몰로토프에게는 그리 인상적이지 않은 제안이었다. 몰로토프는 이렇게 말했다. "소련은 석유 이용을 진작시키길 원합니다." 그리고 카밤이 석유 양도를 보장할 위치에 있지 않다면, 소련은 이 문제를 타브리즈의 아제르바이잔 자치 정부와 논의할 예정이었다.[52] 이어서 몰로토프는 새로운 제안을 내놓았다. 아제르바이잔의 제한적 자치 계획(이는 소련이 피셰바리가 이끄는 아제르바이잔 정권의 전반적 운명에 관심이 없다는 점을 분명히 보여준 제안이었다)과 소련이 51퍼센트의 지분을 지닌 석유 탐사 및 생산 합작 회사(이 회사는 이란-소련의 합작 회사였다)에 북부 이란의 석유를 넘기는 협상의 즉각적 시행이 그 내용이었다. "소련군은 이란 정부가 모든 적을 일소하고, 소련과의 관계에서 차별적 조치를 철폐하고, 이란 북부에 평화적인 조건을 조성하며, 소련에 친화적인 정책을 도입한다면 완전히 철수할 예정입니다"라고 몰로토프는 말했다.[53]

이와 같은 소련의 요구와 협상 전략에 직면한 카밤이 시간을 벌기 위해 교묘한 외교로 미국의 지원을 얻으려 한 것은 너무나 당연했다. 붉은 군대를 북부 이란에서 철수시키라는 미국의 압력이 거세지자 카밤 총리는 소련의 철수를 용이하게 하기 위해 석유 양도 관련 조약 체결을 스탈린에게 약속했다. (카밤은 1946년 5월 중순까지 소련군 철수 완료, 양국 합작 석유 회사 설립, 이란 국내 문제로서 북부 자치 정부의 위상을 확인하는 교섭을 소련과 타결했다—옮긴이.) 그는 1946년 5월 말 마지막 소련군이 이란에서 철수한 다음, 3명의 투데당 인사를 신정부 각료로 입각시켰다. 서방과 맞서고 있는 카밤과 부르주아 민족주의자들이 서방의 압력을 피하기 위해 소련과 협정을 맺을 수밖에 없다고 굳게 믿고 있던 스탈린은 그제야 아제르바이잔 분리주의 정권을 포기하기로 결정했다. 당연히 이란 내 아제르바이잔 자치 정부 지도부는 낙심했다. 피세바리는 1946년 4월 바기로프와의 비밀 회담에서 이렇게 말했다.

> 샤의 정부가 우리와 대립하도록 만든 상황에서, 우리는 그들 앞에 무릎을 꿇을 수 없습니다. ……내가 얼마나 원하든, 나는 정말 그렇게 할 수 없습니다. 나는 민중의 이익을 위한 전투 현장에서 죽을 준비가 되어 있지만 민중을 팔아치울 수는 없습니다. ……당신의 도움으로, 우리 민주주의자와 지도자들은 이란의 헌법을 위반하고, 무시하고, 비난해왔습니다. ……이 모든 일이 일어난 후에 어떻게 카밤이 우리를 용서할 수 있겠습니까? 우리 사업을 진행하면서 …… 나는 당신을, 그리고 당신이 끝까지 우리를 도와줄지 의심을 품기도 했습니다. ……그리고 이제 나는 당신을 전혀 믿지 않습니다. 동지여, 반복하건대, 나는 당신을 더 이상 믿지 않습니다.[54]

그러나 스탈린은 아제르바이잔 지도부가 무너지기 전에 그들에게 마지막으로 마르크스주의를 가르쳐주려 했다. 1946년 5월 그는 피세바리에게 이렇게 썼다.

> 당신은 여기서 〔혁명을 부르짖으며〕 레닌을 모방하려 하고 있습니다. 이는 아주 좋은 일이고 칭찬받을 만한 일입니다. ……그러나 오늘날 이란의 상황은 완전히 다릅니다. 이란에는 격심한 혁명적 위기가 없습니다. 이란에는 노동자가 거의 없고 그 조직 상태도 형편없습니다. ……우리는 이 도구를 영국과 미국으로

부터 빼앗고, 식민지에서 해방 운동을 촉발하고, 이를 통해 우리의 해방 정책을 더욱 정당성 있고 효율적으로 바꾸기 위해 이란과 중국에서 군대를 철수하기로 결정했습니다.

스탈린은 카밤이 진보적 부르주아라는 점을 강조했다. 아제르바이잔, 이란 그리고 소련에서 공산주의자의 목적은 "카밤에게서 양보를 얻어 내고, 카밤을 지지하고, 친영파를 고립시키는 것"이어야 했다.[55] 그러나 1946년 말 샤의 군대는 모든 북부 지역을 재탈환하고 아제르바이잔과 쿠르드 분리주의자에게 끔찍한 복수를 가했다. (이란 정부군의 공격으로 자파르 피세바리는 소련으로 망명했고, 체포된 카지 무하마드는 다른 쿠르디스탄민주당 지도자와 함께 교수형을 당했다—옮긴이.) 소련으로 망명한 피세바리가 1947년 교통사고로 사망한 사건은 스탈린에게는 일종의 행운이었다. 아제르바이잔 자치 정부와 붉은 군대가 모두 사라진 마당에 이란 의회가 소련과 석유 조약을 비준할 이유는 하등 없었다. 투데당은 곧 이란 정부에서 배제되었으며 샤는 1947년 12월 아흐마드 카밤을 해임했다. 2년 후 샤가 점차 미국과 밀접해지면서 투데당은 불법화되었고, 투데당 지도부는 지하로 숨거나 망명을 떠날 수밖에 없었다.

이란에서 스탈린의 행보, 그리고 그러한 행보의 기반이 되었던 사회·정치적 발전과 관련한 그의 독단적 관점이 이란 좌파의 패배에 일조했다. 당내에서 수령인 스탈린의 관점에 공개적으로 의문을 제기하는 일은 자살 행위였다. 하지만 우리는 소련과 아제르바이잔의 몇몇 지도자가 최소한 스탈린이 취한 정책의 결과에 회의적이었으며, 제국주의 강대국과의 경쟁에서 소련이 밀리고 있다고 생각했다는 점을 잘 알고 있다. 그러나 소련 관료 절대 다수는 이란에서의 와해가 서방이 소련과 사회주의를 향해 더욱 공세적인 정책을 편 결과라고 생각했다. 소련의 한 첩보 요약 보고서는 "근동과 중동 전역에서 미국의 깊어진 행동을 관찰할 수 있습니다. 이 지역에서는 석유, 해군 및 공군 기지, 공세적 전쟁 준비의 냄새가 피어오르고 있습니다. 달러 대출을 둘러싼 대화 뒤에 군인과 민간인에 대한 '긴급 지원', '통제 활동'이 숨어 있습니다. ……이들을 미국의 군사·전략적 발사대로 만들기 위한 목표 아래 이들 국가를 향한 미국 제국주의의 침투가 증가하고 있습니다"라고 기록했다.[56]

스탈린이 오랫동안 감당하지 못한 상대(nemesis)인 중국은 수령이 소련의 안보를 위해 현지 공산주의자의 관점을 꺾지 못한 유일한 제3세계 이웃 국가였다. 이란 공산주의자가 패배한 데 반해, 중국 공산주의자가 성공한 이유는 마오쩌둥의 결단력에 있었다. 마오쩌둥은 소련의 지시를 전부 무조건 따르지 않았으며, 중국공산당의 미래를 소련에 거는 도박을 감행하지 않았다. 그러나 마오쩌둥은 중국이 스탈린의 전략적 천재성과 소련의 경험을 구체적 사안에서 모방해야 할 필요가 있다고 인식했다. 마오쩌둥은 장제스가 1946년 홍군을 공격한 이후, 중국 민족주의 세력인 장제스의 국민당과 평화 조약을 맺으라는 스탈린의 지시를 무시했다. 이란에서처럼 스탈린은 제2차 세계대전 이후에 제국주의의 영향력을 배제하고 국경 지역에서 소련의 영향력을 유지하기 위해 중국국민당 정부와 조약 체결을 시도했다. 이란과 마찬가지로 중국국민당 정부는 소련의 압박에 맞서기 위해 미국에 의지했다. 그러나 터키나 이란의 정부와 달리 장제스 정권은 중일전쟁 및 내전으로 심하게 약화한 상태였으며, 더 심각하게는 일본과의 전쟁 후 국내의 모든 반대 세력을 탄압하기 시작했다. 그 결과 중국 공산주의자 집단은 국민당의 초기 군사적 맹공에서 살아남았을 뿐 아니라 점차 전황을 유리하게 바꾸어나갈 수 있었다. 1948년 국민당이 마오쩌둥의 군대를 이길 수 없다는 게 분명해지고 미국이 경제·군사적 곤경에서 장제스 정권을 구제해주지 않으리라는 게 명확해지자, 비로소 스탈린은 중국 공산주의자를 지원하기 위한 대규모 계획에 착수했다. 국민당 군대가 무너지자 공산주의는 드디어 제3세계에서 주요한 진보를 이룩한 것처럼 보였다.

그러나 심지어 중국공산당의 승리 이후에도 스탈린은 독단적인 마르크스주의 발전 유형론을 고수했다. 1948~1949년 마오쩌둥 군대가 남쪽으로의 마지막 총공격을 준비하고 있을 때, 스탈린은 중국 공산주의자들에게 사회주의를 의제로 두지 말라고 경고했다.

〔반대〕당의 몇몇 대표자는 중국 인민의 민주 정부에 포함되어야 하며, 정부는 연립 정부로 구성해야 할 것입니다. ……승리 이후 시기(중국인민해방군의 군사적 승리 이후에도 최소한 현재로서는 얼마나 걸릴지 알기 어렵습니다)에 중국 정부는 정책 면에서 공산주의 정부가 아니라 민족적 혁명–민주주의 정부가 되리라는 점을 마음에 새겨야 합니다. 이는 모든 토지의 국유화와 토지의 사적 소유 철폐, 부르주아지와 프티부르주아지, 산업과 유통 부르주아지로부터의 사유 재산 몰수, 대지주뿐 아니라 임노동을 하고 있는 중소 지주로부터 사유 재산을 몰수하는 조치를 아직 시행해서는 안 된다는 점을 의미합니다.[57]

심지어 국공(國共) 내전에서 승리한 마오쩌둥이 1949~1950년 모스크바를 방문했을 때조차도 스탈린은 중국 공산주의자들을 줄곧 공산주의 정부가 아닌 '민족적 혁명을 추구하는 인민민주주의 정부'의 대표로 대했다. 중국공산당 지도부가 장기간 생존할 수 있을지 확신하지 못한 스탈린은 공산당이 이끌고 있는 두 국가의 동맹 조약이 아니라, 소련의 안보에 도움을 주는 조약을 맺기를 원했다. 핵심 보좌진이 입을 모아 용감하게 의견을 제시하고 나서야 세계 공산주의 운동 지도자로서 스탈린은 중국 혁명가들이 갈구하는 승인을 제공했다. 그러나 심지어 1950년 2월 14일, 중소우호동맹상호원조조약을 체결한 이후에도, 스탈린은 중국공산당 지도자의 진정성을 줄곧 의심했다. 수령은 만일 그들이 진정한 공산주의자라면 중국 같은 발전 단계에 있는 나라에서 오랫동안 권력을 유지하지 못할 것이라고 보좌진에게 설명했다. 만일 중국 정부가 안전하다면 그런 사실 자체가 스탈린이 보기에는 그들이 비마르크스주의적이라는 증거였다.

제3세계를 향한 스탈린의 마지막 모험주의적 정책인 한국전쟁은 스탈린이 말년에 얼마나 이론적으로 자신의 생각을 고수했는지 잘 보여준다. 스탈린은 한반도 북반부만의 사회주의는 장기적으로 생존 불가능하다고 보았다. 김일성 지도하의 조선민주주의인민공화국(이하 '북한'—옮긴이)이 소련의 이웃 국가이자 소련의 원조를 받고 있었지만 스탈린은 1950년 초 "남한이 북한을 향해 늦든 빠르든 언젠가는 공격을 감행할 수밖에 없으며, 이러한 공격을 막는 일이 중요합니다"라고 주장했다. 스탈린은 미국의 지원을 받는 남한 정권을 공격하겠다는 김일성의 제안을 허락하며 "동방 사회주의 진영의 주목할 만한 강화, 즉 중국 혁명의 승리, 소련과 중국 간 동맹 조약 체결, 그리고 소련의 핵폭탄 보유"뿐 아니라 "반동 진영의 명백한 취약성, 즉 중국 문제에 개입한 미국의 수치스러운 패배, 동남아시아에서 직면한 서방 진영의 문제, 그리고 남한 괴뢰 정권과 그 주인인 미국이 남한의 사회·경제·정치적 상황을 호전시킬 능력이 없습니다"라고 지적했다. 스탈린이 보기에 김일성의 전쟁을 간접적으로 지원한다면 이는 "유럽, 발칸반도, 중동 특히 그리고 북대서양조약기구 창설 결정

에서 보여준 미국의 부정직하고, 배반적이고, 오만한 행동"을 향한 앙갚음이 될 수 있었다.[58]

이처럼 스탈린이 군사력으로 통일을 이루겠다는 김일성의 계획을 승인한 것은 한반도 혁명의 미래를 둘러싼 낙관주의가 아니라 비관주의에 기초를 둔 것이었다. 소련의 대외 정책을 맡고 있던 많은 공산주의자가 깨달았듯 한국전쟁은 스탈린이 제3세계에서 스스로 사회주의로 이끌어갈 사회적 과정을 향한 희망을 완전히 포기했다는 걸 보여주었다. 심지어 북한 같은 가장 좋은 지리·정치적 상황에서조차도 제3세계 공산주의의 주요한 목표는 지구적 냉전에서 소련의 목적을 달성하는 데 종속되어야 했다. 왜냐하면 성공적인 사회적 전환을 이끌어낼 수 있는 확실한 환경은 제3세계에 거의 존재하지 않았기 때문이다. 이는 마치 일국사회주의의 길을 오르기 시작한 스탈린이 고의적으로 다른 이들이 따라올 수 있는 사다리를 걷어찬 것과 같았다.

소련의 제3세계 재발견(1955~1960)

1951년 1월 인도네시아공산당에 보낸 비밀 지령은 스탈린이 제3세계를 중요하게 언급한 문서다. 이 지령을 통해 스탈린은 수카르노가 이끄는 민족주의 독립 운동에 대항한 인도네시아공산당의 1948년 봉기(1948년 9월의 마디운(Madiun) 봉기를 지칭한다. 이 봉기의 실패로 공산주의자 및 공산주의 동조자 8000명이 학살당했다―옮긴이) 실패 이후, 중국의 후견 아래 당을 점차적으로 재건해나간 인도네시아공산당의 '좌경주의'를 비판했다. 이어 스탈린은 인도네시아 공산 혁명이 불가능하다고 주장하기에 이르렀다. 설령 인도네시아가 중국 모델을 따르더라도 혁명은 이루어지지 않을 터였다.

중국은 만주로 이동해서 소련의 지지를 통해 확고한 배후 기지를 구축한 후에야 마침내 좋은 방도를 찾아낼 수 있었습니다. 중국 동지들은 만주에서 확고한 후방 기지를 확보하고, 그들 자신이 후방에 의지하듯이 소련에 의지했습니다. 국민당은 홍군을 포위할 기회를 놓쳤으며, 중국 공산주의자들은 장제스의 군대에 대항해 북쪽에서 남쪽으로의 조직적 공세를 가할 기회를 얻었습니다. 인도네시아 동지들이 게릴라전을 통해 해방구를 확보한 후, 중국 동지들이 그랬듯이 후방에 의지하고, 국경을 통한 지원을 얻고, 적이 그들을 포위할 기회를 빼앗을 수 있겠습니까? 아니, 이는 불가능합니다. 인도네시아는 바다로 둘러싸인 군도이고, 인도네시아 동지들은 어디에도 기댈 수 없기 때문입니다.[59]

1953년 3월 스탈린 사망 후 권력을 승계한 소련공산당 지도부가 볼 때, 스탈린의 제3세계 정책은 소련 스스로 패배를 자인하는 것처럼 보였다. 사회주의의 미래를 둘러싸고 심각한 의견 불일치가 있었지만 스탈린 이후의 소련 지도부는 한국전쟁 같은 군사 개입을 끝내고 중국처럼 스스로를 사회주의로 선포한 정권뿐 아니라 수카르노의 인도네시아, 나세르의 이집트, 혹은 네루의 인도 같은 급진적 부르주아 정권(코민테른의 용어로는 '자코뱅')과 정부 대 정부 관계를 맺고자 했다. 새로 서기장에 오른 니키타 흐루쇼프(Nikita Khrushchev)는 1954년 첫 해외 순방지로 중국 베이징을 선택했다. 그리고 이듬해인 1955년에는 인도, 버마, 아프가니스탄을 방문해 소련의 새로운 대외 정책을 강조했다. 남아시아 순방 기간 동안 흐루쇼프 소련공산당[1952년에 소비에트연방공산당으로 이름을 바꾸었다(이전의 명칭은 전연방 공산당(全聯邦共産黨)—옮긴이)] 제1서기는 제3세계 비사회주의 국가의 '발전'

에 경제·군사 차원에서 협력하고자 하는 소련의 의지를 강조했다. 소련은 지구적 차원의 식민주의와 제국주의야말로 모두의 적이라고 목소리를 높였다.

농민의 아들로 태어난 흐루쇼프는 똑똑했지만 학교 정규 교육을 받지는 못했다. 그는 끝없는 열정으로 열심히 일했다. 낙마할 위험성이 높았던 스탈린 시대에 출셋길을 올라가는 데에도 성공했다. 흐루쇼프의 인도 방문은 제3세계에서 영향력을 확보하고자 하는 소련의 훨씬 큰 작전의 출발점에 불과했다. 그는 소련 내에서 권력 장악력을 높이고 스탈린의 아시아, 아프리카, 라틴아메리카 정책을 두 방향에서 공격했다. 먼저 스탈린은 소련과 우호적 관계와 협력을 바랐던 민족 부르주아지 운동을 너무 좁게 정의하고, 다른 이들과 '적극적으로' 관계를 맺으려 시도하지 않았다. 이는 소련이 제3세계를 무시하는 결과로 이어졌다. 다른 한편, 스탈린은 사회주의로 이행하는 데 여러 가지 길이 있을 수 있다는 사실을 알지 못했다. 심지어 제3세계 노동자들이 단기간에 권력을 쟁취할 가능성이 없다 할지라도, 몇몇 경우 그들에겐 소련의 더 많은 지원이 필요했다. 흐루쇼프는 스탈린의 정책으로 인해 식민 제국이 해체되고 독립 국가들이 수립되는, 새로운 역사적 출발을 하고 있는 기차를 소련이 거의 놓친 게 아닌가라는 두려움을 갖고 있었다. 1956년 소련공산당 제20차 당대회에서 흐루쇼프는 스탈린의 일반적 행동이 "악마" 같고, "괴물" 같고, "테러리스트" 같았다며 격하게 비난한 후 다음과 같이 선언했다.

동방의 민중이 세계 전체의 운명을 결정하는 데 적극적 역할을 하고 국제 관계에서 새롭고 강력한 변수가 되는, 레닌이 예측했던 세계사의 새로운 시대가 도래했습니다. ……독립적인 민족 경제를 형성하고 민중의 생활 수준을 제고하기 위해, 이들 나라는 세계 사회주의 체제의 일부가 아니더라도 이 체제의 성취에서 이익을 얻을 수 있습니다. 그들은 현대적인 장비를 얻기 위해 이제 이전의 억압자에게 구걸하러 갈 필요가 없습니다. 그들은 사회주의 국가에서 그런 장비를 얻을 수 있기 때문입니다.[60]

흐루쇼프 정권의 신지도부는 스탈린을 비난하면서도 스탈린이 소련 이데올로기에 남긴 독단주의를 크게 벗어나지 못했다. 여전히 '발전 단계'라는 편협한 생각이 소련 제3세계 정책의 큰 부분을 차지하고 있었다. 이는 외부 세계를 바라보는 데 소련중심주의가 그대로 남아 있다는 뜻이었다. 그런 가운데 소련의 제3세계 지식은 발전했다. 이와 같은 발전이 가능했던 것은 지도부가 무언가 행동을 하는 데 의지할 수 있는 정보를 제공하는 기관을 전면적으로 재편했기 때문이다. 제20차 당대회 이후, 소련과학원 동방학연구소는 그들의 업무가 "제국주의 및 내부 반동 세력과 비사회주의 동방 국가의 민족적 발전 사이에 있는 모순의 본성과 깊이를 이해하는 데 실패해 심각하게 훼손되었다"는 자아비판을 제출했다.[61] 이후 동방학연구소의 업무는 확장되었고, 1960년에는 아프리카를 연구하는 기관, 1961년에는 라틴아메리카를 연구하는 기관을 신설했다. 소련 정보부도 재조직되었다. 국가보안위원회(Komitet Gosudarstvennyi Bezopasnosti, KGB)와 군사정보기관(Glavnoye Razvedyvatelnoye Upravlenie, GRU, 총참모부 정보총국)에는 제3세계에서의 정보 수집과 관련한 구체적 지령이 지역별로 주어졌다. 소련공산당 중앙위원회가 국제 업무를 재조직하고 두 부서를 만들었다는 점이 가장 중요한 변화였다. 국제부(Mezhdunarodnyi Otdel, MO)와 '사회주의 국가의 공산주의 및 노동자 정당과의 관계부(훗날의 국제연락부)'가 그것이다. 두 부서는 모두 코민테른의 노련한 간부이자 서기국원이

기도 했던 보리스 포노마료프(Boris Ponomarev)의 지휘를 받았다.[62]

소련이 제3세계에서 수행할 여러 커다란 과제 중 흐루쇼프에게는 중국과의 탄탄한 동맹 구축이 가장 중요했다. 흐루쇼프뿐 아니라 당 지도부는 세계에서 가장 많은 인구를 지닌 중국의 사회주의 전환을 소련이 관여해야 할 중요한 사명이라고 확신했다. 중국의 사회주의화는 마르크스주의 세계관의 타당성뿐만 아니라, 이를 통해 사회주의 건설에서 소련의 경험이 지닌 보편성을 확인하는 일이었다. 중소우호조약 아래 진행된 이 원조 계획은 '소련판 마셜 플랜'이었다. 스탈린이 사망하고 두 달 후인 1953년 5월에 이미 소련은 2년간 대(對)중국 원조를 7배 늘리는 데 동의했으며, 1960년까지의 원조 계획 총비용을 수출 가격으로 환산하면 200억 루블에 달했다. 역사학자 세르게이 곤차렌코(Sergei Goncharenko)는 이러한 규모가 소련 국가 총수입의 7퍼센트에 해당한다고 추정했다. 이는 소련 사회주의를 중국에 이식하기 위한 거대한 시도였다. 모든 부처의 부서에, 모든 대규모 공장에, 모든 도시·군대 혹은 대학에 중국을 '현대화'하기 위해 중국인과 함께 일하는 소련 자문단과 전문가 집단이 존재했다. 이들의 성취는 중국 경제를 영구히 변화시켰으며 (소련 전문가나 그들과 협력한 중국인은 알지 못했지만) 1980~1990년대 중국 자본주의 혁명의 기반이 되었다.[63]

점차 밀접해지는 중국-소련 협력 속에서, 흐루쇼프는 (물론 자본주의를 제외한) 자본주의 세계 경제의 많은 기능을 본 딴, 소련을 중심으로 하는 미래의 국제사회주의 공동체를 구상했다. 국제 분배 네트워크는 표준적이고 통일된 생산 라인을 베를린에서 상하이에 걸쳐 공급하면서 사회주의 국가 간 기술, 국방, 계획은 물론 연구와 훈련도 공유할 예정이었다. 또한 사회주의 국가의 국제회의를 통해 이데올로기적 문제를 결정할 예정이었다. 그러나 중국의 사례에서도 그랬듯 통합이 진전되면서 나타난 여러 문제점으로 인해 1950년대 말에는 소련 모델의 근본적 수용(이는 모든 흐루쇼프 계획의 기본 전제였다)에 대한 의문이 제기되기 시작했다. 마오쩌둥은 "더 많고, 더 빠르고, 더 좋고, 더 값싼" 사회주의를 원했고, 1958년 '대약진 운동'을 계획해 소련이 제기한 주의 사항과 발전 단계를 둘러싼 조언을 결정적으로 거부했다. 동시에 인도와 분쟁을 일으키고 소련과 미국의 데 탕트를 비판하면서 중국은 소련이 국제 문제와 관련해 '사회주의 진영'을 조율한다는 기본 개념에 도전했다.

1959년 중국-소련 관계는 위기를 맞았다. 흐루쇼프의 베이징 방문이라는 정상 외교는 거의 효과가 없었다. 마오쩌둥은 서방과의 '평화 공존'이라는 소련의 구호를 계급에 대한 배반이라고 보았다. 또 마오쩌둥은 소련의 제3세계 비사회주의 정권과의 동맹 정책이 반(反)중국 노선을 의미한다고 파악했다. 이에 흐루쇼프는 새로운 노선을 일종의 전술로서 정당화하고자 했다. "네루는 미국으로 넘어갈지도 모릅니다. 네루는 인도의 이익이 보장되는 한 우리와 함께 가는 길동무(정치적으로 공산당에 동조한다는 의미ㅡ옮긴이)입니다. 나세르에게 원조를 제공하면서, 우리는 그가 우리에게서 돌아설지도 모른다는 점을 알고 있습니다. 그러나 우리가 이런 신뢰를 주지 않았더라면, 나세르는 결국 미국의 품 안으로 들어갔을 겁니다."[64] 그러나 마오쩌둥은 화를 누그러뜨리지 않았고, 1960년 여름 흐루쇼프는 중국의 지속적 비판에 대응해 대부분의 소련 전문가를 중국에서 갑작스럽게 철수시켰다. 흐루쇼프와 그의 동료들은 마오쩌둥한테 진짜 중요한 문제는 중국 혁명의 미래라는 사실을 이해하지 못했다. 소련의 조언에 너무 의존하면, 마오쩌둥이 원하는 사회주의로의 급격한 진보는 불가능할 터였다. 1962년 흐루쇼프는 중국인은 부주의하고, 고마움을 모르며, 국수주의적인 농민이라고 비난했다. 비록 동맹의 마지막 잔존물은 1965년까지 이어졌지만, 소련과 중국 간 격화되는 공개 논쟁은 소련에 중국 사회주의와의 대립이 제기할 향후 쟁점의 예고편이었다.

소련 지도부가 볼 때, 중국과의 문제는 새로운 안보 문제일 뿐 아니라 제3세계를 둘러싼 영향력 경쟁의 격화를 의미했다. 중국과의 관계는 제3세계에 사회주의가 적용 가능하다는 궁극적인 증거로 칭송되었으며, 1958년까지 소련 전문가들은 중국·북베트남 그리고 북한이 '동방' 국가에서 마르크스주의 정치 이론의 거의 완벽한 적용 사례라고 내세워왔다. 중소 동맹이 누더기가 되자 소련은 무엇이 잘못되었는지, 그리고 앞으로 어떻게 할 것인지를 설명해야만 했다. 한편으로 소련은, 중국에서 되돌릴 수 없는 성과로 여긴 것의 파괴를 중국공산당의 '프롤레타리아 경험' 부족을 틈타 정권을 잡은 '마오쩌둥 파당'의 잘못된 생각 때문이라고 설명했다. 다른 한편으로 이 거대한 실망과 실패의 적절한 원인을 포착할 수 없었기 때문에 많은 소련 지도부는 인종주의적 설명을 하기도 했다. 중국에서 소련의 노력이 중국인의 타고난 기만성과 이기심 때문에 실패했다는 것이다.

1950년대의 미국이 그러했듯 1960년대의 소련은 중국에서의 실패로부터 배우려는 노력을 거의 하지 않았다. 반대로 '중소 동맹'은 소련 대외 정책에서 금기어가 되었고 공식적이거나 비공식적인 담론에서 거의 다루지 않았다. 중국에서 자문단으로 일했던 이들의 경험이 향후 소련의 제3세계 정책에 도움을 줄 수 있었겠지만, 그들은 외교 분야에서 '잃어버린 세대'가 되었다. 그들은 어떤 형태로든 국제 관계 분야에서 다시 일자리를 얻지 못했다. 흐루쇼프를 따라 아프리카·아시아의 새로 해방된 국가에서 미국과 경쟁하려는 전면적 시도를 자신의 사명으로 받아들인 이들은 대부분 해외 경험이 거의 없는 젊은이들이었다. 그들의 준거 틀은 중국이 **아니라** 1950년대에 소련이 기술과 생산 면에서 거둔 성공이었다. 이런 성공 덕분에 소련 바깥의 공산주의자들은 소련적 근대성을 추구할 수 있었다. 이제 스탈린의 족쇄에서 벗어난 소련식 사회주의는 생산력 차원에서 완전한 잠재력을 보여주었다. 처녀지(Virgin Lands) 정책과 우주 프로그램은 소련의 제3세계 원조에 영감을 준 매우 중요한 두 가지 계획이었다. 1954년부터 시작된 처녀지 정책은 카자흐스탄과 남서부 시베리아에서 이전에 경작한 적 없던 3200만 에이커의 땅을 개간하려는 시도였다. 이는 소련이 진입했다고 주장한, 새로운 집중적 성장의 상징물이었다. 황무지를 개간하기 위해 대규모 관개 사업과 화학 비료를 사용한 흐루쇼프 지도부는 식량 생산을 증대할 새로운 방법을 고안해내는 데 성공했다고 목소리를 높였다. 1957년 첫 우주선 스푸트니크호 발사와 1961년 유리 가가린(Yuri Gagarin)의 첫 유인 우주 비행은 대부분의 소련인이 보기에 기술과 과학에서 소련이 서방을 능가했다는 확신을 강화했다. 농업과 산업에서 소련의 노하우는 소련 내 생산을 혁명적으로 바꾸고, 사회주의를 향해 나아가는 나라들이 서방에 덜 양보하고, 더 빠른 속도로 발전할 수 있게끔 했다. 1960년 국제연합 연설에서 흐루쇼프는 제3세계의 민족 해방과 사회주의의 생산적 잠재력을 미래의 상징으로서 결합했다.

식민지와 신탁통치령의 경제가 현재 돈만을 추구하는 외국 독점 자본의 이익에 종속되어 있으며, 이들 국가의 산업화는 의도적으로 저해되고 있다는 점을 모두가 잘 알고 있습니다. 상황이 바뀌어 이들 국가와 영역이 독립적으로 변모하고, 그들의 풍부한 천연자원을 적절하게 사용할 수 있는 지위를 확보하고 산업화를 통해 민중의 삶이 개선된다고 상상해봅시다. 이는 동방 국가의 경제 발

전뿐만 아니라, 산업적으로 이미 발전한 서방 국가의 경제에도 좋은 효과를 미칠 것입니다.[65]

당과 국제 공산주의 운동 진영에 있는 청중을 향해 흐루쇼프는 똑같은 생각을 좀더 이데올로기적인 표현으로 강조했다. 1961년 1월 정치 이론 및 선전과 관련한 비공개 회의에서 이렇게 발언한 것이다.

부르주아와 정치적 개량주의자들은 민족 해방 운동이 노동자 계급이 일으키는 사회주의 투쟁, 그리고 사회주의 국가의 지지와는 별다른 관계없이 발전한다고 주장합니다. 식민주의자가 옛 식민지 사람들에게 자유를 준다고 합니다. 이런 거짓말의 목적은 새로운 독립 국가를 사회주의 진영으로부터 고립시키고 신생 독립 국가가 제국주의에 반대하는 대신 국제 무대에서 '제3의 힘' 역할을 맡아야 한다는 걸 증명하기 위해서입니다. 말할 필요도 없이 이는 거대한 사기입니다. 위대한 10월 사회주의 혁명의 승리 이전에 민중이 식민주의의 사슬을 끊고자 하는 시도에 실패했다는 것은 역사적 사실입니다. 사회주의가 최소한 세계 일부에서 승리하기 이전에는 식민주의를 타파하지 못했다는 게 역사적으로 증명되었습니다.[66]

1960년대 초의 소련 이데올로기에 따르면, 제3세계에서의 영향력을 위한 경쟁은 이미 사회주의의 생존에 필수적인 부분이었다. 미국에서처럼 소련 엘리트는 그들의 사명을 주어진 목표를 향한 세계사적 진보의 일부라고 여겼다. 이 과정에서 자신들의 역할을 바라보는 소련 엘리트의 시각은 마르크스-레닌주의 정치 이론뿐 아니라 러시아예외주의와 1917년 이래 소련 지도부의 경험이 혼합되어 있었다. 소련 엘리트는 좌절과 후퇴에도 불구하고 사회주의가 한 세대 내에 주요한 국제 체제로서 자본주의를 대체하리라 굳게 믿었다. 스탈린의 계승자들은 이러한 이행이 지구적 전쟁 없이도 이뤄질 수 있다고 생각했다. 제국주의자들이 그들 경계 밖에 있는 제3세계 사회 혁명을 분쇄하려는 개입이 더 이상 성공할 수 없다는 사실을 받아들인다면 말이다. 이제 소련의 역할은 혁명을 추구하는 세력에 안보를 제공하고 이를 통해 인류의 진보를 돕는 일이었다.

03 혁명가들: 반식민주의 정치와 그 변환

19세기 중반부터 1920년까지 4억 5000만 명의 아시아·아프리카인이 직접적인 식민 지배 아래에 놓였다.[1] 영국, 프랑스, 러시아, 네덜란드, 포르투갈 같은 유럽의 구(舊)식민 제국에 이어 독일, 이탈리아, 벨기에가 새로운 식민 제국으로 부상했다. 뒤따라 미국이 다소간 마지못한 태도로 식민 제국의 대열에 합류했다. 심지어 제국주의 팽창의 희생자였던 일본마저도 침략자 집단의 일원이 되었다. 식민 제국의 팽창 능력은 19세기의 기술, 조직, 통신의 변화를 통해 증대했다. 팽창의 동기는 시장 확대, 천연자원 확보, 종교적 열정, 국가의 위신 증진 등 다양했다. 20세기 초에 이르면 자본주의 국가의 대부분 사람들은 더 이상 팽창의 동기를 묻지 않았다. 두 세대 이후에 진행되는 냉전이 그러했듯 이제 제국주의는 자연스러운 질서 그 자체였기 때문이다.[2]

여러 제3세계 지역이 제국주의의 공격을 막기 위해 대비를 철저히 했지만, 식민 지배 후 수십 년이 지나고서야 비로소 포괄적인 저항 운동을 조직할 수 있었다. 침략과 식민 지배의 포악성은 무시무시했다. 최근의 한 연구는 식민지 침략 전쟁에서 비롯된 직간접적 사망자가 약 550만 명에 이른다고 주장했다. 마이크 데이비스(Mike Davis)의 연구가 잘 지적하듯 제국주의의 팽창으로 아시아·아프리카 국가의 사회 구조가 약화했으며, 이로 인해 이들 국가는 19세기 후반 전 지구적 차원의 가뭄과 그로 인한 기근에 제대로 대처하지 못했다. 만약 과거의 사회 구조가 온존했다면 이들은 가뭄으로 인한 피해를 줄였을지도 모른다. 제국에 편입된 식민지는 광대했고, 그 지역은 침략자의 대량 살육 이전에도 대체로 인구밀도가 그리 높지 않았다. 지배자가 확립한 식민 질서는 그 지역의 자체적 국가, 정체성, 조직을 반영하지 않았다. 따라서 식민 질서 내에서 부여된 몇몇 기회는 철저하게 '분할과 지배'라는 지배의 틀에 맞춰져 있었다. 앞서 미국과 러시아 사례에서 살펴보았듯 식민 정부가 자행한 조직화한 폭력은 강제적 문화 동화 정책부터 절멸 정책이나 집단 학살을 망라했다.[3]

　냉전이 태동하기 시작한 제1차 세계대전 직후 식민 지배를 향한 저항이 비로소 성공을 거두기 시작했다. 1920~1930년대에 걸쳐 제국주의-반제국주의 세력의 대결은 사회 혁명이나 자본주의 발전을 둘러싼 관념의 전장(戰場)이었다. 제2차 세계대전 시기 유럽 열강이 자멸의 극단을 향해 나아갈 때 제3세계에서는 혁명 운동이 출현했다. 그리고 제3세계 국가 대다수를 해방하는 혁명은 제2차 세계대전 이후에야 비로소 가능했는데, 이때 냉전은 이미 하나의 국제 체제로서 자리를 잡고 있었다. 이는 달리 표현하면, 반식민 운동과 제3세계 신생국이 냉전의 대결 및 냉전 이데올로기와 시기적으로 밀접한 관계에 있다는 걸 의미한다. 탈식민지화 과정과 초강대국의 충돌은 서로 다른 기원을 지닌 것처럼 보이지만, 20세기 후반의 역사는 이 둘을 묶어주는 관계를 이해할 때 더 잘 규명할 수 있다.

식민주의와 그 영향

식민화의 주요 목표 중 하나는 식민지인의 확립된 세계관을 파괴하는 것이었다. 제국주의 사업에는 인종우월주의가 이미 내재되어 있었고, 제국에 굴복한 식민지인은 자기 비하에 빠지거나 자신들의 고유문화가 마땅히 사라져도 된다고 생각했다. 유럽의 우월성을 보여주는 확실한 증거는 유럽의 식민화 그 자체였다. 유럽의 식민지 개척자들은 충분한 무기, 기술·조직을 확보했기 **때문에** 세계를 지배할 수 있었다. 또 유럽인의 물질적·영토적 소유물은 그 우월함을 반영했다. 힘이 충분하지 않았기 때문에, 식민지인은 새로운 질서의 정당성을 강변하며 식민지인의 자체적 이상과 신념을 향해 가차 없이 파산을 선고하는 선전(주로 기독교 선교)에 그대로 노출되었다.

식민주의가 제3세계의 고유문화와 조직을 얼마나 의도적으로 파괴했는지를 두고 치열한 논쟁이 계속되고 있다. 식민화 이전의 정체성을 완전히 박탈하기 위해 아메리카 원주민이나 오스트레일리아 원주민에게 그랬던 것처럼 집단 학살을 자행하기도 했다. 대부분의 경우 19세기 후반부터 엘리트 수준에서는 토착적인 것과 식민적인 것의 근대적 혼종이 등장하기 시작했다. 비(非)유럽인 행정가의 선발과 식민지 교육의 도래로 식민 당국자만큼이나 기술이나 체계화 같은 근대성의 주요 결과물에 헌신할 수 있는 집단이 등장했다. 이들과 같은 중개인의 협력 없이 식민지를 통치하기란 불가능했다. 식민지의 광대함에 비하면 외부 출신 행정가의 수는 너무 적었기 때문이다. 나중에 다루겠지만, 종종 이 중개인 집단으로부터 (혹은 이들의 아들딸 세대에서) 제1세대 민족주의 조직이 등장했다.

19세기에 전개된 식민화 사업은 그 특성 면에서 매우 다양했다. 영국이 비유럽적인 조직을 통한 식민지 운영을 선호해 다양한 현지 체제의 등장을 용인했다면, 프랑스(그리고 훗날의 미국)의 경우는 그들이 정복한 식민지인에게 자신의 문화·제도를 전파하고자 했다는 점에서 훨씬 더 동화주의적인 정책에 가까웠다. 유럽 식민주의자의 존재 유무는 식민지 체제를 형성하는 데 매우 중요한 영향을 미쳤다. 남부 아프리카와 알제리 사례가 보여주듯 어떤 집단을 식민지로 데려오느냐 혹은 어떤 집단을 식민지에 살 수 있도록 하느냐는 문제를 두고 식민지 제국의 중심부와 식민지인의 갈등이 격화되기도 했다. 마지막으로 허약한 식민 지배자였던 벨기에와 포르투갈은 식민지에 근대성을 적용할 수 있는 효율적 식민 행정 같은 수단이나 충분한 자원을 지니고 있지 못했다. 그 결과 벨기에와 포르투갈의 지배는 그야말로 약탈에 가까웠다. 이들의 식민 통치는 19세기 후반과 20세기 초반 프랑스나 영국보다는 17~18세기의 쇠퇴한 에스파냐 제국과 유사했다.

식민 지배하에 놓인 사람들이 경험하는 식민지 정부의 모습은 단일하지 않았고, 반식민지 저항 운동 역시 식민지 정부를 둘러싸고 다양한 입장을 보여주었다. 식민지 정부의 일반적 특징은 현지 정통성의 부재, 반란이 일어날지도 모른다는 두려움, 그리고 대규모 사업에 대한 선호였다. 식민지 정부는 항상 제국 중심부와 식민주의자를 대변했다. 현지의 일부 협력자가 존재했지만, 식민지 정부는 현지인을 결코 대표하거나 대변하지 않았다. 예를 들어 식민지 정부는 대부분의 현지인, 심지어 현지 엘리트층에게도 어딘가 외삽(外揷)된 것으로 보였다. 이 '낯섦' 때문에 가장 성공적으로 동화한 식민지에서조차 식민지 정부는 모든 수준에서 정책을 지속적으로 입안해야만 했다. 현지 관련 지식이 부족하고, 상대적으로 노동력 확보가 용이하고, 자원이 풍부하다는 이유로 식민지 정부는 식민지에서 대규모 사업을 전개했다. (물론 항상 이 사업을 마무리하지는 못했다.) 이 사업의 목적은 제국 중심부로 천연자원을 옮기는 것뿐 아니라 현지인에게 식민지 국가의 효율성과 우월성을 보여주는 데 있었다. 식민지인은 그야말로 '거대한 감옥'에서 살았다고 해도 과언이 아니다.

식민주의 시대가 정점을 이룬 1900년경은 제국주의 국가 내부에서 개혁이 일어난 시기이기도 했다. 제국 내에서의 노동자 착취, 위생과 교육의 부족, 국가 행정의 부패와 불평등을 향한 비판이 강화되는 상황과 맞물려 식민지 운영의 기준을 비판하는 목소리도 커졌다. 그 결과 식민지에 살고 있는 비유럽인을 상대로 한 교육과 보건이 강화되었다. 한편 이를 통해 식민지 정부는 이전까지는 통제력이 덜 미치던 영역에까지 권력을 확장해나갈 수 있었다. 미래의 식민 관료를 양성하기 위한 교육 제도가 제국 중심부에 새로 설립되었고, 이를 통해 더 많은 현지 엘리트 젊은이가 교육의 혜택을 받았다.[4] 새로 훈련받은 식민 관료가 아프리카나 아시아에 도착한 후, 제국의 식민 사업을 대표하는 그들은 이전의 식민 체제가 거의 접근하지 않았던 지역이나 사회에 침투해 들어가기 시작했다. 1900년대를 전후해 제국주의의 새 구호는 천연자원과 무역이 아니라, 제국주의 열강과 식민지인 모두를 위한 진보와 발전이었다.

식민지 지배 말기에 식민지 정부가 시행하거나 지원한 여러 사업은 이전보다 훨씬 더 큰 규모를 자랑했다. 이는 식민지 영토의 방대함에 걸맞은 '거대한 사고'가 요청되었기 때문임과 동시에 식민지 정부의 외국 지배자 눈에는 식민지가 지니고 있는 사회·생태적 복잡성이 보이지 않았기 때문이다. 예를 들어 수에즈와 파나마 운하, 수단에 있는 게지라(Gezira: 수단 중동부 청나일강과 백나일강 사이의 지역으로, 대규모 관개 계획을 통해 농업 지역이 되었다—옮긴이) 관개 수로 사업, 모잠비크의 카보라바사 댐(Cabora Bassa dam)을 건설하기 위해서는 대규모 노동력이 필요했다. 이 사업을 수행하려면 마치 19세기에 이뤄진 대규모 농업 사업과 마찬가지로 현지의 노동력 부족을 메우기 위해 외부로부터 노동력을 수입해올 수밖에 없었다. 19세기 식민지에서 진행된 농업 사업은 주로 한 가지 종류의 환금 작물, 예를 들어 차·설탕·담배만을 생산하기 위한 사업이었다. 이는 전통적으로 다양했던 작물 생산 양식을 바꾸었을 뿐만 아니라, 몇몇 식민지 지역의 인구 분포도 바꾸었다. 예를 들어 피지(Fiji)로 간 인도인, 말라야(Malaya)로 간 중국인은 이제 해당 지역 인구의 절반 정도를 차지하기에 이르렀다.

그러나 식민지 정부(protostate, 原國家: 독립 국가를 수립하기 전에 식민 당국이 주도한 국가 기구를 의미하는데, 여기서는 이를 '식민지 정부'로 번역했다—옮긴이)의 구조가 얼마나 다양했는지와 관계없이 식민지인에게 중요한 사실은 식민지 정부가 제국 권력 및 몇몇 식민주의자의 이익을 대변하기 위해 만들어졌다는 점이었다. 식민지 정부에 식민지인의 이익은 전혀 반영되지 않았다. 식민지 정부는 일부 현지 엘리트에게 이권을 부여하기도 했지만, 현지인의 관점에서 이는 결코 '그들의' 나라가 될 수 없었다. 식민지 정부는 식민지인의 동의 없이 현지에서 강제력에 의존해 정통성을 주장하고 있는 외세에 불과했다. 1900년 이후 아프리카·아시아 그리고 카리브해의 많은 젊은이가 교육을 받기 위해 제국 중심부를 여행하기 시작했다. 그들은 제국 중심부에서 대중의 정부 활동 참여가 점차적으로 확장되고 있는 상황과 비교할 때, 그 자신과 부모 세대는 식민지 현실에서 별다른 영향력이 없다는 사실을 몸소 체험했다. 유럽인 노동자도 투표권과 정당 조직권을 갖고 정치적 영향력을 행사할 수 있는데, 왜 그들은 고향에서 정치적 권리를 누릴 수 없단 말인가? 제국 수도의 풍요로움과 활기를 보면서, 제 3세계 출신 젊은 방문자들은 자연스럽게 범유럽 국가의 풍요로움이 제국 주의적 착취의 결과라는 사실을 의식하기 시작했다. 그러나 동시에 그들은 고국 사회의 조건을 근대적 진보의 관점에서 비판했다. 인도네시아 민족 운동의 주창자 중 한 명인 수탄 샤리르(Sutan Sjahrir: 1930~1940년대 인도네시아의 대표적 민족주의자로, 1945년 신생 인도네시아공화국의 초대 총리를 역임했다―옮긴이)는 자서전 《망명의 끝에서(Out of Exile)》에서 다음과 같이 썼다.

나에게 서양은 강력하고 역동적이며 적극적인 삶을 상징했다. 이는 내가 선망한 파우스트와 같았다. 나는 서양의 역동성을 활용해야만 동양이 노예 같은 상태와 예속으로부터 해방될 수 있으리라 확신했다. 서양은 동양에 삶은 곧 투쟁이자 노력이라 가르쳤다. 동양적 고요함의 개념은 서양적인 적극적 운동에 복종해야만 했다. ……투쟁과 노력은 자연과의 투쟁을 상징하고, 자연과의 투쟁만이 투쟁의 본질이다. 인간은 자연을 복종시키고, 자연을 자신의 의지에 맞추어 다스려야 한다.[5]

끊임없는 투쟁 끝에 도착한 사다리 꼭대기에는 제국의 중심부가 있었다. 제국 중심부는 제국주의의 힘과 동력이 권력 체제의 안정성 및 내구성을 강화한 곳이었다. 1920년대 런던의 하이드 공원(Hyde Park)을 거닐던 인도 작가 니라드 차우드후리는 이렇게 적었다. "제국의 견고함은 너무나 강해서 만약 내게 망치가 있었다면, 걸으면서 무의식적으로 길가의 집을 내리쳤을 것이다. 수없이 늘어서 있는 벽을 보면서, 조급함으로 안달이 난 나는 부지불식간에 더 큰 망치를 떠올리곤 했다."[6] 유럽의 팽창과 이러한 팽창이 생산해낸 이데올로기는 거의 동시에 변환과 저항을 향한 관념을 제공했다.

식민지의 저항은 제국주의의 침입부터 식민 제국이 붕괴하기까지 내내 이어졌다. 첫 패배의 충격이 진정되자 식민지에서는 반란과 불복종 운동이 빈번히 일어났으며, 이는 점점 더 잘 조직화하기 시작했다. 19세기 중반에 이르면 이미 기술의 전파 덕분에 비(非)유럽 단체들은 제국주의자의 공격을 잘 막아낼 수 있었다. 문제는 통합된 저항이 어려웠다는 점이다. 식민 권력이 다른 민족이나 종교 집단을 동원해 저항을 무력화시킬 가능성이 존재했다. 또 제3세계의 권력자들은 잘 무장한 외세가 자기편이 되었을 때 생기는 전략적 가치를 잘 알고 있었다. 또 도시와 농촌 간 격차 및 현지 엘리트와 일반 대중의 간극이 존재했다. 이들은 모두 식민화 과정의 상이한 경험을 반영했다. 식민주의에 대항하는 대부분의 싸움은 강제 징집, 약탈, 조세 그리고 최소한의 생계를 위한 비참한 농민들의 투쟁이었다. 삶과 죽음의 경계에서 우리가 살펴본 대부분의 엘리트는 후기 식민주의 구상에 내재된 진보의 에토스로 기울어져갔다.[7]

이와 같은 식민 사회의 분열은 카를 도이치(Karl Deutsch)가 말한 "사회적 동원"(조직·운동·정체성의 창설)을 매우 어렵게 했다. 사회적 동원은 일부 엘리트가 식민 국가에 도전하기 위해 아래로부터의 저항에 부합하는 운동을 진행했을 때에만 가능했다. 형식적인 식민화 과정을 피한 몇몇 제3세계 국가에서는 이와 같은 분열이 현격했다. 현지 엘리트는 그들 국가의 민중이 외국의 침략에 잘 저항할 수 있도록 독려하는 차원에서만 민중을 위한 정책을 실시할 수 있었다. 이와 같은 관용은 일본·태국·아프가니스탄·에티오피아 같은 다양한 나라가 전투 기술의 발전을 통해 국가 안보를 확보할 수 있도록 했고, 나아가 이들 나라가 방어적 근대화를 실시할 수 있는 토대가 되었다. 중국의 경우, 20세기 초 최소한의 사회적 유대감이 등장하고 제국주의 침탈로부터 자국을 방어하기 위한 군사력이 등장했으나 결국 만주를 포함한 많은 지역이 제국주의자의 지배에 들어가거나 할양당하는 운명을 겪었다. 이는 지구상에서 인구가 가장 많은 국가가 반(半)식민 상태에 놓였다는 걸 의미했다.

1900년경에는 아시아 국가의 절반 이상이 직접적인 식민 지배 아래에 놓였고, 아프리카 국가의 90퍼센트, 라틴아메리카 국가의 30퍼센트가 식민화되었다. 경제적 측면에서 보면, 대부분의 지역을 유럽과 미국 자본이 지배했다. 전체 경제를 관리하는 방식에는 차이가 있었지만 말이다. 유럽과 미국 자본이 중미 지역을 경제적으로 완전히 지배하는 방식을 채택했다면, 멕시코·브라질·볼리비아에서는 영향력을 대거 확보하는 방식을 취했다. 20세기 초 주요 남아메리카 국가들은 높은 경제 성장을 이루었지만 경제와 무역은 미국과 밀접한 관련을 맺고 있었다. 이를 통해 미국은 남아메리카 국가의 정치에 상당한 영향력을 행사하며 해당 정부의 결정에도 개입할 수 있었다. 많은 라틴아메리카인에게 그들이 저항할 형식적인 제국은 존재하지 않았지만, '북쪽의 거인'인 미국에 맞서는 저항은 반식민주의의 형태를 띨 수밖에 없었다.

19세기 후반과 20세기 초의 신제국주의는 역사상 처음으로, 유럽 주요 국가의 행동이 전 지구적 차원에서 영향력을 미칠 수 있도록 했다. 개혁과 진보가 식민주의 에토스의 핵심으로 자리 잡자, 많은 현지 엘리트는 제국주의자들이 만든 식민지 정부에 참여했다. 그러나 이 시기에는 식민지 사업의 정치적 부정의(不正義)가 그 어느 때보다 잘 드러나고 있었다. 이와 같은 모순 속에서 후기 식민 정권은 인류학자 제임스 스콧(James C. Scott)이 지적했듯 광범위한 사회공학의 실험장이 되었고, 이는 식민지 정부를 계승한 혁명 정권도 마찬가지였다. '복지 식민주의'의 이데올로기는 식민 권력에 내재된 권위주의 권력과 결합해 제3세계 사회를 변형한다는 야심 찬 계획으로 이어졌다. 이 거대한 계획을 이루는 일반적 방법은 재정착과 기계화였다.[8]

반(反)식민주의 혁명

제1차 세계대전은 식민 지배와 반(半)식민지적 억압에 대항하는 현대 저항 운동의 출발점이었다. 유럽 국가 간 살육전이었던 제1차 세계대전은 식민지에도 적지 않은 영향을 주었다. 많은 비유럽인(인도인만 140만 명이 징집되었다)이 제1차 세계대전의 경험을 통해 그들 자신뿐 아니라 주로 지식인이 지니고 있던 유럽의 우월성과 관련한 신념을 상실했다. 대전쟁(제1차 세계대전-옮긴이)은 식민지 체제의 격심한 위기를 의미했다. 제1차 세계대전은 걷잡을 수 없는 식민지 팽창(유럽인은 '진보'와 '인류애'라는 이름으로 아프리카와 아시아의 2200만 제곱킬로미터에 해당하는 지역을 식민지로 만들었다)의 말기에 발발했다. 당연히 현지 엘리트들(대부분 식민지 체제에서 성장했다)은 이제 제국의 통치를 대체할 비유럽적 대안을 시도할 때가 왔다고 믿었다. 유럽적 자신감을 외피로 두른 이 엘리트들은 스스로의 힘으로 근대성을 정복하고 싶어 했다.

냉전기와 마찬가지로 일부 제3세계 지도자는 유럽에서 전쟁이 발발하자, 이를 유럽 제국주의의 적으로부터 지원을 받을 수 있는 좋은 기회라고 파악했다. 독일, 나중에는 소련이 이와 같은 대안이었고 잠시 동안 미국이 거론되기도 했다. 이는 단순히 미국 대통령 우드로 윌슨의 자결권과 민주주의에 대한 수사(修辭) 때문만은 아니었다. 앞에서 살펴봤듯 젊은 마나벤드라 나트 로이는 일부 인도 독립 운동가들이 왜 독일과의 동맹을 선택했는지 미국이 이해하지 못하자 이를 힐난했다.

인도 입장에서 독일은 식민지 시절의 미국에 있어 프랑스의 역할과 같을 수 있습니다. 북아메리카 식민지에서 반란을 일으킨 미국인이 프랑스에 도움을 요청한 것은 평화를 위해서라기보다 프랑스가 영국의 잠재적 적국이었기 때문이라는 점은 명백합니다. 현재의 충돌(제1차 세계대전—옮긴이)에서 인도인은 인도의 이익과 독일의 이익이 유사하며 조화를 이룰 수 있다고 보고 있습니다. 미국인인 당신의 조상들이 벤저민 프랭클린을 프랑스로 파견해 동맹을 도모했듯 우리 인도인도 우리의 이익과 즉각적 필요에 도움을 줄 수 있는 국가와 협정을 맺기 위해 노력할 뿐입니다. 우리의 정당한 권리 행사를 비난하기 전에 우리를 비난하는 일이 당신네의 위대한 애국자 워싱턴, 제퍼슨 그리고 애덤스의 행위를 비난하는 행위임을 명백히 깨달아야 할 것입니다.[9]

1917년의 러시아 혁명 이후, 특히 전후 평화 회담에서 승전국들이 자결권을 거부하자 제3세계의 반식민주의 지도자들은 이제 신생 소비에트연방에 주목했다. 볼셰비키만이 식민주의를 비난하고 식민주의에 반대하는 사람들에게 연대를 제공한 것은 아니지만, 제3세계는 볼셰비키가 비착취적 형태를 통해 근대 사회로 나아가는 길을 보여주었기 때문에 이에 주목했다. 로이와 같은 인도인 자와할랄 네루는 1919년 다음과 같이 썼다.

오늘날 공산주의는 유령이 아니라, 현실화해 서구 세계를 휘어잡고 있다. 러시아와 헝가리는 자본주의와 사유 재산이라는 오래된 지배를 끝장냈다. ……끔찍한 과잉 조치는 러시아 볼셰비키의 책임이라고 할 수 있다. ……그러나 이것만 본다면 수많은 사람이 왜 이와 같은 테러를 환영했으며, 이를 위해 자발적으로 나섰는지 이해할 수 없을 것이다. ……우리는 공동체에서 살아가는 사람들이기 때문에 아마도 어떤 형태의 공산주의는 다수결 제도보다 사람들의 재능을 발휘하는 데 더 좋을 수 있을 것이다. 그와 같은 시대가 올 때를 대비하고 우리 지도자들이 공산주의에 대해 생각할 수 있도록 하자.[10]

인도와 제3세계 전체를 위해 로이와 네루는 공산주의와 토착주의(nativism)라는 반식민 저항을 위한 두 가지 주요한 이데올로기적 방향을 제시할 수 있었다. (비록 네루의 경우, 시간이 지나면서 영국 숭배가 약화하고 민족주의가 더해졌지만 말이다.) 그들은 다른 많은 반식민주의 지도자와 마찬가지로 그들 세대의 전형적 배경을 공유하고 있었다. 로이(1887년생)와 네루(1889년생)는 모두 그 지역의 유명한 가문 출신이었다. 로이와 네루는 모두 어린 시절부터 스스로를 인도인의 지도자라고 생각했다.[11]

로이는 인도의 영어 학교에서 교육을 받은 후, 캘커타의 벵골기술학교로 진학했다.[12] 일찍이 18세에 벵골 혁명 조직에 가담했고, 1915년에는 인도 독립을 위한 독일의 지원을 타진하기 위해 해외로 파견되었다. 1916~1918년에는 미국에 거주하면서 스탠퍼드대학교 졸업생 에블린 트렌트(Evelyn Trent)와 결혼한 후 마르크스주의에 관심을 갖기 시작했다. 1918년 경찰과의 다툼 이후 멕시코로 떠났고, 그곳에서 멕시코공산당의 공동 창립자가 되었다. 그는 코민테른 제2차 회의(지은이는 제1차 회의로 적고 있는데 사실이 아니므로 바로잡았다 - 옮긴이)에 멕시코공산당 대표로 참석했으며, 코민테른의 주요 인사가 되었다. 로이에게 인도 혁명의 주요한 요소는 급속한 사회 변화였고, 사회주의 혁명 없이 인도의 독립은 속 빈 강정이 될 것이라고 생각했다.

로이에 비해 네루는 훨씬 더 부유한 환경에서 성장했으며, 해로스쿨(Harrow School)을 졸업한 후 케임브리지대학교 트리니티칼리지에서 수학했다. 그리고 법률가가 되어 고향인 알라하바드(Allahabad)의 식민지 고등법원에서 근무했다. 1918년에는 인도국민회의에 참가했고, 네루와 마하트마 간디의 협력으로 인도국민회의는 인도 독립 운동의 주요 단체로 성장했다. 네루는 영국 식민지 시기 자주 투옥되었다. 독립 이후 인도의 초대 총리로서 개혁적인 국내 정책과 비동맹 외교 정책을 주장했지만 네루는 친소련적 성향을 지니고 있었다. 또 네루는 발전 정책에서 국가 중심적인 실용주의자였다.

제한받지 않는 사영(私營) 기업이라는 관념은 이제 낡았다. ……국가는 큰 계획을 그릴 줄 알아야 한다. 우리는 제한된 자원을 지니고 있기 때문에 사람들이 제각기 원하는 대로 행동하도록 놔둘 수 없다. 우리는 계획을 수립해야 하고 여기에는 공·사 영역을 모두 포함해야 하며 사영 기업은 그 안에서 역할을 부여받아야 한다. 계획은 공적이든 사적이든 모든 활동을 포괄해야 할 것이다.

저항 운동에서 토착주의자와 마르크스주의자는 국가의 과거를 보는 방식뿐 아니라 미래를 보는 방식에서도 차이를 보였다. 일반적으로 마르크스주의자는 식민지 이전 시대를 호의적으로 보지 않았다. 마르크스주의자는 현지 엘리트가 그들의 안락을 위해 민족을 '배신'했다고 비난했다. 반면 토착주의자는 역사와 종교가 식민주의에 맞선 무기인 동시에 투쟁 이후 얻게 될 독립 국가에서 민중의 미래를 결정한다고 보았다. 많은 반식민 지도자에게 이렇게 만들어진 과거는 그들이 상상하는 미래를 반영했다. 토착주의자의 주요 목표는 경제 및 사회의 재건과 조국의 군사적 힘이었고, 이는 강력한 지도자가 현지의 토착 전통을 예우해야 가능하다고 생각했다. 한편 공산주의자는 강력한 국가를 사회 혁명의 결과물로 보았으며, (소련이라는) 유일하게 성공한 비자본주의 국가로부터 강력한 국가 모델을 직접 차용하고자 했다.

토착주의와 마르크스주의는 모두 근대적 사고(思考)였다. 마르크스주의 지도부나 민족주의 지도부 모두 목적 달성을 위해 새로운 기술 및 새로운 조직 방법을 정복하기를 원했다는 점에서 그러했다. 신의 말씀이 해방의 기본이 되어야 한다고 생각하는 이들(예를 들면 강력한 이슬람 반식민 운동) 역시 물질적 진보(식민지 중심부에서는 많은 사람이 이와 같은 물질적 진보를 누리고 있었다)가 가능하지 않았던 과거로 돌아가는 걸 원치 않았다. 많은 경우, 19세기 유럽과 미국의 사회 전환 단계에서 그러했듯 이상화된 과거의 인상은 새롭고 진정으로 현대적인 사회를 상상하는 틀이었다. '뿌리'〔또는 '성전(scripture, 聖典)〕로 돌아가자는 운동은 사회 정의와 '민족' 조직 그리고 인종적 특별함과 관련한 새로운 논의의 출발점이 되었지만 말이다. 얄궂게도 식민지에서 혁명을 위해 분투한 이들은 유럽인이 만들어낸 '오리엔탈리즘' 관념의 영향을 받기도 했다. 유럽인은 오리엔탈리즘 관념을 통해 식민화한 사회에 '전통'을 강요했으며, 이를 통해 식민화한 사회와 그들이 진보된 문명으로 가정(假定)하는 유럽 사회를 분리하고자 했다. 결과적으로 이와 같이 상상된 '전통'은 피억압자가 혁명 운동의 지지자를 정체성이나 민족 같은 개념에서 찾을 수 있도록 했다.

물론 여기서 제시한 마르크스주의와 민족주의라는 표식은 여러 대륙과 다양한 문화권에서 등장한 운동을 거칠고 부정확하게 요약한 것이다. 중국 마르크스주의는 마르크스주의와 일정한 공통점이 있으나, 쿠바 마르크스주의와 비교하면 중국과 쿠바의 거리는 상당하다. 분석적 관점에서 보면, 마르크스주의와 민족주의라는 일반적인 두 가지 추세는 한 사람 안에 동시에 존재하기도 했다. 이는 한 인물의 삶의 다른 국면에 나타나 기도 했다. 일례로 힌두주의자였던 네루는 반둥 회의에서는 제3세계 국 제주의의 대변인이 되었고, 공산주의자였던 로이는 훗날 개인주의자이자 인본주의자가 되었다. 그리고 반식민 운동가와 식민주의 협력자의 거리 도 매우 애매모호했다. 각자의 개인적 위치에 따라, 현지 지도자는 식민 권력의 눈으로는 식민지인을 대표하는 것처럼 보였고 식민지인의 눈으 로는 제국 중심부를 대표하는 것처럼 보였다. 이들은 지지자인가, 잠입자 (infiltrator, 潛入者)인가? 혁명가인가, 반혁명가인가? 식민적 상황에서 이데 올로기나 조직적 정체성은 자주 유동적이고 불확실했다. 이는 식민지 국 가의 경우에도 마찬가지였다.[13]

물론 자신을 혁명가라고 말하기 위해서는 개인적 용기뿐 아니라, 현존 하는 식민지 현실에서 '민중'이 선택할 수 있는 대안과 관련한 강력한 신 념이 필요했다. 대부분의 경우 이는 패배로 귀결되었다. 현존하는 국가(식 민지 국가든 아니든)에 대항했던 대부분의 혁명가는 목숨을 잃거나 투옥되었 다. 많은 인간사가 그러하듯 혁명가가 혁명에 나선 데에는 여러 이유가 혼재되어 있었다. 자기 자신이나 친척·친구들이 '올바르지 않은' 종족이 나 계급에 속해 있기 때문에 겪은 반복적 모욕을 목격한 후, 이들은 국가 폭력을 향한 조직적인 저항에 나섰다. 제3세계를 향한 제국주의의 폭압 적 개입은 유럽 문화를 선망하는 이들을 혁명가로 변모시키기도 했다. 혁 명가가 된다는 것은 그 자신뿐 아니라, 가족 그리고 공동체에 막대한 피 해를 줄 수 있었지만 이들은 강력한 식민지 국가에 대항해야 한다는 확 신을 품었다. 이는 사회학자 제프 굿윈(Jeff Goodwin)이 말했듯 **도무지 다른 길이 보이지 않았기 때문**이다. 그러나 우리가 살펴보았듯 제1차 세계대전 이후에는 혁명 이데올로기에 대한 매력이 커졌고, 현지 엘리트들 사이에서는 제3세계 사회가 직면한 여러 문제를 해결하는 데 외국인보다는 그들이 더 잘할 수 있다는 생각이 확산되고 있었다.

이 둘이 결합해 20세기 초 태어난 여러 지도자는 그들 국가(와 세계)를 변혁하기 위한 수단으로서 혁명을 선택했다. 식민지 현실에서 식민주의를 철폐하기 위해서는 혁명적 변화가 필요했다. 제국주의 지배는 정부의 정당한 변화를 가로막았다. 제2차 세계대전 시기까지도 현지 출신 지도자들이 최고 지도자 자리까지 오를 기회는 주어지지 않았다. 식민화하지 않은 국가, 예를 들어 중국과 라틴아메리카에서 반제국주의적 수사는 사회와 국가를 변혁하고 싶어 하는 이들에게 핵심 관념 및 개념을 제시해주었다. 아직 마르크스주의자가 되기 전이던 25세의 학교 교사 마오쩌둥은 1919년 다음과 같이 썼다. "세계 혁명을 향한 엄청난 요구가 있은 이래, 인류 해방을 위한 운동은 크나큰 진전을 보였다. 오늘날 우리는 우리가 이전에는 묻지 않았던 것, 우리가 사용하지 않았던 방법, 우리가 두려워 말하지 못했던 것에 대한 오래된 습관을 바꾸어야 한다. 의심하지 않았던 것을 의심하라. 취하지 않았던 방법을 취하고, 주저하며 걱정했던 것을 이제는 주저하지 말며 걱정하지도 말라. 어떠한 힘도 세계 혁명과 인류 해방의 조류를 멈출 수 없다."[14]

제1차 세계대전 직후의 경험은 젊은 호치민(그는 마오쩌둥보다 3세가 많았다)의 미래에 매우 중요했다. 베르사유 평화회의에서 미국에 베트남의 민주적 자유와 정치적 자치권을 요구한 일이 수포로 돌아가자, 당시 파리에 거주하고 있던 30세의 사진손질사(흑백 사진에 색을 입히는 직업—옮긴이) 호치민은 윌슨주의 외교에 깊이 실망했으며, 베트남의 병을 치료하기 위해서는 마르크스주의가 대안일 수 있다고 생각했다.[15] "서구 자본주의라는 히드라(hydra)가 전 세계 방방곡곡에 끔찍한 촉수를 뻗고 있습니다. 이들은 이제 유럽에서 행동하기에는 너무 제약이 많다고 여기고, 유럽 프롤레타리아 계급만으로는 서구 자본주의의 탐욕스러운 식욕을 만족시킬 수 없다고 여깁니다." 호치민은 1920년 프랑스사회당의 투르(Tours) 회의에서[16] 프랑스 사회주의자가 식민지의 해방을 위해 충분히 행동하지 않는다고 비판했다. 그리고 사회당이 공산주의 인터내셔널에 참여해야 한다는 안건에 투표하고, 훗날 코민테른 요원으로서 유럽과 아시아의 많은 국가를 순회했으며, 1940년대에는 공산당이 주도하는 베트남 저항 운동 단체인 베트남독립동맹(베트민)을 이끌었다.

호치민과 마찬가지로 식민 지배로부터 조국을 해방시키고자 했던 인도네시아 지도자 수카르노는 감옥에서 세월을 보냈다. 1930년 재판에서 29세의 수카르노는 자신이 왜 마르크스주의자가 아닌지를 판사 앞에서 설명했다. "우리는 자유를 향한 열정을 갖고 있습니다. 그러나 우리는 계급 의식을 통해 자유를 깨닫지 않았습니다. ……우리는 민족주의를 통해, 민족성의 감각을 통해 자유를 각성하고 있습니다. ……식민 국가에서 자본주의에 대항한 노동자의 저항이나 계급 투쟁은 우리의 주요 경험이 아닙니다. 이는 흑과 백, 동과 서, 식민주의자와 피식민자의 투쟁입니다."[17] 수카르노 같은 토착주의자에게 이슬람을 포함한 '오래된' 가치는 해방 이후 수카르노가 만들고자 했던 신국가의 미래에서 핵심 가치가 될 수 있었다. 미래의 인도네시아 대통령 수카르노는 재판정에서 주요 방어 논리로 인도네시아의 좋은 전통은 유럽의 가치인 민주주의와 자유주의에 부합한다고 주장했다. 그리고 네덜란드인이 그의 혁명 운동을 심판하는 것이 아니라, 네덜란드인이 그들 자신의 정치 체제를 법정에 세운 것이라고 비판했다.

아시아 및 아프리카에서와 마찬가지로 전간기의 라틴아메리카 혁명가들은 사회 문제뿐 아니라 외부 세력을 비판하는 데 목소리를 높였다. 대부분의 라틴아메리카 국가는 형식적 식민지가 아니었기 때문에 외세 지배자를 굳이 명시할 이유는 없었지만 말이다. 니카라과의 혁명 지도자 아우구스토 세사르 산디노(Augusto César Sandino)는 수카르노처럼 토착주의자였지 마르크스주의자가 아니었다. 니카라과가 겪고 있는 곤경의 책임은 미국의 경제 통제와 반복적인 군사 개입에 있었다. 라틴아메리카 혁명을 향한 현란한 수사로 가득 찬 연설에서 산디노는 미국의 개입에 맞서 목숨을 다해 투쟁하겠다는 의지를 표명했다. 〔실제로 그는 39세 되던 해인 1934년 미국을 등에 업은 아나스타시오 소모사(Anastasio Somoza) 독재 정권에 의해 살해당했다.〕

나는 적 앞에 무릎 꿇고 용서를 바라는 마리아 막달레나가 아니다. 나는 이 세상의 그 누구도 반신(半神)이 될 수 있는 권리를 지닌다고 생각하지 않는다. 중앙아메리카의 동료 애국자들이여, 나는 당신들에게 증명해 보이고 싶다. 안데스산맥의 한 지맥에는 사나이답게 공개된 전투에서 민족적 명예를 지키기 위해 죽을 줄 아는 인디오-히스패닉계의 애국자들이 있다는 점을 말이다. 오너라! 마약 중독자 패거리여! 우리를 우리의 땅에서 살해하기 위해 온 침략자들이여! 나는 당신들을 기다릴 것이다. 내 발로 꿋꿋하게 선 채로 병사들 앞에서 말이다. 너희의 수가 얼마나 많든 나는 신경 쓰지 않는다. 하지만 만약 그와 같은 일이 실제로 일어난다면 워싱턴의 국회의사당은 두려움에 벌벌 떨며 미국의 위대함이 산산조각 나고, 당신들의 범죄를 계획하고 은닉하는 백악관은 우리의 피로 붉게 물들리라.[18]

제3세계의 지도자가 된 이들 중 많은 사람의 개인적 경험은 감옥이나 망명 생활 중에 형성되었다. 그들은 고향에서 매우 멀리 떨어진 사람들과의 대화나 독서를 통해 그들이 원했던 조직 방법의 개념 그리고 그들이 만들고자 했던 국가의 개념을 얻었다. 공동체를 향한 책임감은 주로 혁명가의 개인적 희생뿐 아니라 혁명가의 직계 가족이나 친구가 독립이라는 공동의 목표 때문에 고문 또는 살해당하면서 더욱 강화되곤 했다. 대부분의 경우 제3세계 지도자들은 이와 같은 경험을 통해 목적성과 절박성이라는 감각을 얻었으며, 이들은 권력을 획득하기 위해서나 신생 국가의 빠른 발전을 보장하기 위해서 위험을 피하지 않는 성향을 보였다. 아울러 그들은 강한 사명 의식을 지녔고, 큰 대가를 치르더라도 성공은 쉽게 오지 않으리라는 걸 잘 알고 있었다.

유럽 국가들이 혁명가 자신과 그들의 국가에 자행한 폭력은 많은 혁명 지도자에게 제3세계에서 외국의 지배를 일소하는 데 폭력의 활용을 정당화해주었다.[19] 마르티니크(Martinique) 출신이자 알제리 해방 운동의 핵심 지지자가 되기 전까지 정신과 의사로 일한 프란츠 파농(Frantz Fanon)은 더 나아가서 "폭력은 정화의 힘을 가진다. 폭력은 원주민에게서 열등감과 좌절·무기력을 없애주고, 용기와 자존심을 되찾게 해준다"고 적었다.[20] 파농과 같은 지역 출신인 에메 세제르(Aimé Césaire)는 제3세계 혁명 운동과의 대립 속에서 자신들이 높은 윤리적 위상을 지닌다고 주장하는 유럽인을 비판했다.

유럽인들은 진보와 이른바 '성취'를 이야기합니다. 질병을 완치하고 생활 수준이 나아졌다고 말입니다. 그럴 때면 나는 본질을 박탈당한 사회와 짓밟힌 문화, 해체된 제도, 빼앗긴 땅, 풍비박산 난 종교와 파괴된 위대한 예술품, 피어보지도 못한 채 사라진 특별한 가능성을 이야기하지요. 그러면 식민주의자들은 내게 사실을, 통계 수치를, 몇 마일에 이르는 신작로를, 운하를, 그리고 철도를 들이밉니다. ……나는 그들의 신과 토지, 습관, 삶, 생명, 춤, 지혜로부터 뿌리 뽑힌 수백만 명의 사람들에 대해 이야기하고 있는데 말이지요. ……나는 교활하게 주입된 공포에 사로잡혀 열등 콤플렉스에 빠진, 무서움에 떨고, 무릎 꿇고, 절망하고, 아첨꾼처럼 행동하게 된 수백만 명의 사람들을 이야기하고 있는데 말이죠.[21]

사회주의 혁명을 거부하고 자본주의 발전의 형태를 원했던 이들이 고국으로 돌아가 권력을 잡기도 했다〔한국의 이승만(1875년생), 터키의 무스타파 케말(1881년생), 이란의 샤가 된 모하마드 레자 팔라비(1919년생)〕. 이들은 모두 자신의 민족이 과거의 경제·문화·정치적 행동으로 인해 외국의 지배를 받았다는 열등감을 극복하고 민족의 과거 성취로부터 자신감을 새로이 얻었으면 했다. 이처럼 미래의 방향을 설정하는 데 있어 반(反)사회주의적 성향의 민족주의 지도자들은 사회주의나 마르크스주의 지도자만큼이나 혁명적이었다. 무스타파 케말(훗날 '튀르크인의 아버지란 뜻'의 '아타튀르크'로 불렸다)은 터키 역사상 최초의 현대적 세속 국가를 이끈 장군이었다. 무스타파 케말은 자신의 첫 정당이기도 했던 청년튀르크당이라는 이름에서 알 수 있듯 '청년'이라는 말을 근대화 엘리트의 첫 세대라는 뜻으로 사용했다. 그는 새로운 터키의 청사진을 다음과 같이 밝혔다.

우리는 시간을 과거처럼 느슨한 정신 구조를 통해서가 아니라, 우리 세기(century)의 속도와 운동을 통해 평가해야 합니다. ……우리는 우리의 국가를 세계에서 가장 번영하고 문명화한 국가로 만들고자 합니다. 우리는 국가가 다양한 수단과 복지의 원천을 지니고 있다고 생각합니다. 우리는 민족 문화를 동시대의 문명 수준으로 끌어올리고자 합니다. ……우리는 짧은 시간에 많은 과업을 이루어야 합니다. ……왜냐하면 우리는 실증과학이라는 횃불을 들고 있기 때문입니다.[22]

식민 지배 후반기에 제3세계에서는 현격한 변화가 일어났고, 이는 전후 시기에 탈식민지화한 신생국의 형성 시기에도 반복되었다. 가장 먼저 식민 지배는 제3세계 민족주의에 민족이라는 주체와 더불어, 근대 국가의 건설이라는 제일의 목표를 주었다고 말할 수 있다. 식민지 정부가 지닌 다양한 요소는 이를 승계한 후속 정권에서도 나타났다. 여기에는 지속적 경제 성장이 가능하며, 경제 성장은 좋은 것이라는 기본 개념에 더해 거대 사업의 선호 및 대중 동원이 포함되었다. 제국을 경험한 현지 엘리트들은 거대한 규모로 사고할 수 있었지만, 동시에 제국은 갑자기 이식되고 한쪽으로 치우친 경제 구조, 강고한 사회 계층, 인종주의를 식민지에 남겨두었다. 악순환처럼 이와 같은 문제에 대처하는 신생국의 효율성과 정통성은 자주 공격을 받았다. 무엇보다도 이는 신생국의 기원이 식민 체제에 있었기 때문이다.[23]

신생국 만들기

제1차 세계대전을 통해 제3세계 식민 지배에 맞서는 현지 저항 운동이 가능해졌다. 이와 마찬가지로 제2차 세계대전은 식민지 체제를 붕괴시키는 데 일조했다. 전간기의 위기를 거치면서 제국 중심부에서는 식민지를 유지하는 것이 이데올로기적 측면이나 경제적 측면에서 별로 이익을 주지 않는다는 인식이 등장했다. 하지만 제2차 세계대전이 끝나고 나서야 식민지를 확보하고 유지하려는 유럽 엘리트의 의지와 능력이 비로소 무너졌다. 몇몇 경우 유혈 전쟁을 통해 탈식민지화를 강제하기도 했다. 또 일부 지역의 탈식민지화는 제국의 급속한 퇴장(이 과정은 1940년대에 시작해서 1970년대까지 이어졌다)으로 간단히 이루어지는 경우도 있었다. 이미 전후 시기에 냉전이 국제 무대의 중심을 차지할 무렵, 미래가 어떤 **방향**으로 나아갈지는 점점 분명해졌다. 이제 제3세계를 식민 지배하던 시대는 급속히 그 끝을 맞이하고 있었다.

식민지 엘리트의 관점에서 보면, 유럽이 한 세대에 두 번이나 서로를 학살하는 전쟁을 벌였다는 것은 유럽이 타인을 지배하는 데 적합하지 않음을 드러내는 증거였다. 제2차 세계대전 초반에 서구 제국은 비서구 국가로서 강력하고 독자적인 군대를 육성한 일본에 패하기도 했다. 영국 제국의 요새이던 싱가포르를 함락한 데 이어 1942년 초 일본은 동남아시아의 영국, 프랑스, 미국, 네덜란드 세력을 일소하고 이들의 식민지를 즉각 차지했다. 많은 아시아인은 전쟁에서 누가 이기든 유럽 식민주의는 이제 거의 붕괴했다고 확신했다. 아시아에서는 일본이 '최악의 유럽 제국주의'로 불릴 만큼 억압자라는 인식이 일반적이었지만, 일부 순진한 민족주의자 중에는 일본이 서구와의 전쟁에서 승리할 경우 식민지에 독립을 부여할 것이라는 의견을 지닌 이도 있었다. 이보다 더 널리 퍼져 있던 태도는 어쨌든 일본인 역시 아시아인이므로, 유럽을 상대로 일본이 거둔 승리는 아시아의 무기·조직·헌신이 이뤄낸 일을 보여준 것이라는 일종의 자부심이었다. 다수의 아시아 민족주의자, 특히 토착주의 계열의 민족주의자들은 일본의 팽창을 '적의 적은 내 편'이라는 논리에 따라 민족주의를 억압하는 식민 권력에 맞서 싸울 수 있는 잠재적 동맹의 등장으로 해석했다. 제2차 세계대전이 발발하자 인도 지도자 수바스 찬드라 보세(Subhas Chandra Bose)―간디, 네루 등과 더불어 인도국민회의의 유명한 지도자였다―는 독일로 갔으며, 1943년에는 일본의 도움으로 자유인도임시정부를 수립했다. 보세는 4만 명의 인도군을 모아 일본군과 함께 인도 동부와 버마 전선에서 영국군과 전투를 벌였다.

1945년 8월 보세는 대만에서 비행기 사고로 사망한다. 미국의 압도적인 군사적 능력에 의해 당시 일본 제국은 붕괴하고 있었다. 그러나 토착주의자든 마르크스주의자든 다른 아시아 민족주의자들에게 1945년 8월(일본이 물러나기는 했지만 아직 유럽 열강 제국이 부활하지는 못한 시기였다)은 기회의 순간으로 보였다. 네덜란드 감옥에서 2년을 보내고 그 후에도 8년의 유형을 당했던 수카르노는 일본을 해방군으로 칭송하고, 일본군에 자신을 인도네시아 문제의 책임자로 선전했다. 1945년 8월 17일 자카르타의 자택에서 수카르노는 일방적으로 인도네시아의 독립을 선언했다. 그리고 2주일 후, 호치민은 하노이에서 베트남의 독립을 선포했다. 호치민은 1776년의 미국 독립선언문을 인용하며 이렇게 말했다.

모든 사람은 평등하게 태어났습니다. 창조주는 양도할 수 없는 권리를 부여했으며, 그 권리에는 생명과 자유와 행복 추구권이 있습니다. 이 불멸의 선언은 1776년 미합중국의 독립선언문에 나옵니다. 이 말은 넓은 의미에서 이런 뜻입니다. 즉 지상의 모든 인민은 태어날 때부터 평등하며, 모든 인민은 삶을 영위하고 행복하고 자유로울 권리가 있다는 것입니다.[24]

이는 마르크스주의 혁명가로서 다소 놀라운 행동이 아닐 수 없었다. 그

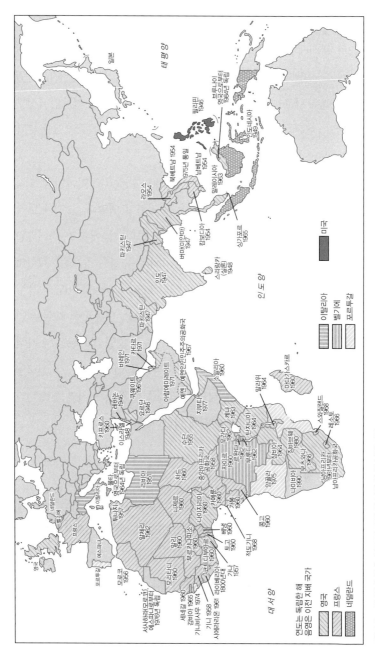

지도 3 1945년 이후 아프리카와 아시아의 탈식민지화

러나 당시 호치민과 식민 지배에 반대한 여러 혁명가들은 전후(戰後)에 그들의 적인 유럽 식민주의 세력을 효과적으로 도울 수 있는 유일한 국가가 미국이라는 사실을 잘 알고 있었다. 미국은 소련과 함께 아시아와 유럽 전선에서 승리한 제2차 세계대전의 주요 승전국이었다.

냉전의 첫 20년간 식민 당국이 현지인에게 권력을 이양하는 과정이 진행되었다. 수카르노와 호치민뿐만 아니라 다른 식민지의 지도자들에게도 독립으로 가는 길이 쉽지만은 않았다. 제국은 퇴장하지 않았으며 전후에 다시 식민 모국으로서 지위를 확보하고자 했다. (이에 대해서는 다음 장에서 다루도록 하겠다.) 가장 동화주의적인 정책을 펴던 프랑스는 바로 그러한 이유에서 식민지를 강제력에 기초해 더 오래 유지하고자 했다. 이는 프랑스가 독일로부터 해방된 1945년 5월 8일에 바로 시작되었다. 프랑스군은 그날 알제리의 세티프(Sétif)에서 일어난 독립 행렬에 발포해 수백 명의 시민을 학살했다.[25] 이때부터 북아프리카에서 프랑스군이 철수한 1962년까지 약 50만 명(주로 알제리인)이 목숨을 잃었다. 프랑스는 베트남에서도 1954년까지 베트남독립동맹과 전투를 벌였다.

베트남과 알제리 그리고 1945년 이후 식민 체제에 맞서 싸운 이들에게 유럽 식민주의와 스스로를 철저히 구별하고 싶어 했던 두 초강대국의 존재는 원조와 지원의 새 가능성을 열어주었다. 냉전은 19세기 국제 체제나 식민지 팽창기와는 전혀 다른 매우 배타적인 양극 체제였다. 이는 상대가 어느 한 초강대국의 지원을 받는다면, 또 다른 한쪽은 항상 다른 강대국의 도움을 받을 수 있다는 의미였다. 앞으로 살펴보겠지만, 강력한 외부 지원자의 존재는 훗날 제3세계 국가들이 내부적으로 불안정을 겪는 주요 원인이 된다. (탈식민지화 이후 제3세계 국가 내부에서는 외부의 지원을 받은 반란과 폭동이 빈번하게 발발했다.) 베트남과 알제리처럼 독립을 위해 장기간 무장 투쟁을 벌인 경우는 매우 드물었지만, 이들 국가를 상대로 한 소련과 그 동맹국의 군사 원조는 1950년대와 1960년대에 매우 중요했다.

대부분의 식민 지역, 특히 아프리카의 해방은 매우 빠르게 진행되었다. 1957년에서 1962년까지 5년간 25개의 신생국이 독립했다. 대부분의 경우 독립은 단기간의 준비 기간 후에 이루어졌다. 탈식민 엘리트들은 빠르게 식민 권력이 창출한 국가 권력의 일부가 되었다. 역사학자 데이비드 애버네시(David Abernethy)가 말했듯 식민주의자들이 건설한 국가라는 보호대가 처음으로 새로운 주인을 맞이했다.[26] 식민지 시기 제국의 중심부로부터 직접 이식된 제도와 관행이 이제 신생 독립국의 중추를 차지했다. 이는 인도와 나이지리아의 경우처럼 과거로부터 상속받은 현지 관료제와 함께 기능했다. 탈식민 지도자들은 식민지 시기에 구축된 국경, 수도, 공식 언어라는 형식에 내용을 채우려 노력했다. 프랑스 사회학자 베르트랑 바디(Bertrand Badie)가 지적했듯 처음부터 신생국은 "수입된 국가"였다.

신생국 지도자들이 보기에 제국의 문제는 그들이 억압적이고 정의롭지 못했을 뿐 아니라 현지 엘리트가 열망한 근대성을 제3세계에 가져다주지 못했다는 데 있었다. 그들이 상속받은 식민지 국가는 실패의 상징이었다. 또 식민지 국가는 그들이 바랐던 새롭고 대담한 사업을 실천하기에는 지나치게 협소했다. 아울러 그들은 식민지 관료제가 2명의 주인을 섬기고 있다고 의심했다. (몇몇 사례는 이와 같은 의심이 상당히 타당한 측면이 있다는 것을 보여준다.) 요컨대 구체제에서 선발한 관료가 구제국 중심부의 정치·경제적 이익을 위해 복무하고 있다고 말이다. 탈식민지화 이후에도 구제국 권력이 주요한 투자(주로 천연자원의 착취)를 유지하려 했기 때문에 신생 제3세계 국가의 우선순위는 국가 기능을 재구축하는 데 있었다.

탈식민 지도자가 활용할 수 있는 유일한 자원은 도시 젊은이들의 넘치는 열정이었다. 한 젊은 케냐 지식인은 이렇게 회상했다. "나는 독립의 날을 잊을 수 없습니다. 나는 케냐의 깃발을 보는 순간 울음을 멈출 수 없었습니다. 독립은 우리가 고대해온 것이자 우리가 싸워온 이유입니다. 아주 오래 힘든 시간을 버텨온 끝에, 나는 온전한 인간으로서의 기분을 처음으로 느껴볼 수 있었습니다. 이제 더 이상 타인이 우리를 지배할 수 없으며, 우리 스스로가 우리를 통치합니다."[27] 독립의 주역들은 자신이 유럽 지배자보다 자국 문제를 훨씬 더 잘 다루리라 확신했다. 외부 관찰자들도 이와 같은 결론에 동의했다. 장기적 발전과 관련한 문제에서, 많은 신생국은 풍부한 천연자원을 보유하고 있었으며 다수의 젊은이들이 새로운 권위의 지도 아래 열심히 일할 의지를 지니고 있었다.

우리가 이미 살펴보았듯 국가의 강력한 재구성은 탈식민 엘리트의 주요 목표였다. 탈식민 엘리트의 정치적 배경이나 독립 투쟁 중의 역할과 관계없이 모든 이들이 이 목표를 공유했다. 국가를 강조한 이유는 국가를 통한 인력과 자원의 대규모 동원을 통해서만 제3세계 국가가 1950년대의 '저발전'(당시 아프리카·아시아 그리고 라틴아메리카 국가들이 겪고 있던 경제·사회적 조건으로서 이곳 지역민들이 체감하고 있는 낮은 물질적 수준을 의미한다)에서 벗어날 수 있었기 때문이다. 영국의 식민지였던 골드코스트(Gold Coast: 가나를 뜻한다—옮긴이)의 새로운 지도자 콰메 은크루마(Kwame Nkrumah)는 "거대한 과업이 눈앞에 있습니다"라며 국민 앞에서 이렇게 연설했다.

종속되어 있던 식민지는 교육과 농업·산업 면에서 뒤처져 있습니다. 경제적 독립과 뒤이은 정치적 독립을 유지하기 위해서는 민중의 노력과 지력과 인력의 총동원이 필요합니다. 다른 국가들이 300년 걸려 성취했던 일을, 식민지였던 국가가 살아남기 위해서는 한 세대 안에 이를 따라잡아야 합니다. '제트-프로펠러'를 달고 이를 추격하지 못한다면, 우리는 뒤처질 것이고 식민지 해방을 위해 투쟁했던 모든 게 위기에 빠질 것입니다.[28]

은크루마는 신생국 가나가 '제트-프로펠러'를 타고 근대성으로 나아가기를 희구했지만, 이는 서아프리카뿐 아니라 다른 제3세계 국가들이 달성하기 어려운 목표였다. 1950년대 서유럽의 실질 1인당 국내총생산은 아프리카 및 아시아와 비교할 때 5배 이상이었다. 탈식민지화 과정이 끝나가는 1970년대에 이르면, 그 격차는 아프리카 경우 8배 이상, 아시아의 경우 8.5배로 더 벌어졌다.[29] 대다수 제3세계 국가에서 발전을 향한 투쟁은 매우 힘든 싸움이 아닐 수 없었다. 왜 이렇게 되었는가는 매우 논쟁적인 주제이지만, 이는 제3세계 국가들이 전(前) 식민지 중심 국가의 이익에 맞춰져 있는 국제 체제에서 경쟁하도록 강요받았기 때문이다. 그 결과 제3세계 지도자들은 1960년대 말 '발전 장벽'을 돌파하기 위해서는 더 많은 국내적 동원이 필요하다는 사실을 깨달았다.

독립 초기 5년 동안의 긍정적 희망이 서서히 줄어들자, 많은 제3세계 국가 지도자들은 목표에 도달하기 위해서는 더 급진적인 방안이 필요하다고 결론 내렸다. 먼저 국내적으로 식민지의 잔존물이던 옛 관료를 정치적으로 믿을 만한 '새로운' 관료로 대체했다. 또 정치 지도자들은 모든 영역에서 더 많은 권위를 구축하기 시작했다. 사회 전체로 보면 국가는 활용 가능한 부족 자원을 더 효과적으로 쓰기 위해 생산 과정을 조직하는 데 더 많은 역할을 해야만 했다. 제3세계 정부가 고대하던 외부 투자는 대개 물질적 형태를 띠지 않았다. 이는 많은 경우 새로운 정권이 이미 존재하는 외부 투자를 국유화하기 바빴고, 경제 계획은 대개 자립 경제의 건설이나 수입 대체 산업화로 귀결되었기 때문이다. 런던정경대학교의

해럴드 래스키(Harold Laski)에게서 정치의 많은 부분을 배운 은크루마는
이렇게 말했다.

> 자본주의는 신생 독립 국가에 너무나 복잡한 체제입니다. 그렇기에 사회주의
> 적 사회가 필요합니다. 사회 정의와 민주주의적 헌정에 기초한 체제도 독립 직
> 후에는 권위주의적 긴급 조치를 통해 뒷받침할 필요가 있습니다. 규율 없이 진
> 정한 자유는 살아남을 수 없습니다.[30]

1960년대에 제3세계 지도자들이 급진화한 주된 이유는 이들이 당시
많은 사람이 거주하던 농촌의 처참한 빈곤을 목도했기 때문이다. 해방 전
쟁 당시 농촌에서 시간을 보낸 적이 없던 은크루마(이는 호치민과 은크루마의
차이점이기도 했다)는 독립 이후 공용 차량을 타고 가나의 시골을 순회하면
서 빈곤의 깊이를 몸소 실감하곤 했다. 다른 한편, 대부분의 삶을 도시나
해외 망명, 감옥에서 보낸 제3세계 지도자들은 이와 같은 상황에 큰 충격
을 받았으며 농민의 운명을 개선해야 할 필요가 있다는 걸 실감했다. 하
지만 대부분의 지도자들은 탈식민지화 과정이 사회 정의를 요구하고 있
다는 사실도 알고 있었다. 농민의 지지를 통해 신생국을 건설할 수 있었
기에(적어도 자신들이 농민의 지지를 받았다고 생각했다) 제3세계 지도자는 모두를
위해 더 나은 삶에 대한 약속을 지킬 필요가 있었다.

지구적 권력의 배분과 냉전의 이데올로기 차원의 대립으로 신생국이
선택할 수 있는 두 가지 발전 모델이 있었다. 우선 미국이 상정하는 발전
모델은 민간 및 공공 부문에서 집중적인 도시 기반 성장을 약속했다. 여
기에는 발전된 소비재의 수입, 지구 자본주의 시장에 참여해 얻을 수 있
는 최신 기술, 세계에서 가장 강력한 국가인 미국과의 동맹이 포함되었

다. 한편 소련 진영의 발전 모델은 중앙집권적 계획과 대중 동원을 통해 정치적으로 성장을 유도했다. 여기에는 중공업, 대규모 기반 시설 건설 계획, 농업 집단화, 국제 시장으로부터의 독립이 추가되었다. 미국 모델의 약점은 미국 자본주의가 식민 지배자의 자본주의와 손을 잡았다는 데 있었다. 그리고 소련 모델의 약점은 소련이 '제2의' 초강대국이라는 것과 소련 상품과 기술이 미국에 비해 수준이 낮다는 것이었다. 미국과 소련 모델은 모두 교육·과학 그리고 기술의 진보를 통한 고도 근대성으로의 길을 약속했다.

이미 살펴보았듯 소련과 제3세계의 정치적 동맹은 서서히 발전했다. 그러나 소련의 발전 모델은 제3세계 정권의 독립 초기 5년 동안 상당한 지지를 얻었다. 소련 모델이 신생국이 추구하던 국가 중심적이고, 정의를 향한 이상에 더 부합한다고 여겼기에 신생국의 좌경화 현상이 나타났다. 소련이 미국보다 빠르게 발전하고 있다는 것도 이유 중 하나였다. 마르크스주의를 표방한 국가의 수는 적었지만, 서서히 잠비아·알제리·시리아·인도네시아에서는 소련의 경험에서 배울 점이 있다고 생각하는 지도자가 등장하고 있었다. 인도 독립 과정의 주도권을 놓고 인도공산당과 투쟁을 벌인 네루는 1947년 소련 과학자 대표에게 다음과 같이 말했다.

수년간 우리는 여러 가지 이유에서 소련을 흥미롭게 관찰해왔습니다. 특히 소련이 20세기의 25년간 이룩한 거대한 성취를 말이지요. ……여러 분야에서 소련은 새로운 길을 개척하고 있습니다. 이미 소련은 여러 면에서 변화를 이루었으며, 그 속도는 세계의 많은 이를 놀라게 하고 있습니다. 인도의 거대한 변화를 성공으로 이끌기 위해 우리는 소련의 사례를 배우고 싶습니다. 우리는 소련이 무엇을 했고, 이를 어떻게 했는지 배우고 싶습니다. 소련이 이룩한 많은 것

중 특히 관심이 가는 것은 소련에서 과학의 융성한 발전과 그 광대한 영역에 살고 있는 사람들의 복지를 위해 그 과학을 사용하는 측면입니다.[31]

제3세계에서 근대 국가를 건설하기 위한 사업의 중추에는 과학과 교육이 있었다. 적어도 34개국 지도자가 이전의 제국 중심부 대학에서 교육을 받았다.[32] 정부의 노력으로 탈식민 국가에서 교육 혁명이 이뤄졌다. 중등 교육 진학률은 4배 이상 증가했고, 1960~1990년 평균 고등 교육 진학률은 7배 넘게 늘어났다. 아무리 가난한 국가라도 수천 명의 학생이 각각 미국이나 유럽, 소련으로 유학을 떠났다. 그러나 교육 투자는 경제 발전으로 이어지지 못했다. 가장 뛰어난 학생이라도 귀국 후에는 낮은 보수를 받는 정부 일을 하거나 실업 상태에 놓이는 경우가 잦았다. 당시 탈식민 지역 출신 지식인이 유학 기간 접한 정치사상에는 뚜렷한 방향성이 없었다. 서유럽이나 미국으로 갔던 이들이 마르크스주의자가 되어 귀국하기도 했고, 소련으로 갔던 지식인 중 상당수가 소련 공산주의를 비판하는 이가 되어 돌아오기도 했다. 하지만 귀국 후 실업·반실업 상태가 된 이들은 공통적으로 급진적 노선을 택했다. 1960년대 후반과 1970년대에 특히 아프리카에 등장한 여러 급진 정권은 이처럼 할 일이 없기에 시간이 많았던 분노한 지식인들이 추동한 측면이 있었다.

탈식민 정권의 거대한 목표 중 하나는 산업의 건설이었다. 그러나 여러 국가마다 산업 건설의 결과에서는 큰 차이를 보였다. 이미 1960년대에 국내 산업 기반 시설과 자본을 지니고 이를 기초로 국제 시장에 진출해 수출 지향적 산업, 무역 기술 정책을 편 소수의 제3세계 국가와 그렇지 못한 국가가 차이를 보이기 시작했다. 몇몇 동아시아와 동남아시아 국가의 경제는 빠르게 성장했으나, 자급자족과 수입 대체 산업화를 택했던 아프리카 국가들의 성장은 훨씬 더 더뎠다. 물론 국내 정책적 차이 이외에도 왜 이와 같은 성장의 차이가 나타났는지를 두고서는 수많은 설명 방식이 존재한다. 특히 냉전에서 중요한 의미를 지닌 미국의 지원을 받을 수 있었던 소수의 국가가 다른 국가에 비해 유리했다는 점은 명백하다. 하지만 더 중요한 사실은 1960년대 후반에 많은 제3세계 국가들에서 탈식민 후 등장한 초대 지도자들이 발전 측면에서 실패했다는 인식이 확산되었다는 점이다. 이로 인해 많은 제3세계 국가는 정치적 불안정을 겪었으며, 몇몇 경우 이는 독립 이후 수립된 정치 제도를 향한 총체적 거부로 이어지기도 했다.

일반적으로 탈식민 국가의 정책 결정에서 가장 논쟁적인 영역은 토지 개혁이었다. 반식민 운동을 이끈 엘리트는 독립 이후 농민에게 토지 보유를 약속해 반식민 투쟁을 '민족' 투쟁으로 전환할 수 있었다. 토지 개혁은 그런 의미에서 정치적으로 언젠가 지켜야 할 약속인 동시에 생산성 증가, 사회 정의, 농촌 빈곤의 개선을 모두 의미했다. 그러나 많은 경우, 토지 개혁 약속은 경제에 치명적 영향을 주지 않고는 유지하기 어려웠다. 몇 평의 토지만을 보유하고 있던 북베트남 농민의 경우, 1955~1956년 토지 개혁이라는 이름으로 토지를 몰수당했다. 이로 인해 수많은 난민이 남쪽으로 이동했고, 공산주의 정부의 생산성은 하락했다. 이집트의 경우 1952년 좀더 온건한 토지 개혁을 시도했는데, 총경작지의 12퍼센트만을 대상으로 했는데도 심각한 결과로 이어졌다. 이 토지 개혁으로 가장 생산성 높은 대규모 농장이 파괴되어 농업의 상업적 생산성은 50퍼센트 이상 하락했다. 대부분의 제3세계 정권에 경제적 효과는 정치적 효과에 비해 중요하지 않았다. 새로운 지도자들은 토지 개혁을 좋은 일이라고 생각했다. 이는 '봉건주의'를 혁파하는 동시에 가난한 농민이 신정부를 확고히

지지하도록 하는 일이었기 때문이다.[33]

장기적 관점에서 보면 대부분의 토지 개혁이 일반적으로 좋은 효과를 낳았다는 주장도 가능하다. (농민의 소유권이 집단화의 형태로 파괴되지 않고, 투자를 계속했다면 말이다.) 그러나 대부분 신생 정권의 민족 정책은 장기적으로도 좋은 결과를 낸 적이 거의 없었다. 식민 권력이 자의적으로 그려놓은 국경 안에 포괄적인 '민족'이 존재한다는 생각은 자신이 그 실체에 속하지 않는다고 생각한 이들을 비참한 상황으로 내몰았다. 이라크에서 쿠르드족과 시아파 무슬림은 신생 바트당(Baathist) 국가에서 설 자리를 찾지 못했다. 알제리에서는 베르베르족(Berber)이 탈식민 정권의 아랍화 정책에 저항했다. 짐바브웨에서는 소수파인 은데벨레족(Ndebele)이 다수파인 쇼나족(Shona)의 이익을 반영한 국가를 받아들이라는 강요를 받았다. 제3세계 국가 중 가장 성공적이지 못한 국가 중 하나였던 르완다와 부룬디의 경우 서로 다른 민족 건설, 국가 건설 사업이 충돌해 이 지역을 구성하는 매우 큰 두 민족인 후투족(Hutu)과 투치족(Tutsi)의 집단 학살 전쟁으로 이어졌다.

효과적이고 통합적인 국가(때로 국가는 존재하지 않는 '민족'을 대체하곤 했다)를 건설할 필요로 인해 많은 제3세계 국가 지도자는 기존에 존재하는 종족 간 긴장을 완화하기보다는 악화시키는 선택을 내렸다. 식민지 시기보다 국가의 도달 범위가 확장되자 농민은 정체성과 종교를 향한 국가의 공격에 맞섰다. 그러나 많은 경우 신생 정권의 과도한 팽창은 정권이 원했던 근대성의 필요로 이루어졌다. 독립국 지도자들은 통신 수단의 미발달, 문맹 그리고 식민 권력이 강요한 무관심으로 인해 곤경이 존재한다고 생각했다. 또 그들은 제국주의 국가들이 분리주의를 활용해 신정부를 무너뜨리려 하지 않을까 우려했다. (몇몇 경우 이는 타당한 예측이었다.) 민족의 창출은 반드시 승리해야만 하는 일종의 시험대였다. 탕가니카아프리카국민연합 (TANU)의 창설자이자 독립 탄자니아의 초대 대통령인 줄리어스 니에레레 (Julius Nyerere)는 자주 이렇게 말하곤 했다. "어떤 국가들은 달에 도착하기 위해 노력하는 반면, 탕가니카아프리카국민연합은 여전히 마을에 도착하기 위해 노력하고 있습니다."[34]

민중의 삶에 영향력을 발휘하느냐를 두고 종교와 탈식민 국가는 자주 충돌했다. '좋은' 국가는 과학과 조직에 토대를 두고 있었으며, '종교'와 '부족주의'는 과거의 악을 의미했다. 종교('수입된' 형태든 '토착주의' 형태의 믿음 체계이든)는 신생국과 시민의 충성을 놓고 경쟁하는 사악한 적이었다. 일례로 케말 파샤(Kemal Pasha)의 신생 터키공화국은 모스크와 마드라스 바깥에서 이슬람 복식을 착용하는 무슬림의 권리를 금지할 정도로 매우 공격적인 세속주의 정책을 펼쳤다. 마오쩌둥이 보기에 중국의 종교는 후진성의 상징이었다. 기니비사우·카보베르데독립아프리카당(PAIGC)의 지도자 아밀카르 카브랄(Amílcar Cabral)에게 종교의 영향력은 권력의 문제였다. 봉건적이며 프티부르주아적인 종교 지도자의 관행은 "민중의 문화·정치에 완전한 지배를 재구축하는 것"이었다.[35]

이들 국가의 인민을 이데올로기적으로 통합하기란 쉽지 않았다. 탈식민 지도자들은 서방에 경제적으로 종속된 상황을 인식하고 있었다. 외세는 천연자원 통제, 외채, 발전 원조와 같이 다양한 수단을 활용했다. 많은 경우 콩고(광석), 니카라과(커피), 이란(석유)에서처럼 유럽과 미국의 거대 회사는 현지 정권의 정치·경제적 협력을 매수하여 제3세계에서 뽑아내는 거대한 이익을 계속 유지하고 싶어 했다. 이와 같은 사업을 국유화하는 것(이런 일은 종종 벌어졌다)은 정치적으로는 의미가 있었지만, 사업이 창출하는 이익과 생산성은 급격히 하락했다. 제3세계 국가들은 국유화한 사업이 성공할 수 있는 기술과 국제 시장 관련 지식을 확보하고 있지 못했다. 1970년대 중반에 이르면 대부분의 제3세계 정권은 국제 대출 기관과 기업 은행(corporate bank)에 많은 부채를 졌다. 이집트와 탄자니아 같은 국가는 연간 국내총생산의 절반 넘는 부채를 진 상태였다. 국가가 대출을 갚아야 했기 때문에 제3세계 국가에서 일자리와 복지를 담당하는 데 중요한 국가 수입은 줄어들었다. 많은 제3세계 정권은 대출금을 갚느라 정치적으로 약해지고 말았다.

냉전 시기 동안 다른 초강대국이나 그 동맹국으로부터 원조를 받을 가능성은 많은 제3세계 국가들이 기대하는 구호 꾸러미가 아닐 수 없었다. 그러나 소련과 미국의 원조 중 그 어느 것도 무조건적으로 제공되지는 않았다. 일부 제3세계 지도자들은 원조가 어디에서 오는지에 따라 자주 정치적인 편을 바꾸었다. 동시에 이들은 원조를 해주는 국가가 그 원조를 통해 제3세계 국가의 국내·국제 문제에 간섭한다고 보았다. 아울러 원조와 함께 수원국에 파견된 '전문가' 집단은 수원국에서 별다른 영향력을 행사할 수 없는 사회 영역에서 활동할 수밖에 없다는 데 분노했다. 이는 공여국과 수원국 간 협력의 정도가 높았던 소련-앙골라 관계나 미국-이란 관계에서도 마찬가지였다. 게다가 원조 꾸러미는 어떤 국가의 경우에는 지나치게 대증(對症) 요법에 가까웠다. 하지만 제3세계 국가 지도자들은 원조의 단맛에 익숙해진 나머지 자국의 국내 발전과 정부 체계를 꾸려나가는 데 자신만의 이데올로기적 동기가 무엇인지를 더 이상 묻지 않았다.

생존 가능한 나라를 만드는 일이 어려웠기 때문에 제3세계 국가는 탈식민 첫 20년 동안 정치적 불안정을 줄곧 경험했다. 탈식민 정부를 향한 첫 저항 운동은 대개 좌파, 특히 마르크스주의나 마르크스주의에 영향을 받은 운동으로 시작되었다. 국내 발전의 문제는 이 과정을 가속화했다. 특히 몇몇 지역의 탈식민지화 투쟁 전개, 예를 들어 포르투갈이 지배하던 아프리카 식민지 지역, 혹은 짐바브웨나 남아프리카공화국(1961년까지 국호 는 남아프리카연방이지만 통상적 표현인 '남아공'으로 약칭한다—옮긴이)의 경우 마르 크스주의에 내재된 국제주의는 탈식민 국가의 많은 젊은이에게 호소력이 있었다. 그러나 미국의 개입에 대한 베트남의 저항은 반식민 혁명을 촉진 했고, 제3세계 국가에 도입된 자본주의는 그 이전 어느 시기보다도 인기 가 없었다. 그리고 어떤 운동은 소련이 제3세계에 관심을 갖기 시작하면 서 더 많은 지원을 얻어낼 수 있었다.

제3세계에 등장한 불만족에는 명백한 원인이 존재하지만, 제3세계 신 세대 혁명가의 형성이 1960년대의 일반적 좌경화 경향과 명확히 분리 된 과정이라고 볼 수는 없다. 역사학자 제레미 수리(Jeremi Suri)가 지적했 듯 1960년대에는 매우 다양한 형태의 저항이 전 지구적 차원에서 발발 했으며 서로 간에 윤리적·지적인 차원의 영향을 주고받았다. 아프리카· 아시아·라틴아메리카 혁명가들은 1960년대 유럽과 미국 지식인의 일반 적 좌경화 경향을 보면서 자신들이 올바른 신념을 갖고 있다고 확신했다. 1960년대 통신 기술의 발전, 여행의 폭발적 증가로 남북 문제를 둘러싼 담론이 발전했으나 이와 같은 담론은 지식인이 활동하는 사회·경제적 조 건에 별다른 관심을 두지 않았다. 제3세계 학생들은 고국으로 새롭고 거 대한 관념을 들고 돌아간 주역이기도 했다. 그리고 이들은 제3세계에서 일하고 있던, 원조를 위해 제1세계로부터 파견된 급진적 인사들과 조우 하면서 자신의 신념에 확신을 얻었다.

반둥과 비동맹 운동

제3세계 신생국은 국제 문제에서 자신들의 방향을 결정하는 일뿐 아니라, 성공적인 국내 발전 전략을 수립하는 데도 많은 어려움을 겪고 있었다. 제3세계의 국내 문제가 신생국의 정책 의제를 지배했으며, 매우 소수의 국가만이 독립 이후 뚜렷한 외교 정책의 지향점을 지니고 있었다. 그러나 반식민 투쟁을 거치면서 형성된 외교 정책 차원의 지향점과 감정은 분명하게 존재했다. 몇몇 경우 이데올로기에 기초해 다른 국가와 연결된 사례도 있었고, 정치나 문화를 통해 연결된 경우도 있었다. 그러나 대부분 신생국의 제3세계 국제주의는 제국주의가 낳은 자체적 결과였다. (일례로 라틴아메리카의 경우 국제주의는 미국을 상대할 때 직면한 공동의 문제와 관련된 감각이었다.) 바베이도스(Barbados)의 작가 조지 래밍(George Lamming)이 1953년에 쓴 소설《내 피부의 성에서(In the Castle of My Skin)》는 한 바베이도스인이 카리브해 연안의 반식민 저항을 목도한 후 "리틀 잉글랜드〔바베이도스〕를 '식민지'라는 좀더 거대한 무언가의 일부"로 생각하게 되는 과정을 묘사한다.[36] 식민 지배자의 패망 이후 등장한 혁명가들은 매우 다양했지만, 적어도 그들은 제국주의가 남겨놓은 공동의 문제에 직면해 있었다.

전(前) 식민 지배국들은 신생국에 다른 형태의 회원권을 제공했다. 일례로 영국은 영연방을, 프랑스는 프랑스연합(French Union)을 조직했다. 그러나 이는 제3세계 전체의 연대감을 줄이는 데 별다른 영향을 미치지 못했다. 영연방은 초기의 어려움을 딛고 최소한 전 중심부 국가와 전 식민지 간 소통의 창구를 만드는 데 성공했다. 하지만 프랑스연합은 실패했다. 이는 프랑스연합이 가입국의 주권을 제한적으로만 인정하면서 완전한 탈식민지화를 노골적으로 늦추려 했기 때문이다. 프랑스연합을 대체한 프랑스공동체(French Community: 1958년 프랑스 제5공화국 시기에 결성했다)는 1970년대까지 특별한 역할을 하지 못했다. 이는 프랑스가 전 식민지의 국내 또는 지역 문제에 개입할 수 있는 권리를 유지했기 때문이다. 몇몇 신생국(서아프리카의 기니와 동남아시아의 버마)은 연방 형태의 조직뿐 아니라 구(舊)제국주의 국가와 관련한 일체의 형태에 참여하기를 거부했다.

전 식민 국가의 지도자들이 제3세계 국가에 냉전의 편을 선택하라고 주문하자 제3세계의 공동 의식은 더욱 강화되었다. 영국 총리 해럴드 맥밀런(Harold Macmillan)은 1960년 남아공의 케이프타운에서 "변화의 바람"이라는 유명한 연설을 했다. 많은 제3세계 국가 지도자들은 이와 같은 시도를 그들의 독립을 희석하려는 시도로 여겼으며, 정치적으로는 "변화의 바람"이 주장한 바에 동조하면서도 이에 강력하게 저항하는 모습을 보였다. 제2차 세계대전이 끝난 지 얼마 되지 않았지만, 일부 지도자는 그들의 국가가 훗날 전개될 냉전의 저당물이 되지 않을까 우려했다. 튀니지 지도자 하비브 부르기바(Habib Bourguiba)는 1946년 이런 생각을 간명하게 표현했다. "앵글로색슨 세계에서 볼 때 북아프리카는 최고의 자산입니다. 북아프리카를 거치면 지중해를 장악할 수 있습니다. 북아프리카는 유럽을 향한 볼셰비키의 진격을 막을 수 있는 이상적인 기지입니다. 앵글로색슨은 우리의 아름다운 눈(eyes) 때문이 아니라 그들의 이익을 위해 우리의 운명에 점점 다가오고 있습니다."[37]

이미 20세기 초에 코민테른이나 범아프리카 혹은 범아시아 회의를 통해 반식민 운동의 국제적 연대를 결속하려는 시도가 존재했다.[38] 최초의 범아프리카 회의는 1900년 런던에서 개최되었으며, 1919년부터 1927년까지 유명한 아프리카계 미국인, 예를 들어 W. E. B. 듀보이스가 조직한 범아프리카 회의가 네 차례 열렸다. 제5차 범아프리카 회의는 1945년 맨

체스터에서 개최되었으며, 26개 지역에서 90명 넘는 대표가 참가했다. 대표 중에는 은크루마(훗날 가나의 대통령), 헤이스팅스 반다(Hastings Banda, 훗날 말라위의 대통령), 조모 케냐타(Jomo Kenyatta, 훗날 케냐의 대통령)도 있었다. 이 회의들은 아프리카의 해방을 강조했으며, 카리브해 지역의 해방과 미국 내 아프리카인 역시 같은 투쟁의 대열에 있다고 선포했다. 범아프리카 회의는 아프리카인의 해방 투쟁은 모두 연결되어 있으며, 식민 지배로부터 벗어나 완전한 독립을 얻을 때까지 모든 아프리카인이 단결해 투쟁을 멈추지 않을 것이라고 선언했다. 맨체스터 회의는 아프리카 밖에서 개최되었지만, 1958년 가나의 아크라(Accra)에서 열린 전(全) 아프리카인민회의와 1963년에 설립된 아프리카통일기구(OAU)의 기초가 되었다.

1955년 4월 인도네시아 반둥에서 열린 아시아·아프리카 회의는 인도네시아, 인도, 파키스탄, 버마, 스리랑카의 5개국 지도자의 발의에서 출발했다. (1954년 아시아의 안전과 평화를 논의하기 위해 스리랑카 콜롬보에서 열린 콜롬보 회의를 말한다—옮긴이.) 그러나 회의를 준비하는 과정에서 반둥 회의는 제3세계 국가들이 결집한 가장 크고 영향력 있는 모임으로 변모했다. 반둥 회의의 중요성은 그 개최 시점에 있다. 당시는 프랑스가 인도차이나에서 철수하고, 몇몇 아프리카 국가들이 거의 독립을 얻은 시기이기도 했다. 반둥 회의는 반식민 투쟁에서 가장 큰 희망과 기대가 넘치던 시점을 적절하게 선택했다. 반둥 회의는 소련이 스탈린 사망과 한국전쟁 종결 후 냉전 국면에서 평화와 데탕트 공세에 나설 때 개최되었다. 이와 같은 변화로 당시 소련의 가까운 동맹국이던 중국 대표가 한때 마오쩌둥이 '제국주의의 주구'라고 비판했던 제3세계 지도자와 함께 반둥 회의에 참여하는 일이 가능해졌다. 미국-소련 관계의 새로운 낙관주의는 회의의 일부 의제를 선정하는 데도 기여했다. 네루와 수카르노가 강조했듯 반둥 회의에 참석한 국가를 총망라하면 그 인구는 15억 명을 상회했다. 반둥 회의 국가들은 유럽이 그들의 국제 관계를 추구하는 데 좀더 분별력을 갖길 요구했다.

아프리카계 미국인 작가이자 한때 미국공산당원이기도 했던 리처드 라이트는 회의의 개막을 목도한 사람 중 한 명이었다.

나는 신문기자석에 올라 반둥 회의 대표들을 내려다보았다. 많은 이들은 이국적인 민속 복장 차림이었고, 나는 지금 역사의 중요한 순간이 형성되고 있음을 느낄 수 있었다. 러시아 혁명 초기 어려운 시절에 레닌은 이와 같은 모임을 꿈꾸었다. 세계의 억압받는 민중의 모임이 어려운 시절을 보내고 있던 소련 인민에게 도움을 줄 것이라면서 말이다. ……그러나 엄격한 스탈린주의적 관점에서 보면, 이와 같은 모임은 생각할 수 없는 일이었다. 공산주의자들이 이 회의를 통제하고 있지 못하다는 것은 확실하다. ……하늘 아래 모든 종교가, 지구상의 모든 인종이, 모든 정치적 견해가, 지구상의 약 3200만 제곱킬로미터에 살고 있는 15억의 사람이 여기 모였다.[39]

제3세계 지도자들은 문명의 횃불이 유럽을 떠나 그 바깥의 신대륙으로 옮겨갔다는 관념을 공유하고 있었다. 특히 네루는 영국 공립학교 학생 신분에서 인도 총리가 된 자신의 경험을 강조하면서, 책임감과 희생정신을 언급했다.[40] 반둥에 모인 지도자들의 마음속에는 적어도 제3세계 문제에 서만큼은 냉전 체제를 대체할 수 있는 공동의 이데올로기를 형성해야 한다는 목표가 자리 잡고 있었다. 수카르노는 반둥 회의 개막 연설을 통해 민족주의, 이슬람, 마르크스주의를 통합해 인도네시아 내의 새롭고 윤리적인 이데올로기를 만들어내고자 했던 자신의 목표를 전 지구적 차원으로 확장했다.

세계사의 다른 어느 시점보다도 사회와 정부 그리고 정치인은 가장 높은 단계의 도덕과 윤리에 기초를 두어야 할 필요가 있습니다. 정치 차원에서 가장 높은 단계의 윤리는 무엇입니까? 이는 모든 것을 인류의 복지를 위해 종속시키는 것입니다. 그러나 오늘날 우리는 인류의 복지를 가장 먼저 고려하지 않는 상태에 직면하고 있습니다. 현재 가장 높은 권력을 가진 사람들은 인류의 복지가 아니라 세계를 지배하고자 합니다.[41]

수카르노는 제3세계의 분투만이 국제 관계에서 윤리를 회복할 수 있는 유일한 방법이라고 주장했다. 식민주의가 가한 모욕으로 고통받은 제3세계는 유럽 사회보다 인류의 복지라는 좀더 나은 목표를 더 잘 이해할 수 있을 터였다. 그러나 이와 같은 노력을 위해서는 제3세계의 단결이 필요했다.

우리 모두는 우리를 인위적으로 나누었던 것보다 더 나은 이유에서 단결되어 있다고, 나는 확신합니다. 예를 들어 우리는 식민주의가 그 추악한 모습을 어떻게 바꾸더라도, 이에 맞서 공동으로 싸우기 위해 단결합니다. 우리는 인종주의에 공동으로 투쟁하기 위해 단결합니다. 우리는 세계 평화를 지키고, 세계를 안정시키기 위한 공동의 목표 아래 단결합니다. ……상대적으로 말해서, 오늘 여기 모인 우리는 모두 이웃입니다. 우리 대부분은 공동의 경험을 지니고 있으며, 식민주의를 함께 경험했습니다. 우리는 대개 공동의 종교를 갖고 있습니다. 또 우리 중 다수는 공동의 문화적 뿌리를 지니고 있습니다. 우리 중 다수는 이른바 '저발전' 국가라 불리고, 얼마간 유사한 경제적 문제를 안고 있습니다. 그렇기 때문에 우리는 서로 다른 이의 경험과 조언을 통해 많은 것을 얻을 수 있습니다. 나는 우리 모두 민족의 독립과 자유라는 이상을 공유하고 있다고 생각합니다. 그렇습니다. 우리는 정말 많은 것을 공유하고 있습니다. 그러나 우리는 서로를 아주 조금밖에 모릅니다.[42]

제3세계 국가들이 서로를 더 잘 알고, 세계를 더 나은 곳으로 만드는 사명을 달성하려면 초강대국 간의 핵전쟁을 피하는 게 필요했다.

우리는 무엇을 할 수 있습니까? 우리는 많은 것을 할 수 있습니다. 우리는 아시아와 아프리카의 영적, 윤리적, 정치적 힘을 총동원해 이를 평화의 편에 놓을 수 있습니다. 맞습니다. 우리는 할 수 있습니다! 우리는 아시아·아프리카의 민중입니다. 14억 명이면 세계 인구의 절반을 한참 넘습니다. 우리는 내가 언급한 바 있는 평화의 편에 서는 '민족의 윤리적 폭력'을 동원할 수 있습니다. 우리는 다른 대륙에 살고 있는 세계의 소수에게, 세계의 다수인 우리가 전쟁이 아니라 평화를 원한다는 사실을 보여줄 수 있습니다. 그리고 우리가 갖고 있는 모든 힘은 항상 평화의 편에 있습니다.[43]

반둥 회의 당시, 냉전을 다루는 방법을 찾는 일이 회의 의제를 지배했다. 회의 도중 한 대표가 말했듯 반둥 회의 국가들은 초강대국의 본질이 '유럽에서 싹튼' 국가라는 사실에 동의했다. 그러면서 그들은 미국과 소련이 모두 유럽 국가의 특수한 형태이고, 두 국가 모두 식민주의와 복잡한 이데올로기적 관계에 있다고 이해했다. 수카르노는 개막 연설에서 롱펠로(H. W. Longfellow)의 시 〈폴 리비어의 질주(Paul Revere's Ride)〉를 인용하면서, 지구적 차원의 반식민 투쟁은 180년 전 미국에서 시작되었다는 신넘을 다시 한 번 확인해주었다.[44] 네루는 서구적 지향을 지닌 일부 제3세계 국가(바그다드 조약국인 이라크, 이란, 터키)가 소련의 동유럽 지배를 식민주의라고 비난하는 시도에 반대했다. "우리가 동유럽과 다른 지역에서 벌어진 일에 얼마간 반대하더라도 그것은 식민주의가 아닙니다. ……나는 우리가 주권 국가로서 능력이 있다고 승인한 나라를 식민 영토라고 부르는 게 영 이상하다고 생각합니다."[45]

냉전 문제를 다루며 오랫동안 머리를 맞댄 반둥 회의의 주요 토착주의 국가들은 비동맹의 원리를 창설하는 결정을 내릴 정도로 가까워졌다. 저우언라이(周恩來) 총리가 이끈 중국 대표부는 비동맹의 원칙과 중국공산당이 내세운 평화 공존이 조화를 이룰 수 있다는 걸 보여주기 위해 노력했다.[46] 저우언라이는 반둥 회의 석상에서 이렇게 발언했다.

중국 대표들은 여기에 대립이 아니라, 공동의 기반을 마련하기 위해 왔습니다. ……대부분의 아프리카·아시아 국가와 인민은 식민주의라는 재앙 아래 고통을 겪어왔으며, 이는 아직도 계속되고 있습니다. 이와 같은 고통에서 벗어나기 위해 단결한다면, 우리는 매우 쉽게 공동의 이해와 존중에 도달할 수 있을 것입니다.[47]

회의 폐막 연설에서 네루는 비동맹 원리의 핵심을 정식화했다.

나로서는 전쟁이 어디서 발발하는지는 중요치 않습니다. 우리는 우리를 지키기 위한 일이 아니라면, 전쟁에 개입하지 않을 것입니다. 양 진영 중 하나를 택한다면, 우리는 우리의 정체성을 잃게 됩니다. 어떠한 정체성도 남지 않고, 세계를 바라보는 시각도 사라집니다. ……세계 전체가 이와 같은 양 진영으로 나뉜다면 그 결과는 어떻겠습니까? 피할 수 없는 결과는 아마 전쟁일 것입니다. 그렇기 때문에 냉전의 어느 진영에도 속하지 않는 '비동맹' 지역을 줄이는 행위는 위험하며, 전쟁으로 가는 길을 의미합니다. 이와 같은 행위에 군사적 능력이 부재한 국가들이 행사할 수 있는 객관성과 균형과 견해를 억압하는 것입니다.[48]

대다수 반둥 회의 대표들에게 당대에 진행 중이던 민족 해방 투쟁은 매우 중요한 문제였다. 많은 민족 해방 운동가들이 반둥 회의에 참석했다. 비록 무장 투쟁을 지지한다는 합의점에 도달하지는 못했지만, 반둥 회의에 참가한 국가들은 프랑스가 북아프리카 민중의 자결권과 독립을 인정해야 한다고 요구했다. 또한 남아프리카공화국의 인종 차별 정책 철폐, 국제연합의 팔레스타인 결의안 실천을 주장했다. 그러나 반둥 회의 대표들은 여전히 식민 지배하에 있는 지역을 어떻게 실질적으로 지원할 수 있는지에 대해서는 합의에 이르지 못했다.

그들은 또한 회의에 참석한 국가의 시민들에게 정치적 권리로서 '자유'가 무엇을 의미하는지를 놓고도 별다른 토론을 진행하지 못했다. 그 대신 네루는 사회주의 국가에는 자유가 부재하다는 비판을 피하기 위한 매우 궁색한 변명으로서 제3세계 국가 내의 개인적 자유를 언급했다. "우리가 자유의 상태, 개인과 국가적 차원에서 자유의 상태, 민주적 자유의 상태나 여기에 참석한 국가의 민주주의 그 자체를 평가한다면, 나는 우리 중 많은 국가에 이와 같은 자유가 부족하다고, 매우 부족하다고 생각합니다."[49] 네루는 반둥 회의에 참가한 많은 국가들이 국내적으로는 매우 제한적인 정당성을 지니고 있다는 사실을 아주 잘 알고 있었다. 그럼에도 네루는 민주주의를 둘러싼 토론이 그 자신과 다른 회의 조직자들이 가까스로 이뤄낸 취약한 단결을 무너뜨리는 걸 원치 않았다. 이는 비동맹 운동이 존재하는 내내 반복적으로 나타날 어떤 흐름이기도 했다.

회의에 참가한 29개국이 통과시킨 '반둥 회의 최종 의정서'의 주요 초점은 경제·문화 협력에 있었다. 반둥 회의에는 좀더 기술적으로 발전한 제3세계 국가들이 다른 나라가 목표로 하는 발전에 도달할 수 있도록 도와준다면, '외부 세력' 의존도가 낮아질 수 있다는 희망이 광범위하게 존재했다. 의정서는 천연자원 수출을 둘러싼 제3세계 국가의 협력을 강조했다. 또한 예를 들어 "석유와 관련한 문제"에서는 "공동의 정책"을 입안해야 한다고 추천하기까지 했다. (이는 1960년 OPEC, 곧 석유수출국기구의 창설로 이어졌다.) 하지만 의정서의 중요성은 그 말미에 언급한, 제3세계 국가들의 관계를 규율하는 10가지 기본 원칙에 있었다.

1. 기본적 인권 및 국제연합헌장의 원칙과 목적을 존중한다.
2. 모든 국민의 주권 및 그 영토 보존을 존중한다.
3. 모든 인종의 평등 및 대소(大小)를 불문하고 모든 민족의 평등을 승인한다.
4. 타국의 내정 간섭을 금지한다.
5. 국제연합헌장에 따라 개별적 또는 집단적으로 자국을 방어하는 모든 민족의 권리를 존중한다.
6. a) 어떠한 강대국의 특수 이익을 위해 집단 방위 기구를 사용할 수 없다.
   b) 어떠한 국가도 타국에 압력을 가하지 못한다.
7. 다른 국가의 영토 안전, 정치적 독립을 향한 침략 행위, 침략 위협, 또는 무력의 사용을 금지한다.
8. 모든 국제 분쟁을 협상·조정·중재하고, 국제연합헌장에 따라 관계국이 선택하는 기타 평화적 수단으로 이를 결의한다.

9. 우리의 공동 이익과 협력을 증진한다.

10. 정의와 국제적 의무를 존중한다.[50]

반둥 회의의 정리 발언 중 네루는 초강대국들이 반둥 선언의 원칙을 존중할 것, 그리고 미국과 소련의 관계에서도 유사한 규칙을 제정할 것을 주문했다. 인도 총리 네루는 청중에게 다음과 같이 말했다.

우리는 위대한 기회를 맞이하고 있습니다. 이 특별한 기회는 우호적인 방법을 통해 오늘날의 세계를 건설적이고, 평화적으로 만들 것입니다. 우리는 소련이나 미국에서 벌어지는 모든 일을 좋아하지 않습니다. 그러나 반감과 증오의 감정이 커져서는 안 됩니다. 당신들 미국과 소련이 올바른 방법으로 일을 처리한다면, 사람들은 이에 응답할 것이며, 당신들은 좋은 결과를 얻을 수 있습니다. ……그렇지만 결과가 바로 나오지는 않을 것입니다. ……그러므로 저는 이 회의가 추구해야 할 정책은 우호적인 공존이라고 생각합니다.[51]

반둥 회의는 아프리카·아시아 국가에 새로운 친밀감을 고무했지만, 미국과 소련은 모두 반둥 회의에 경계심을 품었다. 아이젠하워 행정부에 반둥 회의는 중립 국가들이 좀더 왼쪽으로 이동했다는 걸 상징적으로 보여주었다. 존 포스터 덜레스 국무장관은 '반(反)반둥' 회의를 미국이 지원하는 안을 만지작거렸다. 반반둥 회의에서는 서구 지향적인 제3세계 국가들이 우월한 위치를 점할 터였다. 덜레스가 보기에 제3세계 국가들이 단결된 행동을 할 수 있다는 사실은 "자유세계와 공산주의 세계의 대결 상황이 변화하고 있음"을 의미했다.[52] 소련의 흐루쇼프는 반둥 회의의 일반적인 정치적 노선에는 환영 의사를 표했다. 그러나 흐루쇼프의 주요 보좌진들은 제3세계 국가 지도자들이 독립적인 국제 조직을 꾸리는 것이 앞으로 소련과 현지 공산당의 영향력 확보를 어렵게 할 것으로 예상했다. 즉 비동맹이 제국주의로부터의 분리를 의미한다면 좋은 현상이겠지만, 비동맹이 부르주아 통치의 보존을 의미한다면 나쁜 것이 될 수도 있었다. 실제로 반둥 회의를 주도한 인도네시아에서, 수카르노의 제3세계 연대 강조는 인도네시아공산당의 활동을 효과적으로 견제하고 있었다.[53]

소련의 우려는 1956년 여름 네루와 이집트 대통령 가말 압델 나세르 (Gamal Abdel Nasser), 유고슬라비아 지도자 요시프 브로즈 티토(Josip Broz Tito)가 아드리아해의 브리오니(Brioni)섬에서 만나면서 현실이 되었다.[54] 흐루쇼프가 티토를 국제 공산주의 운동으로 복귀시키기 위해 최선을 다하고 있었지만(흐루쇼프는 1948년 스탈린의 문책을 받은 이후부터 이를 위해 노력하고 있었다), 소련공산당 지도자로서 흐루쇼프는 유고슬라비아가 소련의 정치적 이데올로기와는 다른 독자 노선을 추구한다는 걸 잘 알고 있었다. 한 보좌관이 지적했듯 말이다. "티토 일당이 제3세계를 이끈다는 것은 소련의 입맛에 맞지 않았습니다."[55] 제3세계의 관점에서, 브리오니 회의는 제3세계 지도자들 간 개인 차원의 관계가 어떻게 형성되는지를 보여주는 첫 번째 사례였다. 반둥에서 고국으로 돌아가는 길에 이집트의 젊은 지도자 나세르는 뉴델리를 방문했다. 나세르와 네루는 국제 문제뿐 아니라 통치와 정당성의 문제를 어떻게 다룰지에 관한 대화도 나누었다. 네루는 "민주주의란 정확히 무엇인가?"를 묻는 나세르의 질문을 이렇게 기억했다.

의회나 이와 유사한 형태를 지닌 대부분의 아랍 국가는 완전히 부패했다고 나세르는 말했습니다. ……이와 같은 상황에서 나세르는 무엇을 해야 했겠습니까? 현재의 이집트 정부가 10명의 혁명위원회로 구성되어 있는 것은 사실입니다. 그들은 원하는 것을 할 수 있었고, 당연하게도 이는 군대가 그들을 지지하고 있기 때문이었습니다. 나세르는 이와 같은 국가의 상황에 만족하지 않았고, 이를 바꾸어나가고 싶어 했습니다. 그러나 그는 과거의 나쁜 것(의회제와 정당 정치ㅡ옮긴이)을 복귀시키는 방식으로 변화를 이끌고 싶지 않았습니다. ……나세르는 정당 정치를 도입한다면, 과거의 정당들이 그러했듯이 외세가 그들을 매수할 것이라고 보았습니다. 정당과 유사하게 신문도 외세의 금전적 지원을 받고 있었고 이는 개인도 마찬가지였습니다.[56]

반둥 회의 이후, 많은 이들은 제3세계 국가 간 무역과 경제 협력 부분에서 별다른 진전이 이루어지지 않았다는 사실에 실망했다. 무역과 경제 부문에서 여러 정부의 정치적 시도가 있었지만, 이와 같은 노력이 별다른 성과를 거두지 못한 데에는 크게 세 가지 이유가 있었다. 먼저 제3세계의 경제 영역은 서로를 보완해주기보다는 비슷한 문제점이 많았다. 이들 국가의 수출 상품은 주로 산업화한 국가들이 원하는 것이었지, 제3세계 국가들에게 필요하지는 않았다. 둘째로 제3세계 국가의 경우, 무역을 하는 데 필요한 신용이 매우 부족했다. 이는 대부분의 주요 국제 은행이 북반부 자본주의 국가의 무역에 초점을 맞추었기 때문이다. 그리고 셋째로 제3세계 정부 자체가 남-남 무역에 소극적이었으며, 바터(barter: 물물 교환ㅡ옮긴이) 무역을 고집했다. 이는 제3세계 국가가 그들에게 매우 제한적이었던 경화(硬貨)를 잃고 싶어 하지 않았기 때문이다. 이 모든 것과 다른 요인들이 더해져 냉전기 제3세계 국가 간 경제적 연결의 영향력은 매우 제한적이었다.

1956년 수에즈 위기 이후, 제3세계 국가들이 외부 공격으로부터 그들 자신을 보호하는 데 필요한 힘을 갖추었으며, 다른 국가의 해방을 도울 힘이 있다는 사실이 분명해졌다. (여기에 대해서는 다음 장에서 다루도록 하겠다.)

1956년 7월 수에즈 운하를 국유화한다는 나세르의 결정은 이미 브리오니 회의에서 논의된 바 있었다. 물론 수에즈 운하의 국유화 시점은 영국과 미국이 이집트의 아스완 댐 건설 지원을 뒤집었기 때문에 일어난 것처럼 보였다. 하지만 나세르가 수에즈 운하 국유화를 민족주의자의 긍지로서 감행한 것은 분명했다. 이집트인은 나세르가 동유럽 국가들로부터 무기 공급을 받은 것에 대응해 서방이 아스완 댐 백지화 결정을 했다는 데 분개했다. 수에즈 운하 국유화 이후 영국·프랑스·이스라엘의 이집트 침공은 실패했다. 하지만 제3세계 국가들은 이 사건을 계기로 앞으로 있을 제국주의 개입에 대비할 필요를 상기했고, 때에 따라서는 소련과 그 동맹국의 무기를 받을 필요도 있다는 사실을 깨달았다.

수에즈 개입은 이집트가 1950년대 후반 북아프리카의 해방 투쟁에 직접 개입하게 만든 촉발제였다. 역사학자 매슈 코널리(Matthew Connelly)가 지적했듯 알제리 전쟁은 "외교 혁명"을 낳았다. (이는 알제리 전쟁이 지닌 국제적 측면 때문이기도 했다.) '외교 혁명'이라는 이름이 붙은 이유는 먼저 알제리의 민족해방전선(FLN)이 국가가 아닌데도 많은 제3세계 국가들로부터 사실상의 정부로 인정받았기 때문이다. 다음으로는 심지어 유럽에서도 식민주의와 국가 통제를 둘러싼 담론이 권력, 합리성, 진보에 대한 강조에서 민족 자결과 인권을 강조하는 것으로 바뀌었다는 점에 있다. 소련이 알제리에 대한 직접 개입 방안에 회의적일 때(이는 소련이 알제리 민족해방전선의 성공 가능성을 높게 보지 않았고, 프랑스가 유럽에서 좀더 중립적인 역할을 할 것이라고 기대했기 때문이다), 아흐메드 벤 벨라(Ahmed Ben Bella)와 알제리 민족해방전선 지도자들은 이집트와 유고슬라비아를 포함한 민족해방전선의 새로운 비동맹 친구들에게서 대부분의 지원을 받았다.

1960년 알제리 전쟁은 제3세계 단결의 주요 상징이 되었고, 많은 제3세계 국가 지도자들이 보기에 알제리 전쟁은 서방 국가들이 제3세계를 제국적 지배에서 완전히 해방시킬 의지가 없다는 걸 보여주는 명백한 조짐이기도 했다. 브리오니 회의에서 나세르가 티토에게 말했듯 아프리카와 아시아의 구미 당기는 지역들(예를 들어 알제리, 남부 아프리카, 말레이시아)에서 제국주의자들은 끝까지 자신의 지배를 유지하고 싶어 했다. 1960년대에 신생 독립 국가의 주요 과제는 여전히 '제국주의의 지배를 받고 있는' 국가와 민족에게 연대를 보여주는 것이었다. 나세르, 수카르노, 네루 같은 지도자들에게는 식민 지배하에 놓여 있는 지역의 미래가 제3세계에서 가장 중요한 문제였다. (그들은 어떤 곳의 지원이라도 다 환영할 테지만, 현지 세력과 결합한 제3세계의 연대를 통해 제국주의를 최종적으로 격퇴할 것이었다.) 억압된 민중의 연대라는 주제는 유럽의 젊은 세대, 특히 지식인과 학생 사이에서 큰 반향을 일으켰다. 그들은 새롭고 활기차고 흥미롭고 사회주의적으로 보이는 제3세계와 스스로를 동일시하며, 유럽의 식민지 지배라는 과거를 보상해주고 싶어 했다. 파농의 《대지의 저주받은 사람들(The Wretched of the Earth)》 서문에서 프랑스 철학자 장폴 사르트르는 알제리 전쟁의 시각에서 유럽을 "이 기름지고 창백한 대륙"이라고 칭했다. 사르트르는 미래가 제3세계에 있다고 보았다.[57]

제3세계를 미래로 보는 관념(이는 정치적·윤리적인 것이었지 경제적인 의미의 미래는 아니었다)은 1960년대 유럽과 미국의 '신좌파'와 아프리카·아시아의 정치 그리고 점차 라틴아메리카를 연결했다. 프랑스어로 '제3세계주의(tiermondiste)'라고 불린 이 접근법을 통해 해방 투쟁과 발전을 둘러싼 논쟁이 국제화되었다. 제3세계주의의 주요 기능은 몇몇 젊은 서구인들이 자국을 비민주주의적이고, 인종주의적이고, 엘리트주의적인 국가로 보기 시작했다는 점이다. 그들은 제3세계 국가의 단결과 아래로부터의 동원, 무엇보다도 급진적 행동에 특히 주목했다. 신좌파는 북반구 국가가 냉전 시기에 누리고 있는 안정을 혐오했으며, 심지어 제3세계 해방 운동을 소련이 충분히 효과적으로 돕지 못한다고 생각했다. 이에 서구 신좌파는 소련이 느리고, 둔하며, 백인 중심적이라고 비판했다. '민주사회를위한학생위원회'가 1962년 발표한 '포트휴런 선언'은 제3세계를 하나의 대안으로 제시했다. "무기가 인간의 자기 파멸을 가속화하는 동안, 삶을 향한 충동과 창조는 아시아·아프리카 그리고 라틴아메리카 인민의 혁명적 감정에서 확연하게 표명되었습니다. 이들의 대두가 보여주는 개별적 진취성과 열망, 유기체 같은 사회적 감정에 맞서고 있는 미국의 무관심과 교착 상태는 당혹스러운 대조를 이루고 있습니다."[58]

1962년 새로운 알제리 국가가 들어선 후, 수도 알제(Algiers)는 제3세계 급진파와 아프리카 해방 운동의 주요 거점이었고, 해방 운동의 모든 조직이 이곳에 사무소를 개설했다. 벤 벨라의 지도 아래, 알제리 신정부는 이와 같은 운동 조직에 무기나 군사 훈련 시설을 제공했다. 1962년 모로코에 있던 기지에서 알제리 민족해방전선 군대가 개선 행진을 하자, 넬슨 만델라는 이를 보기 위해 그 자리에 참석했다. 그리고 민족해방전선의 군대가 알제로 개선할 때, 한편에서는 야세르 아라파트(Yasser Arafat)가 군중 사이에서 환호했다. 아프리카민족회의와 아라파트가 이끄는 조직 파타(Fatah)는 알제리로부터 상당한 지원을 받았으며, 알제리의 지원은 앙골라와 기니비사우로 이어졌다. 벤 벨라는 제3세계의 단결을 보여주는 상징적 대변자가 되었다. 1963년 아디스아바바에서 열린 아프리카통일기구 창립 회의에서, 기자들은 아프리카의 해방을 위한 전면적 노력에 동참하려는 벤 벨라의 서약을 이렇게 묘사했다.

연설문을 옆으로 치우고, 양손으로 연단을 치면서, 핼쑥한 알제리 지도자는 앙골라 반군을 돕자며 열렬히 호소했다. 그러면서 알제리의 사례가 자유의 문을 열기 위해서는 고통을 공유하는 것만이 유일한 길이라는 걸 보여주었다고 좌중에게 상기시켰다. 알제리의 독립을 위해 목숨을 바친 튀니지인, 모로코인, 이집트인을 향한 그의 존경은 감정적 반응을 불러일으켰다. ……나는 벤 벨라의 연설을 듣기 전까지 그보다 더한 아프리카의 단결을 느껴본 적이 없었다. 벤 벨라의 눈물은 청중의 마음을 움직였고, 그들은 서둘러 적도 아래에 있는 앙골라를 도와야 한다고 주장했다.[59]

인도, 인도네시아, 이집트, 가나, 유고슬라비아와 나란히 알제리는 1961년 베오그라드에서 창설된 비동맹 운동의 주요 회원국이 되었다. 비동맹 운동은 반둥 회의에서 마련한 자결, 상호 경제적 지원, 중립의 원리에 기초를 두고 있었다. 첫 비동맹 회의에는 25개국이 참가했으나, 1964년 카이로에서 열린 제2차 비동맹 회의 참가국 수는 배로 늘어났다.[60] 베오그라드 회의는 회원국 간 연대를 강조하고, 제3세계로 냉전을 확장하려는 초강대국에 경고를 표했으며, 국제 분쟁을 해결하는 데 전쟁을 수단으로 활용하려는 모든 국가에 자제를 호소했다. 제1차 비동맹 선언의 서문은 다음과 같은 결론을 내렸다. "서로 이데올로기가 다를 수 있다는 사실은 인간 사회의 생존에서 불가피한 일부분임을 자각하고, 참가국은 여러 인민과 각 정부가 냉전을 선동하고 압력을 행사하고 의지를 강요하기 위해 이데올로기를 사용하는 일을 삼가야 한다고 생각한다."[61] 베오그라드 회의는 베를린 위기가 최고조에 달한 1961년에 열렸으며, 참가국 정상들은 위기를 완화하기 위해 흐루쇼프와 케네디에게 개인적 서신을 보냈다. 이들은 전쟁의 위협을 경고하고, 평화적 해결을 호소했다. 초강대국에 국제 관계의 준칙을 제의했다는 사실은 제3세계 시대의 도래를 알리는 강력한 상징이었다.

1962년(알제리가 최종 독립한 해), 지속적인 비동맹 회의의 성장에도 반둥 정신은 흐트러지기 시작했다. 중국-인도 국경 분쟁은 반둥 회의가 약속했던 평화적 해결에 치명타를 가했으며, 국제 분쟁의 간디주의적 중재자라는 인도의 권위를 무너뜨렸다. 3년 후 인도는 비동맹 운동의 또 다른 창립국인 파키스탄과 카슈미르를 놓고 전쟁을 벌였다. 이는 미국과 소련이 평화 중재자로서 제3세계 문제에 개입해야 한다는 것을 의미했다. 인도는 안보적 목적을 위해 소련과 점점 가까워졌다. 1967년의 중동 위기는 비동맹이라는 관념에 중대한 문제를 야기했다. 나세르는 제3세계 연대가 자신의 권력을 공고히 하리라 기대했다. 그러나 나세르가 의지했던 소련의 지원을 받은 이집트군은 이스라엘군에 철저히 분쇄되고 말았다. 1960년대 말에 이르면 반둥 회의 주창자들은 모두 국제 무대에서 퇴장했다. 네루는 1964년 사망했고 수카르노, 벤 벨라, 은크루마는 1965~1966년 발발한 군사 쿠데타로 권좌에서 나란히 물러났다. 나세르는 이루지 못한 아랍과 제3세계의 단결이라는 희망을 안고 1970년 삶을 마감했다. 같은 해 비동맹 회의는 잠비아 수도 루사카(Lusaka)에서 제3차 회의를 개최했으나, 이미 회의 초기와 같은 낙관주의는 사라진 뒤였다.

1960년대 후반, 정치 차원의 대표성 부족과 경제적 어려움으로 인해 제3세계 국가의 국내 정치는 불안정해졌다. 이로 인해 비동맹 운동과 아프리카통일기구가 약속했던 아프리카 해방 운동 지원 역시 제대로 이루어지지 못했다. 이와 같은 운동의 일부 지도자, 예를 들어 기니·카보베르데독립아프리카당의 아밀카르 카브랄은 많은 신생국이 '신제국주의'의 도구가 되었다고 비판하기 시작했다. 이는 제3세계 국가들이 국내나 해외에서 혁명적 행동을 위해 대중을 동원하기보다는 유럽과 미국의 은행가 및 투자자와 좋은 관계를 유지하는 데 더 많은 노력을 기울인다는 의미에서였다. 1972년 기니비사우에서 거행된 가나 지도자 콰메 은크루마의 장례식장에서 카브랄은 은크루마의 저서 《신식민주의: 제국주의의 최후의 단계(Neocolonialism: the Last Stage of Imperialism)》를 인용했다. (이 책은 은크루마가 권좌에서 물러나기 전해에 출간되었으며, 아프리카 민족주의의 아버지로서 은크루마가 말년에 어떻게 마르크스주의에 기울게 되었는지를 보여주는 증거였다.) "가나 군대의 성공적 배신이 얼마나 계급 투쟁, 사회 구조의 모순, 당과의 관계 그리고 …… 무장 세력과 관련을 맺고 있었습니까?"[62] 카브랄의 답은 명확했다. "그 사이에는 분명한 연관이 있었습니다. 은크루마는 영웅이었지만 이를 너무 늦게 깨달았습니다. 마르크스-레닌주의라는 도구를 통해서만 제3세계 지도자는 진정으로 독립적이고, 국제주의적이고, 경제적으로 성공하는 국가를 건설할 수 있습니다."[63]

1960년대 후반, 반둥 세대이기도 한 급진적 토착 엘리트의 이데올로기는 크게 변화했다. 급진적 토착 엘리트는 자신들이 그토록 건설하고 싶어한 군대에 의해 축출되거나(가나, 인도네시아, 알제리가 그러했다), 주로 비이념적이고 권위적인 독재로 대체되었다. 그런가 하면 이들이 내세운 토착주의적 형태의 사회주의는 더욱 급진적인 마르크스주의적 이상을 지닌 신진 세대, 예를 들어 탄자니아의 줄리어스 니에레레의 등장으로 이어졌다. 다음 장에서 다룰 몇몇 국가에서는 일부 군인이 마르크스주의 방향으로 급진화하는 경우도 있었다. 제3세계 국가에서 이와 같은 마르크스주의로의 선회가 가능했던 이유는 다음과 같다. 먼저 제3세계주의 접근법이 실패했기 때문이다. (비록 제3세계주의 접근법은 유럽과 그보다 다소 덜한 정도로 미국에서 1970년대까지 하나의 이상으로 버티는 데는 성공했지만 말이다.) 또 마르크스주의는 카리스마적 개인 중심의, 그리고 무정형의 제3세계주의가 지니지 못한 것을 정확하게 제공할 수 있었기 때문이다. 독립 이후 세대가 보기에 레닌주의적 형태를 갖춘 마르크스주의는 구조화해 있고, 분명하게 규정되어 있으며, 그리고 무엇보다도 가장 과학적이었다.

몇몇 제3세계 국가의 엘리트와 해방 운동이 마르크스주의에 경도된 사실은 냉전에서 매우 중요한 함의를 지닌다. 1950년대 후반부터 소련이 제3세계를 재발견하면서, 1960년대에는 전략적으로 중요한 민족주의 세력과 동맹을 맺고 제한적인 협력을 해나갔다. 그러나 1970년부터 소련과 제3세계는 공동의 정치 이론에 기초해 새로운 관계를 형성할 수 있었다. 이새로운 관계는 좀더 포괄적이고 광범위한 협력을 목표로 했다. 제3세계 이데올로기의 변화만이 소련-제3세계 관계 변화의 배경은 아니었다. 앞으로 살펴보겠지만 미국-베트남 전쟁과 쿠바 혁명의 국제적 효과는 매우 중요했다. 그리고 독립 이후 첫 번째 세대 지도자가 선택했던 국내·국제적 경로를 둘러싼 총체적 실망이야말로 새로이 집권한 지도자들, 특히 아프리카의 지도자들이 왜 1970년대 소련 모델로 기울게 되었는지를 설명해주는 주요 원인이었다.

04 제3세계의 형성: 혁명과 대립하는 미국

제2차 세계대전 종전 이후, 미국은 제3세계 전역에 걸쳐 진행되는 변화에 반복적으로 개입해 영향력을 행사했다. 이에 일부 유럽과 제3세계 국가들 사이에서는 미국이 급진적 반식민주의와 대립하던 유럽 식민 제국을 대체했다는 의견이 나오기도 했다. 좀더 살펴보겠지만 미국의 의도는 호전적인 데다 파산에 직면한 유럽 세력을 돕는 데 있지 않았다. 오히려 미국의 제3세계 개입은 미국의 인식과 신념에 기초를 두었다. 또 미국 개입의 핵심 배경에는 냉전적 반공주의와 더불어 미국이 제2차 세계대전 이후에 지니게 된 예외적인 국력이 있었다. 전후 미국은 지배적 자본주의 국가인 동시에 경제·군사·이데올로기적으로 그야말로 압도적인 국가가 되었다.

특히 미국의 경제적 능력은 압도적이었다. 이는 미국의 경제 성장을 반영하는 동시에 제2차 세계대전을 거치면서 다른 국가의 경제적 능력이 철저히 파괴되었기 때문이다. 1950년 미국의 국내총생산은 같은 시기 유럽 모든 국가의 총합보다 컸으며, 유럽 전체와 소련을 합친 것과 비등한 수준이었다. 제1차 세계대전 시기부터 미국의 평균 연간 성장률은 영국과 프랑스의 성장률과 비교해 약 3배 이상이었다. 미국의 1인당 소득은 서유럽의 2배였고, 생산성은 유럽 평균치의 3배가 넘었다. 그리고 심지어 더 놀라운 점은 그때까지 미국의 경제 성장이 주로 미국 내의 동력을 통해 이루어졌다는 사실이다. 1950년에 이르면 미국은 세계에서 가장 큰 수출국이자 투자국이 되었다.[1]

현대적 의미의 제3세계는 이와 같은 미국의 우위 속에서 형성되었다. 신생 독립국의 여러 지도자는 미국의 지원과 지도를 기대했다. 하지만 미국의 관심은 주로 유럽을 향해 있었다. 식민지에서 갓 독립한 국가를 위한 마셜 플랜은 존재하지 않았으며, 갓 독립한 신생국에 대한 미국의 지원은 공산주의를 향한 두려움과 뒤섞여 있었다. 그런 의미에서 미국의 전후 정책으로 인해 지난 두 세대 동안 축적된 선진 자본주의 국가와 제3세계 국가 간 불평등은 권력과 경제적 자원의 측면에서 더욱 악화했다고 할 수 있다. 미국의 제3세계 정책이 약했던 이유는 미국의 정책 결정자들이 미국식 발전 모델을 지구화할 의지가 없었기 때문은 아니었다. 이미 살펴보았듯 미국 이데올로기에는 미국식 발전 모델을 유럽과 제3세계로 수출할 동인이 충분히 존재했다. 그러나 미국의 이데올로기·인종 차원의 편견, 냉전 정치와 전략적 목표의 조합으로 인해 미국은 제3세계 문제의 한 부분이 되고 말았다.

왜 미국은 냉전기 제3세계에 그리 많이 개입했을까? 가장 큰 이유는 미국이 지닌 예외적인 개입 능력일 것이다. 그러나 또 다른 이유는 지구 자본주의 체제에서 미국이 갖는 책임감이었다. 곧 살펴보겠지만 미국의 제3세계 개입은 미국 내에서 좌익과 공산주의 운동에 대항하는 **방어적** 개입으로 인식되었다. 또 미국은 항상 공산주의의 도전에 구조적 해법을 제시하는 데 무게중심을 두고 있었다. 이는 1950년대의 용어로 말하면 미국과 더 유사해지는 **발전**을 의미했다. 정치학자 더글러스 맥도널드(Douglas Macdonald)가 냉전기 미국의 개입을 "개혁을 위한 개입"이라 부른 사실은 그런 의미에서 타당하다고 할 수 있다. 그러나 미국이 직면한 인식상의 딜레마는 냉전적 상황에서 미국식 개혁을 진행하기 전에 제3세계의 국내 정치 상황이 먼저 바뀌어야 한다는 점이었다. 일반적으로 이런 변화는 현존 정치 질서를 유지하고 있는 급진 정권의 붕괴를 의미했다. 혹여 군사 전략·경제 이익·동맹국의 이익을 위한 정책 결정이었다고 하더라도 대개 미국의 개입은 급진 정권의 붕괴를 불러왔다.

전체적으로 보면 제3세계를 둘러싼 냉전기 미국의 사고방식은 1940년대 후반의 전환기를 거치며 천천히 그 모양을 갖추어갔다. 심지어 국가안전보장회의 문서 제68호(트루먼 행정부의 가장 이데올로기적인 외교 정책 문서)는 미국의 목표를 이렇게 규정했다. "미국의 동맹국, 이전에 예속되었던 인민과 함께 동의의 원칙에 기초한 세계 사회를 만드는 데 있습니다. 새롭게 만들어질 세계 사회의 체제는 유연할 것입니다. 이 체제는 다양한 국력 수준과 자원을 지닌 국가 공동체로 구성될 것입니다." 그러나 국가안전보장회의 문서 제68호는 미국에 이와 같은 질서를 강제할 특수한 책임을 부여했다.

핵전쟁의 위험을 맞이해 위축되고 있는 세계에서 크렘린의 계획을 견제하는 것만으로는 우리의 목표를 달성할 수 없습니다. 국가 간 질서의 부재는 더 이상 용인될 수 없습니다. 이러한 사실은 미국이 우리 자신의 이익을 위해 세계 지도국으로 나서야 할 책임감을 요구합니다. 우리는 그 책임에 내재된 위험을

수용하고, 자유와 민주주의의 원칙에 부합하는 수단으로 질서와 정의를 도모
하라는 요구를 받고 있습니다.[2]

미국-탈식민 세계의 첫 번째 위기

제2차 세계대전 말 무렵, 아시아의 많은 지역에 존재했던 혁명적 상황은
냉전기 미국의 개입과 관련한 첫 번째 위기이기도 했다. 이미 살펴보았듯
스탈린은 아시아 지역에서 공산주의자가 정권을 획득하기란 어렵다고 판
단하고 있었다. 반면 미국은 한반도와 이란 사이의 광대한 아시아 지역에
서 공산주의 반란이 일어날 것을 점차 우려하고 있었다. 이란의 카밤 정
부를 향한 소련의 정책(특히 이란 북부에서 1946년까지 지체된 소련군의 철군)을 목
도한 트루먼 행정부는 소련이 중동 현지 급진주의자의 도움을 받아 중동
석유의 공급을 통제하려는 계획을 세우고 있다고 우려했다. 이란의 젊은
국왕 모하마드 레자 팔라비 정권의 안정을 보장하고 소련의 외교적 위협
과 압력에 맞서는 이란의 입장을 지지하면서도 미국은 훗날 소련이 중동
지역의 민족주의자 반란을 획책해 유럽과 일본의 경제 재건을 추동할 석
유 공급을 차단할지 모른다고 생각했다.

  냉전 초 미국의 정책에서 중국의 정세는 큰 도전이었다. 미국은 장제스
세력이 1945년 중국을 지배할 수 있도록 도와주었다. 하지만 장제스 정권
을 바라보는 미국의 혐오감은 1949년 초 중국공산당의 승리가 확실해지
기 전까지 미국 내 정책 결정의 딜레마로 남았다. 중국에서 소련의 영향
력이 확장되는 것을 두려워한 트루먼 대통령은 이에 맞서고자 했다. 그러
나 동시에 트루먼은 장제스의 국민당 정권이 보여준 비효율성과 부정부

패, 잔인무도함을 혐오하기도 했다. 제2차 세계대전 시기 미국의 정책과 마찬가지로 전후 미국의 대중국 정책은 미국 자문단이 제시한 안에 따라 국민당 정권을 개혁하는 일이었다. 동시에 미국은 점차 정치·전략적 곤경에 스스로 빠져들고 있는 중국국민당 정권에 더 많은 군사 원조를 제공했다. 미국이 중국에서 직면한 문제는 중국공산당(국민당의 맞수)이 미국이 원하는 '현대적' 가치를 조직, 규율, 자기희생의 측면에서 더 많이 보유하고 있다는 점이었다. 그러나 미국이 보기에 중국공산당은 점점 더 소련에 기대는 것 같았고, 이는 중국에서 미국의 목표뿐 아니라 동아시아와 동남아시아 전역에서 미국의 정책에 대한 위협을 의미했다. 장제스 정권을 향한 미국의 자기 분열적 원조 정책(장제스 정권의 생존 가능성을 의심하면서도 그들에게 더 많은 원조를 제공하는 것)은 훗날 미국 외교 정책이 (특히 남베트남에서) 직면할 문제의 원형이기도 했다.

그러나 미국의 분노는 제3세계 국가의 상황이 좋지 못했기 때문만은 아니었다. 미국은 서유럽 국가들이 식민 사업에 몰두하느라 소련 공산주의와 투쟁하는 미국의 사명을 위협한다는 걸 이해하지 못한다는 사실에 분노했다. 우리가 살펴보았듯 미국은 20세기 초엽에도 유럽의 제국주의 사업에 별로 동조하지 않았다. 제2차 세계대전 이후 재정적으로 파산하고 비효율적이었던 유럽 국가들은 국내적으로는 공산주의의 위협에 직면했다(그렇기에 유럽 정부는 미국의 원조에 의존했다). 이런 상황에서도 제3세계의 현지 민족주의를 진압하려는 유럽 국가들을 미국으로서는 이해하기 어려웠다. 하지만 영국 식민지 말라야처럼 식민 정부의 대안이 공산주의밖에 존재하지 않는 경우는 예외였다. 전후 말라야로 돌아온 영국군은 공산당이 주도한 반란과 맞서 싸우고 있었다. 하지만 심지어 말라야 같은 곳에서도 미국은 식민 지배의 대안으로서 민족주의자를 점진적으로 육성하고자 했다.

트루먼 행정부는 아시아 다른 지역에서 진행되고 있는 제국주의 사업에 자비를 보이지 않았다. 1949년 3월 국가안전보장회의 문서 제51호(미국의 동남아시아 정책 관련 보고서)는 이렇게 언급했다. "눈앞의 말라야 상황이 잘 보여주듯 19세기적인 제국주의는 더 이상 동남아시아에서 실행 가능한 대안이 아닙니다. ……식민주의는 남태평양의 일부 섬이 그러하듯 현지의 민중이 순진하고 복종적일 때만 성공적입니다. 복속된 민중 중 아주 소수의 사람만이라도 세상 물정을 알고 사적인 야망을 품게 된다면 식민주의는 어려움에 봉착합니다. 그 후에는 불복종과 저항, 정치적 질병이 등장합니다." 이와 같은 증상에 대처하는 유일한 방법은 미국이 필리핀에서, 영국이 인도와 버마에서 그러했듯 현지인으로 구성된 비공산주의 정권을 출범시키는 일이었다. "그러나 프랑스와 네덜란드 제국주의는 미국과 영국의 계몽된 정책으로 나타난 긍정적 효과를 무력화하고 말았습니다. ……대서양 공동체의 두 국가, 즉 프랑스와 네덜란드의 근시안적 실책은 대서양 공동체의 전체 국가를 대표하는 주요 국가들이 추구하는 진보를 무너뜨리기에 충분합니다."

국가안전보장회의 문서 제51호(구체적인 정책 제안까지 내놓지는 못했다)는 유럽 내에서 식민지의 상실이 불러올 정치적 파장 때문에 미국이 아시아의 탈식민지화를 지원하는 일은 삼가야 한다는 주장을 반박했다.

이와 같은 제안은 이데올로기적 부정론에 근거를 두고 있습니다. 소련과 우리 투쟁의 본질은 이데올로기에 있습니다. 동남아시아 문제의 핵심 쟁점이 식민주의를 추구하는 제국주의와 투쟁적인 민족주의 간 대립이라는 점은 분명합니다. 이와 같은 상황에서 명백한 이데올로기적 쟁점을 회피하려는 시도는 1) 객관적으로는 충돌의 영역을 우리의 적에게 넘겨주는 일이며, 2) 주관적으로는 우리의 자체적인 이데올로기 통합성을 무너뜨리는 일입니다. 이는 우리가 비로소 우리일 수 있는 유산과 철학적 개념을 잠재적으로 부정하는 일입니다. 우리는 단점이 일부 있기도 하지만, 위대하면서도 선한 세력입니다. 그러므로 우리는 세계인의 마음에 부합하는 역동적인 세력이 될 수 있습니다."[3]

트루먼 행정부가 보기에 인도네시아에서의 충돌은 유럽 식민주의가 아시아를 지도할 수 있다는 잘못된 시도가 낳은 혼란이었다. 미국은 CIA를 통해 수카르노를 포함한 인도네시아 독립 운동 지도자와 접촉하고 있었다. 그리고 특히 1948년 9월 인도네시아공산당이 수카르노에 도전하고자 했던 시도[마디운 사건을 말한다. 공산당의 지시를 받은 일부 공화국 군대가 무장봉기를 일으켰으나 실패하고, 인도네시아공산당의 지도자 무쏘(Musso)와 아미르 샤리푸딘(Amir Sjarifuddin)이 사살된다. 이 사건을 통해 미국은 수카르노가 미국이 생각하는 반공 민족주의 지도자라는 인식을 갖게 된다—옮긴이]가 실패로 끝나자, 미국은 인도네시아인에게 권력을 이양하는 작업이 그리 빠르게 진행되지 못하리라 예측했다. 그러나 네덜란드 정부가 1948년 12월 인도네시아의 현지 독립 운동을 분쇄하기 위해 개입하자, CIA는 인도네시아 상황에 중대한 우려를 표명했다. 네덜란드의 인도네시아 침공은 미국이 주도해 평화적 해결 방안을 찾고 있는 국제연합의 위신을 약화시킬 뿐만 아니라, 네덜란드와 인도네시아 모두의 정치·경제적 안정성을 손상시킬 터였다. 또한 소련은 이를 강력한 선전 수단으로 활용할 것이었다. 더 큰 문제는 네덜란드의 행동이 초래할 효과였다.

네덜란드의 행동으로 인해 독립적인 길을 추구할지도 모르는 범아시아 진영이 등장하고 있습니다. 아직 소련과 연계되지 않은 범아시아 진영은 점차 미국에 반감을 보일지도 모릅니다. 극동의 아시아인들이 보기에 미국은 중국국민당처럼 부패한 정권을 옹호하고, 동남아시아에서 서구 식민 국가의 통제를 후원하고 있습니다. 인도가 주도하는 범아시아 진영은 소련에 동조적이지는 않지만, 이는 소련 정책의 효과적 도구가 될 수 있습니다.[4]

네덜란드는 미국에 전략적으로 별로 중요하지 않은 작은 동맹국이었기에 트루먼 행정부는 단호한 조치를 취했다. 네덜란드 정부가 식민지 문제를 무력으로 해결하려고 하자 네덜란드를 향한 지원을 바로 중단한 것이다. 트루먼 행정부는 네덜란드-인도네시아 협상이 진행되는 동안, 네덜란드 정부를 직접 위협하는 방안에는 주저했다. 그러나 1948~1949년 네덜란드 식민 당국의 '치안 행동(네덜란드는 인도네시아와의 전쟁이 국가 간 전쟁이 아니라 네덜란드 국내 문제라는 이유로 '치안 행동'이라고 불렀다 – 옮긴이)'을 두고 1949년 3월 딘 애치슨(Dean Acheson) 국무장관은 인도네시아 당국과의 협상안을 네덜란드가 계속 거부한다면 마셜 플랜에 의거한 대(對)네덜란드 지원과 북대서양조약기구를 통한 대네덜란드 군사 지원을 중단할 것이라고 경고했다.[5] 네덜란드-인도네시아 분쟁의 지속은 미국이 감당하고 싶지 않은 위험이자 부담이었기 때문이다. 결국 네덜란드 정부는 수카르노가 이끄는 신생 인도네시아 정권을 승인하는 협정(1949년 12월의 헤이그 원탁회의–옮긴이)에 조인할 수밖에 없었다. 같은 달, 국가안전보장회의 문서 제51호는 이렇게 천명했다. "19세기적 제국주의는 식민지 지역의 공산주의 혁명 운동에 해독제가 되지 못했습니다. 오히려 식민주의는 공산주의라는 병균을 배양하는 가장 이상적 환경이었습니다. 호전적인 민족주의를 만족시키는 일이야말로 스탈린주의에 저항하는 첫 번째 필수 조건입니다."[6]

이미 언급한 바 있듯이 영국령 말라야는 이와 같은 법칙에서 예외였다. 이는 미국이 그 지역에서 영국의 식민 지배를 지지하지 않을 경우, 이를 대체할 유일한 대안 세력이 말라야공산당이라고 판단했기 때문이다. 이에 미국은 영국이 주도하는 말라야공산당과의 전쟁〔말라야공산당의 주축은 화인(華人)들이었다〕과 천천히 진행되고 있는 말라야 독립 준비를 지원했다. 말레이시아의 쿠알라룸푸르 주재 미국 영사관에 따르면 "그 계획은 개념상으로는 훌륭했으나, 실행 면에서는 취약"했다. 미국은 영국이 군사적 승리를 거두기 위해 필요한 자원을 제대로 보내고 있지 않다고 불평했다.[7] 말라야의 상황을 둘러싼 우려는 1950년 6월 한국전쟁이 발발하면서 더욱 커졌다. 말라야공산당의 방어적 조치를 두고서도 미국은 말라야공산당이 동남아시아로 팽창하려는 중화인민공화국의 교두보라는 의심을 거두지 않았다. 인도네시아에서와 마찬가지로 미국은 말라야에서 비공산주의 민족주의자와 접촉하기 시작했다. (그들이 비록 영국이 원하던 최선의 대안은 아니었음에도 말이다). 일례로 영국은 훗날 말라야의 총리를 역임한 툰쿠 압둘 라흐만(Tunku Abdul Rahman) 같은 인물을 가장 선호했지만, 페낭의 미국 영사는 압둘 라흐만을 "왜소하고 나약한 인물"이라고 평했다.[8]

제2차 세계대전 발발 이전, 이미 독립을 승인하기로 결정했는데도 미국은 동남아시아의 자체 식민지이던 필리핀에서 유사한 문제에 봉착했다. 선거로 선출된 필리핀공화국의 첫 대통령 마누엘 로하스(Manuel Roxas)는 일본 점령 정권과 밀접한 관계를 맺은 바 있었다. 로하스 대통령이 미국에 경제적 접근과 군사 기지 제공 등을 포함한 협정을 맺고자 했음에도 미국은 갈수록 대토지 소유자와 가톨릭교회의 수중에 들어가고 있는 로하스 정권을 탐탁지 않게 여겼다. 대중적으로 인기가 많았던 필리핀공산당이 주도한 '반일(反日) 의용군〔타갈로그어로는 후크발라합(Hukbalahap), 줄여서 후크단(Huk團)〕'을 분쇄하려는 로하스 정권의 시도는 실패로 돌아갔으며, 후크단 반란은 루손섬 중부 지역으로 퍼져나갔다. 미국은 1948년 필리핀의 사태 전개에 관심을 쏟을 수밖에 없었으며, 미국이 주도한 공동 군사 자문단을 파견해 무기와 군사 측면에서 필리핀 정부군을 도왔다. 1948년 4월 로하스가 때마침 사망하자 미국은 젊은 라몬 막사이사이 (Ramon Magsaysay)―미국에서 훈련받았으며, 삼발레스(Zambales)주의 군정 장관을 역임한 바 있다―를 도와 반게릴라전을 구상하기 시작했다. 미국 전략의 핵심은 반란의 중심에 사회 문제가 있다는 인식이었다. 미국의 주요 군사 고문이던 에드워드 랜스데일(Edward Lansdale) 소령은 일기에 다음과 같이 기록했다.

후크단은 대부분 20세 이하의 젊은이들이며, 30대의 '늙은이'들은 주로 지도자 역할을 맡고 있다. 대부분의 후크단은 그들이 하는 일이 옳다고 믿고 있으며, 그중 일부는 공산주의류의 정치에서 지도자적 위치에 있기도 하다. 그리고 개혁을 필요로 하는 나쁜 상황이 필리핀 중부 루손섬에 존재한다. 토지 개혁은 여전히 문서상으로만 진행되었다. 나는 대부분의 필리핀 사람이 게릴라전에 참여했다는 사실과 무장 투쟁으로 나타난 필리핀인의 불평이 일견 자연스럽다고 본다.[9]

막사이사이가 국방부 장관으로 취임한 1950년(중국공산당이 중국에서 승리한 후)부터 미국은 반게릴라 작전을 발 빠르게 전개했다. 후크단은 1950년대 말 수도 마닐라를 향한 공세 작전을 계획했다. 그러나 대부분의 후크단 지도부가 미국이 주도한 정보 작전으로 체포되어 마닐라 진공 작전은 무위로 돌아가고 말았다. 대신 미국의 자금 지원과 훈련을 통해 재조직 및 확장된 필리핀 정부군이 게릴라들이 통제하고 있던 지역을 수복하기 시작했다. 공군의 지원을 받고 네이팜탄을 처음으로 활용한 필리핀 정부군은 1951년부터 1953년 동안 후크단을 상대로 유의미한 승리를 거두었다. 그러나 후크단 반란의 진압은 군사적인 이유보다는 정치적인 데 있었다. 필리핀공산당을 포함해 후크단 지도자들은 어떤 전략을 따라야 하는지를 놓고 그들 내부에서도 합의를 이루지 못했다. 설상가상으로 필리핀 중앙 정부가 뒤늦게 토지를 개혁하고, 반부패 조치를 취하고, 군대의 기강을 잡는 등 다양한 계획을 실시했다. 필리핀 정부는 전향하거나 당국과 협력한 게릴라에게 토지를 분배하는 등 다양한 유인 정책을 펼치기도 했다. 1953년 막사이사이의 성공적인 대통령 선거전은 가장 중요한 분기점이었다. 이를 통해 많은 사람이 이제 권위주의와 과두제 지배의 시대가 종식되었으며, 정부에 맞서는 적극적인 저항은 더 이상 필요 없다고 생각했다.

필리핀의 후크단 반란이 종식되자 미국(특히 국방부)은 이와 같은 성공이 정치 현실의 변화가 아니라 미국이 주도한 반게릴라 작전 때문이라 판단했다. 랜스데일과 그의 동료들은 대중에게 인기 많은 공산당 게릴라 투쟁과의 싸움에서 필요한 당근과 채찍의 정확한 조합을 찾고자 했다. 랜스데일의 부관 찰스 보해넌(Charles Bohannan)—랜스데일과 마찬가지로 훗날 남베트남 군사 자문단으로 활약한 인물—은 필리핀 작전이 성공할 수 있었던 전제조건으로 미국 요원의 자질을 강조했다.

a. 그들은 미국 육군 장교이거나 육군 장교로 근무한 경력이 있었다.

b. 그들은 수백 명의 필리핀인을 알았고, 그들과 함께 일하며 싸웠다. 또 그들

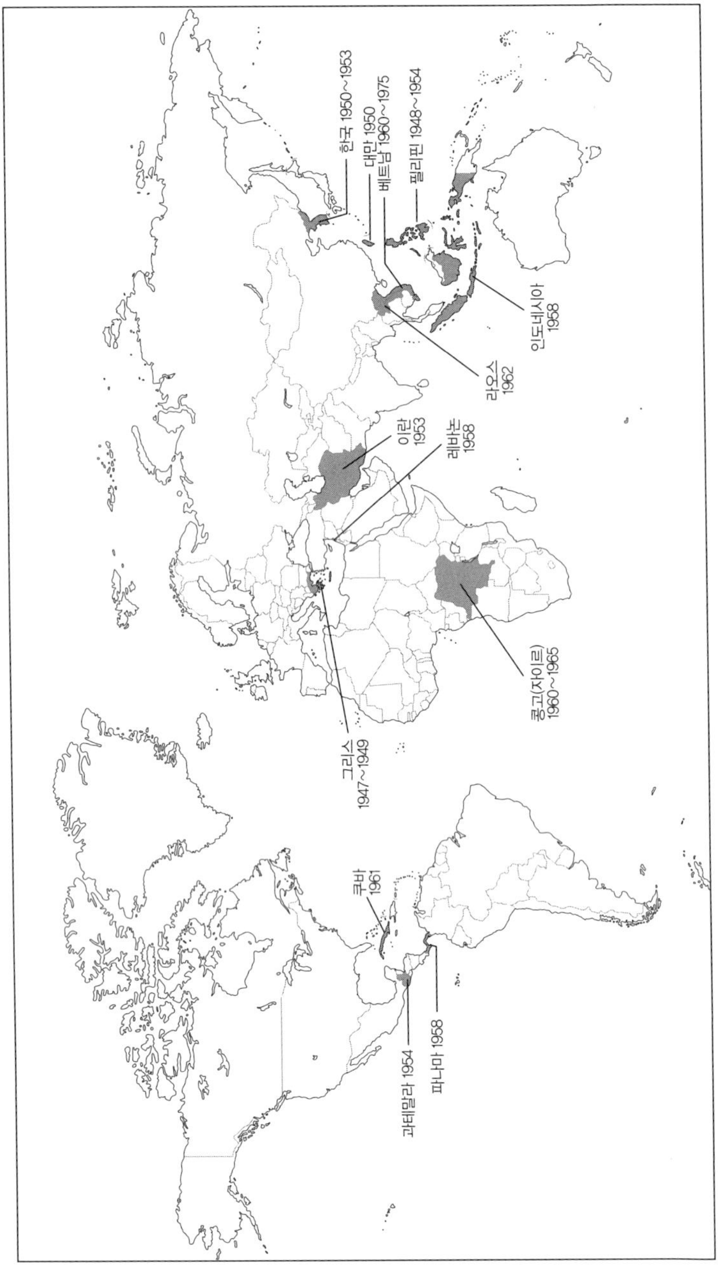

지도 4 미국의 제3세계 개입, 1945~1965

지도 안 레이블:

한국 1950~1953
대만 1950
베트남 1960~1975
필리핀 1948~1954
인도네시아 1958
라오스 1962
이란 1953
레바논 1958
콩고(자이르) 1960~1965
그리스 1947~1949
쿠바 1961
과테말라 1954
파나마 1958

은 필리핀인의 신뢰를 얻었다.

c. 그들은 직무를 잘 파악하고 있었다.

d. 그들은 자신의 업무를 지원해줄 고위급 인사를 알고 있었으며, 현지 미국 당국으로부터 인정을 받거나 협력을 얻을 수 있었다. (이와 같은 상황이 향후에도 그대로 유지된다는 보장은 없다. 그러나 반드시 현지의 고위급 미국 당국자는 팀과 적어도 협력적 관계를 유지해야만 한다.)

e. 그들은 현지 지도자의 두려움을 샀으며, 자신들의 업무에 필요한 부서의 협력을 최대한 얻어냈다(예를 들면 국방부).

f. 그들은 똑똑하고 어디에든 적응 가능했지만 매우 질 나쁜 인물들이기도 했다. 그리고 그중 연장자(에드워드 랜스데일을 의미한다—옮긴이)는 최고의 영업 능력을 지니고 있었다.[10]

국무부가 거둔 많은 성공에도 불구하고, 국방부와 CIA는 미국의 동남아 정책과 실패로 돌아간 중국 정책을 이유로 국무부가 미국 내 제3세계 정책 논쟁에 부정적 영향을 주고 있다고 판단했다. 미국 대중의 장제스 정권을 향한 지지와 미국 내에서 급증하는 반소련 히스테리로 인해 트루먼 행정부는 1950년대 '중국의 상실'이라는 매우 미국 중심적인 논쟁에 휩쓸렸다. 트루먼의 대중국 정책을 책임졌던 국무부 인사들은 매카시즘을 추구하는 우파의 공격으로 일선에서 물러났으며, 한국전쟁의 발발은 미국이 '지구적' 차원의 공산주의와 싸우고 있다는 인식을 강화했다. 이에 따라 미국의 제3세계 정책은 매우 강경해졌다. 상원에서 조지프 매카시 의원은 제3세계 민족주의와의 평화 정책을 추구하는 모든 시도를 비난했다. "우리는 향수나 바르는, 딜레탕티슴(dilettantisme)에 빠져 있는 외교관의 지휘를 받으며 싸워서는 안 됩니다. 우리는 우리가 싸우는 이유에 절반만 충성하고 있거나, 충성하지 않는 사람 밑에서 성공적으로 싸움을 계속할 수 없습니다."[11] 그러나 심지어 드와이트 아이젠하워 장군(당시 아이젠하워는 매카시가 향수나 바른다며 분명히 조롱했을 대학 총장으로 재직하고 있었다)은 제3세계와의 관계에서 미국이 큰 문제에 봉착했음을 우려했다. 한국전쟁 발발 이전에 이미 아이젠하워는 "아시아에서 일본, 필리핀제도, 네덜란드령 동인도를 잃고 있다. 심지어 호주마저도 위협을 받고 있다. 인도도 안전하지 않다!"고 털어놓은 적이 있었다.[12]

1950년까지 많은 미국 관료는 몇몇 유럽 식민 국가의 시대 역행적 정책이 제3세계 지도자의 혁명적 열망만큼이나 문제라고 여겼다. 그러나 중국공산당의 승리와 미국 내 여론의 압력으로 이와 같은 관점은 서서히 냉전 이데올로기를 향한 열광과 군사 전략 중시, 양 진영론의 세계관으로 변모했다. 전후 시기 미국 접근법의 점진적 퇴조를 잘 보여주는 사례는 인도차이나 식민지를 재확보하려는 프랑스의 시도에 대한 미국의 반응이라고 할 수 있다. 1948년 트루먼 행정부가 제3세계에서의 민족주의 감정을 이해하려 하지 않는 프랑스의 조치를 비난했다면, 1950년에 베트남은 미국의 안보 문제가 되어 있었다. 호치민이 이끄는 공산주의는 인도차이나에 진정으로 자결권을 지닌 정부를 허용하지 않기 위해 비타협적 정책을 추구하는 프랑스보다 세력 면에서 더 우세했다. 이와 같은 상황에서 미국은 바오 다이(Bao Dai)의 '베트남국(State of Vietnam: 1949년부터 1955년까지 존속한 프랑스의 괴뢰국―옮긴이)'을 승인하기에 이른다. 이미 많은 베트남 사람들이 바오 다이 황제가 프랑스의 도구로 이용당할 뿐이라는 걸 잘 알고 있었는데도 말이다. 미국이 인정했듯 베트남국 승인은 일시적인 조치에 불과했다. 미국은 공산주의에 물들지 않은 '진정한' 민족주의자가 등장하기를 기다리고 있었다.

1952년에 이르면 프랑스를 향한 미국의 군사·재정적 지원이 늘어났음에도 비용이 많이 들고 비생산적인 전쟁에서 승리하기란 어렵다는 게 분명해졌다. 프랑스 주재 영국 대사는 "특별하게 사심 없는 국민이라고 볼수 없는 프랑스 사람들이 얼마나 오랫동안, 이제 그들이 자신의 것이라고 여기지 않게 된 신념(베트남에 대한 지배욕—옮긴이) 때문에 프랑스인 자신을 파괴할는지 알 수 없다"고 적었다.[13] 1953년에 들어선 신임 아이젠하워 행정부는 베트남민족동맹을 일련의 대규모 군사 작전을 통해 수세에 몰아넣는 프랑스군의 계획을 신이 내린 절호의 기회라고 판단했다. 전투에서의 승리는 베트남에 대한 프랑스의 해법이 옳았음을 증명할 수 있을 테고, 이를 통해 베트남 정부에 반공 민족주의자가 참여하는 걸 독려할수 있길 기대했다. 아이젠하워 대통령은 이와 같은 목적을 위해 매년 베트남국에 5억 달러를 제공하는 안에 동의했다. 그리고 1953년 12월 리처드 닉슨 부통령을 베트남국에 파견했다. 닉슨 부통령은 베트남국에서 귀국하는 길에 텔레비전과 라디오 방송을 통해 미국 국민에게 이렇게 말했다. "프랑스령 인도차이나가 공산주의자의 손에 떨어진다면, 태국이 어려운 상황에 놓일 것입니다. 다음에는 말라야와 인도네시아도 마찬가지 운명에 처할 것입니다. 인도차이나가 공산당의 지배에 놓인다는 사실은 동남아시아 전체가 위협을 받는다는 의미이자, 일본의 경제·군사적 안보가 피할 수 없는 위험에 처한다는 의미이기도 합니다."[14]

일본을 향한 닉슨 부통령의 우려는 유럽뿐만 아니라 더 멀리 확장될 수 있었다. (여기에 대해서는 이번 장 말미에서 살펴보도록 하겠다.) 1950년대 초 미국은 국제 자본주의 시장의 보호자 역할을 맡게 되었고, 전 지구적 차원의 전략 면에서 공산주의와의 이데올로기 투쟁에 돌입했다. 도미노 이론은 동남아시아에만 국한되지 않았다. 자본주의와 민주주의를 추구하고, 미국과 동맹을 맺은 제3세계 정부에 대한 저항은 미국의 눈에는 모두 공산주의였다. 이처럼 미국은 대중적 민족주의 운동과 진정한 동맹이 될 기회를 스스로 걷어찼다. 미국은 고립을 자초했다. 그리고 고립된 미국은 냉전이 최고조에 이른 동안 제3세계에 반복적으로 개입했다.

이란, 수에즈 그리고 미국의 새로운 역할

1948년의 '자카르타 공식(인도네시아 같은 현지의 제3세계 급진 민족주의가 장기적으로 미국에 도움이 될 것이라는 생각)'은 1953년 테헤란에서 끝내 패배하고 만다. 새로이 등장한 아이젠하워 행정부는 이란 정부의 토착주의 정책, 특히 석유 국유화를 중동에서 미국의 지위를 위협하고 공산주의의 영향력이 확대된 사건으로 해석했다. 존 포스터 덜레스 국무장관은 이란에서 혁명적 상황이 발생하는 일을 두고 아이젠하워 대통령에게 다음과 같이 보고했다. "이는 자유세계가 이란의 석유 생산과 보유고로 대표되는 막대한 자산을 상실했다는 사실을 의미하는 동시에, 러시아가 이를 확보하고 자국의 석유 생산에 신경 쓰지 않아도 될 정도의 능력을 갖춘다는 것을 의미합니다. 더 큰 문제는 이란이 공산주의에 굴복한다면 세계 석유 생산의 60퍼센트를 차지하는 중동의 다른 지역 역시 공산주의의 지배 아래에 놓이게 될 거라는 점입니다."[15]

　1930년대부터 페르시아만 주변에서 시작된 석유 사업의 발전은 이제 완전히 새로운 전략적 위상을 부여받았다. 제2차 세계대전 이전에 이미 미국 기업들은 이 지역에 대한 투자를 개시했다. 전후에는 미국이 주도한 아라비아-아메리카 석유회사(ARAMCO, 사우디아라비아 소재)가 유럽에 석유를 공급하는 가장 큰 기업 중 하나였다. 사우드 왕가〔사우드 왕가는 보수적 와하비즘(Wahhabism)을 신봉했으며, 미국의 문화적 영향력의 확산을 차단하기 위해 필사적으로 노력했다〕에 미국과의 연계는 그야말로 횡재가 아닐 수 없었다. 그들은 미국의 자금을 통해 사우디아라비아의 방대한 영토를 관리할 수 있었으며, 반대파에게 정치적 양보를 할 필요도 없었다. 미국의 경우, 사우디아라비아와 미국의 경제적 연결은 특히 트루먼 행정부가 1950년 아라비아-아메리카 석유회사의 수익을 사우디아라비아와 균등하게 나누기로 합의하면서 전략적으로 더욱 중요한 위상을 점했다. 영국의 영향력이 이란과 이라크에서 현지 민족주의자의 저항에 부딪혔기 때문이다. (1948년 바그다드에서는 영국-이라크 조약의 갱신에 반대하는 시위가 발생했다.) 미국은 사우드 왕가와의 관계에 이미 현지의 요구가 반영되어 있다고 판단하고 있었다.

제2차 세계대전 시기 미국이 이란에 개입하면서 직면한 문제는 다른 탈식민지화 지역에서의 충돌과 크게 다르지 않았다. 1920년대 앵글로-이란 석유회사(AIOC, 훗날의 브리티시 석유회사)는 이란 남부를 마치 식민지를 통치하듯 지배했고, 이란의 석유를 통해 런던에 있는 주주들의 배를 불렸다. 전시 공동 점령 기간과 이후 이어진 전후 소련의 압력에서 벗어나기 위해 서방 국가의 지지가 절실했던 이란 정부의 필요가 맞물리면서 앵글로-이란 석유회사의 정치적 위상은 그 어느 때보다도 강해졌다. 영국의 노동당 신정권은 전임 정권과 마찬가지로 앵글로-이란 석유회사의 이익을 이란과 공유하기를 꺼렸다. 반면 이란의 아바단(Abadan) 유전 노동자들은 매우 비참한 생활을 하고 있었다. 이들의 임금은 하루 50센트도 되지 않았다. 회사는 휴가와 의료 혜택, 보험을 전혀 제공하지 않았다. 전기나 그 어떤 위생 시설도 없이 마구 지은 판자촌에서, 샤의 탄압에도 불구하고 이란인민당(투데당)은 급속하게 정치적으로 세력을 확장하고 있었다.

동남아시아에서와 마찬가지로 미국은 이란에서 일종의 균형을 잡아야만 했다. 영국은 이란의 요구에 지나치게 무감각했고, 동시에 미국은 이란에 대한 소련의 계획을 우려했다. 이란은 소련과 1600킬로미터의 국경을 맞대고 있었으며, 트루먼은 1946년 스탈린의 행동이 이란을 바라보는 소련의 장기적 구상을 반영한다고 판단했다. 미국은 석유와 화석 연료 제품의 자급자족이 가능한 상황이었지만, 소련은 이란의 정치적 혼란을 이용해 서유럽과 일본의 재건에 필요한 석유 공급을 통제할 수도 있었다. 말라야에서 영국의 행동을 지지했던 미국은 이란에서 영국이 공산당의 계략에 말려들어 어리석은 행동을 했다고 판단했다. 1951년 중반 트루먼이 테헤란에 특사로 파견한 윌리엄 애버럴 해리먼(William Averell Harriman)은 "이란의 현재 상황은 (영국의-옮긴이) 부재 경영(absentee management)과 전 세계적으로 등장한 저발전 국가의 민족주의 운동의 성장이 결합해 나타난 일입니다"라고 보고했다.[16] 이는 미국이 떠맡아야 할 도전이었다.

이란의 곤경 속에서 미국의 희망은 젊은 샤 모하마드 레자 팔라비였다. 1940년대 후반 샤는 바람둥이였던 과거 생활을 청산하고 신이 부여한 통치권을 진지하게 생각하기 시작했다. 그의 개혁 모델은 미국이었다. 그는 1949년 미국을 방문해 미국의 산업과 생활 수준에 깊은 감명을 받고 돌아왔다. 특히 교육을 강조하는 미국의 역동성과 급속한 진보를 눈여겨 보았다. 이는 고국 이란의 '후진성'과 대비해 더욱 뚜렷하게 부각되는 부분이었다. 조지워싱턴대학교 풋볼팀의 명예주장으로서 받은 환영 행사도 깊은 인상으로 남았다. 테헤란으로 돌아온 샤는 자신이 이란의 내부 병폐(보수적인 성직자, 권력에 굶주린 봉건주의자, 좌익 선동가, 외세 제국주의자)와 싸우는 데 있어 미국의 지원을 기대하기 시작했다.[17]

1951년 샤가 의회에서 선출된 총리 모하마드 모사데크와 모사데크가 추진하는 앵글로-이란 석유회사의 국유화 계획을 어쩔 수 없이 승인하자 이란의 위기는 시작되었다. 모하마드 모사데크는 1882년(지은이는 모사데크의 생년을 1880년으로 쓰고 있는데, 이는 사실 관계의 오류이므로 수정했다—옮긴이) 이란 봉건 엘리트 가정에서 태어났다. 파리에 있는 국립 정치학교에서 수학했으며, 이후 스위스로 옮겨가 유럽에서 박사 학위를 취득한 첫 번째 이란인이 되었다. 제1차 세계대전 이후 모사데크는 이란 토착 민족주의의 주창자였다. 그는 이란 군주제가 외국에 이란의 이권을 팔아넘겼다고 혹평하며 진정한 이란적 가치로의 회귀를 주장했다. 모사데크의 뛰어난 연설과 팔라비 왕조를 향한 원칙적이고도 세속주의적인 비판은 많은 이란인에게 강한 감정적 호소력을 지녔다. 좌익과 토착 민족주의자 모두 모사데크 정권 아래 집결했다. 심지어 시아파 종교 지도자들도 모사데크를 지지했다. 그러나 루홀라 호메이니 같은 이슬람주의자는 처음부터 모사데크와 모사데크 정권을 '불신자'라고 비판했다.

트루먼 행정부는 이란과 영국 정부 간 석유 분쟁을 중재하기 위해 노력했으나, 아이젠하워 행정부는 모사데크가 공산주의자와 소련의 손아귀에 있다고 보았다. 덜레스 국무장관은 석유 국유화에 맞선 조치로서 영국이 취한 이란산 석유 불매 운동이 이란의 사회·정치적 상황에 가장 큰 악영향을 주고 있다는 점을 잘 알고 있었다. 하지만 덜레스는 모사데크 정권이 그대로 유지되는 게 더 큰 문제라고 보았다. 이란 주재 미국 대사로 새로 부임한 로이 헨더슨(Roy Henderson)에 따르면 모사데크는 "안정적이지 않고 감정과 편견에 지배받으며 정신이 온전하다고 보기 어려운 인물"이었다.[18] 아이젠하워 대통령은 1953년 3월 4일 국가안전보장회의 때 압정에 시달리는 국가에서 미국을 싫어하는 인물이 아니라, 좋아하는 인물을 찾는 일이 그렇게 어려운지 반문했다. 아이젠하워 행정부는 소수의 고위 장교 및 샤와 협력해 모사데크 정권을 전복하겠다는 영국의 계획에 동조하기 시작했다.[19] '아작스(AJAX) 작전'으로 명명된 모사데크 정권 전복 계획은 정통성을 지닌 제3세계 정권을 무너뜨리고자 한 미국의 첫 시도였다. 이 작전의 개시는 1953년 6월 14일 백악관의 최종 승인을 받았다.

당시 테헤란에 있던 CIA와 영국 정보부가 보기에 아작스 작전의 초기 단계는 완전히 잘못 돌아가고 있었다. 샤는 모사데크 정권을 전복하겠다는 미국의 작전에 암묵적 동의를 표하기는 했으나 이란 헌법을 뒤엎는 행동의 전면에 나서고 싶어 하지는 않았다. 쿠데타 계획일인 8월 15일 팔라비는 모사데크에 맞서는 대신 '휴가차' 이란을 떠났다. 그런데 쿠데타의 주역이 되어야 할 대령이 모사데크 정권에 충성하는 세력에게 체포당했다. 며칠 동안 불안한 세력 균형이 유지되었다. 그러나 미국은 종교계 대표를 활용해 계획적으로 여론을 조작하고, 현지 지도자와 언론을 매수했다. 그리고 이들을 통해 반(反)모사데크 시위를 사주했다. 결과적으로 미국의 작전이 결실을 맺었다. 장장 4일 동안 거리 시위가 계속되었고, 군대는 샤가 새로 지명한 총리 파즈롤라 자헤디(Fazlollah Zahedi) 장군—그는 시위 당시 CIA 기지에 몸을 숨기고 있었다—에게 충성을 표했다. 결국 모사데크는 체포되었다. 훗날 CIA는 모사데크 제거 작전이 잘못된 전제 조건에 기반해 있지 않았으며 "전제 조건을 현실로 만들기 위한 강력하고 긍정적인 행동의 원칙에 입각해 있었다"고 결론지었다.[20]

라틴아메리카를 제외하면 이란 쿠데타는 많은 점에서 볼 때 미국의 제3세계 외교 정책에서 새로운 출발점이었다. 미국 정부는 처음으로 자국 영역인 서반구를 넘어 외국 정부의 붕괴를 구체적으로 조직했다. CIA 보고서가 확실하게 보여주었듯 그 결과는 충분히 만족스러웠다. 이란은 혼란과 공산주의자의 침탈에서 벗어났을 뿐 아니라, 이를 통해 백악관은 미국의 행보에 주저하거나 불확실함을 느끼던 유럽 동맹국들에게 미국이 제3세계 위기에 때로는 강경하게 대처할 수 있다는 사실을 보여주었다. 미국 정책 결정자들은 이란이 쿠데타 이후 샤의 지도력 아래 경제·정치의 안정적 발전을 이룰 것이라고 믿었다. 그러나 아이젠하워 행정부는 이란 정치의 전개 양상을 보며 실망하기에 이르렀다. 미국은 샤가 위로부터의 혁명을 추진하기 위해 지방 권력자, 군대, 성직자, 날로 악화하는 이란의 현지 상황 사이에서 취해야 하는 미묘한 균형을 이해하지 못했다. 덜레스 국무장관은 이란이 급진적 정책을 취하지 않는다고 실망했다. "샤가 극적인 개혁 조치를 취하지 않는다면, 우리는 샤의 미래를 여전히 비관적으로 예측할 수밖에 없습니다"라고 덜레스는 1958년 중반 아이젠하워 대통령에게 보고했다.[21]

1950년대 말 아랍 세계에서 발발한 진짜 문제로 인해 이란의 잠재적 위기는 미국의 우선순위에서 밀려났다. 1952년 민족주의적인 혁명 장교단이 이집트의 권력을 장악했다. 혁명 장교단은 군주제를 폐지하고, 아랍 세계에서 가장 인구가 많은 국가인 이집트에서 급진적 개혁을 시도했다. 2년 후, 사회주의적 색채를 엷게 띠고 범아랍주의적 성향이 강한 바트당이 시리아 선거에서 승리했다. 이제 중동 지역에서 세속적 형태의 민족주의가 강화되고 있는 것처럼 보였다. 이들의 주요 목표는 반식민주의와 아랍의 단결이었다. 이와 같은 정치적 성향을 가장 강력하게 대표한 정당이 바로 1943년 다마스쿠스에서 미셸 아플라크(Michel Aflaq)와 살라흐 알딘 알비타르(Salah al-Din al-Bitar)가 창당한 바트당이었다. 미셸 아플라크는 바트당의 주요 이데올로기 지도자였다. 아플라크는 그리스정교를 믿는 집안 태생의 시리아인이었으며 소르본대학교에서 수학했다. 그는 본래 하나이던 아랍 민족을 유럽 제국주의자들이 인위적으로 분열시켰다고 보았다. 바트당은 아랍인을 하나의 통합된 국가로 복원하고, 이를 통해 아랍인의 위대함을 재건한다는 사명을 내걸었다. 아플라크에 따르면 그 혁명 과정은 범아랍 바트당 고위 지도부가 지휘하고, 그 아래에 있는 강력한 권위주의적 조직체(1930년대 유럽의 공산당과 파시스트 정당의 형태를 본떴다)가 이끌 터였다. 바트당의 이데올로기는 계급, 종교 그리고 문화를 넘어선다고 알려져 있었다. 하지만 1950년대에 바트당은 범아랍주의 이념에 대항하는 중동 지역의 공산당과 이슬람주의자를 공격했다.

이집트의 새로운 독재자는 가말 압델 나세르 대령이었다. 우체국장의 아들로 1918년에 태어난 나세르는 아랍 문화와 역사에 엄청난 열정을 갖고 있었다. 나세르는 일찍이 10대 시절에 자신이 외세의 지배로부터 아랍 민족을 구원하도록 선택받았다고 믿었다. 아랍의 단결을 복원한 이후, 이집트는 아랍 혁명의 사령부로서 무슬림 세계와 아프리카의 해방을 도울 의무가 있었다. 무슬림 세계와 아프리카는 이집트로부터 그 영감을 얻을 터였다. 유럽 문학과 아랍 신화를 모두 읽었다는 사실을 자랑하며, 나세르는 1953년 다음과 같이 썼다.

아랍권은 영웅 역할을 할 수 있는 자를 찾아 정처 없이 헤매고 있는 듯하다. 방랑에 지친 아랍권은 우리 국경 근처에 자리 잡고 우리 이집트에게 그 역할을 해달고 부탁하고 있다. 나는 그 모습이 보인다. 인도네시아에 8000만 명, 중국에 5000만 명, 말레이·태국·버마에 수백만 명, 파키스탄에 거의 1억 명, 중동에 1억 명 이상, 소련에 4000만 명 그리고 더 멀리 있는 세계의 수백만 무슬림을 생각할 때, 하나의 신앙으로 뭉쳐진 이들 수억 명의 사람들을 생각할 때, 그들 사이에 협력 작업이 성립할 수 있으리라는 광장한 기대에 가슴이 부풀어 오른다. 이 협력 작업은 자신의 나라를 향한 개개인의 충성을 잃는 일 없이, 그들 자신과 그 신앙의 형제들을 위해 끊임없이 그 힘을 보증하는 것이다. 여기서 배역을 맡을 배우를 찾기 위해 돌아다니는 역할에 관한 이야기로 돌아가자. 이 것이 바로 그 역할이고, 그 모습이며, 그 무대다. 우리가, 우리만이 꼭 알맞은 환경에 놓여 있으며, 그 역할을 해낼 수 있다.[22]

나세르가 이끈 군사 정부는 이집트에서 영국의 영향력을 증오했다. 이 집트에서 영국의 영향력을 축출하기 위해 나세르는 자신의 권력 기반을 강화해야 한다는 사실을 잘 알고 있었다. 1953년 5월 덜레스와의 일련의 만남에서 나세르는 중동 지역을 위협하는 세력은 소련 공산주의가 아니라 영국 제국주의라고 주장했다. 나세르는 "아랍 지역에서 게임은 공산주의와 민족주의라는 두 팀 사이에 벌어지고 있습니다. **미국**이 이 둘 사이에서 게임을 하고자 한다면, 다른 이들의 게임을 망치게 될 것"이라고 덜레스에게 말했다.[23] 나세르가 원한 것은 아랍 민족주의가 그 내외의 적을 분쇄하는 동안 미국이 그 상황을 관망해달라는 것이었다.

그러나 특히 1953년 모사데크 정권 붕괴 이후 나세르는 아랍 민족주의 내외의 적을 분쇄하기 위해 광범위한 동맹의 연계망을 구축할 필요가 있다고 생각했다. 우리가 이미 살펴보았듯 나세르가 이집트 대표로 참여한 반둥 회의는 그 분수령이었다. 1955년부터 나세르와 비동맹 국가들은 강한 연계를 맺었으며, 이는 오랫동안 지속되었다. 나세르는 특히 티토의 유고슬라비아와 긴밀한 관계를 맺었다. 나세르는 소련을 아주 세심하게 다루어야 하는 잠재적 동맹국이라고 생각했다. 그는 1956년 7월 티토와 네루를 유고슬라비아의 휴양지 브리오니에서 만났다. 이 자리에서 나세르는 소련으로부터 무기와 다른 보급품을 구매하는 것이 이집트의 선택지를 늘리는 방안이라고 주장했다. 이란의 전례에 근거해, 나세르는 영국이 운영하고 있는 수에즈 운하에서 영국 기지를 철수시키는 일과 팔레스타인 난민을 그들의 고향인 팔레스타인으로 돌려보내는 일에 미국이 협력하지 않으리라 생각했다. 이 두 가지는 이집트 지도자가 최우선시하는 문제였다. 그러나 동시에 나세르는 이집트의 발전 계획에 절대적으로 필요한 경제 지원(특히 아스완 댐 건설 사업-옮긴이)을 미국이 결국에는 제공해주리라고 여전히 믿고 있었다.

브리오니 회의에서, 나세르는 중동에서 제국주의를 축출하기 위해 오랫동안 계획해온 일에 착수했다. 그 첫 단계는 바로 수에즈 운하 국유화였다. 이를 통해 나세르는 모든 아랍인에게 그 자신이 유럽인과의 투쟁을 진지하게 생각하고 있다는 걸 보여주었다. 동시에 미국은 이 조치를 보면서 이집트에 대한 원조를 재검토했다. 이에 나세르는 소련-이집트 무기 거래를 타진했다. 나세르는 '한다면 하는 사람'이라는 인상을 주면 초강대국이 자신을 진지하게 고려할 것이라고 믿었다. 1956년 7월 26일 수에즈 운하를 국유화한 후, 이집트는 즉시 소련과 추가적인 원조 및 무기 지원과 관련한 대화를 나누었다. 아울러 이집트는 영국과 미국에 무슨 일이 일어나고 있는지 확인해주고자 했다. 이집트는 수에즈 운하라는 자국의 자산을 통제하는 동시에, 아랍 세계에서의 입지를 위해 움직이고 있었다.[24]

아이젠하워 행정부 입장에서 수에즈 위기는 매우 불리한 시기에 발생했다. 미국 대통령 선거가 1956년 11월로 다가왔고, 미국은 소련이 폴란드와 헝가리에서 맞닥뜨린 문제에 대해 강력한 선전전을 펼치고 있었다. 만약 영국과 프랑스(두 나라는 수에즈 운하의 공동 소유주였다)가 수에즈 운하를 방어하기 위해 개입한다면, 영국과 프랑스의 동맹국인 미국은 소련에 대해 수세적 태세를 취할 터였다. 또 영국과 프랑스의 개입은 나세르의 민족주의를 부추겨 이집트를 소련의 영향력에서 떼어낼 가능성은 사라질 것이었다. 다른 말로 하면, 미국은 이집트가 소련에 접근하는 것을 우려했지만 아이젠하워와 딜레스는 대중적이고 다부지면서도 합리적 능력을 지닌 아랍 정권에 준비 없이 개입하는 걸 원치 않았다. 수에즈 사건이 향후 어떻게 전개되는지와 관계없이 이후에도 나세르는 정권을 유지할 터였다. 아이젠하워 대통령은 신임 영국 총리 앤서니 이든(Anthony Eden)에게 영국의 이집트 개입이 진행된다면 "근동과 북아프리카뿐 아니라 아시아·아프리카의 모든 사람이 서방에 대항하기 위해 단결할 것입니다. 아시아·아프리카의 단결은 러시아가 장난칠 수 있는 능력을 감안하면 한 세대, 어쩌면 한 세기 동안 사라지지 않을 것입니다"라고 말했다.[25]

영국과 프랑스 그리고 이스라엘이 1956년 10월 말, 미국의 압력을 무시하고 이집트를 침공하자 미국은 난처한 상황에 놓이고 말았다. 아이젠하워 대통령은 침략자들의 목표에는 공감했으나, 동맹국인 영국이 미국을 다룬 방식에는 분노했다. "우리는 즉시 그들에게 알려줘야 합니다." 아이젠하워는 노기를 띠며 말했다. "우리는 수에즈 사건 분쟁의 많은 부분에서 영국·프랑스와 의견을 같이하지만, 그렇다고 해서 그들이 우리의 뒤통수를 치는 일을 정당화할 수는 없습니다."[26] 일주일이 지나 휴전이 선포되자 미국은 경제적 수단(영국 파운드화 가치에 대한 압력, 유럽으로의 미국 석유 공급 감축)을 활용해 이집트에서 외국 군대의 신속한 철군을 이끌어냈다. 나세르는 군사적으로는 패배했을지라도 수에즈 운하를 통제하는 데 성공했으며, 이를 통해 아랍인의 영웅으로 부상할 수 있었다. 중동 전 지역의

학생들은 나세르가 유럽인의 수에즈 운하 침탈에 어떻게 대항했는지를
학습했다.

나 나세르는 모든 이집트의 아랍인과 자유 국가 그리고 자유를 믿고 이를 방
어할 준비가 되어 있는 모든 이를 대표해 말하고 있습니다. 나는 대서양헌장에
제시된 원리에 기초해 말하고 있습니다. 그러나 오히려 대서양헌장 국가들이
이 원리를 배반하고 있습니다. 이제 이 원리를 재확인하고 이를 새롭게 만들
책임과 사명이 우리 어깨 위에 놓여 있습니다.[27]

미국이 영국, 프랑스, 이스라엘 연합군의 수에즈 침공에 분노 섞인 반
응을 보인 가장 큰 이유는 소련이 수에즈 위기를 통해 아랍 민족주의자
에게 영향력을 확대하고, 소련의 헝가리 사건을 무마할 수 있었기 때문이
다. 소련공산당 정치국 회의석상뿐 아니라 미국과의 회담에서 흐루쇼프
는 국제연합의 감시 아래 미국·소련의 공동 평화 유지 개입을 제안했다.
만약 미국이 참가하지 않는다면 소련은 단독으로 중동에 "평화를 강제하
기 위해" 소련군을 파견할 수 있다고 위협했다. 덜레스 국무장관은 미국
이 소련의 정책에 더 효과적으로 대응하기 위해 "아시아와 아프리카에서
영국, 프랑스 식민주의의 뒤를 따르든지, 아니면 그들과 다른 우리의 길
로 가야 할지를 선택하기를 강요받았다"고 주장했다.[28] 이집트에서 영국
과 프랑스의 행동을 제어하기로 결심한 후, 아이젠하워 행정부는 향후 식
민지를 방어하는 유럽 국가들의 힘과 의지를 효과적으로 파괴했다는 사
실을 깨달았다. 미국은 제3세계에서 영국과 프랑스를 대체하고 주요한
서방 세력으로 부상했으며, 자국의 전략적·경제적 우선순위에 따른 정책
을 추구했다.

1956년부터 아랍-이스라엘 전쟁이 발발한 1967년까지 중동에서 미국의 직접적 영향력은 새로운 단계에 진입했다. 수에즈 위기 전부터 유럽 세력과 충돌하고 있던 아랍 민족주의와 마찬가지로 냉전의 우선순위 역시 이 지역의 민족주의적 요구와 충돌했다. 미국은 의회의 지지를 받은, 훗날 '아이젠하워 독트린(중동은 미국의 사활적인 이해가 걸린 지역이며, 이곳에서 미국은 공산주의에 대항하고 동맹국을 지원하기 위해 일방적인 군사 개입을 할 수 있다)'으로 알려진 권리를 선포했다. 이에 따라 아이젠하워 대통령은 1958년 레바논에 미 해병대를 파병해 친서방 노선을 취하던 카밀 샤문(Camille Chamoun) 대통령을 위기에서 구출하고자 했다. 1958년 7월 이라크에서 혁명이 일어나 이제까지 영국과 미국에 적극 협력하며 바그다드 조약의 주축국 역할을 하던 이라크가 친서방 궤도에서 이탈하고 말았다. 미국의 레바논 개입에 영향을 받아 신생 이라크 정권의 압델 카림 카심(Abdel Karim Qassim)은 다소 조심스럽게 이라크공산당과 친밀한 관계를 맺으며 군사 원조를 포함한 모든 영역에서 소련과의 협상을 시작했다. 같은 해 영국은 요르단의 후세인 왕을 범아랍 민족주의자의 도전으로부터 구출하기 위해 군대를 파견했다. (이 경우 영국의 개입은 수에즈 사건과 달리 미국의 지지를 받았다.) 소련은 중동 전체 지역이 나세르식의 민족주의 혁명 노선에 입각한 현지 출신 지도자를 중심으로 개편되고 있다고 파악했다. 흐루쇼프는 소련공산당 최고 회의에서 이렇게 말했다. "명백하게도 레바논과 요르단의 지도자는 더 이상 민중의 지지를 받고 있지 못합니다. 자국 민중을 두려워하면서 자국 군대에 의존하지 못하며, 정권을 유지할 능력도 없는 레바논과 요르단의 지도부는 자국의 이익이 아니라 미국과 영국이라는 외세의 군대에 의존하기로 결정했습니다."[29]

소련은 중동의 정치 변동을 긍정적으로 바라보았지만, 현지 공산주의자들에게 1950년대 후반과 1960년대 초 지역의 권력을 차지할 가능성이 높은 민족주의적 혁명가와의 동맹을 조심스럽게 경고했다. 이러한 경고는 곧 사실로 드러났다. 1959년 말 나세르와 이라크의 카심 정권은 공산주의자에게 누가 진짜 권력을 잡고 있는지를 똑똑히 보여주었다. 1963년 카심이 이라크바트당에서 권력을 잃기 전까지 카심 정권과 이라크공산당의 관계는 냉온탕을 오갔다. 공산주의자가 중동을 차지할지도 모른다는 미국의 우려는 근거가 없었다. 그러나 미국은 1960년대 아랍 민족주의 혁명 정권과 소련 사이에 체결된 동맹을 내내 우려했다.

소련과 아랍 국가의 동맹이 발전한 주요 원인에는 날로 밀접해지는 미국-이스라엘 관계가 있었다. 1948년 국제연합 결의안을 통해 팔레스타인 지역에 이스라엘이 건국될 때, 미국과 소련은 모두 국제연합 결의안을 지지했다. 스탈린에게 이스라엘 건국은 전술적 이점이 있었다. 아랍 국가는 주로 서방 제국주의의 지지를 받는 보수적 봉건 정권인 경우가 많았다. 시오니즘 국가가 창설되어 아랍 국가들 사이에 자리 잡는다면, 이는 진정한 아랍 민족주의의 성장을 촉진할 수 있을 터였다. 또 만약 이스라엘이 이웃 아랍 국가의 위협을 받는다면, 좌익 시오니스트들이 소련에 도움을 요청할 수도 있었다. (유럽에서는 과거 이와 같은 동맹을 맺은 적이 있었다.) 또 스탈린은 소련 내 반유대주의 확산에서 시선을 돌리고자 이스라엘의 건국을 지지하기도 했다. 미국과 대다수 전후 유럽 지도자에게 이스라엘은 홀로코스트에 대한 처음이자 가장 큰 보상을 의미했다. 이스라엘 건국은 히틀러의 절멸 정책으로부터 유대인을 구하는 데 최선을 다하지 않았음을 비판해온 유대인을 달래는 가장 쉬운 방법이었다. 그러나 특히 미국에서 이스라엘 건국은 중동에 유럽적 국가를 이식하는, 중동 지역에 문명과 민주주의를 수출하는 방식으로 이해되기도 했다. 팔레스타인을 분할하는 국제연합의 계획은 어려운 문제를 미국과 소련의 손이 아니라 다른 기관의 힘을 빌려 해결하는 것이었고, 이는 미국과 소련 모두에 각자의 냉전적 이익을 보장했다. 트루먼이 1948년 2월 "상황을 지금과 같은 방식으로는 풀 수 없습니다"라고 말했듯 이와 같은 해결책이 과연 가능한지를 두고 의문이 존재했지만 말이다.[30]

1948년 팔레스타인 내전에서 시온주의자가 승리를 거두고, 이로 인해 팔레스타인 난민 문제가 발생하자 중동 전역에서 이스라엘을 향한 분노가 거세졌다. 1950년대 아랍 민족주의의 중추는 반시오니즘이었다. "시온주의라는 국제적 문제를 해결하는 주요 초기 비용(이스라엘의 건국을 의미한다-옮긴이)"을 아랍인에게 강요했다는 의식, 또 중동 석유를 향한 접근권을 안정적으로 유지해야 한다는 강박 관념 때문에 미국은 아랍-이스라엘 분쟁에 초기에는 개입하지 않는다는 자세를 취했다.[31] 오늘날 우리는 소련과 급진 아랍 민족주의 정권의 초창기 동맹으로 인해 미국이 1950년대 중반부터 이스라엘을 마지못해 지지했다는 사실을 알고 있다. 아이젠하워가 수에즈 위기 당시 이스라엘의 개입에 분노했지만 말이다. 미국의 정책을 움직인 동인은 미국 내 유대인 표심이 아니라 이스라엘의 성장하는 국력과 정치적 안정성이 주는 매력이었다. 시온주의 국가 이스라엘은 시간이 지나면서 중동에서 소련의 영향력을 축출하기 위해 미국과 협력할수 있는 존재였다.[32]

그러나 1950년대 중동은 제3세계 개입을 향한 미국의 이데올로기 구축이 진행된 하나의 지역에 불과했다. 또 다른 지역인 동남아시아에서 아이젠하워 행정부는 트루먼 행정부 시기의 제한적 개입 정책이 충분치 못하다고 판단했다. 인도차이나의 상황 및 동남아시아 전역에서 나타나고 있는 민족주의 정권의 좌경화를 깊이 우려하면서, 아이젠하워 대통령은 미국의 영향력을 활용해 소련이 이 지역에 거점을 마련하기 전에 동남아시아의 미래를 바꾸고자 했다. 그 결과 미국은 1949년 국공 내전에서 패배한 이후 1만 5000명의 중국국민당 패잔병이 잔존하고 있던 버마에 개입했다. 미국은 이들을 이용해 공산 중국에 도전하는 동시에, 버마의 좌익 민족주의 정권을 견제하고자 했다. 아이젠하워는 캄보디아의 노로돔 시아누크(Noroddom Sihanouk) 왕자 정권에 대항하는 반란을 사주했다. 이는 시아누크 왕자가 캄보디아 좌익 진영뿐 아니라 중화인민공화국과의 협력 노선을 내세웠기 때문이다. 라오스와 남베트남에서 미국은 성장하는 좌익 세력에 대항할 수 있는 군대의 창설 및 증강과 관련한 재정을 부담했다. 그러나 아이젠하워 행정부가 가장 야심 찬 개입 정책을 실시한 곳은 동남아시아 국가 중 가장 크고 가장 영향력 있는 인도네시아였다. 이는 세계에서 가장 큰 무슬림 국가의 정치적 방향을 바꾸기 위한 시도였다.

우리가 살펴보았듯 트루먼 행정부 시기에 미국은 변덕스러운 수카르노가 이끄는 탈식민 토착주의적 인도네시아 정권과 협력을 시도했다. 그러나 1950년대 중반 미국-인도네시아 관계는 위기를 맞이했다. 이는 미국이 수카르노가 밀고 있던 중립주의(이는 반둥 회의 개최에서 정점에 달했다)에 덜 관용적이었을 뿐 아니라, 수카르노 자신의 국내 정책이 좌경화하면서 소련 및 중화인민공화국과의 관계 강화에 나섰기 때문이다. 수카르노는 인도네시아의 더딘 경제 성장과 의회 정치 체제에 만족하지 못하고 있었다. 수카르노가 보기에 의회 정치 체제는 기존 엘리트와 분리주의 세력에게 너무 많은 권한을 부여했다. 네덜란드가 이리안자야(Irian Jaya: 현재의 서뉴기니. 인도네시아 독립 이후에도 1962년까지 네덜란드가 이 지역을 지배했다 — 옮긴이)를 지배하고, 미국이 말레이시아의 영국 식민 정권〔수카르노가 보기에 이리안

자바와 말레이시아는 그가 구상한 '대(大)인도네시아 연방'의 당연한 일부분이었다]을 지원하자, 수카르노는 이에 분노해 다른 동맹국을 물색하기 시작했다.

1956년 조심스러웠던 미국 방문 이후 수카르노는 그해 늦여름 소련과 중국을 방문했다. 귀국하는 길에 수카르노는 중국 경제의 발전에 찬사를 보내며, 인도네시아가 중국으로부터 많은 것을 배울 수 있다고 생각했다. 미국에는 거절당했지만, 1957년 수카르노는 흐루쇼프로부터 군사 무기 구매용 1억 달러 상당의 차관을 얻어내는 데 성공했다. 같은 해, 수카르노는 자신의 목표가 '교도(敎導) 민주주의'이고 이제 내각은 인도네시아 공산당을 포함한 4개의 주요 정당으로 이뤄지며, 의회에 의존하지 않고 수카르노 자신의 지도를 통해 운용된다고 선포했다. 수마트라와 술라웨시에서 무슬림 분리주의자의 저항에 직면한 수카르노와 반(反)공산주의자 압둘 나수티온(Abdul Nasution) 장군은 계엄령을 선포하고 인도네시아의 영토적 통합과 수카르노의 권력을 보존하기 위해 노력했다.

아이젠하워와 덜레스는 거대한 영토를 거느린 인도네시아에서 공산주의 세력이 확장되고 있는 상황을 주시했다. 1953년 이미 덜레스 국무장관은 인도네시아 주재 미국 대사 지명자에게 다음과 같이 말했다. "영토적으로 통합된 인도네시아가 공산주의로 기우는 것과 지리·인종적으로 분열되는 것 중에 선택을 해야 한다면, 나는 후자를 선호합니다."[33] 1957년 국가안전보장회의는 미국이 "인도네시아 외곽 섬, 특히 수마트라와 술라웨시에 있는 반공 세력의 자결권·의지·응집력을 강화하고 이들의 힘을 활용해 인도네시아의 상황을 미국에 유리하게 만들어야 한다"고 결론지었다.[34] 대통령은 CIA가 주도한 인도네시아 비밀 작전을 승인했다. 이 작전을 통해 미국은 반공주의 반군에게 무기와 통신 장비를 제공했고, 미국 공군 조종사와 중국국민당 및 필리핀 조종사가 수마트라의 반군을 위한 전투를 비밀리에 수행했다. 이는 지금까지 미국이 주도한 가장 큰 비밀 작전이었다. 1957년 12월 덜레스는 인도네시아 주재 미국 대사에게 다음과 같은 조언을 하기도 했다. "우리가 수카르노 정부에 대한 승인을 취소하고, 그 대신 미국인의 재산과 생명을 보호하기 위해 수마트라 반군 세력을 승인할 수 있는지를 좀 알아보십시오. 이를 빌미로 인도네시아 정책을 크게 한번 변화시켜봅시다."[35]

그러나 인도네시아를 분열시키려는 덜레스 국무장관의 계획은 성공하지 못했다. 공공연한 반란과 외세의 대규모 개입에 맞서 수카르노는 단기적으로나마 무슬림 주류파, 공산주의자 그리고 민족주의 장교단 간의 연합을 형성할 수 있었다. 이들은 1930~1940년대 인도네시아공화국을 가능케 한 주축 세력이었다. 인도네시아 군부 입장에서 보면 국가의 통합과 그러한 통합을 추구하는 국내 정책이야말로 자신들의 존재 이유였다. 그리고 미국의 반군 지원은 군부 내의 가장 반공적인 지도자들마저 수카르노 쪽으로 기울게 만든 원인이 되었다. 반군을 겨냥한 공세 작전을 펴던 중 인도네시아 중앙 정부는 반군을 위해 폭격 임무를 수행하던 미군 조종사를 포획하는 데 성공했다.[36] 이는 미국이 반군의 배후에 있다는 명백한 증거였다. 이로 인해 나수티온 장군 같은 반공주의자도 소련으로부터 군사 원조를 받아야 한다고 주장하기에 이르렀다. 반군을 분쇄하자 수카르노는 1959년으로 예정되어 있던 선거를 무기한 연기하고 '교도 민주주의'를 선포했다. 아이젠하워 행정부는 직접적인 개입 정책이 인도네시아 정권을 강화시킨다고 판단해 이를 중단했다. 하지만 그러면서도 여전히 북수마트라의 아체(Aceh) 지역에 남아 있던 게릴라 잔당(이들은 이제 지역 분리주의보다 이슬람 정체성을 띠기 시작했다)을 지원했다.

1950년대 말에 이르면 미국은 지구적 범위의 개입 정책을 채택했다.

미국은 외교 정책과 발전 전략을 추구할 때 미국의 패권을 인정한 정권만이 살아남을 수 있다고 보았으며, '살아남을 수 없는' 국가들은 자발적으로든 비자발적으로든 공산주의로 나아가고 있으므로 미국의 개입을 유발한다고 비판했다. 인도네시아 사례에서도 미국의 전략은 잘 먹히지 않았다. 그러나 이에 대한 미국 내의 반성은 거의 없었다. 아이젠하워 행정부에 미국의 발전 모델을 신생 독립 국가에 전파하는 일보다 더 중요했던 것은 좌익 발전주의 전략이 성공할 가능성을 막아내는 일이었다. 제3세계의 저항이 수에즈 운하 사건처럼 (미국이 아니라-옮긴이) 구(舊)유럽 세계의 제국주의적 개입에 대한 대응이고, 국제적으로는 미국에 의존하고 국내적으로는 공산당의 성장을 제어하는 '중립주의'를 표방한다면 이에 대해 미국은 충분히 관용적인 태도를 보일 수 있었다. 그러나 아이젠하워의 비밀 개입으로 인해 미국은 유럽 이외 지역의 민족주의와 직접적으로 충돌하기에 이르렀다. 이와 같은 전략 때문에 제3세계는 하나의 개념적 실체로 등장했다. 미국 입장에서 이 지역은 개입해야만 하는 곳이었고, 남반구 입장에서는 개입에 저항하는 공동의 목표를 지닌 곳이었다.

미국과 아프리카의 탈식민지화

아프리카 혁명과 그 후 계속된 이 지역의 탈식민지화는 1960년대까지 미국 외교의 우선순위가 아니었다. 그러나 냉전 초기 미국 외교 정책 이데올로기와 아프리카 해방 운동이 조우하면서, 이 둘의 상호 작용은 매우 난처한 상황으로 이어졌다. 이 상호 작용은 훗날 1970년대 포르투갈 제국의 탈식민지화를 두고 최고조의 긴장 상황을 연출했다. 우리가 이미 살펴보았듯 제2차 세계대전 이후 미국은 유럽의 식민화 계획을 진심으로 혐오하는 동시에, 공산주의가 대두하는 것을 보며 커지는 두려움 사이에서 갈피를 못 잡고 있었다. 그러나 아시아의 경우와 마찬가지로, 아프리카에서도 반공주의가 형성한 이데올로기와 전략적 시각이 미국 외교 정책의 우선순위를 차지했다. 1950년대 후반 아프리카 대부분 지역이 신생 독립 국가가 될 준비를 마쳤지만 미국의 전략에서 최대 목표는 아프리카 지역에서 소련의 영향력 확대를 막고 서방 국가의 전략 자원에 대한 접근권을 보장하는 것이었다.

미국에서는 여전히 2500만 명에 이르는 아프리카계 미국인이 투표권도 부여받지 못한 상황이었고, (지금이든 미래든) 아프리카가 자유를 꽃피울 수 있는 지역인지를 놓고도 미국 내에서 의견이 엇갈리고 있었다. 트루먼과 아이젠하워 행정부 모두 원칙적으로는 아프리카의 탈식민지화에 찬성했으나 아프리카 국가의 생존 가능성에는 의문을 품었다. 1958년 아이젠하워 대통령은 국가안전보장회의에서 다음과 같이 발언했다.

독립 운동의 속도를 줄이는 대신 나는 한번이라도 아프리카인의 편이 되어주고 싶습니다. 우리는 독립을 얻겠다는 식민지 민중의 권리를 존중해야 합니다. ……[그러나] 우리가 독립의 권리를 지나치게 강조하게 되면, 우리는 식민 모국과의 관계에서 위기를 맞을지도 모릅니다. ……왜 우리는 식민지가 식민 모국으로부터 벗어나 독립을 준비하도록 교육과 종교에 지원을 해주지 않습니까. ……[외교경제정책위원회 의장] 랜들(Randall) 씨는 아프리카의 교육 사업을 좀더 강조해야 한다고 보고 있습니다. 아프리카인을 교육하기 위해 그들을 미국으로 데려오는 일에는 위험 부담이 있습니다.[37]

1940년대 후반과 1950년대에 미국은 아프리카의 탈식민지화가 유럽 동맹국, 그중 특히 허약한 포르투갈이나 벨기에에 미칠 영향을 우려했다. 국무부 정책기획국의 게르하르트 니에마이어(Gerhart Niemeyer)는 이렇게 말했다. "우리의 정책은 민족 자결이라는 일반적 원칙에 기초를 두어야 합니다. ……현재 세계의 긴장이 계속되리라는 것은 명백합니다. 그러나 우리 미국의 국익은 유럽 국가들이 식민 제국주의라는 오명을 얼마나 잘 씻어낼 수 있는지에 달려 있습니다. 이들 국가와 식민지 민중의 갈등을 잘 봉합하면, 다른 정책적 고려가 유효해질 수 있습니다."[38] 그러나 냉전이 최고조에 달하면서 이와 같은 '다른 정책적 고려'가 가능해지려면 상당한 시간이 더 필요했다. 미국은 아프리카 문제에 접근하는 데 있어 여전히 유럽 국가의 편을 들었다. 이는 '이론적'으로는 반식민주의를 유지하면서 실질적으로는 식민지의 유럽 엘리트를 지원하는 이중적 정책이었다. 이는 소련의 민족 정책과 극히 유사했다. 민족 자결을 '원칙'적으로 지지하지만 민족 자결권의 행사를 미국이라는 국가의 이데올로기를 넘어서지 않는 범위 안에서만 지원한다는 점에서 말이다.[39]

대부분의 유럽 식민 국가는 적어도 아프리카 문제에서 미국이 변덕스러운 동맹이라고 생각했다. 또 몇몇 국가는 미국이 정치·경제적으로 유럽의 영향력을 대체하려는 시도에 깊은 분노를 표출하기도 했다. 그러나 그 어떤 유럽 국가의 엘리트도 1945년 이후 아프리카에서 영향력을 유지하기 위해서는 미국의 지원이 필요하며, 때로는 미국 그리고 미국인과 협력해야 한다는 사실을 부인하지 못했다. 미국 주재 프랑스 대사 앙리 보네(Henri Bonnet)는 "잊어서는 안 될 점은 …… 미국은 아프리카 문제에 오랫동안 전혀 교양을 쌓지 못했기 때문에 아프리카 문제를 미국과 고상하게 논의한다면, 대다수 미국인은 이를 대부분 이해하지 못할 것입니다"

라고 비꼬았다.[40] 유럽인의 관점에서, 미국은 아프리카 관련 문제에서 여전히 아프리카를 '검은 대륙'으로만 여기고 있었다.

식민지 행정가들의 입장에서 문제는 미국의 엘리트가 그 사실을 숨기고 무시하기 위해 얼마나 노력하는지와 관계없이 미국이 그 자체로 다인종 사회였다는 사실이다. 제2차 세계대전 당시 아메리카 인디언, 아시아계 미국인, 아프리카계 미국인, 히스패닉이 미군의 모든 분야에서 활약했다. 그리고 1950년대에 미군은 군대 내 인종 차별 정책의 폐지로 천천히 나아가고 있었다. 그 결과 더 많은 비유럽계 미국인이 미국의 이익을 수호하는 직무를 수행하기 위해 해외에서 활동하기 시작했다.[41] 그로 인해 유럽 식민주의자들이 식민지 경영을 위해 의식적으로 만든 인종적 편견에 아프리카계 미국인이 분개할 위험이 있었다. 펠릭스 드 뮈엘레나르(Felix de Muelenaere) 벨기에령 콩고〔이번 장에서 콩고는 모두 현재의 콩고민주공화국(자이르)을 지칭한다―옮긴이〕 총독은 아프리카계 미국인 외교관이던 랠프 번치(Ralph Bunche)에게 1942년 다음과 같이 설명했다. "흑인 미국인 병사는 콩고인에게 나쁜 영향을 줄 수 있습니다. 특히 이미 부족 정체성을 잃은 현지 점원 등에게 말이지요. ……콩고인들은 그가 대학 졸업자, 의사, 교수이기도 한 미국의 흑인과 같은 수준의 특권을 누려야 한다고 생각할 것입니다."[42]

냉전 초기 남아공은 미국을 제외하면, 인종 분리 정책을 법적으로 규정한 유일한 국가였다. 남아공은 전략적 입지와 풍부한 천연자원을 보유한, 미국에는 가장 중요한 아프리카 국가였다. 미국은 연방 정부가 서서히 제도화한 인종 차별 정책을 폐지하는 상황에서, 남아공 정부가 국민당의 1948년 총선 승리(유권자는 모두 백인이었다) 이후 정확히 그 반대 방향으로 나아가고 있는 데 고민을 거듭할 수밖에 없었다. 그러나 모든 구역에서 인종 분리를 강제하는 아파르트헤이트 정책이 미국과 남아공 관계의 단절로 이어지지는 않았다. 미국 엘리트들은 남아공의 백인 정부가 결국에는 미국의 인종 정책을 뒤따를 것이라고 생각했다. 사실 미국인들은 남아공과 미국이라는 두 사회가 얼마나 유사한지를 1950년대 내내 강조했고, 흑인의 대우를 둘러싼 의견 차이 때문에 포기하기에 남아공은 미국에 무척이나 중요한 국가였다. 남아공 더반(Durban)의 미국 영사는 다음과 같이 보고했다. "만약 우리도 흑인이 백인보다 5배 이상 많은 국가를 통치하려면 남아공과 같은 방식으로 행동할 것입니다."[43]

다수의 흑인이 급진화하고 있는 상황을 CIA가 경고했으나(특히 젊은 넬슨 만델라와 다른 인사들이 1949년 아프리카민족회의의 '행동 강령'을 채택한 이후 남아공 내 흑인의 급진화는 가속화되었다), 미국-남아공의 관계는 1950년대에 더욱 긴밀해졌다. 미국의 투자가 늘어나고 원자력 산업에 필요한 우라늄 등 남아공의 수출이 더불어 증가하면서 양국 간 군사 협력이 강화되었다. 텍사스 출신의 국무부 차관보 조지 맥기(George McGhee)는 "요하네스버그 기업인의 진보적 정신과 역동성"을 극찬했다. 남아공에는 고층 건물과 공장이 들어섰으며 "그 분위기는 아프리카가 아니라 마치 시카고 같았다."[44] 1960년대 아이젠하워 행정부는 남아공의 국민당 정권과 협력하는 데 익숙해졌다. 샤프빌(Sharpeville)에서 남아공 경찰이 흑인을 학살한 사건이 발발했을 때 크리스천 허터(Christian Herter) 국무장관은 국무부가 사건 초기에 발표한 "인명 상실의 비극을 애도한다"는 표현에 분노했다. 허터 국무장관이 보기에 이와 같은 성명은 "두 국가 간의 예의에 어긋나는 행위"였다. 허터 국무장관과 아이젠하워 대통령은 남아공 정부에 사과의 뜻을 전달했다.[45]

하지만 미국의 사과(노쇠한 아이젠하워는 "거의 1만 킬로미터 떨어진 지역의 복잡한 사회·정치 문제에 타국이 왈가왈부하기란 어려운 일"이라고 주장했다)에도 불구하고 샤프빌 사건은 미국-남아공 관계의 분수령이었다.[46] 남아공의 내부 상황을 관찰하던 CIA는 "앞으로 몇 년간은 남아공 내 긴장이 높아질 것이며, 이 긴장은 상당한 유혈 사태를 낳은 후 결국에는 백인의 지배를 끝장낼 것"이라고 평가했다.[47] CIA가 이전에 경고했듯 문제는 미국의 남아공 정권 지지 정책으로 인해 아파르트헤이트에 반대하는 저항 운동의 주도권을 대내적으로든 대외적으로든 공산주의자가 장악하고 있었다는 점이다. 흑인 저항 운동 '온건파'의 환심을 사기 위해 미국은 더 많은 노력을 해야 했다.

미국의 시민권 운동이 진행되면서, 아프리카의 냉전은 더욱 격심해졌다. 1960년대 초까지 많은 미국 정치 지도자들이 흑인을 어린이처럼 여기고 흑인이 줄곧 어린이로 남아야 한다고 보았다면, 케네디 행정부는 아프리카 흑인들이 청소년 단계에 있다고 보았다. 아프리카 국가는 성장기에 있었고, 신생국의 건설과 아프리카의 정치 운동이 그 증거였다. 반공주의에 기초를 두고 이제 더 이상 사회주의가 '아프리카 부족의 정신 구조'에 어울리지 않는다거나 '기력 없으며 조용한' 아프리카계 미국인을 유혹할 수 없다고 말할 수 없었다. 이제는 공산주의자가 청소년기에 가까운 아프리카 지도자를 유혹할지도 모른다는 두려움이 등장했다. 이는 다른 말로, 아프리카인이 자유의 영역으로 나아갈 수 있다는 잠재력은 동시에 그들이 '잘못된' 형태의 근대성으로 나아갈 위험이 증가했다는 의미였다. 이는 국내와 해외에서 아프리카인의 자유를 위해 미국이 냉전에서 새로운 공세를 취해야 한다는 뜻이기도 했다.

케네디와 존슨 행정부 모두 아프리카에서의 공세에 투지를 갖고 정력적으로 임했다. 이와 같은 조치로 인해 기존의 정치적 전례가 무너지고,

단기적으로는 매우 적은 배당금만 돌아왔지만 말이다. 미국은 아프리카 내부로 향하는 소련의 이데올로기적 공세를 막아야 했다. 포르투갈 식민지인 앙골라와 모잠비크에서 케네디와 존슨 행정부는 CIA가 자금을 지원한 올덴 호베르투(Holden Roberto)의 앙골라해방민족전선과 에두아르두 몬들라느(Eduardo Mondlane)가 이끄는 모잠비크해방전선 같은 갓 등장한 아프리카 해방 운동과 비밀 접촉을 유지했다. 윌리엄 애버럴 해리먼은 모잠비크해방전선의 에두아르두 몬들라느를 "균형감 있고, 헌신적이며 진지한 사람"이라고 평했다.[48] 미국의 동맹국인 포르투갈은 당연하게도 이와 같은 비밀 접촉에 분노했다.[49]

미국의 가장 큰 도전은 1960년대 초 아프리카 대륙에 갑작스럽게 등장한 신생 국가를 어떻게 다룰지 문제였다. 새로 선출된 존 F. 케네디는 1961년 청중 앞에서 다음과 같이 연설했다.

우리는 위험한 시대를 살고 있습니다. 우리가 살고 있는 세계는 우리가 살아가고 있는 동안 현격한 변화를 겪었습니다. 역사를 통해서만 그러한 변화에 관해 완전한 시야를 확보할 수 있을 것입니다. 그러나 서유럽 국가들이 몇 세기 동안 지배했던 아프리카는 이제 독립을 맞이했습니다. 아프리카 국가에는 사람이 들끓고, 그중 많은 이는 문맹입니다. 대다수 사람들은 1년에 50, 60, 75달러의 생활 수준에서 삶을 영위하고 있습니다. 변화를 원하는 사람들이 국가의 운영을 맡았으나, 그들은 활력 있는 경제를 만들 수단을 보유하고 있지 못합니다. 그들은 소련과 중국의 사례에서 영감을 얻고 있습니다. 이들은 그들 삶에서 자유가 얼마나 소중한 것인지 그 의미를 경험해보지 못했기 때문에, 공산주의 체제가 국가 자원을 조직하는 비결과 더 나은 삶을 가져다주리라 생각하고 있습니다.[50]

공산주의의 직접적 영향력을 봉쇄하는 동시에 케네디 행정부는 가나의 급진적 대통령인 은크루마같이 미국 정책을 비판하는 아프리카 지도자를 '억제'하기 시작했다. 1962년 아프리카를 방문한 후 체스터 볼스 (Chester Bowles)는 다음과 같이 썼다. "은크루마는 정치 세력으로서 영향력을 상실하고 있으며 아프리카 정치의 주류에서 배제되고 있습니다. 우리의 가나 정책은 억제 정책이 되어야 합니다. 은크루마의 선동적인 의제를 배제하고 …… 우리는 은크루마를 더욱더 고립시켜야 합니다."51 케네디 행정부 아프리카 정책의 문제점은 아프리카 지도자들이 미국이 제공하는 경제 원조를 받으면서도 미국의 아프리카 냉전 정책이 그들의 이익과 상충한다고 생각했다는 점이다. 그들은 아프리카계 미국인이 시민권을 위해 투쟁하는 것을 지켜보는 동안, 미국의 백인 중심적 대응을 그다지 좋게 여기지 않았다.

미국 남부 학교에서 인종 분리 정책을 둘러싼 투쟁이 일어나던 시기에 존 포스터 덜레스 국무장관은 1957년 "이와 같은 상황이 우리의 외교 정책을 망치고 있습니다"라고 평했다.52 아프리카 지도자들은 백인 군중이 리틀록(Little Rock)의 흑인 학생들에게 침을 뱉거나, 셀마(Selma)의 평화 시위에 경찰이 개를 동원하는 사진을 보고 큰 충격을 받았다. 이 사건 이후 미국이 자국을 아프리카의 친구로 포장하기란 어려웠다. 1960년대 미국의 시민권 운동이 성장하면서, 가장 우파적인 아프리카 조직과 정권을 포함해 전(全) 아프리카 대륙이 아프리카계 미국인과의 연대를 표명했다. 케네디와 존슨 대통령에게 미국의 인종분리주의자는 냉전 정책의 부담이 아닐 수 없었다. 이들을 미국 남부 정치에서 배제하는 조치가 필요했다. 이들의 인종 분리적 수사가 미국의 국제적인 반공 십자군에게 타격을 주었기 때문이다. 미국의 급진 시민권 운동 지도자 맬컴 X가 1964년 존슨 행정부를 비판했듯이 말이다.

어제 저는 대법원 법관인 골드버그(Goldberg)가 소련에서 유대인 300만 명의 인권이 침해당하고 있어 눈물을 흘렸다는 기사를 읽었습니다. ……지금 여기서의 문제도 해결하지 못한 채 다른 쪽의 문제에 눈물을 흘리는 일이 도대체 어디 있습니까? 대법원의 일개 법관이 러시아에 있는 유대인 300만 명의 요청을 국제연합 의제로 상정할 수 있는 자격을 얻는 반면, 진보적이라는 그가, 흑인의 친구로 여겨지는 그가, 흑인의 친구라는 그가 국제연합에 흑인의 요구를 일언반구도 하지 않는답니까?[53]

미국 자체의 문제를 해결하지 못했다는 사실 때문에 알제리 전쟁에서 패배하고 있는 프랑스를 구제하려는 케네디의 노력은 별다른 성과를 거두지 못했다. 알제리 전쟁은 우리가 이미 살펴보았듯 1960년대 초 냉전기 제3세계 반식민주의 급진화의 주요 원인이었다. 케네디의 문제는 프랑스가 북아프리카에서 즉각 철수한다면 드골이 이끄는 프랑스 정부가 국내 정치적으로 생존하기 어렵다는 점에 있었다. CIA는 드골이 알제리 민족주의자와 협상에 임할 경우 군부 쿠데타가 발발할 수도 있다고 경고했다. 케네디는 보좌진에게 다음과 같이 말했다. "우리의 마음은 식민주의의 사슬을 벗어던지려는 민족에 공감을 표합니다. 그러나 반식민주의 신념이 드골 정부의 붕괴를 도와서는 안 됩니다."[54] 알제리 민중은 그들 자신의 문제를 국제연합으로 끌고 갔다. 국제연합 무대에서 미국과 프랑스의 동맹이 문제로 떠올랐고, 미국이 가장 강력한 무기라고 여기던 국제연합이 미국을 당황케 했다. 뉴욕 국제연합 본부에서 만난 아프리카와 아시아 외교관들은 시민권 운동에 대한 미국 정부의 미온한 반응과 해외 식민 제국을 비난하지 못하는 미국의 무능력을 목도했다.

국제연합이 반식민주의의 선봉이 된 것은 미국에 큰 문제였다. 본래 미국은 세계가 공산주의를 비난하는 장으로서 국제연합을 활용하고자 했다. 미국은 국제연합의 탄생기부터 국제연합이 미국의 힘을 연장하는 수단이라고 생각하고 있었다. 한국전쟁 당시 미국이 중국과 북한의 공산군과 국제연합군의 이름으로 전투를 벌였다는 사실이 그 상징이었다. 그러나 1960년 신생 제3세계 독립국의 등장으로 인해 국제연합의 역할이 변화했다. 국제연합은 일종의 다양화의 장이 되었고, 국제연합 내에서 미국의 영향력은 전에 비해 줄어들었다. 콩고의 탈식민지화를 두고 5년간 진행된 국제연합 내 논쟁은 국제연합이 미국 개입의 무기가 아니라 전혀 다른 조직으로 변모했음을 보여주었다. 이제 국제연합에서는 비동맹 국가의 지위가 한층 강화되었다. 1960년대 아프리카 탈식민지화 과정에서 콩고 갈등은 미국 개입의 가장 강력한 형태이기도 했지만, 이는 그에 대항하는 쪽에도 마찬가지였다.

'벨기에령' 콩고는 아프리카 식민지 중 가장 크고 자원이 풍부한 지역인 동시에 가장 덜 발전한 지역이었다. 19세기 레오폴드 2세(Leopold II)의 개인령으로 선포된 콩고는 1908년 그 소유권이 다소 어중간하게 벨기에 왕실에서 벨기에 국가로 넘어갔다. 벨기에는 콩고의 부를 착취할 뿐 식민지 발전에는 전혀 신경을 쓰지 않았다. 제2차 세계대전이 끝난 이후에야 벨기에는 영국과 프랑스가 한 세기 전에 추구했던 정도의 발전 계획을 입안했다. 그 결과 콩고에는 1950년대 후반 아프리카 독립 운동이 절정에 달했을 때 정치 운동을 지도해나갈 전문적인 현지 엘리트가 존재하지 않았다. 그 대신 1959년 벨기에가 콩고에서 철수할 것이 확실해지자, 각 지역과 콩고 내 200개에 이르는 부족을 기반으로 한 수많은 조직이 등장했다. 벨기에는 콩고가 여러 집단으로 분열되면, 하나의 중앙 정부가 존재할 때보다 벨기에의 경제적 이권이 잘 보장되리라 판단했기에 이와 같은 분열을 조장했다.

콩고 전역에서 어느 정도 지원을 받던 유일한 정치 정당이 하나 존재했다. 파트리스 루뭄바(Patrice Lumumba)가 이끄는 콩고민족운동(MNC)이었다. 1925년 콩고 남서쪽의 작은 마을에서 태어난 루뭄바는 프로테스탄트 학교에서 교육을 받았다. 이후 우체국 사환이 되었는데, 이는 벨기에 식민지 정부가 콩고 현지인에게 개방한 몇 안 되는 직책 중 하나였다. 루뭄바는 벨기에 시민권을 신청했고, 지역 언론에 글을 쓰기 시작했다. 그 대부분은 벨기에의 지도 아래 콩고가 발전할 수 있다는 내용이었다. 1955년 루뭄바는 첫 콩고 노동조합의 지역 대표가 되었고, 벨기에 식민지 당국에 노동자 착취 문제를 알리기 시작했다. 1956년에는 우체국에서 횡령 혐의(매우 의심스러운 혐의가 아닐 수 없었다)로 체포되어 1년 형을 선고받았다. 수감 생활을 마친 후 루뭄바는 정치적으로 좌파로 변모해 콩고민족운동을 조직하는 일을 도왔다. 1958년 루뭄바는 아크라에서 열린 제1차 전 아프리카인민회의에 참석하기도 했다. 콰메 은크루마가 이끄는 (독립 이후) 가나의 모습이 루뭄바에게 큰 인상을 주었고, 루뭄바는 정치적으로 은크루마의 노선을 따르고자 했다.

1960년 5월 선거를 통해 콩고민족운동은 제1당이 되었고, 루뭄바는 벨기에의 방해에도 불구하고 총리로 지명되었다. 콩고 독립기념일인 6월 30일 루뭄바는 벨기에 식민지 체제가 콩고인에게 가한 모욕을 언급하며 이렇게 말했다.

이제 이와 같은 모든 것은 끝이 났으며, 우리에게는 지금 해야 할 일들이 남아 있습니다. ……우리는 사회 정의를 바로 세우고, 노동에 대한 급료를 제공해야 합니다. 우리는 세계에 흑인이 자유롭게 일할 때 무엇을 할 수 있는지를 보여주어야 합니다. 우리는 전(全) 아프리카의 발전을 콩고를 중심으로 건설해야 합니다. 우리는 우리의 나라가 이 땅에서 자라나는 아이들에게 도움이 되는 일을 목도할 것입니다. 우리는 모든 오래된 법을 검토하고, 공정하면서도 고귀한 새로운 법을 만들 것입니다. 우리는 자유로운 사고를 억압하는 일을 끝장내고, 모든 시민이 인권 선언에 제시된 기본적 자유를 최대한으로 누리는 것을 보게 될 것입니다.[55]

미국은 루뭄바의 신정부가 제3세계의 또 다른 좌익 정권의 출현이라고 여겼다. 콩고에 매장되어 있는 풍부한 천연자원, 특히 미국의 첫 번째 핵무기를 만드는 데 활용된 우라늄 때문에 콩고를 향한 미국의 우려는 커졌다. 미국은 이제 더 이상 콩고산 우라늄에 의존하지 않았지만, 콩고의 천연자원이 소련의 통제하에 들어가는 상황을 피하고자 했다. 국가안전보장회의는 루뭄바가 콩고의 자원과 소련의 욕구를 연결하는 전달자 역할에 충실할 것이라 보고 있었다. 앨런 덜레스(Allen Dulles) CIA 국장은 아이젠하워 대통령에게 이미 1960년 5월에 루뭄바가 "믿을 수 없는 인물이며, 횡령 범죄를 저지른 적이 있고, 이제는 다양한 곳으로부터 뇌물을 받으며 벨기에공산당의 지지를 받고 있습니다"라고 보고한 적이 있었다. 아이젠하워 대통령은 선거 직전 콩고에 존재한 수많은 정치 활동에 놀라움을 표시하면서 "콩고에 글을 읽을 줄 아는 사람이 그렇게 많은 줄 몰랐습니다"라고 말했다. 그러나 여전히 아이젠하워는 루뭄바의 당선을 막기 위해 자금 지원을 계속했다.[56]

콩고 독립기념일 이후 일주일 만에, 콩고의 미래를 향한 루뭄바의 이상은 콩고인 사이에서 사라져가고 있었다. 국가 기구가 제대로 돌아가지 않았기 때문에 콩고는 식민 정권이 그 씨를 뿌려둔 사회·정치적 차원의 처참한 분열로 신음하고 있었다. 1960년 7월 중순 수많은 아프리카인과 유럽인이 안전을 이유로 도시로 피신했다. 콩고 남쪽의 카탕가(Katanga)—샤바(Shaba)라는 이름으로도 알려져 있다—지역에는 콩고 천연자원의 절반가량이 매장되어 있었다. 카탕가의 광산을 운영하던 벨기에 회사 유니언 미니에르(Union Minière)는 이 지역을 콩고로부터 분리했다. 루뭄바는 카탕가 반군과 콩고에 남아 있던 벨기에 병력을 몰아내기 위해 국제연합의 개입을 요청했다. 국제연합이 카탕가를 되찾으려는 루뭄바의 요청을 거부하자, 낙담한 루뭄바는 소련의 도움을 고려했던 것으로 알려져 있다. 미국은 이와 같은 루뭄바의 조치에 깜짝 놀랐다. "우리가 직면한 루뭄바라는 인물은 카스트로 같은 부류이거나 그보다 더한 무뢰한일 것"이라고 앨런 덜레스는 7월 말경 국가안전보장회의에서 발언했다. 덜레스에 따르면 콩고 총리의 배경은 "아주 끔찍했다". "루뭄바가 공산주의자에게 매수되었다고 보는 편이 나을 것입니다. 이것이 루뭄바 자신의 지향에도 딱 부합하는 일입니다."⁵⁷ 루뭄바가 콩고 정부는 "공산주의도 아니고, 가톨릭도 아니고, 사회주의도 아니며 적극적인 중립주의 원칙에 의거해 모든 정부와 우호적인 관계를 맺고자 노력하는 아프리카 민족주의"를 표방한다고 재차 이야기했지만 이와 같은 발언은 미국의 시각에 그 어떤 영향도 주지 못했다.⁵⁸

그러나 루뭄바가 1960년 8월 국제연합 본부가 있는 뉴욕에 모습을 드러내자 미국 국무부는 크게 놀랐다. 미국 대통령과의 대면을 요구하며 루뭄바는 워싱턴으로 날아와 크리스천 허터 국무장관과 더글러스 딜런(Douglas Dillon) 국무차관—훗날 케네디 행정부의 재무장관—을 만났다.

나중에 딜런은 루뭄바가 만남이 진행되는 내내 "비합리적이고 거의 '정신병' 환자처럼 굴었다"고 증언했다. 그러나 비밀 해제된 기록에 따르면, 루뭄바는 이 대화를 통해 미국과의 관계에서 문제 되었던 조국 콩고의 주권과 통합성을 방어하기 위해 필사적으로 요구했다.[59] 루뭄바는 세계에서 미국이 맡고 있는 역할을 극찬하는 동시에 콩고에서 모든 벨기에 병력을 철군할 것을 요구했다. 또 루뭄바는 카탕가 분리주의 정권을 향한 군사 행동을 배제하지 않았으며, 콩고 정부가 그들이 원하는 진영에 언제든 도움을 요청할 권리를 확인했다.[60] 킨샤사(Kinshasa)로 돌아온 루뭄바는 스웨덴 출신의 국제연합 사무총장 다그 함마르셸드(Dag Hammarskjöld)가 미국 편을 들고 있으며, 국제연합군이 루뭄바 정권을 돕지 않는다고 강력하게 비난했다. 루뭄바에 따르면 국제연합군은 루뭄바 정권이 카탕가를 통합하는 걸 저지하고 있었다. 국제연합의 정책에 맞서는 루뭄바의 도전은 미국에도 문제가 되었다. 1960년 8월 18일 열린 국가안전보장회의에서 앨런 덜레스는 "우리 측이 카탕가의 자산을 확보할 수 있다면, 카탕가를 잃은 콩고 경제는 질식할 것입니다. 콩고의 다른 지역을 살리기 위해서 소련은 엄청난 돈을 퍼부어야 할 것입니다"라고 말했다. 아이젠하워 대통령도 "카탕가를 독립 국가로 승인할 것"을 제안했다.[61]

콩고의 정치·경제 상황이 악화하자, 미국 통합참모본부는 "국제연합의 활동이 효과적이든 그렇지 않든 미국은 언제든 콩고에 대한 소련의 군사 개입을 막을 수 있도록 적절한 군사 행동에 나설 준비를 해야 합니다"라고 주장했다.[62] 아이젠하워 대통령은 그 정도의 상황 전개까지는 생각하고 있지 않았다. 관건은 루뭄바 제거였다. 덜레스는 1960년 8월 26일 킨샤사의 CIA 기지에 "루뭄바 제거가 긴급한 제일 목표"라는 점을 알렸다. CIA 책임자는 몇 주 후 아이젠하워 대통령에게 "콩고에서 쿠데타 계획은 쉬운 일이 아니었습니다"라고 인정하는 보고를 올릴 수밖에 없었다.[63] 신문사 기자로 일하다 군인이 된 모부투―미국 대사에 따르면 모부투는 "완전히 정직하고 헌신적인 인물"이었다―가 이끄는 콩고 군부의 쿠데타를 사주하면서, 미국은 루뭄바를 암살하라는 극비 계획 명령을 하달했다.[64] 1960년 9월 19일 킨샤사의 CIA 요원들이 '파리에서 온 조(Joe)'라고 부른 비밀 요원이 콩고 수도에 나타났다. 그는 루뭄바 총리를 암살하는 데 사용할 독침을 갖고 있었다.[65]

우리는 여전히 CIA가 루뭄바를 살해하려 시도했으나 실패한 것인지, 1960년 9월 중순 발발한 모부투의 쿠데타로 미국이 이와 같은 시도를 굳이 하지 않았는지 확실히 모른다. 모부투가 언제라도 분열될 수 있는 반(反)루뭄바 동맹을 이끌자, 선거로 선출된 루뭄바 총리는 이제 국제연합을 통해 망명처를 알아보기 시작했다. 미국의 정책은 모부투가 이끄는 콩고 신정권의 출범을 지지하고, 모부투로부터 소련과 동유럽 국가의 대사관 및 자문단을 콩고에서 축출한다는 약속을 받아내는 것이었다. 그러나 모부투 정권은 동유럽과 중국의 영향력을 축출하지 못했고, 미국의 도움을 받아 국제연합군과 암묵적인 협력을 이루어냈을 뿐이다. 1960년 11월 모부투 정권은 위기를 맞이했다. 위기의 첫 번째 이유는 다른 아프리카 국가들이 모부투 신정권과 협력하지 않으려 했다는 것이다. 또 다른 이유는 루뭄바가 쿠데타를 일으킨 모부투를 상대로 전면적 봉기를 줄기차게 선동한 것이 콩고 일부 지역에서 호응을 얻었다는 것이다. 미국 대통령이 '콩고 대사'라고 불렀던 윌리엄 애버럴 해리먼은 다음과 같이 보고했다. "콩고에서 루뭄바는 그가 정권을 쥐고 있는지, 감옥에 있는지, 출옥하든지 계속 어려운 상황을 만들어낼 것입니다. 루뭄바는 대중 선동가이고, 영리한 좌익 조언가를 둔 기민한 책략가입니다. ……그는 콩고를 통합하겠다는 사명감으로 가득 차 있습니다."[66]

12월 1일 미국과 모부투에게 행운이 찾아왔다. 콩고 병사들이 루뭄바를 체포한 것이다. 당시 루뭄바는 지지자들이 있는 콩고 동부 도시 키산가니(Kisangani)로 가기 위해 킨샤사를 떠나려던 참이었다. 모부투는 루뭄바를 제거하길 간절히 원했지만, 동시에 직접 손에 피를 묻히는 걸 원치는 않았다. 모부투는 루뭄바를 루뭄바의 숙적이 있는 카탕가에 넘겨주었다. 한 미국 특파원은 루뭄바가 카탕가의 중심 도시 루붐바시(Lubumbashi)에 도착한 상황을 이렇게 증언했다.

루붐바시 공항은 스웨덴 출신의 국제연합 경호원들이 지키고 있었다. 그들은 키가 크고 강인해 보였다. 얼마 뒤 루뭄바가 2명의 정치 보좌관과 함께 비행기에서 내렸다. 그는 더러운 붕대로 눈을 가리고 두 손은 뒤로 묶인 상태였다. 공항의 거대한 광고판에는 "자유 카탕가로 오신 여러분을 환영합니다"라고 쓰여 있었다. 그러나 루뭄바와 그의 동료들은 고함을 지르는 카탕가 사람들의 야만스러운 지휘봉과 개머리판, 주먹과 발길질에 맞아 주저앉은 채 떨고 있었다.[67]

5시간의 고문 후 루뭄바는 살해되었고, 그 자리에는 카탕가의 '장관'과 벨기에 장교들이 배석해 있었다.[68]

루뭄바 총리의 죽음은 미국의 콩고 정책에서 가장 시급한 문제를 해결해주었다. 그러나 여전히 모부투 정권에 맞서는 반대파의 존재와 콩고의 미약한 경제 발전이라는 장기적인 문제가 남아 있었다. 새로 당선된 케네디 행정부도 아이젠하워 행정부와 마찬가지로 모부투를 향한 지원을 이어갔다. 하지만 케네디 행정부는 모부투 군사 정권이 민간 정부로 권력을 이양할 것과 카탕가 지도자 모이스 촘베(Moise Tshombe)와의 전투를 멈출 것을 요구했다. 이어 미국은 촘베와 벨기에 협력자들이 카탕가 지역의 광물 자원을 마음껏 약탈하는 일을 허용했다. 그리고 동시에 다루기 힘든 벨기에 군사 자문단을 모부투 정권이 지배하는 지역에서 축출하고 이를 미국 자문단으로 대체했다. 1963년 모부투가 미국을 방문했을 때, 그는 케네디 대통령에게 자신의 가장 큰 소원은 "포트베닝(Fort Benning)에서 4주간 낙하 훈련을 받는 일"이라고 말했다. 케네디는 백악관 로즈 가든 (Rose Garden)에서 산책을 하며 즉시 이를 칭찬했다. "모부투 장군, 당신이 아니었다면 모든 게 무너졌을 것이며 공산주의자들이 그걸 차지했을 것입니다."[69] 그러나 케네디는 콩고의 사회·정치적 조건이 개선되기는커녕 나빠지고 있다는 사실도 잘 알고 있었다. 1962년 12월 국가안전보장회의에서 조지 맥기는 "우리는 현재 파산한 정책에 매달리고 있습니다"라고 말했다. 콩고 주재 미국 대사관은 모부투 정권이 "계몽되어 있지 않으며 자의적이고, 원시적이고 전체주의적이며 제멋대로인 데다 무책임하다"고 인정했다.[70]

다른 많은 지역과 마찬가지로, 케네디는 자신의 계승자가 쉽사리 풀수 없는 문제를 콩고에 남겨둔 채 세상을 떠났다. 모부투의 콩고 정부가 1964년 가을에 좌익과 북부 및 동부 반군의 공격으로 무너지기 시작하자, 존슨 대통령은 콩고에 군사 개입을 할지를 두고 어려운 결정을 내려야 할 상황에 직면했다. 존슨 대통령이 통킹만 사건 이후 베트남에 더 개입하기로 막 결정한 직후였기 때문에 그가 주저하는 것은 이해되는 측면이 있었다. 국가안전보장회의에서 존슨 대통령은 "우리에게는 시간이 별로 없으며, 우리는 콩고를 반드시 구원해야 합니다"라고 발언했다. 그러나 존슨은 콩고에 더 많은 미군 군사 자문단을 파견해야 한다는 통합참모본부와 콩고 대사의 의견에는 동의하지 않았다.[71] 존슨 대통령은 국무부에 이렇게 말했다. "나는 누군가가 '예수 그리스도' 같은 구원자를 찾아 방황한다는 이유로 콩고와 얽혀 또 다른 한반도나 또 다른 베트남을 만들고 싶지는 않습니다."[72] 콩고의 미국인들은 이제 현지 권력자와 협력하는 방법을 익혀야만 했다. "우리는 조금 더 상황을 지켜볼 필요가 있습니다. 왜냐하면 그렇지 않을 경우 우리는 조사를 받거나, 살해당할 것이기 때문입니다. ……콩고에서는 아프리카인들과 무슬림이 지옥을 만들어내고 있습니다. ……그리고 FBI에 따르면 '마틴 루서 킹(아프리카 문제 – 옮긴이)'이 국제적으로 확산되고 있다고 합니다." 존슨 대통령은 11월 말 딘 러스크(Dean Rusk) 국무장관에게 이렇게 말했다.[73]

그럼에도 존슨 대통령은 반란군이 점령한 키산가니에서 포로로 잡힌 유럽인을 구출하는 데 개입하는 일에 동의했다. "우리는 카니발에서 많은 사람이 죽게 내버려둘 수는 없습니다." 존슨은 1964년 11월 24일 500명의 벨기에 공수부대가 키산가니에 침투한 후 이렇게 말했다.[74] 그러나 이러한 성공적인 공수부대 침투는 반란군에 대한 더 광범위한 미국의 군사 지원을 은폐하는 일이기도 했다. 미국은 CIA의 도움을 받는 서방인 용병을 통해 콩고에 대한 군사 지원을 계속했기 때문이다. 반공주의자인 쿠바출신 조종사가 CIA의 전투기를 몰았고, 서방인 용병과 모부투의 연합군은 키산가니를 점차 수복해나갔다. 1년이라는 기간 동안 콩고 동부의 반군 거점은 완전히 파괴되었다. 능숙한 유럽인 용병의 눈에도 이 작전의 잔혹함은 이루 말할 수 없었다. 한 용병은 콩고 북쪽 에카퇴르(Équateur) 주에 위치한 보엔데(Boende) 마을 점령을 이렇게 회상했다. "약탈 이후 학살이 진행되었다. 3일 동안 총격이 이어졌다. 처형, 린치, 고문, 비명과 테러로 얼룩진 3일이었다."[75]

마지막 남은 반군이 진압군에게 포위되고 콩고의 동북부 국경을 통해 외국으로 탈출하는 상황에 이르자 콩고 주재 미국 대사 맥머트리 고들리 2세(G. McMurtrie Godley II)는 워싱턴으로 보내는 보고서를 작성하며 미국이 승리 요인을 이렇게 분석했다. "이곳 콩고의 반란은 세계 다른 지역과 같은 방식으로 전개되지 않았습니다. 1964년의 반란은 공산주의자의 지원 없이 이루어졌습니다. 콩고에서 공산주의자들은 물리력도 명백하게 보유하지 못했고, 다른 지역이 그러하듯 물리력을 성공적으로 활용할 수 있는 숙련된 요원도 존재하지 않았습니다. 벨기에와 미국 정부의 지원을 받은 콩고민주공화국의 군사 공격이 반란의 싹을 뿌리 뽑았습니다." 그러나 이러한 성공은 미국이 구하고자 개입했던 사람들의 허약함 때문에 가능하기도 했다. "콩고 사람들 개개인은 좋은 반란군도 아니고 직업 군인도 아니었습니다. 콩고인들은 게릴라 작전이나 진압 행동을 지속할 만한 규율과 물리적 근성이나 용기를 지니지 못했습니다. 명백한 정치적 반대가 있을 것으로 생각되지만, 콩고에는 비(非)아프리카인이 매우 필요한 상황입니다. 지금 당장 비아프리카 출신 용병이 필요합니다." 그러나 고들리 대사는 콩고인을 감시하기 위해 유럽인 용병에 의지하는 방법이 콩고의 근대화에 방해가 되지 않는다고 생각했다. "우리는 콩고가 국가 형성 과정에 있다고 생각합니다. 현지 행정의 강화, 불쌍한 콩고 국민의 안보와 경제적 풍요를 가능케 하여 미래의 반란 가능성을 줄여나가는 작업이 필요합니다. 이와 같은 목표에 저희 콩고 대사관 내에는 의견의 통일이 이루어져 있으며, 우리는 이 목표를 달성하기 위한 길을 찾기 위해 지속적으로 노력하고 있습니다."[76]

미국이 모부투 독재 정권의 재건을 도울 때, 다른 이들은 전혀 다른 결론을 내리고 있었다. 당시 미국인에게 거의 알려지지 않았던 체 게바라는 콩고 반란군을 지원하기 위해 쿠바인 부대를 이끌고 콩고로 갔다. 체 게

바라는 이 경험을 통해 진압 전략의 약점을 간파했다고 생각했다. (여기에 대해서는 다음 장에서 살펴보겠다.) 미국의 뻔뻔스러운 개입에 충격을 받은 아프리카 지도자들은 미국의 아프리카 정책을 비난했다. 콩고 반군과 나름의 문제가 있던 탄자니아 대통령 줄리어스 니에레레는 존슨 대통령에게 친서를 보냈다. 탄자니아 주재 미국 대사의 표현을 빌리면 이 친서는 "감정과 의심, 두려움으로 가득 찬 것"이었다. 케냐의 조모 케냐타와 모로코의 하산 2세(Hassan II) 같은 친서방 지도자 역시 서방인 용병의 활용 및 촘베와의 동맹 정책을 강하게 반대했다. 그들이 보기에 이는 모두 "식민주의의 살아 있는 상징"이었다.[77]

몇 년 후 베트남 전쟁이 미국 사회를 분열시킬 것을 경고했던 맬컴 X는 아프리카계 미국인의 권리 투쟁과 해외에서 미국의 역할을 직접 연결했다.

오늘날 미국에서 점화되고 있는 인종적 갈등은 해외에서의 불길로 쉽사리 번질 수 있습니다. 이는 이 불길이 온 지구 사람들이 거대한 인종 전쟁에 돌입할 수도 있다는 사실을 의미합니다. 당신은 이 문제를 어느 한 이웃의 문제, 어느 한 공동체의 문제, 어느 한 나라의 문제로만 생각할 수 없습니다. 오늘날 미국의 흑인에게 일어나는 일은 아프리카의 흑인에게도 일어납니다. 미국과 아프리카의 흑인에게 일어나는 일은 아시아의 비백인과 라틴아메리카의 모든 사람이 겪는 일입니다. 우리 중 누군가가 겪는 일은 우리 모두의 일이기도 합니다.[78]

라틴아메리카: 산디노부터 카스트로까지

우리가 살펴보았듯 미국의 라틴아메리카 지배는 1945년 한참 이전부터 진행되고 있었다. 비록 냉전은 아메리카 대륙 남반구를 미국의 의지에 체계적으로 속박시키기 시작했지만 말이다. 미국의 전반적인 라틴아메리카 통제와 개입 정책은 미국의 전반적인 냉전 정책과 유사한 점이 많았지만, 1940년대 후반부터 미국의 라틴아메리카 정책이 시작되었다고 보기는 어렵다. 오히려 냉전적 지배의 방식이 19세기와 20세기 초 중미와 카리브해 지역에 대한 미국의 지배 추세에 덧씌워졌다고 봐야 한다. 성장하는 미국의 경제 능력과 이에 대비되는 라틴아메리카 국가의 허약함이야말로 미국 패권의 핵심이었다. 미국의 직접적 라틴아메리카 개입은 대부분 이데올로기적 또는 전략적 요인이 있었다. 먼로 독트린에서 공포되고 이후에도 여러 번 천명했듯이 대부분의 미국 지도자들은 라틴아메리카인과 카리브해 지역 사람들을 민주주의와 자본주의의 길로 이끄는 것이 미국의 사명이라고 여겼다. 그러면서 미국은 남반구를 '미국화'의 경로에서 이탈시키고 '유혹'할 수 있는 다른 외세의 개입을 배제하고자 했다. 20세기 초 미국-라틴아메리카 관계는 비공식적 제국의 모습을 닮아가기 시작했다. 미국에서 이루어진 결정은 미국과 다양한 방식으로 종속적 관계를 맺고 있던 라틴아메리카의 현지 권력자가 수행했다.

라틴아메리카와 카리브해 지역에서 미국이 지닌 힘은 경제 영역에 기초를 두었다. 19~20세기 전환기에 미국은 이 지역에 가장 중요한 수출·수입 시장이었고, 제2차 세계대전 시기에 이르면 영국을 제치고 가장 큰 투자국이 되었다. 1900년에 이미 카리브해와 중미 지역에서 미국의 경제적 지배력은 확고해졌다. 이들 지역보다 경제적으로 더 거대한 아메리카 대륙 남반구의 대미 의존은 냉전 초기까지 점진적으로 발전했다. 1945년 미국의 압도적인 존재감은 대륙 전체에서 명확해졌다. 라틴아메리카는 미국으로부터 소비재와 영화를 수입했고, 미국에 주석·구리·과일·커피 그리고 설탕을 수출했다.

유럽 식민 세력이 아프리카와 아시아에서 그러했듯 미국 역시 라틴아메리카를 경제적으로 지배하는 일보다 정치적으로 종속시킬 수 있는 체제를 만드는 게 훨씬 더 어려운 과제라는 사실을 깨달았다. 멕시코 정복 전쟁 이후부터 미국은 1850년대 니카라과에서와 같이 외세 지배에 저항하는 현지의 운동에 줄곧 개입했다. 우리가 이미 살펴본 쿠바와 카리브해, 중미의 다른 국가들 사례처럼 1890년대에 개입의 유형은 확장되었다. 그로버 클리블랜드(Grover Cleveland) 대통령 행정부의 국무장관을 역임한 리처드 올니(Richard Olney)는 이렇게 말했다. "1894년에 대부분의 미국인에게 명백한 사실은 오늘날 미국이 이 대륙에서 실질적인 주권자이자, 미국의 명령이 미국 테두리 내에 있는 모든 종속민에게 적용된다는 점이다."[79]

1910~1911년의 멕시코 혁명은 미국-라틴아메리카 관계의 분수령이었다. 멕시코 혁명은 라틴아메리카의 주요국인 멕시코에서 정치적 격변이 일어났다는 점(멕시코 혁명은 많은 라틴아메리카 지도자들이 희구해왔던 현격한 사회 변화를 목표로 했다)도 문제였지만, 미국 대통령 우드로 윌슨이 보기에 더 큰 문제는 그 이후의 상황이었다. 윌슨 대통령은 멕시코 혁명 지도자들이 민주주의의 가치를 저버렸으므로 미국의 군사력을 동원해 이들을 올바른 길로 나아가게 할 필요가 있다고 보았다. 윌슨 대통령의 한 보좌진에 따르면 멕시코 대통령 빅토리아노 우에르타(Victoriano Huerta) 장군은 "원숭이 같은 늙은이이자, 거의 완전한 인디언 핏줄"이었다. 사임하라는 미국

의 명령을 우에르타가 거부하자 윌슨은 분개했다. 그리고 1914년 4월 멕시코 항구 베라크루스(Veracruz)를 침공하고, 반(反)우에르타 세력에 광범위한 군사적 지원을 하기 시작했다. 1914년 말 우에르타가 물러나자 미국 부대도 함께 철수했다. 하지만 멕시코의 제도혁명당(PRI)—당명 그대로 북쪽에 위치한 거대한 이웃 미국과의 관계를 재수립하길 원하는 엘리트를 중심으로 멕시코 혁명을 제도 내로 포섭하는 역할을 했다—이 등장하는 1920년대 후반까지 멕시코에 대한 미국의 직접적 개입 정책은 유지되었다.[80]

멕시코 혁명의 이상에 영감을 얻은 사람 중에는 니카라과 지도자 아우구스토 세사르 산디노도 있었다. 1895년 작은 시골 마을에서 지주와 그 지주가 고용한 농노 사이에서 태어난 산디노는 1921년 반대파 정적을 살해한 후 멕시코로 도망쳤다. 탐피코(Tampico)의 석유 공장에서 일하면서 산디노는 멕시코 정치의 급진화를 터득하는 동시에, 기독교 종교 분파 및 공산당을 포함한 좌파 조직과 연을 맺었다. 1926년 니카라과로 돌아간 산디노는 미국의 지원을 받고 있는 정권에 반대하는 운동에 참여했으며, 곧이어 가장 유명하고 가장 급진적인 반란 지도자가 되었다. 그러나 반란군의 뛰어난 전투력에도 산디노군은 정부군과 그 정부군을 지원하기 위해 파견된 미국 해병대의 상대가 되지 못했다. 1933년 미군이 철수하자 산디노는 무장 투쟁을 멈추고 니카라과에 정착했다. 그러나 여전히 자신이 중미에서 새롭게 시작된 반미 운동의 중심이라고 선언했다. 이듬해에 산디노는 국가방위군 지도자 아나스타시오 소모사의 포로가 되었고, 다른 주요 산디노 지지자들과 함께 처형당했다.

산디노의 사상은 천년왕국 사회주의의 형태를 띠었다. 요컨대 산디노는 자신을 외세 지배에 맞서 싸운 인디오 조상과 동일시했다. 그리고 스스로를 신의 진실과 빛의 환생이라고 믿었다. 다른 한편, 그는 중미 통합, 외세 배격, 농노와 노동자가 그들의 조직을 통해 스스로를 다스릴 수 있다는 강한 신념을 지녔다. 산디노는 다른 라틴아메리카 정부들이 미국 지배의 본질을 제대로 못 보고 있다고 조소했다.

과연 다른 라틴아메리카 정부들은 양키가 니카라과 정복만으로 만족할 것이라고 보고 있답니까? 라틴아메리카 정부들은 21개 아메리카 공화국 중 이미 6개국이 미국 지배하에 놓인 사실을, 그리고 이제 그들이 양키 제국주의의 식민지가 된 사실을 잊었단 말입니까? ……오늘 나는 에스파냐계 아메리카 민중을 상대로 말을 하고 있습니다. 정부가 시민의 열망을 반영하지 못한다면, 그런 정부에 권력을 준 시민을 대표하기 위해서는 효율적인 민주주의 개념을 장착한 씩씩한 남성이 필요합니다. 윤리적 덕성과 애국주의도 없이 국가 자존심에 망신만 주는 무용한 지방 총독들이 아니라 말입니다.[81]

제2차 세계대전 시기 동안 라틴아메리카 혁명을 대하는 미국의 공포는 좌우익을 막론한 라틴아메리카의 권위주의 정부를 바라보는 경계심과 결합되었다. 아르헨티나에서는 유럽 파시즘에 고무된 후안 페론(Juan Perón) 대령이 새로운 형태의 위협 요소로 등장했다. 비록 다수의 미국 자문단은 페론주의 운동이 권력을 얻은 이후 충분히 통제 가능하다고 생각했지만 말이다. 냉전이 시작되자 미국의 트루먼, 아이젠하워 행정부 모두 라틴아메리카에서 소련의 도전이 가능하다고 믿어 의심치 않았다. 라틴아메리카 현지의 공산당이 권력을 잡는 데는 비관적 전망을 하는 이가 많았지만, 1947년 CIA는 다양한 전략적 경제 분야에 공산당의 비밀 침투가 소련의 승인 아래 이루어지고 있다고 보고했다. CIA에 따르면 소련은 단지 다음과 같이 필요한 명령을 내리기만 하면 되었다. 1) 평시에 진행되는 라틴아메리카 주요 전략 자원의 미국으로의 송출을 막을 것 2) 주요 라틴아메리카 국가에서 경제 위기를 촉발할 것.[82] 이에 맞선 미국의 전략은 소련이 라틴아메리카에 교두보를 설치하는 걸 막는 것이었다.

1954년 과테말라는 전후에 미국이 최초로 직접 개입한 지역이었다. CIA는 줄곧 몇 년간 "고립주의와 민족주의 감정"이 라틴아메리카에서 성장하고 있음을 경고했지만, 하코보 아르벤스(Jacobo Arbenz) 대통령이 이끄는 과테말라 정권은 미국에 더욱 즉각적이고 직접적인 위협이었다.[83] 1944년 미국의 지원을 받던 독재자 우비코(J. Ubico)가 물러난 후, 과테말라는 미국에 눈엣가시 같은 존재였다. 특히 선거로 선출된 후안 호세 아레발로(Juan José Arévalo)와 이후 집권한 아르벤스가 사회 정의 및 노조와의 협력 정책, 독립적 외교 정책과 외국 자본의 통제를 주장하자 더욱 그러했다. 미국 연합청과회사(United Fruit Company)는 바나나 플랜테이션, 철도, 항구, 해운 등에 대규모로 투자해 과테말라 경제를 거의 장악하고 있었다. 이 기업은 과테말라 정부가 회사 자산을 몰수할 계획을 갖고 있다고 불평했다. 미국이 가장 주시한 과테말라 정부의 정책은 공산당을 합법화해 공산당이 과테말라에서 자유롭게 활동하도록 한 것이었다.

하코보 아르벤스는 1951년 고작 38세의 나이에 과테말라 대통령이 되었다. 과테말라로 이주한 스위스 약제사의 아들 아르벤스는 장교 교육을 받았고, 1944년 우비코 정권을 무너뜨린 주역이었다. 아르벤스 정부의 주요 과업은 농지 개혁이었다. 과테말라에서는 토지를 보유하지 못한 농민이 인구의 과반을 넘었고, 경작 가능한 토지의 91퍼센트는 대지주나 외국회사의 직간접적 통제 아래 있었다. 아르벤스는 특정한 규모를 초과하는 미경작지를 지주로부터 환수해 토지 미보유자에게 나누어주고 싶어 했다.[84] 취임 연설에서 아르벤스는 토지 개혁을 강조하는 동시에 그것이 사회 정의의 중추임을 선포했다.

과테말라의 부는 과테말라 민중의 삶, 자유, 존엄, 건강, 행복과 비교해볼 때 그렇게 중요한 것이 아닙니다. 우리가 재정 측면의 안정성과 경제 성장을 우리 정책의 가장 중요한 목표로 두고 우리 대중의 복지를 희생시키는 것은 수단을 목적으로 생각하는 것만큼이나 잘못된 일입니다. 우리의 과업은 함께 협력해 더 많은 부를 창출하는 것입니다. ……동시에 우리는 부자들의 부를 대다수를 차지하는 가난한 이들에게 분배해야 합니다. 가난한 이들에게 이를 분배한다면, 많은 사람이 혜택을 볼 것이며 소수의 부자들 역시 적게나마 이를 통해 효과를 누릴 것입니다. 우리 민중에게 교육을 제공하지 않고, 질 나쁜 보건과 가난만을 준다면 어찌 되겠습니까?[85]

1953년 초, 아르벤스 정권이 과테말라노동당과 점차 협력을 늘려가자 미국의 경고등이 켜지기 시작했다. CIA는 라틴아메리카에서 점증하고 있는 소요를 경고했고, 이후 국무부는 라틴아메리카의 상황을 점점 심각하게 고려하기 시작했다. 역사가 피에로 글레이헤세스(Piero Gleijeses)가 지적했듯 미국은 과테말라의 상황과 관련한 상당 수준의 정보를 확보하고 있었다. 과테말라의 상황을 탐탁지 않게 여긴 아이젠하워 대통령은 과테말라의 이웃 국가인 온두라스(당시 미국의 통제를 받는 군부 독재자가 집권하고 있었다)에서 과테말라 반군을 조직해 무기 지원 및 훈련을 시키라고 명령했다. 아르벤스를 겨냥한 미국의 적대 행위를 정당화했다는 혐의를 받은 국무부 요원 루이스 핼리(Louis Halle)—훗날의 저명한 냉전 역사가—는 이미 1950년에 미국과 라틴아메리카 간 문제가 조만간 불거질 것이라는 점을 설명하기 위해 노력했다. 핼리는 "라틴아메리카에는 무절제하고 비타협적이며 현란하고 강자를 숭앙하는 정치적 전통이 존재합니다. 이와 같은 특성은 정치적 미성숙을 의미할 뿐 아니라 청소년기의 특성을 보입니다"라고 썼다. 핼리는 1954년 5월 과테말라의 상황이 "공산주의의 전염"을 통해 이루어졌으며, 이는 라틴아메리카 전 지역으로 번질 수 있다고 적었다. 같은 달, 미국은 스웨덴 화물 수송기 알프헴(Alfhem)—대포와 대전차 지뢰, 경화기(light weapons) 2000톤을 체코슬로바키아에서 공수했다—이 과테말라에 도착한 것을 계기로 과테말라를 향한 완전한 해상 봉쇄를 단행했다. CIA는 과테말라를 둘러싼 초기의 주장을 정당화하기 위해 알프헴 사건을 활용했다.

러시아는 라틴아메리카 공화국의 문제에 개입하고 있습니다. ⋯⋯이러한 개입의 목적은 먼저 과테말라에서, 다음에는 이 반구(半球)의 다른 국가들에서 미국의 전통과는 전혀 다른 형태의 낯선 민주주의를 형성하는 데 있습니다. 공산주의자의 목표는 민주주의가 아닌 사회주의입니다. 우리가 볼 때 공산주의자의 진짜 목적은 러시아의 제국주의 움직임을 보장하고, 서방 세계 인민과 자원을 완전히 종속시키는 데 있습니다.[86]

CIA가 무엇을 생각하는지와 상관없이 아르벤스의 어려움은 미국이 과테말라에 많은 관심을 보이기 시작한 반면, 소련을 포함한 다른 외부 국가들은 과테말라의 상황에 별다른 관심을 보이지 않았다는 점이다. 그뿐만 아니라 과테말라 좌파와 노동조합 역시 아르벤스 정권을 수호할 준비가 별로 되어 있지 않았다. CIA는 선동·사보타주·소문 등을 포함한 여러 작전을 지휘했고, 1954년 봄에 접어들면서는 아르벤스 정부의 인기를 잠식하기 시작했다. 아르벤스는 여기에 어떻게 대응해야 할지 잘 모르는 듯했다. 1954년 7월 미국에서 훈련받은 군대가 온두라스에 망명 중인 카를로스 카스티요 아르마스(Carlos Castillo Armas) 대령의 지휘 아래 과테말라 침공을 감행했다. 과테말라군은 아르마스의 첫 침공을 막아냈다. 그러나 과테말라군의 대다수 지휘관은 미국의 명백한 지원을 받는 아르마스 세력과 계속 맞서는 걸 재고하기 시작했다. 과테말라 수도에서 CIA 요원이 퍼뜨리는 비밀 메시지가 과테말라 장교들 사이에 널리 퍼지고 있었다. "당신들은 미국의 영향권 아래 있다는 사실에 만족하지 않으십니까? 당신들은 미국이 가장 관대하며 관용적으로 일하는 동료라는 사실을 깨닫게 될 것입니다. 미국과 협력하면 물질적 보상이 따르며, 미국은 소련보다 더 많은 주권과 독립을 허용할 것입니다."[87] 아이젠하워 대통령이 미군 항공기의 과테말라 군사 기지 공격을 허락하자, 과테말라군은 1954년 6월 27일 무혈 쿠데타를 통해 아르벤스 대통령을 권좌에서 끌어내렸다. 일주일의 혼란기 동안 과테말라 공산주의 지도부는 탈출하는 데 필요한 충분한 시간을 얻었다. 미국 대사는 카스티요 아르마스를 과테말라의 새 대통령으로 세우는 데 성공했다.

CIA의 과테말라 작전(작전명 PBSUCCESS)은 성공을 거두었지만, CIA가 초기에 예상했던 것과는 다른 방식으로 진행되었다. 그럼에도 중미 지역에서 공산주의의 뿌리를 뽑았다는 사실이 미국에는 중요했다. 과테말라가 군부 독재로 넘어가고, 그 군부 독재 정권이 추구한 보수적 정책이 과테말라 내부 정세의 끝없는 불안정으로 이어졌지만 말이다. 사실 1950년대뿐만 아니라 훗날의 몇몇 중요한 국면에서도 미국 지도자들은 독재야말로 '청소년기'에 머물러 있고 공산주의의 위협을 받는 라틴아메리카에서 '기능'할 수 있는 유일한 통치 형태라고 보았다. 과테말라 쿠데타 이후

존 포스터 덜레스 국무장관은 "우리가 믿을 수 있는 유일한 사람은 독재자입니다"라고 말했다. 아르벤스의 실각에 놀란 이들은 미국이 중미 지역에 민주주의를 가져다줄 거라고 믿었던 사람들만이 아니었다. 미국의 과테말라 작전에 큰 도움을 주었던 연합청과회사는 아르벤스의 실각 후 직면한 광범위한 반독점 운동을 맞이해 행동에 제약을 받을 수밖에 없었다. CIA의 내부 문서에 적혀 있듯이 과테말라에서 연합청과회사의 지위는 제약을 받아야만 했다. 지배를 통해 이익을 추구하는 연합청과회사의 방식이 미국의 가장 중요한 정치적 이익에 해를 주었기 때문이다.[88]

아르벤스 실각 이후, 라틴아메리카와 카리브해 지역의 민족주의자와 좌익의 반미 감정이 최고조에 이르렀다는 점은 충분히 이해 가능하다. 리처드 닉슨 부통령이 1957년 라틴아메리카를 방문했을 때, 베네수엘라 카라카스 공항에서는 "꺼져라, 닉슨! 개는 꺼져라! 우리는 과테말라를 잊지 않았다!" 같은 구호가 닉슨을 기다리고 있었다. 카라카스에서 진행된 닉슨의 차량 행진을 성난 군중이 공격하기도 했다. 군중은 닉슨의 공식 차량 창문을 부수고, 닉슨 부통령에게 침을 뱉기까지 했다.[89] 몇몇 라틴아메리카 사람들은 오직 무장 혁명을 통한 기존 정권의 완전한 '축출'만이 혁명의 승리를 보증할 수 있는 확실한 방법이라고 생각했다. 아르헨티나 출신의 젊은 의사 에르네스토 게바라 데 라 세르나(친구들은 그를 '체'라고 불렀다)는 과테말라 침공 당시 과테말라의 수도에 있었다. 그곳에서 체 게바라는 아르벤스 정권하에서 어떤 급진적 변화가 있었는지를 지켜보았다. 카스티요 아르마스의 승리 이후 벌어진 학살을 피해 아르헨티나 대사관으로 피신한 26세의 체 게바라는 어머니에게 아르벤스의 전략이 실패했다는 내용의 편지를 썼다. "한반도와 인도차이나 같은 사례가 있었으나 아르벤스는 무장한 민중만이 무적(無敵)일 수 있다는 사실을 깨닫지 못했습니다. 그는 민중에게 무기를 줄 수 있었지만 그러지 않았고, 우리는 이제 그 결과를 똑똑히 알고 있습니다."[90]

젊은 체 게바라는 다음 싸움을 기약하며 과테말라를 탈출했다. 멕시코로 안전하게 피신한 그는 어머니에게 과테말라에서 공산당이 보여준 영웅적 행동을 목격한 후 공산당에 가입할 마음이 생겼다는 편지를 썼다. 그러나 체 게바라는 우선 자신이 희망하던 유럽과 뉴욕 여행 이후에 가입하겠다며 이를 미루었다. 우리가 알고 있듯 체 게바라는 나중에 파리의 카페나 뉴욕의 네온사인이 아닌 쿠바에서의 '진짜' 혁명을 선택했다. 쿠바의 도전은 미국 제3세계 정책의 분기점이었다. 다음 장에서 살펴보겠지만, 피델 카스트로의 승리로 인해 미국은 시급히 제3세계에서의 반격을 준비할 수밖에 없었다. 그러나 미국의 몇몇 개입 수단은 그대로 남아 있었다. 훗날 한 CIA 분석관이 논평했듯이 말이다. "아르벤스를 다루기 위해 사용한 언어와 주장 그리고 기술은 1960년대 초반에 쿠바, 1964년에 브라질, 1965년에 도미니카공화국, 1973년에 칠레를 대상으로 활용되었습니다."[91] 1970년대 앙골라가 소련의 개입 유형에 영향을 주었듯 미국에 과테말라는 향후 성공의 원형이 되었다. 비록 그 개입 전략이 1961년 쿠바 혁명을 다루는 데는 실패했지만 말이다.

과테말라 개입 10년 후, 미국이 브라질 대통령 주앙 굴라르(João Goulart)의 민족주의 정권에 비밀리에 개입한 사실을 통해 라틴아메리카 정치를 대하는 미국의 인식이 지속적으로 유지되고 있었음을 확인할 수 있다. 케네디 행정부가 반공 전략과 발전 전략을 '진보를위한동맹'을 통해 결합하려 했지만, 이후 미국이 1964년 브라질에서 직면한 것은 토지 개혁, 외자 통제, 쿠바를 포함해 다른 공산주의 국가를 승인한 주앙 굴라르 대통령의 등장이었다. 린든 존슨 대통령은 1954년 아이젠하워 대통령의 선례를 반복하듯이 굴라르 대통령을 모든 가능한 수단을 동원해 제거해야만 할 위험한 급진주의자라고 보았다. 그러나 미국은 동시에 브라질이 강대국이며 매우 강한 민족주의 감정을 지닌 국가라는 점을 잘 알고 있었다. 그렇기에 공산주의자의 명백한 정권 찬탈 시도가 없는 한 직접 브라질에 개입하기란 어렵다고 판단했다. 대신 존슨 행정부는 브라질 경제를 약화시키는 데 집중했으며, 이미 충분히 브라질 국내 우파의 공격을 받고 있던 굴라르 정권에 대항한 군사 쿠데타를 사주했다. 1964년 초봄, 브라질 좌파와 노동조합이 정부 편에 설 것이라는 신호에도 미국은 쿠데타 입안자들에게 굴라르를 겨냥한 반란이 성공하면 즉각적인 지원과 정부 승인을 약속하며 이들을 부추겼다. 1964년 3월 28일 급하게 소집된 회의에서 존슨 행정부의 국가안보 보좌관 맥조지 번디(McGeorge Bundy)는 동료들에게 "브라질의 문제 상황은 군부가 행동하는 데 있지 않습니다. 우리는 군부가 행동하지 않는 상황을 걱정해야만 합니다"라고 발언했다.[92]

브라질 군부가 3일 후 굴라르 대통령을 축출하는 '행동'을 하자, 미국의 첫 반응은 기쁨으로 가득 찼다. 당시 텍사스의 농장에 내려가 있던 존슨 대통령과 전화 통화를 하며, 쿠데타가 진행 중임을 알린 조지 볼(George Ball)의 목소리는 안도감으로 가득했다.[93] 미국이 브라질의 쿠데타를 어떻게 지원했는지는 여전히 베일에 싸여 있지만, 확실한 것은 미국이 굴라르 대통령이 일주일 넘게 자진해서 물러나지 않고 버티거나 좌익 진영이 대항 쿠데타를 감행할 가능성을 우려하고 있었다는 점이다. 그 예방 조치로서 존슨 대통령은 미국 해군 부대를 브라질 해안에 배치해 쿠데타군에 만약의 일이 발생할 경우 연료를 공급할 수 있도록 했다.[94] 브라질 주재 미국 대사 링컨 고든(Lincoln Gordon)은 새로 권좌에 오른 움베르투지 알렝카르 카스텔루 브랑쿠(Humberto de Alencar Castelo Branco) 장군에게

축하 전화를 걸었다. 링컨 고든 대사는 카스텔루 브랑쿠 장군에게 백악관과 관련한 책, 막 포르투갈어로 번역한 린든 존슨의 자서전과 연설 모음집, 케네디가 새겨진 50센트 기념주화를 선물했다. 카스텔루 브랑쿠는 이 모두를 감사하게 생각했다.[95]

카스텔루 브랑쿠 장군의 친미적 성향에도 불구하고, 카스텔루 브랑쿠 신생 정권은 라틴아메리카의 주요 국가인 브라질에서 미국이 주도하는 개혁 계획을 실행할 기회를 고대해오던 존슨 행정부의 인사들에게 실망감만을 안겨주었다. 이미 브라질에 들어온 미국 자문단과 지원 인력의 수는 제3세계에서 가장 많은 수준이었지만, CIA가 바랐던 "브라질 정권의 경제 계획을 통해 굴라르 정권이 남긴 폐단을 일소하고, 브라질의 경제 회복을 시작하는 것"은 무위로 돌아갔다.[96] 빈곤층과 군사 정권에 반대하는 이들을 향한 내전을 바쁘게 수행하던 카스텔루 브랑쿠와 그의 후계자들은 개혁에 신경 쓸 여력이 없었다. '신질서' 정권의 첫 달 동안 5만 명 넘는 사람이 체포되었고, '더러운 전쟁'은 군사 정권이 무너진 1985년까지 계속되었다. 브라질은 전 지구에서 사회적으로 가장 불평등한 국가로 남았고, 현재까지도 브라질에서 가장 가난한 40퍼센트의 사람이 전체 소득의 7퍼센트만을 차지하고 있을 정도다.[97]

그러나 전략적 측면에서, 브라질의 신생 군부 독재 정권은 라틴아메리카에 개입하는 미국과 긴밀한 동맹 관계를 맺었다.[98] 1966년 우루과이 선거 이전, 우루과이 주재 미국 대사관은 우루과이에서 좌파가 승리한다면 브라질이 우루과이를 침공할 수 있다는 점을 명확히 했다.[99] 브라질은 미국의 1965년 도미니카공화국 침공을 도왔다. 1963년 도미니카공화국 역사상 처음으로 선거를 통해 집권한 정부는 붕괴하고 말았다. (1961년 봉기로 도미니카의 독재자 라파엘 트루히요(Rafael Trujillo) 정권이 붕괴했다. 이후 후안 보슈

(Juan Bosch) 가 1963년 대통령으로 선출되었으나, 그는 미국이 사주한 쿠데타로 실각했다-옮긴이.〕 도미니카공화국의 군대 일부가 헌정 질서를 원상태로 복구하기 위해 2년 후 봉기했을 때, 존슨 행정부는 도미니카공화국 대통령의 지지가 있든 없든 상관없이 좌익이 '헌정주의자' 세력 내에서 우위를 차지할지도 모른다는 점을 우려했다. CIA는 이렇게 보고했다. "전 도미니카공화국 대통령 보슈가 다시 대통령으로 복귀하는 일은 매우 좋지 않은 상황이라는 게 분명합니다. ……보슈는 자신이 돌아올 수 있는 상황을 만들어준 도미니카 좌파와 공산주의자에게 큰 빚을 지고 있기 때문입니다." 바로 그런 이유에서, 미국은 도미니카공화국 군부가 권좌에 머무르도록 독려했다. 심지어 그 지도자가 "매우 인기 없는 인물"이라는 점을 알게 된 후에도 말이다.[100]

도미니카의 수도 산토도밍고에서 전투가 확대되고 군부 독재 지도부가 후퇴하기 시작하자, 미국은 처음에는 미국 시민을 보호한다는 명목으로 해병대를 파견하고, 나중에는 상당한 고뇌 끝에 전면적인 침공을 결정했다. 도미니카 침공이 초래할 국제적 파장을 고려하면서 존슨 대통령은 깊은 한숨을 내쉬었다. "어떤 선택을 하든지 지옥도가 펼쳐질 겁니다. 내가 도미니카를 장악한다면 나는 세계에서 살아갈 수 없을 겁니다. 하지만 내가 그들이 도미니카를 장악하게 내버려둔다면 나는 여기에서 살아갈 수 없을 겁니다."[101] 공산주의자들이 도미니카와 관련이 있다고 추정하며 존슨 대통령은 최종 결정을 내렸다. 존슨 대통령은 1965년 4월 30일 맥나마라에게 "CIA에 따르면 카스트로가 이끄는 작전 세력이 도미니카 내부에 침투해 그들을 이끌고, 운영하고, 지배하고 있습니다"라고 말했다.[102] 그리고 맥조지 번디에게는 이렇게 말했다. "나는 그런 유형을 보고 입을 다물 수 없습니다. 그들이 볼리비아의 라파스(La Paz)와 멕시코시티 그리고 베트남, 도미니카공화국에서 하고 있는 일이 완전히 연관되어 있지 않다고는 말할 수 없습니다."[103] 그러나 존슨의 예상과 달리 도미니카 헌정주의자들은 2만 3000명의 미군이 도미니카를 장악했는데도 그들의 요구를 철회하지 않았다. 이 위기를 풀 정치적 해결책을 지시하기 위해 산토도밍고에 도착한 맥조지 번디는 도미니카 헌정주의자들이 "이성을 발휘할 준비가 되어 있지 않습니다"라고 워싱턴에 보고했다. 보슈 대통령을 물러나도록 하기 위해 존슨이 푸에르토리코에 파견한 에이브 포타스(Abe Fortas) 역시 운이 별로 없었다. 훗날 연방 대법원 판사가 된 에이브 포타스는 워싱턴에 다음과 같은 보고서를 올렸다. "이 보슈라는 작자는 전형적인 라틴아메리카 시인(詩人) 타입의 영웅입니다. 그는 완전히 이 망할 놈의 헌법에 의존하고 있습니다."[104] 도미니카공화국의 최종 결론은 협약이었다. 이 협약을 통해 헌정주의자들은 좌익과의 선을 끊고, 미군 부대가 철수하면 선거를 새로 실시하겠다고 약속했다.

존슨 대통령이 예상했듯 미국의 도미니카 침공을 비판하는 국제적 목소리가 미국의 동맹국 사이에서도 신속하게 등장했다. 전 콜롬비아 대통령이자 미주기구(Organization of American States)의 초대 사무총장인 알베르토 예라스 카마르고(Alberto Lleras Camargo)는 냉전이 라틴아메리카에서 열전(熱戰)이 되고 있다고 불평했다.[105] 유럽에서 프랑스 대통령 드골은 미국 대사에게 "존슨 대통령은 미국이 마치 …… 압도적인 힘을 지닌 모든 국가처럼 무력으로 모든 것을 해결할 수 있다고 생각하는 것 같습니다. 그러나 우리는 그렇게 되지 않는다는 점을 곧 깨닫게 될 것입니다"라고 말했다.[106] 그러나 존슨은 미국의 도미니카 개입이 미래에 진행될 유사한 작전의 기준이라고 생각했다. 비록 존슨은 산토도밍고에서 진행된 반(反)좌파 숙청 때 체포된 이들 중 '쿠바에서 훈련받은 공산주의자'가 매우 적었음을 깨닫고 잘못된 정보를 제공한 이들을 호되게 꾸짖었지만 말이다. 그러나 존슨은 계속 공산주의의 위협을 받을 경우, 언제든지 미국이 개입해야 한다고 믿었다.[107] 이른바 '존슨 독트린'은 세계가 미국에 등을 돌리게 만들었으므로 많은 미국 정책 결정자들의 우려를 샀다. 1965년 중반 국가안보 보좌관 로버트 코머(Robert Komer)는 다음과 같이 썼다.

우리는 해외에서 매우 어려운 시기에 직면하고 있습니다. 우리는 앞마당인 라틴아메리카에서 거의 성공을 거두지 못했습니다. 베트남은 줄곧 엉망으로 남아 있을 것입니다. 인도네시아는 조용히 우리 손을 빠져나가고 있습니다. ……아프리카-아시아 전선에서, 오직 아프리카가 일반적인 상황보다 좀더 나아 보입니다. 그러나 그곳에서도 남부 아프리카의 절박한 쟁점들이 우리를 불리한 상황으로 몰아넣을 수 있습니다. 그리고 라틴아메리카에서는, 우리가 산토도밍고를 수습하는 데 성공한다 해도, 추가적으로 혁명이 쉽사리 발발할지도 모릅니다. 우리가 베트남뿐 아니라, 아프리카-아시아 세계에서 떠안고 있는 부담이 유럽만큼이나 어려운 일이라는 사실을 직시합시다. ……그래서 저는 향후 다른 지역을 향한 정책을 통해 이를 상쇄할 필요가 있다고 생각합니다. 베트남과 산토도밍고(도미니카—옮긴이)의 일을 보상하거나, 이로부터 주의를 분산시킬 필요가 있습니다. ……우리는 얼마나 많은 문제를 동시에 다루고자 하는 것일까요? 이 중 적어도 몇은 뒤로 미루어야 하는 일 아닐까요?[108]

제3세계와 냉전 경제 체제

냉전이 시작될 때 세계 경제 체제의 여러 기관은 공산주의를 패퇴시키고,

자본주의 방식의 성장을 촉진한다는 미국의 목적에 부합하도록 새로 고 안되었다. 유럽과 태평양 전선에서 벌어진 제2차 세계대전의 승리 이후 약 25년간 세계 경제 문제를 바라보는 미국의 시각은 국가의 역할에 대 한 강조였다. (이는 그 이전에는 상상하기 어려웠던 일이며, 두 차례의 세계대전과 대공 황을 반영한 것이었다.) 당시 대다수 미국인은 권위주의 정권에 맞서 자유를 방어하기 위해서는 시장 업무에서 국가 및 국제적 차원의 계획 요소를 도입할 필요가 있다고 생각했다. 국제적 수준에서 이와 같은 업무를 위해 고안한 제도가 세계은행과 국제통화기금이다. 이 두 기관은 제3세계에서 냉전의 수행 방식에 매우 중요한 위상을 지니며, 이 기관과 함께 만들어 진 무역 체제는 대부분의 제3세계 국가의 경제 발전에서 매우 결정적인 요소였다.

'브레턴우즈' 체제—1944년 연합국이 모여 전후 세계 경제의 경로를 승인하는 회의를 개최한 뉴햄프셔주의 지명을 따라 붙은 이름—는 케인 스주의 사상의 강한 영향을 받았다. 케인스주의는 정부 간 협력을 통해 1930년대와 같은 위기를 예방하고자 했다. 브레턴우즈 체제의 기본 개념 은 개방 경제와 자본주의 시장의 발전을 선택한 정부들에 미국의 자본을 가능한 한 저렴한 공채로 대출해주는 것이었다. 케인스주의는 이와 같은 방식을 통해 이데올로기적으로 활용될 수 있었다. 소련과 소련이 통제하 고 있는 국가들이 브레턴우즈 체제로부터 이탈하자 이 새로운 기관들은 미국의 패권을 보증하고, 소련의 영향력을 비난하고, 국제 자본주의의 성 장에 기여할 수 있었다. 국제부흥개발은행(IBRD)—훗날의 세계은행—은 외국의 원조가 긴급히 필요한 국가에 장기 자본 대출을 제공했다. 또 국 제통화기금은 국제 무역의 불균형에서 발생하는 환율을 안정화하는 데 필요한 자금을 제공했다. 국제통화기금은 정치·경제의 불안정으로 위협

받고 있는 정권을 돕기 위해 필요했다. (국제통화기금 자체가 그렇게 생각했다.) 국제통화기금의 회원이 되기 위해서는 미국 달러화에 해당 국가의 환율을 고정해야 했으며, 이는 실질적으로 한 국가의 전체 통화 정책이 미국 정부의 정책과 연동된다는 의미였다.

세계은행과 국제통화기금이 애초 산업화한 국가의 필요에 복무하기 위해 만들어졌지만, 이들은 제3세계에도 상당한 영향력을 지니고 있었다. 처음부터 대출과 단기 채권은 해방 전쟁을 억누르기 위해 분투하고 있는 몇몇 식민 권력(특히 프랑스와 포르투갈)을 도왔으며, 만약 이 기관들의 도움이 없었다면 이들 국가는 식민지 전쟁에 착수하지 못했을 것이다. 그 후 제3세계 국가들이 독립하자, 국제 경제 기구는 시장 지향적이고 개방 경제를 채택한 국가들을 그렇지 않은 국가들에 비해 선호했다. 그 결과 채권을 이미 서방의 투자를 받고 있던 반공주의 정권에 주로 제공했다. 미국은 세계은행과 국제통화기금을 통제하며, 이를 냉전에서 강력한 무기로 사용했다. 많은 경우, 세계은행과 국제통화기금은 심지어 개별 정부와 민간 은행이 관련된 경우에도 어떤 국가가 국제 대출과 채권을 받을 수 있고 누가 받을 수 없는지를 결정했다.

국제 경제 제도가 중요성을 더해가던 전후 재건의 시대가 끝나자, 이러한 제도가 원래 하고자 했던 지구적 경제 규율자 역할이 미국 내에서 인기를 잃기에 이르렀다. 이는 미국 내에서 국가의 증대된 역할이 1960년대 후반과 1970년대 초에 비판을 받기 시작했기 때문이다. 1971년 미국 대통령 리처드 닉슨은 국제통화기금이 설정한 가격으로 금을 태환하지 않겠다고 선언하면서 브레턴우즈 체제를 무너뜨렸다. 이후 규제라는 생각 자체가 압력을 받았으며, 이제 고삐 풀린 시장이라는 개념이 부상하기 시작했다. 제3세계 입장에서 볼 때 브레턴우즈 체제의 붕괴는 초기에는 국제 신용 시장에 좀더 용이하게 접근할 수 있다는 걸 의미하기도 했다. 비록 대출 조건이 여전히 존재하기는 했지만 말이다. 그러나 제3세계 국가의 대출 금액이 불어나면서, 전후 경제 체제의 또 하나의 중요한 부분인 무역 조건의 불평등이 점점 더 주목을 받기 시작했다.

모든 지배 세력은 그들의 무역 체제를 설정하고, 이 무역 체제가 '논리적이며', '필요하고' 또는 '공동의 이익을 반영한다'고 주장하곤 했다. 예를 들어 19세기 대부분 기간 동안 영국은 자국 상품과 서비스를 위해 국제 자유 무역을 주창했다. 이를 통해 영국의 기술·생산성 우위를 갖고 최대한의 이익을 얻어내고자 함이었다. 영국과 비교할 때, 미국은 20세기 후반 미국의 경제 모델을 다른 국가에 수출해 그들이 우위를 누릴 수 있다고 강조했다. 미국의 이데올로기와 냉전 차원의 대립으로 인해 미국은 지배적 권력으로서 경제적 이익을 누리는 것만으로는 충분히 만족하지 않았다. 미국은 세계 경제 체제를 창출해 국제적 규칙과 개별 국가의 국내 시장을 미국이 원하는 방식으로 맞추고 싶어 했다. 다른 이데올로기와 마찬가지로 20세기 후반 미국의 시장 이데올로기는 자신의 과거를 쉽게 망각하곤 했다. 예를 들어 19세기 미국의 산업이 발전하는 데 보호주의 정책이 얼마나 효과적이었는지를 말이다. 그러나 미국 모델이 세계에 도움을 준다는 생각은 본래부터 존재했으며, 처음에는 이를 '미국화'라고 불렀다. 그리고 미국이 냉전에서 승리한 이후에는 '지구화'라는 용어로 부르기 시작했다.[109]

3장에서 살펴보았듯 제3세계의 발전 계획이 대부분 예상만큼 진행되지 않은 데에는 제3세계 국가 내부의 여러 역사적이고 정치적인 원인이 존재했다. 그러나 제3세계 국가가 직면한 가장 큰 장애물은 세계 무역 체계에서 제3세계의 자원에는 아주 낮은 가격을 매긴 반면, 제3세계가 수입하고자 하는 공산품과 기술 그리고 기능 등은 매우 가격이 높았다는 점이다. 국제 무역 협정은 주로 '관세 무역 일반 협정(GATT)'을 중심으로 이루어졌다. 그러나 이 협정은 제3세계에서 생산해 북반구로 수출하는 상품과 섬유 제품에 매우 낮은 지위를 부여한 반면, 원자재 가격에는 아무런 조치를 취하지 않았다. 그 결과 시장과 북반구의 기술 진보가 지배하던 원자재 가격이 크게 요동쳤다. 전체적으로 보면 미국이 밝힌 의도와 달리 국제 무역 체제는 빈국과 부국의 수렴이 아니라 '분기(分岐)'를 만들어냈다. 기술이 진보한 것과는 반대로, 천연자원과 관련한 무역 조건은 갈수록 나빠졌기 때문이다. 제3세계 국가의 전형적 외화 수입원이던 천연자원의 수출은 (제3세계 엘리트들의 국내 수입에 더해) 소수 엘리트층의 생활을 유지하고 국가를 운영하는 데는 충분했지만, 제3세계 국가에는 매우 적은 자본 축적만을 허용하며 이들 국가가 자국 경제에 투자할 여력이 없게끔 했다.[110]

제2차 세계대전 이후 제3세계 국가의 천연자원이 지닌 가치의 일반적 무역 조건은 점차 하락하고 있었다. 공산품과 비교하면 더욱 그러했는데, 이는 기술적 변화에 따라 단일 제품에 소모되는 자원의 양을 획기적으로 줄일 수 있었기 때문이다.[111] 제3세계의 가난한 국가가 수출에 의존하던 주요 원자재 가격은 1950~1977년 지속적으로 급락했다. 그리고 미국, 유럽, 동아시아의 신흥 공업국에서 진행된 첨단 기술에 입각한 생산 방식의 등장으로 천연자원의 가격은 급격하게 하락했다. 가격이 하락하자 많은 제3세계 국가는 이익을 유지하기 위해 더 많은 생산을 할 수밖에 없었다. 이를 통해 환경 파괴가 진행되었고, 그들 국가의 경제는 장기적으로 지속 불가능해졌다. 또 제3세계의 천연자원은 공급할 수 있는, 혹은 국내의 인적 자원으로 변환하는 것보다 더 빠른 속도로 고갈되어갔다. 인구 증가와 농업 발전 계획의 실패로 인해 이와 같은 전략은 이전까지 상상하지 못한 정도의 토지 침식과 삼림 벌채로 이어졌다. 특히 이는 수출을 위해 단일 경작에 의존하는 지역에서 특히 심각했다. 대규모 생산을 위해 토지의 강제 수용이나 재정착이 필요해지면서 현지 농민의 재산권이 침해받기도 했다.

대부분의 신생 독립 국가에서 이미 존재했던 이데올로기적 배경을 고려한다면 충분히 예상할 수 있는 일이지만, 좋지 않은 무역 조건은 오히려 국가 사회주의를 향한 신념을 자극했다. 이 체제 내에서 어쩔 도리가 없다면, 몇몇 '종속' 이론 경제학자들이 예측했듯 그 체제에서 이탈하는 게 더 나은 선택일 수 있었다. 그러나 우리가 살펴보았듯 이와 같은 선택을 할 수 있었던 것은 아주 소수의 국가뿐이었다. 대신 1960~1970년대 대부분의 제3세계 국가는 자국 경제를 보호하기 위해서 높은 관세를 통해 보호주의 정책을 펼치거나 수입품 규제, 외환 통제, 국제 금리에 대한 상한선 설정, 최저 임금제, 필수품의 가격 통제, 사적 투자 규제 등을 실시했다. 몇몇 국가는 이와 같은 자급자족 방식을 통해 그들의 이익을 얼마간 유지할 수 있었다. 그러나 대부분의 경우 이는 사기업이 활동하는 데 불필요한 장벽이 되었고, 결과적으로 그들 국가의 자원을 관리하는 데에도 별다른 도움을 주지 못했다. 그 대신 이와 같은 자급자족 정책은 스스로를 전위 정당(avant-garde party)—그러나 사실은 '도둑 국가'—으로 표방한 소수 특권층의 배를 불렸다.

이는 처음에는 미국이 그리고 점차 다른 자본주의 국가가 입안한 여러 발전 원조 계획에도 적용할 수 있다. 종종 이러한 원조는 제3세계가 세계 시장에서 직면한 가혹한 처사에 대한 보상이기도 했다. 또한 식민주의가 끼친 영향에 대한 반성, 혹은 인도주의적 이유로 제공되기도 했다. 그러나 대부분의 미국 원조는 미국 상품을 사야 한다는 조건이 걸려 있거나, 군사 원조와 함께 이뤄졌다. 일부 유럽 국가의 원조(예를 들어 스칸디나비아 국가들)만이 조건을 달지 않았다. 미국과 유럽의 원조 모두 단기적으로는 빈곤을 완화하는 데 기여했다. 많은 발전 원조는 매우 전시적인 계획, 즉 대부분 대규모 또는 휘황찬란한 사회 기반 시설 건설 계획에 낭비되었다. 이는 식민 시대 발전 계획이 지녔던 나쁜 인습의 연속이기도 했다. 게다가 먼 지역의 국가로부터 받는 원조는 매우 쉽게 부정부패 같은 제3세계 국가의 나쁜 행태로 이어졌다.

소련의 원조와 비교할 때 대부분의 미국 원조는 정치 또는 전략적 목적에 투자되었다. 이스라엘은 미국 원조를 가장 많이 받은 국가였다. (건국 시기부터 810억 달러의 원조를 받았다.) 그 뒤를 이어 이집트가 1970년대 초까지 530억 달러를 받았는데, 이와 같은 사실은 이들 국가가 미국의 중동 지역 전략에 얼마나 중요했는지를 보여준다. 남베트남은 국가가 오래 존속하지 못했기 때문에 상대적으로 적은 240억 달러를 받았고, 사하라 이남의 아프리카 지역 전체는 1945년 이후부터 320억 달러를 받았다.[112] 1961년 제정된 대외원조법은 명시적으로 원조를 냉전에 활용하라고 규정했다. 케네디 대통령은 이 법안을 의회에 상정하면서 다음과 같이 결론지었다. "장기간의 공약을 유지하는 소련의 능력이 원조 계획을 통해 다른 발전도상국이 러시아의 지원에 경제적으로 의존하도록 했습니다. 이를 통해 소련은 세계 공산주의의 목표를 이루어나가고 있습니다. 이들 신생 국가는 매우 특별한 이유에서 도움을 필요로 합니다. 예외 없이 이들은 모두 공산주의자의 압력을 받고 있습니다. 많은 경우, 이와 같은 압력은 직접적이며 군사적입니다. 다른 말로 하면, 이 압력은 강력한 체제 전복적 활동의 형태를 띠고 있습니다. 이를 통해 공산주의자는 신생국 사람들이 건설하려는 새로운―그러나 종종 취약한―근대적 제도를 파괴하려 합니다." 미국의 원조는 "경제 성장과 정치적 민주주의가 함께 발전할 수 있다는 걸 보여줄 것입니다"라고 케네디는 선언했다.[113]

대부분의 제3세계 국가들이 천연자원 가격의 하락으로 인해 대출과 원조에 의존하게 되었지만 그중 예외는 석유가 풍부한 나라들이었다. 석유 생산이 늘어나자 이들 국가는 석유 수익을 통해 빈곤을 막는 완충 효과를 누릴 수 있었다. 서유럽 국가와 일본 그리고 미국 자체의 경제 성장은 모두 중동 지역에 존재하는 세계 주요 석유 매장지의 확보가 관건이었다. 인구가 적은 국가, 예를 들어 사우디아라비아나 페르시아만의 소왕국들은 사우디아라비아가 주도한 1973년 아랍-이스라엘 전쟁 이후 석유수출국기구 회원국의 서방을 향한 분노를 활용해 원유 가격을 4배 이상 올리는 방식을 통해 세계 석유 시장 불안정 속에서 큰 부를 획득했다. 미국의 닉슨 행정부는 초기에 석유 원산지를 군사적으로 점령하는 안을 만지작거렸다.[114] 이란과 마찬가지로 중동 지역의 주요 반공 국가이던 사우디아라비아는 미국에 잃어서는 안 될 중요한 국가였다. 그러나 1970년대 내내 이를 안정적으로 유지하는 비용이 지나치게 높아졌다.

대부분의 제3세계 국가들에 1970년대 초는 국가를 유지하기 위해 대출을 감행하던 시기였다. 1970년을 전후하면 제3세계 국가들이 더 많은 대출을 감행하거나 신용을 쉽게 구할 수 있었기 때문에 이들 국가의 부채는 더욱더 커졌다. 은행이 일반적으로 높은 유동성을 확보하고 있어 북반구 국가들의 신용에 대한 요구는 빡빡하지 않았다. 이는 인플레이션을 높이고 실질 이자율에 부정적 영향을 주었다. 다른 표현을 빌리자면, 은행은 심지어 자체적으로 보기에 제3세계 국가들이 대출을 갚을 확률이 높지 않았지만 기꺼이 돈을 빌려주었다. 특히 미국 은행들은 일이 잘못되었을 경우, 정부가 나서서 이 문제의 해결을 도울 것이라고 믿었다. 동시에 미국 정부가 선호하는 제3세계 동맹국(예를 들어 콩고의 모부투 정권)을 지원하면서 이를 통해 이익을 얻고자 했다. 그 결과 대출이라는 노다지 시장이 열렸다. 많은 제3세계 엘리트들은 정권의 단기간 생존이나 몇몇 경우 자신의 부패를 감추기 위해 기꺼이 자국의 미래를 담보로 잡히고 말았다.

1970년을 전후해 미국은 제3세계를 긍정적 의미에서든 부정적 의미에서든 하나의 일체로 만들어내는 데 성공했다. 혁명에 대항하는 정책을 통해 미국은 저항 진영과 아주 기초적인 형태의 제3세계 연대를 만들어냈다. 역설적으로 미국의 개입 정책으로 소련과 연합하는 것이 확실한 선택지가 아니었던 제3세계의 많은 정권이 급진화했다. 우리가 살펴보았듯 1970년대에 세계의 좌익화가 절정에 이른 데에는 더 많은 이유가 있었지만 말이다. 다른 한편, 미국은 미국이 창출한 세계 경제 체계를 통해 많은 국가들이 빈곤을 극복하는 데 필요한 시간을 늘렸다. 이는 제3세계의 많은 지역에서 좌파의 매력을 높였다. 그러나 다음 장에서 살펴보겠지만, 미국의 압력은 제3세계와 서방의 대립을 부추긴 하나의 이유에 불과했다. 사회주의 정권(이들 국가는 자본주의, 미국과의 동맹하고는 전혀 다른 대안을 활용할 수 있었다)의 명백한 성공은 제3세계의 정권과 정당 그리고 운동이 급진화하는 데 큰 영향을 미쳤다.

05 쿠바와 베트남의 도전

1960~1970년대 냉전적 대립의 원동력은 넓게 보면 쿠바와 베트남이라는 신생 혁명 국가의 정책과 관련이 있었다. 쿠바와 베트남은 그들의 혁명을 방어하기 위해 미국에 도전했을 뿐만 아니라, 소련이 설정해놓은 과정(이는 사회주의 발전 단계 및 공산 진영의 대외 개입과 관련이 있었다)에도 도전했다. 1960년대까지 지속해온 냉전에 도전함으로써 쿠바와 베트남은 좌익 국가와 제3세계 운동(그리고 유럽 국가와 미국의 일부 조직)에 영감을 제공했다. 역사가 자주 그러하듯 다른 지역이 받은 영감은 대부분의 경우, 직접적이기보다는 간접적이었으며 종종 쿠바나 베트남 혁명과 관련한 매우 피상적인 지식에 기초를 두었다. 이는 조금 관대하게 표현하면 '창조적 오해'에 가까웠다. 체 게바라와 호치민의 말을 혁명 구호로 외쳤던 제3세계 운동에서 가장 중요했던 사실은 쿠바와 베트남의 혁명이 미국의 군사적 지배나 소련의 정치적 교리가 아니라, 그들을 위한 혁명의 선례를 제시했다는 점이다.

1960년대 초 국제 공산주의 운동에서 중국-소련 분쟁(이하 '중소 분쟁'-옮긴이)이 없었다면, 냉전을 향한 쿠바와 베트남의 도전은 불가능했을 것이다. 스스로를 '제3세계의 우두머리'라고 부르길 좋아했던 마오쩌둥은 소련의 권위를 무시하면서 마르크스-레닌주의를 논했다. 이는 세계 각지의 마르크스주의자들에게 더 많은 재량권이 있다는 것을 의미했다. 마오쩌둥이 좌파의 관점에서 소련을 비판한 사례는 제3세계 혁명가들에게 특히 더 유용했다. 제3세계 혁명가 중 아주 소수만이 중국식 발전 모델을 채택하고 변덕스러운 중국 외교 정책을 따르고자 했을 뿐이지만 말이다. 중국의 행보는 제3세계 혁명가들 역시 중국을 따라 사회주의 건설에 속도를 높이는 그들 나름의 길을 찾을 수 있음을 의미했다. 중소 분쟁은 제3세계의 공산당에 엄청난 기회이자 동시에 위기였다. 중소 분쟁은 공산주의 세계의 중심을 자처하는 두 국가, 즉 중국과 소련 모두로부터 지원을 받을 수 있음을 의미했으며, 많은 공산당이 내부적으로 분열될 수 있음을 의미하기도 했다. 몇몇 경우, 중국 지지파와 소련 지지파로 분열된 제3세계 공산당은 정치적으로 부적절한 처신을 하거나 소아병에 빠지곤 했다.

중소 분쟁과 국경을 넘어선 쿠바와 베트남의 적극적 행동은 소련에 어떤 의미를 지녔을까. 이는 제3세계의 탈식민지화라는 조건 속에서, 유럽 지역 바깥에서 사회주의가 진전될 수 있는 바로 그 순간에 소련의 제3세계 정책이 일종의 압력을 받게 되었음을 의미했다. 흐루쇼프뿐 아니라 그를 승계한 1964년 10월의 레오니트 브레즈네프(Leonid Brezhnev), 알렉세이 코시긴(Aleksei Kosygin), 니콜라이 포드고르니(Nikolai Podgornyi) 3두 체제를 포함해 1960년대 소련 지도부가 제3세계를 바라보는 사고방식은 크게 세 가지였다. 먼저 소련 지도부는 중소 분쟁(그리고 1966년 이후에는 소련

안보를 해치는 중국의 위협)에 사로잡혀 있었다. 한편 소련 지도부는 제3세계 혁명이 지닌 잠재력을 서서히 긍정적으로 재평가하기 시작했다. 하지만 자료에서 드러난 소련 지도부의 입장은 미국과 대결하고자 하는 쿠바와 베트남의 의지에 짜증과 두려움을 동시에 느끼고 있었다. 이 모든 요소가 결합해 오랫동안 소련의 제3세계 정책은 불확실한 상태로 남아 있었다. 1958~1962년 동안 소련이 제3세계에 자기도취적으로 개입했다면, 이후 1960년대 소련의 제3세계 정책은 의심과 실망으로 가득했다. 소련이 적극적인 신외교 정책을 추진한 것은 1970년대의 일이다.

미국의 제3세계 정책은 소련과 비교했을 때 상대적 일관성을 보여주었다. 비록 미국의 제3세계 정책이 베트남 전쟁의 그늘 속에서 진행되긴 했지만 말이다. 1964년부터 미국이 베트남 내전에 점점 더 깊이 개입하면서, 제3세계의 사태 전개가 미국에 즉각적 위협을 준다는 히스테리적 반응(이는 아이젠하워 행정부 후반기와 케네디 행정부 내내 존재했다)은 역설적으로 점차 완화되었다. 1960년대 중반 제3세계에서 발발한 정치적 사건이 소련과의 동맹이라는 위험한 관계로 이어지지 않았기 때문에 이와 같은 완화된 입장이 가능했다. 인도네시아, 알제리, 가나(이들 국가는 모두 제3세계를 위한 전투에서 매우 핵심적인 지역이었다)는 군사 쿠데타를 통해 소련의 영향권을 벗어나 미국과의 연대로 돌아서기 시작했다. [물론 미국은 인도네시아·가나·콩고의 독재자를 전적으로 지지했다. 하지만 여전히 온건한 사회주의적 정책을 추구하는 알제리 군부의 우아리 부메디엔(Houari Boumedienne)―벤 벨라 정권에서 국방장관을 역임한 인물―에게는 유보적이었다.] 존슨 행정부에서 가장 중요했던 사실은 이와 같은 제3세계에서의 '승리'가 미국의 대규모 공개 개입이나 비밀 작전을 통해 이루어지지 않았다는 점이다. 성공의 밑바탕에는 CIA가 이끈 소규모 작전과 미국의 오랜 인내가 있었다. 물론 베트남처럼 소련이나 중국이 작전 능력을 지니고 동맹국을 지원하기 위해 직접 개입할 수 있는 지역은 논외였지만 말이다. (이번 장에서 언급하는 콩고는 콩고민주공화국, 즉 이전의 '자이르' 지역을 의미한다―옮긴이.)

1960년대의 성공은 그러나 1960년대 말까지 그대로 유지되지 않았다. 존슨 행정부의 일부 정책 보좌진은 반공 쿠데타(베트남에서는 매우 파괴적인 효과를 낳았다)를 통해 성취감과 '할 수 있다'는 자신감을 지니고 있었지만, 도처에서 진행되는 불온한 움직임을 모두 막을 수는 없었다. 로버트 S. 맥나마라 국방장관은 이렇게 말했다. "제방을 막아야 했지만 우리가 지니고 있는 수단은 너무 적었습니다." 미국은 이들 지역에서 진전을 이루어 내기보다는 현상 유지를 원했다. 이와 같은 감각은 당연히 미국이 베트남에서 겪은 악몽에서 비롯되었다. 존슨 행정부 임기 마지막에 오직 맥나마라 같은 인물만이 깨어나고 있었다. 제3세계에서 벌어지고 있는 여러 '베트남'에 대한 공포는 미국의 자기 충족적 예언이기도 했다. 베트남 전쟁으로 인해 미국은 제3세계의 여러 정치 활동가 집단과 멀어지고 있었다. 또 베트남을 향한 미국의 집착으로 인해 존슨 행정부의 제3세계 빈곤 완화 정책과 무역 조건 개선 정책이 제대로 이뤄지지 못했다. 미국과 마찬가지로 제3세계에서도 존슨 행정부의 정책은 존슨이 하고자 했던 사회 개혁보다는 차라리 전쟁과 억압의 동의어에 가까웠다.

중소 분쟁과 제3세계

니키타 흐루쇼프와 소련 지도부에 중소 분쟁은 소련의 제3세계 정책에서 새로운 출발점이었다. 소련은 1966년 중국에서 문화대혁명이 발발하기 이전까지는 두 국가의 관계가 개선되리라는 희망을 품기도 했다. 그러나 동시에 중소 분쟁은 소련이 정책을 추진할 때마다 중국의 눈치를 보지 않아도 된다는 걸 의미하기도 했다. 하지만 소련 지도부는 중소 분쟁의 원인에서 당혹감을 느꼈다. 흐루쇼프는 마오쩌둥에게 미국을 향한 소련의 데탕트 정책이 전술적인 것이지, 국제적 계급 투쟁을 포기한 것은 아니라고 반복해서 주장했다. 소련 지도부는 제3세계에서 늘어난 소련의 활동을 그 증거로 제시했다. 소련 정책의 목적은 공산 진영이 혁명 정당과 좌익 정권에 관여해 미국의 아프리카·아시아·라틴아메리카에서의 지위에 도전하고, 동시에 미국과의 양자 관계와 유럽 문제에 데탕트 전술을 펴는 것이었다.

그러나 모든 제3세계 지도자들이 데탕트의 전술적 측면을 이해하는 것은 아니라고 흐루쇼프는 불평했다. 1963년 소련공산당 중앙위원회에서 그는 쿠바 지도자 피델 카스트로와의 대화를 언급했다.

카스트로는 우울해하고 있었습니다. 그는 미국인들이 개자식이라고 말했습니다. 나는 카스트로에게 말했습니다. 그들은 개자식이 아니라 단순한 자본주의자에 불과하며, 그들 계급을 반영한 정책을 추구하고 있을 뿐이라고 말입니다. 카스트로는 미국인이 쿠바에 반혁명 종자들을 보내고 있다고 말했습니다. 나는 카스트로에게 이렇게 대답했습니다. "그럼 미국이 쿠바에 무엇을 보내기를 기대했습니까? 선물을 기대했습니까? ······소련이 건국되었을 때 미국은 우리에게 대항하는 군대를 보냈습니다. ······하지만 반대로 보면 우리가 보낼 곳을 찾아내거나 어딘가에 허점이 있다면, 우리 역시 그곳으로 누군가를 보내리라는 것입니다. 바로 이것이 '평화 공존'입니다."[1]

모스크바가 보기에 소련의 평화 공존 정책을 향한 중국의 공개적이고 날선 비판(이러한 비판의 근거는 데탕트와 소련이 비공산주의 좌파 정권에 관여한다는 것이었다)은 중국이 마르크스주의를 무시하고, '쇼비니즘적 경향'에 사로잡혔다는 증거였다. 특히 소련을 향한 비판은 차치하더라도, 중국의 비판이 소련-인도의 우호적인 관계를 겨냥하자 이는 더욱 그러해 보였다. 1960년대 초반을 거치며 소련은 점점 더 마오쩌둥의 진짜 목적이 국제적인 공산주의 대국으로서 소련을 대체하는 것이며, 이를 위한 수단으로서 제3세계 관계를 이용한다고 생각했다.

중소 분쟁의 원인으로 소련이 중국의 민족주의를 지목한 것은 반은 맞고 반은 틀렸다. 최근 확인 가능해진 중국 자료들은 마오쩌둥의 주요 목적이 1950년대의 동맹 형태를 끝내고, 중국의 주체적인 정책을 추구하기 위한 자율성을 완전히 얻는 데 있었다는 점을 보여준다. 더욱이 마오쩌둥의 초점은 외교 정책보다는 중국의 국내 발전에 있었다. 사실 마오쩌둥은 국제 문제에서 소련보다 더 강경하게 미국에 맞서고 싶어 했지만, 적어도 이는 말로만 그러했다. 마오쩌둥의 진짜 관심은 중화인민공화국의 건국과 1949~1950년의 중소 동맹 체결로 시작된 중국 혁명 자체의 진로에 있었다. 그는 중국공산당 내에서 중국 인민이 혁명의 주도권을 쥐지 못하고 관료와 계획자가 중국 사회의 새로운 지배 계급이 되어가는 풍조를 목도했다. 1950년대 후반부터 마오쩌둥은 중국에서 진행된 소련 모델의 완전한 이식을 점점 더 비판하기 시작했다. 왜냐하면 소련 모델의 이식은 중국에서 사회주의, 궁극적으로는 공산주의가 충분히 발전하는 일을 막고 있었기 때문이다. 이를 위해 마오쩌둥은 소련식 중앙 집권 모델이 아니라, 인민의 대중 행동에 의지한 이른바 '대약진운동'을 추진했다. 대약진운동은 1959년에 처참한 실패로 끝났지만, 마오쩌둥은 중국공산당의 일부 당 동지들이 인민(마오쩌둥 자신을 포함해)을 억누르고 있으며, 소련이 마오쩌둥의 정적을 지원했다고 의심했다. 중국 입장에서 중소 분쟁의 주요 원인은 '민족주의'일 수 있으나, 이는 국제적 차원이 아니라 국내적인 것이었다. 또한 이는 마오쩌둥의 독특한 마르크스주의 해석과도 관련이 있었다.

중소 분쟁은 1960년 5월 루마니아공산당 대회에서 중국과 소련 대표가 대립한 직후인 1960년 여름 중국에 있던 대부분의 소련 기술 자문단이 철수하면서 전면에 드러나기 시작했다. 이후 중국과 소련은 국제 공산주의 운동에서 동맹국을 확보하기 위해 굉장한 노력을 기울였다. 중국은 알바니아를 제외한 유럽 공산당들이 중국의 관점을 지지할 거라고 생각하지 않았다. 그리하여 중국은 대부분의 선전 사업을 제3세계에서 집중적으로 진행했다. 마오쩌둥은 흐루쇼프 지배하의 소련 사회가 반(反)혁명 단계에 진입했으며, 소련이 레닌주의와 스탈린주의의 유산을 버리고 점점 더 서방 제국주의 국가와 유사해진다고 보았다. 중국 북쪽의 이웃 국가인 소련을 향한 두려움에서, 마오쩌둥은 1960년대 초 소련이 혁명 전의 러시아로 회귀하고 있다고 생각했다. 소련과 서방의 문화적 유사성은 소련의 국제 정치적 위상을 결정했다. 소련은 자기중심적이고 현실에 안주하는 서방 문화의 일원이 되었으며, 혁명 중국은 제3세계 국가들과 함께 이와 같은 소련의 제국주의에 맞서 싸울 예정이었다. 이른바 '3개 세계론'은 스탈린주의적 주제를 마오쩌둥이 1964년에 새롭게 변형한 것이었다. '3개 세계론'은 초강대국인 미국과 소련을 '제1세계'로 정의하고, 초강대국이 그들 패권의 기반을 쌓고 있는 선진화한 산업 국가를 '제2세계'로 보았다. 그리고 중국을 비롯해 남반구의 가난한 국가들이 '제3세계'를 구성했다. 제3세계 국가들은 초강대국에 대항하는 혁명을 수행해 국제적

발전을 이끄는 미래의 중심이 될 터였다.[2]

　1960~1966년 중국의 적극적인 제3세계 정책은 그 정점을 맞이했다. 초기에 중국 공산주의자는 그들의 목적에 맞추어 다른 국가와 정당의 연결을 능숙하게 하는 것처럼 보였다. 제3세계의 국제 프롤레타리아가 제국주의에 맞서 싸운다는 마오쩌둥의 정의는 1920년대 술탄 갈리에프의 주장과 닮아 있었다. 많은 제3세계 공산주의자와 좌익에게 이와 같은 주장은 매우 매력적이었다. 대중 동원 전략, '인민'의 창조적 힘을 강조하고 기술의 미숙함을 노력과 활력을 통해 극복할 수 있다는 마오주의의 주의주의(主意主義)는 공산주의가 먼 미래가 아니라 지금 여기에서 이루어질 수 있다고 강조했다. 이는 마르크스주의자뿐 아니라 민족주의적 혁명가들에게도 아주 매력적일 수 있는 발전 모델이었다. 우리가 3장에서 살펴본 몇몇 급진주의자들은 마오쩌둥의 주장이야말로 제3세계에 완벽하게 적용된 사회주의라고 인식했다. 인도네시아공산당의 강력한 지도자 디파 아이디트(Dipa Aidit)는 1964년 1월 이렇게 적었다. "세계 도처에 존재하고 있는 제국주의하에서, 공산주의를 건설하기 위해 노력하고 있는 소련은 후진 국가들의 희생 아래 '부유하고 뚱뚱한 고양이'가 되어간다. 그리고 이들은 혁명적 정신을 잃고 있다. ……소련을 보면 우리는 그들이 얼마나 높은 생활 수준을 이룩했는지 알 수 있다. 그러나 우리는 동시에 소련이 얼마나 혁명적 열정을 잃었는지를 발견할 수 있다."[3]

　중국과 소련의 제3세계 경쟁이 가장 극단적으로 전개된 국면은 1963년 여름이었다. 이 시기 중국-소련의 동맹은 두 공산당 간 대화가 줄곧 실패하면서 최종적으로 붕괴하기에 이른다. 1963년 7월 모스크바에서 열린 중국공산당-소련공산당 회담 때, 중국 측 대표 덩샤오핑은 소련의 중국 공격을 비판했다. "소련은 매우 날카롭고 매우 극단적인 형태로, 또 매우 조직적인 방법으로, 중국에 대규모 피해를 입히려 하고 있습니다. …… 소련에 이와 같은 것은 매우 익숙한 방법들이겠지만 말입니다."[4] 중국 국가주석 류사오치(劉少奇)와 총리 저우언라이는 1963년에만 제3세계에 속한 20개국을 외교적 목적으로 방문했다. 여기에는 급진 민족주의 정권인 인도네시아·버마·이집트·알제리·가나가 포함되었으며, 이는 중국이 제3세계 공세의 선봉에 있다는 신호를 주었다. 중국은 이들 국가에 저리의 차관을 제공했으며, 그 이전과 비교해 더 거대한 규모로 제3세계 국가에 군사 전문가를 포함한 자문단을 파견했다. 중국의 자금 및 건설 지원을 받은 가장 대표적인 사업은 내륙국인 잠비아와 탄자니아의 해안을 잇는 철도 건설이었다. 뒤에서 좀더 살펴보겠지만 베트남과 인도네시아에서 중국은 현지 공산당의 가장 가까운 국제 동맹이었다.

그러나 중국이 소련의 자리를 대신해 제3세계 사회주의에 열망을 주기 위해 노력했지만, 이는 처음부터 삐걱거렸으며 시간이 지날수록 상황은 중국에 점점 더 불리해졌다. 중국-인도 국경 분쟁은 1959년에 국지전으로 시작해 1962년에는 단기간의 전쟁으로 이어졌다. 중국-인도 전쟁은 제3세계의 지도자가 되겠다는 중국의 권위에 큰 손상을 입혔다. 제3세계의 많은 정치인이 네루의 오만불손한 태도에 분개한 것은 사실이지만, 중국-인도 전쟁에서 중국의 목표와 행동은 중국이 매우 편협한 민족주의적 정책을 추진하고 있다는 인상을 주었다. 그러나 중국의 제3세계 정책의 진짜 문제는 인도와의 충돌보다 더 심층에 존재하고 있었다. 중국공산당 지도부 중 외국인과 어떠한 형태로든 협력 사업을 해본 경험을 가진 인물은 극소수에 불과했다. 그렇기에 중국공산당 지도자들이 참조할 수 있는 대상은 미국·소련과 마찬가지로 중국 자체의 경험이나 이데올로기일 수밖에 없었다. 문화대혁명(이는 마오쩌둥이 중국을 사회주의 근대성에 이르게 하려는 마지막 시도였다. 마오쩌둥은 사회주의 근대성이야말로 그 자신의 위대한 유산이 될 거라고 생각했다)의 개시는 중국중심주의적 태도가 강해졌음을 의미했다. 이제 중국이 보기에, 다른 제3세계 국가가 성공을 거두려면 그들은 마오주의로부터 무언가를 배워야 했다. 1966년 말 많은 국가·당 그리고 운동 조직은 중국의 자랑을 더 이상 듣지 않으려 했으며, 중국이 자국의 문제에 허가도 받지 않고 개입한다고 생각하기 시작했다.

문화대혁명의 도래는 중국이 점점 관심사의 방향을 중국 내부로 돌리고 있음을 의미했다. 마오쩌둥의 유능한 외교 사절이던 류사오치와 저우언라이의 경우를 보자. 류사오치는 문화대혁명 기간 중 사망했다. 또 저우언라이는 그 역할이 줄어들어 그가 싫어한 교리적이고 자기 파괴적인 정책을 대변하는 서글픈 역할밖에 할 수 없었다. 1967년 중국 외교 정책은 실질적으로 거의 존재하지 않게 되었으며, 홍위병이 외교부를 점령하고 샅샅이 수색하는 상황에 이르고 말았다. 중국의 모든 해외 주재 대사는 베이징으로 소환되어 정치적 재교육을 받아야 했다. 중국 주재 영국 대사관도 공격을 받았고, 젊은 마오주의자들이 중국 주재 소련 대사관을 몇 달간 포위했다. 심지어 중국의 가장 가까운 동맹국들 역시 문화대혁명에 손사래를 쳤다. 북한 지도자 김일성은 문화대혁명을 "믿을 수 없는 광기"라고 표현했다. 이 말을 들은 중국의 마오주의 홍위병들은 그들대로 북한을 "수정주의"라고 비난했다.[5] 1966년 10월 5일 열린 조선로동당 당대표자회 연설에서 김일성은 "이와 함께 미제를 반대한다고 큰소리만 치고 미제의 침략을 저지하기 위한 구체적 행동을 취하지 않는 일도 잘못입니다. 더욱이 반제국주의 역량이 단합해 미제 침략자들에게 타격을 주기 위한 실제적인 대책을 취하는 데 난관을 조성하는 일은 없어야 할 것입니다"라고 발언했다.[6] 이는 명백히 중국을 겨냥한 발언이었다. 중국은 소련과 어떠한 형태로든 협력하는 일을 거부했으며, 그 일환으로 베트남 원조에도 소극적이었다. 이로 인해 중국과 오랜 관계를 맺어온 김일성과 중국의 관계는 소원해졌다.

소련 입장에서 중소 동맹의 붕괴는 중국과 소련이 1950년대에 많은 노력과 투자, 희망을 들여 함께 제창했던 거대한 반미 동맹의 붕괴 이상의 의미를 지녔다. 중국의 도전을 막는 일은 곧 국제적 차원의 소련 외교 정책의 우선순위를 차지했다. 그리고 1960년대 중반부터 중국과의 분쟁은 안보 위협으로 바뀌었다. 1963년 5월 모스크바에서 열릴 중소 대화(이는 처참한 실패로 끝났다)를 준비하기 위해, 중국 주재 소련 대사 스테판 체르보넨코(Stepan Chervonenko)는 정치국 위원이자 당시 중국과의 관계를 담당하는 실무진을 이끌고 있던 미하일 수슬로프(Mikhail Suslov)에게 장문의 전보를 보냈다. 이 보고서에서 체르보넨코 대사는 다음과 같이 명쾌한 입장을 밝혔다. "현재 진행되고 있는 중국 지도부의 정책이 형제 당 간의 단결을 무너뜨리고 있음은 의심할 여지가 없습니다. ……전위가 되기를 열망하는 중국 지도부의 열망은 대한(大漢)민족주의에 뿌리를 두고 있으며, 이는 국제 공산주의 운동을 전복하고 소련공산당의 위신을 떨어뜨려 세계의 지도자가 되려는 목표를 세우고 있습니다." 특히 체르보넨코는 중국의 목표가 "아시아와 아프리카에서 도전하기 어려울 정도의 확고한 정치적 영향력을 구축하는 데 있습니다"라고 언급했다. 그러나 그는 중국이 동유럽과 서유럽 공산당에 지니고 있는 소련의 영향력을 분쇄하려 하지 않을까 우려하기도 했다. 체르보넨코 대사(그리고 이를 눈여겨본 수슬로프 모두)의 보고서는 중국이 세계에서 소련의 지위를 전면적으로 공격한다는 것에 동의했으며, 적어도 중국이 제3세계에서는 소련의 영향력을 분쇄하는 데 성공할 수 있을 거라고 생각했다.[7]

1963년 후반, 소련 외교부는 중국이 소련과 협력하는 제3세계 국가를 소련으로부터 이탈시키려는 대규모 계획을 감행하고 있다고 보고했다. 중국은 '러시아' 역시 유럽인이므로 제3세계 민중은 유럽의 영향력에 함께 맞서 싸워야 한다고 주장했다. 이는 소련의 오래된 동맹국들 역시 흔들릴 정도로 강력한 선전이 아닐 수 없었다. 소련이 보기에 북한은 1962년 후반부터 중국 진영으로 넘어갔으며, 북베트남도 1963년 가을부터는 친중 노선을 보이고 있었다. 소련 외교부 극비 보고서에 따르면 중국은 "돈과 시간을 아끼지 않았으며, 가장 무용한 방법들(공갈, 아첨, 뇌물)도 피하지 않았다. 그러면서 중국은 분열과 변절을 꾀했다".[8] 알제리 주재 소련 대사관은 중국에서 들어온 "몇 톤에 달하는 중국의 선전 문학"이 "적절한 대항 조치를 취하지 않고 있는" 소련을 비난하고 있다는 사실을 보고했다.[9] 부룬디 주재 소련 대사관은 왕비가 중국 대표로부터 6만 달러를 비밀리에 수령했다는 사실을 걱정스럽게 보고했다.[10] 모리셔스의 수도 포트루이스(Port Louis)에서 소련공산당 대표는 중국공산당을 국제 무대에서 지원해달라는 목표를 달성하기 위해 중국인이 모리셔스공산당 대표에게 뇌물을 주는 광경을 목격하기도 했다.[11] 1965년 제3세계에서 소련의 노력은 소국이든 소련의 이익에서 멀리 존재하는 국가이든 상관없이 모두 중국의 반격에 직면하고 있었다.

문화대혁명의 발발로 중국 외교 정책이 자멸한 이후, 중국이 제3세계를 차지할 거라는 공포는 점차 가라앉았다. 그럼에도 불구하고 소련의 안보 우려는 더욱 커졌다. 1967년 소련의 코시긴 총리는 미국과 영국 지도자에게 소련은 서방이 아니라 중국을 가장 큰 위협으로 여기고 있다고 말했다. 코시긴은 영국 총리 해럴드 윌슨(Harold Wilson)에게 이렇게 말했다. "생각해보십시오. 중국이 모든 것을 잃게 된 후, 군사화에 모든 것을 투자해 군대를 기르게 된다면 말이지요. 그렇게 된다면 그들은 어마어마한 병력을 보유할 수 있을 것입니다."[12] 존슨 대통령에 따르면 뉴저지의 글래스보로 (Glassboro)에서 진행된 정상 회의 때 코시긴은 줄곧 "중국 문제에 대한 강박에 시달리고 있었으며, 줄곧 우리 미국인이 중국인은 매우 위험한 사람들이라는 사실을 더 잘 이해하고 있으리라는 점"을 강조했다.[13] 마오쩌둥은 문화대혁명 이전 소련과의 긴장을 높이기 위해 중국-소련의 국경 문제를 활용했다. 이제 중국과 소련 간 국경 문제는 소련 외교 정책이 당면한 가장 위험한 골칫거리가 되고 말았다. 1964년 7월 마오쩌둥은 중국을 방문한 일본 사회주의자들과의 만남에서 발표한 성명을 통해 다음과 같이 말했다. "약 한 세기 전에 바이칼은 러시아 영토가 되었고, 이어 블라디보스토크·하바롭스크·캄차카와 그 밖의 다른 지역이 소련의 영토가 되었습니다. 우리는 아직 이 목록에 대한 청구서를 집행하지 않았습니다."[14]

소련 입장에서 중소 분쟁은 세계의 상황이 소련에 호의적으로 변하고 있다고 모스크바가 실제로 믿었던 시기와 맞물려 일어났기 때문에 더욱 더 비극이 아닐 수 없었다. 소련 내부에서는 탈스탈린화와 1950년대 후반의 현격한 기술적 진보를 통해 인민을 위해 복무한다는 새로운 형태의 열정, 그리고 사회주의 이념을 향한 열정이 적어도 몇몇 분야에서 등장하기도 했다. 스탈린 시대 후반에 나타난 차가운 냉소주의와 스탈린 사후 지도부 내에서 발생한 대립은 이제 사라진 것처럼 보였다. 소련인의 생활 수준은 높아져갔고, 대규모 계획(요컨대 처녀지 계획 같은)도 진행 중이었다. 이와 같이 소련이 국내적 자존심을 회복했을 때, 탈식민지화를 맞이한 여러 제3세계 국가의 신생 정권들은 소련의 경험을 배우고자 했으며, 이는 소련이 자신감을 얻는 데에도 도움을 주었다. 이는 흐루쇼프가 말한 것처럼 소련에 있어 '세계사적 기회'였으며, 이를 통해 소련은 사회주의 국가로 이뤄진 세계 공동체를 만들고, 궁극적으로는 제국주의 국가 내에서 혁명을 도모할 수 있을 터였다.

소련공산당 지도자 니키타 흐루쇼프는 이처럼 새롭고 열정적인 제3세계 접근법을 취하고 있었다. 1960년대 초까지 그의 맞상대였던 미국의 존 F. 케네디와 마찬가지로 흐루쇼프는 자신의 집권기가 제3세계의 해방을 위한 일종의 돌파구라고 정의했다. 흐루쇼프는 탈식민지화를 통해 소련이 운신의 폭을 넓힐 수 있는 새로운 세계가 열렸다고 보았다.

우리 소련은 자유, 민주주의와 사회주의 원리에 기초한 세계의 갱신에 참여하고 있습니다. 이는 매우 다른 혁명적·민주적 운동이 단결하고 상호 작용하는 거대한 역사적 과정입니다. 여기에 사회주의 혁명은 결정적 영향을 미치고 있습니다. 민족 해방 운동이 성공을 거둔다면, 이는 사회주의의 승리에 큰 영향을 미칠 것입니다. 이는 제국주의에 맞서 투쟁을 벌이고 있는 사회주의의 국제적 지위를 강화해줄 것입니다. 공산당과 사회주의 국가의 정책이 독립 투쟁을 벌이거나, 이미 독립을 쟁취할 인민과 긴밀한 동맹을 맺고 이를 강화하는 데 목적을 두어야 한다는 것은 진정한 레닌주의의 개념에 기초를 둔 역사적 과정입니다.

제3세계에 새로운 여명이 왔다는 흐루쇼프의 조급한 평가는 소련의 정치 이론이 이와 같은 현상은 왜 발생했으며, 아시아·아프리카·라틴아메리카의 미래가 어떻게 되어야 하는지를 두고 새로운 청사진을 제시할 수 있어야 함을 의미했다. 스탈린식 결정론에 따르면 인간 사회는 모든 국가와 대륙에서 일정한 발전 유형을 순서대로 거치면서 발전해나간다. 그러나 1950년대 후반부터 스탈린식의 결정론은 약화하고 있었다. 제3세계와 사회주의가 이론적 차원에서 모순될 수 있다는 사실을 발견하기 시작했기 때문이다. 당대 소련의 분위기는 중국의 분위기와 많은 면에서 유사했다. 소련은 공공 정책과 외교 정책의 자발적 측면을 강화하고자 했다. 마오쩌둥의 대약진운동 구호인 "더 많이, 더 빨리, 더 좋게, 좀더 절약해서 사회주의를 건설하자!"는 1960년대 소련의 선전에도 충분히 활용될 수 있었다.

소련 국내에서 사회주의를 건설하는 데 있어 등장한 새로운 열정과 더불어, 소련 지도부는 제3세계 사회 변화의 성격을 광범위하게 재평가하기 시작했다. 이는 소련의 제3세계 정책에도 크나큰 함의를 던져주었다. 미국과 마찬가지로 세계 정치를 연구하던 사회과학자들이 이와 같은 재평가의 선두에 섰다. 미국의 근대화 이론과 유사하게도 당시 소련의 이론은 제3세계를 향한 과거의 의구심(주로 인종주의적인 것이었다)을 거둬들이고 있었다. '발전'은 이제 모든 이에게 열려 있었고, 소련의 마르크스주의 이론은 제3세계를 강조하며 제3세계 민중 스스로의 힘으로 급속하고 성공적인 혁명을 이루어낼 수 있다고 말하고 있었다. 이제 소련은 제3세계의 생산 관계에서 나타나는 '후진성'이 아니라 사회주의로 나아갈 수 있는 길을 더 강조하기 시작했다. 소련의 신세대 사회과학자들의 설명을 따르면, 제3세계의 후진성은 기본적으로 외세의 착취로 인해 나타났다. 외세의 착취만 없다면 제3세계의 생산력은 이제 완전히 자유를 얻어 기존의 낡은 계급 관계를 빠르게 철폐할 수 있을 터였다. 이는 생산력 발전 측면에서 보면, 인위적 제약 아래에서 노동을 했을 때에 비해 이들 제3세계 국가들이 훨씬 더 신속하게 사회주의로 나아갈 수 있을 것이라는 뜻이었다.

제3세계를 바라보는 소련의 긍정적 태도는 소련 사회과학자들의 '사회에서 활발히 활동하고 있는 신세력'에 대한 연구에 기초를 두고 있었다.

이 신세력은 다름 아닌 교육받은 제3세계 엘리트였다. 이들은 국가 공무원이거나 군대에 소속되어 있고, 이데올로기적으로 말하면 '사회주의 의식' 빼고는 모든 걸 갖춘 이들이었다. 자본주의 체제 자체가 이전 식민지 모국과의 협력을 함축하고 있었으므로 심지어 공산주의에 의구심을 품은 제3세계 엘리트들 역시 다시 자본주의의 길을 택하는 방안을 탐탁지 않게 여겼다. 제국주의 침략에 대항해 국가를 지속적으로 방어하는 데 앞선 몇몇 군부 엘리트는 공산주의 선전에 점점 관심을 두기 시작했다. 다른 말로 하면, 탈식민 국가의 엘리트들은 본질적으로 사회주의에 끌리고 있었다. 그들이 아직 마르크스주의가 지닌 과학성의 매력을 깨닫지 못한 상황이었음에도 말이다.

1960년대 초에 처음으로 상한가를 맞이한 제3세계에 대한 새로운 사고는 점점 레닌의 노동 계급론을 차용하기 시작했다. 레닌의 노동 계급론에 따르면 몇몇 경우에는 외부로부터 계급 의식을 노동 계급에 주입할 필요가 있었다. 아프리카·아시아·라틴아메리카에 이를 적용하면, 새로운 마르크스주의 엘리트들이 소련의 도움을 받아 단결감과 혁명적 잠재력이 막 태동하고 있던 노동 계급에 계급 의식을 불어넣는다는 것을 의미했다. 몇몇 관찰자들이 지적했듯 이와 같은 돌파를 위해 가장 필요했던 것은 과학적 마르크스-레닌주의 사회 이론과 소련에 대해 '국제주의적' 태도를 지닌 소수 엘리트 집단이었다. 스탈린이 줄곧 소련은 독특한 길(스탈린은 1917년 11월 쿠데타의 실상과 그 당시 소련공산당에도 노동 계급적 기초가 부족했다는 사실을 두고 애매모호한 태도를 보였다)을 걸어왔다는 암시를 주고자 했다면, 소련 신지도부는 소련의 경험이 다른 국가들의 사회 변화를 위한 일종의 유형으로서 매우 실용적 지침을 제공한다고 판단했다. 비록 이는 매우 넓은 의미에서 소련과 매우 다른 맥락에 있던 제3세계에 적용될 것이었지만 말이다. 흥미롭게도 소련의 제3세계 정책에서 가장 열정적이었던 일부 소수 적극론자들은 소련의 경험을 좀더 사실에 부합하는 방향으로 재고하고자 했다. 이들 소수파는 훗날 1980년대 소련 내 개혁에서 중요한 역할을 맡게 된다.

1920년대 초 코민테른을 통해 직접 개입에 적극적 면모를 보였던 때를 소련의 제3세계 정책의 '제1기'라고 본다면, 1960년대는 소련의 적극적 제3세계 정책의 '제2기'라고 볼 수 있다. 그러나 두 번째 국면은 기껏해야 수년밖에 지속되지 못했다. 1960년대 초에 이미 지도부 차원에서 소련이 아시아, 아프리카, 라틴아메리카의 사회 변화에 기여할 수 있다는 열정은 식어가고 있었다. 여기에는 몇 가지 이유가 있었는데, 그중 몇몇 원인은 매우 명백했다. 소련 지도부는 중소 분쟁 속에서 제3세계 국가와의 협력을 부정적으로 인식했다. 소련의 대규모 원조 계획은 이제 돈과 노력의 낭비로 보였다. 소련의 원조에 돌아온 답변은 중국의 배은망덕한 태도와 노골적인 적개심뿐이었다. 또 소련의 핵무기를 쿠바에 비밀리에 배치한 사건으로 야기된 쿠바 미사일 위기는 미국과 소련이라는 초강대국을 전쟁 직전까지 몰고 갔다. 쿠바 미사일 위기를 통해 소련 지도부는 자국 본토와 멀리 떨어져 있고 쉽게 통제하기 어려운 지역에 섣불리 개입하는 일이 얼마나 위험한지를 깨달았다. 다음에 살펴보겠지만, 쿠바에서 미사일을 철수한 사실을 두고 쿠바가 얼굴을 붉히면서 소련을 비난하자 소련 지도부는 이에 두려움을 느꼈다. 결과적으로 쿠바 미사일 위기 이후 한동안 소련은 제3세계에 대한 직접적인 군사 개입을 주저했다.

중국과의 대립 그리고 쿠바 미사일 위기뿐만 아니라 그동안 수면에 잘 드러나지 않았지만 흐루쇼프가 물러나기 전에도 이미 소련 쪽에서는 제3세계 개입을 향한 우려가 커지고 있었다. 콩고에서 발발한 일련의 사건은 소련이 자국으로부터 먼 지역에서 군사 작전을 수행하기 어렵다는 점을 드러냈다. 루뭄바가 소련에 구원을 요청했을 당시, 실제로 소련군에 대규모 작전 개시 명령이 하달되었다 하더라도 소련군이 택할 수 있는 수단은 많지 않았다. 가장 큰 문제는 소련이 멀리 떨어진 분쟁 지역으로 붉은 군대를 신속하게 파병해 수륙 양용 작전을 수행하거나, 헬리콥터를 통해 낙하산 부대를 투하할 수 있는 해군 함대가 부재하다는 점이었다. 소련에는 제3세계 지역에 공중 수송을 할 수 있는 체계가 마련되어 있지 않았으며, 소련군이 이와 같은 작전을 수행할 수 있는 해외 기지도 확보하고 있지 못했다. 소련 지도부는 콩고 사건을 거치면서 소련이 제3세계에서 매우 제한적인 능력만을 갖고 있다는 사실을 깨달았다. 그리고 소련 지도부는 소련의 잠재적 작전 능력을 높이기 위해서는 매우 긴 시간이 걸릴 거라고 판단하고 있었다. 왜냐하면 이는 군사력의 전반적 강화와 맞물린 과제였기 때문이다. 군사력을 증강하기 위해서는 이미 소련 예산의 4분의 1 이상을 차지하고 있는 군사비를 더 늘려야만 했다. 그러나 흐루쇼프는 노보체르카스크 봉기〔1962년 6월 1~2일 노보체르카스크(Novocherkassk) 노동자들이 소련 당국에 반발해 일으킨 봉기 – 옮긴이〕 같은 사건을 보면서, 민간 영역에 할당해야 할 예산을 줄일 경우 나타날 위험을 충분히 인식하고 있었다. 심지어 흐루쇼프의 후계자들은 군사 부문에 더 많은 투자를 하고 싶은 의지를 드러내기도 했으나, 냉전기 내내 소련의 개입 능력은 미국에 크게 뒤처진 상태로 남았다.

1965~1966년에 발발한 일련의 군사 쿠데타를 통해 소련은 제3세계 급진 정권의 취약성을 깨달았다. 소련공산당 중앙위원회 보좌진들이 보기에 가나, 알제리, 인도네시아가 패배한 이유는 이들 제3세계 국가가 애매모호한 급진주의를 표방했지만 사회주의를 향한 돌파구인 공산당 건설이

라는 기초를 마련하지 않았기 때문이었다. 공산당을 건설하기 위해서는 독립뿐만 아니라 소련공산당과 소련의 경험을 의식할 필요가 있었다. 베트남과 쿠바에는 존재했지만 다른 국가들이 지니지 못했던 것은 바로 이와 같은 '국제주의적 지향'을 지닌 혁명적 전위의 존재였다. 설령 급진화한 형태였더라도 탈식민 해방 운동의 패권을 장악하고 있는 부르주아 계급을 '혁명적 전위'로 가정한 것은 소련의 명백한 실책이었다. 그러나 다른 한편 이와 같은 해방 운동에 존재했던 마르크스주의 핵심 분자(물론 전체적으로 볼 때 이들 중 '국제주의자'는 매우 소수였지만 말이다)의 존재를 무시한 것 역시 실책이었다. 운동이 어떤 상황에 놓여 있는지를 판단하고 결정할 수 있는 주체는 당연히 소련이었다. 그리고 앞으로 이와 같은 결정은 전보다 더 철저한 구분과 더 많은 주의(注意) 속에 이루어져야 한다고 소련 국제부는 목소리를 높였다.

소련 외교부와 소련 중앙위원회의 두 국제 관련 부서(KGB와 국제부—옮긴이)는 이와 같은 복합적인 주장을 당과 국가의 신지도부 앞에서 설명하는 데 어려움을 겪었다. 중앙위원회 총서기이자 정치국에서 점점 더 두각을 드러내던 레오니트 브레즈네프는 외교 정책 경험이 거의 없었다. 그래서 브레즈네프는 대부분의 경우, 보좌진의 말을 듣고서는 서로 다른 입장 사이를 오락가락하곤 했다. 단 하나의 예외가 있다면 외교 정책을 통해 서방 세계로부터 소련의 힘을 인정받고 싶어 했다는 점이다. 브레즈네프는 주요 외교 정책 보좌관 안드레이 알렉산드로프아겐토프(Andrei Aleksandrov-Agentov)에게 이렇게 말한 바 있다. "내 인생은 내가 어릴 적 마을에서 살았던 방식, 젊음을 바친 공장, 그리고 당 위원회, 그다음에는 전쟁 기간 내내 군대에서 보낸 경험으로 이뤄져 있네. 나는 이 빌어먹을 외교 정책을 해본 적이 없고, 전혀 아는 게 없다고."[15] 다른 소련 지도자,

예를 들어 1967년부터 KGB 수장을 지낸 유리 안드로포프(Yuri Andropov)나 당 중앙위원회 국제부장이던 보리스 포노마료프만이 서서히 유럽 바깥의 주요한 국제적 전개에 관심을 갖고 지켜보기 시작했다. 그러나 당의 많은 주요 외교 정책 보좌진들은 1960년대 후반까지 미국이나 유럽 또는 중국과 관련되지 않은 문제에 지도부가 귀를 기울이게 하는 일이 무척 어려웠다고 회상했다.

1968년 제3세계에 무관심하던 소련의 태도가 바뀌기 시작한 것은 베트남의 상황 때문이었다. 테트 공세(Tet Offensive) — 초기에 소련은 테트 공세를 북베트남의 패배로 보았다 — 이후, 소련은 인도차이나의 상황이 데탕트에 방해가 된다고 보았다. 미국이 베트남에서 전투를 벌이는 한 소련은 전체적인 국제적 긴장을 낮추기 위한 주요 진전을 이루어낼 수 없었다. 미국 국내 여론이 전쟁 비용 증가 때문에 베트남 전쟁 반대로 돌아선 이후에야 소련 지도부는 베트남에서의 승리 전망을 즐기기 시작했다. 그리고 1969년 닉슨 행정부가 새로운 정책으로 베트남에서의 신속한 철군을 선언한 이후에야 소련공산당 중앙위원회의 제3세계주의자들은 인도차이나의 상황을 근거로 아시아, 아프리카, 라틴아메리카에 더 많은 관심을 쏟아야 한다고 주장했다. 만약 워싱턴이 미국의 주요한 제3세계 동맹국이던 남베트남의 미래를 두고 철수라는 도박을 하게 된다면, 이는 몇 년 전 상황과는 다르게 제3세계에서 혁명이 살아남을 가능성이 높아졌다는 걸 의미할 터였다. 많은 소련 지도자들이 이와 같은 기회를 활용하고자 했다. 하지만 그들은 어떻게 그 기회를 잡을 수 있을지 명확한 청사진을 갖고 있지 못했다.

혁명적 모범으로서 쿠바

제3세계 전역의 모든 급진주의자를 고무한 쿠바 혁명은 초기에는 현지 저항 운동으로 시작되었다. 그리고 서서히 마르크스주의 실험으로 점차 변모해나갔다. 쿠바 혁명의 핵심 지도자 피델 카스트로는 미국의 쿠바 착취를 보조하는 풀헨시오 바티스타(Fulgencio Batista) 정권에 저항하기 시작했다. 카스트로가 보기에 바티스타 정권은 쿠바에 필요한 사회·경제 개혁을 수행할 능력이 부재했다. 카스트로가 내세운 쿠바 혁명의 공약은 쿠바인 그리고 궁극적으로는 모든 라틴아메리카인이 그들 자신의 힘으로 미국의 통제를 무너뜨리고 진정한 독립 국가를 건설하는 것이었다. 젊은 카스트로(권좌에 올랐을 때 카스트로의 나이는 32세에 불과했다)는 조국의 후진성에 대한 분노와 라틴아메리카 대륙 전체를 위한 향후 혁명의 전위가 되어야겠다는 강한 신념을 결합했다. 1959년 아바나에서 열린 집회에서 카스트로는 "아메리카 대륙은 야망가와 군사 지도자, 군부 카르텔에 희생되어 왔습니다"라고 말했다.

아메리카와 서반구 인민에게 쿠바에서 일어난 일과 같은 혁명이 얼마나 필요합니까! 아메리카의 모든 민족에게 쿠바와 같은 사례는 매우 절실합니다. 인민의 돈을 강탈해 부자가 된 백만장자는 그들이 훔친 것을 모조리 내놓아야 합니다. 아메리카 대륙의 전쟁 범죄자들을 모두 총살해야 합니다.[16]

피델 카스트로는 1926년 쿠바 동쪽 끝 지방인 마야리(Mayari)에서, 에스파냐에서 이주해온 유복한 사탕수수 농부의 아들로 태어났다. 학생 운동의 지도자로 두각을 드러냈으며, 1950년대 초에 이미 유명한 연설가였다.

카스트로는 강한 민족주의 언설(言說)로 기존 쿠바 정치에 호소했다. 하지만 갈수록 독재를 강화하는 바티스타 정권에 맞서는 저항 세력의 움직임에도 불만을 표했다. 1953년 카스트로는 산티아고데쿠바(Santiago de Cuba)에 위치한 몬카다(Moncada) 병영을 겨냥한 공격을 지휘했다. 하지만 공격은 실패했고 카스트로는 수감되고 말았다. 1955년 일반 사면을 받아 출옥한 카스트로는 동생 라울 카스트로(Raúl Castro) 및 소수의 지지자들과 함께 멕시코로 건너갔다. 멕시코에서 카스트로는 바티스타 정권에 맞서는 원정 계획을 수립할 수 있었다. 바티스타 정권을 향한 공격은 미국 지배에 맞서는 라틴아메리카 전체의 저항의 촉발점이 될 터였다. 카스트로는 동생 라울과 아르헨티나 출신 의사 에르네스토 체 게바라(카스트로 형제는 멕시코에서 체 게바라를 만났다)와 함께 마르크스주의를 전반적으로 학습했다. 그러나 피델 카스트로가 권력을 잡기 전에 스스로를 마르크스주의자나 공산주의자로 생각했는지에 대한 증거는 별로 존재하지 않는다.

카스트로의 강한 반미 감정은 그를 따르는 소규모 혁명 부대가 1956년 12월 쿠바에 상륙해 게릴라 전쟁을 시작했을 때 한층 더 강해졌다. 그들이 맞서 싸우던 쿠바 독재자 바티스타는 미국에서 무기를 지원받고 있었다. 아이젠하워 행정부가 바티스타 정권의 억압 정책과 실정을 우려하고 있었음에도 말이다. 당시에도 널리 알려진, 국무부의 바티스타 정권에 대한 입장은 다음과 같았다. "바티스타는 개자식일 수 있다. 그러나 적어도 그는 우리의 개자식이다."[17] 미국이 보기에 카스트로가 이끄는 혁명가 집단은 오합지졸에 불과했다. 심지어 마르크스주의적 관점을 일부 지니고 있던 보좌진이 보기에도 그러했다. 그러나 카스트로가 보기에 적에게 제공되는 미국의 지원은 조만간 도래할 미국과의 전투의 상징이었다. 1958년 미국이 바티스타 정권에 제공한 항공기를 공격한 이후 카스트로는 애인인 셀리아 산체스(Celia Sánchez)에게 다음과 같은 편지를 썼다.

마리오(Mario)의 집에 로켓포가 발사되는 것을 보면서, 나는 미국에 그들이 한 행위를 반드시 갚아줄 거라고 맹세했소. 이 전쟁이 끝난 후에 나는 더 큰 전쟁을 시작할 것이오. 나는 미국을 상대로 전쟁을 할 것이오. 나는 이것이야말로 내 진정한 운명이라는 사실을 알게 되었소.[18]

피델 카스트로 군대가 바티스타 정권을 무너뜨리고 1959년 1월 아바나를 장악한 후, 미국은 카리브해 지역 정책에 큰 위기가 닥쳐왔음을 감지했다. 이제 더 이상 카스트로를 별다른 정치적 구상이 없는 라틴아메리카의 군사적 낭만주의자 중 한 명이라고 여길 수 없었다. 카스트로는 공산주의자의 영향을 받고, 서반구 혁명을 위한 계획을 갖고 있었다. 곧이어 CIA는 카스트로가 미국의 편이 되지 않으리라고 결론 내렸다. 이제 카스트로는 봉쇄하거나 제거해야 할 대상이었다. 1960년 10월 미국은 대(對)쿠바 수출을 금지하여 쿠바 경제의 생명선을 끊어버렸다. CIA는 쿠바 출신 망명자들을 과테말라에 위치한 훈련소에서 육성했고, 같은 해 이들을 쿠바 해안에 상륙시켜 공격 작전을 감행했다. 그즈음 존 F. 케네디가 대통령으로 취임했고, 미국은 쿠바와의 외교 관계를 단절하고 군사 침공을 위한 준비를 착착 진행했다. 쿠바 출신 침략 부대의 준비 상황에 의구심을 품었지만, 케네디는 CIA 작전을 그대로 진행하기로 결정했다. 케네디가 보기에 카스트로의 혁명은 미국-라틴아메리카 관계를 개혁하고자 하는 자신의 계획에 직접적인 위협이 아닐 수 없었다. 또한 케네디는 그 자신이 "공산주의에 무르다"는 평(이는 케네디 행정부와 의회 그리고 미국 대중과의 관계에 적신호를 가져올 터였다)을 듣고 싶지 않아 취임 첫 주부터 강경한 조치를 취했다.

미국의 침공은 1961년 4월 16일 쿠바섬 중앙부 남쪽 해안에 위치한 히론 해안 근처에서 시작되었다. 히론 해안은 상륙하기에 용이하고 쿠바군의 방어가 강하지 않다고 판단해 케네디 대통령과 로버트 케네디 법무장관이 고른 지역이기도 했다. 그러나 침공은 곧 미국과 쿠바 반혁명군에 재앙이 되고 말았다. 상륙 둘째 날부터 침공군이 미국의 공중 지원 없이 카스트로군에 맞서 싸울 수 없다는 사실이 명백해졌다. 그러나 케네디 대통령은 공중 지원을 하는 데에는 주저했다. 침공 셋째 날, 1300명에 이르는 대부분의 침략군은 항복하고 말았다. 그러나 케네디 행정부는 카스트로를 제거하겠다는 노력을 포기하지 않았다. 로버트 케네디는 그의 형인 대통령에게 다음과 같은 편지를 썼다. "지난주 발생한 일에 대한 대안은 사태를 앉아서 관망하되 미래에 이 같은 상황을 타개할 수 있는 행운이 일어나기를 기대하는 걸 거야. 하지만 쿠바 침공이 완전히 실패했기 때문에 …… 우리는 좋은 일이 일어나기를 앉아서 기대하는 현상 유지 정책을 취하기는 완전히 어려워졌어. 지난 며칠 동안의 사건은 이를 전혀 상상할 수 없게 했지."

미국의 계속된 위협을 향한 카스트로의 응답은 명확했다.

케네디는 이제 더 이상 인내할 수 없다고 이야기한다. 음, 그렇다면 우리 쿠바의 인내는? 우리가 지금까지 참아와야만 했던 것은 무엇인가? 미국 제국주의는 히틀러와 무솔리니 같은 기습 공격 방식을 사용했다. 우리는 그들이 냉수 샤워나 온수 샤워 등 무엇이든지 하면서 무언가를 생각해보기를 원한다. 이미 시대착오적인 체계를 우리 인간과 역사로 하여금 끝내도록 하자. 제국주의는 봉건주의 그리고 노예제가 그러했듯이 사라져야만 한다.[19]

카스트로의 수사가 정확하게 드러내고 있듯 1959년 초 군사적 승리 이후 카스트로의 생각은 점차 그리고 빠르게 좌경화하고 있었다. 주요 보좌진인 라울 카스트로와 체 게바라로부터 피델 카스트로는 마르크스주의의 일부 수사와 적어도 마르크스주의적 사고의 몇몇 요소를 수용했다. 혁명 전까지 카스트로와 상당히 냉정한 관계를 유지하던 쿠바공산당은 새로운 형태의 국가를 건설하는 데 매우 절실했던 여러 제안과 계획을 제시했다. 또 카스트로는 소련을 점점 더 호의적으로 바라보기 시작했다. 이는 그가 멕시코에 체류할 당시 소련 대표들을 만났을 때부터 진행되어온 과정이었다. 피델 카스트로가 보기에 소련은 사회 정의를 강조한다는 점에서 '다른' 형태의 근대성을 대표했다. 이는 카스트로가 쿠바에 만들고자 희망한 것이기도 했다. 물론 소련 모델을 어떻게 쿠바에 이식할지에 대한 계획은 전혀 없었지만 말이다.

미국이 자신의 혁명을 분쇄하려 할 거라고 확신한 카스트로는 이미 1959년부터 소련 진영을 포함한 다른 국가에 지원을 요청했다. 1960년 2월 소련 지도부 중 고위급 인사인 아나스타스 미코얀(Anastas Mikoyan)이 아바나를 방문해 쿠바와 무역 협정을 체결하고 소련 박람회를 개최했다. (미코얀은 1949년 소련인으로서는 처음으로 마오쩌둥을 만나기도 했다.) 카스트로는 소련과의 접촉을 통해 쿠바 혁명을 자극하고, 쿠바에 중요한 경제적 연결망을 구축하고자 했다.[20] 하지만 카스트로에게는 소련이 미국의 공격을 막을 수 있는 안보 수단을 제공하는 게 제일 중요했다. 1960년 3월 소련 지도부는 무기 제공과 군사 자문단을 파견해달라는 쿠바의 요청을 승인했다. 노령의 볼셰비키 혁명가 미코얀은 카스트로에게 깊은 감명을 받았다. "카스트로는 우리와 같은 진정한 혁명가입니다. 나는 마치 내가 어린 시절로 돌아간 것 같은 느낌을 받았습니다."[21] 흐루쇼프 역시 1960년 9월 국

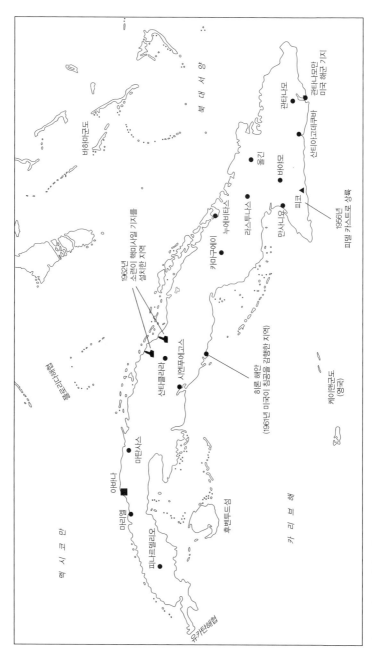

북 대 서 양

바하마군도

북미군도

랜티나모

관타나모만
미국 해군 기지

산티아고데쿠바

1961년
피델 카스트로 상륙

올긴

바야모

마르사니요

라스투나스

누에비타스

카마구에이

시엔푸에고스

하론 해안
(1961년 미국이 침공을 감행한 지역)

1962년
소련이 핵미사일 기지를
설치한 지역

산타클라라

카리브 해

케이맨군도
(영국)

마탄사스

후벤투드섬

아바나

마리엘

멕 시 코 만

피나르델리오

유카탄해협

지도 5 미국, 소련과 쿠바

제연합에서 젊은 쿠바 혁명가를 만난 후, 미코얀과 같은 확신을 받았다. 쿠바 지도부가 머물던 할렘의 호텔에서 이뤄진 유명한 만남에서, 포동포 동한 흐루쇼프는 카스트로를 꽉 껴안고 기자들에게 쿠바 지도부가 공산 주의자인지 전혀 몰랐지만 그 자신이 '피델주의자(Fidelist)'라는 점은 잘 알고 있다고 발언했다.[22]

1960년부터 1966년까지 소련 지도부 내에서는 쿠바를 향한 미국의 전 면적 공격이 이루어질 경우, 쿠바를 방어하겠다는 의지를 지닌 사람이 많 았다. 그러나 카스트로의 생존을 위해 너무 많은 재정적 보장을 하는 방 안에 대해서는 회의적인 시각도 등장했다. 1960년 가을, 쿠바가 경제상호 원조회의(코메콘)의 '영구 옵서버'(이는 소련 경제권 내에 쿠바가 가입하는 것을 은 폐하기 위한 조치였다) 자격을 얻고 싶어 하자 소련은 여기에 이의를 표명했 고, 쿠바는 가입을 위해 동독과 동유럽 국가의 지지를 얻어내야만 했다.[23] 쿠바 지도부, 특히 카스트로는 소련이 쿠바 혁명을 전적으로 지원하지 않 고 쩨쩨한 태도를 보이는 데 분개했다. 1960년 11월 카스트로는 동료들 에게 이미 이렇게 말한 적이 있었다. "나는 학창 시절부터 마르크스주의 자였습니다. 공산주의자들은 정부의 모든 주요 직책, 문화 기관, 군대, 국 가 경제를 장악합니다. 그리고 소련이 우리의 두뇌이자 지도자라는 사실 을 받아들입니다." 그러나 1962년 3월 카스트로는 구식 공산주의자들을 지도부에서 숙청하고, 쿠바 공산주의는 카스트로 자신과 '게릴라 세대'의 이념을 중심으로 돌아갈 것이라고 강조했다.[24]

훗날 치명적인 결과를 낳은, 1962년 5월 소련의 핵미사일 쿠바 배치를 통해 카스트로는 이제 소련이 이러한 전략적 결정을 통해 적으로부터 쿠 바 혁명을 방어하고 쿠바에 원조를 제공하리라는 확신을 품었다. 1962년 10월 쿠바 미사일 위기 이후 소련이 미사일 기지 배치를 철회하자, 카스트로는 이와 같은 소련의 조치에 크게 분개했다. 카스트로는 쿠바와 소련이 이데올로기에서 얼마나 가까운지와는 별도로, 쿠바가 자체적인 혁명 전략을 발전시켜야 한다고 생각했다. 1962년 11월 소련의 미사일 철수 결정을 설명하기 위해 쿠바를 방문한 미코얀 앞에서 카스트로는 "소련의 양보는 일종의 억압을 받고 있다는 느낌을 줍니다"라고 말했다.

심리적으로 우리 쿠바 인민은 이와 같은 조치에 대한 마음의 준비가 되어 있지 않았습니다. 깊은 실망과 쓸쓸함 그리고 고통의 감정을 느꼈습니다. 우리는 미사일을 잃었을 뿐만 아니라 연대의 상징도 잃어버렸습니다. 미사일 발사대를 해체하고 소련으로 가져간다는 소식을 들은 쿠바 인민은 처음에 이를 오만한 거짓말이라고 생각했습니다. 당신도 알다시피 쿠바 인민은 이 협정에 대해 잘 모르고, 이 미사일이 여전히 소련 측에 속한다는 사실도 잘 알지 못합니다. 쿠바 인민은 이와 같은 무기의 법적 지위에 대해서도 잘 모릅니다. 쿠바 인민은 소련이 우리에게 이 무기를 주었고, 이 무기가 쿠바의 것이 되었다고 생각하는 데 익숙해져 있습니다.[25]

미사일 위기에서 소련의 항복(물론 냉정하게 생각해보면, 만약 소련이 항복을 하지 않았다면 그 결과는 핵전쟁이었을 것이다)에 실망한 쿠바 지도부는 새로운 외교 정책을 추구하기 시작했다. 1963년까지 카스트로는 주로 쿠바 혁명의 생존을 강조했다. 그 일환으로 쿠바는 소련과 최대한 밀착하는 정책을 추구했다. 1960년대 중반에 이르면 쿠바는 다른 제3세계 운동을 원조하는 한층 공세적인 정책을 추구하기에 이르렀다. 이는 쿠바 혁명의 원칙을 방어한다는 이유에서 이루어졌다. 카스트로는 내심 소련의 소극성이 소련의 '유럽성'과 연결되어 있다고 보았으며, 쿠바가 제3세계의 다른 혁명을 돕는 일은 단순한 의무가 아니라 역사적 필요 및 미국의 쿠바 공격을 미리 방어하는 것이라고 생각했다. 카스트로는 세계 전역에 혁명의 파도가 몰아치면 미국이 작은 카리브해 섬나라인 쿠바에 몰두하지 못하리라고 판단했다. 이에 쿠바는 세계 전역에 혁명의 씨를 뿌리는 일을 돕기 위한 위대한 역사적 사명을 실천하기 시작했다.

1964~1966년 중소 분쟁이 격화되자 카스트로는 사회주의 진영의 단결을 호소했다. 하지만 이런 호소가 빠른 시일 내에 먹히리라고는 기대하지 않았다. 그 대신 그는 쿠바와 베트남의 경험을 극찬했다.

베트남과 쿠바 같은 작은 나라는 수백만에 달하는 병력의 힘을 가질 수도 없고, 원자력의 힘에만 의존할 수도 없습니다. 쿠바는 양키 제국으로부터 140킬로미터밖에 떨어져 있지 않으며, 베트남은 양키 항공기의 공격을 받고 있습니다. 우리는 분열과 불화로 인해 약화한 사회주의 진영의 힘을 누구보다도 잘 알아차릴 수 있는 위치에 있습니다.[26]

그러나 사회주의 국가 간 불화가 있다 해서 제국주의와의 투쟁에서 방어적 입장을 취할 필요는 하등 없었다. 반대로 카스트로는 1965년 다음과 같이 선언했다.

우리는 미래를 향한 우리의 권리를 위해 다른 사람들의 미래를 향한 권리를 교환할 수 있습니까? 아닙니다. 우리는 다른 이들이 우리가 영위하고 있는 권리를 동일하게 누리지 못하는 사실을 알고도 행복할 수 있을까요? 아닙니다. 바로 이것이 우리가 다른 이들의 운명에 관심을 가져야 하는 이유입니다. 이것이 바로 우리가 제국주의와 싸우고 있는 베트남, 콩고, 베네수엘라 같은 국가에 연대를 표하는 이유입니다. ……우리는 이곳 아메리카뿐 아니라 아시아·아프리카 인민들이 나아갈 길을 막는 적이 있다는 사실을 알고 있습니다. 그 적은 제국주의이며, 특히 양키 제국주의입니다. 이 적은 여기에서, 그리고 아시아와 아프리카에서 반드시 무너뜨려야 합니다. 만약 공격이 우리를 향한다면, 우리는 고통을 느낄 것입니다. 더 나아가 우리는 아시아에서 어느 한 국가가 공격을 받는다면, 아프리카와 아메리카도 공격을 당할 수 있을 거라는 사실을 깨달아야 합니다. 우리가 만들어야 하는 것은 어느 한 국가가 양키 제국주의의 공격을 받는다면, 나머지 다른 국가들의 원조를 받을 뿐 아니라 이들 나머지 국가 역시 제국주의와의 싸움에 뛰어드는 체제입니다.[27]

이와 같은 '역전된 개입' 논리에 기초한 교리를 쿠바는 1963년부터 서서히 실천하기 시작했다. 처음에 이는 라틴아메리카와 카리브해 지역에 초점을 맞추어 진행되었다. 쿠바는 1964년까지 적어도 1500명의 게릴라 전사를 훈련시켰다. 그러나 역사가 피에로 글레이헤세스가 설명했듯이 쿠바의 라틴아메리카 전략은 처음부터 문제에 직면했다. 소련이 쿠바에 자제하라고 조언했던 것이다. 또 라틴아메리카 각국의 공산당들은 쿠바의 간섭과 강의식 태도에 분개했다. 그뿐 아니라 대부분의 라틴아메리카 국가에서 카스트로식의 게릴라 전쟁을 통해 즉각적 성공을 거둘 수 있는 기회는 매우 희박했다. 1964년 11월 아바나에서 열린 라틴아메리카 공산당 간 비밀 회담에서 피델 카스트로는 지나치게 다른 국가의 공산당 전략에 간섭한다고 비판받았다. 이제 쿠바의 관심은 아프리카로 옮겨갔다. 쿠바 지도부는 1963년 초부터 아프리카라는 선택지에 대한 연구를 진행하고 있었다.

쿠바가 아프리카에 주목한 이유는 이데올로기와 전략 그리고 감정적 요소의 결합 때문이었다. 먼저 쿠바는 1950년대 후반과 1960년대 초에 탈식민지화의 이데올로기적 중요성을 강조했던 소련과 동유럽 국가들의 외교 노선을 대거 흡수했다. 여기에는 이데올로기의 패권을 차지하기 위한 신생국에서의 경쟁이 장기적으로는 사회주의와 자본주의 간 지구적 투쟁에서 매우 중요하다는 인식이 포함되어 있었다. 아프리카 해방 운동을 지원하는 일은 미국 제국주의의 약한 고리를 타격하는 것이기도 했다. 이는 미국이 쿠바가 아프리카 지역에 개입하리라는 예측을 전혀 못했기 때문에 더욱 의미가 있었다. 마지막으로 모든 쿠바인은 쿠바와 아프리카를 잇는 연결 고리를 잊지 않고 있었다. 19세기 노예 무역을 통해 80만 명의 흑인 노예가 쿠바로 왔으며, 쿠바인의 3분의 1은 아프리카계 후손으로 이뤄져 있었다. 아프리카 해방 운동을 돕는 일은 오랫동안 고통받은 아프리카 형제와의 연대이자 쿠바의 아프리카 조상들의 빚을 갚는 행위이기도 했다.

쿠바의 대외 개입은 체 게바라를 중심으로 진행되었다. 체 게바라는 1961년부터 해외 혁명을 돕는 전반적인 계획의 책임자였다. 체 게바라는 1928년 아르헨티나에서 태어났다. 부유한 가족의 도움으로 의사 교육을 받았으며, 라틴아메리카 대륙을 여행할 수 있었다. 안데스 지역을 도보 여행할 당시, 체 게바라는 사회적 억압과 빈곤의 문제를 처음으로 실감했다. 항상 몸이 좋지 않고 어린 시절 자주 침대에 누워 있어야 했던 체 게바라는 열정적으로 책을 탐독했는데, 점차 마르크스주의가 자신이 목격했던 부정의를 설명해줄 수 있는 이론 틀이라는 생각을 하게 되었다. 미국의 과테말라 개입을 경험한 후, 1955년 멕시코로 옮겨간 체 게바라는 어머니에게 다음과 같은 편지를 썼다.

두려움을 마주하는 데에는 크게 두 가지 방법이 있습니다. 직접적으로 설득하는 적극적인 방법과 가능한 한 환멸하는 소극적인 방법이 그것입니다. 저는 소극적인 방법으로 두려움을 마주했는데, 즉각 적극적인 방법을 써야 한다는 확신을 품게 되었습니다. 미국인들이 아메리카 대륙을 다루는 방식은 저의 분노를 자아냈습니다. 그러나 동시에 저는 그들이 하는 것을 설명할 수 있는, 마르크스주의라는 이론적이면서 과학적인 틀을 학습했습니다.

마르크스주의라는 과학은 체 게바라의 신념이 되었다. 그리고 저항의 거점(foco)이자 사회 변화를 위해 체 게바라가 가장 선호하는 이론이 되었다. 멕시코에서 망명 생활을 할 때 만난 카스트로와 마찬가지로 저돌적이고 자존심 강한 체 게바라는 세계를 과학적 틀에 따라 변화시키고 싶어 했으며, 그 변화의 중심에 그 자신의 영웅적 행위를 위치시켰다. 쿠바 혁명 참여, 그 혁명 과정에서 보여준 용기와 무자비함에 대한 경험을 체 게바라는 1960년 출간한 《게릴라 전쟁(Guerrilla Warfare)》이라는 책에서 집대성했다. 이 책은 1960~1970년대 세계 전역의 혁명가들에게 성서나 다름없었다. 이 책에서 체 게바라는 "혁명이 가능한 조건이 충족되기를 기다릴 필요가 없다. 저항이 이와 같은 조건을 만들어낸다"고 썼다.[28] 다른 말로 하면, 당시 라틴아메리카 좌파들이 추진하던 점진적이고 계급 중심적인 전략은 공산당의 지도를 받는 소수 게릴라가 이끄는 즉각적인 저항 전략으로 대체해야 했다. 체 게바라는 이러한 전략이 쿠바에서 승리를 거두었으며, 이는 압도적인 미국의 힘과 사회주의 국가들의 적은 지원에도 불구하고 혁명을 성공시킬 수 있는 유일한 전략이라고 말했다.

1965년 체 게바라는 37세였다. 그는 쿠바라는 새로운 조국에서 국립은행장과 산업부 장관직을 역임했다. 그리고 끊임없이 전 세계를 여행했다. 여기에는 동유럽, 중국, 아프리카도 포함되었다. 갈수록 초조해진 체 게바라는 카스트로의 허락을 얻어 쿠바 자문단을 이끌고 미국의 지원을 받는 콩고(자이르) 정부와 맞서는 반군을 돕기 위해 비밀리에 콩고로 떠 났다. 그러나 우리가 살펴보았듯 콩고에서의 시도는 성공적이지 못했다. 다시 쿠바로 돌아온 체 게바라는 남아메리카를 순회하고 볼리비아(체 게 바라가 처음으로 사회의식에 눈을 뜬 지역)로 향했다. 체 게바라는 억압적인 정 부에 대항하는 봉기를 볼리비아에서 일으키리라는 희망을 품었다. 그러 나 1967년 10월 체 게바라가 이끌던, 볼리비아와 쿠바인으로 이뤄진 소 규모 게릴라 부대는 볼리비아군과 CIA의 추격을 받았다. 체포된 체 게바 라는 즉결 처형을 당했다. 그리고 체 게바라의 시신은 그의 죽음을 전 세 계에 알리기 위해 TV 카메라 앞에 내던져졌다. 체 게바라의 처형을 두 고 월트 로스토는 존슨 대통령에게 다음과 같이 보고했다. "체 게바라의 죽음은 수카르노, 은크루마, 벤 벨라 같은 또 다른 공격적이고 낭만적인 혁명가의 시대가 저물어가는 것을 의미합니다. 체 게바라의 죽음은 이 와 같은 추세를 가속화할 것입니다. 그리고 이는 초기 단계의 반란에 직 면한 국가들을 '예방약'으로 도우려는 우리의 정책이 견실하게 수행되 고 있다는 걸 보여줍니다. 체 게바라를 궁지로 몰고 그를 체포한 것은 올 7월부터 9월까지 우리 미국의 그린베레가 훈련시킨 볼리비아 제2경비대 입니다."[29]

CIA가 얼마나 우려했는지와 관계없이 체 게바라와 카스트로의 정치·군사적 철학은 제3세계에 매우 제한적인 영향만 주었다. 콩고에서의 실패 이후, 체 게바라가 자기비판적 어조로 기록했듯이 말이다.

우리는 무엇을 제공해야 했는가? 잘 알려진 것처럼 우리는 농민을 보호하지 못했다. 또 우리는 교육을 제공하지도 않았다. 교육은 소통을 개선하는 데 매우 유용했을 텐데 말이다. 콩고에서는 매우 적은 쿠바인이 부족한 의약품으로 의료 행위를 할 뿐이었다. 콩고는 매우 원시적인 형태의 행정 체계를 지니고 있으며, 위생 시설이 전무했다. 나는 생산 관계가 농민층의 토지 소유욕으로 이어지지 않는 지역에서 혁명 전술을 활용하는 데는 진지한 연구가 필요하다고 생각한다.[30]

그러나 피델 카스트로에게 보낸―콩고에서의 경험과 관련한―체 게바라 보고서의 진짜 목적은 현대적 의미의 혁명을 수행하기 위한 자원이 매우 부적절했다는 걸 보여주는 데 있었다.

농민 출신 병사들은 완전히 미숙한 상태였습니다. 이들이 병사로 지원한 이유는 소총이나 제복이 멋있어 보여서, 어떤 때는 신발을 신고 싶어서, 또는 지역에서 우쭐거리고 싶어서였기 때문입니다. 농민 출신 병사들은 별로 활동적이지 않으며 농민들에게 명령 내리는 습관이 여전히 남아 있습니다. 그들은 죽음 및 적군과 관련한 물신적 관념에 흠뻑 젖어 있습니다. 그들에게는 어떤 논리적인 정치 교육도 불가능합니다. 결론적으로 그들에겐 혁명적 의식이 매우 부족합니다. 그들은 부족(部族)의 경계라는 전통적 사유를 넘어서는 미래 지향적 사고를 하지 못합니다. 그들은 매우 게으르고 규율이 잡히지 않았으며, 전투나 자기희생과 관련한 어떤 정신도 없습니다.[31]

문제는 게바라의 거점 이론이 그 기초를 제공한 쿠바 혁명에서도 잘 먹혀들지 않았다는 점이다. 소련 및 미국과 마찬가지로 쿠바의 개입주의자도 그들 자신의 발전에 기초한 신화를 만들어내 다른 이들이 이를 모범으로서 따라야 한다고 생각했다. 만약 콩고와 볼리비아의 경우처럼 다른 이들이 쿠바식 방법을 따르지 않는다면, 쿠바 지도부는 이것이 현지인의 부적절함, 어리석음 그리고 일반적 후진성을 보여준다고 판단했다. 1960년대 후반과 1970년대 초반 쿠바에 감명받은 다른 제3세계 지도자들은 쿠바의 혁명 이론에 주목한 것이 아니었다. 오히려 그들은 쿠바가 아프리카와 라틴아메리카의 운동에 보내는 원조에서 느끼는 헌신과 자기희생의 정신에 감명을 받았다. 쿠바의 원조는 군사, 의료, 교육을 포괄했다. 쿠바는 작은 국가이지만 미국에 저항했고 저 멀리 떨어진 지역에 어떠한 답례도 바라지 않고 원조를 해주는 혁명적 모범 사례가 아닐 수 없었다. 많은 이들은 이런 쿠바를 보면서 자국의 혁명을 향한 열망을 얻었다. 그런 의미에서 체 게바라의 사살은 제3세계에서 쿠바와 맞닥뜨린 미국의 문제를 해결했다기보다는 새로운 출발을 알렸다고 할 수 있다.

베트남과 동남아시아

베트남을 둘러싼 초강대국의 충돌은 미국이나 소련이 정력적으로 추진했다기보다는 베트남 혁명의 역학에 대응하는 두 국가의 개입주의적 사고관에서 비롯되었다고 할 수 있다. 미국은 한국전쟁을 거치면서 공산주의 지도부가 이끄는 통일된 베트남을 수용할 수 없다는 방침을 명확하게 정했다. 만약 호치민이 통일 베트남이라는 목표 달성에 성공한다면, 미국은 이를 저지하기 위해 개입할 터였다. 미국의 아이젠하워·케네디 행정부는 호치민의 북베트남 정권을 동남아시아에서 소련과 중국의 영향력이 확장된 형태라고 보았다. 취약한 남베트남—1954년 제네바 협정 이후 수립되었으며, 전적으로 미국의 지원에 의존했다(여기서는 북베트남과 구별하기 위해 베트남공화국이라는 정식 국호보다는 남베트남이라는 통칭을 쓴다―옮긴이)―의 붕괴는 도미노 효과를 일으켜 단순히 베트남에 인접한 라오스와 캄보디아뿐 아니라, 동남아시아에서 중요한 국가인 태국·말라야·인도네시아에 영향을 줄 것이라고 아이젠하워·케네디 행정부는 생각했다. 만약 그렇게 된다면 이들 지역에서는 공세적인 중국 정권의 지원을 받는 공산당이 정권을 탈취하는 데 성공할 수도 있을 터였다. 국민 투표를 통한 베트남의 통일을 막는 일은 아이젠하워나 케네디 행정부의 목표가 아니었다. 그러나 호치민이 이끄는 베트남노동당이 투표나 무력을 통해 베트남을 통일할 수 있는 유일한 세력이라는 게 확실해지자 베트남의 통일을 저지하는 것이 미국 정책의 필수불가결한 요소가 되었다. 남베트남 정권이 1960년대 초 미국이 제시한 국내 개혁 방안을 따르려 하지 않고, 1954년 분계선 이남 지역에서 확산하고 있는 좌익 반란을 억제하는 데 실패하면서 미국의 베트남 직접 개입 가능성은 점점 더 커지고 있었다.

우리가 현재 접근할 수 있는 새로운 자료에 따르면, 동남아시아 공산주의자들이 생각하는 남베트남의 역할에 대한 미국의 관찰은 대체로 타당했다. 1954년 이후, 특히 1960년 남부 베트남 지역에서 시작된 반란 이후, 베트남의 상황은 동남아시아 다른 지역의 공산주의자들이 국내적으로 성취하고 싶어 하는 방향이자, 그들이 소련과 중국에서 받을 수 있는 지원의 기준점이 되었다. 1954년 베트남의 분단은 사회주의 혁명을 즉각적으로 확장하는 것이 그리 좋지 않다는 사실을 보여주었다. 미국의 한국전쟁 개입, 저우언라이의 조심스러운 외교로 대표되는 중국의 전쟁 회피, 스탈린 이후 소련의 이론적 교조주의와 서방을 향한 데탕트 정책의 결합으로 인해 동남아시아의 많은 공산주의 지도자들은 무언가 '감축(retrenchment)'

정책이 실시되고 있다고 판단했다. 이와 같은 태도를 가장 잘 보여준 인물은 아마도 말라야공산당 지도자 친펭(Chin Peng)일 것이다. 그는 1953~1955년을 다음과 같이 회고했다. "소련도 중국도 말라야의 무장 투쟁을 중시하지 않았다. 우리가 결의하고 있던 군사적 승리는 그들의 안중에도 없었다."[32] 동시에 인도네시아공산당은 선거를 통해 의회에 참여하는 방안을 고민하기 시작했다. 인도네시아공산당의 선거 참여는 1950년대 후반부터 중국과 소련을 모두 놀라게 할 정도로 상당한 성공을 거두었다.

1959년부터 1966년까지 베트남노동당이 남부에서 진행되고 있는 무장 투쟁을 승인한 것은 이와 같은 조심스러운 시기가 끝났음을 의미했다. 북베트남의 판단 아래 내려진 무장 투쟁 결정은 남베트남공산당 간부의 압력을 반영한 것이었으며, 나중에 살펴보겠지만 소련과 중국의 조언에 명백히 배치되었다. 북베트남에 기반을 두고 베트남을 무력으로 통일하겠다는 당의 새로운 결정은 제네바 협정에서 약속한 국제적, 혹은 전국적 차원의 투표를 통한 통일이 전혀 진행되고 있지 못한 상황에서 이루어졌다. 반대로 미국의 지원을 받던 응오딘지엠(Ngo Dinh Diem) 정권은 적어도 경제적으로는 남부에서 확고한 기반을 확보하는 것처럼 보였다.[33] 혁명적 상황에서 자주 그러하듯 현존하는 정권이 자신의 처지를 개선하고 있다는 상황이야말로 혁명가들이 행동에 나서는 이유였다. 베트남노동당의 남부 출신 지도부가 이와 같은 전략 입안에서 중요한 역할을 했으며, 남베트남 내부에 광범위한 민족해방전선을 조직하기 위해 1만여 명의 공산당 간부가 남베트남 지역으로 파견되었다.[34]

미국은 북베트남의 결정이 1950년대 후반과 1960년대 초반 동남아시아에 미치는 영향을 제대로 파악하고 있었지만, 북베트남의 전략 입안과 관련한 소련과 중국의 역할에 대해서는 잘못 판단하고 있었다. 소련의 경

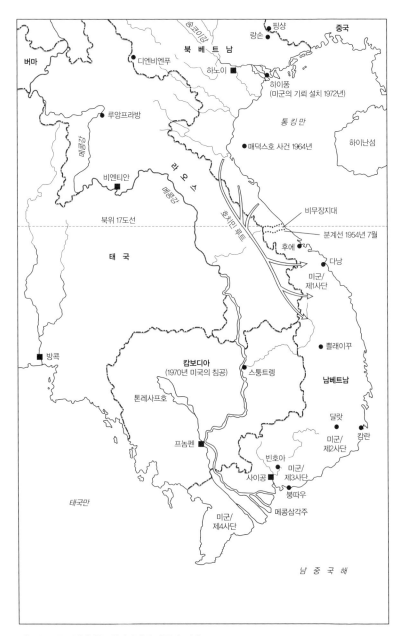

지도 6 1960년대 인도차이나에서 미국의 전쟁

우, 1950년대의 목표는 베트남 북부에 생존 가능한 사회주의 국가를 우선 건설하고, 적절한 시기에 북베트남을 경제적으로 풍요롭고 정치·군사적으로도 강력한 국가로 만드는 데 있었다. 북베트남이 소련의 발전 모델을 채택하고 이로부터 이익을 거둔다면, 베트남 전체 인민이 '사회주의를 선택'할 터였다. 이와 같은 '국토 절반의 사회주의' 전략이야말로 베트남 문제의 유일한 해결책이라고 소련 자문단은 1950년대 내내 주장했다. 또한 이는 소련이 지지할 수 있는 유일한 방안이기도 했다. 문제는 소련 지도부가 1957년 중국 지도부에 "남베트남에서 활동하고 있는 독립 지향적인 동지들이 응오딘지엠 정권에 맞서는 독자적인 공세를 조직해 대중에게 싸움의 열기를 불어넣으려 하고 있습니다. 이는 매우 단순하고, 베트남의 상황은 물론이거니와 무장 투쟁에 대한 비마르크스주의적인 접근입니다"라고 불평했다는 점에 있었다.[35]

베트남노동당 대표가 1960년 5월 열리는 제3차 베트남노동당 대회를 준비하기 위해 소련과 중국 대표를 모스크바에서 만났을 때, 소련과 중국 대표는 모두 남베트남에서 '반란'을 획책하는 정책을 경고했다. 그렇기는 했지만 베트남노동당 대회는 1959년에 당 지도부가 결정한 무장 투쟁 정책을 큰 범주에서 승인했고, 이 새로운 정책을 소련의 입맛에 맞게 '평화적 통일' 정책으로 포장했다. 제네바 협정 이후의 교착 상태를 타개하고 전쟁으로의 길을 연 것은 북베트남의 결정이었지, 흔히 알려진 것처럼 중소 분쟁이라고 할 수 없었다. 중국에서 공개된 새로운 자료는 1960년 여름 소련과 공개적으로 대립하기 이전에 중국이 남베트남 해방 전쟁에 수사적으로든 군사적으로든 지원을 시작했지만 남베트남을 무력으로 해방시킨다는 생각 자체에 대해서는 미적지근했다는 사실을 보여준다. 마오쩌둥은 베트남노동당을 돕고 싶어 했지만(마오쩌둥에게 베트남은 가장 중요한 외부 혁명 지역이었다), 남베트남에서 전쟁이 발발한 시기가 중국 입장에서는 매우 좋지 못했다. 마오쩌둥이 자초한 대약진운동의 여파로 중국 경제는 매우 취약해진 상태였으며, 이는 중국 정치에 지속적인 상흔을 남겼다. 마오쩌둥은 문제를 중국 내부의 현격한 정치 변화를 통해 일거에 해결하고 싶어 했다. 마오쩌둥의 계획에는 각 지역의 혁명 정당을 지원하는 방안이 포함되어 있었지만, 베트남에서 전면 전쟁의 발발과 중국 코앞에서 미국의 개입이 가시화하는 일은 포함되어 있지 않았다.

그런 의미에서 베트남 공산주의자에게 중소 분쟁은 기회가 아니라 일종의 좌절이었다. 베트남 공산주의자들은 세계 공산주의 운동이 분열하는 조류를 막고, 호치민을 통해 개인적으로 이와 같은 충돌을 중재하고자 최선을 다했다. 1965년까지 북베트남·북한·몽골인민공화국 간에 이뤄진 협의를 보면, 아시아 사회주의 소국들은 중소 분쟁을 잠재적 위협 요소로 보고 있었다. 비록 몽골에 비해 북베트남과 북한은 이데올로기적으로 중국 쪽에 심정적으로 기울어졌지만 말이다. 소련과 중국의 충돌이 1963년부터 격화되자 북베트남은 중국과 많은 입장을 공유했지만 남베트남과의 전쟁에 필요한 소련의 지원을 여전히 기대하고 있었다. 마오쩌둥의 제3세계 연대 강조, 혁명적 행동, 특히 대규모 군중 동원 사업, 마오쩌둥이 사용하는 반제국주의 수사는 베트남 지도부의 마음을 얻었다. 1963년 말에 이르면 소련은 북베트남이 중국 진영에 가담했다고 확신했으며, 소련 외교관은 북베트남이 조만간 공개적으로 중국의 동맹국이 되는 것은 시간문제라고 보고했다.

베트남 사회주의의 발전을 향한 소련의 기대와 소련이 베트남에 투자한 상당한 시간과 자금을 감안할 때, 북베트남이 중국 쪽으로 기울자 소련은 몇 년 전 중국과의 관계가 파탄 났을 때와 같은 큰 충격을 받았다.

1964년 10월 니키타 흐루쇼프의 실각을 전후해 소련 당 지도부는 북베트남의 정치적 선택을 합리적으로 설명하기 위해 노력했다. 슬프게도 소련의 결론은 대체로 정치적이라기보다는 인종주의적이었다. 대다수 소련 지도부는 중국과 베트남이 모두 '동양적'이므로 그들이 관점과 정책을 서로 공유할 수밖에 없다고 생각했다. 소련은 중국-베트남 관계를 완전히 잘못 이해하고 있었으며, 이는 1964~1966년 소련의 대(對)베트남 정책에 암운을 드리웠다. 소련의 잘못된 이해는 흐루쇼프 집권 기간과 그 이후에도 이어졌다. 그렇게 소련은 서서히 북베트남을 향한 영향력을 상실했다. 1964년 미국의 베트남 군사 개입이 시작되자 다수의 소련 신지도부는 북베트남에 보내는 원조를 획격하게 늘렸다. 그리고 적어도 이 시기만큼은 원조를 통해 북베트남의 군사 전략에 영향을 주어야 한다는 집착을 하지 않기로 판단했다. 소련 입장에서 보면 북베트남에 보내는 원조는 이데올로기적 의무이자 미국 침략에 대한 대응인 동시에 중국과 베트남의 수사(修辭)에 대한 소련의 응답이기도 했다.

마오쩌둥은 존슨 행정부의 북폭과 지상군 파병 결정에 놀랐다. 1950년대부터 마오쩌둥은 미국이 저물어가는 패권국이라고 비판해왔다. 그리고 미국이 제3세계 문제에 개입하길 주저하고 있으며 자본주의 국가 사이에서 패권을 유지하는 데에도 어려움을 겪고 있다고 발언해왔다. 중소 분쟁을 포함해 마오쩌둥의 국내 정책과 국제 정책은 이와 같은 가정에 입각해 있었다. 1964~1966년 중국공산당 내부에서는 만약 베트남이 미국의 공격을 받을 경우, 중국이 국제적으로 매우 위험한 고립 상황에 놓일 거라는 우려 역시 존재했다. 그러나 이에 대한 마오쩌둥의 대답은 그가 항상 위협에 노출되었을 때 그러했듯 좀더 좌측으로 나아가는 것이었다. 중국이 계속해서 '연속 혁명'을 추진해나가야만 중국은 '우경화한 수정주의자와 배신자'를 숙청하고 외부의 위협에 맞설 수 있을 터였다. 그러나 마오 쩌둥 역시 이와 같은 문화대혁명을 계속하는 중에는 제국주의자와의 전쟁을 피해야 한다고 보았다. 1960년대 중반 중국의 외교 정책은 수사 면에서는 매우 강경했으나, 행동 면에서는 매우 저자세라고 할 수 있었다. 1954년에는 미국이 베트남의 분계선을 군사적으로 넘어설 경우 이에 대응하기로 결심하고 있었지만 말이다. 베트남을 향한 중국의 지속적 개입은 미국이 군사 분계선을 넘는 일을 막는다는, 원칙을 지키기 위한 예외적 개입이었다. 우리가 이미 살펴보았듯 위대한 프롤레타리아 문화대혁명 시기 중국의 전반적 방향은 외부 혁명에 참여하기보다는 내부 지향적이었다.

미국의 인식과는 정반대로, 1965년 즈음 소련과 중국에서는 제국주의와의 투쟁이 잘 진행되고 있지 않다는 의식이 생겨났다. 탈식민화 초기에 존재하던 기대감은 닳아 없어지고, 미국의 세력이 되살아나 소련 및 쿠바와 대립했다. 미국은 이제 베트남에 개입하는 동시에 빈곤과 인종이라는 국내 문제를 다루기 시작했다. 소련의 신지도부는 제3세계 동맹국의 운명에 실망했다. 제3세계의 잠재적인 소련 동맹국들은 1960년대 중반 군사 쿠데타를 통해 차례차례 붕괴되었다. 베트남을 제외하면 제3세계에서 소련의 지원을 받아야 하는 지역은 줄어들고 있었다. 역설적으로 다른 국가를 지원하기를 꺼린 소련과 중국의 태도(이는 우리가 살펴보았듯 다양한 이유가 결부되어 있었다)는 베트남 혁명에 일종의 축복이었다. 이로써 외부 원조가 절실했던 베트남은 최대한의 도움을 받을 수 있었다. 소련과 중국 모두 베트남이 군사적으로 미국에 승리를 거둘 수 있으리라고는 보지 않았지만 말이다. 베트남 공산주의가 대부분의 원조를 차지한 주요 원인 중 하나는 1965년 인도네시아 좌파가 궤멸했기 때문이다. 인도네시아 상황은 1960년대 제3세계에서 공산주의가 직면한 가장 큰 실패였으며, 미국에는 아시아 문제에 영향을 미칠 수 있는 능력을 보여주었다는 매우 상징적인 승리였다.

1960년대 초 인도네시아의 수카르노 정권은 미국뿐 아니라 소련·중국에도 하나의 수수께끼였다. 소련은 수카르노의 반(反)서방 수사와 동남아시아에 남아 있는 식민주의 잔재와 대립하려는 수카르노의 의지를 높게 평가했다. 하지만 인도네시아의 경제적 후퇴와 인도네시아공산당과 중국공산당의 밀접한 관계, 수카르노의 예측 불가능성을 우려하고 있었다. 마오쩌둥은 마오쩌둥 나름대로, 수카르노가 중국에 아무리 가까워지려 노력해도 제3세계의 '부르주아' 정권인 수카르노에게 관용을 보이지 않았다. 아울러 수카르노가 중국을 활용해 동남아시아 지역의 패권을 추구하려 한다는 의심을 거두지 않았다. 중국은 인도네시아공산당의 공개적인 중국공산당 지지 의사에 감사를 표했지만, 인도네시아공산당이 수정주의 관행에 오염되어 있다고 판단했다. 심지어 극좌적인 사상이 중국을 휩쓸 때에도 중국은 인도네시아 내 화인(華人)들이 처한 불공정한 대우에 분개했다. (이는 인도네시아의 화인이 대개 상인이나 자본가였다는 점을 고려하면 역설적인 일이 아닐 수 없었다.)

인도네시아의 사건 추이를 바라보는 공산주의 진영의 시각과 비교해볼 때, 미국의 우려는 더욱 컸다. "인도네시아 앞에 놓인 길은 국내 상황의 악화와 외세의 공격이며 공산주의자는 이를 통해 큰 이익을 얻을 것입니다." 미국의 국가 안보 요약 보고서는 1964년 7월 이렇게 보고했다. 존슨 대통령은 수카르노와의 모든 관계를 끊는 방안에는 주저했다. 이는 존슨 대통령이 수카르노와 관계가 단절되면 인도네시아공산당에 맞설 수 있는 유일한 세력인 인도네시아 군부와의 협력이 끊어지리라 판단했기 때문이다. 그러나 존슨 대통령은 세계에서 인구가 다섯 번째로 많은 이 국가의 지도자 수카르노가 동남아시아 지역 전체의 안정에 위협이 될 수도 있다고 보았다. "나는 그를 믿지 않습니다. 나는 수카르노의 장점을 전혀 알지 못합니다." 존슨은 리처드 러셀(Richard Russell) 상원의원에게 속내를 털어놓았다. 1964년 중반 인도네시아의 공산주의 영향력을 분쇄하기 위한 비밀 작전이 입안되었다. 이 작전은 처음에는 1961년 12월 케네디 대통령이 입안했으나 이후 규모가 더욱 커졌다. 여전히 CIA가 활용한 방법과 인도네시아 내 협력자가 누구인지는 알려져 있지 않지만 이 작전의 목표는 확실했다.

인도네시아공산당이 야심차고 수카르노와 정당한 민족주의에 대항하는 위험한 조직이라는 인상을 주어야 한다. 인도네시아공산당은 중국 신제국주의를 따르는 조직이다. 비밀리에 인도네시아공산당에 행동을 취할 수 있는 개인과 조직을 지원해야 한다. 이데올로기적인 공통분모를 마련하고 수카르노의 혼란스러운 개념 틀을 활용해 비공산주의자를 규합하고 인도네시아공산당과 인도네시아 사회 사이의 균열을 만들어내야 한다. 인도네시아 내에서는 흑색 및 회색 선전(propaganda)의 주제와 기제를 활용하고, 인도네시아 바깥에서는 적절한 매체를 활용해 이 계획의 목표 달성을 도와야 한다. 인도네시아에서 잠재적인 지도자를 확인하고 육성해 수카르노의 사망이나 퇴임 이후 비공산주의에 입각한 권력 승계가 가능하도록 해야 한다.

수카르노를 둘러싼 미국의 가장 큰 우려는 말레이시아에 대한 수카르노의 대결(konfrontasi) 정책이었다. 수카르노는 인도네시아의 이웃 국가인 말레이시아가 영국의 신식민적 창조물이라고 보았으며, 모든 말레이인을 인도네시아라는 단일 국가에 통합하지 못하도록 하기 위해 말레이시아의 건국이 이뤄졌다고 보았다. 1963~1964년 인도네시아는 말레이시아 및 영국과 전쟁 일보 직전 상황까지 갔으며, 존슨 행정부는 인도네시아공산당 세력의 확장을 막기 위해 이와 같은 긴장을 완화시키려고 노력했다.[36] 그러나 수카르노가 보기에 미국의 행동은 배신 행위였다. 케네디 행정부는 네덜란드가 지배하던 이리안자야를 인도네시아가 획득할 수 있도록 지원한 반면, 존슨 행정부는 말레이시아에 대한 영국의 지배를 두둔했던 것이다. 인도네시아의 취약한 경제가 의존하던 원조를 끊겠다는 미국의 경고에 대항해 수카르노는 항상 그렇듯이 카리스마적 방식으로 답했다.

내가 미국에 진정으로 원한 것은 우정입니다. ……미국은 인도네시아 혁명이 얼마나 미국의 혁명을 닮았는지 모르고 있을지도 모릅니다. 뭐, 괜찮습니다. 미국이여, 내 마음을 사려고 애쓰지 마십시오. 하지만 동시에 제 마음을 무너뜨리려고도 하지 마십시오. ……나 수카르노를 말썽쟁이처럼 대우하지 마십시오. 좋은 아이가 되지 않으면 사탕을 주지 않겠다는 말은 나에게 통하지 않습니다. 왜냐하면 나의 대답은 "원조와 함께 지옥으로 가라!"라는 것뿐이기 때문입니다.[37]

그러나 당시 인도네시아 경제는 급격히 추락하고 있었고, 그 원인은 인도네시아 정권의 재정적 무능력과 내부의 불안정이 확산하고 있었기 때문이다. 이에 수카르노는 정치적 지향을 좀더 왼쪽으로 옮기는 식으로 대응했다. 1964년 8월 17일 인도네시아 독립기념일에 수카르노는 지지자들 앞에서 다음과 같이 강조했다.

수카르노가 '편을 들고 있다'고, '편애를 일삼고 있다'고 비판하는 사람들이 아직도 있습니다. 수카르노가 편을 든다고요? 누구를 말입니까? 그 말이 제국주의·봉건주의, 혁명의 일반적인 적들에 맞선다는 의미라면 타당합니다. 그런 점에서 수카르노는 분명 편향적입니다. 수카르노는 혁명 그 자체와 같은 편입니다. ……나는 인도네시아의 거대한 민족 구성에서 특별히 한 집단을 편애한다는 비난을 받고 있습니다. 그렇습니다. 나는 딱 한 집단을 편애합니다. 그들은 혁명가라는 집단입니다. 나는 민족주의자의 친구이지만 **혁명적** 민족주의자만의 편일 뿐입니다. 나는 종교 집단의 친구이지만 오직 **혁명적** 종교 집단의 친구일 뿐입니다. 나는 공산주의자의 친구이지만, 오직 **혁명적** 공산주의자의 친구일 뿐입니다.[38]

1964년 10월 카이로에서 열린 비동맹 회의에서 수카르노는 티토에게 현재 그가 지닌 목표는 인도네시아의 모든 정치 세력을 좌익 쪽으로 이끌어 혁명에 위험한 영향을 줄 수 있는 인도네시아 군대의 '보수적' 분파를 중립화하는 데 있다고 밝혔다. 그는 민족주의자, 진보적 종교 집단, 공산주의자와의 장기적 동맹을 포기할 생각이 없었다. 하지만 수카르노가 말했듯 이제는 동맹 자체가 "스스로를 지킬 수 있어야 했다".[39]

1965년 9월 수카르노의 종말이 다가왔다. 자카르타에서는 쿠데타 계획과 관련한 소문이 거의 매일 오갔으며, 정치적으로 매우 과열된 상태에 있었다. 그러던 중 젊은 급진파 장교들이 수카르노와 혁명에 대항하고 있다는 이유로 군부 지도부를 무너뜨리기 위해 봉기했다. 6명의 고위 장성을 살해한 후, 이들은 뒤늦게 인도네시아공산당 정치국의 지지를 얻어냈다. 그러나 이른바 '9월 30일 운동'은 국가를 장악하는 데 실패했다. 수카르노가 어느 한쪽의 편도 들지 않는 혼란의 나날이 흘러갔고, 이슬람 세

력과 민족주의 세력의 동맹이 분노의 반격을 시작했다. 인도네시아 예비
군 수장이던 수하르토 장군이 이끄는 부대는 50만 명의 공산주의자와 좌
익 동조자를 그다음 달 내내 학살했다. 이와 더불어 수카르노의 정치적
구상도 함께 끝났다. '혁명의 위대한 지도자' 수카르노는 장군들에게 모
욕을 당했고, 1967년 불명예스럽게 퇴진을 강요받았다.

소련이 보기에 인도네시아 혁명의 최후는 충격이 아닐 수 없었다. 소
련은 중국이 인도네시아공산당의 어리석은 계획을 지원했기 때문에 좌
파 세력의 패배로 이어졌다고 비판했다. 이미 1964년 1월에 인도네시아
공산당 지도자 아이디트는 소련이 자본주의를 건설하고 있으며, 언젠가
소련이 "자본주의로 완전히 전향할 것"이라고 비판했다.[40] 소련과 인도네
시아공산당의 관계는 1965년이 시작되면서 빠르게 악화했고, 인도네시
아공산당의 주요 기관지는 소련이 수카르노와 인도네시아공산당이 혐오
하는 신식민주의·식민주의·제국주의(NE-KOL-IM)의 일원이 되었다고 비
난했다.[41] 인도네시아 주재 소련 대사관은 그들대로 인도네시아공산당
이 아니라 인도네시아 군부의 장교 및 온건한 민족주의자와 접촉하기 시
작했다. 1964년 인도네시아공산당에 대한 중국의 영향력을 지적하는 보
고서에서, 소련 대사관은 이슬람나들라툴울라마당(Islamic Nahdlatul Ulama
Party) 지도부의 말을 인용해 "인도네시아공산당은 소련공산당과 소련이
인도네시아의 친구라는 선전에 대항하고 있습니다. 그렇기 때문에 인도
네시아공산당을 조심스럽게 다루어야 합니다"라고 소개하기도 했다.[42]
소련 대사관은 9월 30일 쿠데타 이후 인도네시아공산당이 자신들에게 재
앙이 된 사건에 끌려 들어갔으며, 그들이 사건을 주도하지 않았다는 논
평을 발표했다. 인도네시아 주재 소련 대사는 중국이 9월 30일 쿠데타에
공모했다고 여겼다. 특히 중국이 소련과 친밀한 관계를 맺고 있던 인도

네시아 육군 참모총장 나수티온을 제거하기 위해 9월 30일 쿠데타를 사주했다고 보았다.[43]

미국 입장에서 쿠데타 진압과 수카르노의 일선 후퇴, 수하르토 장군의 점진적인 친미 독재 정권 건설은 믿을 수 없을 정도로 좋은 일이었다. 당연하게도 이는 미국이 1960년대 초부터 노력해온 결과였다. 그러나 수하르토가 집권하기 불과 12개월 전에 미국 대사관은 "비공산주의 지도부가 이끄는 인도네시아군의 힘과 단결은 필연적으로 무너질 것"이라고 예측했다.[44] 1965년 11월 CIA는 공산주의자를 소탕하는 인도네시아 군부의 노력을 미국 정부가 지지하는 방안을 주문했다.

9월 30일 사건에서 인도네시아공산당이 범한 실책으로 우리는 운 좋게 매우 좋은 기회를 얻게 되었습니다. 우리는 당면한 과업을 수행하고 이해하기 위해 이를 비밀리에 지원해야 할 것입니다. 우리는 작전 확대의 동기와 이익에 너무 냉소적일 필요는 없습니다. 우리는 비밀스럽지 않은 방식으로 지원을 확대하는 방안이 타당하다고 적극적으로 주장할 필요가 있습니다.[45]

수하르토와 이슬람주의 조직이 1965~1966년 공산주의자 사냥에 나섰을 때, 미국이 이를 얼마나 도왔는지 그 전모는 잘 알려져 있지 않다. 그러나 미국이 영국 및 오스트레일리아와 함께 인도네시아 군부에 공산당원 목록을 제공하고, 적어도 간접적으로 이와 같은 끔찍한 학살에 공모했다는 것은 확실하다.[46]

존슨 행정부의 주요 보좌진이 제일 중요하게 고려한 것은 인도네시아의 군부 쿠데타가 동남아시아 다른 지역에 미치는 영향이었다. 1966년 3월 로버트 코머는 존슨 대통령에게 보내는 서신에서 이렇게 썼다. "수카르노에 맞서 인도네시아 군부가 거둔 승리의 잠재적 중요성을 과대평가해서는 안 됩니다. 인도네시아는 인구가 많고, 아마 다른 동남아시아 지역 전체를 합친 것보다도 더 많은 자원을 보유하고 있을 겁니다. 만약 인도네시아가 계속 그랬듯이 확장 정책을 펴는 또 다른 공산주의 국가가 되었다면, 이는 동남아시아 전역에서 서방 세력의 배후를 위협했을 것입니다. ……이제 그 흐름은 급격히 바뀌었습니다."[47] 국가안전보장회의에서, 존슨 행정부의 남베트남 주재 대사 헨리 캐벗 로지(Henry Cabot Lodge)는 "최근 인도네시아에서 공산주의가 패퇴한 것은 우리가 베트남에서 확고한 입장을 취했기 때문에 나타난 직접적인 결과물이기도 합니다"라고 발언했다.[48] 소련은 인도네시아공산당의 운명에 형식적인 애도를 표했지만, 동시에 많은 외교 정책 보좌진은 인도네시아를 위해 아무것도 할 수 없다는 점에서 '부끄러움'을 느꼈다. 수카르노의 몰락은 소련에 베트남의 중요성을 한층 더 부각시켜주었다. 만약 베트남에서도 공산주의가 패퇴한다면, 동남아시아 지역 전체에서 소련의 지위는 완전히 무너질 것이기 때문이었다.

1966년 후반 이후 중국과 소련 모두 베트남의 상황을 재평가하기 시작했다. 여기에는 전쟁에서 북베트남이 보여주고 있는 지구력, 남베트남에서 싸우고 있는 공산주의자의 역량, 북베트남이 전쟁 이전의 상태로 돌아가도록 베트남에 미군 병력의 증강을 계속할 존슨 행정부의 정치적 능력 등이 포함되었다. 중국의 경우 북베트남의 능력에 대한 평가가 변했다고 해서 외교 정책이 변하지는 않았다. 이미 중국은 문화대혁명의 혼란 속에 놓여 있었다. (물론 문화대혁명은 중국이 1969년 이후 미국과의 관계 정상화로 나아가는 토대를 쌓기도 했다.) 소련의 경우 예상치 못한 북베트남의 군사적 성공과 이후 린든 존슨 행정부가 직면한 곤경은 대성공의 기회를 의미했다. 그러나 이는 북베트남이 지나치게 미국을 자극해 미국이 유럽 지역은 물론 다른 사회주의 국가에 대한 압력을 늘리는 것으로 귀결될지도 몰랐다. 그러므로 소련은 점차 스스로를 평화의 중재자로 자리매김하려고 노력했다. 아울러 북베트남에 가장 적합한 평화안을 도출하고자 했다. (하지만 동시에 소련은 실질적으로 베트남노동당 지도부에 결정적 영향력을 행사할 수 없다는 사실을 다른 국가들이 알아챌지도 모른다는 두려움에 시달렸다.) 미국이 소련을 통해 북베트남과 교섭하려 한 것은 그런 의미에서 브레즈네프와 코시긴에게 어느 정도 안도감을 주었다. 이는 소련 지도부에 소련이 세계 혁명의 지도자라는 것을 확인해주었을 뿐 아니라, 소련이 다른 지역의 세계 정치에 영향력을 지닌다는 사실을 확인해준 것이었기 때문이다.

베트남의 바로 이웃 국가이자 프랑스 식민 제국의 일부로서 운명을 공유했던 라오스와 캄보디아의 상황은 어땠을까. 베트남 공산주의자들이 미국과의 전투에서 군사적으로 승리를 거두기 시작하자 라오스와 캄보디아의 좌파 역시 대담한 공세를 시작했다. 라오스에서는 1963년 공산주의자가 이끄는 파테트라오(Pathet Lao: 라오스의 좌파 연합 전선 — 옮긴이)와 중립주의를 표방하는 라오스 정부 간 내전이 발발했다. 북베트남의 군사적 지원 (이는 소련의 의사에 반하는 것이었다)을 받은 파테트라오는 1960년대 후반까지 연이어 군사적 승리를 거두었다. 동시에 라오스 좌파는 점차 베트남의 지도와 통제를 받기 시작했다. 그러나 캄보디아에서는 주요 급진 정당이자 강력한 민족주의 집단, 곧 프랑스어로 '크메르 루즈(Khmer Rouge)'라고 알려진 조직이 등장한 1960년대 초반부터 베트남과의 불편한 관계를 유지하고 있었다. 노로돔 시아누크 왕자가 집권한 캄보디아에서 크메르 루즈의 성공 가능성은 그리 높지 않았다. 시아누크는 북베트남뿐 아니라 남베트남해방전선이 캄보디아 영토 내에 보급 기지를 설치하는 것을 허락했고, 1965년에는 미국과의 외교 관계를 단절하기도 했다. 1969년 미국이 캄보디아 폭격을 시작했다. 그리고 이듬해에 단기간이기는 했지만 미군의 육상 공격이 개시되자 캄보디아의 상황은 완전히 바뀌었다. 시아누크 왕자는 쿠데타로 축출되었고, 이 시기를 틈타 마르크스주의와 토착주의 이념을 요상하게 조합한 이념에 기초한 크메르 루즈가 대중적 인기를 얻었다. 캄보디아 혁명에 간섭하는 북베트남을 줄곧 비판해온 크메르 루즈의 지도자 살로트 사르(Saloth Sar)—그는 스스로를 '폴 포트(Pol Pot)'라고 불렀다—는 1969년부터 북베트남으로부터 군사 원조를 받기 시작했다. 미국과 미국이 지원하는 캄보디아 군사 정권과의 전투를 위해서였다.

우리가 살펴본 쿠바와 달리, 베트남은 미국과의 전쟁 기간 중 동남아시아를 벗어나 다른 지역에 대한 사회주의식 국제주의 연대 활동을 하지 않았다. 베트남 혁명은 그런 의미에서 제3세계 다른 지역의 민중과 범유럽 세계 사람들에게 간접적 영감을 주었다고 할 수 있다. 베트남은 미국에 대항하는 성공적 모델이자 혁명적 영웅주의, 골리앗과 싸우는 다윗을 상징했다. 많은 제3세계주의자, 특히 제3세계 신생 국가의 부패와 부실한 국가 운영에 슬슬 환멸을 느끼기 시작한 이들에게 베트남은 그야말로 훌륭한 게릴라의 완벽한 사례였다. (물론 이들은 베트남 혁명의 직접적 결과로부터 대부분 지리적으로 꽤 멀리 떨어져 있었지만 말이다.) 콩고에서 막 참패하고 돌아와 이제 볼리비아에서 더 큰 패배를 맛보러 가기 전인 1966년 체 게바라는 아바나에서 열린 3대륙 회의에 보낸 서신에서 제2의, 제3의 그리고 더 많은 베트남을 요구했다.

베트남 민중이 보여준 위대함을 보십시오! 얼마나 냉정하며 용감한 민중입니까! 그들의 투쟁이 세계에 주는 교훈을 보십시오. ……이제 세 대륙의 민중들은 베트남을 보면서, 그들 각자의 교훈을 배우고 있습니다. 제국주의자들이 전쟁 위협을 들먹이면서 인류를 협박할 때의 정답은 전쟁을 두려워하지 않는 것입니다. 모든 대결의 지점에서 포기하지 말고, 가열한 공격을 하십시오. 이것이야말로 민중의 일반적 전술이 되어야 합니다.

그러나 체 게바라는 동시에 베트남을 충분히 돕지 않는 이들을 책망하기도 했다.

베트남에 대한 진보적 세계의 연대는 로마 시대 서커스의 검투사를 보며 환호하던 일반 시민처럼 일종의 씁쓸한 모순 같아 보이기도 합니다. 피해자가 승리하기를 기원하는 것만으로는 충분하지 않습니다. 우리는 그와 운명을 공유해야 합니다. 우리는 그와 함께 죽음을 맞이하거나 승리를 해야 하는 것입니다. ……명확하게 입장을 정해야 할 때, 베트남이 사회주의의 불가침 영역이 될 수 있었던 결정적 순간에 이를 돕는 데 주저한 이들 역시 유죄입니다. 그렇습니다. 지구적 규모의 전쟁 위험성이 있을 수도 있습니다. 그러나 미국 제국주의자들이 이와 같은 선택을 내리도록 강요해야 합니다. 그리고 사회주의 진영의 두 강대국 대표들이 시작한 모욕과 서로를 자극하는 전쟁 역시 유죄입니다.

체 게바라와 세계 곳곳의 다른 많은 좌익들(여기에는 우리가 살펴볼 산업화한 국가의 인물들도 포함된다)의 경우처럼 쿠바와 베트남은 신좌파에게 영감을 주었다. 신좌파는 소련의 발전 모델과 외교 정책이 지나치게 교조적이고, 소련이 자신의 이익만을 지나치게 생각하며 소극적이라 보았다. 급진적 마르크스주의 입장에서 소련을 비판하던 소수의 조직과 정당은 마오주의 중국을 새로운 지향점으로 바라보기도 했다. 그러나 더 많은 이들은 쿠바와 베트남이 제국주의에 맞서 총체적이면서도 신속한 승리의 예시를 보여주고 있다고 여겼다. 쿠바는 라틴아메리카와 아프리카에서 이와 같은 운동에 직접 개입했고 베트남은 직접 지원보다는 하나의 모범 사례로서 도움을 주고 있었다. 1968년 테트 공세 이후, 미국에 맞선 북베트남의 군사·정치적 성공은 동남아시아에서 혁명적 상황을 창출해냈다. 동남아시아의 많은 조직과 정당은 북베트남과 남베트남해방전선으로부터 어떻게 새로운 혁명적 게릴라 전쟁을 수행할 수 있는지를 배웠다고 주장했다. 실제로는 아주 소수의 인물만이 실제 베트남의 경험(군사 전술은 더 말할 것도 없었다. 베트남 전쟁의 전술은 점점 전통적 형태의 정규전으로 변모해가고 있었다)을 학습했는데 말이다. 따라서 '베트남으로부터 영감을 얻은' 반란은 일종의 '창조적 오해'라고도 볼 수 있다. 영웅적 농민 게릴라를 흠모한 지식인들이 이와 같은 상황을 주도하곤 했다.

미국과 남베트남 정부가 북베트남의 공세를 받을 때, 말레이시아·태국 그리고 필리핀 역시 위에서 언급한 조직들이 이끄는 혁명적 반란에 직면했다. 말레이시아에서, 1960년대 후반의 공산주의 게릴라 운동은 말라야공산당 잔당의 활동에 기반하고 있었다. 그러나 말라야공산당 운동에는 고질적 약점이 있었다. 바로 이 운동을 화인들이 이끌고 있었다는 점이다. 그 결과 말라야공산당은 말레이시아 사회에서 계속 고립된 상태로 남았으며, 결국 정부를 실질적으로 무너뜨릴 수 있는 기회를 잡지 못했다. 오히려 1969년 모든 화인 집단의 선거권이 실질적으로 박탈당하면서 말라야공산당은 큰 타격을 입었다. 1974년 중국의 지원이 끊기자 말라야공산당은 사실상 개점휴업 상태가 되었다. 태국에서는 1971년과 1976년의 군사 쿠데타(쿠데타를 주도한 군부는 이와 같은 조치가 태국 내 종족분리주의자와 학생 운동에 대응하기 위한 것이라고 설명했다) 이후, 좌익 활동가들이 지하로 숨어들었다. 그들은 지하에서 정부와 태국 내 미군 기지에 대한 성공적인 게 릴라 전쟁을 수행할 때가 오기를 기다렸다. 그러나 태국이 미국의 막대한 원조를 받기 시작한 이후, 태국 좌파는 분열되고 말았다. 태국 좌파는 그 들 나름의 군사 전략이 없었고, 베트남과 중국의 원조를 받지 못하자 다 시 도시로 돌아갈 수밖에 없었다. 군사 정권의 탄압을 받고 있는 농민과 소수 민족을 내버려둔 채 말이다.

필리핀의 경우, 신인민군과 마르크스-레닌주의필리핀공산당(CPP(m-l))은 다른 경로를 취했다. 중국의 영향을 받아 소련의 영향력 아래 있던 필리핀공산당으로부터 분리해 나온 조직인 마르크스-레닌주의필리핀공산당은 1970년 페르디난드 마르코스 독재 정권의 관료를 암살하기 시작했으며, 루손섬 북부에 있는 반군 본거지를 겨냥한 토벌군의 공세를 막아내고 그들의 무기를 노획했다. 1980년대 중반 신인민군은 2만 명 넘는 병력을 보유했으며, 필리핀군도 전 지역에서 게릴라 조직을 구성할 수 있었다. 그리고 신인민군은 필리핀의 작은 마을에서도 지하 당 세포를 갖추고 있었다. 마르크스-레닌주의필리핀공산당의 지도자 호세 마리아 시손(Jose Maria Sison)은 마르크스-레닌주의뿐만 아니라 서구의 혁명 이론을 공부한 지식인이었다. 루손섬의 대지주 집안 출신인 시손은 서방의 신좌파 지식인과 마찬가지로, 룸뭄바나 카스트로에게서 영감을 받았으며, 베트남 전쟁 반대는 그가 처음으로 시위에 참여하게 된 계기였다. 1960년대 초 인도네시아에서 공부한 시손은 인도네시아공산당이 실패한 이유는 농촌 지역에서 공산당 조직이 매우 허약했기 때문이라고 생각했다. 시손은 이와 같은 실패를 필리핀에서 반복하고 싶지 않았다. 그러나 마르크스-레닌주의필리핀공산당의 농촌 전략이 오늘날까지 당을 버틸 수 있게 한 것은 사실이지만, 결국은 당과 도시 지역의 주요 야당 세력을 분리시키고 말았다. 1986년 마르코스 독재 정권이 무너졌음에도 불구하고 마르크스-레닌주의필리핀공산당은 이와 같은 정치적 변화에서 기회를 잡지 못했다. 그리고 냉전이 종식할 때까지 점차 세력이 뒤처졌고, 이후 필리핀에는 좀더 다원적인 정치 체제가 등상했다.[49]

미국에 맞선 베트남의 저항은 제3세계의 급진파에 영감을 주었을 뿐 아니라, 사상 처음으로 유럽 세계에서 제3세계의 냉전을 초점으로 좌익의 동원이 가능해졌다. 거리 시위에 나선 서유럽과 미국의 학생들은 1960년대 후반 대학을 점거했다. 그들은 사회당과 공산당을 포함한 '구식' 좌파가 사회 개혁에 소극적이고, 제3세계 문제에 지나치게 유순하게 대처하고 있다고 생각했다. 심지어 오직 아래로부터의 '직접 행동', 학생과 노동자의 연대를 통해서만 서구 정치의 난국 상태를 타개할 수 있으리라 생각했다. 베트남민족해방전선이나 체 게바라, 심지어 중국의 문화대혁명은 학생 운동가들이 요구하는 열정적인 행동의 상징이었다. 서베를린 학생 시위의 지도자 중 한 명이던 한스위르겐 크랄(Hans-Jürgen Krahl)은 1968년 피고석에 앉아 판사들 앞에서 다음과 같이 발언했다.

제3세계는 우리에게 비타협적이며 급진적인 정책이 무엇인지를 가르쳐주었습니다. 이는 아주 얄팍하고 원칙 없는 부르주아식 현실 정치와는 전혀 다릅니다. 체 게바라, 피델 카스트로, 호치민, 마오쩌둥은 우리에게 비타협적 정책의 정치적 윤리를 가르쳐주는 이들입니다. 이들을 통해 우리는 두 가지 일이 가능해졌습니다. 첫째, 소련의 현실 정치에 의해 이뤄지는 평화 공존 정책을 거부할 수 있도록 했습니다. 둘째, 제3세계에서 독일연방공화국(서독)의 도움을 받아 이뤄지는 미국의 만행을 똑똑히 깨닫게 했습니다."[50]

'새로운 반제국주의 노선'을 서방의 변화를 이끌어내는 투쟁의 핵심으로 삼는 것은 학생 운동가들이 매우 선호하는 방식이었다. 그러나 이와 같은 전략은 독일 작가 귄터 그라스(Günther Grass) 같은 몇몇 서유럽 사회주의자의 분노를 사기도 했다. 귄터 그라스는 학생 운동가들이 제3세계와의 연대를 내세우면서, 유럽 자체에 존재하는 공산주의 세계의 억압에는 눈을 감고 있다고 비판했다. 1968년 8월 체코슬로바키아를 침공한 소련에 대한 비판은 그리 인기 있는 주제가 아니었던 것이다. 학생 운동가들은 오히려 베트남에서 미국의 행동을 비판하는 데 목소리를 높였다고 귄터 그라스는 적었다.

베를린과 파리의 학생들에게 체코슬로바키아 프라하의 개혁 시도는 불확실해 보이거나 매력적이지 않았습니다. 이를 다른 말로 바꾸어봅시다. 알렉산드르 둡체크(Alexandr Dubcek) 체코슬로바키아공산당 서기장이 세심하게 입안한 민주적 사회주의 노선은 체 게바라 숭배와 비할 수 없습니다. 둡체크의 매우 진지한 과정은 당시 요구된 여러 협의 절차들로 인해 방해를 받았습니다. 또 이는 오늘날 권력 정치로 인해 중단되고 말았습니다. 호치민을 위한 열렬한 박수 갈채와 주장 없는 환호 속에서 질식해버리고 말았습니다.[51]

결국 신좌파는 서유럽과 미국 정치에서 매우 제한적인 영향력밖에 확보하지 못했다. 그러나 이들이 조직한 저항 운동은 많은 미국 엘리트들이 감내할 만한 비용(이는 국내외적으로 미국이 치러야 할 비용을 포괄했다)으로는 베트남 전쟁에서 승리를 거둘 수 없을 거라는 확신을 주었다. 베트남에서의 충돌을 평화적으로 해결하기 위한 길을 열기 위해 린든 존슨 대통령이 재선 선거에 출마하지 않겠다고 선언하자, 미국 정책에 반대해오던 뉴욕과 파리·모스크바 그리고 제3세계 사람들은 정말로 놀랐다. 역사상 처음으로 제3세계에서의 충돌이 미국 대통령의 콧대를 꺾었던 것이다. 불과 몇 년 전만 하더라도 미국의 개입은 아무런 제한이 없는 것처럼 보였는데 말이다. 존슨 뒤를 이은 리처드 닉슨 역시 절대로 비개입주의적 외교 정책을 지지한 적은 없지만, 그 역시 곧 베트남 전쟁에서 승리를 거둘 수 없다고 판단해 철군을 선택했다. (북베트남의 수법을 빌려 캄보디아로 전선을 확대한 후 철군했지만 말이다.) 냉전사에서 베트남 전쟁의 느린 종식은 하나의 분수령이었다. 베트남 전쟁을 통해 미국과 소련이 1970년대에 제3세계가 매우 중요한 지역이라는 교훈을 얻었다는 점에서 그러했다.

역설적으로, 베트남 **내에서** 전쟁이 끝난 것은 파리 평화 협정과 미군의 철수로부터 2년이 지난 1975년의 일이었다. 전쟁 종식은 북베트남이 이끄는 매우 전통적 의미의 군사 공세로 이루어졌다. 이는 '인민 전쟁'이라는 북베트남의 구호와 달리, 오히려 1943년 쿠르스크(Kursk)에서 독일군에 승리를 거둔 소련이나 1949년 양쯔강 도하 작전을 감행한 중국공산당군의 경험과 더 유사했다. 패배한 남베트남이 피바다로 물들지는 않았지만, 남베트남의 비공산주의 세력은 북베트남 정권과 민족해방전선에 협력할 수밖에 없었고 서서히 고사되어갔다. 1970년대 후반부터 수백수천 명이 바다를 통해 해외로 탈출했다. 또는 아주 이상한 방식이지만, 북베트남의 교조주의 정권하에서는 기회가 별로 없을 거라고 생각한 몇몇 사람은 당의 업무에서 배제되자 중국으로 도망치기도 했다. 1979년에 이르면 베트남은 집단 학살을 감행하고 있는 이웃 국가 캄보디아(베트남은 캄푸치아인민공화국의 수립을 직접 도와준 적이 있었다)의 크메르 루즈 정권과 전쟁을 벌였을 뿐 아니라, 문화대혁명 개시 후부터 관계가 악화하고 있던 중국과도 전쟁에 돌입했다. 미국과 소련의 베트남 정책은 중국의 대베트남 영향력을 우려했기 때문이었다. 따라서 제3차 인도차이나 전쟁은 그들에게 제3세계 정책의 전반이 파탄 났음을 알려주는 역할을 했어야 했다. 그러나 앞으로 살펴보겠지만, 초강대국 개입주의는 베트남 전쟁과 그 여파에도 심각한 좌절을 겪지는 않았다. 유일한 영향이라면 1970년대 초강대국 개입의 형태였다.

냉전과 초강대국의 데탕트

1968년부터 1975년까지 이어진 초강대국의 데탕트 시기는 여러 측면에서, 베트남에서 미국이 맞이한 참패에 대한 직접적 반응이었다. 베트남 전쟁은 미국 정부의 재정과 동맹 체제를 압박했다. 특히 동맹 체제를 향한 압박은 다른 그 어느 지역보다도 서유럽에서 강했다. 미국의 베트남 전쟁을 둘러싸고 서유럽의 지지는 매우 약했다. 서유럽 좌파는 베트남 전쟁을 범죄로, 보수파는 매우 불필요한 혼란을 가중시키는 것으로 보았다. 미국 내에서도 베트남 전쟁은 윤리적 차원의 쟁점이 되었고, 이로 인해 대중이 미국의 정치 제도에 지니고 있는 신념은 현저히 약화했다. 다수의 미국 엘리트는 미국이 국제 위기로부터 숨을 돌릴 시간이 필요하며, 미국과 세계 간 정전(停戰)을 달성하기 위해서는 소련(가능하다면 중국까지)과 일정한 형태의 협상을 할 필요가 있다고 보았다. 베트남에서의 평화 협상이 줄곧 실패한 것과 정확히 같은 이유(소련이 북베트남의 행동에 결정적 영향을 주고 있다고 가정한 것)가 데탕트의 근본 구조를 창출했다는 것은 일종의 역설이 아닐 수 없었다. 여기서 근본 구조란 1960년대 후반 지구적 차원의 불안정을 다루기 위해서는 다른 초강대국인 소련의 '이익'을 인정해야 상대를 이해할 수 있다는 것이었다.

소련 관점에서 보면, 데탕트는 소련 지도자들이 1950년대 중반부터 이룩하고자 노력했던 정책이 결실을 맺었음을 의미했다. 그 정책이란 평화 공존 및 서방 세계로부터 소련이 나름의 지구적 관여 요소를 보유하고 있는 진정한 초강대국이라는 승인을 얻어내는 것이었다. 소련은 베트남 전쟁을 통해 소련이 멀리 떨어져 있는 국가를 어떻게 도울 수 있으며, 그 승리에 기여할 수 있는지를 미국과 서유럽 지도자들에게 똑똑히 보여 주었다고 결론 내렸다. 같은 시기, 동유럽과 서유럽을 나누는 분단선은 결정이 된 것처럼 보였다. 베트남 전쟁에 몰두하고 있던 존슨 대통령은 1968년 소련의 체코슬로바키아 침공에 반대 의사를 거의 표하지 않았다. 소련은 닉슨 행정부와의 관계를 활용해 전체적 방위 비용을 줄이고, 이를 통해 아시아 지역에서 중국을 상대하는 데 전력을 집중하고 싶어 했다. 1960년대 후반 소련 집단 지도부의 중심인물이 된 레오니트 브레즈네프에게 이 두 가지 문제는 매우 중요했다. 브레즈네프는 소련 인민에게 더 나은 생활을 보장하는 것을 정책 목표로 삼고자 했으며, 또 그가 매우 직접적이고 주요한 위협 요소(이는 중국과 소련이 거의 전쟁 직전까지 갔던 1969년 국경 분쟁 이후 더욱 강해졌다)로 파악한 마오쩌둥의 중국으로부터 안보를 확보하길 원했다.

그러나 소련에는 미국과의 데탕트가 제3세계 운동 조직과 정권을 향한 소련의 지원 중단을 의미하지는 않았다. (아래에서 살펴보겠지만 오히려 이는 정반대 상황으로 나아갔다.) 닉슨 행정부는 브레즈네프가 이끄는 소련 지도부와의 협상을 통해 미소 관계의 여러 영역에서 주요한 성과를 거둘 수 있으리라고 생각했다. 아이젠하워 행정부에서 8년간 부통령을 지내고, 1960년 선거에서 케네디에게 근소하게 패배한 후 드디어 대통령 자리에 오른 리처드 닉슨은 미국 외교 정책 환경을 합리화할 필요성이 있다고 보았다. 닉슨은 미국이 부상하는 국가들로 이뤄진 세계에서 주요 강대국 중 하나에 불과하다고 여겼다. 이는 닉슨 이전과 이후의 그 어떤 미국 대통령과도 구분되는 닉슨만의 독특한 생각이었다. (심지어 이는 닉슨의 주요 외교 정책 보좌관이던 키신저와도 달랐다.) 이와 같은 세계에서 닉슨은 미국이 좁은 의미의 국가 이익에 기초를 둔 타협을 이루어야만 일정한 질서를 만들 수 있다고 생각하고 있었다. 닉슨은 미국을 국제 체제 내의 '보통' 국가 중 하나라고 보았다. 이는 미국 지도자들 사이에서는 매우 보기 드문 사고방식이었고, 당연히 미국 엘리트들이 애지중지하던 기존의 세계관과 충돌을 일으켰다. 닉슨의 생각은 크게 보면 베트남 전쟁의 결과였다. 닉슨은 베트남 전쟁이라는 냉전에서 미국 국내 여론이 보여준 일관성 없는 지지와 정부의 정책 수행에서 베트남 전쟁 같은 '주변 문제'가 차지하는 비중에 환멸을 느끼고 있었다. 천성적으로 남을 잘 믿지 않고 비밀스러웠던 닉슨은 소련과 중국 지도부를 향한 자신의 정책이 미국 대중에게 알려지는 걸 원치 않았다. 이것이 미국 대중에게 알려지면 미국 내의 반발을 살 수도 있었기 때문이다. 1972년 의기양양했던 제1차 전략무기제한협상 서명식 이후, 많은 미국인은 소련이 미국의 입장을 수용하고 미국과의 전면적 협력을 약속하는 협정에 서명했다고 믿었다.

닉슨은 제3세계를 국제 관계의 불안정 요소로 보았다. 특히 제3세계 내부 문제에 초강대국이 개입해 다른 초강대국의 주요 이익(가장 중요한 것은 천연자원에 대한 접근권이었다)을 침해하는 것이 문제였다. 국가 간에는 인종적 위계가 있다고 믿은 닉슨은 제3세계에 민주주의를 확산하는 정책을 높게 평가하지 않았다. 1967년 7월 대통령에 취임하기 전 닉슨은 태국, 이란, 대만, 멕시코의 경제적 '성공'을 극찬했다.

태국은 매우 제한적인 왕정제를 유지하고 있습니다. 이란은 강력한 군주제입니다. 대만은 강력한 총통이 과두 체제로 집권하고 있습니다. 멕시코는 일당제 정부입니다. 이들 중 어느 국가도 서방 기준의 대의제 민주주의를 채택하고 있지 않습니다. 그러나 각각의 사례에서 그들의 체계는 그들에 맞게 운용되고 있습니다. 이제 우리는 미국식 민주주의가 아시아·아프리카와 라틴아메리카 같은 전적으로 다른 배경을 지닌 사람들에게는 반드시 최고의 정치 체계가 아니라는 점을 받아들여야 할 때입니다.

그렇기 때문에 닉슨에게 미국의 제3세계 정책에서 가장 중요했던 점은 "이들 제3세계 지역에서 무슨 일이 발생하든, 그것이 가까운 장래에 우리 외교 정책의 성공에 별다른 영향을 주지 않는다는 것"이었다.[52] 산발적인 제3세계의 위기에 주의를 너무 분산시키면 가장 중요한 소련과의 경쟁을 놓칠 위험이 있었다. 닉슨 행정부의 제3세계 정책과 관련한 입장문을 작성하면서 키신저의 부관 마셜 라이트(Marshall Wright)는 절실한 논조로 다음과 같이 썼다.

아프리카와 국제연합에서 우리의 정책은 본질적으로 방어적입니다. 이들 중 그 어떤 것도 미국 외교 정책의 실행이나 이익의 측면에서 핵심적인 부분이 아닙니다. 우리는 이 문제를 그들이 그냥 거기 있기 때문에 다루는 것이지, 우리가 거기에 참여해 무슨 대단한 것을 얻기를 희망하기 때문이 아닙니다. 우리는 그들에게 쏟아야 할 주의와 자원을 최소화하는 것을 목표로 하고 있습니다. 우리가 아프리카와 국제연합에서 진정으로 원하는 것은 문제가 생기지 않는 것입니다. 우리의 정책은 그러므로 손해를 최소화하는 것이지, 무언가 특별한 것을 성취하는 데 있지 않습니다.[53]

국제 문제에 있어서만큼은 극단적 현실주의자라는 인상(이러한 인상은 키신저 자신이 스스로 만들어낸 것이기도 했다)과 달리, 비밀 해제된 닉슨 행정부의 문서를 통해 새롭게 드러난 키신저의 모습은 그가 닉슨 대통령보다 더 근대화 또는 미국의 사명이라는 사고방식에 영향을 받고 있었다는 점을 보여준다. 냉소적으로 보이던 키신저는 압력이 들어올 때면 항상 원조와 정치·경제적 압력이라는 전통적 수단을 선호했다. 그는 미국의 냉전 전략에 제3세계 국가들이 보조를 맞추도록 하기 위한 최후의 수단으로서 개입을 선택하기도 했다. 1969년 10월 닉슨 대통령에게 보낸 키신저의 보고서는 제2차 대전 이후 국제 정치의 변화를 다룬 매우 중요한 문건이라고 할 수 있다. "권력의 파편화 현상이 늘어나고 있으며, 정치적 활동이 매우 확산하고 있습니다. 국제적 충돌은 더욱더 복잡한 유형을 띠고 있으며, 지난 10년간 등장한 동맹들은 미국과 소련의 능력을 제한하고 있습니다. 아울러 두 국가가 다른 정부의 행동을 통제할 수 있는 능력이 제한적이라는 사실도 드러났습니다." 키신저는 세계에서 미국의 중요성을 강조하며 글을 마무리했다. "미국은 정부와 관련이 없는 개인 및 기업 그리고 조직의 활동을 통해 매우 광범위한 국제적 활동에 크고 강한 영향력을 행사하고 있습니다. 국제 환경에 행사할 수 있는 미국 정부의 직접적 영향력이 제한되더라도, 미국의 상업·기술·문화적 영향력의 범위는 계속해서 확장해나갈 수 있습니다."[54] 그러나 미국이 세계의 모델로 남아 있더라도, 미국인이 자신들에게 당연하게 부여된 지도자 역할을 점점 더 맡고 싶어 하지 않았다는 점이 키신저가 파악한 미국의 가장 큰 문제였다.

닉슨과 키신저가 동의했던 부분은 베트남 재앙 이후 미국이 제3세계를 향한 직접 개입을 줄일 필요가 있다는 점이었다. 위기를 해결하는 데 미국의 힘을 직접 쓰기보다는 지역 '경찰관'이 미국의 지원을 받아 공산주의의 지역적 확산을 막는 책임을 지는 방안이 제시되었다. 이와 같은 제 3세계 경찰국가는 브라질, 터키, 남아공, 이란과 인도네시아였다. 이들 국가는 미국으로부터 지원 및 교육을 받았고, 미국은 이들 국가가 그들 '지역'의 공산주의 문제를 해결하는 데 최소한의 간섭만 했다. 미국은 이 스라엘을 계속 지원하려 했는데, 이는 이스라엘과의 감정적 유대가 아니 라 "현재 이스라엘이 중동 지역에서 소련의 확장을 막는 데 가장 효과적" 이었기 때문이다.[55] 일본은 자체 군사력을 증강해 아시아 지역에서 중국 의 영향력을 막는 역할을 점차 수행하기 시작했다. 키신저보다도 더 닉슨 은 심지어 유럽에서도 장기적으로 높은 수준의 대외 개입을 국내 여론이 지지하지 않으리라고 생각했다. 자칭 '닉슨 독트린'은 인도차이나에서의 전쟁 부산물에 대항하고자 한 시도였다. "우리의 역할과 관련이 있는 한 우리는 아시아 국가들이 우리에게 의존해 우리가 베트남에서 경험한 것 과 같은 충돌로 우리를 이끌고 들어가는 식의 정책은 반드시 피해야 합 니다."[56]

제3세계에서 미국의 역할은 '개입자'에서 '관망자'로 축소되었다. 이는 데탕트에 필요했을 뿐 아니라 미국 국민의 지지를 유지하기 위해 꼭 필요 한 절제력이기도 했다. 키신저와 나눈 길고 다소 산만한 대화에서, 닉슨 대통령은 미국의 좌파와 평화 운동가 그리고 고립주의자에 맞서 물러서 지 않는다는 자신의 역할을 강조했다.

앞으로 25년간 미국이 어떻게 용기와 국력 그리고 지혜를 지니고 지도력을 발 휘하는지에 따라 우리나라의 미래가 결정될 것입니다. ······이것이 우리의 현 실입니다. 사람들은 머리를 모래에 처박고 싶어 합니다. 그들은 아마도 게토 (ghetto)를 일소하고 싶어 할 것입니다. 좋습니다. 우리가 세계에서 발을 빼봅시

다. 그럼 누가 남습니까. 러시아와 공산 중국이라는 적극적인 두 국가입니다.[57]

이스라엘과 이웃 아랍 국가들 사이의 긴장이 높아지고, 1967년과 1973년에 발발한 두 차례의 중동 전쟁은 초강대국 간 관계뿐 아니라 비개입이라는 원칙에 대한 시험 사례이기도 했다.[58] 1967년 소련의 이집트와 시리아 지원으로 인해 나세르는 이스라엘을 향한 압박 수위를 높여도 된다고 보았다. 나세르는 이스라엘의 공격이 조만간 이뤄지리라는 사실을 알고 있었지만(미국도 이미 알고 있었다), 이를 막기 위해 별다른 조치를 하지 않았다. 6일 전쟁에서 승리를 거둔 이스라엘은 아랍 국가들의 광대한 영토를 점령했고, 이를 반환하려 하지 않았다. 아랍 연합군 군대는 분쇄되었으며, 소련이 이들을 지원할 것이라는 나세르의 믿음은 현저히 줄어들었다. 나세르는 소련이 중동에 진정한 관심을 보여줄 때가 왔다고 생각했다. 만약 소련이 아랍 국가들의 영토 수복을 도우려 하지 않는다면, 지금까지 소련이 보여준 연대 선언은 공허한 말잔치일 뿐일 터였다. 이스라엘군과 전투를 치르면서, 나세르는 1969년 12월~1970년 1월 비밀리에 모스크바를 방문해 소련의 도움을 요청했다. 나세르는 브레즈네프에게 다음과 같이 말했다. "당신 앞에서 솔직히 이야기하겠습니다. 만약 내가 요청한 걸 얻어낼 수 없다면, 모든 사람은 이제 이집트의 유일한 대안은 미국의 손을 빌리는 것이라고 생각할 것입니다."[59]

브레즈네프는 나세르의 군대 재정비 작업을 돕고 싶어 했지만, 아랍의 전투 의지에는 만족하지 않았다. 그는 1967년 7월 동유럽권 정상이 모인 회담에서 이렇게 말했다. "우리 소련의 무기를 다시 대량으로 제공한다면, 아랍인들은 우리를 믿고 우리를 전쟁을 끌어들이고 싶어 할 것입니다. 베트남에서 우리는 이미 전쟁에 참여한 적이 있습니다. 그러나 적어도 베트남에서는 정치적으로 문제를 해결할 수 있는 틀이 존재했습니다."
브레즈네프는 다음과 같이 발언을 이어갔다.

왜 통일아랍공화국은 전쟁에서 패배했습니까? 그들은 총체적으로 부주의했으며, 현대적 조건 아래서 군대를 운영하는 방법에 대한 이해가 없었습니다. 그들은 현대 군사 기술을 다루는 능력이 없습니다. 이와 같은 사실을 그들에게 솔직하게 말해주어야 할 필요가 있습니다. 그들은 신식 탱크, 로켓 발사대 등과 같은 현대 무기를 갑자기 손에 넣은 봉건 국가라는 사실을 말입니다. 이와 같은 무기는 적어도 중등 교육을 받고 2년 정도의 훈련을 받은 군인들만이 다룰 수 있습니다. 이제야 나세르는 자책을 하고 있지만, 그렇다고 우리가 느끼는 감정이 나아지는 것은 아닙니다. ……도덕성과 위신의 측면에서 우리는 패배를 맛보았습니다. 우리 노동자 중 그 누구도 왜 200만 명밖에 되지 않는 이스라엘이 우리가 만든 무기로 무장한 수많은 아랍인을 상대로 승리를 거두었는지 이해하지 못합니다. 이는 설명하기 매우 어려운 문제입니다.[60]

이집트를 향한 소련의 재지원 계획은 1967년 가을에 이미 시작되어 6일 전쟁에서 입은 이집트 항공기와 탱크의 손실분 80퍼센트를 무상으로 벌충해주었다.[61] 1970년 초에 내린 결정으로 소련은 직접 포병대, 대공 부대, 공군 부대를 전쟁에 참여하도록 했다. 소련공산당 정치국이 내린 이와 같은 결정은 제3세계 주요 동맹국의 장기적 생존에 대한 우려와 적극적인 제3세계 정책이 결합된 중요한 진전이었다. 블라디미르 비노그라도프(Vladimir Vinogradov) 외무차관은 이렇게 말했다.

소련의 계획에 매우 지엽적인 기술적 부분에 대해서만 이견이 있었습니다. 나세르는 소련군이 공개적으로 개입하길 원했습니다. 그러나 최악의 상황이 발생하면, 소련군의 개입을 세계에 설명하기 위해서는 이들이 지원병으로 왔다는 말밖에 할 수 없을 것입니다. 브레즈네프는 이와 같은 상황이 발생하는 일에 반대했으며, 소련 지도부를 포함해 세상 그 어떤 이도 그 많은 지원병이 외국에서 발발한 전쟁에 수일 내에 참여한다는 사실을 믿지 않을 것이라고 말했습니다. 최종적으로 작전은 최고 수준의 보안 아래서 더 이상의 불필요한 '잡음' 없이 진행하는 것으로 결정되었습니다.[62]

1969~1970년 2만 명 넘는 소련군이 이집트에서 길든 짧든 근무를 했으며, 소련군 비행사가 이스라엘 제트기와 전투를 벌였고, 붉은 군대의 대포가 이스라엘의 진지를 향해 불을 뿜었다.[63] 이스라엘은 1970년 10월 정전 결정을 내렸는데, 이 역시 소련이 이집트를 지원해주고 있었기 때문에 가능했다. 그러나 나세르의 후임 안와르 사다트(Anwar Sadat)는 소련에 일방적으로 의존하기에는 조심성이 많은 인물이었다. 그는 소련군 자문단이 이집트에서 행하는 위압적 행동에 분개해 1972년 소련에 이들의 철수를 요청했다. 그리고 사다트는 미국이 이스라엘에 압력을 가해 이스라엘이 점령하고 있는 이집트 영토에서 철수하는 데 일조해주길 바랐다. 사다트는 그 어떠한 거리낌도 없이 이와 같은 목표를 소련에 직접 알렸다. 1972년 7월 11일 비노그라도프 외무차관과 만난 사다트는 네덜란드 외교부 장관을 통해 닉슨의 전언을 전달받았다고 말했다. 이 전언에 따르면, 미국은 소련 군사 자문단이 이집트에서 철수할 경우 더 적극적으로 중동 위기를 해결하기 위해 나설 것이라고 했다. 이는 소련에 명백한 모욕이었다. 하지만 소련은 자국 장교들의 철수(이는 사실상 추방이었다)를 통해 사다트의 정치·외교적 지위가 공고해지고 충돌을 비군사적으로 해결할 가능

성이 열린다면 이를 환영한다고 말할 수밖에 없었다.[64]

그러나 닉슨은 동맹국 이스라엘을 강하게 압박하는 걸 주저하고 있었다. 이스라엘이 움직이지 않자 1973년 10월 아랍 연합군이 이스라엘을 공격했다. 아랍 연합군은 이스라엘이 결정적 반격을 하기 전에 이스라엘을 수세로 몰아넣는 데에는 성공했다. 그러나 이집트 제3군이 포위당해 무너질 위기에 놓이자, 초기에 소련은 미국과 데탕트의 틀에서 협상을 통한 해결책을 찾아내고자 했으며, 국제연합 안전보장이사회에서 즉각적으로 통과된 공동 정전안에도 동의를 표했다. 그러나 이스라엘은 정전 요청을 무시하고(소련은 이 행동의 배후에 미국의 묵인이 있다고 의심했다), 반격 작전을 계속해나갔다. 사다트는 정전을 위해 미국과 소련의 개입을 요청했다. 브레즈네프는 미국이 이집트의 요청을 무시하는 행태를 보인다면, 소련이 일방적으로 군대를 파견할 수 있다고 사석에서 발언한 적이 있었다. 워터게이트 사건으로 국내에서 고초를 겪고 있던 닉슨은 미국의 전략 핵무기 경고를 높이는 식으로 대응했다. 소련은 다시 한 번 후퇴할 수밖에 없었다. 안전보장이사회의 결정 이후 소련은 그 어떤 병력도 이집트에 파병하지 않았다. 브레즈네프는 이런 사실을 1973년 10월 25일 닉슨에게 보낸 개인 전보에서 다시 한 번 확인했다.

소련은 욤 키푸르 전쟁에서 아랍의 패배를 보며 데탕트에도 불구하고 현재의 미국이 소련보다 제3세계에서는 더 '강하다'고 스스로 믿고 있다는 사실을 확인했다. 미국과 소련은 1972년 5월 두 국가의 기본적 협력 노선을 확인하면서 "서로가 서로를 직간접적으로 희생시키며 일방적 이익을 추구하지 않는다"고 말한 바 있다. 하지만 욤 키푸르 전쟁은 미국이 자국의 직접적 이익이 존재할 때에만 소련과 협력한다는 사실을 드러냈다. 브레즈네프와 소련공산당 정치국은 소련의 영향력을 배제하려는 이와 같은 미국의 시도가 데탕트의 틀이 아니라 닉슨 행정부의 제3세계 정책의 유산이라고 보았다. 이는 소련 지도부가 장래의 위기에 대응하는 데 있어 반드시 기억해야 할 교훈이기도 했다. 욤 키푸르 전쟁의 결과, 중동 지역에서 이집트는 이스라엘과의 평화 협정 체결을 위해 미국과 더 가까워졌다. 그동안 소련은 시리아와 이라크를 향한 지원을 강화했다. 이 두 '진보적' 군사 정권은 미국의 중동 지배 및 이스라엘과의 그 어떠한 협상도 거부했다. 소련은 팔레스타인해방기구와 그 조직의 지도자 야세르 아라파트에 대한 지원 역시 늘렸다.

모스크바의 관점에서 보면 소련과 팔레스타인해방기구, 시리아, 이라크의 관계는 매우 복잡한 동맹이기도 했다. 이라크·시리아의 두 바트당 정권과 야세르 아라파트가 이스라엘과의 투쟁에서 활용하는 테러라는 방식 때문이었다. 시리아와 이라크는 현지 공산당을 잔혹하게 탄압했지만, 소련은 동베를린이나 모스크바로 망명해온 이라크·시리아 공산주의자들에게 바트당과 통합 전선을 건설하는 것이 얼마나 중요한지를 강의했다. 소련 국제부는 바트당이 대중의 지지를 받고 있는 한 그 정권에 참여해서 그들이 좌측으로 옮겨 사회주의와 유사한 사상을 지니도록 해야 한다고 주장했다. 팔레스타인해방기구는 다양한 조직의 결합체였는데, 소련은 그중에서 아라파트가 이끄는 파타 세력을 제일 선호했다. 소련공산당 중앙위원회 국제부는 팔레스타인해방기구가 국외에서의 테러를 그만두고, 정치와 군사 전략을 결합하길 원했다. 이를 위해 소련은 자금과 무기와 요원 훈련을 제공했다. 1974년 아라파트가 동독인과의 대화에서 말했듯 소련은 팔레스타인해방기구의 역할을 잘 알고 있었다. "팔레스타인해방기구는 아랍 부르주아지가 제국주의와 타협하는 것을 막고 있습니다." 중동 정치에 팔레스타인 문제가 있는 한 아랍 보수주의

자들도 이스라엘의 주요 후원자인 미국과 관계를 유지하기가 어려울 수밖에 없었다.[65]

닉슨 행정부는 중동의 비아랍 '경찰관'인 이란과 긴밀한 관계를 유지했다. 이는 아랍-이스라엘의 직접적 충돌과 관계없는 견실한 지역 동맹국을 확보하기 위해서이기도 했다. 닉슨은 첩보 보고서를 통해 1960년대 샤가 추진한 근대화 광풍으로 인해 이란이 곤경에 처했다는 사실을 알고 있었다. 그러나 이란은 미국에 전략적으로든 재정적으로든 그리고 이데올로기적으로든 매우 중요한 국가였다. 미국은 이란에서 물러날 수 없었다. 반대로 닉슨은 모하마드 레자 팔라비가 "미국에 강력하고 효과적인 지원을 하고 있다"고 칭찬했다. 키신저가 썼듯이 1972년 중순 닉슨은 이란의 샤에게 "미국의 군사 장비는 가장 먼저 이란 정부에 주어질 것"이라고 말했다.[66] 1973년 이란은 제3세계에서 미국의 무기를 수령하는 가장 중요한 국가였으며, 미국이 직접 개입하지 않더라도 중동의 석유 공급을 관리하고자 했던 닉슨 대통령 전략의 핵심이었다. 1973년 이란이 1200명의 특공대를 오만에 파견해 오만 술탄의 좌익 반대파 탄압을 돕자 미국은 크게 기뻐했다.

그러나 닉슨의 '경찰관' 전략이 중동에서 잘 돌아가고 있는 것처럼 보인 반면, 라틴아메리카와 동남아시아에서 이 전략은 곤경에 처했다. 키신저가 예측한 것처럼 브라질과 다른 라틴아메리카 우익 독재 정권은 칠레가 1970년 9월 사회주의자 대통령 살바도르 아옌데를 선출했을 때 행동에 나서기를 주저했다. 아옌데는 급진적 소득 재분배 정책, 국유화와 독립적 외교 정책을 표방했다. 칠레 선거 직후, 닉슨은 아옌데 정권이 "미국이 받아들일 수 없는 특징"을 지녔다고 결론 내리고, CIA에 "아옌데가 권좌에 오르지 못하게 하거나, 그를 물러나게 하라"고 명령했다.[67] 닉슨은

"이로 인해 발생할 위험에 관심이 없으며" CIA에 "가장 적합한 인물"을 권좌에 앉혀 "칠레를 구하라"고 명령했다.[68] 동시에 키신저 역시 이렇게 주장했다. "현재 칠레에서 벌어지고 있는 일은 …… 다른 라틴아메리카 지역, 발전도상국 지역에서 발생하는 일에 영향을 줄 것입니다. ……그리고 더 큰 세계의 문제에도 영향을 주겠지요. ……소련과의 관계 말입니다."[69] CIA가 칠레에서 아옌데를 끌어내리는 데는 3년이라는 시간이 걸렸다. 그러나 만약 칠레 사회주의 정부가 경제 관리를 잘했다면 이와 같은 CIA의 조치는 실패했을 가능성이 크다. 1973년 9월 11일 아옌데 정부에 반대하는 첫 군사 쿠데타가 일어났다. 아우구스토 피노체트 장군이 이끄는 칠레 군사 정권은 엄청난 인권 침해에도 불구하고 미국 행정부의 환영을 받았으며, 닉슨은 쿠데타 이후 칠레에 대한 경제 원조를 재개했다.

동남아시아에서 인도차이나 전쟁을 베트남화한다는 닉슨의 계획은 실패했다. 남베트남은 미군의 철군 이후 공산주의의 공격을 버텨내기에는 지나치게 허약했다. 그러나 닉슨은 미국 행정부에 제일 중요한 것이 무엇인지 잊지 않았다. 남베트남 대통령 응우옌 반 티에우(Nguyen Van Thieu)가 북베트남군이 남베트남에 있는 한 평화 협정을 받아들일 수 없다며 반대 의사를 표했으나, 키신저는 사이공으로 보낸 미국 대표를 통해 "베트남화라는 전체 정책에 따라 미군의 철수는 어떤 일이 있어도 이어지리라는 점을 티에우에게 다시 알릴 것"을 전했다.[70] 티에우와 남베트남 정권은 자립하도록 남겨졌으나 결국 1975년 붕괴했다. 미군이 파리 평화 협정에 따라 철수하고 2년이 지난 후의 일이다. 베트남에서의 패배는 미국에하나의 차질이었을 뿐 이 때문에 제3세계 정책을 근본부터 재검토하지는 않았다. 반대로 남베트남의 몰락은 미국 내에서 데탕트에 대한 지지를 감소시켰고, 시간이 지나자 소련이 제3세계에서 공세를 취한다는 우익의 목소리에 힘을 불어넣었다.

소련은 인도차이나에서 가중되고 있는 미국의 곤경을 의혹에 찬 눈으로 바라보았다. 하지만 내부에서는 1950년대 후반과 1960년대 초 좀더 적극적인 제3세계 정책을 주장하는 이들도 등장했다. 이와 같은 새로운 적극주의를 주장한 1960년대 후반의 소련 지도부 자문단은 흐루쇼프 시대 개혁 정책의 세례를 받은 이들이었다. 그들은 1965년부터 소련 신지도부가 국내 문제에 집중하는 상황에 비판적이었다. 소련 지도부 자문단은 베트남의 승리와 해방 운동 내 급진화를 통해 국제 환경이 변화하고 있다고 보았다. 이 국제 환경에서 사회주의적 전환을 위한 그들의 열정이 실현될 수 있었고, 바로 여기에서 소련 내부에서 완전히 발산되지 못한 에너지가 분출될 수 있었다. 대부분 지식인인 그들은 탈스탈린 시기에 소련 과학원에서 지역 연구를 전공했다. 1960년대에는 중앙위원회의 여러 부서나 KGB의 분석 요원으로 취직했고, 대학원 이후의 학업을 이어나가는 여러 학술 기관과 친밀한 관계를 맺기도 했다. 그들은 1969년 소련공산당 내부 발간물이나 학술 잡지에 자신들의 의견을 공개적으로 싣기 시작했고, 이들의 일부 주장은 상관의 귀에도 들어갔다.

이들은 소련이 제3세계에 더 많이 개입해야 한다고 주장했다. 이와 같은 주장은 매우 다른 이데올로기와 정치 전략에 기초를 두고 있었는데, 때로는 서로 상충되는 근거를 지니고 있기도 했다. 앞으로 살펴보겠지만 이와 같은 주장 중 KGB와 군부의 KGB라고 할 수 있는 총참모부 정보총국이 제시한 방안은 대개 기회주의적이었다. 1960년대 후반 소련은 신속한 개입을 할 능력이 있었고, 이를 통해 세계 각지의 혁명을 결정적으로 지원할 수 있었다. 만약 서방이 이와 같은 소련의 지원을 알게 된다면 그들은 아마 크게 놀랄 터였다. 소련의 군사 및 기반 시설 능력이 1960년대 후반 크게 성장했기 때문에 소련 해군은 장거리 수송기, 훈련 시설, 지구 차원의 통신이 가능한 대규모 함대 전력을 확보하고 있었다. 이러한 전력은 모두 개입을 용이하게 해주는 것들이었다.[71] 베트남에서의 개입이 실패했기 때문에 미국은 소련이 혁명이나 진보 정권을 지원하더라도 이에 반격하는 대규모 작전을 하지 못할 터였다. 따라서 이들은 사회주의로 향하는 지구적 추세를 지원할 수 있는 기회를 놓쳐서는 안 된다고 주장했다. 가장 영향력이 컸던 보좌진들은 이와 같은 의사(擬似) 전략적인 주장을 받아들이지 않았다. 하지만 이들 역시 최고 지도부로 하여금 소련에 매우 특별한 '기회'가 왔으며 제3세계에 투자할 가치가 있다는 확신을 품게 하는 데 상당한 역할을 했다. 최고 지도부는 1964년 직후부터 행동에 나서기를 꺼리긴 했지만 말이다.

기회와 이데올로기적 입장이 결합한 형태로 유럽의 분단선이 안정되었기 때문에, 가까운 장래에 자본주의와 사회주의의 체제 경쟁이 제3세계에서 발발하리라는 주장이 나오기도 했다. 흥미롭게도 일부 소장파 소련 자문단은 서유럽의 사회주의화가 의회와 노동조합을 통한 장기적 투쟁으로만 달성될 수 있다는 이탈리아공산당의 견해를 수용했고 소련 지도부가 제3세계로 관심을 돌릴 것을 촉구했다. 이들의 의견은 스스로를 사회주의 촉진자이자 해외에서 소련의 위상을 드높이는 인물로 생각하던 몇몇 소련공산당 간부들이 유럽 바깥의 사건에 관심을 두도록 했다. 이 소련공산당 간부들은 외교부 관료들의 행위가 갈수록 일상적 수준의 상호작용이 되고 있을 뿐이라고 여겼다.

소련의 광범위한 제3세계 개입에 찬성한 의견의 가장 중요한 근거는 아프리카·아시아의 역사적 추세와 관련한 마르크스주의적 분석이었다. 탈식민지화 이후 첫 시기에 마르크스주의적 분석은 제국주의 국가와 서방 자본주의자들이 전(前) 식민지를 경제적으로 지배할 수 있을 것이라고 예측했다. 그러나 1960년대 소련 경제학자들의 예상치보다 더 빠르게 민족 부르주아지가 등장하며 외국의 이익을 대체하기 시작했다. 여기에는 민족 부르주아지가 장악하기 시작한 탈식민 국가의 도움이 있었다. 제국주의자들이 사용할 수 있는 여러 수단, 예를 들어 직간접 개입에 대항해 민족 부르주아지가 취할 수 있는 전략은 노동 계급과 진보적 의식을 지닌 농민 지도자와의 연합이었다. 노동 계급과 진보적 농민은 이미 공산당을 조직하거나 공산당이 지도하는 '통일 전선'을 형성하고 있었다. 이와 같은 계급과의 연합은 진보적 조직이 실질적으로 지배하는 국가로 나아갈 수 있는 방안이기도 했다. 그리고 일부 민족 부르주아지 지도자들은 외국의 이해관계와 경쟁하기에는 자신들의 세력이 지나치게 미약하기 때문에, 이들은 이익 면에서 다소 손해를 보더라도 외국 자본과의 경쟁을 피하고 시장 지분을 보장받을 수 있다면 사회주의 체제를 받아들일 수도 있었다.

정통 마르크스주의적 입장을 고수하던 소련 자문단과 연구진은 민족 부르주아지가 사회주의 체제를 받아들일 수 있다는 가능성을 인정하지 않았다. 사회주의와 공산주의라는 사회 단계(social stages)를 향한 점진적 진전이 가능하다고도 보지 않았다. 오히려 착취당하는 제3세계 국가들은 취약하므로 진보적 국가를 통해 부르주아 세력을 굴복시키고 사회주의로 나아가는 것을 돕자고 주장했다. 따라서 제3세계 국가들(베트남과 쿠바는 매우 예외적인 사례였다)은 사회주의로 나아가는 길에―만약 이와 같은 사회 동맹과 혁명을 외세의 개입으로부터 방어하는 데 올바른 정책을 입안해 추진해나간다면―기나긴 자본주의 발전 단계를 거치지 않아도 될 터였다. 이와 같이 다른 의견을 지닌 지식인들은 탈식민 사회를 바라보는 소련의 시각을 바꾸는 그들의 작업이 실제 소련의 국가 형성 과정과 더 부합한다는 사실을 잘 알고 있었다. 실제로 스탈린주의자들은 정통 마르크스주의에 부합하도록 소련의 국가 형성 과정을 신화적으로 부풀렸다.

제3세계에서 사회주의가 가능할 수 있었던 예상치 못한 외부 조건은 제국주의 국가 간 경쟁의 증가와 소련이라는 모범 사례가 지닌 매력이었다. 유럽에서 사회주의와 자본주의의 전선이 일시적으로 안정되고 제3세계의 탈식민지화를 거치면서, 전후 미국의 패권은 종말을 맞이했다. 미국은 이제 그들의 힘을 더 과시할 수 없었으며, 강력한 저항에 직면했다. 독일과 일본 그리고 다른 자본주의 국가들은 제2차 세계대전 종전 이후 그들이 경험한 미국의 패권에 굴종하지 않았다. 동시에 제3세계 국가들은 소련의 국내적 발전에 많은 관심을 갖고 있었다. 미국의 통제에 반대하는 모든 민중과 계급은 소련 모델이 외세의 지배를 막을 수 있는 성공적 (그리고 강력한) 대안이라고 생각했다. 소련공산당 중앙위원회 국제부는 제3세계의 서로 다른 비공산주의 정당들 내 소련 사회주의의 경험을 배우려는 '진보적 세력'에 대한 보고를 자주 하곤 했다.

마지막으로, 소련의 새로운 제3세계 전략을 논한 자문단은 중소 분쟁과 다른 방식이기는 하지만 쿠바·베트남 그리고 서방 급진주의자의 영향을 받았다. 소련의 젊은 지도자들은 중국이 문화대혁명에서 보여준 국제주의를 향한 조롱을 진심으로 혐오했기 때문에(특히 국제부에서 이와 같은 성향이 두드러졌다) 좀더 적극적인 정책을 주장했다. 그들은 이를 통해 중국의 공격과 선전을 반박하고자 했다. 소련 국제부의 일부 중견급 간부들은 1950년대 중국을 상대하면서 경험을 쌓아왔으므로 이들이 중국의 도전에 집중하고자 한 것은 충분히 이해 가능한 일이다. 그러나 더 중요했던 것은 쿠바와 베트남 그리고 유럽 좌파들의 공개적 또는 비밀스러운 비판이었다. 이들은 소련이 미국과의 지구적 대결에 지나치게 소극적이고, 다른 지역의 혁명을 도울 의욕을 잃었다고 비난했다. 1969년 중소 분쟁이 최고조에 달하고 6일 전쟁에서 이집트의 불명예스러운 패배를 겪은 후, 많은 소련 정책 결정자들이 보기에 데탕트에도 불구하고 소련이 해야 할 일은 해외의 혁명을 돕고 이들을 보호하는 힘을 보여주는 것이라는 사실이 분명해졌다.

그러나 이와 같은 젊은 보좌관들, 예를 들어 바딤 자글라딘(Vadim Zagladin, 1927년생), 게오르기 샤흐나자로프(Georgii Shakhnazarov, 1924년생) 그리고 카렌 브루텐츠(Karen Brutents, 1924년생)가 무제한적인 소련 개입 찬성론자였다고 볼 수는 없다.[72] 오히려 반대로, 그들은 해외의 전제 조건에 따라 상황에 맞는 조심스러운 정책을 강조했다. 1960년대 중반의 실패는 여전히 소련 정책 결정자들의 뇌리에 남아 있었으며, 영향력이 컸던 보좌진 역시 이와 같은 실수에 자신의 이름을 올리면 안 된다는 사실을 잘 알고 있었다. 이들은 스탈린 시기부터 발전해온 신념을 계속 간직했다. 이 신념에 따르면 특히 당 건설의 경우, 오직 소련의 경험을 배워야만 해외 혁명의 안전을 확보할 수 있었다. 레닌주의 개념인 '전위당'은 모든 이들의 마음의 최전선에 있었다. 미래의 모든 발전은 헌신적인 현지 마르크스-레닌주의자들로 이뤄진 당의 건설에 달려 있었다. 현지의 마르크스-레닌주의자들은 올바른 전술적 결정을 내릴 수 있으며, 복잡한 연합 관계를 맺으면서 사회 개혁을 시행하고, 사회주의를 똑똑히 가르쳐줄 수 있을 터였다. 이와 같은 전위(심지어 자기들이 대표해야 하는 계급보다 더 나아갔다)야말로 가난한 국가에서 혁명 개념의 핵심이었다.

매우 빠르게 급변하는 정치 상황 속에서 전위당이 제 역할을 한다면 혁명으로 향하는 길은 매우 다른 경로를 밟을 수도 있었다. 카렌 브루텐츠(소련 국제부의 지도자급 인물 중 가장 중요한 이론가였다)는 《오늘날의 민족 해방 혁명: 몇몇 이론적 문제(Revolutions of National Liberation Today: Some Theoretical Questions)》(1974)에서, 반제국주의 전선이 권력을 장악한 후에도 전선 내부에 오랫동안 갈등이 계속될 거라고 보았다. '투쟁 안의 투쟁'이 나타나는 한 가지 원인은 해방 전선 내부의 혼합된 계급 구성 때문이었다. 또 다른 이유는 제국주의 국가, 특히 미국의 전복 활동이었다. 국제 무대에서 제국주의 세력이 약해진다 하더라도 '진보' 세력의 손쉬운 승리는 없을 터였다. 반대로 이들이 실패할 가능성은 매우 컸다. 특히 현지 공산주의자들이 레닌주의적 조직과 연합 구축 전략을 사용하지 않는다면 말이다.[73]

공산당의 영도에 대한 강조와 흐루쇼프 이후 소련의 집단 지도 체제 시기를 거치면서, 국제부는 영향력 있는 기관으로 성장할 수 있었다. 〔이는 국제부의 전신(前身)인 코민테른이 소련 등장 초창기에 지녔던 중요성과 같은 정도라고 할 수 있다.〕 브레즈네프 시기 소련 지도자들은 정치 이론에 빠삭한 젊은 공산주의자들의 활동을 장려하기 위해 노력했다. 젊은 공산주의자들은 국가 기구가 아니라 주로 당 출신이었다. 소련 지도부가 항상 그들의 이야기에 귀를 기울이지는 않았지만, 1970년대 내내 그들의 위상은 높아지기 시작했다. 이는 아프가니스탄 개입을 둘러싸고 1970년대 말 소련 체제가 경직되는 국면까지 유지되었다. 소련 시기 내내 줄곧 매우 예외적일 정도로 상상력이 극도로 부재한 정치인들이 외교부를 이끌었기 때문에, 오히려 소련공산당 중앙위원회가 외교 부문에서 영향력을 행사했다. 소련 외교부를 이끈 이들은 정치국의 의사에 매우 느리게 반응했으며, 다른 강대국을 상대하는 일상적인 외교 행위에 몰두할 뿐이었다. 그 결과 1970년대 초반, 일종의 권력 분점이 나타났다. 외교부 장관 안드레이 그로미코

(Andrey Gromyko)는 브레즈네프의 데탕트 정책을 전달하며, 이 정책이 유효할 수 있도록 하는 역할을 맡았다. 그러나 데탕트라는 틀을 넘어서는 정책 영역에서는 점점 소련공산당 국제부와 KGB의 영향력이 커져갔다. 물론 이 중 그 어느 조직도 정치국의 제재를 피해서 마음대로 행동할 수는 없었다. 그러나 브레즈네프의 건강이 1974년부터 악화하면서, 소련공산당 중앙위원회 정치국의 통제가 약해지자 외교 정책을 둘러싸고 KGB와 국제부, 외교부 등은 위로부터의 명령을 자의적으로 해석할 수 있는 실질적 권한을 부여받았다.[74]

아주 잠깐 동안, 소련 외교 정책엔 거의 동시에 서로 다른 2개의 경로가 있었다고 말할 수 있다. 하나는 지도부가 견지한, 미국과 서유럽을 향한 데탕트 정책을 가장 중시하는 것이었다. 이는 대개 소련 외교부가 주도하던 외교 정책이었다. 그러나 일반적으로는 데탕트 정책을 지지하지만, 제3세계를 향해 좀더 적극적인 접근의 기초를 놓는 정치 보좌진도 존재했다. 소련식 정책 결정 과정 체계 때문에, 그리고 각 정책의 주창자들이 관료제의 매우 다른 영역에 배치되어 있었기 때문에, 정치국이 이 두 외교 정책론이 상충되는 지점을 깨닫는 데는 일정한 시간이 필요했다. 레오니트 브레즈네프를 포함한 대부분 지도자들은 변화하는 세계에서 가장 올바른 소련의 정치 이론에 기초를 둔 두 가지 외교 정책 접근법이 모두 타당하다고 보았다. 실제로 베트남에서 미국의 개입이 종식된 것은 소련이 데탕트를 협상하면서도 동맹국인 베트남을 지원할 수 있음을 보여준 사건이기도 했다. 그리고 만약 소련이 향후 자신의 힘을 제3세계의 다른 국가들을 돕기 위해 사용한다면, 이는 미국의 베트남 개입과 달리 매우 '소규모 개입'이 될 거라고 브레즈네프는 생각했다.

06 탈식민지화의 위기: 남부 아프리카

1960년대 중반부터 미국과 소련은 아프리카 냉전 경쟁의 중심축이 북·중부 아프리카에서 남부 아프리카로 옮겨가고 있음을 명확하게 인식했다. 남부 아프리카에서는 포르투갈 제국의 유산이 여전히 남아 있던 앙골라와 모잠비크, 그리고 백인우월주의 국가인 남아프리카공화국과 로디지아(현재의 짐바브웨)에서 정부군과 아프리카 민족주의 운동 단체 사이에 게릴라 전쟁이 벌어지고 있었다. 대부분의 아프리카 민족주의 운동 지도부는 아프리카 민족주의 운동 2세대로서 이전 세대와 비교할 때 한층 더 급진적인 면모를 보였다. 이들 중 일부는 마르크스주의자였으며, 대부분 독립 이후 1세대 지도자들이 보여준 실패에 매우 비판적이었다. 그들이 보기에 1세대 지도자는 조국과 아프리카 대륙을 단결시키지 못했으며, 사회 평등과 탈유럽화 개혁도 달성하지 못했다. 2세대 중 다수는 베트남과 쿠바의 교훈에 고무되어 전후(戰後) 사회주의 국가 건설을 위해 사회 세력을 육성하는 동시에, 게릴라 전쟁과 대중 정치 동원을 통해 적을 타파할 수 있다고 생각했다. 소련의 국제적 역할이 점차 중요해지면서 다수의 급진적 아프리카 지도부는 소련을 미국의 대항마로 인식했다. 즉 국제 문제에서 혁명을 도와주고 미국과의 균형을 맞추어주며 훈련, 무기, 보급 등 모든 측면에서 그들을 지원해줄 세력이라고 믿었다. 남부 아프리카의 해방 운동이 마르크스주의적 지향을 보이기 시작하자 소련과 미국은 이 급진적 아프리카 지도부의 중요성을 알아차렸다. 미국에게 아프리카 국가의 마르크스주의 지향은 제3세계에서 급진적이고 친소련적인 정권이 등장할 수 있다는 일종의 위협이었다. 반면 소련에게 아프리카 지도자가 '과학적 사회주의'의 우월성을 인정한다는 것은 제3세계 사회 발전의 새 단계가 시작되는 신호였다.

곧 살펴보겠지만, 남부 아프리카의 해방 운동 지도부가 그들 사회에 마르크스주의를 적용하기란 쉽지 않았다. 그러나 마르크스주의, 특히 레닌주의적 마르크스주의는 식민 당국이 식민지를 자신 뜻대로 지배하기 위해 인구 구성원에 다양한 형태의 인종 차별적 부족 분류를 사용한 국가에 막대한 이점이 있었다. 마르크스주의는 인민을 줄루족(Zulu), 코사족(Xhosa), 은데벨레족(Ndebele), 쇼나족(Shona), 오밤보족(Ovambo)이 아닌 농민, 노동자, 지식인 같은 생산 역할로 분류해 정권에 맞서 투쟁하는 최소한의 단일 전선 개념을 구성할 수 있도록 했다. 또한 마르크스주의는 인종적 억압 없이 당시 유럽인이 향유하던 혜택을 모두가 누릴 수 있는 현대적이고 정의로운 미래 국가 형성을 향한 희망을 고취했다. 남부 아프리카에는 막대한 천연자원이 있었기 때문에 대부분의 해방 운동 지도부는 이 지역의 근본 문제가 사회 정의의 부재에 있다고 보았다. 그들은 국가가 차별 없이 모든 거주민을 구성원으로 인정한다면 모든 결핍이 과거의 일이 될 거라고 믿었다. 마지막으로, 마르크스주의로의 전환은 해방 운동의 수많은 비(非)아프리카인 지도부가 그들의 역할과 지위를 정당화할 수 있도록 했다. 백인이냐 흑인이냐가 중요한 문제가 아니라면, 비아프리카인 지도부는 저항 운동을 이끌 충분한 자격이 있었다. 그들은 본질적으로 아프리카인이었기 때문이다.

남부 아프리카의 해방과 초강대국 냉전

1960~1970년대 내내 남아공은 남부 아프리카에서 세력 분쟁의 주 무대였다. 1948년부터 아프리카너(Afrikaaner: 남아공에 거주하는 네덜란드계 백인 이주 정착자를 뜻하는 말—옮긴이)의 국민당이 주축을 이룬 인종 차별적인 정권은 국가를 인종적 경계로 나누고 인구의 13퍼센트밖에 되지 않는 소수의 유럽계가 경제와 군사, 교육 그리고 정치를 지배하는 분리 정책(아프리칸스어로는 '아파르트헤이트')을 실시했다. 인구의 75퍼센트가량을 차지하는 아프리카인은 유럽인 구역에서 일할 수는 있었지만 거주하거나 학교에 다닐 수 없었고, 출입할 때는 반드시 통행증을 지참해야 했다. 유럽인 구역이 확장되면서 아프리카인이나 비유럽인은 아파르트헤이트 정권이 '홈랜드(homeland)' 혹은 '반투스탄(Bantustan)'이라고 칭한 흑인 자치 구역으로 강제 이주해야만 했다. 이 구역은 국토의 약 14퍼센트를 차지했으며, 정권이 규정한 아프리카인 부족 집단에 각각 별개의 지역을 배당했다. 그 결과 이전에는 자신을 츠와나족(Tswana)이나 줄루족이라고 생각하지 않던 사람들이 자신이 살던 지역에서 뿌리 뽑혀 '출신 부족'의 영역으로 지정된 '홈랜드'로 강제 편입되었다. 남아공의 수상이자 아프리카너 이론가 헨드릭 페르부르트(Hendrik Verwoerd)는 "아파르트헤이트는 정치 영역을

통합하고, 사회 영역에 필요하고, 교회 문제를 겨냥하고 있으며 우리 삶의 모든 영역과 관련이 있다"고 주장했다.[1]

남아공 경제에서 특히 중요한 위상을 점했던 탄광 산업은 다국적 기업이 독점하고 있었고, 그중 아프리카너의 지분은 매우 작았다. 아파르트헤이트 정권이 저렴하게 공급하는 아프리카인 노동력에 완전히 의지하고 있던 남아공 탄광 산업은 수익성이 대단히 높았을 뿐 아니라 서방의 전략·경제적 이해관계에도 중요했다. 하지만 앞서 살펴보았듯 이러한 경제적 이해관계도 남아공과 서방, 특히 존슨 행정부 시기에 남아공-미국의 정치적 관계가 악화하는 것을 막지는 못했다. 존슨 대통령은 인종 차별적 정책을 개혁하라는 미국의 요구를 남아공이 거절하자 이는 남아공의 패착이 될 것이라고 생각했다. 그리고 미국이 남아공 정부에 영향을 끼치기 위해 (남아공과의 경제·군사적 연계의 파기를 제외하고) 가용한 모든 수단을 동원해야 한다고 생각했다. 1960년대 후반에 이르면 범유럽 세계에서 백인의 연대 혹은 경제적 이익이라는 명분으로 남아공의 제도화한 인종적 억압을 방관하는 국가는 점점 줄어들었다.

앞서 살펴보았듯 남아공 내 주요 해방 운동 단체였던 아프리카민족회의는 모든 형태의 인종 차별에 반대한다는 설립 목적 아래 유럽 및 아시아계가 조직에 가입할 수 있도록 했다. 아프리카민족회의 지도부에는 남아공의 모든 부족 구성원이 혼재되어 있었지만, 평당원 대다수는 아프리카인이었다. 특히 이들은 대개 아프리카민족회의의 설립을 도운 아프리카 노동조합 출신이었다. 남아공공산당도 당원들을 아프리카민족회의에 참여시켰다. 1960년대, 특히 1960년 아프리카민족회의에 해산 명령이 떨어지고 지도부 대다수가 체포된 후에는 남아공공산당원들이 아프리카민족회의 초기 군사 조직의 대부분을 맡았다. 그러나 아파르트헤이트 정권에 맞선 아프리카민족회의의 군사 작전 개시는 쉽지 않았다. 아파르트헤이트 정권은 국제적으로 우호적인 세력에 둘러싸여 있었을 뿐 아니라 남아공 내 종족·부족 지도자들에게 상당한 영향력을 지니고 있었다. 부족 지도자들은 젊은이들의 군사적 저항 참여를 만류했다. 1960년대 후반 아프리카민족회의의 군사 조직 '민족의 창(槍)'은 먼 탄자니아까지 피신하는 데 성공한, 훈련과 무기가 부족하고 사기 저하에 시달리는 2000명 남짓의 젊은이로 이뤄져 있었다.

남아공 그리고 남아공 지배하에 있는 나미비아와 국경을 맞대고 있는 포르투갈 식민지 앙골라와 모잠비크의 해방 운동 상황은 매우 달랐다. 포르투갈 독재 정권은 북대서양조약기구 회원국이었음에도 불구하고 1960년대 식민지 전쟁에 인력과 물자, 자금을 조달하는 데 갈수록 큰 어려움을 겪고 있었다. 유럽의 다른 북대서양조약기구 회원국은 식민지를 유지하려는 포르투갈의 전쟁을 좋게는 힘의 유용(流用), 나쁘게는 명예롭지 못한 행위라고 여겼다. 린든 존슨 행정부는 아프리카에서 포르투갈의 행보가 공산주의에 맞서 싸우기 위해서라는 포르투갈 독재자 살라자르(A. Salazar)의 주장을 신용하지 않았다. 하지만 포르투갈의 '무능'과 '미숙함'을 둘러싼 내부의 우려에도 불구하고, 미국은 포르투갈의 식민지 전쟁을 간접적으로 지원하는 일까지 그만두지는 못했다. 1968년 딘 러스크 국무장관은 살라자르의 후계자 마르셀루 카에타누(Marcello Caetano)에게 미국의 입장을 다음과 같이 설명했다. "아프리카 문제에 미국은 십자군을 이끌고 있지 않습니다. 또 아프리카에서 포르투갈이 축출되는 것에도 관심이 없습니다. ……우리는 우리의 의견을 표현해야 하고, 그 의견이 우리의 포르투갈 친구와 항상 같을 수는 없습니다. ……많은 것이 앙골라와 모잠비크 같은 지역 민중의 진실된 의견 표현에 달려 있습니다."[2]

이미 살펴보았듯 모잠비크의 해방 운동 단체 모잠비크해방전선은 투쟁 과정에서 상당히 통합되어 있었을 뿐 아니라 비밀리에 미국과 확고한 관계를 유지했다. 모잠비크해방전선의 지도자 에두아르두 몬들라느는 충실한 사회주의자였지만 국내외적으로 광범위한 단일 전선을 형성하는 방안이 비록 사회 변혁의 과정을 늦출지라도 해방의 대의를 위해 더 나은 길이라고 믿었다. 반면 아프리카 남서부 해안에 위치하고 전략·경제적으로 훨씬 중요한 포르투갈 식민지 앙골라에서는 반제국주의 운동이 이데올로기와 부족별 차이로 인해 세 분파로 분열되어 있었다. 1960년대 초 앙골라 해방 운동 중 가장 큰 단체는 올덴 호베르투라는 매우 인상적인 인물이 지휘하는 앙골라해방민족전선(이하 '민족전선'—옮긴이)이었다. 민족전선의 이데올로기는 반공주의, 반서구주의가 비슷하게 공존하는 강경 아프리카 토착 민족주의였다. 권위적이고 완고한 지도자 올덴 호베르투의 입지는 앙골라 북부에 있는 바콩고족[Bakongo: 인구의 13퍼센트를 점하는 바콩고족은 자이르(현 콩고민주공화국)와 콩고—브라자빌에도 넓게 퍼져 있다—옮긴이]의 지지에 상당 부분 의지하고 있었다. 호베르투는 미국 CIA와 비밀스러운 관계를 유지했으며, 자이르(당시의 정확한 국호는 콩고민주공화국이었으나 콩고—브라자빌과 구분하기 위해 여기서는 자이르로 통칭한다—옮긴이) 지도자 모부투의 지원도 받고 있었다.

다른 한편 앙골라해방인민운동(이하 '인민운동'—옮긴이) 지도부에는 아프리카인뿐 아니라 유럽인과 메스티소도 있었다. 온건하지만 다소 자기중심적인 성격의 의사이자 시인인 안토니우 아고스티뉴 네투(António Agostinho Neto)를 수장으로 하는 인민운동은 1960년대 중반에 사회 혁명의 필요성과 앙골라의 모든 인민을 포괄한다는 목적을 강하게 고수하는 마르크스주의 조직으로 변모했다. 네투는 소련 진영의 지원을 바랐으나 소련뿐 아니라 포르투갈공산당을 통해 유럽의 좌파로부터 지적으로 강한 영감을 받은 독립적인 마르크스주의자였다. 앙골라 해방 운동에서 네투의 역할은 정치뿐 아니라 앙골라 민중의 사기를 고취하는 데 있었다. 네투의 부관들은 앙골라와 해외에서 군사 활동을 지도했다. 네투는 시를 통해 앙골라 동포를 이렇게 격려했다.

> 시작하라, 힘찬 행동을! 깨어 있는 장정들이여!
> 이에는 이로, 눈에는 눈으로,
> 목숨에는 목숨으로 답하라.
> 힘찬 행동이여, 오라!
> 인민을 해방시킬 인민 군대여!
> 오라, 수동성을 깨부술 회오리바람이여![3]

앙골라 해방 운동의 세 번째 조직은 앙골라완전독립민족동맹(이하 '민족동맹'—옮긴이)으로, 1960년대 중반 조나스 사빔비(Jonas Savimbi)가 다른 단체의 미약한 군사 활동과 전반적인 활력 부족을 비판하며 창립한 조직이었다. 당시까지 앙골라에서 가장 카리스마 있는 지도자였던 조나스 사빔비는 이데올로기상으로는 민족주의 진영에 속했으나 중국으로부터 지원과 군사 훈련을 제공받기도 하는 등 정치적으로는 기회주의적 면모를 보였다. 사빔비는 자급자족과 앙골라 민족의 단결이 민족동맹의 주요 목표임을 설파하며, 인민운동이 유럽인(인민운동 지도부의 메스티소를 의미한다—옮긴이)의 지배를 받고 있다고 비판했다. 아울러 바콩고족과의 연관을 들어 민족전선을 비판하기도 했다. 하지만 동시에 사빔비는 그의 출신 부족인 앙골라 중·남부에 거주하는 오빔분두족(Ovimbundu: 앙골라 인구의 40퍼센트를 점하고 있다—옮긴이)의 지원에 의존하고 있었다. 사빔비는 민족동맹의 입지를 강화하기 위해 다른 누구하고도(여기에는 때로 포르투갈도 포함되었다) 거래할 의사가 있었다.

1960년대 중반의 인민운동과 그보다는 덜했으나 민족전선이 급진화한데에는 포르투갈의 세 번째 아프리카 식민지였던 아프리카 서부 해안의 기니비사우 해방 운동 지도자의 영향이 컸다. 1959년부터 포르투갈에 맞서 게릴라 전쟁을 전개하던 기니·카보베르데독립아프리카당(이하 '독립아프리카당'—옮긴이)의 수장 아밀카르 카브랄은 1950년대에 앙골라에서 시간을 보냈으며 다른 앙골라 해방 운동 단체의 지도자들과 친분이 두터웠다. 카브랄은 리스본에서 공부할 당시 마르크스주의자가 되었는데, 민족 해방과 사회 혁명을 아프리카 전역에서 연계해야 한다고 강력히 주장했다. 또한 아프리카 해방 운동이 소련과 더욱 긴밀히 동맹을 맺을 필요가 있다고 역설했다. 실제로 소련은 카브랄을 적절치 못한 자유사상을 지닌 마르크스주의자라고 보았다. 하지만 카브랄의 언설은 아프리카 전역으로 퍼져나갔으며, 특히 포르투갈 식민지에서 큰 호응을 얻었다. 1965년 포르투갈에 대항하는 좌파 조직의 전체 회의에서 카브랄은 자신의 입장을 고수했다. "우리가 사회주의 국가의 지원을 말하는 걸 듣기 싫어하는 사람들이 우리에게 과연 어떤 도움을 주었답니까? 그들은 가장 파시스트적이고 제국주의적인 살라자르 정권의 포르투갈을 지원합니다. 포르투갈 정부가 북대서양조약기구 동맹국의 도움이 없었다면 우리에 맞서지도 않았을 것이며 맞설 수도 없으리라는 사실은 명백합니다." 같은 행사에서 그는 1960년대 아프리카 해방 운동이 미국과 정면으로 충돌하고 있다고 주장했다.

우리의 심장은, 평화로운 베트남 민중에게 가장 가증스럽고 명분 없는 제국주의 공세를 취하고 있는 미국에 맞서 싸우고 있는, 전무후무한 예를 보여주고 있는 베트남의 형제들과 함께 뛰고 있습니다. ……우리는 미국의 흑인과 함께 합니다. 우리는 그들과 로스앤젤레스의 길거리에 함께 있습니다. 그들이 인간 다운 삶의 가능성을 모조리 부정당할 때, 우리는 그 고통에 맞서 연대합니다.[4]

카브랄과 포르투갈어권 아프리카의 혁명가 집단이 미국의 급진주의자와 입장을 같이할 때, 리처드 닉슨 행정부의 미국은 아프리카 해방 운동 최대의 적인 남아공 아파르트헤이트 정권과 더 친밀한 관계를 형성하고 있었다. 강력하고 서방 친화적인 국가가 아프리카의 '지역 경찰관' 역할을 해야 할 필요성이 있다는 믿음에 의거해 1969년 닉슨은 아파르트헤이트 정권을 고립시키려는 아프리카인의 시도를 저지하고, 존슨 행정부가 중단했던 정보 공유와 해군 협력 계획을 재가동해 남아공 정권과 밀접한 관계를 맺기 시작했다. 1969년 12월 국가안전보장회의의 검토를 거쳐 윤곽이 잡힌 닉슨 행정부의 대안은 다음과 같았다.

공식적인 차원에서는 인종적 억압 정책에 반대 입장을 유지하되 백인우월주의 국가들을 향한 정치적 고립과 경제 제재 조치를 완화해야 합니다. 우리는 백인 우월 정책 완화에 대한 화답으로 우리의 관계와 접촉의 범위를 넓혀나가는, 그리 대단치 않은 완화 조치부터 점진적으로 시작해야 합니다. 우리는 로디지아〔짐바브웨〕의 이언 스미스(Ian Smith: 당시 이언 스미스 역시 소수 백인을 중심으로 백인 우월 정책을 펴고 있었다─옮긴이) 정부에 좀더 유연한 입장을 취할 것입니다. 우리는 현재 포르투갈의 정책이 더 큰 변화를 암시하고 있다고 판단합니다. ……동시에 우리는 해당 지역의 흑인 국가들에 폭력을 통해서는 남반구의 해방과 다수결 원리에 대한 염원을 이룰 수 없으며, 그들의 평화롭고 부유한 미래에 대한 유일한 희망은 백인 국가들과 가까운 관계를 유지하는 데 있음을 설득하는 외교적 절차를 이행해야 합니다.[5]

미국이 소수의 아프리카너가 이끄는 남아공 정권에 투자하고 남아공과의 협력을 본격적으로 진행하기에는 외부적 제한이 많았지만, 1970년 이후 미국-남아공 관계는 급속히 진전되었다. 미국 행정부는 남아공에서 근시일 내에 의미 있는 내부 변화가 없을 것이며, 남아공은 전략적 요충지로서 미국의 중요한 동맹임이 분명하다고 보았다. 헨리 키신저는 1973년 10월 남아공 외교부 장관과의 회담에서 이렇게 발언했다. "우리는 세계 각지에서 케케묵은 정치·사회적 원칙이 반향을 얻고 있는 비극적 상황에 직면해 있습니다. ……나는 우리 국무부의 일부 각료가 지니고 있는 선교사적 열의(인종 차별 정책 폐지 주장—옮긴이)가 당신을 괴롭히는 일을 막을 것입니다."[6]

하지만 아프리카에서 동맹을 구하고 있는 세력은 미국뿐이 아니었다. 앞서 살펴보았듯 볼리비아 원정 참사와 체 게바라 사망 이전부터 쿠바는 아프리카 대륙에 관심을 쏟고 있었다. 자이르로 원정을 떠났던 일부 쿠바 부대는 이미 1965년부터 인민운동 게릴라를 훈련시키기 시작했고, 일부 쿠바인은 카빈다(Cabinda: 앙골라 북쪽에 위치한 월경 지역—옮긴이)의 북부 소수 민족 거주지에서 전투를 벌이기도 했다. 1966년부터 쿠바인들은 콩고-브라자빌에서 인민운동 조직의 군사 훈련소를 운영했고, 네투의 숙적인 자이르 모부투 정권과 민족전선 올덴 호베르투의 점령지를 통과해 앙골라 본토에 인민운동 병력을 투입한다는 대담한 계획을 세웠다. 쿠바의 초기 인민운동 지원은 비록 인력과 자금 측면에서 매우 제한적이긴 했으나 인민운동의 입장에서는 매우 요긴했다. 카스트로는 1960년대 중반 인민운동의 전투 역량과 정치적 준비 상태를 부정적으로 평가했지만, 그와 같은 지원을 통해 앙골라와 호의적 관계를 형성할 수 있다고 보았다.

1967년에 이르러 쿠바의 관심은 앙골라에서 기니비사우로 옮겨갔다. 기니비사우는 혁명 운동이 진행 중이며 쿠바가 제안한 게릴라 전략에 더 적합한 지형을 지닌 포르투갈 식민지였다. 독립아프리카당의 지도자 아밀카르 카브랄은 1966년 아시아, 아프리카, 라틴아메리카 3대륙 회의에 참석하기 위해 쿠바의 아바나를 방문했다. 쿠바 사령관 호르헤 리스케트(Jorge Risquet)에 따르면 "모든 이들이 카브랄의 위대한 지성과 인격에 감탄했다. 특히 피델 카스트로는 카브랄에게 매우 깊은 감명을 받았다".[7] 기니(기니비사우의 이웃 국가—옮긴이)의 코나크리(Conakry)로 파견된 새로운 쿠바 사절 오스카르 오라마스(Oscar Oramas)는 쿠바에서 독립아프리카당으로 들어가는 무기 및 군사 교관, 의사, 교사, 기술자와 민간 물자 등의 많은 원조를 관리하는 역할을 맡았다. 기니에 쿠바인이 있다는 사실은 비밀이 아니었다. 카브랄의 동생인 루이스 카브랄은 "쿠바인들이 독립아프리카당 트럭을 운전한다는 사실은 곧 공공연해졌다. 코나크리에서 시가를 피운 건 오직 그들뿐이었다!"고 회고했다.[8] 하지만 역사학자 피에로 글레이헤세스가 보여줬듯 미국은 체 게바라 사망 이후 쿠바 제3세계 정책의 원동력이 고갈되었다고 믿었으며, 대전략 차원에서 기니비사우가 너무 작고 동떨어져 있다는 점을 들어 기니에서 쿠바의 활동을 그리 우려하지 않았다.

쿠바의 지원에 일정 부분 힘입어 독립아프리카당이 기니비사우에서 포르투갈을 격퇴하고 있음이 명백해지자 미국은 1970년대 초반부터 태도를 바꾸기 시작했다. 모잠비크와 앙골라의 해방 운동은 주춤거리고 있었지만 카브랄의 조직은 1973년 초 8000명에 달하는 군사력을 보유하고, 국토의 3분의 2를 통제했다. 또한 독립아프리카당은 효과적인 민간 행정부를 구성했다. 독립아프리카당이 주도하는 행정부는 1973년 1월 아밀카르 카브랄 암살 후에도 잘 기능했다. 하지만 그중 미국의 관심을 끈 것은 그해 늦봄, 새로 개발된 소련의 지대공미사일이 저항군 사이에서 갑작스럽게 등장한 일이었다. CIA는 해당 무기가 도입되면 그동안 포르투갈이 크게 의존하고 있던 공중 병력의 우세가 무너질 것이며, 이는 앙골라에서 포르투갈의 승리를 거의 불가능하게 만들 것이라고 보고했다. 미국으로서는 소련이 그러한 무기를 기꺼이 공급했다는 사실이 더 중요했다. 이는 소련이 그동안에는 전례 없던 방식으로 아프리카 해방 운동에 개입하리라는 것을 암시했다.

1968년 후반까지 부진했던 쿠바-소련 관계가 풀리면서, 독립아프리카당에 대한 소련의 투자가 늘어나기 시작했다는 걸 당시의 미국은 잘 파악하지 못했다. 쿠바-소련 관계의 변화에는 세 가지 주요한 요인이 있었다. 첫째, 체 게바라 사망과 쿠바의 라틴아메리카 공세 종료 후, 쿠바-소련 관계의 갈등 요인이 사라졌다. 그 이전까지 카스트로는 소련의 소극적 태도 및 라틴아메리카의 우익 정권과 교역하는 행태를 비판했으며, 소련은 쿠바의 정책이 모험주의적이라고 보았다.[9] 둘째, 경제가 1960년대 후반 급속히 악화하면서 쿠바는 소련의 원조가 절실했다. 셋째, 쿠바 카스트로 정권의 공공연한 적인 리처드 닉슨이 1968년 가을 미국 대선에서 승리했다. 이는 추후 미국이 쿠바 공격을 감행한다면 소련의 도움이 필요하다는 사실을 의미했다. 쿠바에 소련을 대체할 세력은 존재하지 않았다. 1967년 후반 카스트로는 쿠바에 문화대혁명을 전파하려는 중국, 그리고 이데올로기적 타협을 감행한 유고슬라비아를 규탄했기 때문이다. 소련은 쿠바의 새로운 행보에 매우 흡족해했다. 카스트로가 1968년 8월 소련의 체코슬로바키아 무력 개입을 비호한 이후 소련은 쿠바에 대한 군사·경제 원조를 늘렸다.[10]

1970년대 초반 제3세계 해방 운동에 대한 쿠바-소련의 합동 지원 노력은 착실히 진행되었다. 쿠바와 소련 간 연결 고리 역할을 했던 동독의 사회주의통일당은 1971년 쿠바공산당이 전에는 '정치·이데올로기적 작업'에 충분한 우선순위를 부여하지 않았으나 지금은 이론적 문제를 다루며 소련의 경험을 학습하려는 의지가 있다고 보고했다. 또 동독 사회주의통일당은 카스트로가 다행스럽게도 국내외 반마르크스주의 세력에 더욱 강경한 입장을 취하고 있다고 보고했다. 라울 카스트로는 1973년 6월 쿠바를 방문한 동독 대표에게 "쿠바와 사회주의 국가의 관계는 이제 안정적이고 견고해 더 이상의 마찰은 없을 것"이며 "우리는 쿠바-소련의 관계에 위험 요소를 내버려두지 않을 것"이라고 전했다.[11] 소련은 1973년 욤키푸르 전쟁 당시, 카스트로가 소련의 요청에 응해 시리아에 탱크 부대를 파병한 사실을 고마워했으며, 이를 쿠바의 충성심의 또 다른 증거로 보았다. 한 소련 장교의 회고에 따르면, 소련은 쿠바의 요청에 따라 독립아프리카당에 중화기를 공급했다. 하지만 쿠바와 동독이 내린 공동의 결론처럼 이는 소련 스스로 아프리카 대륙에 관심을 갖지 않았다면 처음부터 일어나지 않을 일이었다.[12]

1970년 여름과 가을을 거치면서 KGB는 새 아프리카 전략의 얼개를 구상했다. 이는 소련 지도부(특히 레오니트 브레즈네프)의 지지를 받았다. 브레즈네프에게 회람된 KGB 보고서는 남부 아프리카의 여러 신생 정권과 해방 운동이 국제적 동맹을 탐색했다는 사실을 강조하며 대부분의 아프리카 정권이 양 진영 간 불화나 미국 제국주의의 본질에 대한 깊은 이해 없이 과거의 국제 문제에 대해 '단순한' 접근 방식을 취했다고 보았다. KGB 는 남부 아프리카의 독립 운동 지도부가 새로운 세대에 속한다고 주장했다. 남부 아프리카의 새로운 정치 지도자들은 미국의 지원을 얻으려는 시도가 실패했으며, 정치·사회·경제적 목표를 달성하는 데 소련만이 그들을 지원할 수 있는 유일한 열강이라는 사실을 깨달았다는 것이었다.[13]

소련이 볼 때 포르투갈의 식민지, 특히 앙골라와 모잠비크 그리고 기니·카보베르데는 정치적이고 전략적인 이유에서 구미가 당기는 목표였다. KGB는 닉슨 행정부와 포르투갈 및 남아공의 동맹 관계 갱신, 식민지 전쟁, 특히 기니비사우에서 포르투갈군이 직면한 군사적 곤경에 주목했다. 빅토르 체브리코프(Viktor Chebrikov) KGB 부의장은 앙골라와 기니비사우가 소련에 전략적으로 중요한 입지를 점할 잠재력을 갖추고 있으며, 미국과 중국 역시 이 국가들의 해방 운동 단체에 영향력을 확대하려 하고 있다고 설명했다.[14] KGB는 아프리카에서 소련과 중국의 영향력 경쟁을 주요한 고려 요소로 놓고 정책을 권고했다. 총참모부 정보총국은 중국이 소련의 원조를 이미 받은 국가의 해방 운동에 대한 영향력 확대를 목표로 삼고 있다고 보고했다. 또 정보총국은 중국이 아프리카의 지지를 확보하기 위해 최대한의 자원을 활용할 것이고, 몇 년 지나지 않아 미국과 일종의 느슨한 연합을 구성해 아프리카의 많은 지역을 관리하는 지위로 충분히 올라설 수 있다고 강조했다.[15]

KGB 의장 유리 안드로포프에게는 남부 아프리카에서 소련의 개입을 늘려야 할 또 다른 이유가 있었다. 소련의 대(對)아프리카 정책에 대한 서방 세계의 추정을 담고 있는 보고서의 요점을 정리하면서, 안드로포프는 비록 소련이 아프리카에서 입지를 강화하려 노력하고 있지만 "향후 몇 년 간은 '폭넓은 공세'를 계획하기보다 이미 달성한 입지를 굳히는 데 그칠 것"이라고 서방 전문가들이 믿고 있다고 강조했다. 안드로포프는 이러한 서방 세계의 예상 자체가 소련이 아프리카에서 작전에 나서야 할 좋은 이유라고 보았다.[16] 동시에 소련은 중국이 문화대혁명의 충격에서 빠져나오면 아프리카 해방 운동을 "전복하려는" 시도를 늘리리라 예측했고, 이러한 중국의 움직임을 봉쇄할 필요도 있었다.[17]

당시까지 남부 아프리카에서 소련의 가장 중요한 동맹은 남아공의 아프리카민족회의였다. 아프리카민족회의의 망명 정부가 있던 잠비아에서 아프리카민족회의 지도부는 잠비아 주재 소련 대사관을 통해 소련과 가까운 관계를 유지했다. 올리버 탐보(Oliver Tambo)가 이끄는 아프리카민족회의 지도부는 소련의 신뢰를 얻고 있었다. 문서 보관소의 기록은 남아공공산당이 남아공 의회 내에서 강한 영향력을 유지했기 때문이 아니라, 남아공공산당의 존재에도 '불구하고' 아프리카민족회의와 소련이 가까운 관계를 구축해나갔다는 사실을 보여준다. KGB와 함께 국제 관계를 진전시키는 업무를 담당한 핵심 기관인 소련공산당 중앙위원회 국제부(이하 '국제부'—옮긴이)는 남아공공산당의 독립 지향적 행보, 그리고 남아공공산당이 유로코뮤니즘을 추종한다는 의심 때문에 남아공의 주요 공산주의자를 선호하지도 신뢰하지도 않았다. 그 목록에는 아프리카민족회의의 군사 조직을 이끌던 조 슬로보(Joe Slovo)도 포함되어 있었다. 한편 국제부는 올리버 탐보 및 그와 함께 활동한 비공산주의자 아프리카인들이 더 신뢰할 만하며 부족 출신이기 때문에 남아공 혁명을 이끌기에 더 적합하다고 믿었다. 소련이 보기에 아프리카민족회의의 다민족적 구성은 해당 조직의 큰 문제였다. 이미 1969년에 아프리카민족회의 대표단이 방문했을 때 알렉세이 코시긴이 회담에서 말한 바 있듯 소련은 이러한 사실이 남아공의 저항 운동을 "아마도 세계에서 가장 어려운 일"로 만드는 데 한몫을

할 것이라고 판단하고 있었다.[18]

1969년은 아프리카민족회의에 하나의 분수령이었다. 탄자니아의 모로고로(Morogoro)에서 열린 회의 직전, 크리스 하니(Chris Hani) 같은 아프리카민족회의 소장파 구성원들은 조직 내의 "끔찍할 정도로 깊은 부패"를 비판하면서 아프리카민족회의가 남아공 내에서 더 적극적인 정책을 취할 것을 촉구했다. 아프리카민족회의는 모로고로 회담에서 인가를 얻어 남아공으로 전사를 재투입할 준비를 시작했으나, 아프리카민족회의 본부가 있던 탄자니아 당국이 조직의 군사 활동 축소를 요구해 남아공 국내 진공 작전은 난항을 겪었다. 1969년 말에 이르러 '민족의 창'은 남아공의 아프리카너 정권에 전쟁을 선포하는 대신 아프리카에서 북쪽으로 5600킬로미터 떨어진, 소련공산당이 마련해준 크림반도의 심페로폴(Simferopol)로 핵심 부대를 철수시켜야만 했다. 1500명 넘는 남아공 젊은이들은 붉은 군대의 '특수목적비행여단'의 일류신 IL-18기에 올라 탄자니아를 떠났다. 그중 많은 수가 소련에 체류하면서 교육과 훈련을 받았다.[19]

소련 외교 정책에서 아프리카의 비중은 증대되었고, 이는 앙골라에서 바로 실천으로 옮겨졌다. 아고스티뉴 네투는 1970년 봄에 있었던 인민운동에 대한 지원 요청을 수차례 거절당했기 때문에, 같은 해 7월 중순 소련이 지원을 제안하자 놀랄 수밖에 없었다. 잠비아 주재 소련 대사 벨로콜로스(D. Z. Belokolos)는 인민운동에 군장비와 병참 및 정치 훈련을 지원하는 일련의 계획을 제안했다. 그에 더해 소련은 네투가 이웃 국가(잠비아, 자이르, 콩고-브라자빌)와 겪고 있는 문제에 정치적 지원을 제공할 의사도 있었다.[20] 인민운동 지도부는 소련과의 동맹에 열정적으로 화답했다. 벨로콜로스 대사와의 회담에서 네투는 인민운동과 '자본주의 국가 및 사민주의 정당' 간 관계를 축소해서 보고하는 동시에, 소련이 인민운동의 가장 중요한 국제 동맹임을 강조했다. 네투는 특히 소련에 자신이 중국과 가까워질 이유가 없다는 사실을 알리려고 노력했다. 모스크바로 보낸 보고서에서 벨로콜로스 대사는 인민운동 지도부의 입장, 즉 소련만이 군사적 지원을 기대할 수 있는 유일하게 가망 있는 출처라는 생각이 앙골라 해방운동의 일반적 정서를 반영하고 있다고 보고했다.[21]

아프리카 문제에 열정을 지닌 이들이 새로이 등장했지만 소련 지도부는 1971~1973년 그들이 선호하는 남부 아프리카의 해방 운동, 특히 인민운동과 협력하는 효율적인 방안을 마련하는 데 점점 어려움을 겪고 있었다. 소련은 남부 아프리카 해방 운동의 공통된 특징인 소련과의 소통 미흡(소련이 가장 선호하던 상대인 남아공의 아프리카민족회의는 여기에서 제외되었다), 허술한 조직 구성 그리고 만연한 파벌주의가 네투의 조직에서 그 정도를 넘어섰다고 보았다.[22] 소련 국제부는, 예컨대 1972년 12월 "협력 협정에 조인하고 공동 성명을 내기 위해" 모스크바를 방문하겠다는 요청과 같은 네투의 일부 요구를 과하다고 여겼다.[23] 1974년 초에 인민운동은 세 파벌로 분열되었다. 탄자니아에 기지를 두고 있는 아고스티뉴 네투의 파벌, 잠비아의 지원을 받으며 레볼타 도 레스테(Revolta do Leste: '동부의 저항'이라는 의미—옮긴이)라고도 알려진 다니엘 치펜다(Daniel Chipenda)의 파벌, 스스로를 레볼타 악티바(Revolta Activa: '적극적 저항'이라는 의미—옮긴이)라고 칭하며 자이르의 지원을 받는 파벌 등이었다. 역사가 존 마컴(John Marcum)이 지적했듯 이러한 불협화음의 원인은 사상·교리의 차이라기보다는 "불완전한 소통, 군사적 실패, 경합하는 야망"이었다.[24] 인민운동은 단 한 번도, 심지어 가장 좋았던 시기조차도 잘 조직된 운동이라고 볼 수 없었다. 포르투갈의 반격이라는 압박을 받으며 인민운동은 부족 갈등과 네투에 맞서는 내부 도전으로 인해 분열되었다. 다니엘 치펜다는 앙골라 중·

동부에 거주하는 오빔분두족 출신으로 대부분의 지원을 그들에게서 끌어왔다.

소련의 특사는 인민운동을 재규합하고, 인민운동과 앙골라의 주요 민족주의 독립 운동 세력 중 하나인 올덴 호베르투의 민족전선 사이에 연합전선을 창설하는 데 많은 시간과 노력을 쏟았다. 소련은 앙골라와의 관계에서 네투를 주요한 행위자로 보고 위기에 처한 지도부를 군사·재정적으로 도왔다. 소련은 네투 측 인사들을 초청해 군사·정치적 훈련을 제공하기도 했다. 하지만 여전히 소련은 치펜다의 조직에도 원조를 제공했으며, '기밀' 대화를 위해 1974년까지 잠비아 루사카에 소재한 소련 대사관에 다니엘 치펜다를 계속 초청했다.[25] 하지만 소련은 통합 회담에서 드러난 네투의 융통성 부족을 줄곧 비판하며 인민운동을 향한 지원 역시 점차 줄여나갔다. 1974년 3월 포르투갈 리스본에서 군사 쿠데타가 발발해 앙골라의 정치적 상황을 뒤집어버리기 한 달 전, 예브게니 아파나센코(Evgeni Afanasenko) 콩고-브라자빌 주재 소련 대사는 인민운동의 상황에 암울한 전망을 그리고 있었다. 인민운동은 모든 방면에서 기능을 멈추었고, 네투가 조직을 수습할 것이라는 희망도 보이지 않았다. 인민운동 내부에 소련과 가까운 관계를 구축하길 원하는 많은 '진보적 활동가'가 존재한다는 사실만이 현재 상황에서 유일한 희망이었다.[26]

소련과 아프리카 해방 운동의 관계가 진전됨에 따라 아프리카인들은 소련의 지원 증대를 기대하기 시작했고, 소련도 나름대로 기관 차원에서 아프리카에 대한 관여를 높이자는 움직임이 나타났다. 이와 같은 사명감은 아프리카 해방 조직과의 접촉을 대부분 담당했던 소련 국제부 간부들 사이에서 특히 강했다. 게다가 쿠바 지도부는 1970년대 초반 소련의 개입을 아프리카 대륙에 동유럽권이 개입을 확대하기 시작하는 전조로 해석하고 있었다. 특히 동유럽권의 열의는 동독 지도부 사이에서 높았다. 새로 구성된 에리히 호네커(Erich Honecker) 휘하의 동독 지도부는 제3세계 개입이 동독의 동유럽권 내 입지 향상을 드러내며, 이것이 미국과 소련의 데탕트가 동독을 희생시켜가며 너무 안이하게 진행되는 상황을 막는 수단이 될 수 있다고 보았다. 네투는 1971년 11월 베를린 방문 때 "우리는 모두 브란덴부르크 문과 앙골라에 존재하는 동일한 적과 싸우고 있다"고 강조했다.[27]

그러나 아프리카에서 소련의 대규모 개입이 이루어지기 위해서는 아직 시간이 더 필요했다. 소련은 이데올로기적 동기에서 현지 혁명 운동에 영향을 미치려 했고, 이는 혁명 단체와의 안정적 동맹 구축을 어렵게 했을 뿐 아니라 종종 소련의 외교적 목표를 좌절시키기도 했다. 소련은 많은 아프리카 투사들과 중국의 관계(이는 대개 잘못된 정보였다)를 의심했으며, 이로 인해 신중한 태도를 취하곤 했다. 소련과 쿠바 지도부가 1975년 후반 앙골라에서의 군사 계획에 동의한 이후에야 소련은 남부 아프리카의 동맹 중 하나인 남아공의 아프리카민족회의에 대규모 투자를 하기 시작했다. 이로써 앙골라의 인민운동은 우선순위에서 아프리카민족회의에 밀려 아프리카에서 소련의 두 번째 지역 동맹이 되었다.

포르투갈 제국의 몰락

1970년대 초반, 유럽의 첫 식민 열강에서 이제는 최후의 식민 열강이 된 포르투갈은 사회적 격변을 겪고 있었다. 1961년 유럽자유무역협정에 가입한 이후, 포르투갈 내 식민지 시장은 경제적 측면에서 점차 주변화하고 있었다. 정치적으로는 모든 계층에 걸친 많은 사람이 마르셀루 카에타누의 독재에 항거하기 시작했다. 식민지의 해방 운동에 맞선 전쟁은 포르투갈인 사상자가 증가하고 하급 장교 사이에 불안만 가중될 뿐 아무런 군사적 성과도 내지 못하고 있었다. 포르투갈 군사 지도부는 정부 예산의 40퍼센트를 소모하고 국내총생산의 5퍼센트 이상을 차지하고 있는 아프리카에서의 전쟁이 살라자르가 수립한 조합주의(corporatist) 정권인 '새로운 국가(Estado Nuevo: 포르투갈 제2공화국을 지칭한다 — 옮긴이)' 체제의 정통성을 약화시킬 뿐 아니라 좌파 세력의 정부 타도의 길로 이어지지 않을까 우려하기 시작했다. 1974년 초반 포르투갈의 두 장군, 즉 프란시스쿠 드 코스타 고메스(Francisco de Costa Gomes) 총참모장과 안토니우 데 스피놀라(António de Spínola) 전(前) 기니비사우 사령관은 정치적 방법을 통한 식민지 분쟁의 해결을 촉구했다. 두 사람 모두 곧바로 해임되었지만, 해당 주제를 다룬 스피놀라의 책은 며칠 되지 않아 5만 부가 팔리며 포르투갈 대중의 반향을 얻었다.[28]

1974년 4월 25일 포르투갈 전국에서 하급 장교들이 정부에 대항해 일어섰다. 국군운동(MFA)은 무혈 쿠데타를 성공시켜 스피놀라 장군을 대통령으로 세우는 동시에, 기존의 검열·감시 조치를 해제하고 비밀경찰 조직을 해체했다. 식민지 문제가 신정부의 첫 번째 의제로 올랐다. 기니비사우는 4월 혁명 이후 얼마 지나지 않아 독립을 승인받았으며, 앙골라와 모잠비크에서는 독립을 위한 협상이 개시되었다. 그 시기에 포르투갈 혁명은 좌측으로 기울어져갔다. 스피놀라는 방향성 없고 성급한 탈식민지화 사업에 반대하며 1974년 9월 대통령직에서 물러났다. 포르투갈공산당과 국군운동 내 좌파 세력의 영향력이 증대되었고, 식민지로 권력을 이양한다는 결정을 내리기도 전에 좌파 포르투갈 장교가 식민지의 급진 해방 운동에 공개적으로 협력하는 경우도 있었다. 포르투갈 제국이 곧 사라지리라는 게 모두에게 분명해 보였다.[29]

닉슨 행정부는 살라자르의 후임인 카에타누 정권과 외교 관계를 상당히 진전시켰으며, 대서양의 포르투갈령 아조레스제도에 미군 기지를 건설하는 내용의 민감한 협상을 진행 중이었다. 닉슨 행정부 입장에서 포르투갈의 혁명은 매우 뜻밖의 일이었으며, 이를 달갑지 않게 여겼다. 미국은 포르투갈 혁명과 관련해 아조레스 기지 건설 같은 당면한 문제뿐 아니라, 두 가지 큰 근심거리를 안고 있었다. 먼저 포르투갈령 아프리카의 탈식민지화 과정에 소련의 개입을 막고, 다음은 포르투갈이 자칫 북대서양조약기구를 분열시키고 중립주의적인 태도를 취하는 일을 막아야 했다. 포르투갈의 행보는 미국의 정책에 불만을 품고 있는 다른 유럽 세력을 이끄는 구심점으로 작용할 수도 있었다. 1974년 가을 헨리 키신저 국무장관은 에스파냐와 북대서양조약기구 동맹국을 동원해 포르투갈 내 정치 상황에 영향을 미치려 시도했다.[30] 키신저는 에스파냐 프랑코 정권의 외교부 장관과의 10월 회담에서 이렇게 말했다. "칠레의 교훈(1973년 아옌데 대통령을 실각시킨 피노체트의 쿠데타를 말한다―옮긴이)을 알고 있는 포르투갈 공산주의자들은 여유롭게 행동하다간 우리가 조치를 취하리라는 걸 알고 있기에 빠르게 움직이려 할 것입니다. ……그들을 그대로 내버려두는 것은 자살 행위입니다. ……당신이 무언가 조치를 취해야 합니다. 국경을 맞대고 있고, 비슷한 언어를 사용하는 친구 포르투갈이 당신 옆에 있잖습니까."[31] 그러나 1975년 봄에 실시될 선거 이전에 포르투갈에 영향을 주려는 외부의 시도는 도리어 역풍을 불렀다. 국군운동은 계속해서 좌파적 신념을 고수했고, 포르투갈공산당과의 동맹 정책을 유지했다.

포르투갈과 앙골라의 모든 해방 운동 단체 사이에 조인된 1975년 1월의 알보르 협정(Alvor Agreement)은 1975년 11월 11일까지 앙골라에서 포르투갈의 완전한 철수와 앙골라 연립 정부로의 권력 이전을 약속했다. 그때까지 앙골라에서는 포르투갈 고등판무관과 모든 정당의 대표가 참여한 과도 정부의 통치가 시작되며, 포르투갈 합동참모부의 후원 아래 앙골라 해방 운동의 무장력 통합이 이루어질 예정이었다. 그러나 앙골라 해방 운동 세력 사이의 충돌이 잦아지면서, 알보르 협정은 얼마 되지 않아 와해되기 시작했다. 1975년 5월 23일 민족전선은 네투가 자신에게 호의적인 포르투갈 장교의 도움을 받아 과도 정부 내 권력 독점을 획책하고 있다는 혐의를 내세워 루안다에 위치한 인민운동 본부를 공격했다. 내전은 앙골라 전역으로 확대되었고, 많은 포르투갈계 정착자가 국외로 도피하며 앙골라의 혼란은 가중되었다. 이 상황을 책임져야 하는 포르투갈의 식민지 담당 장교들은—특히 1975년 포르투갈 4월 선거에서 공산주의자와 그 동맹 정당이 총 20퍼센트 이하를 득표하는 등 선거에서 치명적 타격을 입은 후에는—거의 아무런 개입도 하지 않았다.

1975년 봄이 되자 앙골라 내전에 대한 외세의 개입은 최고조에 이르렀다. 미국에서는 논쟁 끝에 (비록 비군사 품목에 한해 30만 달러 규모밖에 되지 않는 양이었지만) 1975년 1월 올덴 호베르투와 민족전선에 대한 원조를 늘려야 한다는 CIA의 입장이 관철되었다. 알보르 협정 후 불과 일주일 만에 나온 이와 같은 미국의 결정은 미국이 평화를 유지하는 것보다 인민운동을 배제하는 데 더 관심이 있다는 사실을 강력히 시사했다. 그러나 앙골라보다 훨씬 중요한 다른 사안(남베트남에서의 패배)이 있었기 때문에 키신저는 몇 달이 지나고 나서야 본격적으로 앙골라에 집중하기 시작했다. 아프리카 국가(특히 자이르와 잠비아)를 통해 소련의 추가 개입과 관련한 기밀 정보가 계속 입수되고 있었으며, 민족전선-민족동맹의 인민운동에 대한 첫 번째 연합 공세 작전은 실패로 돌아갔다. 이에 새로운 제럴드 포드 행정부는 1975년 여름 미국의 앙골라 개입 규모를 더욱 확대했다. 7월 18일에는 미국 국무부 전문가들 다수의 반대에도 불구하고 민족전선과 민족동맹을 앙골라 내전에서 승리할 수 있도록 돕는다는 결정이 내려졌다. 이후 미국의 앙골라 작전은 규모가 커졌다. 미국은 베트남에서의 대실패에도 불구하고 미국이 여전히 뜻대로 제3세계에 영향력을 행사할 수 있다는 걸 보여주기 위해 한 달에 걸쳐 약 2500만 달러를 CIA의 앙골라 비밀 개입(작전명 'IA FEATURE')에 투입하기로 했다.

앙골라 내전을 영속화시키겠다는 미국 행동의 골자는 꽤 잘 알려져 있다. 그러나 앙골라에서 소련의 움직임과 관련한 연구는 많지 않다. 소련의 문서에 따르면, 소련은 1974년 4월 포르투갈의 급진적 장교 집단이 카에타누 정권을 전복한 이후 아프리카 정책에 박차를 가하기 시작했다. 이미 1974년 5월 소련 지도부는 포르투갈 식민 제국이 곧 무너지리라 믿고 있었다. 앙골라에서 소련 정책의 핵심은 네투가 이끄는 인민운동에 힘을 실어 인민운동이 독립 후 연립 정부에서 우위를 차지할 수 있도록 하는 것이었다. 인민운동 내부 상황과 관련한 이전의 보고서를 외면했던 소련 국제부와 외교부는 콩고-브라자빌, 잠비아, 탄자니아의 소련 대사관에 인민운동의 많은 문제를 '교정'하라고 지시했다.[32]

훗날 이 구원 작전은 굉장히 힘든 과업이었음이 밝혀졌다. 인민운동 내부 파벌이 서로를 보는 시선은 포르투갈의 힘이 약화하는 상황에서도 크게 달라지지 않았다. 소련 대사들은 네투, 조제 에두아르두 두스산투스(José Eduardo dos Santos), 다니엘 치펜다, 그리고 다른 인민운동 지도자와의 회담에서 인민운동이 통합된다면 상당한 규모의 소련 원조를 제공하겠다고 약속하며 최선을 다했지만 별다른 소득을 얻지 못했다. 8월 중순에 잠비아의 루사카 근처에서 열린 '통합 회담'은 네투 지지자들이 그 회담이 정당의 지도부를 제거하려는 계획된 시도라고 반발하면서 무산되고 말았다.[33]

그동안 인민운동의 경쟁자들은 앙골라에서의 입지를 상당히 강화했다. 올덴 호베르투의 민족전선은 중국으로부터 보급품·무기·교관을 제공받았고, 자이르에서 앙골라 북쪽 국경 부근으로 부대를 옮겨 작전을 개시했다. 가장 늦게 출범한 해방 운동 단체인 조나스 사빔비의 민족동맹은 1974년 6월 포르투갈과 정전 협정을 맺고, 근거지인 앙골라 동부에서의 군사 훈련을 위해 더 많은 인원을 모집하기 시작했다. 외교적 노력에도 불구하고 소련은 독립 이후 앙골라에서의 영향력 대결에서 밀리고 있었다.[34]

1974년 10월 포르투갈 혁명이 좌편향하기 시작하면서, 소련은 인민운동 내부의 파벌 간 통합 계획을 폐기하고 소련의 지원을 네투의 파벌에게 곧장 귀속시킨다는 계획을 결정했다. 콩고-브라자빌 주재 소련 대사 예브게니 아파나셴코가 인민운동의 조제 에두아르두 두스산투스에게 말한 바에 따르면, 이와 같은 결정에는 두 가지 주요한 이유가 있었다. 첫째, 1974년 9월 하순 네투는 인민운동의 주요 게릴라 사령관들이 전부 참여한 회의를 소집하는 데 성공했으며, 여기서 소련의 구미에 맞는 정치적 선언을 통과시켰다. 둘째, 앙골라 내 포르투갈 군사 행정부의 새로운 수장 호자 코치뉴(Rosa Coutinho)는 네투의 관점에 공개적으로 동조한 좌파 인사였다. 하지만 아파나셴코 대사가 소련의 태도 변화를 어떻게 소개했건 네투의 인사들은 소련이 앙골라에 영향력을 행사하길 원한다면 인민운동의 '재건'을 지원하는 것 말고는 별다른 방안이 없음을 잘 알고 있었

을 것이다.[35]

1974년의 마지막 두 달 동안 벌어진 사건들은 소련의 노선이 옳았음을 증명하는 듯했다. 시기적으로 늦은 감이 있었으나 포르투갈공산당 지도자 알바로 쿠냘(Alvaro Cunhal)은 소련의 새로운 앙골라 정책을 지지했다. 1974년 10월 21일 인민운동은 포르투갈과 정전 협상을 체결했고, 11월 6일에는 인민운동의 참전 용사 루시우 라라(Lúcio Lara)가 많은 군중의 환영을 받으며 루안다에 집무실을 개설하기 위해 도착했다. 거의 동시에 새롭게 단장한 인민운동의 군사 조직 앙골라해방무장인민군(이하 '앙골라인민해방군'-옮긴이)은 석유 매장량이 풍부한 앙골라 북부의 카빈다 지역 대부분을 통제하에 두었다. 이제 행동의 자유를 얻게 된 인민운동 인사들은 앙골라 주요 도시의 인구가 밀집한 빈민 거주 구역에서 강력한 준군사 조직을 세우며 사회 혁명의 구호를 호소해나갔다.[36]

1974년 12월 초, 소련은 콩고-브라자빌을 거쳐 인민운동에 중화기와 다량의 탄약을 제공한다는 난이도 높은 계획을 세웠다. 아파나셴코 콩고-브라자빌 주재 소련 대사는 콩고-브라자빌이 이 작전에 협조하도록 설득하는 일을 맡았지만 이는 결코 쉬운 일이 아니었다. 콩고-브라자빌은 소련의 가까운 동맹인 적이 한 번도 없었으며, 당시 집권 중이던 군사정권 내부에서는 중국에 동조하는 인사가 많았다. 또 콩고-브라자빌이 네투와 대립 관계에 있는 인민운동 인사와 카빈다 분리 독립 집단 모두를 지원한 전적이 특히 문제가 되었다. 아고스티뉴 네투는 콩고-브라자빌 지도자 마리앵 응구아비(Marien Ngouabi)가 카빈다 독립을 지원하는 방안을 두고 몇 차례 비판을 하기도 했다. 하지만 1974년 12월 4일 응구아비는 소련의 작전을 허락했다.[37]

아파나셴코 대사는 콩고-브라자빌 정부의 유연한 조치를 얻어내는 데는 성공했지만 인민운동을 보강하는 작업이 쉽지 않으리라는 점을 알고 있었다. 모스크바로 보낸 보고서에서 아파나센코 대사는 군사적 측면에서 인민운동이 당면한 문제점을 강조했다. 다니엘 치펜다가 이끄는 인민운동 반군이 민족전선에 새롭게 합류했으며, 민족동맹의 유리한 입지는 미국과 중국의 지원으로 더 강화될 터였다. 아파나센코 대사는 앙골라 내전에서 '반동 세력'이 처음부터 우위를 누릴 것이며, 인민운동은 "전 세계 진보적 국가들의 물질적인 지원"에 의존해 연명하게 되리라고 예측했다. 그러나 정치적으로 네투의 집단은 "앙골라에서 가장 진보적인 해방 운동"으로서 상당한 지원을 받게 될 터였다. 아파나센코 대사는 조직적 측면에서 보면 인민운동을 전위 정당이라고 생각하기 어렵고, 심지어 정당이라기보다는 노조원, 진보적 지식인, 기독교도 그리고 큰 지분을 차지하고 있는 프티부르주아 간 느슨한 연합에 가깝다고 보고했다.[38]

1974년 후반부터 인민운동과 민족전선 세력 간 소규모 군사적 접전이 있었지만 세 단체는 앙골라에서 질서 있는 권력 이양을 위한 포르투갈과의 협상에 참여했다. 이 협상은 1975년 1월 15일의 알보르 협정으로 이어졌다. 소련은 미국과 마찬가지로 앞으로 알보르 협정을 신뢰하겠다고 주장했지만 뒤로는 이 협정을 깡그리 무시했다. 알보르 협정 체결 후, 소련은 우선적으로는 앙골라의 연립 정부를 선호하지만 다른 정당이 군사적으로 권력을 쟁취하려 하고 있기 때문에 사실상 이와 같은 연립 정부의 구성은 어렵다는 입장을 취했다. 만약 물리적인 힘을 통해 연립 정부를 구성한다면, 가장 유리한 고지를 차지해야 할 세력은 인민운동이었다. 소련 국제부는 네투의 인민운동이 세력을 확장하는 것만이 앙골라에서 장기간 평화를 유지할 수 있는 기회를 담보한다고 주장했다.[39]

소련은 1975년 1월 하순부터 시작된, 민족전선에 대한 CIA의 비밀 지원 역시 알고 있었다. 콩고-브라자빌의 소련 대사관과 KGB는 민족전선의 올덴 호베르투가 미국의 지원을 등에 업고 권력을 잡기 위해 조만간 전력을 다할 거라고 결론지었다. 소련 대사관의 전문가들은 소련이 호베르투의 첫 공세에 맞서 인민운동을 원조할 별다른 수단을 지니고 있지 않다는 점을 깨달았다. 그들의 바람은 콩고-브라자빌 주재 소련 대사 아파나센코가 1975년 1월 30일 조제 에두아르두 두스산투스에게 약속한 소련의 늘어난 '기술·군사·민간 지원'이 제시간 안에 도착하는 것이었다. 하지만 소련은 물질적 도움에 더해 인민운동의 협상 전략도 다듬고자 했다. 소련은 이제 인민운동과 사빔비의 민족동맹 간 새로운 동맹이 인민운동을 곤경에서 벗어날 수 있게 할 거라는 희망을 품었다.[40]

소련은 남부 아프리카의 많은 독립국과 마찬가지로, 민족전선에 맞서는 동맹 결성을 소망했다. 탄자니아 대통령 줄리어스 니에레레는 그러한 동맹 결성에 필요한 타협을 할 수 있도록 소련이 인민운동 지도부에 압력을 가해주길 원했다. 인민운동의 정치적 목표에 동조적이었던 니에레레는 네투가 협상에서 요구를 굽히려 하지 않자 크게 분노했다. 니에레레는 동독 대사에게 앙골라의 지도자 네투가 "좋은 시인이자 의사이지만 나쁜 정치인"이라고 평했다. 니에레레는 소련에 앙골라 분쟁에 직접적인 개입을 피하라고도 경고했다. 또한 아프리카 국가들은 외세의 개입에는 그게 어떤 형태라도 매우 민감하게 반응할 것이라고 말했다.[41]

1975년 초여름, 민족전선 부대는 앙골라 해안가와 북부 지역에서 인민운동을 향한 제한적인 공세를 펴기 시작했다. 그리고 7월 협상에서 아프리카 국가들이 주도했던 중재 시도가 또다시 무산되자 인민운동은 반격을 가했다. 7월 중순 앙골라인민해방군은 앙골라 수도 루안다를 통제하며 북부의 민족전선 본부를 공격했다. 1975년 4월 콩고-브라자빌 주재 소련 대사관은 소련의 원조에 힘입어서 앙골라인민해방군의 전투 능력이 상승할 것이라고 예견했지만, 인민운동이 군사적으로 성공을 거두리라고 보지는 않았다. 오히려 소련 대사관은 11월 앙골라가 완전히 독립하기도 전에 전면적 내전이 발발할 것임을 예상하지 못했으며, 문제가 불거지더라도 정치적 협상을 통해 이를 미연에 방지할 수 있을 것이라고 보았다.[42]

이제 소련은 앙골라에서 성공을 거둘 계책을 가진 듯했다. 소련은 군사 장비의 제한적 공급을 통해 인민운동이 전투에서 우위를 확보했다고 믿었다. 독립의 날이 다가오자 소련은 경쟁 단체, 그중 적어도 사빔비의 민족동맹만큼은 협상장으로 돌아와 인민운동이 주도하는 연립 정부의 일원이 되리라 기대했다. 소련 전문가들은 미국이 앙골라에 대규모로 개입하리라고는 예상하지 않았다. 그리고 남아공이나 자이르가 직접 개입할지도 모른다는 인민운동의 보고도 그다지 신용하지 않았다. 소련이 가장 크게 우려한 것은 자이르의 민족전선 본부를 지원하기 시작한 중국이었다. 소련은 루마니아와 북한 교관의 초청으로 중국인 교관이 민족전선 훈련소에 합류한 사실에 특히 신경을 곤두세웠다.[43]

중국의 앙골라 개입은 1974년 늦여름에 시작되었다. 당시의 중국 행보와 관련한 정보에 접근하는 것은 쉽지 않다. 하지만 중국이 남부 아프리카 지역 자체에 대한 관심보다는 네투가 앙골라에서 우위를 차지하면, 그 결과 제3세계에서 소련의 입지가 상당히 강화될 거라는 이유로 인민운동의 승리를 막으려 했다는 점은 명확하다. 마오쩌둥은 아시아와 아프리카의 분쟁에서 미국이 소련에 밀릴 것을 우려했다. 제3세계에서 소련의 입지가 강력해지면 이를 발판 삼아 소련이 중국을 더 압박할 수 있을 거라고 여긴 것이다. 마오쩌둥이 보기에 소련의 진짜 목적은 제3세계 반동분자나 심지어 미국을 노리는 게 아니라, 중국식 사회주의를 파괴하고 세계 유일의 사회주의 국가(중국—옮긴이)를 무너뜨리는 데 있었다. 중국의 입장에서 소련은 모든 국가들이 연합해 대적해야 할 주요 제국주의 열강이었다.

약 300명에 이르는 중국 교관은 자이르에서 민족전선 부대와 함께 복무했다. 중국은 북한·루마니아 정부와의 접촉을 통해 주로 기술자와 대포 전문가로 구성된 약 50명의 북한인과 루마니아인을 영입하기도 했다. 1975년 초반 중국은 미국의 공급 물자를 이용했으나, 현장에서 CIA와 공동으로 작업하는 일은 드물었다. 그러나 1975년 동안 미국과 중국은 베이징에서 앙골라 문제를 자주 논의했으며, 이때 중국은 미국에 민족전선과 민족동맹에 대한 대규모 개입과 원조를 촉구했다.[44]

한편 쿠바 지도부는 소련이 인민운동에 더 많은 지원을 하도록 재촉하고 있었다. 쿠바는 인민운동에 1960년대 중반부터 얼마간의 물질적 지원을 하고 있었고, 아프리카 해방 운동의 지도자 중 아고스티뉴 네투를 가장 선호했다. 현재까지 쿠바 문서에 접근했던 유일한 학자인 역사가 피에로 글레이헤세스가 보여주었듯 쿠바의 앙골라 개입은 쿠바가 아프리카에 지닌 독자적인 유대감 및 쿠바와 인민운동의 관계에 기초했다. 1974년 가을 쿠바는 소련에 네투가 다른 조직과 권력을 나누지 않을 것이며, 나누어서도 안 된다고 말했다. 포르투갈 혁명은 식민지 국가에 단지 외세를 떨쳐버리는 일뿐만 아니라 사회 변혁을 시작할 수 있는 기회를 의미했다. 쿠바는 외교 정책에서 아프리카(앙골라)에 더 집중했고 소련이 인민운동에 더 많은 지원을 하길 기대했다. 그러나 소련은 쿠바의 주장에 따라 태도를 바꿀 의사가 없었다. 아파나센코 콩고-브라자빌 주재 소련 대사는 콩고-브라자빌의 쿠바 대사에게 "소련공산당 중앙위원회는 앙골라에서 일어나는 사건의 추이를 주의 깊게 지켜보고 있으며, 국내외의 돌발 행동을 분쇄하기 위

해 진보 세력과의 연합을 계속해서 추구할 것"이라고 말했다.[45]

피델 카스트로 입장에서는 소련이 앙골라 사태의 전개를 주의 깊게 살펴보는 게 나쁠 것은 없었다. 그러나 카스트로는 소련의 태도에 완전히 동의하지는 않았다. 알보르 협정에 대한 즉각적 대응으로서 쿠바는 인민운동을 직접 지원하는 안에는 소극적이었지만, 소련과 동유럽권이 인민운동에 대한 지원을 늘려야 한다고 목소리를 높였다. 1975년 2월 중순, 쿠바는 알보르 협정이 더 이상 지속되지 않을 것이며, 사회주의 국가들이 인민운동을 돕기 위해 더 많은 일을 할 준비가 되어 있어야 한다고 발표했다. 그해 봄이 절반 정도 지났을 때, 잠비아 루사카에 위치한 소련 대사관과 가까운 관계를 유지하던 남아공의 아프리카민족회의와 나미비아의 남서아프리카인민기구(South West African People's Organization, SWAPO) 역시 같은 구호를 외치면서 사회주의 진영의 분발을 촉구하고 있었다.[46]

앙골라 내전

그러나 포드 행정부는 네투의 인민운동이 막 시작된 앙골라 내전에서 해결책을 찾게 놔둘 의사가 없었다. 이미 살펴보았듯 1975년 7월 중순 포드 대통령은 민족전선과 민족동맹을 지원하는 대규모 비밀 작전을 승인한 바 있었다. 3개월 동안 CIA는 반(反)인민운동 부대를 훈련시키고 이들을 무장·운송하는 데 약 5000만 달러 상당의 자금을 사용했다. 이른바 '앙골라 작전'은 10년 전 자이르에서 벌였던 작전과 같은 구성(훈련 계획, 무기와 통신 기구, 앙골라 내 민족전선과 민족동맹군에 보급품 공중 투하)을 일부 포함했다. 훗날 CIA의 개입을 매우 비판적으로 바라보는 책을 출간한 작전 책임자 존 스톡웰(John Stockwell)은 CIA 요원들이 앙골라 내부에서 활동해 야 한다고 주장했다. 하지만 앙골라 작전의 주요 수단은 자이르에서와 마 찬가지로 앙골라인 부대, 특히 CIA가 엉망이라고 보았던 민족전선 부대 를 조직하는 일을 도울 용병의 모집이었다.[47]

우리는 분쟁에 직접 투입하거나, 더 좋게는 인민운동을 분쇄하고 호베르투와 사빔비가 앙골라를 장악할 수 있도록 자문을 제공해줄 동맹국을 세계 방방곡 곡에서 탐색했습니다. 우리는 온건한 친구들(브라질, 모로코, 남한, 벨기에, 영국, 프랑스 심지어 포르투갈)의 지지를 구하려 했으나 성공하지 못했습니다. 결국 남 아공이 민족동맹을 구원하러 오긴 했으나, 북부 앙골라에서 합류한 자이르 특 공 부대는 민족전선 세력보다 약간 더 나을 뿐이었습니다. 답은 용병의 모집인 듯했는데, 가급적이면 필요한 군사 기술과 아프리카에서의 경험을 지닌 유럽 인 용병을 제일 선호했습니다. 어쨌든 40인 위원회도 미국인을 용병으로 보낼 수 없다고 인정했습니다. ……이미 민족전선과 카스트로 대령, 벤투(Bento) 대 위를 비롯한 그쪽 사람들이 포르투갈인을 얼마간 모집했습니다. 우리는 이 노 력을 확장시켜 민족전선을 지원할 300명의 포르투갈계 앙골라인을 모집하기로 결정했습니다. ……프랑스 정보기관은 CIA 담당관에게 한때 콩고 용병이었던 드나르(R. Denard)를 소개했으며, 현금 50만 달러를 선물로 받는 조건으로 드 나르는 20명의 프랑스 용병을 공급하는 데 동의했습니다.[48]

남아공 정부는 국경 부근에서 포르투갈의 입지가 무너지는 사태(앙골라 에서 포르투갈이 무너질 경우, 이는 남아공이 점령하고 있던 나미비아 국경 근처에 새로운 세력이 등장하는 것을 의미했다)를 상당히 전전긍긍하며 관찰하고 있었다. 일부 남아공 군부 지도부는 인민운동의 승리를 막기 위해 신속히 개입해야 한

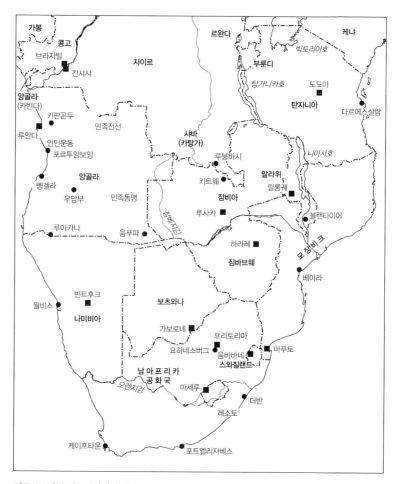

지도 7 남부 아프리카의 전쟁

다고 주장했으나, 이들에게는 어떻게 원하는 결과를 얻을 수 있는지에 대한 구체적 계획이 존재하지 않았다. 1970년대 초반부터 정국의 주도권을 쥐었던 국민당 우파는 남아공이 국경 너머의 일에 개입하는 걸 강하게 반대했다. 국민당 우파는 모든 아프리카인을 홈랜드로 추방하고 안정적인 백인 국가를 건설하는 남아공 내의 '개혁'에 집중하기를 바랐다. 또 국민당 우파는 남아공이 다른 아프리카인을 문명화하는 일에 별다른 책임이 없다고 주장했고, 국민당 대변인은 존 포르스테르(John Vorster) 수상이 미국과의 협력에서 나약한 모습을 보인다며 미심쩍어했다.[49]

포르스테르가 1975년 초 심각해지는 앙골라 사태에 직면해 신중하게 움직이기 시작한 데에는 그럴 만한 충분한 이유가 있었다. 미국 주재 남아공 대사 보타(J. S. F. Botha)는 1975년 1월, 자신이 미국 국무부의 도널드 이섬(Donald Easum) 아프리카 담당 차관보에게 미국 행정부가 "너무 관심이 적어 미국 기관이 아프리카에서 새로운 활동에 참여하도록 하기 위해서는 더 많은 설득 작업이 필요할 것"이라고 말했다고 보고했다.[50] 남아공의 앙골라 개입을 강하게 반대했던 헨드릭 판 덴 베르흐(Hendrik van den Bergh)가 국장을 맡고 있던 남아공 국가안전보장국은 미국의 남아공 관련 정보가 유출되자, 그해 3월 "그 사건을 두고, 특히 CIA가 남아공으로부터 협조를 받아왔기 때문에 더욱 유감스럽게 생각합니다"라는 CIA 국장 콜비(W. Colby)의 사과에도 불구하고 유출 사건을 근거로 미국과 해당 문제에 협력하는 데 반대 의사를 표했다.[51] 5월 하순 포르스테르는 국가안전보장국과 남아공 군부에 앙골라의 상황과 관련한 상세한 보고를 요청했지만 그가 아직 마음을 정하지 못했다는 사실은 명백했다.

접근 가능한 남아공 문서고 자료만으로는 왜 1975년 7월 포르스테르가 앙골라 개입을 결정했는지 명확하게 드러나지 않는다. 다만 미국에 매우 비판적이던 국가안전보장국의 1975년 9월 보고서는 앙골라 개입이 남아공 정부가 미국의 압력에 응답했음을 시사한다. 앙골라 상황과 관련한 경고성 보고서를 작성했던 앙골라 주재 남아공 총영사 멀론(E. M. Malone)의 역할도 분명히 존재했다. 1975년 6월 멀론 총영사는 지속적으로 올덴 호베르투의 지원 요청을 전달하고 남아공 정부에 긴급 지시를 내려주길 요청했다. 1974년 10월부터 남아공에서 경화기와 탄약을 지원받고 있던 조나스 사빔비도 동일한 내용의 지원 요청을 보냈다. 남아공 출처의 정보에 따르면 사빔비는 "비밀만 엄수된다면 잠비아는 앙골라에서 남아공의 군사 행동을 도울 것"이라고도 주장했다. 하지만 1975년 4월까지 포르스테르는 더 많은 지원을 해달라는 사빔비의 긴급 요청을 외면했다.[52]

  1975년 6월 하순 군과 정보기관으로부터 애매한 보고(이 보고는 앙골라에서 인민운동의 승리를 예상하는 동시에, 이를 막기 위한 남아공의 개입을 추천하지는 않았다)를 받은 후, 포르스테르는 7월 4일 작전국장 콘스탄드 빌존(Constand Viljoen) 장군과 국가안전보장국장 판 덴 베르흐의 부관 게르트 로트만(Gert Rothman)을 자이르의 킨샤사로 파견해 사빔비, 호베르투, 모부투를 모두 만나게 했다. 그들은 남아공으로 돌아온 후 두 앙골라 운동 단체, 즉 민족동맹과 민족전선에 대한 남아공의 지원을 극적으로 늘리길 권했다. 여기에는 박격포, 로켓포, 지뢰, 차량, 장갑차, 헬리콥터의 지원이 포함되었다. 포르스테르는 헬리콥터를 제외한 다른 무기 전부를 지원하는 방안을 승인했고, 판 덴 베르흐에게 남아공 무기라는 사실이 추적당하지 않도록 모든 지원품을 외국에서 구매해 공급하라고 명령했다. 1975년 8월에 이르면 소규모 남아공 부대가 앙골라 내부에서 작전을 수행하고 있었고, 9월 15일에는 민족동맹 부대를 위한 첫 남아공의 훈련소를 음푸파(Mpupa)에서 운영했다. 10월 중순 앙골라 내전이 격화되자 포르스테르는 2500명의 군인과 600대의 차량으로 이뤄진 남아공 정규군의 침투를 지시했다. 남아공 정부가 '사바나(SAVANNAH)'라고 이름 붙인 작전을 실행한 것이다.[53]

  남아공이 앙골라에서 정치적으로 무엇을 얻고자 했는지는 명확하지 않다. 작전을 계획한 일부 인사는 해당 작전의 진정한 목표가 남아공의 홈랜드와 비슷하게 앙골라를 부족의 경계에 따라 준독립 지역으로 분할해서 인민운동과 나미비아의 해방을 추구하는 남서아프리카인민기구에 맞서 민족동맹이 통제하는 완충 지대를 확보하는 데 있다고 주장했다. 그러나 남아공 정부가 앙골라에서 포드 행정부를 도와준 대가로 미국으로부터 큰 보상을 받길 기대하고 있다는 사실 또한 명백했다. 포르스테르의 네 가지 주요 희망 사항은 다음과 같았다. 1) 홈랜드의 '독립' 계획을 미국이 수용하는 것, 2) 미국이 남아공에 대한 무기 금수 조치를 해제하는 것, 3) 빠른 속도로 진행 중인 남아공 핵무기 계획에 미국이 간섭하지 않는 것, 4) 짐바브웨의 이언 스미스 정권을 무너뜨리고 남아공에 친화적인 흑인 연합 정권으로 대체하는 계획을 미국이 지지하는 것.[54] 그러나 남아공 군부가 당면한 우선순위는 먼저 북쪽으로의 전격적인 공세를 통해 인민운동의 앙골라인민해방군을 분쇄하는 것이었다.

인민운동은 전장에서 기세가 꺾이고 있을 뿐 아니라 콩고-브라자빌을 통한 소련의 지원 루트를 안전하게 관리하는 데 점차 문제를 겪고 있었다. 대담하고 독립적이던 콩고-브라자빌의 지도자 마리앵 응구아비 대령은 네투가 지속적으로 카빈다 분리주의 집단에 은신처를 제공하는 일을 두고 콩고-브라자빌을 비판하자 크게 분노했다. 소련 대사에게 보낸 전언에서 응구아비는 격분하며 더 이상 네투의 "한편으로는 우리에게 지원을 요구하면서 다른 한편으로는 우리를 질책하는 행위"를 용납하지 않겠다고 통보했다. 8월 초반 콩고-브라자빌은 아파나센코 소련 대사에게 콩고-브라자빌 영토를 통한 앙골라해방인민운동의 대규모 지원 계획을 수용하지 않겠다고 알렸다.[55]

이 '콩고-브라자빌 연결선'을 향한 위협으로 인해 소련은 1975년 8월 초 콩고-브라자빌 지도부와 가까운 관계를 맺고 있던 피델 카스트로에게 인민운동을 지원하는 데 중재자 역할을 부탁했다. 이를 통해 소련 지도부는 그들의 예상보다 더 많은 것을 얻었다. 쿠바는 초봄부터 소련이 인민운동의 무장 전략을 지원해주길 원했다. 이미 2월에 탄자니아 주재 쿠바 대사는 소련 동료에게 "앙골라에서 사회주의의 길로 향한 결정을 지금 내려야 합니다. ……10월이면 너무 늦습니다"라고 말한 바 있었다. 늦여름에 카스트로는 소련의 새로운 중재 요청을 쿠바 병력을 앙골라에 투입하려는 자신의 계획을 실행할 촉매로 이용했다.[56]

1975년 8월까지 이뤄진 쿠바의 앙골라 개입에 대해 알려진 사실은 매우 적다. 아프리카에서 쿠바의 역할과 관련한 역사가 피에로 글레이헤세스의 훌륭한 설명만이 일부 실마리를 제공할 뿐이다. 우리는 소련의 문서를 통해 쿠바가 콩고-브라자빌에서 상당한 규모의 군사 작전을 유지해왔으며, 이 작전의 교관들이 포르투갈 제국의 몰락 전 몇 년 동안 인민운동 전사의 훈련을 도왔다는 사실을 알고 있다. 1975년 이른 여름, 250명 정도의 쿠바 자문단은 전투에 직접 참여하지는 않았으나 인민운동의 작전을 계획하는 데 점점 더 중요한 역할을 담당했다. 5월 들어 쿠바 장교들은 네투와 인민운동 지도부를 위한 일종의 작전참모 역할을 맡았다. 쿠바 교관은 작전 훈련을 통해 앙골라인민해방군에 부족했던 통신·보급·합동 작전 관련 핵심 기술을 제공해주었다.[57]

1975년 8월 15일 카스트로는 레오니트 브레즈네프에게 쿠바 특수 부대의 파견을 비롯해 인민운동에 대한 지원을 늘려달라고 촉구했다. 쿠바는 이미 앙골라의 루안다(혹은 콩고-브라자빌)로 부대를 이동·보급하고 앙골라에서 쿠바군을 어떻게 활용할지를 놓고 꽤 자세한 계획을 입안해둔 터였다. 카스트로는 쿠바와 앙골라 모두에서 군사 작전 계획 입안을 도울 소련 참모 장교와 더불어 소련의 수송 지원을 원했다. 쿠바는 소련에 인민운동 정치 세력의 중요성과 민족전선-민족동맹 동맹군에 외국의 원조가 도달하면 앙골라의 사회주의와 독립에 위협을 줄 것이라고 강조했다.[58] 쿠바군의 (해외 군사 원조를 담당하는) 제10국을 이끄는 라울 디아스 아퀼예스(Raúl Díaz Argüelles) 사령관은 1975년 8월 3일 쿠바 사절단 대표로 앙골라의 루안다에 도착했다. 그는 라울 카스트로에게 다음과 같이 보고했다.

인민운동을 향한 민족전선과 자이르 모부투의 공세, 그리고 11월 앙골라 독립 선언 이전에 일어날 수 있는 사건들을 모두 고려할 때, 우리는 우리가 어떤 지원을 제공해야 할지 명확히 하길 원합니다. 인민운동의 집권은 곧 앙골라에 진보적인 정권이 들어서는 것을 의미하므로 우리는 반동 세력과 제국주의 세력이 어떤 수단을 동원해서라도 인민운동이 권력을 장악하는 사태를 방해하려할 것이라는 점을 잘 알고 있습니다. 따라서 우리는 네투에게 우리 총사령관, 우리 당 그리고 우리 쿠바 정부의 군사적 연대와 10만 달러를 제공했습니다. 대화 중 앙골라 측은 사회주의 진영의 원조가 부족하고 …… 소련이 1972년부터 그들을 도와주지 않고 있으며, 지금 소련이 보내오는 군사 원조도 그 엄청난 필요에 비해서는 보잘것없었다고 불평했습니다.[59]

쿠바의 계획은 쿠바의 직접적 군사 개입 구상에 소련이 합류하도록 압력을 넣은 인민운동 지도부와 공동으로 이루어졌다. 루안다에 있는 인민운동 지하 조직의 고위급 지도자 루시우 라라는 이미 8월 17일 아파나셴코 소련 대사에게 콩고-브라자빌에서 루안다로 막 옮겨간 인민운동 총사령부에 소련 참모 장교를 파견해달라고 요청했다. 루시우 라라는 "인민운동 사령부는 군사 전략 문제에 전문가적 조언이 필요합니다"고 발언했다.

하지만 아파나셴코 대사는 우선 기술자의 파견만을 약속했고 인민운동의 이쿠 카레이라(Iko Carreira) 국방장관을 8월 하순 소련으로 초청해 소련 국제부, 국방부, 군 작전참모와 회동하는 데 동의했다. 그동안 라울 디아스 아귈예스 사령관은 쿠바 군사 작전의 책임자 자리를 맡기 위해 8월 21일 루안다로 복귀했다.[60]

소련 지도부는 네투의 인민운동을 지원한다는 기조에도 불구하고, 쿠바가 마련한 계획의 구성에 만족하지 않았다. 무엇보다 그들은 앙골라 독립 전에 소련 장교가 앙골라에 개입하는 것, 심지어는 소련 수송기를 이용하는 방안에도 반대했다. 소련 지도부는 그러한 움직임이 너무 나아가 자칫 미국과의 데탕트 정책에 손상을 입히지 않을까 우려했다. 또한 그들은 소련과 가까운 국가를 포함해 대부분의 아프리카 국가가 일부 포르투갈 동지들의 경우와 마찬가지로 공산당 안팎에서 모두 소련의 개입에 반발하리라는 점을 알고 있었다. 그리고 새로 출범한 제럴드 포드 정권은 쿠바가 소련의 이해관계를 대변하고 있다고 여기고 있었다. 따라서 소련이 보기에 쿠바는 쿠바의 개입이 미국과 소련의 초강대국 관계에 손상을 입힐 수 있다는 사실을 충분히 깨닫지 못하고 있었다. 마지막으로 소련은 앙골라의 군사적 상황이 인민운동 지원을 위한 군사 개입이 필요한 정도인지 확신하지 못했다.[61]

이와 같은 불만에도 불구하고 소련 지도부는 카스트로의 의견에 반대 의사를 전하는 데 어려움을 겪었다. 소련은 카스트로가 소련의 데탕트 정책을 미심쩍어한다는 사실을 알고 있었다. 또 그간 쿠바와의 경험은 1960년대 후반같이 소련-쿠바 동맹이 거의 파탄에 이르는 지경까지 사태가 전개되지 않도록 양국 관계를 조심스럽게 풀어갈 필요가 있음을 시사했다. 여전히 브레즈네프는 쿠바 부대를 수송하거나 소련 장교를 앙골라에 있는 쿠바군과 함께 복무하도록 파견하는 안에 단호히 반대했다. 소련 작전참모는 쿠바가 이끄는 작전에 어떠한 형태의 참여도 거부했다. 심지어 아프리카에 더 주의를 기울이자는 정책을 발의한 KGB마저도 1975년 8월 직접적인 개입이 미국-소련 관계에 미칠 수 있는 나쁜 영향을 경고하는 데 이르렀다.[62]

쿠바는 소련의 망설임에 굴하지 않았다. 1975년 9월 중순 쿠바를 방문한 콩고-브라자빌의 마리앵 응구아비와 앙골라 내전의 병참 문제 대부분을 해결한 후, 10월 초 첫 쿠바군이 몇 대의 항공기와—혁명 전에는 유람선이었던—재건조한 배에 올라 콩고-브라자빌과 앙골라의 루안다에 도착했다. 500명의 쿠바인은 즉시 앙골라 외곽의 앙골라인민해방군 부대로 흩어져 인민운동의 적과 맞서 싸우는 대부분의 전투를 이끌었다. 그러나 쿠바 부대의 투입에도 불구하고 연합한 적의 맹공으로 인해 인민운동은 초여름에 획득했던 정복 지역을 유지하지 못했다.[63]

1975년 9월 앙골라인민해방군 부대는 자이르와 앙골라 북쪽 지방에서 용병 부대가 이끄는 민족전선 그리고 남아공으로부터 인력과 물자 지원을 받고 있는 앙골라 남부의 민족동맹군에 밀려 계속해서 후퇴했다. 일견 조화로워 보이지 않던 남아공과 조나스 사빔비의 동맹을 통해 민족동맹군은 절실하게 바랐던 장비를 얻었으며, 또한 앙골라 중·동부의 부족들로부터 상당한 지원을 받을 수 있었다. 한편 10월 중순에 접어들자 인민운동은 서부의 루안다-음분두 지역과 도시의 지원에 완전히 의존하는 상태에 놓였다. 인민운동은 국토의 4분의 1보다 작은 지역만의 통제권을 쥐고 있을 뿐이었고, 10월 23일 처음으로 전투에 참여한 쿠바의 병력 증강에도 불구하고 계속해서 그 기반을 상실하고 있었다.[64]

1975년 10월 남아공의 앙골라 침공 감행이 인민운동을 구원했다. 이후 소련과 쿠바의 지원으로 인민운동이 앙골라의 권력 투쟁에서 승리할 가능성은 높아졌다. 소련은 10월 중순 남아공이 앙골라 침공 작전을 시행하기 전에 그 계획을 이미 알고 있었다. 소련 지도부는 남아공의 침공에 어떻게 대응할지 의논했다. 소련 국제부는 미국과 남아공의 합동 작전을 반(反)인민운동의 새로운 단계라고 간주했고, 마땅히 동맹인 인민운동을 도와야만 한다고 결론 내렸다. 10월 셋째 주, 소련은 1975년 11월 11일 인민운동이 독립 선언을 하고 난 직후 쿠바의 앙골라 작전 지원을 시작하기로 결정했다. 소련의 목표는 남아공 군대를 격퇴하고 인민운동 지도부가 사회주의 정당과 국가를 건설하는 것을 돕기 위해 11월 중반까지 충분한 인원의 쿠바군과 소련 자문단을 앙골라로 파견하는 것이었다.[65]

소련이 대(對)앙골라 정책을 점검한 것은 자이르에 위치한 작전 본부에서 민족전선 병력을 지원하는 데 있어 커져가고 있는 CIA의 역할을 바라보는 인식이 영향을 미쳤다. 콩고-브라자빌에 위치한 KGB 기지는 당시 급증하고 있는 미국으로부터의 원조와 관련한 긴요한 정보를 제공했고, 유리 안드로포프 KGB 의장은 미국이 앙골라, 자이르, 서방인 용병 부대로 구성된 대규모 병력을 무장시켜 앙골라로 파견하려는 장기 전략을 입안하고 있다고 믿었다. 또 KGB는 미국의 '전문가들'이 국경을 넘나드는 활동을 늘릴 가능성이 높다고도 보고했다.[66]

남아공의 앙골라 침공에 대한 아프리카 대부분 국가들의 반응이 그다지 좋지 않았기 때문에, 소련은 앙골라 분쟁에 개입하는 데 전보다 감수해야 할 위험이 줄어들었다고 판단했다. 소련의 아프리카 정책에 자주 직설적인 비판을 했음에도, 소련이 존중하고 있던 아프리카 지도자 줄리어스 니에레레는 1975년 11월 3일 탄자니아 주재 소련 대사에게 앙골라에서의 전쟁은 개탄스럽지만, 남아공의 개입으로 인해 인민운동에 대한 외부의 지원이 필요해졌다고 말했다. 니에레레는 이제 많은 아프리카 국가들이 인민운동을 지원하길 바랐다. 하지만 그는 소련이 너무 공개적으로 인민운동을 지원하는 방안에는 주의해야 한다고 말했으며, 소련이 대부분의 원조를 아프리카 정부를 통해 전달하길 바랐다. 소련 대사는 소련의 의도 역시 그와 같다며 거짓으로 답했다.[67]

앙골라로 쿠바군을 공수하는 소련의 군사적 준비는 1975년 11월 초에 한층 강화되었다. 소련공산당 서기국은 11월 5일 회동 이후 소련 해군 부대를 앙골라 해안으로 보내기로 결정했다. 콩고-브라자빌에서는 두 달도 되지 않는 기간 동안 소련과 쿠바의 역할이 크게 바뀌었다. 이제는 소련 대사가 쿠바 동료들에게 앙골라에서 아바나의 전투 준비를 '강화'할 것을 촉구했다. 쿠바 대사는 다소 믿기지 않는다는 듯 "하지만 쿠바의 포병연대는 이미 루안다에서 전투 중에 있다"고 대답했다.[68]

1975년 11월 11일 인민운동이 불과 몇 킬로미터 떨어진 루안다 북부에서 사투를 벌이고 있을 때, 아고스티뉴 네투는 앙골라인민공화국의 독립을 선언했다. 키판곤두 계곡(Quifangondo Valley) 전투에서는 민족전선과 자이르 연합군을 상대하며 쿠바 포병대가 앙골라인민해방군에 결정적 우위를 부여했다. 소련이 제공한 BM-21 112mm 로켓포는 공세를 펼치던 민족전선과 자이르의 연합군을 섬멸했으며, 민족전선과 자이르군은 혼란 속에서 앙골라 북쪽 국경으로 후퇴했다. 이제 인민운동과 쿠바군은 남쪽에서 진격해오는 남아공과 민족동맹 군대를 상대할 여유를 얻었다. 키판곤두 계곡 전투로 사실상 민족전선이 군사적으로 정권을 획득할 수 있다는 희망은 무너졌다. 미수에 그친 올덴 호베르투의 루안다 수복 시도를 거들었던 CIA 장교들, 남아공인, 용병 지도자들은 사빔비의 민족동맹이 남부 앙골라 전투에서 성과를 내지 않는 한 민족전선이 앙골라에서 영향력을 잃을 것이라고 판단했다. 이제 모든 관심은 11월 10일 앙골라 독립 전날, 남아공에서 존 포르스테르와 비밀리에 회담을 한 조나스 사빔비에게 쏠렸다.[69]

소련, 쿠바, 서방과 남아공의 첩보 보고서들은 각기 앙골라에서 쿠바 병력의 증강을 둘러싸고 서로 상반되는 이야기를 전한다. 쿠바 출처의 정보에 따르면, 4000명의 쿠바인이 앙골라에 머물고 있던 11월 하순까지 모든 수송은 쿠바의 선박과 항공기를 통해 이루어졌다. 소련 문서고의 자료는 또 다른 설명을 하고 있다. 소련의 설명은 최소한 부분적으로는 다른 국가들이 가진 정보로도 뒷받침된다. 독립하기 일주일 전에 대규모 쿠바군이 소련 항공기에 올라 루안다에 도착하기 시작했다. 엄밀히 따지면 작전은 쿠바인의 지시에 따라 진행되었지만, 소련은 수송 작전을 조직하고 이에 필요한 장비를 제공했다. 소련은 해당 부대의 최우선 목표가 남아공 병력을 남쪽 국경에 묶어놓는 것이지, 앙골라 내전에 동원하기 위함이 아님을 분명히 했다. 같은 이유로 소련 작전참모는 콩고-브라자빌에 머물고 있던 60명가량의 소련 장교에게 쿠바군에 합류하라고 지시했다. 이들은 11월 12일 저녁부터 속속 루안다에 도착했다.[70]

이어지는 약 2주일간 약 300명의 남아공 정규군이 이끄는 민족동맹군이 빠른 속도로 루안다로 진격하기 시작했다. 11월 하순 들어 민족동맹군은 사빔비가 지난 몇 달간 인민운동에 빼앗겼던 대부분의 지역을 수복했다. 그들은 포르투암보임(Porto Amboim)을 제외한 수도 남부의 모든 주요 항구를 점령하고, 벵겔라(Benguela) 철도를 통제 아래 두었으며, 우암부(Huambo)에 자체 민간 정부를 세우려 시도했다. 소련과 쿠바 모두 인민운동 정권의 생존을 위해 쿠바군이 최대한 빨리 앙골라 남부를 공격해야 한다는 결론을 내렸다.[71]

인민운동 정권 수립 이후, 소련 정치국은 소련군 작전참모들에게 증원된 쿠바 부대에 선진 무기를 공급하는 방안과 더불어 대서양을 가로질러 쿠바군을 배치하는 작업의 직접적 통제를 승인했다. 소련은 첫 대규모 수송 작전으로 1975년 11월부터 1976년 1월 사이 해군과 공군을 통해 1만 2000명 이상의 쿠바군을 쿠바에서 아프리카로 수송했다. 동시에 소련은 앙골라인민해방군과 쿠바군에 T-34와 T-54 탱크, SAM-7, 대전차미사일, 다수의 MiG-21 전투기를 비롯한 수백 톤에 달하는 중화기를 제공했다.[72]

소련 작전의 병참 계획을 일일이 도표화하는 작업은 여전히 불가능하다. 우리가 알 수 있는 것은 몇몇 아프리카 정권이 해당 계획을 지원하는 데 동의했다는 사실이다. 콩고-브라자빌은 쿠바와 소련으로부터 오는 장병들과 무기를 수용하는 주요 활동 무대였다. 〔어떤 경우에는 소련 남부(대개 오데사)나 쿠바에서 An-22 수송기로 직접 들어오기도 했다.〕 소련이 강한 압력을 가해야 하는 경우도 있긴 했지만 알제리, 기니, 말리, 탄자니아는 다양한 방식으로 이러한 소련의 노력에 협조했다. 소련은 또한 동유럽의 일부 동맹국에 인민운동을 지원해서 "아프리카 해방을 위해 전 지구적 반제국주의"를 서둘러 방어하도록 촉구해야 했다.[73]

1975년 11월에서 12월 초가 앙골라 전쟁의 결정적 시기였다. CIA는 앙골라가 독립하는 11월 11일 무렵에는 올덴 호베르투가 루안다를 차지하길 바랐다. 하지만 그는 키판곤두 계곡에서의 완패 이후 좀처럼 기를 펴지 못했다. 11월이 끝나갈 무렵 쿠바군은 남아공군의 루안다 진격을 막아냈고, 12월에 전개된 쿠안자강(Cuanza River) 남쪽에서의 두 차례 전투를 통해 남아공 침략군 및 남아공과 동맹을 맺은 민족동맹군에 심각한 타격을 입혔다. 이에 남아공 부대는 남아공 국경 부근으로 후퇴하기로 결정했다. 이는 일부 남아공의 군사적 문제 때문이었으며, 11월 19일 미국 상원이 앙골라에서의 비밀 작전과 관련한 모든 자금 지원을 중단하는 데 표를 던졌기 때문이었다. 남아공은 더 이상 승산이 없어 보이는 분쟁에 자국 병사의 목숨을 담보로, 미국이 만든 곤경에 홀로 남겨지는 일을 받아들이지 않을 터였다. 키신저가 행정부와 의회의 견해 차이를 설명하려 시도했지만 미국의 결정은 남아공 정부에 깊은 충격을 주었다. 일부 남아공 인사들은 앙골라에서 미국의 배신이 당 내부에서 포르스테르의 입지를 심각하게 약화시켰으며, 그로 인해 강경 우익 인사인 국방부 장관 보타(P. W Botha)가 2년 후 포르스테르를 대체하는 데 일조했다고 주장하기도 했다.[74]

남아공의 앙골라 개입으로 인해 다른 아프리카 국가들이 소련-쿠바의 인민운동 원조를 수용하게 되었듯이 남아공의 개입 중단 역시 앙골라 신정권이 아프리카에서 외교적 승인을 얻는 데 도움을 주었다. 1976년 2월 중순에 접어들어 당시 아프리카통일기구 의장인 우간다 대통령 이디 아민(Idi Amin)이 승인 결정을 미루려 시도했지만 대부분의 아프리카 국가는 네투의 앙골라인민공화국 정부를 공식적으로 인정한 상태였다. 소련의 외교적 노력이 이러한 진전에 상당한 공헌을 했다. 예컨대 잠비아의 케네스 카운다(Kenneth Kaunda) 대통령은 소련의 상당한 압박이 있은 후에야 인민운동의 편으로 돌아섰다.[75]

중심부를 누가 통제했느냐는 차원에서 본다면, 앙골라 내전은 1976년 3월 초에 종결되었다. 반(反)인민운동 세력의 중심지 우암부는 1976년 2월 11일 앙골라인민해방군의 손에 떨어졌다. 올덴 호베르투는 이미 1976년 1월에 자이르로 다시 망명길에 올랐고, 민족전선은 군사 활동을 포기했다. 조나스 사빔비는 약 2000명의 게릴라 및 미국·남아공 자문단과 함께 앙골라 남동부의 관목 지역으로 후퇴했다. 1980년대 초반까지 사빔비는 국제적 명성을 다시 얻기 위해 싸울 준비가 되어 있었지만, 1976년 앙골라인민해방군과 쿠바에 효과적으로 대항해 싸울 수 없다는 사실을 깨달 았다.[76]

1976년 봄 소련 지도부는 앙골라 내전에서 승리했다고 확신하며 이를 자축했다. 특히 소련 지도부는 작전 수행에서 병참이 잘 이루어졌다는 데 깊은 인상을 받았다. 모스크바에서 8000킬로미터 이상 떨어진 장소에서, 미국과 현지의 강력한 지지 세력에 맞서 동맹을 지원하는 작전을 효과적으로 수행했던 것이다. 브레즈네프에게 앙골라는 "아프리카와 아시아 인민과의 적극적 연대"의 기준이자, 소련이 미국과의 데탕트 기간 동안 제3세계에서 사회주의가 전진해나갈 수 있다는 증거였다.[77]

당연히 포드 행정부는 앙골라의 결과에 무척 허탈해했다. 앙골라 개입이 실패했을 뿐 아니라 미국 대중 사이에서는 전례 없는 개입 반대 여론이 퍼져나갔다. 동시에 앙골라의 실패는 포드 행정부가 냉전기 제3세계에 대한 영향력 경쟁에서 나약하다는 인상을 주었고, 국내의 우익과 미국과 협력하고 있는 중국에 미국을 공격할 수 있는 빌미를 주었다. 키신저가 계산하기에 지역의 핵심 '경찰관'이던 남아공 아파르트헤이트 정권과의 관계는 파탄 직전에 놓였다. 마지막 남아공 부대가 앙골라에서 철수한 이후인 1976년 5월 15일 남아공 대사와 회담하면서, 키신저는 남아공 정부에 줄 수 있는 게 없었다.

키신저 국무장관은 내가〔미국 주재 남아공 대사 보타〕 미국의 정치적 상황을 이해해야 하고, 당시 주어진 상황에서 그 자신과 포드 대통령이 아프리카에서 러시아인을 끌어내기 위해 최선을 다했다고 말했습니다. 그는 앙골라에서 러시아인을 끌어내기 위한 자금을 얻기 위해 모든 수단을 동원했다고 했습니다. 그는 러시아인을 저지할 수 있다고 믿었지만, 의회가 이를 불가능하게 만들었다고 했습니다. 끔찍한 일입니다. 결국 러시아인은 앙골라에서의 승리에 탄력을 받아 아프리카의 강력한 지도자들을 무너뜨리고, 아프리카에서 최종적인 승리를 거둘 수 있었습니다. ……키신저는 베트남에서처럼 미국인이 특정한 상황에서 분열하며, 그렇게 된 후에는 자신들이 할 수 있는 일이 없다는 걸 내가 알아야 한다고 말했습니다. 따라서 우리는 그들(미국인-옮긴이)을 믿을 수 없습니다. 그는 나에게 솔직하길 원했습니다. 그는 미국이 우리에게 헌신할 수 없다고 인정했습니다. 그들은 우리의 딜레마를 인식하고 있습니다.

포드 대통령이 1976년 선거에서 지미 카터에게 패하자 미국-남아공 관계는 더 악화했다. 1977년 남아공의 외교정책 고문은 남아공 총리에게 이렇게 썼다.

우리는 소련보다 미국에 더 경각심을 지녀야 합니다. 소련은 앙골라에서 1만 5000명의 쿠바 병력을 수송하고 3억 달러 상당의 병참을 지원하고 있습니다. 이를 통해 그들은 스스로 가치 있다고 여기는 목표를 달성하기 위해서라면 미국과의 데탕트에도 엄청난 위험을 감수할 준비가 되어 있음을 행동으로 보여주었습니다. ……이상적인 행동이라고 생각하는 것에 대한 정제되지 않은 열망, 새 행정부가 흑인 유권자에게 지고 있는 빚, 남부 아프리카에서 백인 정권이 무너질 수 있다는 커져가는 믿음, 미국이 행동하지 않는 틈을 타 소련이 이익을 얻지 않을까 하는 두려움 사이에서 미국은 변덕스럽게 오가고 있습니다. 미국이야말로 진정으로 예측 불가능한 상황이며, 이는 혁명의 잠재적 원동력이 될 수 있습니다.[78]

소련은 앙골라 분쟁에서 어떤 교훈을 얻었다고 생각했을까. 소련 국제부로 들어온 보고서에 따르면, 당시 가장 중요한 교훈은 미국이 특정한 상황에서는 지역 분쟁에서 패배할 수 있다는 사실이었던 것으로 보인다. 그 특정 상황의 첫 요건으로 소련군은 촉박한 통보에도 작전에 필요한 병참을 공급할 능력과 준비를 갖추고 있어야 했다. 이러한 임무는 우선적으로 앙골라에서 노고를 인정받은 해군과 공군에게 배정되었다. 둘째, 소련은 개입하고 있는 반제국주의 세력을 (베트남에서와는 다르게) 조직하고 제어할 수 있어야 했다. (베트남의 경우, 소련 지도부는 베트남 지도부가 그들의 지시를 제대로 따르지 않아서 재앙이 반복되었다고 느꼈다.)[79]

1976년 앙골라의 소련 자문단은 전쟁 중 앙골라와 쿠바가 소련의 정치적 우위를 존중한 데 매우 만족했다. 앙골라 주재 소련 대사관에 따르면 네투는 자신이 소련의 원조에 의존하고 있다는 사실, 그리고 중요한 최종 결정은 쿠바가 아니라 소련이 내린다는 사실(소련 대사관에서는 이를 매우 중요하게 여겼다)을 인식하고 있었다. 앙골라 대사관이 여전히 네투를 완전히 신뢰하지 않았지만 그들은 네투가 전쟁 중 만족스럽게 행동했다고 인정했다. 1976년 봄 네투는 소련 군사 교관을 더 보내달라고 계속해서 요청했고, 앙골라 주재 대리대사 즈베레프(G. A. Zverev)는 그러한 요청을 네투가 아직 앙골라에서 영구적인 소련 군사 기지의 설립 요구에 동의하지 않았음에도 그가 소련이라는 새 동맹국에 헌신한다는 신호로 해석했다.[80]

앙골라의 소련 대표단은 앙골라에서 쿠바라는 카리브해의 소국과 소련이 얼마나 조화로운 관계를 유지하고 있는지 자주 놀라움을 표현하곤 했다. 1976년 3월 즈베레프 앙골라 주재 소련 대리대사는 소련-쿠바의 "앙골라 전시 상황에서의 긴밀한 협력은 매우 긍정적인 결과를 냈습니다"라고 상관에게 보고했다. 소련 외교관과 장교들은 소련공산당 지도부의 무엇보다 중요했던 역할에 "경의를 표하는" 동시에 쿠바인의 용맹함 및 소련과 앙골라를 잇는 가교 역할에서의 능력을 칭찬했다. 전반적인 쿠바-소련 관계는 앙골라 작전 이후 상당히 증진되어 1962년 쿠바 미사일 사건 이전 수준 이상으로 발전했다.[81]

소련과 쿠바는 1976년 봄 앙골라에서 주요 전투가 종결된 이후의 전략에서도 입장을 같이했다. 두 나라 모두 "남아공과의 추가적 군사 충돌을 피하고 정치적·외교적 수단을 통해 목표를 달성할 수 있도록" 군사 개입을 최대한 빠르게 줄여나가길 원했다.[82] 1976년 5월 라울 카스트로는 소련군 작전참모에게 쿠바 부대의 철수를 즉각 개시하고, 10월 말까지는 (총 3만 6000명 중) 1만 5000명 정도의 쿠바군이 귀국하길 기대한다고 말했다. 쿠바 지도부는 비록 앙골라에 인민운동 정부가 자리 잡고 있지만 분쟁에서의 그러한 비무장화가 소련이 고대하던 일임을 인지한 상태에서 소련에 쿠바의 의도를 남아공에 전달해달라고 요청했다. 쿠바는 초강대국을 달래는 법을 알고 있었으며 그 대가를 받아냈다. 이에 대해서는 후술하도록 하겠다.[83]

소련이 앙골라 작전을 통해 얻었다고 믿은 두 번째 교훈은 소련이 분쟁 지역의 반제국주의 집단을 재건하고 개혁할 수 있으며, 마땅히 그래야 한다는 것이었다. 앙골라 현지의 소련 관찰자들은 1976년 인민운동이 소련의 조언과 원조를 통해 어리석은 행동에서 벗어나 전쟁에서 이길 수 있었을 뿐 아니라 '전위당' 창설의 기초를 닦을 수 있었다고 굳게 믿었다. 인민운동은 그간 '입신출세주의자와 지지자'들로 인해 말썽을 치르고 있었지만, 소련의 지도를 받은 결과 '국제주의자들'이 우위를 점할 수 있었다. 로푸 두 나시멘투(Lopo do Nascimento), 니투 알베스(Nito Alves) 같은 새로운 지도자들은 인민운동이 소련이 이끄는 국제 혁명 운동의 일부임을 이해했고, 따라서 그들은 그 당시뿐 아니라 추후에도 모두 소련의 도움에 의존할 터였다.[84]

인민운동을 새롭게 건설할 때, 소련이 소련공산당의 경험을 본떠서 돕길 원한 세력은 이러한 '국제주의자들'이었다. 다방면에서 형편없던 인민운동 조직에 주목하면서, 소련의 정당 건설 전문가들은 로푸 두 나시멘투, 니투 알베스를 포함한 이들에게 조직 건설에 활동을 집중하라고 제안했다. 정당 조직 건설을 이끌어나간다면 앙골라 마르크스-레닌주의 정당의 미래 지도부의 초석을 닦을 수 있을 터였다.[85]

소련은 인민운동 지지자들에게 유포할 매우 많은 양의 정치 선전물을 제공했고, 간부들을 교육할 때도 이를 사용했다. 앙골라 주재 소련 대사관 직원들은 때때로 선전물의 양에 부담을 느꼈지만(소련공산당 제25차 대회에서 브레즈네프가 행한 연설을 담은 비행기 한 대분의 소책자와 비행기 두 대분의 반마오주의 문헌이 포함되었다), 대사관은 대체로 이를 적절하게 이용했고(적어도 본국에 보고할 때는 그렇게 주장했다), 1976년 여름에는 레닌의 흉상이 바닥나 공산당 선전부에 이를 새로 공급해달라고 요청해야 했다.[86]

소련 입장에서 인민운동을 변화시키는 작업은 레닌 흉상의 보급보다 훨씬 더 어려운 일이었다. 네투의 독립적인 심성과 스스로가 독자적인 마르크스주의 이론가라는 그의 주장은 군사적 상황이 안정되자 인민운동에 대한 소련의 통제를 점점 더 어렵게 했다. 소련이 싫어했던 앙골라 지도부 일부, 예컨대 앙골라인민해방군의 참전 사령관이자 국방장관이던 이쿠 카레이라, 유럽 좌파의 영향을 강하게 받은 인민운동 서기장 루시우 라라는 전쟁이 끝나자 자신의 입지를 강화하기 시작했다. 앙골라 주재 소련 대사관에 따르면, 이러한 인사들의 영향력은 인민운동에 필요한 변화

및 소련과 쿠바가 조언하던 발전 계획의 마무리를 늦추고 있었다.[87]

인민운동의 정치적 상황과 관련한 소련과 쿠바의 시각 차이는 소련을 더욱 어려운 상황에 처하게 만들었다. 카스트로는 앙골라 문제를 두고 소련에 존중을 표하며 자신이 선호하는 앙골라의 정치적 해결책을 논할 수 있는 권리를 받아냈다. 카스트로는 정치적으로 아고스티뉴 네투의 지도력을 높게 평가했으며, 그를 개인적으로 친한 친구일 뿐 아니라 매우 뛰어난 인물이자 훌륭한 아프리카 지도자라고 생각했다. 따라서 쿠바는 소련이 네투를 미심쩍어한다는 사실을 잘 알면서도 그가 앙골라 지도부 문제를 해결할 유일한 인물이라는 관점을 소련에 입증하기 위해 백방으로 노력했다. 라울 카스트로는 소련 국방차관 포노마렌코(I. F. Ponomarenko)에게 "우리는 네투를 깊이 존경하고 있습니다"라고 말했으며, 쿠바공산당 국제부 수장 라울 발데스 비보(Raúl Valdés Vivó)는 5월 쿠바 주재 소련 대리공사에게 "쿠바는 네투의 권위를 강화하길 원합니다"라고 말했다.[88]

하지만 쿠바는 네투를 강력히 지지하면서도 소련이 앙골라의 주요 국제 동맹이라고 드높여주는 영리한 외교를 펼쳤다. 라울 카스트로는 소련 동료에게 "소련과의 관계는 앙골라의 향후 외교 정책에서 더 중요해질 것입니다"라고 말했다. 그는 리스케트에게 "모든 문제를 앙골라의 소련 대사관에 알리고 소련 동지들과 긴밀한 관계를 유지하십시오"라고 지시했다. 카스트로는 소련이 불신하던 일부 앙골라 지도자들을 혹평하기도 했다. 카스트로는 포노마렌코에게 이렇게 말했다. "루시우 라라는 사회주의 국가들과의 협력 범위를 넓히는 데 주저하는 모습을 보입니다. 그는 속을 터놓지 않고 진실하지 못합니다. ……그리고 우리를 피하고 있습니다."[89]

하지만 이러한 조치에도 불구하고 소련이 항상 쿠바의 충성심을 확신하지는 않았다. 1976년 7월에 있었던 네투의 쿠바 방문을 보고한 소련 대사관은 피델 카스트로가 네투에게 쿠바 군대가 "그들이 더 이상 필요로 하지 않을 때까지" 아프리카에 남을 것이라고 말했으며, 이에 네투는 마르크스-레닌주의 정당의 창설에 쿠바의 도움을 요청했다며 반감을 드러냈다. 설상가상으로 카스트로는 앙골라·쿠바 그리고 베트남을 세계의 "핵심 반제국주의 세력"이라고 칭했다. 카스트로는 소련의 "중심 역할" 또한 언급했지만, 앙골라해방인민운동에서 네투의 "다른 무엇보다 중요한 역할"에 지지를 표하는 발언과 묶어서 말했을 뿐이다. 그러한 언급은 소련 관찰자들이 만족하기에는 충분치 않았다.[90]

냉전과 초강대국 데탕트의 약화

최근에 출간한 회고록과 비밀 해제된 소련 문서들은 인민운동의 승리가 베트남에서 북베트남의 승리와 함께 소련의 제3세계 정책에 전례 없던 낙관주의를 가져왔다는 사실을 잘 보여준다. 소련 고위 관료 한 명은 "세계는 우리의 방향으로 돌아서고 있다"고 말했다.[91] 당과 정부 관료들은 제3세계의 많은 나라가 사회주의를 열망하고 있으며, 사회주의를 제3세계 사회가 직면한 문제의 유일한 해결책으로 인식하고 있다고 생각했다. 닉슨과 키신저의 데탕트 및 유럽의 데탕트를 통해 얻은 인정, 그리고 제3세계에서 사회주의의 공세로 많은 소련인은 그들의 성과에 대해 새로이 자부심을 느꼈으며, 소련이 세계 곳곳의 사회주의에 결정적으로 기여할 수 있다고 확신했다. 나이가 많고, 유럽 밖 세계에 대한 경험이 전무한 정치국의 고위 지도부조차 흥분에 휩싸였다. 1976년 2월의 공산당 제 25차 대회 준비 도중 소련 국제부의 젊은 보좌진들은 레오니트 브레즈네 프를 포함한 고위 지도부와 전례 없이 활발하게 접촉했고, 고위 지도부는 제3세계에서 소련 개입을 직접 승인했다. 회의에서 브레즈네프는 아프리 카와 아시아에서 사회주의의 전진을 칭찬하며, 소련이 쿠바·베트남과 가 까운 동맹을 유지해야 한다고 강조했다.

1975년 전개된 일련의 사건을 통해 제3세계는 소련의 주목을 받았다. 그러나 남부 아프리카나 동남아시아에서 일어난 사건 자체보다는 소련 고위 지도부가 고도로 이데올로기적으로 각색한 설명이 정책 방향을 설 정했다. 그간 소련의 영향은 거의 없이 사건의 추이에 이끌려 점진적이 고 머뭇거리며 개입했던 과거와 달리, 소련 자문단과 전문가가 정치국 의 지시와 당의 이론적 노선을 기반으로 현지 상황을 '올바르게' 해석한 1976년의 개입은 분명한 목적을 띠고 있었다. 결정적으로, 제3세계의 사 회주의로의 전환과 소련 원조의 성공은 미국의 패권과 국제 자본주의 체 제의 구조적 위기에 기반을 두고 있었다. 즉 제3세계에서의 전진은 사회 주의와 자본주의의 전반적 세력 균형이 변화한다는 징후였다. 전(前) 식민 지 국가들은 국제 자본주의의 약한 고리였고, 따라서 소련 정책 입안자들 은 위기의 첫 징후가 그곳에서 발생하는 것은 그다지 놀랄 일이 아니라고 생각했다.

신기하게도 제3세계에 대한 소련 정책의 낙관주의적 전환이 일어난 시 기와 소련 경제 취약성의 중대한 징후가 드러나기 시작한 시기가 일치 했다. 1970년대 내내 소련의 경제 성장률은 서방과, 더 정확히는 소련인 스스로 지적했듯 위기 중에 있던 서방과 큰 차이가 나지 않았다. 그러나 1975년에는 농업 생산량이 급락해 곡물을 수입할 수밖에 없었다. (그리고 이러한 의존은 소련이 해체되기 전까지 지속되었다.) 소련공산당은 기후 조건을 탓했으나(이는 일정 부분 타당했다), 소련을 관찰해온 많은 이들이 흥미롭게 여긴 것은 소련 경제가 다른 방면에서 예산을 줄이는 방안 말고는 이러한 차질에 유연하게 대처하지 못했다는 점이다. 즉 계획 경제는 자원을 핵심 부문에 배분하는 데 실패했다. 정치인이 으레 그러하듯 나쁜 소식보다는 좋은 소식에 집중하길 원했던 소련 지도부는 제3세계 사회주의의 정치적 전진에 정도 이상으로 집중했다. 그렇게 소련 내의 문제를 덮을 수 있었기 때문이다.

앙골라와 베트남에 대한 소련의 평가에서 핵심 주제는 마르크스주의가 중심이 되었기에 이러한 혁명이 성공할 수 있었다는 것이다. 불리한 상황에 맞서 공산주의자가 보여준 기강은 궁극적 승리를 거둘 수 있도록 했다. 이런 주장은 두 가지 기능을 했다. 한편으로는 레닌주의적 강령과 정당 건설의 중요성을 뒷받침했다. 제국주의의 군사적 맹공에 맞서 수카르노와 은크루마 같은 비마르크스주의 급진주의자가 퇴장한 반면, 베트남 노동당과 앙골라해방인민운동은 살아남았다는 것이다. 다른 한편으로 이는 소련의 경험이 지닌 역할을 다시금 강조했다. 소련이 제3세계의 혁명에서 기여한 것은 군사적 수단이 아니라, 사회주의를 건설한 경험 자체였다. 대중이 사회주의를 원했기에 소련은 대중의 지지를 얻을 수 있는 실용적이고 믿을 만한 방식으로 정당을 설립하는 사업을 도와줄 수 있었다. 다시 말해, 소련이 지니고 있는 사회주의 전문 지식이 앙골라와 베트남 혁명을 구원했다는 것이다.

앙골라 이후 소련의 접근 방식 변화는 남아공의 아프리카민족회의에 대한 지원을 늘린 데서 잘 나타난다. 이 새로운 접근법은 부분적으로는 실용적이고, 부분적으로는 이념적이었다. 인민운동 정권은 아프리카민족회의의 군인과 간부를 남아공과 인접한 곳에서 훈련할 수 있는 새로운 기회를 제공했다. 실제로 이미 1976년 여름 대부분의 아프리카민족회의 훈련소가 앙골라에 재배치되었다. 하지만 소련에서는 남아공이 스스로 혁명에 근접해가고 있다는 의견 또한 있었다. 아프리카민족회의와 남아공 공산당 지도부는 미래에 대해 극도로 신중한 태도를 유지했다. 1975년 남아공공산당 문건에서는 "우리 당은 남아공 내에 조직적인 세력으로 남아 있길 포기했습니다. 우리는 남아공 내의 구성원과 더 이상 접촉을 하고 있지 않습니다"라는 불평이 새어나왔다.[92] 한편 소련공산당 국제부는 포르투갈어권 아프리카의 해방이 필연적으로 남아공 내부에서 모종의 효과를 거둘 것이라고 주장했다. 남아공 경찰이 집회에서 시위하던 40명 넘는 학생을 학살하자 자생적으로 발발한 1976년 여름의 소웨토 항쟁(Soweto uprising: 1976년 6월 남아공 정부가 아프리칸스어를 학교 수업에서 강요하자, 아프리칸스어를 '백인 지배의 상징'으로 여긴 흑인 학생들이 이에 저항하며 항쟁으로 이어졌다—옮긴이)은 소련의 의견이 옳았음을 확증해주는 듯했다. 이어진 젊은 망명자들의 대이동은 아프리카민족회의의 인재 모집에 적절한 기반을 형성했다. 1977년 앙골라에 위치한 아프리카민족회의 훈련소는 망명자들로 가득 찼고, 젊은 남아공 부대는 쿠바와 소련 교관의 훈련을 받았다. 그리고 그중 일부는 아파르트헤이트 정권에 맞선 군사 작전에 돌입하기 위해 고국에 성공적으로 침투했다.

하지만 소련과 아프리카민족회의는 남아공과 국경을 맞대고 있는 모잠비크가 공격을 위한 더 나은 활동 무대라는 사실을 알고 있었다. 물론 모잠비크 지도부는 자국 영토에서 아프리카민족회의의 군사 작전이 이뤄지는 데 회의적이었다. 모잠비크의 수도 마푸토가 바로 모잠비크-남아공 국경 부근에 위치해 있으므로 만약 아프리카민족회의가 공격을 시작하고 남아공 정권이 이에 응전한다면, 신생 모잠비크해방전선 정권에 끔찍한 결과를 안겨줄 터였다. 또 모잠비크는 아프리카민족회의와 소련의 친밀한 관계에도 비판적이었다. 1974년 모잠비크해방전선 지도자 사모라 마셸(Samora Machel)은 아프리카민족회의 지도자 올리버 탐보에게 "스스로의 안전을 위해 아프리카민족회의는 남아공공산당의 활동에 유의해야 합니다"라고 말했다. 그는 소련과 소련공산당은 아프리카인의 진실된 친구가 아니며, 아프리카를 정복하는 데 관심 있는 인종차별론자라고 말하기도 했다. 아프리카민족회의 보고서는 마셸이 이러한 조언을 "모잠비크 투쟁에서 소련 원조의 결정적 중요성을 인정"하면서 언급했다고 기록했다.[93] 소련은 자국을 명백하게 아프리카 급진주의자의 대변자라고 여겼지만, 그러한 관점을 모든 신생 급진 아프리카 지도자들이 공유한 것은 아니다.

비록 소련은 앙골라에서 쿠바의 역할을 저평가했지만, 피델 카스트로는 미국에 맞선 자신의 첫 번째 대승을 축하했다. 카스트로에게 앙골라는 큰 규모에서 진행된, 미국의 쿠바 공격과 볼리비아에서 체 게바라가 죽은 것에 대한 보복이었다. 또한 쿠바 민중이 국제 혁명을 육성하는 데 카스트로의 의지를 얼마나 따를 수 있는지와 관련한 일종의 시험대이기도 했다. 1976년 7월 아고스티뉴 네투가 쿠바를 방문했을 때 카스트로는 이렇게 선언했다.

한 지역에서 다른 지역으로, 싸우고 도울 의지를 가진 우리의 자세는 우리의 성숙함과 혁명적 의식을 측정하는 좋은 방법입니다. 이것이 제국주의자가 실수를 범하는 이유입니다. 그들은 도덕관을 측정할 도구가 없습니다. 그들은 민중의 정신과 사기를 측정할 방법이 없습니다. 그들은 히론 해안에서 실수를 저질렀습니다. 그리고 이제, 앙골라에 침투할 계획을 세움으로써 그들은 다시 한 번 실수를 범했습니다. 그들은 1만 킬로미터 떨어진 거리에서 쿠바가 앙골라에 협력할 수 있을 거라고는 상상하지 못했습니다. ……왜냐하면 그들은 그들이 쓰러뜨리고 파멸시키려 했던, 고립된 쿠바 민중이 그러한 원조를 할 수 없으리라고 생각했기 때문입니다. 그들은 실수를 범했습니다. 우리 전투원은 최전선에 있었습니다. ……한 국가에서 가장 중요한 것은 부가 아닙니다. 제국주의자들은 부유하지만 사기(morale)도, 정신도 없습니다. 한 국가, 한 사회에서 가장 중요한 것은 사기와 정신입니다.[94]

카스트로는 소련이 앙골라 위기를 해결하기 위해 쿠바군과 쿠바의 조언에 기대야 했다는 점을 얌전한 방식이긴 했지만 매우 자랑스럽게 여겼다. 그는 이러한 사실이 앙골라 내의 쿠바인 사령관에게 어떤 위치를 가져다줄지 전혀 의심하지 않았다. 이미 살펴보았듯 앙골라의 쿠바인들이 소련의 지휘 역할을 겉으로는 칭송했을지 모르지만, 안보 문제를 두고 중대한 결정을 내린 주체는 바로 쿠바인들이었다. 1977년 5월 네투에 맞선 쿠데타 시도(이는 소련이 가장 선호하던 니투 알베스가 일으킨 것이었다)를 쿠바 탱크가 저지한 것은 쿠바의 역할을 증명하는 좋은 사례였다.[95]

인도차이나에서 공산주의자의 승리, 특히 소련-쿠바의 앙골라 개입은 가장 열정적으로 미국의 데탕트를 지지하던 이들까지 소련과의 협력 가능성을 의심하게끔 했다. 미국 엘리트들의 불만은 소련이 베트남과 워터게이트 사건 이후 미국이 취약해진 때를 이용해 제3세계에서의 권력 경쟁에서 미국을 앞서나가고 있으며, 유럽 외부에서 소련-미국의 경쟁을 약화시키려는 노력의 산물인 데탕트 '정신'을 비웃고 있다는 것이었다. 미국 행정부의 일부 인사들은 앙골라가 소련에 득이라기보다는 실이라는 관점을 고수했다. 반면, 데탕트의 한계를 누구보다도 잘 알고 있던 헨리 키신저는 소련의 제3세계 행보가 데탕트를 위반했다며 공개적으로 비난하기 시작했다. 1976년의 선거를 앞두고 포드와 키신저는 데탕트가 득표에 거의 무용하다는 사실을 깨달았다.

앙골라 사태에서 가장 가혹한 비판의 일부는 미국이 새로 얻은 동맹인 중국이 제기했다. 미국은 병중에 있는 마오쩌둥 및 나중에 그의 후계자가 된 덩샤오핑과 몇 차례 회담을 진행했다. 1975년 12월 베이징에서 포드와 키신저는 중국이 앙골라에서의 싸움에 다시 뛰어든다면 중국에 대한 지원을 강화하겠다고 약속했다. 이에 마오쩌둥은 "당신이 가진 패가 많지 않은 것 같습니다"라고 평했고, 포드 대통령은 "나는 워싱턴을 떠나기 직전 다시 3500만 달러를 다른 두 세력〔민족전선과 민족동맹〕을 지원하는 데 승인했고, 이는 소련의 도전에 맞서고 인민운동을 무너뜨리겠다는 확실한 증거입니다"라고 대응했다. 미국 의회가 정부의 비밀 계획을 사실상 종결시킨 것은 불과 며칠 후였다. 중국은 이에 격분했다. 앙골라에 관해 할 수 있는 게 없다는 미국 행정부의 주장은 중국이 보기에 소련 세력과 대면할 때의 미국식 패배주의와 기만의 또 다른 예였다. 이를 통해 마오쩌둥의 후계자들은 제3세계에서 소련과 맞서 싸울 때는 미국의 협조에 의존하지 말아야 한다는 사실을 배웠다. 키신저는 참모진에게 화를 내며 이렇게 말했다.

우리는 크게 잃을 것입니다. 포드 대통령께서 중국에 우리가 앙골라 문제에 확고히 나서겠다고 말씀하셨는데 두 주가 지난 후에 바로 발을 빼다니요. ……국무부는 우리가 소련 해군 기지를 우려하고, 앙골라의 일은 키신저의 과장이거나 오해라고들 합니다. 내가 신경 쓰는 건 석유나 기지 따위가 아니라, 우리가 아무것도 하지 않을 때 소련이 해내는 걸 본 아프리카 사람들이 앞으로 어떻게 나올지입니다. 그리고 유럽인들이 앙골라에서도 제대로 못하는 미국이 어떻게 유럽을 방어할지 묻는다면요? 중국은 우리가 인도차이나에서 5만 명에게 줄행 랑을 치고, 이제는 앙골라에서 5000만 달러도 안 되는 돈에 발을 뺀다고 말할 것입니다.[96]

보통 때였다면 다른 곳으로 관심을 돌리고 미국 언론의 관심을 끌었겠 지만, 1976년 봄의 키신저는 자신이 소련의 아프리카 침투라고 인식한 것에 맞서기 위해 계속 노력하고 있었다. 그는 4월 초 국가안전보장회의 에서 이렇게 발언했다.

우리는 전략 개념에 주의를 기울여야 합니다. 우리의 아프리카 정책도 그렇지 만, 쿠바와 마찬가지로 북베트남이 소련을 대리해 행동할 수 있습니다. 그렇 게 된다면, 우리에게 매우 위험할 것입니다. 쿠바가 아프리카에 계속 잔류한다 면 언젠가 문제가 불거질 것입니다. 1970~1973년 동안 우리는 중동에서 성공 적으로 소련을 좌절시켰고, 그 결과 아랍은 우리 쪽으로 돌아서야만 했습니다. 우리는 아프리카의 흑인 국가에 대한 열망에 공감하려 노력할 테지만, 그게 쿠 바의 압력에 맞서는 대응 형식이 되어서는 안 됩니다.[97]

1976년 4월 키신저는 심지어 아프리카를 직접 방문하기도 했다. 국가 안보 보좌관과 국무장관으로 일했던 7년의 기간 중 첫 번째 아프리카 방 문이었다. 아프리카 방문의 주요 목적은 앙골라와 유사한 상황이 조성되 는 일을 막기 위해 짐바브웨 내부 세력 간 협상을 통해 짐바브웨 분쟁의 타결을 모색하기 위함이었다. 그는 미국을 떠나기 전 포드 대통령에게 이 렇게 말했다. "쿠바가 짐바브웨에 개입한다면 다음은 나미비아이고, 그다음은 남아공 차례가 될 것입니다. 우리는 소련이 비싼 값을 치르게 해야합니다. 쿠바가 움직인다면 강력하게 대응하는 방안을 권고드립니다. 다른 움직임마저 허용한다면 우리는 엄청난 손실을 입게 될 것입니다."[98] 아프리카 방문 중 키신저는 탄자니아의 니에레레를 포함해 가장 중요한 아프리카 지도자들을 만났다. 니에레레는 키신저와 만난 후, 키신저가 지니고 있는 앙골라 이후의 상황과 관련된, 거의 사적으로 느껴질 정도의 강한 불쾌감을 확실히 감지했다. 이에 니에레레는 "우리는 로데시아〔짐바브웨〕정권에 압력을 가해주길 원합니다"라고 말했다.

우리는 나미비아 건으로 포르스테르에게 압력을 가하고, 종국에는 남아공이 변화하길 원합니다. 우리는 지금의 남아공과는 공존할 수 없습니다. 미국이 할 수 있는 일을 말해봅시다. 가끔 우리가 미국에 요청하는 사항이 낡은 체제의 한계 내에서는 과할 수도 있습니다. 미국이 우리에게 무기를 주지 못할 수도 있지요. 하지만, 그래서 우리에게 무엇을 줄 수 있단 말입니까? 우리는 당신이 그 질문에 당신네 권력의 한도 내에서 답하는 게 아니라, 당신네 체제의 한도 내에서 답하길 바랍니다.[99]

놀랍게도 아프리카 지도자들의 청원에 대해 키신저가 미국으로 돌아온 후 보인 대응은 미국-남아공 관계를 재가동하는 것이었다. 앙골라 문제에서 미국을 믿었다가 국내의 공격을 받고 미국에 대한 신뢰도 잃은 포르스테르는 미국 주재 남아공 대사관으로부터 짐바브웨 문제와 관련한 협력 요청을 받기 시작했다. 키신저는 미국과 남아공이 원주민에 대해 "비록 다른 해결 방식을 사용하고는 있지만" 같은 문제를 겪고 있다고 지적하면서 남아공을 감언이설로 꾀려 했다. 키신저는 남아공 대사 피크 보타

(Pik Botha)에게 "만약 제가 당신 입장이라 해도 역시 1인 1표 원칙을 용인하지 않았을 것"이라고 확언했다. 포르스테르에게 키신저는 "정치적 상황이 통제될 수 있도록, 트란스케이(Transkei: 남아프리카공화국 이스턴케이프주에 있는 코사족의 자치국—옮긴이) 독립 문제를 흑백 문제와 같이 정치적 수완을 통해 풀어나갈 것"을 권유했다.[100] 소웨토 항쟁이 진행 중인 상황에서 포르스테르는 잃어버린 국내 위상을 일부 회복하기 위해 키신저를 이용하려 했다. 이에 따라 포르스테르는 1976년 중반 키신저와 짐바브웨 및 나미비아 문제를 논의하기 위한 세 차례의 회동을 하는 데 동의했다. 포르스테르는 남아공 영토 내에서 짐바브웨의 내부 해결책을 찾고자 했고, 키신저는 1976년 9월 중순 남아공 프리토리아(Pretoria)에서 있었던 짐바브웨(로디지아) 지도자 이언 스미스를 동반한 회담 중에 포르스테르에게 이를 약속하기까지 했다. 하지만 포드 대통령이 11월 2일 미국 대선에서 승리하더라도 자신이 자리를 보전할지 확신할 수 없었기에 키신저에게는 남은 시간이 별로 없었다.

포르투갈 제국의 몰락 이후 급진적 변화를 막는 '경찰관' 정책이 미국에 도움을 준 지역은 오직 하나뿐이었다. 인도네시아 근처에 있는 동남아시아의 예전 포르투갈 식민지 동티모르는 좌파 해방 운동 단체(동티모르독립혁명전선)의 주도 아래 독립을 선언했다. 인도네시아는 즉각적으로 동티모르에 개입하겠다고 위협했다. 수카르노가 정권을 잡고 있을 당시 미국은 인도네시아의 팽창에 반대했지만, 이때 포드와 키신저는 우익 독재자 수하르토의 계획을 하늘이 준 선물이라고 보았다. 1975년 12월 포드와 키신저는 마오쩌둥과의 성공적이지 못한 회담을 마친 후 베이징에서 돌아오는 길에 자카르타를 방문했다. 이때 수하르토는 미국이 "우리가 빠르거나 과감한 행동을 취해야 한다고 여기는 것을 양해"할지 물었고, 포드 대통령은 "우리는 이를 양해할 것이고, 그 문제를 더 이상 압박하지 않을 것입니다. 우리는 당신이 맞닥뜨리고 있는 문제와 의도를 이해합니다"라고 답했다. 그리고 키신저는 그에 덧붙여 이렇게 말했다. "당신이 무엇을 하든 빨리 성공하는 게 중요합니다. 무슨 일이 일어나더라도 우리가 돌아간 후에 일어나야 우리가 미국의 반응에 영향을 끼칠 수 있을 것입니다. 이렇게 하면 사람들이 독단적인 방식에 항의할 가능성을 줄일 수 있을 테니까요. ……우리는 당신의 문제와 빨리 움직여야 할 필요를 이해하지만, 나는 단지 그걸 우리가 돌아간 이후에 하는 게 낫다고 말하는 것입니다."[101] 인도네시아군은 12월 중순 실제로 병력을 움직여 동티모르독립혁명전선을 무너뜨리고 동티모르를 인도네시아에 병합했다. 갈수록 의기소침해지고 효율도 떨어지던 키신저는 비록 자신의 역할에 대한 국내외의 극심한 압력에도 동티모르 침공과 합병을 자신의 냉전 정책 일부가 작동하고 있다는 신호로 해석했다.

데탕트에 대한 1976년 미국 내의 공격은 여러 다른 각도에서 진행되었다. 새 국방장관 도널드 럼스펠드와 국방부는 포드 대통령이 1974년 11월 블라디보스토크에서 레오니트 브레즈네프와 회담 때 조인한 전략무기제한협상(SALT II)의 일부 조항에 의문을 제기하기 시작했다. 8월의 공화당 대통령 후보 지명을 받기까지 포드 대통령은 대부분의 선거 운동 기간 동안, 닉슨과 그의 후임인 자신이 실행한 데탕트에 대한 철저한 비판에 기반을 둔 신보수주의자 후보 로널드 레이건(캘리포니아 주지사)의 도전을 받았다.

우리나라는 위험에 직면해 있고, 그 위험은 날이 갈수록 커지고 있습니다. ……이제 워싱턴은 데탕트라는 단어를 그만 사용하되 정책은 유지한다고 합니다. 하지만 뭐라고 부르든 그 정책은 잘못되었습니다. ……이제 우리는 누군가 가 우리의 자유를 저버리고 있는 게 아닌지 물어야 합니다. 키신저 박사는 자신은 미국을 아테네, 소련을 스파르타처럼 생각한다면서 이렇게 말했다고 합니다. 이제 "미국의 날은 지났고 오늘은 소련의 날"이며 "국무장관으로서 내 일은 가장 수용할 만한 차선책이 가능하도록 협상하는 것"이라고 말입니다. 글쎄요, 저도 포드 대통령이 누구 못지않게 많이 언급한 평화를 믿습니다. 하지만 평화는 나약함이나 후퇴에서 오지 않습니다. 평화는 미국의 군사적 우위의 회복에서 오는 것입니다.[102]

포드는 대통령 후보 경선에서는 레이건에 승리를 거두었지만, 대통령 선거에서는 자신보다 외교 경험이 일천한 미국 남부 조지아 주지사 지미 카터에게 패배했다. 포드와 키신저가 데탕트에 대한 점점 늘어나는 언론의 비판적 질문에 답해야 했던 반면, 카터는 해당 문제를 해결하는 데 포드의 입장을 취사선택하곤 했다. 카터는 포드가 "앙골라에서 새로운 베트남을 시작하려 했지만, 그들의 뒷거래가 들통 나고 미국 국민과 의회의 반발로 그곳에서 일어난 분쟁에 개입하는 것을 막을 수 있었습니다"라고 말하기도 했지만, 이렇게 불평하기도 했다. "우리는 소련과 대등하게 경쟁하는 일을 두려워하게 되었습니다. 우리는 데탕트를 이야기합니다. 소련은 데탕트에서 자신들이 무엇을 원하는지 알고 있습니다. ……그리고 우리는 거의 모든 순간 속아왔습니다."[103]

카터의 당선은 초강대국 관계에 불확실성의 시기를 열었다. 신임 카터 대통령은 소련과의 관계를 개선하고, 특히 제3세계에서 더욱 도덕적인 외교 정책에 집중하길 원했다. 비밀 작전을 정책 도구로 사용하는 일에 깊은 반감을 느끼고 있던 카터는 인권과 함께 공산주의 및 다른 형태의 권위주의 정부와 싸우는 데 있어 자신이 미국의 이데올로기적 원칙이라고 생각한 바를 강조하고 싶어 했다. 소련은 8년간의 닉슨과 키신저 집권기 이후 무엇을 기대해야 할지 몰랐고, 많은 제3세계 지도자들은 미국의 의도에 여전히 깊은 의구심을 품고 있었다. 카터의 주요 외교 정책 고문이던 국무장관 사이러스 밴스(Cyrus Vance), 국가안보 보좌관 즈비그뉴 브레진스키(Zbigniew Brzezinski)는 행정부가 출범한 순간부터 심각한 의견 차이를 보였다. 케네디와 존슨 행정부를 모두 경험하고 다소 전통적이며 점잖은 정치인이던 밴스는 특히 군축과 유럽 방면에서 소련과의 데탕트를 지속 및 확장하는 방안을 선호했다. 하지만 1958년 미국 시민이 된 폴란드계 망명 지식인 브레진스키는 소련과 공산주의 전체를 대상으로 한층 단호한 정책을 추진하길 원했다. 브레진스키는 특히 제3세계에서 소련의 의도를 우려했다. 1976년 카터에게 보낸 각서에서 미래의 국가안보 보좌관은 미래의 대통령에게 이렇게 경고했다.

소련 지도부는 데탕트가 '세계 혁명 과정'을 촉진하는 수단이고, 또한 미소 데탕트가 평화를 유지하는 수단일 뿐 아니라, 특히 이른바 자본주의의 위기가 가중된 시기에 공산당이 권력을 획득하기에 호의적인 환경을 조성하는 수단이라고 공개적으로 말해왔습니다. ……데탕트는 세계 질서의 근본적인 문제에 그들이 책임 있는 태도를 갖길 요하며, 앙골라·중동 그리고 국제연합에서의 무책임한 행동과는 양립 불가능하다는 사실을 소련에 오해의 소지 없이 명료하게 밝혀야 합니다.[104]

07 사회주의의 전망: 에티오피아와 아프리카의 뿔

1970년대 중반 중동의 정치 기류는 이 지역의 경제 침체와 더불어 아랍 국가들이 이스라엘과의 제3차(1967), 제4차(1973) 중동 전쟁에서 연이어 패배하자 극심한 급진화의 시기를 맞이했다. 식민 지배로부터 독립한 중동 정권들은 아래로부터는 좌익 사회주의자와 이슬람주의자의 압력을 받았다. 이 압력에 맞서 이집트나 이란은 탄압을 강화했으며, 시리아와 이라크는 정권을 급진적인 방향으로 전환하는 식으로 대응했다. 특히 1977년 이집트의 사다트 정권이 이스라엘과 단독으로 평화 협상을 시작하자, 이라크와 시리아의 두 바트당 정권은 서로 간의 앙금이 여전히 남아 있었지만 소련의 가까운 동맹이자 소련의 대(對)중동 원조의 주요 수혜국으로 변모했다. 소련과 소련 진영의 동맹국들은 현지 공산주의자들이 시리아와 이라크 그리고 팔레스타인해방기구 정권 내에 정치적으로 참여해 이들 국가와 조직의 좌경화가 가속화하기를 희망했다. 사다트의 배신에 더해 미국이 새롭게 이스라엘 및 이란과의 동맹을 활성화하자, 급진 아랍 세력이 공산주의자와 소련 말고는 기댈 곳이 없다고 판단한 소련공산당 중앙위원회 국제부는 결과적으로 이들을 통해 중동 내 소련의 이익을 키울 수 있을 것이라고 판단했다.

1970년대 중반 소련 최고 지도부에 제출된 보고서에 따르면, 소련 국제부는 이라크야말로 급진 부르주아 민족주의자 세력인 바트당과의 동맹을 통해 공산주의 세력이 정부 내에서 영향력을 행사할 수 있는 최적지라 보고 있었다. 하지만 이라크·시리아 그리고 팔레스타인해방기구가 소련으로 경사(傾斜)된 정책을 펴고 있을 때, 아라비아반도 남쪽 끝에 위치한 전(前) 영국 식민지 남예멘은 이미 예멘인민민주주의공화국 수립을 선언했다. (1967년 독립 후 남예멘인민공화국을 수립했으며, 1970년에 예멘인민민주주의공화국으로 국호를 변경했다. 이하 '남예멘'-옮긴이.) 1970년대 초반 남예멘에 도착한 소련 자문단은 현지 상황에 흡족해했다. 남예멘이 아랍 세계에서 가장 빈곤한 국가이긴 했지만 남예멘 지도부는 소련의 모델을 따라 사회를 변혁하면서 국가 문제를 해결하길 원하는 충실한 마르크스주의자였다. 일부 동유럽 국가는 남예멘 정권을 이끄는 예멘사회당(처음에는 살림 알리 루바이(Salim Ali Rubayyi), 1978년부터는 압드 알팟타흐 이스마일(Abd al-Fattah Ismail)이 이끌었다)에 상당히 회의적인 태도를 보였지만, 소련 국제부의 고문이었던 아나톨리 체르냐예프(Anatoly Chernyaev)의 말마따나 소련은 "제국주의자들의 코밑"에서 사회주의 혁명의 성공을 지도할 가능성에 고무되어 남예멘의 불안정한 정치 상황을 그다지 우려하지 않았다.[1]

특히 앙골라 위기의 여파 속에서, 다수의 미국 군사 전략가들은 남예멘의 상황을 걱정했다. 남예멘이 홍해의 입구이자 페르시아만에서 그리 멀지 않은 전략적 요충지이기 때문이었다. 1977년 대통령에 취임한 지미 카터는 소련이 아프리카와 중동에 개입함으로써 원자재, 특히 서방의 석유 접근권을 통제할 수 있다는 점을 우려했다. 국가안보 특별보좌관 즈비그뉴 브레진스키의 조언에 따라 카터는 이러한 전망과 일치하는 소련의 행동 양식에 주의를 쏟기 시작했다. 카터는 다른 분야(군축 협상이나 무역 문제)에서의 미소 관계 개선을 통해 "지역적 위기"(이는 카터의 표현이다)가 두 초강대국 관계의 악화로 확대되는 양상을 예방할 수 있을 거라고 믿었다. 하지만 그 와중에도 카터는 걸프 지역을 직간접적으로 위협하는 것처럼 보이는 소련의 움직임을 민감하게 의식하고 있었다. 따라서 소련이 1978년 에티오피아와 소말리아의 오가덴(Ogaden) 전쟁에서 아프리카의 뿔(아라비아해로 돌출되어 있는 동아프리카의 반도. 코뿔소의 뿔을 닮아서 '아프리카의 뿔'이라고 부른다—옮긴이) 지역의 새 동맹인 에티오피아를 돕기 위해 개입했을 때, 이미 카터는 소련이 국제적 긴장을 극적으로 높이는 결정을 내렸다고 판단할 준비가 된 상태였다.

에티오피아 혁명은 냉전기 아프리카에서 마르크스주의의 영향을 받은 가장 중요한 변혁이었다. 혁명이 발발한 에티오피아는 유럽 제국주의자를 격퇴한 경험을 지닌 유일한 아프리카 국가였으며, 아프리카 대륙의 많은 사람은 에티오피아의 신정권 출현을 아프리카 민족주의의 좌경화를 상징하는 것으로 여겼다. 1960년대가 탄자니아 대통령 줄리어스 니에레레 같은 아프리카 사회주의자의 시대였다면, 1970년대는 에티오피아 지도자 멩기스투 하일레 마리암(Mengistu Haile Mariam) 같은 마르크스-레닌주의자의 시대처럼 보였다. 이제는 소련에서 실험한 사회와 국가에 대한 과학, 즉 마르크스-레닌주의를 통해서만 내부적 부식(腐蝕)과 미래에 있을 제국주의의 공세를 견뎌낼 만큼 강한 토대를 가진 사회주의를 건설할 수 있었다. 그리고 앙골라 내전으로 드러났듯 제국주의가 현지 혁명을 저지하려 시도할 때, 소련과의 동맹만이 제국주의자의 공격에 대적할 수 있

는 유일한 방책이었다.[2]

소련에 있어 에티오피아와의 동맹은 소련의 가장 중요한 아프리카 개입 사례였다. 에티오피아-소말리아 전쟁 중 소련은 공중 지원을 통해 에티오피아 군대에 물자를 공급해 수천 킬로미터 떨어진 지역에서도 미국과 직접적으로 경쟁하는 동시에 군사력을 투입해 승리할 수 있다는 사실을 증명해냈다. 또 소련은 에티오피아와의 동맹을 통해 전략적으로 중요한 마사와(Massawa)와 아사브(Assab) 같은 에리트레아(Eritrea) 지역 항구에 대한 접근권을 확보할 수 있었다. 이는 소련이 인도양과 홍해라는 두 지역에서 직접적인 영향력을 행사할 수 있음을 의미했다. 1977년 3월부터 1978년 5월까지 이어진 오가덴 전쟁에서 소련은 대략 10억 달러에 상당하는 무기를 에티오피아에 지원해준 것으로 추정된다.[3]

하지만 소련, 쿠바 그리고 동유럽 국가들이 단지 멩기스투에게 물자를 공급하고 군대를 훈련시키기만 한 것은 아니다. 그들은 에티오피아 발전의 이데올로기적 방향을 설정했으며, 이를 통해 근대성을 향한 사회와 경제의 근본적인 대규모 개혁이라는 새로운 지도력을 보여주었다. 생태학적 재앙, 대규모 기아 사태, 여러 소수 민족의 저항의 결과로 1991년 에티오피아 정권이 붕괴하기 전까지, 에티오피아는 베트남에서 미국의 민간 차원의 노력과 비슷하게 소련의 경험을 아프리카에 적용할 수 있다는 사실을 증명하기 위한 대규모 실험장이었다.[4]

문서 보관소의 자료에 따르면, 소련 지도부는 초기에는 에티오피아와의 동맹을 확신하지 못했다. 그러한 관점은 1976년부터 서서히 변하기 시작했다. 이와 같은 전환에는 크게 세 가지 이유가 있었다. 첫째, 소련 지도부는 멩기스투의 에티오피아 신정권에 호의적이었던 에티오피아 주재 소련 대사관으로부터 많은 영향을 받았다. 둘째, 1976년 봄 앙골라 내전에서 소련-쿠바의 승리는 소련이 아프리카에 더 깊이 개입하도록 부추겼다. 셋째, 에티오피아 혁명이 제시한 언어와 상징은 소련의 이데올로기와 맞아떨어져 소련 지도부 내에서 에티오피아와의 동맹이 수익성 있는 장기 투자라는 믿음이 형성되었다. 노화해가던 소련 정치국에 에티오피아 혁명은 제3세계가 사회주의로 변모하고 있으며 세계사의 전환을 보호하고 조성하는 데 소련의 경험이 중요하다는 점을 보여주는 추가적인 증거였다.

에티오피아 혁명과 대항 세력

에티오피아는 2명의 인상적인 지배자〔1889년 스스로를 황제로 선언한 메넬리크 2세(Menelik II)와 1930년부터 권력을 잡은 하일레 셀라시에(Haile Selassie)〕 정권 아래서, 유럽의 식민화를 피해갔을 뿐 아니라 아프리카의 뿔 지역에서 세력과 영토를 확장해나간 유서 깊은 기독교 국가였다. 에티오피아 전체 인구의 약 25퍼센트를 차지하며 북·중부 산악 지대에 거주하고 있는 기독교도 암하라족(Amhara)이 에티오피아 사회의 전통적 주류파였다. 1970년대에 이르러 다민족적인 에티오피아 제국 안의 다른 주요 집단은 40퍼센트를 점하는 무슬림 오로모족(Oromo), 8퍼센트를 점하는 남부의 소말리족(Somali), 12퍼센트를 점하는 북부의 티그리냐족(Tigrinya), 그리고 이탈리아 식민지였던 해안 지역에 거주하는 8퍼센트의 에리트레아인이었다. 20세기 초 에티오피아에서는 서구의 기술과 제도에 대해 방어적 동화(서구의 군사 기술은 취하되 정치 제도는 수용하지 않는 것을 의미—옮긴이)를 주장하는 이들이 제국의 엘리트가 되었다. 에티오피아에서는 이러한 집단을 '일본주의자'라고 불렀다. 1860년대부터 유럽의 확장에 대응해 기술과 교육을 개선하고 그 와중에 제국의 형식을 유지한 일본의 사례는 에티오피아 엘리트에게 깊은 인상을 남겼다. 하일레 셀라시에 황제는 유럽과 미국의 전문가를 초빙해 군대를 훈련하고 산업을 육성하기 시작했다. 하지만 여전히 에티오피아의 주된 산업은 농업이었다. 혁명 직전 무렵 3500만 명이 넘는 에티오피아 인구 중 노동자는 5만 명 정도에 불과했다.[5]

제2차 세계대전과 이탈리아 점령(1935~1936년 제2차 에티오피아-이탈리아 전쟁 이후, 이탈리아는 에리트레아, 에티오피아, 이탈리아령 소말릴란드를 통합해 이탈리아령 동아프리카 식민지를 건설했다—옮긴이)이 종식된 후, 황제는 망명지이던 영국에서 귀국했다. 이후 황제의 명성은 높아졌고, 그는 현대적 발전을 이루기 위해 노력했다. 1945년 이후 수백 개의 학교와 학술 기관을 새로 설립했다. 극소수 인구만이 그러한 교육 기관의 혜택을 받았지만 에티오피아 엘리트는 이제 지난날의 귀족 계급이 아니라 교육과 기량에서 정당성을 찾는 계층으로 거듭났다. 점점 더 많은 젊은 엘리트가 더 높은 수준의 교육을 받기 위해 해외 유학을 떠났다. 다수의 교육받은 에티오피아인은 여러 국제기구 그리고 1963년 창립된 (아디스아바바에 상주 본부를 둔) 아프리카 통일기구에서 일자리를 얻었다. 하지만 1960년대 들어 고령의 황제가 스스로를 아프리카 독립의 아버지로 세우려는 동안, 점점 더 많은 에티오피아인이 조국의 기회 부족, 농촌 지역의 낙후, 제국 행정부의 부패와 비효율에 낙담하고 있었다. 많은 사람이 보기에 1972~1973년 에티오피아 일부 지역을 강타한 기아 사태와 이에 대한 정부의 미흡한 대응은 황제가 추진한 근대화 시도의 붕괴를 상징했다.[6]

1960년대 동안 하일레 셀라시에 황제는 에티오피아 국가와 사회를 발전시키기 위해 미국의 지원을 모색했다. 여러 곳의 지원처를 확보한다는 기본 원칙(실제로 인도, 이스라엘, 스칸디나비아의 여러 국가 그리고 네덜란드가 에티오피아에 대한 민간·군사 차원의 원조를 제공했다)을 완전히 버리지는 않았지만, 황제가 보기에 미국만이 안보와 경제 발전 분야 모두에서 유의미한 변화를 만들어낼 수 있는 국가였다. 에티오피아의 국제적 지위와 관련해 황제의 우선순위는 아랍 세계와의 분쟁, 특히 이웃 국가인 소말리아의 독립(1960) 및 그와 동시에 발발한 에리트레아 반란(이탈리아 식민지이던 에리트레아는 영국군의 이탈리아군 축출 이후, 잠시 영국의 지배하에 놓였다가 1952년 에티오피아의 한 주로 편입되었다. 그러나 1963년부터 에리트레아해방전선, 에리트레아인민해방전선을 중심으로 본격적인 무장 독립 투쟁을 시작했다—옮긴이)이었다. 이 둘은 모두 급진 아랍 정권의 지원을 받고 있었다. 1967년 2월 하일레 셀라시에 황제는 미국의 린든 존슨 대통령에게 "소련의 막대한 군사 원조를 받고 있는 소말리아의 영토회복주의(오가덴 지역을 향한 소말리아의 관심—옮긴이)"는 향후 문제가 될 것이라고 언급했다.[7] 한편으로 황제는 CIA가 "극도로 느리게 진행되는 경제·사회 개혁 사업"이라고 칭한 에티오피아 국내 개혁 과제의 추진에 미국의 더 많은 지원을 촉구했다.[8]

　1970년대 초 젊은 에티오피아 급진 세력에 영향을 미친 주요 이데올로기는 소련 진영이나 중국이 아니라 역설적으로 미국과 서유럽에 기원을 두고 있었다. 1960년대에 유학을 떠났던 많은 에티오피아 학생이 서방의 급진 학생 운동에 깊은 감명을 받은 채 귀국했다. 서방의 학생 운동은 단지 인텔리겐치아와 학생 집단이 정치에서 맡을 역할이 있다는 사실뿐 아니라, 정부 권력을 대체하는 대안적 권력의 구심점을 제공할 수 있다는 점을 보여주었다. 물론 에티오피아 학생 운동 중 마르크스주의를 미래의 발전 계획뿐 아니라 왜 현재의 정권이 인민의 열망을 달성할 수 없는지를 설명해주는 대안적인 구심점으로 삼은 세력은 매우 소수에 불과했지만 말이다. 에티오피아에 그들 나름의 급진적 사상을 지니고 들어갔으며 1970년을 전후해 목도한 에티오피아 정부의 방관과 대규모 빈곤에 큰 충격을 받은 젊은 서방인들(이들은 종종 미국 평화봉사단이나 그와 비슷한 다른 유럽 단체로부터 지원을 받았다)을 통해 에티오피아 내 인텔리겐치아의 급진적 관점은 더욱더 정당성을 얻었다.[9]

1974년 초 하일레 셀라시에의 지배가 무너지기 시작한 원인은 크게 두 가지였다. 하나는 지구적 차원의 석유 파동으로, 그로 인해 에티오피아 정부는 국제수지에 심각한 어려움을 겪고 있었다. 다른 하나는 에티오피아 정부가 국내 지출을 삭감하려 시도했다는 것이다. 물가, 특히 수입 상품 가격이 상승하고 공공 부문의 급여가 감소했다. 대졸자의 공무원 채용도 줄어들었다. 경제 문제에 더해 고령의 황제는 자신이 과거에 위기를 극복할 때 보여주었던 확고한 조치를 취하지 못했다. 에티오피아 제국 정부가 민중의 우려에 제대로 대응하지 못하자 황제와 정부를 비판하는 일이 용이해졌다. 불안이 심화되고 학생·교사 그리고 여타 집단은 황제의 정책에 항의하는 가두시위에 나섰다.[10]

정권에 맞선 저항이 민간 영역에서만 나타났다면 제국 정부는 이를 쉽게 극복할 수 있었을지도 모른다. 그러나 1974년 초반 군대의 하급 장교 사이에 퍼져나간 운동으로 인해 사태 수습은 점점 더 어려워졌다. 그해 1월 에티오피아 남부 네겔레(Negele)에서 더 나은 군복과 식료품을 보급해 달라는 이등병과 하사관 집단의 요구에 정부가 무관심하게 대응하자 반란이 일어났다. 교섭을 위해 파견된 에티오피아군 지휘관이 반란군에 포로로 잡혔다. 지휘관은 황제가 이들의 요구를 수용하겠다는 친서를 보내고서야 가까스로 풀려날 수 있었다. 2월 말에는 수도 인근에 주둔하는 정예 부대 소속 군인들이 황제와의 면담을 위해 대표자를 보내고 국가의 정치·경제 개혁과 더불어 군인 봉급의 인상을 요구했다. 이에 황제는 군의 정치적 요구를 막기 위해 상당한 지원금 제공을 약속할 수밖에 없었다.[11]

군대 내에서 날로 좁아져가는 정부의 입지와 명령 불복종으로 인해 1974년 1월 도시 지역의 상황은 에티오피아 정권의 통제에서 벗어나고 있었다. 각 정부 부처뿐 아니라 운송·통신 같은 핵심 공공 서비스 영역으로 파업이 퍼져나갔고, 정부는 이를 진압하는 데 군대의 동원을 꺼렸다. 황제가 직접 하달한 명령이라 해도 군부대가 불복종할 위험이 있었기 때문이다. 이처럼 극도로 불안정한 권력 상태에서 수도 안팎의 군 하사관들은 처음으로 군대를 대표해 6월 28일 조정위원회(암하라어로는 데르그(Derg): 여기서는 편의상 '위원회'로 통칭한다—옮긴이)를 구성하고, 공식적 차원에서 민주주의를 향한 요구와 민간인의 반정부 운동 지원을 연계했다. 군은 고위급 장교, 장관, 귀족을 무작위로 체포한 조정위원회의 조치에 지지를 표명했다. 6월이 끝나갈 무렵, 조정위원회는 수도 아디스아바바를 통제했으며 군인 대표를 중심으로 국민회의를 소집했다. 9월에 일개 정부로 공식 부상하기에 앞서 위원회는 제국 정부의 다양한 부처·기관의 기능을 점차 장악했다. 모든 통신망을 장악한 위원회에 대한 저항은 거의 없었다.[12]

1974년 중반에 열린 위원회의 첫 번째 국민회의는 개혁의 필요성에는 모두 동의하지만, 그 세부적인 부분에 대해서는 매우 다양한 의견이 존재하고 있음을 확인하는 자리였다. '에티오피아 제일주의(Ethiopia Tikdem)' 라는 구호 아래 위원회가 공포한 정책에는 제국을 향한 충성(위원회는 황제를 폐위하지 않고 군주제를 명목상 유지했다—옮긴이), 부패 관료 처벌, 그리고 삶의 질에 대한 전반적 개선이 뒤섞여 있었다. 하지만 위원회 내 마르크스주의자 실무진의 영향으로 위원회 위원 대다수는 1974년 가을을 지나는 동안 좌파적인 정치적 입장을 취하기 시작했다. 그러한 변화에 따를 수 없던, 혹은 따르지 않은 자들은 가혹한 처벌을 당했다. 황제는 1974년 9월 폐위되고 이후 감옥에서 교살당했다. 그리고 1974년 11월에는 위원회의 첫 의장이던 아만 안돔(Aman Andom) 중장도 다른 60명의 인사와 함께 처형되었다.[13] 그해 연말 위원회는 구(舊)엘리트층과 주로 에티오피아인민혁명당(1972년 서독 베를린에서 창당한 에티오피아인민혁명당은 정통 마르크스주의를 주장했고, 훗날 혁명 노선을 놓고 위원회와 이데올로기 차원의 갈등을 겪었다. 에티오피아인민혁명당은 군대가 주도하는 혁명에 반대했으며, 무제한적 인민민주주의 그리고 소수 민족의 완전 자결권과 분리권을 주장했다—옮긴이)과 관련 있는 좌파 지도자를 포함해 위원회의 지배권에 반기를 든 인사들을 체포했다.

에티오피아 제국이라는 구체제가 사멸한 방식은 구정권이 에티오피아 도시민 대부분의 신뢰를 잃었다는 사실을 보여주었다. 그러나 새로 출범한 군사 정권을 향한 지지는 병영 밖에서 매우 적었다. 이는 신정권이 제시한 개혁 계획이 모호했으며, 그들이 당면한 중대한 문제를 제대로 이해하지 못했기 때문이다. 결국 하급 장교의 쿠데타는 문제를 해결했다기보다는 더 많은 문제를 제기했다고 할 수 있다. 하지만 에티오피아 제국의 몰락은 에티오피아 도시 사회에 토론으로 대표되는 가히 열광적인 정치 활동 풍토를 형성했다. 거의 모든 관찰자가 이러한 활동 대부분은 아래로부터 제기되었다는 것에 동의한다.

아디스아바바는 영구적인 세미나장이었습니다. 모든 것을 논의하고, 모든 것을 세세히 검증했습니다. 어떤 것도 비판의 연사(rolling fire, 連射)에서 벗어나지 못했습니다. 하지만 처음에는 그저 무난한 배출구[언론 검열 해제] 정도로 의도했던 것이 촉매가 되었습니다. 새로 얻은 자유에 취해 모든 사회 세력이 더 많은 것을 요구하기 시작했습니다.[14]

모든 것이 토론의 대상이라는 원칙은 위원회 내부에도 마찬가지로 적용되었다. 하지만 국가의 미래가 위태로운 와중에 토론에서 패할 경우, 이는 종종 심각한 결과로 이어졌다. 위원회를 누구보다도 더 좌측으로 이끈 인물은 1974년 후반 신정부의 급진파 지도자로 점차 부상하고 있던 멩기스투 하일레 마리암 소령이었다. 그는 1974년 여름 남부에 주둔하는 제3사단의 대표로서 아디스아바바에 입성했다. 멩기스투는 1937년 암하라족 군인의 아들로 태어났다. 어두운 피부색은 북쪽의 엘리트들이 보기에 그가 에티오피아 남부 출신임을 드러냈다. 그는 입학 조건이 오직 공식 언어의 문해 능력과 기초적인 산수에 불과했던 홀레타군사학교(Holeta Military Academy)를 졸업했고, 해외 방문 경험은 1971년 미국에서 받은 포병 수업이 전부였다. 에티오피아 혁명의 미래를 구상한 멩기스투의 능력은 이와 같은 단점을 장점으로 바꾸어냈다. 보잘것없는 멩기스투의 배경은 근본적 변화를 원하는 장교 집단과 더불어 도시 하층민, 이전까지 투표권이 없던 국가의 소수자에게도 상당한 호소력을 지녔다. 동시에 멩기스투의 열성적인 에티오피아 민족주의는 갈수록 급진화하는 그의 사회주의 사상에 정당성을 부여했다.[15]

혁명 이후 첫 몇 달간 위원회 위원 대다수가 니에레레의 탄자니아를 거칠게 본떠 만든 '에티오피아 사회주의'의 모호한 선언에 만족한 반면, 1975년 초반 멩기스투는 마르크스주의를 공부한 보좌진을 통해 '과학적 사회주의'의 견해를 어느 정도 받아들이고 있었다. 혁명 첫해 동안 멩기스투의 가장 큰 정치적 성공은 포괄적인 일련의 사회·경제 개혁을 감행한 것이었다. 그중 단연코 가장 중요한 개혁 조치는 기존의 복잡하고, 국지적이고, 그리고 대개 봉건적이던 토지 소유 양식을 균일화하는 토지 개혁 운동이었다. 위원회는 협동조합이나 농민협회에 가입할 의사가 있는

지도 8 에티오피아 혁명과 오가덴 전쟁

사람들에게 경작을 위한 토지를 분배하면서, 모든 지방의 토지를 '에티오피아 인민의 소유'라고 선언했다. 토지 개혁과 함께 시골 지역, 특히 에티오피아 남부에서 사회 평등과 문맹 퇴치를 위한 대규모 사업을 진행했다. 도시의 수많은 학생이 정부가 지방의 상황을 개선하기 위해 파견하는 '방위단(brigade)'에 참여했다. 그들의 열의는 위원회를 향한 첫 번째 대중적 지지를 제공했다.[16]

하지만 도시 출신의 급진적 활동가들은 에티오피아 정부의 영향력이 취약한 해안가 저지대 지역으로 더 깊이 들어가면서 문제에 봉착했다. 토지 개혁의 원칙을 주창하는 것 자체는 특별히 어려운 일이 아니었다. 하지만 권력 및 사회적 관습과 관련한 지역적 양식을 깨뜨리려 하자 학생 활동가들은 큰 위험에 빠졌다. 이런 위험은 대개 학생 활동가들 스스로의 행동으로 인해 촉발되었다. 일례로 이들은 남부 마알레(Maale)에서 재앙을 만났다.

반신(半神)이자 보통은 은둔하는 게라만자[geramanja: 현지 마을의 지도자]는 계산된 뻔뻔스러움으로 격의 없이 시골 마을의 길을 행진했다. ······ [후에] 무슨일이 있었는지는 분명치 않으나, 복수(複數)의 증언은 다음과 같은 일이 벌어졌다는 점에서 일치한다. 요컨대 학생들은 게라만자의 신성한 식기를 고의적으로 훼손했고, 저녁 식사 후 낮은 계급의 만조(manjo)를 게라만자의 특별한 말에 태웠다. 이에 분개한 게라만자 추종자들은 학생들이 근교의 학교 건물에 모일 때까지 기다렸다. 이후 건물을 포위하고 불태웠다. 보고에 따르면 ······ 학생들은 화염 속에서 죽거나, 도망치는 도중 총에 맞아 죽었다.[17]

1975년 후반, 에티오피아의 지방 군벌들은 위원회 정권에 맞선 전쟁을 선포했다. 위원회는 군대를 동원하고 나서야 상황을 점차 통제하는 데 성공했다. 동시에 위원회는 위원회 정부의 근거지라 할 수 있는 도시에서 좌파 조직들로부터 개혁이 충분치 않았다거나 노동 계급의 지지가 부족하다는 비판을 받고 있었다. 모든 좌파 운동을 '대중조직문제를위한임시사무국(POMOA: 1976년 6월 대중 사회에 위원회의 이념과 목적을 주입하기 위한 목적으로 설립했다—옮긴이)'으로 통합하려는 시도가 실패로 돌아간 이후, 1976년 4월 위원회는 좌파 비판 세력에 대한 인내를 잃었다. 당시 위원회 의장 테페리 반테[Teferi Bante: 이후에는 일반적으로 더 많이 쓰이는 '타파리 벤티(Tafari

Benti)'로 인명을 통일하고자 한다—옮긴이)와 부의장 멩기스투는 임시사무국에 참여하지 않는 세력을 혁명의 적으로 선언하고 좌파 비판 세력을 극심하게 탄압했다. 좌파 비판 세력은 대부분 체포 또는 처형되거나 외국으로 망명을 떠나야만 했다.[18]

위원회의 이런 조치로 인해 에티오피아 좌파는 위원회 지지파와 반대파로 분열되었으며, 에티오피아 전통 사회와 온건파에서도 위원회를 적대하는 이들이 급증했다. 그럼에도 위원회는 급진적 행보를 지속해나갔다. 위원회는 마르크스-레닌주의 사상의 많은 부분을 받아들여 1976년 '에티오피아 사회주의'를 '전국 민족-민주혁명 계획'으로 대체했다. 아울러 위원회의 목표를 "반(反)봉건 세력과 반(反)제국주의 세력의 결연한 협력을 통해 새로운 에티오피아인민민주주의공화국을 탄탄한 기반 위에 세우고 사회주의로 이행하는 길을 닦기 위해 나라 안의 봉건주의, 관료적 자본주의 그리고 제국주의를 완전히 청산하는 것"이라고 선포했다.[19] '전국 민족-민주혁명 계획'은 소련의 경험에 기초했고, 마르크스주의 용어로는 곧바로 이해 가능한 직관적 언어로 표현되었다. 하지만 대부분의 에티오피아인은 이에 그다지 호응하지 않았다.

위원회의 좌경화는 1976~1977년 주요 문제로 부상한 민족 문제에 아무런 도움도 주지 못했다. 에티오피아 정권에 가장 위협적이던 분리주의 운동은 남예멘, 동독, 쿠바 그리고 소련으로부터 상당한 지원을 받은 에리트레아인민해방전선(EPLF)이라는 마르크스주의 집단이었다. 위원회 내부의 강경파 세력이 변함없이 (그들의 표현을 빌리자면) '국토의 1센티미터'도 타협하지 않겠다며 협상을 거부하는 동안, 에리트레아인민해방전선은 에리트레아 지방 대부분을 점차 장악해나갔다. 에리트레아 지역의 주요 도시만 에티오피아의 수중에 남아 있었다. 특히 멩기스투에게 에리트레아 및 다른 분리주의 운동 조직과의 협상은 그들이 '민족 정부의 주역'이 누구인지 받아들이기 전에는 가능한 선택지가 아니었다. 위원회의 외교 관련 대변인 시사이 합테(Sisay Habte)가 이견을 제시하는 용기를 내자 멩기스투는 그를 축출하고 총살했다.[20]

1976년 7월 시사이 합테 처형 이후, 위원회 정권은 내부에서부터 분열되는 것처럼 보였다. 사회주의적 명분이 있다면 다른 이들을 기꺼이 희생시킬 수 있다는 의지 때문에 멩기스투는 위원회 내부에서 동료들의 신임을 잃었다. 동시에 분리주의자, 급진 좌파 그리고 이전 정부의 정치인들이 주동한 반(反)위원회 무장 투쟁이 격렬해졌다. 1976년 말 아디스아바바의 상황을 목격한 사람이라면 위원회가 정부로서 지위를 오래 유지할 거라고 보기는 어려웠을 것이다. 이에 대응해 멩기스투는 위원회 내 권력을 완전히 틀어쥐기 시작했다. 1977년 2월 초 정부 청사에서 총격전이 벌어져 국가의 수장이던 타파리 벤티가 5명의 주요 정부 요원과 함께 살해당했다. 그 후 멩기스투는 자신이 뻔뻔하게도 '적색 테러'(실제 혹은 상상된 적을 가능한 한 많이 죽여서 사람들이 위원회에 복종하도록 하려는 시도)라고 부른 조치를 감행했다.

멩기스투는 절대로 믿지 않았겠지만, 바로 이 적색 테러 때문에 미국은 멩기스투 정권과 결별하기로 결심했다. 당시 에티오피아 아디스아바바의 미국 대사관에서 근무했고 훗날 카터 행정부의 국가안전보장회의 참모를 역임한 폴 헨즈(Paul Henze)에 따르면, 1970년대 초반 미국은 "하일레 셀라시에의 권위 약화를 방관"했다.[21] 황제의 몰락이 워터게이트 사건 및 인도차이나에서 미국이 지원하던 남베트남 정권의 몰락과 겹쳤기 때문에, 아프리카의 뿔 지역에서 미국의 더 적극적인 역할과 개입을 주장하던 내부 목소리는 반영되지 못했다. 포드 행정부 시기에 키신저 국무장관은 멩기스투 신정권과의 공조를 시도해보려 했다. 미국은 소련이 에티오피아의 적국인 소말리아와 에리트레아에 무기를 지원하는 한 에티오피아가 국가 안보를 위해서라도 미국과의 관계를 끊을 수 없을 것이라고 믿었다. 키신저는 에티오피아가 미국의 군사 지원을 유지하도록 지속적으로 개입했다.[22] 키신저의 수석 군사 보좌관 브렌트 스코크로프트(Brent Scowcroft)는 캄보디아 몰락 이후 미국의 더 많은 군사 원조를 받아야 하는 6개국 중 하나로 에티오피아를 지목했다. 스코크로프트는 소말리아와 에리트레아 분리주의자의 위협이 커져가는 시기에 미국의 대(對)에티오피아 원조는 "신정부(위원회 정부—옮긴이)가 미국을 의심하는 태도를 보이고 있는 와중에 에티오피아에서 우리의 영향력 유지에 도움을 줄 것입니다"라고 적었다.[23] 1976년 5월 키신저는 포드 대통령에게 "아프리카에 있는 우리의 친구들은 격렬해지는 앙골라 내전, 미국의 아프리카 철수, 그리고 직면한 소련의 지배를 두려워하고 있습니다"라고 말했다. 키신저는 오직 아프리카의 "전통적 우방국"에 원조를 늘려야만 그런 추세를 바꿀 수 있다고 생각했다.[24]

인권 강조를 외교 정책의 지침으로 삼은 카터 행정부에 에티오피아 정권은 그가 백악관에 입성하는 순간부터 약한 고리로 부각되었다. 적색 테러의 격화와 관련한 CIA의 정보를 충분히 청취한 후, 카터 대통령은 즉시 에리트레아 아스마라(Asmara)에 위치한, 미국이 운영하던 중요 통신 시설인 카그뉴 기지[미국은 이탈리아가 에티오피아에서 철수할 때 카그뉴(Kagnew) 기지를 인수받아 1943년부터 이를 운영하고 있었다—옮긴이]의 운영을 포함해 멩기스투 정권과 미국의 관계를 재검토하라고 명령했다. 1977년 3월 폴 헨즈는 브레진스키에게 "에티오피아 군사 정권에 우리가 그들과의 관계를 끊을 것이라는 정치적 의사를 전달하기 위해 카그뉴 기지의 폐쇄를 활용할 수도 있습니다"라고 보고했다.[25] 한 달 후, 위원회가 모종의 이유로 에티오피아에서 미국인을 추방할 준비를 하고 있다는 첩보 보고서를 받은 후 "그들이 움직이기에 앞서 행동하기 위해" 카터 대통령은 카그뉴 기지에서 모든 미국인 장병의 철수를 결정했다.[26] 브레진스키는 1977년 6월, 카터 대통령에게 멩기스투 정권에 맞서 소말리아에 원조를 하는 방안을 미국이 고려할 수도 있다고 제안했다. 브레진스키가 보기에 에티오피아의 인권 악화와 에티오피아 내 소련의 위상 강화는 밀접하게 연결되어 있었다.[27]

1977년 6월 중순, 카터는 워싱턴에서 오랫동안 소외당하고 있던 소말리아 대사 압둘라히 아도우(Abdullahi Addou)를 만났다. 다소 희극적이었던 이 회담에서 카터는 미국이 소말리아 정권을 지원하는 방향으로 입장을 전환할 것임을 강력하게 시사했다. 추후 중국의 베트남 침공에 대한 대응과 마찬가지로, 카터는 한편으로 "에티오피아의 문제가 평화롭게 해결되길 희망"했고, 다른 한편으로는 소말리아 대사에게 "우리는 소말리아의 요구를 더 정확하게 이해하길 바랍니다"라고 말했다. 그리고 무기 지원을 확약하지는 않았지만, 미국 정부가 유럽의 친구들 그리고 사우디아라비아와 함께 "소말리아가 민주 국가로서 우리와 함께하는 것이 얼마나 중요한지" 논의했다고 알렸다. 소말리아 대사는 카터에게 "소말리아 국민은 본성부터가 깊이 민주적"이며 "우리는 소련의 압력에 저항하거나 굴복할 수밖에 없습니다"라는 새로운 의견을 피력했다. 대화 막바지에 접견실을 떠난 카터는 아프리카의 뿔 지역의 미국 정보 위성 사진 뭉치를 들고 돌아와 이를 소말리아 대사에게 작별 선물로 주었다. 이와 같은 카터의 행동이 지닌 의미는 분명했다. 요컨대 미국은 앞으로 진행될 전쟁에 직접적으로 개입하지 않겠지만, 소말리아를 은밀하게 배후에서 지원할 의사가 있었다.[28]

1977년 늦여름부터 미국은 멩기스투 정권이 소말리아 및 위원회 내부 반대파들의 압력으로 인해 무너지고 있다고 확신했다. 미국은 소말리아에 대한 간접 지원과 더불어 에티오피아 정권을 무너뜨리고 "자유세계와의 유대로 건설적인 정치적 발전의 길로 접어들게끔" 하려는 은밀한 시도를 결합한 이중 전략을 채택했다. 멩기스투가 미국과의 대화 시도를 재개하자, 1977년 8월 폴 헨즈는 이를 활용해 에티오피아 내부의 반대파가 쿠데타를 감행하는 것을 도울 수 있다고 제안했다. 국가안전보장회의에 출석한 미국의 에티오피아 전문가들은 소말리아가 "아디스아바바로 곧장 진격해 멩기스투를 자리에서 끌어내릴 수 있을 것"이라고 예측하며, 에티오피아의 지각 있는 지도자라면 모두 그런 상황을 막기 위해 미리 멩기스투를 제거하고 미국 편으로 돌아서 에티오피아를 수호하길 바랄 거라는 의견을 밝혔다.[29] 미국은 에티오피아의 혁명 실험은 이미 끝났으며, 에티오피아인은 소련을 몰아내는 데 도움이 된다면 이 사태를 수습하길 원할 거라고 예측했다.

소련-에티오피아 동맹의 부상

다시 시계를 1974년으로 돌려보자. 초기에 에티오피아 주재 소련 대사관은 에티오피아 급진주의자에게 그다지 동조하지 않았다. 황제 축출에 앞서 일어난 소동을 두고, 소련 대사관은 조심스럽게 "이 사건을 혁명이라 규정할 준비가 되어 있지 않습니다"고 언급했다. 소련을 포함한 다른 사회주의 국가들이 당시 에티오피아 상황에 미칠 수 있는 영향력은 극히 제한적이었다. 특히 "에티오피아군에 별다른 영향력을 미칠 수 없기 때문에" 소련은 "황제와의 연줄을 유지하는 동시에 신세력과 소원해지지 않는, 극도로 신중한 입장"을 유지해야 했다.[30] 구정권과 신정권 모두 전통 지배 계급을 대변한다고 판단한 소련 대사관은 에티오피아 내부의 정치 투쟁이 어떤 결과로 귀결되든 상관없이 에티오피아에서 자국의 정치적 지위가 강화되길 원했다.[31]

하일레 셀라시에 황제의 폐위(1974년 9월에 일어났다−옮긴이)도 소련 대사관의 관점을 바꾸지는 못했다. 1974년 6월에 작성된 에티오피아 상황 관련 종합 보고서에서 소련 대사관은 주로 불안정한 정치 상황과 소련−소말리아 동맹으로 인해 에티오피아에서 중국의 영향력이 잠재적으로 성장해나가는 상황을 우려했다. 소련 대사관은 아프리카의 뿔 지역이 미국·중국 그리고 현지의 반소련, 반사회주의 세력 간 협력이 이루어지는 첫 번째 지역이 되지 않을까 우려했다. 소련 대사관은 에티오피아 주재 중국 대사가 에티오피아에서 일어난 일련의 사건에 만족감을 감추지 못했다는 경고성 보고서를 모스크바에 제출했다.[32]

에티오피아 혁명에 대한 소련의 미적지근한 태도를 인지하지 못한 위원회는 소련 대사와의 첫 번째 회담을 1974년 9월 21~22일로 잡았다. 소련 대사관의 법률 고문 세르게이 시니친(Sergei Sinitsin)과 위원회를 대표해 에니오 페레다(Enio Fereda)가 만났다. 이 회담은 소련에 유용했다. 페레다는 시니친에게 "위원회 위원의 상당수인 60~70명이 '과학적 사회주의'라는 관념을 공유하고 있지만, 여전히 위원회 내부에는 보수 성향의 인사가 많습니다"라고 말했다. 그래서 진보 성향의 위원회 구성원은 그들의 생각을 일시적으로 감추고 있다고 했다. "우리의 주된 과제가 부유층과 빈곤층의 경계를 없애고, 에티오피아의 사회·경제적 진보를 공화주의 헌법의 보호 아래 놓는 것임을 공개적으로 선언하지는 않습니다."[33] 페레다는 궁극적으로 위원회 내 보수층과의 전쟁이 필요하지만 "현 상황에서 위원회에는 독자적 이데올로기나 건실한 정치적 계획이 부재"하다고 고백했다.[34]

페레다와 시니친의 회담은 소련과 위원회의 첫 탐색전이었다. 1974년 11월에 이뤄진 두 번째 회담은 양측 모두에게 첫 회담보다 중요했다.[35] 에티오피아 측 참가자는 임시군사행정위원회(PMAC: 조정위원회는 1974년 9월 15일 그 명칭을 이렇게 바꿨다. 여기서는 이 역시 '위원회'로 통칭한다—옮긴이)의 공보부 책임자 페섹 게다(Fessek Gedda), 소련 측 참가자는 에티오피아 주재 소련 대사관의 제1서기관 빅토르 로마시킨(Viktor Romashkin)이었다. 회담의 공식 명분은 소련 대사관에서 쿠바 관련 영화를 상영하는 것이었으나, 페섹 게다는 이 자리에서 위원회의 정치적 상황과 위원회 내 좌파의 정치적 목표를 상세히 설명했다. 그는 로마시킨에게 멩기스투가 혁명의 실질적 지도자이자 조직자이며, 멩기스투 자신과 위원회 내 친(親)멩기스투파 다수는 오직 '사회주의적 방향'만이 에티오피아에 적합한 것으로 믿고 있다고 말했다.[36]

페섹 게다의 진술이 에티오피아의 소련 외교관 사이에서 이데올로기에 기초한 낙관주의적 분위기를 형성했음에도 불구하고, 여전히 소련 대사관은 에티오피아에 대한 조심스러운 입장을 고수했다. 1974년의 연례 보고서에서 소련 대사관은 에티오피아의 정치적 변화를 "반봉건 혁명"으로 분류하고, 그 혁명의 이행기적 성격을 강조했다. 멩기스투는 보고서에 "프티부르주아 민주주의 성향"의 전형으로서 등장하기도 한다. "에티오피아 내부 상황의 특이성은 혁명의 불가피성과 완전한 승리를 보장할 혁명적인 민주주의적 경향이 군 장교 사이에서 확실치 않으며, 따라서 에티오피아에 다른 진보적인 아프리카 국가들과 유사한 형태의 정권이 들어설

지 분명치 않다는 점입니다."[37]

1975년 1월 위원회가 소련의 군사 지원을 얻기 위해 접근해왔을 때, 소련 지도부는 지원 여부를 결정할지와 관련해 에티오피아 주재 소련 대사로부터 긍정적인 보고를 거의 받지 못한 상황이었다. 그 달에 열린 에티오피아 주재 소련 대사 아나톨리 라타노프(Anatolii Ratanov)와의 회담에서 위원회 수장 타파리 벤티(1974~1977년 위원회 의장을 맡았다-옮긴이)는 "에티오피아는 에티오피아와 정책이나 이데올로기 측면에서 부합하는 소련의 정치·경제 그리고 군사 원조를 기대하고 있습니다"라고 선언하며 대화를 시작했다. 이후 타파리 벤티는 에티오피아 정권이 서방과의 관계, 에리트레아와 소말리아의 압박으로부터 영토를 보존할 방법을 찾는 것, 그리고 경제와 교육의 발전에서 소련의 도움을 받길 희망한다고 구체적으로 설명했다. 에티오피아 신지도부의 최대 관건은 소련의 군사 지원이었다. 타파리 벤티는 에티오피아 혁명이 지향하는 바가 그간 에티오피아 무기의 주요 공급자였던 미국과의 관계에서 어려움을 초래할 것이라고 설명했다. 그리고 위원회는 이제 신정권을 약화시키려 시도하는 미국인을 신뢰하지 않는다고 강조했다. 따라서 에티오피아에 소련의 군사 지원은 필수적이었다.[38]

타파리 벤티의 요청은 소련 정책 입안자들에게 심각한 고민을 안겼다. 에티오피아와의 관계 개선은 소련 입장에서 볼 때 나쁜 제안이 아니었다. 사실 에티오피아 문제를 향한 적극적 정책은 1970년부터 부상하기 시작한 소련의 새로운 아프리카 정책과도 부합했다. 하지만 에티오피아와의 관계 개선은 기존의 소련-소말리아 관계를 심각하게 손상할 것이므로 마냥 좋게만 여길 수는 없었다. 위원회에 대한 군사 지원은 소말리아 지도자 모하메드 시아드 바레(Mohamed Siad Barre)의 의중에 배치될 게 분명했다. 이는 소말리아 해안에 있는 소련 기지〔소련은 1974년 소말리아의 베르베라 (Berbera) 항구에 해군 기지를 막 설치한 터였다―옮긴이〕의 철수로 이어질 수도 있었다. 소련 입장에서 유일한 해결책은 두 나라 모두와 원만한 관계를 유지하는 것이었으며, 따라서 당분간 에티오피아와의 관계 개선은 제한적으로 이루어져야만 했다. 1975년 초반 콩고-브라자빌에서 열린 콩고노동당 제2차 당대회에서 소련 대표단은 에티오피아 대표단을 만났다. 그러나 이를 관찰한 이탈리아공산당 대표단의 보고서는 소련 대표들이 "극도로 조심스럽고 말을 아꼈다"고 기록했다.[39]

1975년 2월 11일 라타노프 에티오피아 주재 소련 대사는 위원회 지도자들을 만나 위원회의 요청에 대한 소련의 응답을 낭독했다. 여기서 소련은 위원회와 에티오피아의 진보적 사회 건설에 대한 소련 인민의 지지를 확인하고, 두 국가 사이의 접촉을 통해 관계를 발전시켜나갈 필요가 있다고 말했다. 그리고 "원칙적으로" 소련 정부는 모스크바에 위원회 대표를 초청할 준비가 되어 있다고 했다. 그러나 방문 날짜를 정하는 것은 아직 너무 이르다고 보았다. 아울러 시급한 소련-에티오피아 군사 협력 문제에 대해 소련은 에티오피아에 "이 문제를 논하기 위한 군사 대표단을 파견하는 데 동의한다"고 언급했다.[40]

에티오피아 지도자들은 조심스러운 가정법을 구사한 소련 성명서의 의미를 이해하지 못했다. 위원회는 소련 대사에게 완곡어법이 아니라 에티오피아가 바라는 종합 목록을 직접 제안하기로 결정했다. 1975년 3월 11일 타파리 벤티는 에티오피아 주재 소련 대사에게 보낸 서신을 통해 군사 대표단의 에티오피아 파견 건에 소련이 동의했음을 언급하면서, 에티오피아 지도자들은 육해공의 고위급 인사를 포함한 소련 대표단이 7~10일 안에 도착하길 바란다고 말했다. 그리고 그 임무는 '극비'여야만 했다. 아디스아바바에서의 첫 논의가 끝나면 에티오피아는 최종 협정을 진행하기 위한 대표단을 소련에 파견할 예정이었다.[41]

에티오피아 신정권은 왜 그토록 소련과의 동맹에 매달렸을까? 생각해 볼 수 있는 하나의 이유는 군사력 부문에서 대미 의존을 줄이기 위해서였다. 위원회 급진파가 보기에 미국과의 관계는 구(舊)에티오피아 제국 정권의 정책과 긴밀히 연관되어 있었다. 이미 살펴보았듯 그들은 미국이 에티오피아 내 반혁명 집단을 지원한다고 의심했다. 또 멩기스투와 위원회 급진파는 미국을 아프리카 대륙의 사회주의 움직임을 위협하는 서구 제국주의 국가로 여겼다. 이런 관점은 1974년 후반 위원회 내부의 첫 숙청이었던 적색 테러 이래로 에티오피아 정권에 대한 미국의 비판이 커지면서 더욱 강화되었다.

또한 소련과의 동맹은 위원회에 무척 필요한 정권의 정당성을 제공했다.[42] 소련과의 회담에 서명하면서 위원회 지도자들은 그들이 채택한 국가 중심 발전 전략이 정당하다는 외부적 승인을 획득하길 원했다. 또 이를 통해 지배 엘리트 내부의 비판을 불식하고자 했다. 소련을 위원회 편에 둠으로써 위원회의 젊은 장교들은 그들의 사회주의적 자격을 의심하는 여타 좌파 운동의 도전을 피할 수 있었다.

소련과의 동맹이 구체화하기 이전, 만약 미국이 에티오피아의 사회 변혁 계획을 저지하려 들지 않았다면 위원회는 미국의 군사 지원을 기쁘게 수용했을 터였다. 1974년 중반부터 1976년 가을 사이, 미국은 미국-에티오피아 간 정치적 문제에도 불구하고 에티오피아에 1억 8000만 달러에 달하는 무기를 지원했다. 포드 행정부의 헨리 키신저는 소련의 지속적인 소말리아 지원과 에리트레아의 아스마라에 위치한 미국 카그뉴 통신 기지의 중요성을 이유로, 에티오피아를 계속 지원해야 한다고 주장했다. 나아가 1976년 중반까지도 국무부는 에티오피아와 소련의 관계가 "미국과 체계적 대립을 형성하는 방향으로 나아가지 않고 있으며, 에티오피아는 우리와 협력을 지속할 충분한 가능성을 여전히 품고 있다"고 보았다.[43]

하지만 위원회의 동맹 정책 이면에는 소련이 위원회가 원하는 종류의 지원을 제공할 것이라는 지도부의 확신이 존재하기도 했다. 소련 대사관은 이와 같은 위원회의 태도뿐 아니라 지원을 통해 소련이 에티오피아 신정권에 어떤 영향력을 확보할 수 있는지 명확하게 이해하고 있었다. 라타노프 에티오피아 주재 소련 대사는 1975년 3월, 군주제 폐지의 정치적 효과를 1917년 러시아에서 로마노프 왕조의 몰락과 비교하며, 이는 에티오피아 혁명이 좌측으로 극적인 방향 전환을 했음을 의미한다고 보았다. 라타노프 대사는 예를 들어 에리트레아 지역에 대한 소련의 정치적 이해관계를 에티오피아 신정권이 '민감하게' 주시하고 있다고 강조했다. 이어서 "군사 부문에서 소련-에티오피아 협력의 발전은 전략적으로 중요한 지역에서 소련의 위상을 강화하고 에티오피아와 소말리아 그리고 홍해 유역의 다른 나라들에 우리 소련의 영향력을 유익한 방향으로 행사할 기회를 줄 것"이라고 언급했다. 따라서 소련이 에티오피아의 군사 지원 요청을 거절한다면, 위원회의 혁명적-민주적 파벌의 붕괴와 미국 혹은 중국의 에티오피아 침투라는 위험으로 이어질 수 있다고 경고했다.[44]

대사관의 권고에 따라 소련은 에티오피아에 군사 대표단을 보내기로 결정했다. 심지어 소련은 타파리 벤티가 요청한 시간에 맞춰 도착하기 위해 신속하게 행동했다. 게오르기 스코리코프(Georgi Skorikov) 중장 휘하의 소련 자문단이 1975년 3월 20일 에티오피아에 비밀리에 도착했다. 이들은 에티오피아 측의 광범위한 요구에 직면했다. 에티오피아 정권은 주로 소련 군사 자문단의 도움 및 소련과 동유럽으로부터 무기와 장비를 수송

해오는 방식으로, 5년이라는 짧은 기간 내에 군대를 완전히 개편하는 것을 목표로 삼고 있었다. 이 계획의 또 다른 목표는 에티오피아의 대미 의존을 완전히 뿌리 뽑는 것이었다.[45]

1975년 4월 모스크바로 향한 에티오피아 대표단은 소련 지도부에 위원회 수뇌부의 전언을 들고 갔다. 에티오피아 지도자들은 전언을 통해 군사 협력과 관련한 구체적인 제안을 내놓았다. 그중 특정한 요구는 매우 시급했다. 왜냐하면 그들은 에티오피아의 대미 군사 의존도를 낮추고, 하급 장교들이 미국을 향해 지니고 있는 긍정적 견해를 바꾸길 원했기 때문이다. 초기에 필요로 하는 무기는 "비교적 대단치 않은" 양이었으나, 장기적으로는 군대에서의 총체적 혁명이 필요했다. 초기의 주요 과제가 "우리 군대의 전투력에 파괴적 영향을 미칠 수 있는 무기 부족"을 피하는 것이었다면, 좀더 장기적인 목표는 군대의 사회주의적 전환이었다. "우리의 요청을 제출하며, 우리는 위험한 공백 상태로 이어질 가능성이 높은 과도기에 불거질 수 있는 위험을 줄이는 방안을 철저히 고려했습니다. 우리는 서로 연결되지 않은 군사 교리의 합리적 결합을 요하는 군사 체계의 공존 역시 제안합니다." 즉 위원회는 사회주의를 선택하면서도 소련과 미국의 군사 원조의 단기적 공존을 내다보고 있었다. 권력을 총검으로 지탱하고 있는 상황에서 위원회는 더 많은 선진 무기의 입수에 대한 정권 내부의 열망을 무시할 수 없다는 사실을 잘 알고 있었다.[46]

에티오피아 지도부는 1975년 4월의 모스크바 협상을 대(對)소련 관계에서 하나의 전환점으로 여겼다. 그러나 소련의 군사 원조는 즉각 집행되지 않았다. 소련을 떠나며 위원회 대표단은 그들의 제안에 대해 한 달여 내로 답변을 들을 수 있을 거라는 답신을 받았다.[47] 그러나 소련 지도부는 여전히 주저하고 있었다. 아프리카의 뿔에 있는 두 나라, 곧 소말리아와 에티오피아가 사회주의로의 발전을 추진한다는 전망은 매력적이었다. 그러나 에티오피아의 정치 상황을 보면 불확실성이 예상 배당금을 압도했다. 더욱이 소련은 위원회의 군사 원조 요구가 과도하다고 판단했다. 1975년 7월 15일 라타노프 소련 대사는 타파리 벤티와의 대화에서 소련 지도부가 장래의 소련-에티오피아 군사 협력의 '필요성'을 인식하고 있다고 강조하며 이렇게 덧붙였다. "하지만 당신들이 요구하는 무기의 양이 지나치게 많습니다." 그러면서 소련은 보통 다른 나라와 15년 혹은 그 이상의 관계 발전이 있은 후에야 그런 높은 수준의 군사 협력을 진행한다고 알렸다. 하지만 타파리 벤티는 에티오피아의 근대화는 혁명을 수호할 현대적 군대에 달려 있다고 말하며 다시 한 번 소련 대사를 압박했다.[48]

그러나 소련은 에티오피아에 무기를 공급할지 결정을 내리지 못했다. 초기 대표단이 두 차례 모스크바에 다녀온 후, 곧 도착하리라 기대한 소련제 무기 소식은 들려오지 않은 채 몇 달의 시간이 흘렀다. 에티오피아 지도부에 1975년의 여름과 가을은 외교 관계 면에서 실망스러운 시기였다. 그들은 왜 소련이 요청에 응답하지 않는지 이해하지 못했고, 불평과 의혹으로 몇 차례나 소련 대사를 찾아가기도 했다. 위원회의 정치위원회 의장 시사이 합테는 라타노프 대사에게 최소 한 번 에티오피아 군대를 개편하는 '대안'을 언급하기도 했다.[49]

소련의 군사 지원을 기다리던 위원회의 조바심은 에티오피아의 상황을 고려할 때 충분히 이해할 만했다. 에리트레아 반란군은 아만 안돔 장군의 몰락을 에티오피아 정권의 취약함이 드러난 것으로 보고, 에티오피아 정부군에 대한 새로운 공세를 시작했다. 동부에 위치한 소말리족 거주 지역 오가덴에서도 새로운 불안이 도래하고 있었다. 에티오피아-미국의 관계도 틀어졌다. 이는 부분적으로 신정권의 사회주의 노선 천명과 에티오피아 인권 상황을 바라보는 미국의 반응에 기인했다. 이런 상황에서 에티오피아 정권은—에티오피아 관료의 말을 빌리면—미국의 지원도 잃고, 소련과의 새로운 유대를 맺지도 못한, "이도 저도 아닌 상황"을 감수해야만 했다.[50]

1975년 11월 15일 마침내 소련은 에티오피아의 제안에 답을 주었다. 그러나 위원회는 소련이 제시한 협력 수준이 너무 제한적이라고 여겼다. 에티오피아 정권은 외교 정책 대부분과 국내의 정당성 확보 측면에서도 소련과의 동맹에 희망을 걸고 도박을 해왔다. 소련의 제의는 군사 훈련 지원과 군사 및 민간 용도 모두 사용 가능한 통신 장비의 제공 정도로, 아주 사소한 수준이었다. 위원회 지도자들은 소련이 소말리아와의 동맹에 너무 집중한 나머지 에티오피아가 진정으로 필요로 하는 군 장비를 제공하지 않을 것이라고 결론 내렸다. 1976년 1월 아디스아바바에서 진행된 소련-에티오피아 협상에서 위원회는 결단을 내릴 준비가 되어 있는 듯 보였다. 만약 소련과의 포괄적 협상을 조인할 수 없다면, 에티오피아는 차후 소련과 어떠한 협상도 진행하지 않을 터였다. 소련 대표단 대표 쿠즈네초프(V. E. Kuznetsov)는 에티오피아에 350만 루블에 달하는 통신 및 기술 장비를 포함해 1650만 루블에 해당하는 기술 장비를 제공하는 타협안을 제시했다. 위원회는 공식적으로 협약 체결을 거절했다. 협상 대표자 아디스 테들라(Addis Tedla)는 에티오피아가 "이 지역의 다른 나라(예를 들면 소말리아)"에서 소련의 의무로부터 기인한 어려움을 이해했고, 협상의 일시 결렬을 제안했다고 냉담하게 기록했다. 이후 에티오피아-소련 관계는 급속히 냉각되었다.[51]

소련이 에티오피아에 대한 군사 장비 제공을 주저했기 때문에 위원회는 미국과 이미 체결한 조약을 계속 이행할 수밖에 없었다. 하지만 소련 대사관은 고의든 아니든 미국의 계속된 무기 판매 행위를 잘못 해석했다. 소련 대사관은 위원회가 소련의 제한적인 군사 협력 제안을 거절한 이유는 미국의 대(對)에티오피아 제재에 대한 두려움 때문이라 보고했다. 이와 같은 보고는 소련 지도부가 에티오피아에 도리어 더 낮은 수준의 협력을 제안하는 방식으로 귀결될지도 몰랐다. 소련 대사관은 에티오피아가 이스라엘 및 중국과의 접촉을 강화하고 있다는 사실 역시 보고했다.[52] 1975년 봄 이래로 에티오피아 주재 소련 대사관은 모스크바에 에티오피아 정권과 그 지도부, 특히 맹기스투가 믿을 만한 인물임을 입증하려고 최선을 다해왔다. 에티오피아 주재 소련 대사관의 무관 빅토르 포키드코(Viktor Pokidko)는 위원회 내에 에티오피아의 사회주의적 개혁에 진지하게 임하는 당파가 있으며, 그 당파의 영향력이 날로 커지고 있다는 사실을 강조했다. 포키드코는 '에티오피아 제일주의'라는 에티오피아 정부의 구호에 대한 소련 지도부의 의심을 불식하려 했다. 그리고 위원회의 진보적인 파벌 구성원들은 "사회주의가 '에티오피아적인 것', '탄자니아적인 것' 또는 무언가 다른 종류가 될 수 없으며, 과학적 사회주의만 있을 뿐이라는 사실을 이해하고 있습니다"라고 보고했다.[53]

소련이 신형 무기를 에티오피아에 판매하는 일을 거부한 사건의 영향을 경고하면서, 라타노프 소련 대사는 에티오피아 정권의 좌파 지도부를 신용할 수 있다고 줄곧 주장했다. 라타노프는 맹기스투 소령이 위원회에서 가장 영향력 있는 인물이며, 위원회 대다수가 그를 지지하고 있다고 강조했다. 대다수 사람들은 에티오피아의 진보적 개혁을 위해 분투하고 있으며, 사회주의 국가들과의 가까운 관계 수립을 원한다는 것이었다. 동시에 그들은 "정적들과 진지하게 싸울 준비"가 되어 있었다. 소련 대사관은 1974년 11월, 59명의 '반동분자'들에 대한 처형을 주장한 사람이 바로 멩기스투이며, 이를 통해 멩기스투가 타협이나 임시변통에 굴하지 않는 지도자라는 점이 증명되었다고 강조했다.[54] 소련 대사관은 소련 지도부에 에티오피아 정권이 신뢰할 수 있으며 감당할 수 있는 방향으로 나아가고 있음을 명확하게 증명하고자 했다.

1976년 초반 라타노프 대사와 무관 빅토르 포키드코는 소련 지도부에 소련의 군사적 목적을 위해서도 에티오피아가 유용한 선택지라는 점을 강조했다. 라타노프는 에티오피아가 해당 지역 전체(에티오피아, 소말리아, 수단)에서 소련의 영향력을 증대할 수 있는 기회를 제공하는 동시에, 에티오피아와의 동맹을 통해 소련 해군의 홍해 작전이 가능해질 것이라고 보았다. 그는 만약 소련 지도부가 에티오피아 지도부의 제안에 긍정적으로 응답하지 않는다면, 미국과 중국이 해당 지역에서 더 큰 영향력을 갖게 될 것이라는 카드 역시 꺼내 들었다. 라타노프가 보기에 소련이 소말리아와의 관계에만 집중하는 것은 위험한 전략이었다. 그는 만약 다른 세력이 '공백 상태(에티오피아의 위원회 정권이 붕괴한 상황-옮긴이)'에 개입한다면 소련이 소말리아에서의 입지 역시 잃을 위험이 있다고 생각했다.[55]

한편 라타노프 대사는 위원회 지도부와의 대화에서, 군사 동맹은 말할 것도 없이 군사 원조 제공과 관련한 최종 결정을 계속 미루고 있는 소련의 입장을 변호해야만 했다. 그리고 소련이 군사 협력에 우호적임에도 에티오피아가 너무 많은 것을, 너무 급하게 요구하고 있다고 강조했다.[56] 하지만 동시에 라타노프는 계속해서 본국에 타협안을 제안했다. 제한적인 군사 협력을 제시했던 쿠즈네초프의 에티오피아 방문이 실패로 돌아간 이후, 라타노프는 에티오피아 해군, 대공 방어력, 그리고 민병대를 새로 무장시켜줄 것을 제안하는 훨씬 더 광범위한 소련 군사 원조안을 내걸었다. 소련 지도부는 이 제안을 수용했다. 그리고 1976년 6월 에티오피아 사절단이 모스크바를 방문한 동안 새로운 제안을 내놓았다. 하지만 뜻밖에도 위원회는 이 제안 역시 거절했다.[57]

소련과의 협상에서 나타난 위원회의 완강한 태도는 협상을 통해 유리한 결과를 얻어낼 수 있다는 자신감에서 비롯된 것으로 보인다. 에티오피아 주재 소련 대사관은 쿠바와 동유럽 대표단이 멩기스투에게 소련이 끝내 입장을 바꿀 거라고 귀띔한 게 아닐까 의심했다. 모스크바에서의 7월 협상 이후 작성한 서신에서, 소련 대사관은 소련과의 군사 협력 협정 체결과 관련한 에티오피아의 '주저'가 소련이 에티오피아군의 **완전한** 재무장에 동의하지 않으리라는 두려움에서 비롯되었다고 주장했다. 즉 해군과 대공 방어에 지원을 제공하기로 동의하고는 이후 소련이 에티오피아 공군의 재무장이나 탱크 제공을 하지 않을 거라는 의심이었다.[58] 소련 대사관은 명백하게 소련이 에티오피아 신정권과의 관계 수립에 대국적으로 생각해야 한다고 주문했다. 위원회 통치의 **정치적** 내용이 중요하다고 본 것이다.

멩기스투가 이끄는 위원회의 좌파는 소련의 정치적 지원을 얻어내고, 소련에 그들이 믿을 만하다는 점을 설득하고 싶어 했다. 그들은 '사회주의 건설'과 사회 조직화에 성공한 소련의 경험을 배우길 희망한다고 강조했다. 멩기스투는 소련 대사 라타노프와의 첫 만남에서 에티오피아 젊은이를 모스크바로 보내 교육할 정치적 훈련 과정의 신설을 요청했다. 이 과정의 후보자들은 노동조합과 청소년, 여성 단체 활동뿐 아니라 소련공산당의 활동과 관련한 이론 그리고 마르크스주의를 학습할 예정이었다.[59] 소련 대사는 신정권의 헌장이 된 1976년 4월의 '민족-민주혁명 계획'이 소련의 이상을 향한 충성의 맹세라고 생각했다. 여기에는 '혁명적 민주주의자'의 전위당을 통해 과학적 사회주의가 점차 성장한다는 기본 원칙이 반영되었고, 위원회의 초기 선언문과 달리 '에티오피아식', 혹은 '아프리카식' 사회주의와 관련한 언급은 전혀 없었다.[60]

1976년의 연례 정기 보고서에서 소련 대사관은 모스크바에 "민족-민주혁명 계획의 중요한 실질적 결과물은 위원회 체제에 군사, 경찰, 정부 기관, 공장 그리고 대규모 농장에 과학적 사회주의 이론에 대한 의무 학습을 도입한 것입니다"라고 말했다. 게다가 사회주의적 문제와 관련한 언론 지면상의 토론과 출판이 활발히 진행되었다. "이 모든 일을 통해 마르크스-레닌주의 이론 및 소련과 여타 사회주의 국가들의 실천에 대한 관심이 상당히 높아졌고, 이는 우리의 이데올로기적 영향력을 강화할 수 있는 토대가 되었습니다"라고 에티오피아 주재 소련 대사관은 당당히 선언했다. 소련 대사관이 보기에 멩기스투의 에티오피아 정권은 사회주의적 방향으로 국가를 인도할 모든 자질을 갖추고 있었다.[61]

라타노프 소련 대사는 가차 없이 진행된 멩기스투의 정적 제거를 긍정적으로 평가했다. 1976년 7월 중순, 에티오피아 사절단이 모스크바를 방문하기 전날, 위원회 내 멩기스투의 가장 쟁쟁한 적수이던 시사이 합테는 그를 따르는 18명의 추종자와 함께 축출·처형되었다. 라타노프 대사는 정적을 제거한 멩기스투가 "결연하고 타협하지 않는 지도자"가 되었다고 여겼다. 위원회 내 멩기스투 추종자들의 활동을 호의적으로 바라보면서, 에티오피아 내 소련 대표단은 러시아 혁명 초기에 인민의 적을 발본색원하던 경험과의 유사성에 주목했다. 아직 위원회에 멩기스투의 적이 남아 있긴 했으나, 이제는 '에티오피아 혁명 세력(멩기스투 지지파―옮긴이)'과 그 혁명 세력의 사회 정의를 향한 의제 설정이 우위를 차지하리라 예상했다. 1976년 말에 이르면, 소련 대사관은 에티오피아 정권 내 좌파 비판 세력을 두고 더 이상 어떠한 긍정적 평가도 하지 않았다.[62]

1976년을 거치면서 소련 지도부는 소련 대사관의 보고에 기초해 에티오피아 정권에 대한 원조 확대를 더 이상 미룰 수 없다는 사실을 점차 인정했다. 1976년 12월 14일 양측은 소련-에티오피아의 군사 협력과 관련한 첫 번째 '기본' 협정에 조인했다. 이 협정은 위원회뿐 아니라 소련 지도자들이 아프리카의 뿔 지역을 바라보는 관점 자체를 바꾸었다. 소련 지도부는 이 조약의 조인이 소말리아와의 관계와 지역 상황 전체에 미칠 결과를 잘 알고 있었을 것이다. 1976년 소련은 소말리아의 시아드 바레 정권에 의심을 품기 시작했다. 지난 1975년 여름, 에리트레아의 상황을 언급하면서 에티오피아 주재 소련 대사관은 일부 아랍 국가가 홍해를 '아랍인의 호수'로 만들려 하는 시도를 관찰했고, 소련은 이와 같은 상황이 '다른 나라에 손실'이 될 거라 파악하고 있었다. 에티오피아 주재 소련 대사관은 다른 아랍 국가, 특히 소말리아에서 석유 자원이 풍부한 사우디아라비아와 쿠웨이트 같은 '반동' 아랍 국가의 영향력이 증가하고 있다고 주장했다.[63]

소련-에티오피아 군사 원조 협정에 조인했지만, 소련 지도부는 소말리아와의 동맹을 희생할 준비가 되어 있지 않았다. 1974년 소말리아와 맺은 우호 협력 조약 아래 소련은 3000만 달러 상당의 무기를 보내 소말리아 군대를 수백 대의 탱크와 수십 기의 최신 전투기로 무장해둔 상태였다. 한편 소련은 당시 가장 큰 해외 해군 시설을 소말리아의 베르베라와 모가디슈(Mogadishu)에 건설했다.[64] 1976~1977년 사이의 겨울, 소련은 오래된 동맹(소말리아―옮긴이)과의 관계를 보존하면서 에티오피아와는 더 강력하고 이데올로기적 기반을 둔 관계를 쌓아 올리는 묘책을 찾는 데 주력하고 있었다. 1977년 1월 말, 레오니트 브레즈네프는 소말리아의 시아드 바레에게 에티오피아를 바라보는 소말리아의 입장을 재고하고 분쟁을 악화하

는 걸 자제해달라는 긴급한 요청을 개인적으로 보냈다.[65]

1977년 초봄에 소련 국제부와 외교부는 아프리카의 뿔 지역의 상황을 두고 몇 차례에 걸쳐 긴급회의를 개최했다. 에티오피아와 소말리아의 소련 대사관은 소말리아 정규군이 서소말리아해방전선과 더불어 오가덴 지역에서, 에티오피아와 전투를 벌이고 있는 다른 반군에 합류했다는 사실을 보고했다. 이 보고를 들은 소련 지도부는 해당 지역의 오랜 동맹국인 소말리아와 새 동맹국인 에티오피아가 조화를 이루지 못하리라는 점에서 두려움을 느꼈다. 소련 외교부는 이렇게 기록했다. "에리트레아 분리주의자를 지원하는 소말리아는 …… 에리트레아 독립이 다민족 국가인 에티오피아의 와해로 이어져 오가덴 지역의 소말리아 편입이 용이해질 거라 기대하고 있습니다. 아랍 국가들은 진보적인 에티오피아 지도부에 압력을 가할 요량으로 소말리아의 열망을 지지하고 부추기는 반응을 보였습니다." 그러나 소련은 1976년 12월 쿠바-남예멘이 제시한 공동 중재안에 회의적인 반응을 보였다. 이는 소련-에티오피아 협정의 조인 도중 공동 중재안에 보인 에티오피아의 노골적 저항 때문이었는데, 1977년 2월 들어 오가덴의 상황은 소련이 피델 카스트로의 중재안 말고는 다른 길이 없다고 볼 정도로 악화하고 말았다.[66]

소련이 해당 지역에 접근하는 방식에서 진정한 전환점은 1977년 2월 3일 일어난 멩기스투의 쿠데타였다. 그는 쿠데타 기간 동안 위원회 내에 남아 있는 정적 대부분을 살해했다. 비록 사전에 통지받지 못한 쿠데타였지만 소련은 이를 소련-에티오피아 관계에서 크나큰 진전으로 보았다. 1977년 2월 4일 아침, 멩기스투의 대리인이 라타노프 소련 대사와 접촉해 긴급 회담을 요청했다. 멩기스투와 라타노프 대사는 그날 저녁에 만났다. 멩기스투는 그 전날 위원회 본부에서 있었던 쿠데타와 관련한 이야기를 풀어놓았으며, 라타노프 대사에게 이와 같은 행동이 에티오피아 혁명을 강화할 것이라고 확신 어린 목소리로 말했다. 멩기스투는 소련과 다른 사회주의 국가들의 도움을 청했다. 라타노프 대사는 수도 아디스아바바에서 자행된 수많은 살해와 공포 정치를 언급하지 않으면서 멩기스투에 대한 지지를 약속했다. 며칠 되지 않아 소련 정부는 아랍 국가들과 소말리아에 에티오피아 지도부에 대한 승인을 요청했다.[67] 멩기스투의 쿠데타가 에티오피아 정권을 향한 소련의 신뢰를 강화했던 것이다.

권력을 차지하자마자 멩기스투는 다른 사회주의 열강에도 긴급 지원을 호소했다. 독일민주공화국의 에리히 호네커에게 쓴 편지에서, 멩기스투는 에티오피아 사건을 제국주의에 맞서는 반격으로 묘사하기 위해 노력했다.

지난 10년간 라틴아메리카, 인도차이나 그리고 아프리카의 억압된 민중은 제국주의를 극복하는 데 성공했습니다. ……지금, 제국주의는 억압받던 에티오피아 민중의 혁명을 뒤엎고 진보적 혁명가를 제거하기 위해 최후의 필사적인 공격을 가하고 있습니다. ……우리는 귀하께서 아프리카 땅의 젊은 혁명이 계속 나아갈 수 있도록 에티오피아 대중을 무장시키는 데 따른 우리의 지원 요청에 시급히 응답해주실 것을 희망합니다.[68]

계속해서 에티오피아와 소말리아 간 중재를 시도하던 와중인 1977년 초봄 소련은 에티오피아에 무기와 군사 장비를 쏟아붓기 시작했다. 3월, 라타노프 대사는 소련이 남예멘에 배치했던 소련 탱크를 에티오피아로 보내는 데 동의했다고 알렸다. 4월, 멩기스투는 소련의 신형 헬리콥터를 다수 지원받았다.[69] 1977년 5월, 모스크바 방문 직전 멩기스투는 라타노프 대사에게 소련 측에 T-55 탱크와 MIG-21 제트기를 에티오피아에 배치하도록 하는 폭넓은 군사 협정을 요청하겠다고 말했다. 이에 더해 멩기스투는 소련과 쿠바 자문단의 파견과 더불어 앙골라로부터 에티오피아로 쿠바군 연대 병력을 파견해달라고 요청했다.[70] 서방 측 추정에 따르면, 4월 중순 무렵에는 100대 이상의 소련제 탱크와 병력 수송 장갑차가 에티오피아에 배치되었다. 5월의 모스크바 방문에서 멩기스투는 소련으로부터 3억 5000만~4억 5000만 달러 상당의 무기 투입 약속을 받아냈다.[71] 1977년 봄, 에티오피아를 신용할 수 없다는 (이라크의 사담 후세인을 포함한) 해당 지역 다른 국가들의 지속적인 조언에도 불구하고 에티오피아 정권에 대한 소련의 유보 정책은 완전히 전환되었다.[72]

이제 자신감이 붙은 멩기스투 정권은 에티오피아의 대외 관계를 즉시 소련의 바람대로 구성해나갔다. 1977년 4월 23일 위원회는 에티오피아 내 5개 미국 조직, 즉 아스마라의 카그뉴 기지, 아스마라에 있는 미국 영사관, 전국에 있는 미국 공보원(USIS), 미국 군사원조자문단 사무소, 미 해군 의료연구센터에 즉각 철수 명령을 내렸다. 모스크바로 보낸 보고에서 소련 대사관은 "위원회의 이러한 행보는 에티오피아 내 미국의 이권을 겨냥한 정치적 조치 중 가장 중요한 행동으로 …… 2월 3일의 멩기스투 쿠데타 사건 이후, 그리고 소련·쿠바·동독 및 다른 사회주의 국가와의 (특히 군사 분야에서) 폭넓은 협력의 착수뿐 아니라 제국주의의 원조를 받는 내부적 반동에 맞선 투쟁의 격화 이후, 에티오피아의 혁명 절차가 더 성숙해지고 있음을 보여줍니다"라고 기록했다.[73]

오가덴 전쟁

오가덴은 에티오피아 남동부에 있는 암석 사막 지대다. 오로모족이 일부 거주하고 있으며, 대부분 소말리족 유목민의 영역이다. 특히 오가덴의 오아시스는 매우 중요하다. 19세기 후반 제국주의 세력이 소말리아 영토를 분할할 때, 에티오피아 제국은 오가덴 지역을 자국 영역으로 확보해두었다. 아프리카의 뿔 지역에서 과거 대영제국과 이탈리아가 소유했던 지역이 1960년 독립하며 소말리아공화국이 되자, 오가덴의 통제권을 두고 소말리아와 에티오피아 간 몇 차례의 국경 분쟁이 발발했다. 1975년 에티오피아 혁명 이후, 소말리아의 시아드 바레 정권은 에티오피아 신정부로부터 분쟁 지역의 통제권을 얻어내기 위한 목적으로 서소말리아해방전선을 조직했다. 오가덴 지역 내에서 조직된 서소말리아해방전선은 소말리족의 결속 및 에티오피아 혁명이 가져온 격변에 대한 반작용으로, 오가덴 지역에서 폭넓은 지지를 얻었다. 1976년 서소말리아해방전선에 대한 소말리아의 지원이 늘어나고 전투에 소말리아 정규군이 합류하기 시작하자 에티오피아는 1977년 초 사실상 소말리아의 공격을 받고 있다고 주장했다.[74]

이탈리아에서 훈련받은 군인으로서 1969년 쿠데타로 권력을 잡은 시아드 바레의 소말리아 정권은 이집트 나세르 정권의 지원뿐 아니라 궁극적으로는 소련으로부터 군사·경제 지원을 얻어내려 했다. 하지만 시아드 바레의 군대를 훈련·무장시킨 소련은 소말리아의 내부 발전에는 일정한 거리를 두었다. 시아드 바레는 소련과 동유럽의 기술적 기량에 깊은 감명을 받았으며 마르크스-레닌주의 수사를 이미 능숙하게 구사할 수 있었다. 그러나 정치적 생존을 위해 그가 의지하고 있는 소말리아의 복잡한 씨족 보호 네트워크가 소련식 사회주의화 같은 대규모 사회 변혁을 견뎌내지 못하리라는 점을 명확하게 인식하고 있기도 했다. 이는 시아드 바레의 정권이 공고화된 이후에나 가능할 일이었다. 1972~1973년 이집트의 사다트 정권이 소련과의 동맹에서 이탈한 후, 소말리아-소련 관계는 더욱 소원해졌다. 무슬림 국가이자 아랍연맹(Arab League)의 일원으로서 소말리아는 소련으로부터 계속 무기를 수입하는 와중에도 사우디아라비아 및 다른 보수적인 아랍 국가와의 관계를 개선해나갔다. 소련에 소말리아와의 관계에서 가장 중요했던 것은 베르베라 항구의 소련 해군 기지와 미사일 기지를 유지하는 것이었다.

소련 입장에서 오가덴 지역을 둘러싼 분쟁은 이미 많은 어려움이 있었던 해당 지역에 대한 접근을 더욱 복잡하게 했다. 1977년 동안 소련공산당 중앙위원회 국제부장 보리스 포노마료프 같은 정책 입안가들은 소말리아를 '편의적인 동맹국'으로, 에티오피아를 '이데올로기적인 동맹국'으로 평가하기 시작했다. 이러한 분석은 포노마료프의 시아드 바레를 바라보는 개인적 반감과 불신을 넘어 아디스아바바에서 매일같이 올라오는 에티오피아와 관련한 긍정적인 보고가 축적된 결과였다. 1977년 3월부터 에티오피아의 소련 대사관이 작성한 보고서는 정치국에서 일상적으로 회람하면서, 소련이 새로이 발견한 해당 지역의 중요성을 재확인하는 핵심 자료로 활용되었다.

에티오피아 정권에 대한 에티오피아 주재 소련 대표의 태도 변화는 라타노프 대사가 모스크바로 보낸 정치 보고서에서 명확하게 드러난다. 1977년 8월의 각서에서 라타노프 대사는 위원회 내부의 상황과 관련한 종합적 견해를 제시하며 핵심 질문은 "누가 멩기스투를 지지하거나 혹은 반대하는가입니다"라고 강조했다. 이어 라타노프 대사는 다음과 같이 덧붙였다. "위원회에는 멩기스투의 숨은 적이 존재하고, 그 적들의 영향력 범위는 그들이 공개적으로 나서지 않으므로 확인하기 어렵습니다." 라타노프 대사는 '우파' 관료들을 언급하며, 그 인사 중 하나로 그해 말 주미 대사를 맡게 된 국방장관 아얄루 만데프로(Ayalew Mandefro)를 지목하기도 했다. 보고서에 따르면 위원회 부의장 아트나푸 아바테(Atnafu Abate)는 사회민주주의의 영향을 더 많이 받았으며 "정치·이데올로기적 입장이 마르크스-레닌주의가 아니라 암하라 민족주의"에 가깝다는 의혹을 샀다. 1977년 11월 아트나푸 아바테는 다른 46명의 장교와 함께 축출·처형되었다. 라타노프 대사는 반(反)멩기스투 세력의 '도전적인' 행보를 보며, 그들이 서방 제국주의의 지원을 받고 있다고 믿었다. 적 혹은 그렇게 여겨지는 자를 대하는 멩기스투의 방식을 라타노프 대사는 전적으로 지지했다. "에티오피아 지도자는 누가 우파를 대표하는지 알고 있지만 공개적으로 공격하는 일은 자제하고 있으며, 그들의 정치적 면모를 드러낼 기회를 준 다음에 한방 먹일 것"이었다. 라타노프 대사는 멩기스투를 높이 평가했으나 '적'이 지지자를 조직할 가능성이 있으므로 멩기스투의 방식이 위험할 수 있다고도 인정했다.[75]

소련과 에티오피아가 정치적으로 밀접해지는 동안, 소말리아-에티오피아 간 평화 중재 시도는 1977년 봄부터 초여름까지 진행되었다.[76] 피델 카스트로는 본인이 발의한 구상을 통해 남예멘의 지도자 살림 루바이 알리(Salim Rubai Ali)와 더불어 사회주의 진영을 대표하는 중재 책임을 맡았다. 1977년 3월의 대면 회담에서 카스트로는 멩기스투와 시아드 바레를 남예멘 아덴(Aden)의 협상장에 앉혔다. 구체적인 결과를 얻어내는 데는 실패했으나, 회담과 관련한 쿠바의 보고는 에티오피아를 지원하겠다는 소련의 결정을 굳히는 데 기여했다. "시아드 바레는 매우 거만하고 매서

웠습니다. 어쩌면 그는 우리가 겁먹길 원했는지도 모르겠습니다." 카스트로는 에리히 호네커에게 이렇게 보고했다. "나는 시아드 바레에 대한 생각을 굳혔습니다. 그는 무엇보다 쇼비니스트입니다. 쇼비니즘은 그에게 가장 중요한 요소입니다. 사회주의는 그저 자신을 더 매력적으로 보이게 만들려는 겉치레일 뿐입니다." 반면 멩기스투에 대해서는 이렇게 말했다.

멩기스투는 대중의 힘을 알고 있는 조용하고, 진지하고, 진실된 지도자로 보였습니다. 멩기스투는 2월 3일(멩기스투가 쿠데타를 일으킨 날 — 옮긴이) 그의 지혜를 보여주었습니다. ……2월 3일, 에티오피아에서 매우 중대한 결정이 내려졌습니다. 국가의 정치적 지형이 바뀌었으며, 그 전에는 불가능했던 발걸음을 내딛는 게 가능해졌습니다. 전에는 좌파 세력을 간접적으로만 도울 수 있었지만, 이제 우리는 아무런 제약 없이 그들을 도울 수 있게 되었습니다. ……나는 우리가 시아드 바레의 입장에 동의해선 안 된다고 분명히 말했습니다. 나는 시아드 바레의 입장은 소말리아 혁명에 대한 위협을 나타내고, 에티오피아의 혁명에 위험을 드리우며, 그 결과 남예멘을 고립시킬 위험이 있다고 말했습니다. 특히 나는 시아드 바레의 정책이 사회주의를 봉쇄하고 소말리아를 사우디아라비아와 제국주의의 손에 넘기려는 소말리아 우파를 도울 것이라고 강조했습니다.

카스트로는 쿠바가 에티오피아에 자문단을 파견하기로 결정했다고 선언했다.

아프리카에서 …… 우리는 반혁명 제국주의 정책 전체에 호된 패배를 안길 수 있습니다. 미국과 중국의 영향력으로부터 아프리카를 자유롭게 할 수 있습니다. 자이르의 성장 역시 매우 중요합니다. 리비아와 알제리는 천연자원이 풍부하고, 에티오피아는 혁명 가능성이 큽니다. 그래서 이집트의 배신에 균형을 맞출 수 있습니다. 심지어 사다트가 다시 돌아서고, 중동의 제국주의 영향이 사그라들지도 모릅니다.

4월 초 카스트로는 "이 모든 것은 반드시 소련과 논의해야 합니다. ……우리는 소련의 정책과 모범을 따르고 있습니다"라고 호네커에게 말했다.[77]

1977년 4월 4일이 되어서야 정치국 수뇌부 회의에서 아프리카의 뿔 지역의 상황을 논의한 일부 소련 지도자는 이 지역에 대한 직접 개입을 자제해야 한다고 생각했다. 브레즈네프의 부재를 대신해 잠시 정치국 의장을 맡았던 안드레이 키릴렌코(Andrei Kirilenko)는 "우리가 이 두 나라에서 직면한 상황은 매우 복잡합니다. 우리가 소말리아나 에티오피아의 편에서 언쟁할 어떠한 이유도 없고, 우리는 그들의 상호 관계에 제한적 영향력만 행사할 수 있을 뿐입니다"라고 강조했다.[78] 키릴렌코와 브레즈네프 그리고 KGB 의장 유리 안드로포프를 비롯한 개입 회의론자들은 1977년 7월 초 소말리아 부통령 모하마드 알리 사만타르(Mohammad Ali Samantar)의 모스크바 방문 때 소말리아가 에티오피아를 공격하지 않겠다는 확약을 받아냈고, 두 국가 사이에서 소련이 선택을 내리는 상황이 생기지 않길 바랐다.[79] 브레즈네프의 호소(브레즈네프는 1977년 1월 소말리아-에티오피아 전쟁의 확전에 반대한다고 호소한 바 있다-옮긴이) 이후인 7월 말, 멩기스투 역시 "소말리아와 대화를 이어나가겠다"고 약속했다.[80] 소련은 증강 배치한 소련제 군사 장비를 에티오피아가 제대로 사용할지에 대해서도 미심쩍어했다. 쿠바의 군사 자문단 책임자 아르날도 오초아(Arnaldo Ochoa)는 에티오피아 측에 "에티오피아군 간부들은 앞서 조인된 협정을 통해 소련으로부터 획득한 기술을 활용해 일할 준비가 아직 되어 있지 않다"고 분명하게 이야기했으며 "멩기스투에게 중대한 일에 그런 식으로 경솔히 접근한다면 위원회의 위엄을 떨어뜨릴 수 있다고 전했고, 멩기스투도 이를 이해했다는 느낌을 받았다"고 보고했다.[81]

한편 멩기스투에게는 상황이 점점 절망적으로 돌아가고 있었다. 1977년 늦여름, 마지막으로 잔존하던 좌파 민간 운동 조직인 전(全)에티오피아사회주의운동(All-Ethiopia Socialist Movement, 암하라어 약칭은 'MEISON')이 멩기스투 정부에 등을 돌렸다. 이에 대해 멩기스투는 전에티오피아사회주의 운동 지지자 및 정권의 실재하는 적과 가상의 적 모두를 향한 테러 공세를 개시해 그 지도자들을 일부 살해했다. 9월 1일에는 위원회가 적에 맞서 국가 총동원령을 며칠 전 내렸음에도 불구하고 동부의 요충 도시 지지가(Jijiga: 에티오피아 내 소말리주의 주도—옮긴이)가 소말리아 군대에 함락되었다. 10월 초에는 소련의 모든 부서에서 에티오피아 정권이 사회주의 국가로부터의 엄청난 원조 유입 없이는 살아남을 수 없다고 결론을 내렸다. 핵심 정책 입안가들도 소말리아의 시아드 바레가 레오니트 브레즈네프와의 약속을 지키지 않고, 소련이 연초에 지급한 무기로 에티오피아를 공격한 사실에 격분했다. 멩기스투는 에티오피아 주재 소련 대사관에 공개적으로 한탄했다. "우리는 에티오피아의 주요 도시 중 하나가 …… 그리고 그곳에 있던 혁명적 노동자들이, 사회주의 노동자들이 생산한 탱크와 대포로 폭격당할 것이라고는 전혀 예상하지 못했습니다."[82] 소말리아 정규군이 아디스아바바로부터 200킬로미터도 채 떨어져 있지 않게 되자 앙골라, 모잠비크 심지어 니에레레의 탄자니아를 포함한 다른 '진보적' 아프리카 국가들까지 소련에 에티오피아에 대한 더 많은 지원을 촉구했다.[83] 라타노프 대사는 멩기스투와 쿠바인들로부터 에티오피아 정권을 구원하기 위해서는 즉각적이고 극적인 수준의 소련의 지원이 필요하다는 권고를 들었다. 10월 19일 라타노프 대사는 소련이 소말리아에 무기 공급을 그만두었으며, 그 대신 에티오피아에 "에티오피아의 혁명을 보호할 방어 무기"를 지급하겠다고 공개적으로 선언했다.[84] 이미 미국인들과 접촉한 상태이던 소말리아 지도자 시아드 바레에게 이는 최후의 결정타였다. 11월 초 시아드 바레는 소말리아 정부가 쿠바와 단교하고, 소련과 쿠바군 병력을 모두 추방하고, 베르베라와 모가디슈에 있는 소련의 해군 기지와 비행장 폐쇄를 결정했다고 선언했다.

이와 같은 소말리아의 조치는 소련 외교의 실패였지만, 소말리아와의 단절은 소련이 에티오피아 혁명을 수호하기 위한 대규모 작전을 본격적으로 벌일 수 있음을 의미했다.[85] 1977년 9월부터 8개월간 소련은 공중수송을 통해 에티오피아에 10억 달러 이상의 군사 장비를 보급했다. 9월 말에는 남예멘의 2개 장갑대대가 참전을 위해 에티오피아에 도착했다. 피델 카스트로는 1만 1600명의 쿠바군을 비롯해 6000명 넘는 군사 자문단과 기술자를 파견했으며, 이들은 소말리아 선봉 부대를 격퇴하는 데 결정적 역할을 했다. 1977~1978년 거의 1000명에 달하는 소련군이 에티오피아의 반격전 준비를 돕기 위해 에티오피아에 파병된 일은 그야말로 결정적인 사건이었다. 1978년 초 전쟁의 흐름이 멩기스투 정권에 유리하게 돌아가기 시작했는데, 당시 에티오피아군의 작전은 소련 육군 부지휘관 바실리 페트로프(Vasilii I. Petrov) 장군이 맡고 있었다.[86] 이는 한국전쟁 이후 바르샤바조약기구 이외 지역에서 진행된 가장 중요한 소련의 군사 작전이었다.

소련과 쿠바 모두에 아프리카의 뿔 지역에서의 작전 계획은 매우 빠르게 진행할 필요가 있었다. 처음부터 두 나라의 군사 수뇌부는 소련 외교관(앙골라 정치인은 말할 것도 없이)이 작전 초반에 끼어들어 '방해'하는 바람에 군사 작전의 효율성이 떨어졌다고 느낀 앙골라의 경험을 반복하지 않기를 원했다. 그들은 이번에는 군부가 직접 작전 통제권을 쥐겠다고 고집했다. 1977년 10월 말 모스크바를 방문했을 때, 멩기스투는 소련과 쿠바에 반격과 관련한 군사 작전의 모든 통제권을 넘기기로 약속할 수밖에 없었다. 소련과 쿠바 군인들은 어떤 경우에든 현지 에티오피아 장교의 명령 아래 있지 않을 터였다. 이는 예컨대 소련의 전차병이나 전투기 조종사가 엄밀히 따지면 에티오피아 소유인 군사 장비를 운용할 때도 마찬가지로 해당되었다. 소련 국방부는 파병군의 사상자를 최소화하기 위해서는 신속한 승리가 꼭 필요하다고 생각했다.

소련과 쿠바는 에티오피아에서 그들의 임무를 단지 개입을 통해 혁명을 수호하는 것만이 아니라, 에티오피아를 정치적·사회적으로 돕는 것으로 규정했다. 한편 멩기스투는 모스크바에 머물 당시 "에티오피아 내 혁명적 성과를 방어하고 동시에 혁명을 촉진할 수 있도록 대중 조직을 원활하게 할, 마르크스-레닌주의 원칙에 입각한 정당의 신속한 창당을 위한 동지들의 조언"을 경청했다. 소련은 에티오피아에 그 과정을 돕기 위해 전문가 집단을 파견할 의향이 있었다. 멩기스투는 브레즈네프로부터 "에티오피아의 민족 문제를 해결할 실질적인 조치를 취하십시오"라는 단호한 경고를 듣기도 했다. 소련이 에티오피아 정부가 반대파를 탄압하는 것을 돕기 위해 또다시 개입할 리는 없었다. 소련은 멩기스투에게 매우 분명한 의사를 전했다. 소련과 그 동맹국들은 소말리아의 격퇴를 돕기는 하겠지만, 그 후의 일은 에티오피아 지도부 스스로 해결해야 했다.[87]

1977년 에티오피아에 도착한 이래 소련 자문단이 맞닥뜨린 가장 큰 문제는 에티오피아인의 과도한 자신감이었다. "에티오피아 측에 처음부터 단일 정당 창당은 환상에 불과하다는 사실을 이해시켜야 합니다. ……정당의 창당은 사회적 조건에 기초해 발전해나가야 하는 일이라고 말입니다." 라타노프 소련 대사는 1977년 12월, 대사관을 방문한 동독 외교관에게 이렇게 불평했다.

위원회는 현재 80명 정도로 구성되어 있습니다. 그중 30명은 짐이 될 뿐입니다. 이들은 거의 교육받지 못했고, 쉽게 반혁명의 제물이 될 수 있습니다. 멩기스투는 그들을 소련·쿠바·동독으로 보내 혁명가로 탈바꿈시킬 생각을 하고 있습니다. 위원회에서 고작 20~25명만이 적극적 중추 세력을 이루고 있습니다. 따라서 창당할 때, 지도부에 외부의 다른 유능한 세력을 더하는 작업이 꼭 필요합니다. 당 중앙위원회 내에서 지도부 자리를 놓고 분쟁이 생길지도 모릅니다. 만약 멩기스투 세력이 이 싸움에서 이기지 못한다면, 중앙위원회는 질적으로 현재의 위원회를 넘어서지 못할 것입니다. 에티오피아 지도부는 정당 창당에 최근 많은 주의를 쏟아왔습니다. 아직 계획과 전략뿐 아니라 이데올로기적인 질문을 두고 많은 혼란이 존재합니다. 예컨대 그들은 아직 계급과 관련해 모호한 생각만 확산시키고 있을 뿐입니다.[88]

소련 자문단의 핵심 과제는 정적을 다루는 정권의 잔혹한 처우뿐 아니라, 위원회 내부 그리고 에티오피아 좌파 집단 간 폭력적인 파벌 다툼을 줄이는 일이었다. "소련 국제부는 에티오피아 혁명 내 과격주의자에 대한 우려를 표합니다. 멩기스투와의 대화에서, 쿠바의 동지 라울 발데스 비보는 '적색 테러'로 죄수들을 집단 처형하는 등 혁명에 득이 되지 않을 조치를 이해하기 어렵다고 이미 말한 바 있습니다." 포노마료프는 1978년 2월 소말리아군을 오가덴에서 격퇴하던 시기에 자신의 동독 동지에게 이렇게 말했다.[89] 하지만 소말리아와의 전쟁에서 군사적 승리가 확실시되자 멩기스투는 내부 개혁을 늦추기 시작했다. 라타노프 대사는 "멩기스투는 당을 건설하는 데 자문단과 협력할 생각이 전혀 없는 게 분명합니다"라고 일갈했다.[90]

1978년 5월 5일 소련 및 쿠바 장교가 이끈 쿠바와 에티오피아군의 연합 작전을 통해 에티오피아군은 오가덴의 요충지 지지가를 탈환했다. 오가덴 지역에서 게릴라 저항이 이후 몇 년간 잔존했지만(1980년까지 서소말리아해방전선을 포함해 다른 소말리아 집단이 대부분의 사막 지역을 통제했다), 소말리아와의 재래식 전쟁은 사실상 끝났다. 외부의 막대한 지원이 없자 소말리아군은 소련-쿠바-에티오피아 연합군의 상대가 되지 않았다. 외교적으로도, 정치적으로도 시아드 바레의 주장은 과장되었다는 게 드러났다. 에티오피아 혁명의 참화에도 불구하고, 소말리아인은 오가덴의 소말리족 거주 지역 외에는 소말리아군을 해방군으로 받아들이지 않았고, 에티오피아 내에서 일어나리라고 기대했던 다른 민족의 총봉기도 발생하지 않았다. 외교 면에서도 소말리아는 아프리카의 모든 비무슬림 국가들로부터 고립되었고, 심지어 알제리와 리비아 같은 북아프리카 국가들까지도 시아드 바레의 행동을 무모하다고 생각했다.[91]

소련과 쿠바 입장에서 보면 아프리카 대륙 내 개입의 초기 효과는 긍정적이었다. 다수의 아프리카 지도자들이 에티오피아 작전을 앙골라에 이은 또 다른 성공적인 작전이라고 보았으며, 이를 통해 소련은 아프리카 문제에서 주요 국가이자 미국과 서유럽의 영향력에 맞서는 유용한 균형자로 부상할 수 있었다. 대부분의 아프리카 지도자에게 중요한 것은 소련이 아프리카에서 입지를 확장하려는 아랍과 무슬림의 시도에 맞서 현존하는 국경과 흑인 세속 진보 정권에 유리한 방식으로 개입했다는 사실이었다.

모스크바의 소련공산당 지도부는 에티오피아 작전을 손쉽게 수행했다는 사실에 깊은 인상을 받았다. 제2차 세계대전 세대이던 많은 소련 지도자들이 보기에 아프리카의 뿔 지역에서의 성공적 개입을 통해 소련은 이제 진짜 강대국, 세계 도처에 자유자재로 개입해 중대한 결과를 이끌어낼 수 있는 열강으로 자리매김했다. 앙골라에서는 어떻게 개입할지에 대한 방식을 설정하긴 했으나, 이는 어떤 실질적인 조정이나 계획 없이 막연히 실행되었다. 소련 총참모부는 소련-쿠바 동맹이 앙골라에서 승리를 거둔 것, 특히 남아공군과의 전투에서 승리한 것은 그저 운이 좋았던 결과라고 생각했다. 그러나 에티오피아에서는 달랐다. 소련군이 에티오피아 작전을 계획하고 지휘했을 뿐 아니라, 쿠바 보병대는 거의 보조적인 역할을 했을 뿐이었다. 아프리카의 뿔과 앙골라의 가장 큰 차이는 소련이 먼 곳의 분쟁에서 두 주권 국가 간 관계의 중재자이자, 궁극적으로는 이 두 국가의 운명을 결정지은 존재였다는 점이었다. 국제 관계에서 처음에는 영국, 그다음에는 미국이 올라섰던 위치에 마침내 소련이 서게 된 것이다. 다른 말로 하면, 소련은 미국에 비견하는 완전한 강대국이었다.

에티오피아 주재 소련 대사관과 1976~1977년 에티오피아로 파견된 자문단 대부분에게 에티오피아는 진행 중인 혁명이자 아프리카 전체의 정치적 운명에 영향을 미칠 혁명의 모든 열광을 품고 있는 장소였다. 에티오피아는 소련에 이미 상당한 함축적 의미를 띠고 있었다. 에티오피아는 식민화되지 않은 유일한 아프리카 국가일 뿐 아니라, 19세기 수많은 러시아 여행자와 탐험가를 매혹시킨 지역이었으며, 과거 엘리트층이 정통 기독교를 신봉하던 제국이었다. 하지만 그중 소련 외교 정책을 지휘한 이들 다수를 가장 들뜨게 했던 점은 에티오피아 혁명 세력이 소련의 경험을 본

떠 그들의 혁명을 수립하고 싶어 했다는 사실이다. 혁명을 좁은 의미로 생각하고, 항상 그들의 발전 경험을 공유할 사람을 구하고, 진보는 소련의 모델을 따른 결과로서만 가능하다고 여긴 소련 지도부에 에티오피아는 사회주의 변환의 힘을 시험하기에 적합한 원대한 도전인 듯했다.[92]

소련의 개입과 데탕트의 몰락

1977년 가을부터 에티오피아 내 소련 자문단의 수는 극적으로 증가했다. 1979년 초 사회주의 국가에서 온 민간과 군사 전문가들의 총합은 7000명을 넘어섰다. 이는 1950년대의 중국 이후, 소련이 진행한 가장 큰 규모의 대외 원조 사업이었다. 소련 대사관에서 일하는 수석 자문단이 조정한 절차에 따라, 에티오피아의 사회주의 건설 방향을 감독하고 영향력을 행사하기 위해 사회주의 진영 출신 전문가들이 에티오피아의 모든 부처와 각 부서에 배치되었다. 이를 추진하는 데 적합한 에티오피아 사람들이 동유럽과 소련에서 훈련받고 있는 동안 물 공급, 에너지 그리고 교통 분야 같은 일부 정부 부처에서 소련과 동독인·불가리아인·쿠바인이 통역사(대개는 영어)의 도움을 받아 대부분의 일을 처리했다. 소련 국제부는 에티오피아인이 필요로 하는 전문가를 공급하기 위해 근무 시간을 초과해서 일했다. 한 관료는 제과 산업의 즉각적 구축이라는 에티오피아 혁명의 요구를 충족시키기 위해 아르메니아의 초콜릿 공장 노동자 절반을 보내기도 했다고 회상했다.

소련 자문단의 최우선 사항은 에티오피아 혁명을 주도할 수 있는 마르크스-레닌주의 정당의 창당이었다. 군인들이 국가를 사회주의적 전환의 길에 올려놓는 동안, 멩기스투는 혁명을 완성하기 위해서는 당이 필요하다는 조언을 들었고, 이에 전적으로 동의했다. 멩기스투는 1979년 에티오피아노동당 조직위원회 창설을 발표하며 "에티오피아 혁명에서는 비밀리로든 공개적으로든 투쟁으로든 검증받고, 노동 계급의 이데올로기로 무장해 방향성을 제시할 정치적 조직이 부재했다는 결점이 있습니다"라고 선언했다. 하지만 창당 과정의 문제는 소련 자문단도 잘 알고 있듯이 위원회가 이미 에티오피아의 마르크스주의자 대부분을 처형하거나 숙청하고, 이들을 망명으로 내몰았다는 점이었다. 소련과 쿠바는 멩기스투가 살아남은 지도자 몇몇과 화해하고 그들을 복귀시켜 창당 작업을 돕기를 바랐다. 당연하게도 멩기스투는 이 제안을 거절했다. 1979년 말, 소련 자문단은 위원회에 마르크스-레닌주의 전위당을 건설하기 위한 토대가 에티오피아에는 아직 존재하지 않으며, 정당이 실체를 갖추기 위해서는 노동자의 의식을 고취하기 위해 많은 노력을 투입해야 한다고 말했다. 잇따른 교착 상태의 결과, 에티오피아노동당을 창당하기까지는 이후 5년의 시간이 더 걸려 소련의 영향력이 다소간 수그러든 1984년에야 가능했다. 그때까지는 노동당 조직위원회가 정부 부처의 역할을 대신했다.[93]

에티오피아에 머물던 소련 자문단의 또 다른 큰 골칫거리는 에티오피아 북쪽 해안 지방에서 지속되는 에리트레아 분리주의 세력과의 전쟁이었다. 1950년대에 이탈리아 지배가 끝나고 에티오피아 제국이 지역의 통제권을 잡은 이후부터 계속된 이 분쟁은 에리트레아인민해방전선과 에리트레아해방전선(ELF) 지도부 모두가 공공연한 마르크스주의를 표방했기 때문에 소련에는 특히 더 풀기 어려운 문제였다. 게다가 에리트레아인민해방전선은 1975년까지 소련의 자금 지원을 받았고, 쿠바가 이들의 군사훈련을 담당했다. 소련은 평화로운 해결책을 찾으라고 멩기스투와 에리트레아해방전선을 압박했지만 별다른 성과를 거두지 못했다. 에리트레아가 에티오피아 내에서 광범위한 자치권을 지닌 상태로 에티오피아의 일부로 남아야 한다는 소련의 견해는 양측 모두 받아들이기 어려웠다. 에리트레아는 과거 친구였던 소련이 이제 와서 독립의 기본 목표를 포기하라며 압박하고 있다고 주장했다.[94] 멩기스투는 에리트레아와 어떠한 형태로든 협상을 추진한다면 자신이 "민족주의를 주장하는 늑대 떼 사이에 던져지게 될 것"이라고 소련과의 비밀 대화 중에 말한 적이 있었다.[95] 오가덴 전쟁 중 이미 카렌 브루텐츠는 에티오피아와 에리트레아 간에 어떤 방식으로든 타협을 이끌어내기 위해 쿠바, 동독 그리고 팔레스타인의 지원을 얻으려 했었다. 이와 같은 움직임에 멩기스투는 에티오피아 동맹국들에게 에리트레아 전선에 파병해달라는 공식적인 요청을 하는 것으로 대응했다.[96] 쿠바의 국가평의회 부의장 카를로스 라파엘 로드리게스(Carlos Rafael Rodriguez)는 1978년 2월 다음과 같이 보고했다.

피델 카스트로 동지와 쿠바 정치국의 모든 구성원은 우리가 에리트레아 문제를 다루는 데 더 이상 실수를 해서는 안 된다는 의견에 동의하고 있습니다. 현 시점에서 잘못된 움직임은 아프리카에서 우리의 모든 정책과 입장을 위험에 빠뜨릴 수 있습니다. 우리는 절대 다수의 아프리카 국가, 아랍 국가, 국제기구 그리고 아마도 비동맹 운동 등과 맞서게 될 것입니다. 그러므로 우리는 계속해서 에리트레아에 대한 군사 개입을 반대합니다.[97]

양측은 1978년 봄 동독에서 해결책을 찾기 위해 몇 차례 만났으나 모두 실패로 돌아갔다. 에리히 호네커는 에리트레아와 에티오피아 간 타협안을 도출하는 데 소련의 도움을 얻으려 했으나, 소련 국제부는 호네커의 요청을 거절했다.[98] 그 대신 동독 지도부는 1978년 4월 초 소련 자문단이 에리트레아를 공격하는 데 가담하기 시작했고, 소련의 신식 무기가 에티오피아 북쪽 전선에 공급되기 시작했다는 사실을 뒤늦게 눈치챘다.[99] "소련공산당, 쿠바공산당 그리고 독일사회주의통일당의 모든 절차와 계획은 어떠한 반발도 일어나지 않도록 극도로 빈틈없고 조심스럽게 이뤄져야 합니다." 그해 5월, 울리아놉스키(R. A. Ulianovskii)는 동독인들에게 이렇게 설명했다. "솔직히 문제는 어느 정도 우리 모두가 사실상 실현 불가능한 일을 시도하고 있다는 데 있습니다."[100]

오가덴에서의 결정적 승리 이후 몇 달이 흐른 1978년 여름, 멩기스투 정권을 바라보는 소련의 감격은 점차 사라지고 있었다. 에티오피아 좌파 내부에서 계속된 내분은 "에티오피아 레닌주의 혁명 조직"과 자신을 "혁명의 불꽃"이라고 부르는 집단 간 분쟁 따위에 대한 광범위한 보고서를 작성하는 신세가 된 소련 대사관 직원을 분노케 했다.[101] 1978년 7월 정치국 회의에서 빅토르 말체프(Viktor Maltsev)는 소련이 베푼 도움에도 불구하고, 에티오피아는 에리트레아에서도 오가덴에서도 상황을 개선하고 있지 못하고 있다고 불평했다. 당시 정치국 회의 의장을 맡은 안드레이 키릴렌코는 멩기스투를 '지각 있는 사람'으로 보았으며, 다만 문제는 그의 경험 부족이라고 생각했다. "따라서 그를 교육하고 가르치는 일이 필요할 뿐"이라고 키릴렌코는 결론지었다. 에티오피아와의 관계에 많은 공을 들인 안드로포프와 포노마료프는 정치국에 "멩기스투에게 우리가 그의 편이라는 사실을 보여주는 것의 중요성"을 상기시켰다. 몇몇 일부 정치국원이 에티오피아를 관리하는 것을 포함해 상황을 계속 통제할 수 있을지에 우려를 표했지만, 포노마료프는 "쿠바는 소련과의 사전 협의 없이 에티오피아에서 어떤 일도 실행하지 않을 것"이라고 강조했다.[102] 소련의 관점

에서, 에티오피아 사회주의는 점차 골칫거리로 전락하고 있었다.[103]

소련 지도부가 아프리카의 뿔 지역에서의 선택지를 고민하고 있을 때, 카터 행정부는 소련의 해당 지역 개입을 보면서 더 깊은 고민에 빠져 있었다. 전략무기제한협상을 통한 빠른 해결이 쉽지 않으리라는 걸 깨달은 카터는 데탕트를 지키기 위해 소련에 너무 많은 양보를 하는 것 아니냐는 미국 우파로부터의 정치적 압력을 더욱 민감하게 받아들였다. 백악관의 분위기는 이미 1977년 후반부터 더 강경한 정책으로 기울고 있었다. 하지만 소련이 아프리카의 뿔 지역에 개입하면서 미국-소련 관계의 위기가 도래했다. 카터의 국가안보 보좌관이던 대표적인 매파 관료 즈비그뉴 브레진스키는 회고록에서 "데탕트는 오가덴의 모래 속에 묻혔다"고 결론지었다.[104] 에티오피아의 승리 이후 1978년 5월 열린 소련 외교부 장관 안드레이 그로미코와의 긴장된 회담 도중 카터는 미합중국은 "무기를 공급하고 쿠바의 개입을 조장하며 아프리카에서 영향력을 늘리려는 소련의 움직임"을 매우 우려하고 있다고 말했다. 카터 대통령은 그로미코 외교부 장관에게 "브레즈네프 서기장한테 우리가 소련의 에티오피아 개입을 여전히 진행 중인 매우 걱정스러운 사태로 여긴다는 사실을 보고해주십시오"라고 요청했다.[105]

아프리카의 뿔에서의 위기 도중, 소련의 정책을 바라보는 브레진스키의 관점은 사이러스 밴스 국무장관의 시각과 격렬하게 충돌했다. 밴스 국무장관은 소련의 에티오피아 개입이 얼마나 유감스럽든 그것이 에티오피아 문제보다 훨씬 더 중요한 전략무기제한협상을 꼬이게 만들면 안 된다고 생각했다. 반면 브레진스키는 "행동에는 결과가 따른다는 사실을 소련이 이해할 필요가 있습니다. 우리가 대응하지 않는다면, 우리는 지역적으로든 국제적으로든 우리 스스로의 태도를 무너뜨리게 될 것입니다. 또 이로 인해 국내적 반발이 생겨날 것입니다"라고 대꾸했다. 사이러스 밴스는 소말리아의 시아드 바레 정권에 대한 지원을 늘리고, 미 해군 기동 부대를 아프리카의 뿔 지역으로 옮기고, 미·중 합동 규탄 성명을 발표하고, 소련과의 우주 협상 및 무역 협상을 취소하는 것으로 대응하자는 브레진스키의 제안에 반대했다. "여기가 당신과 내 의견이 갈라지는 지점입니다." 밴스는 브레진스키에게 말했다. "이런 일을 하면 그 결과는 매우 위험할 것입니다."[106] 최종적으로 나온 미국의 반응은 매우 제한적이었다. 그러나 에티오피아 위기를 거치면서 카터 행정부 내에서 브레진스키의 주장에 더 힘이 실렸다. 1978년 6월의 연설에서 카터는 이렇게 말했다. "데탕트는 소련에 다방면에서 정치적 이득과 영향력 증대를 의미하는 듯합니다. 소련은 군사력과 군사 지원이 해외에서 영향력을 확대할 수 있는 최선의 방법이라고 보고 있음이 분명합니다." 그리고 마침내 브레진스키를 그해 여름 중국 베이징으로 보내는 방안에 동의한 후, 카터 대통령이 중국에 처음으로 요청한 것은 소말리아에 대한 원조 제공이었다.[107]

미국 우파가 보기에 카터의 조치는 규모 면에서는 너무 작고, 시기적으로는 너무 늦었다. 다음 대선 출마를 확실시한 로널드 레이건은 아프리카의 뿔 지역에서의 소련의 동향을 거의 종말론적으로 파악하고 있었다.

만약 소련이 성공(점점 더 그렇게 되어가는 것으로 보입니다)한다면 아프리카의 뿔 전체가 소련의 통제, 그것까지는 아니라도 소련의 영향력 아래 놓일 것입니다. 거기서부터 그들은 원할 때면 언제든 서유럽과 미국으로 원유를 운송하는 해로를 위협할 수 있습니다. 더 시급한 문제는 소련이 만약 아프리카의 뿔 지역을 통제하게 된다면, 소련이 강경한 반공주의 세력인 아라비아반도의 정부를 불안정하게 만들 것이라는 점입니다. ……몇 년 안에 우리는 소련 제국의 보호

국과 속국이 아디스아바바에서 케이프타운까지 뻗어나가는 미래를 맞닥뜨릴 수도 있습니다.[108]

1978년 소련의 제3세계 정책 입안자 대부분은 그들의 정책이 데탕트의 미래를 바라보는 미국의 시각에 얼마나 지대한 영향을 주고 있는지를 깨닫지 못하고 있었다. 레오니트 브레즈네프와 소련 지도부 대다수는 닉슨 행정부와의 협상을 통해 초강대국은 서로 대등하다는 원칙을 정립했다고 믿었다. 이 원칙에 따라 소련은 혁명이 위협에 처한 지역에 개입할 권리를 확보했다고 보았다. 또한 소련은 미국과의 양자 관계와 소련의 제3세계 정책을 분리해서 생각했다. 어쨌든 미국도 칠레의 아옌데 정부나 전 세계의 다른 좌파 운동에 대응해 개입하기에 앞서 소련에 양해를 구했으니 말이다. 소련 정치국의 대부분 인사들은 1970년대 초·중반에 중대한 변화가 일어났다고 느꼈다. 남반구의 전체적인 정치 조류가 좌파로 돌아서고 제3세계 급진 운동이 혁명적 제도를 건설하고 새로운 국가를 형성하기 시작하는 결정적 단계를 거치는 동안, 소련은 이들을 보호·지원·지도할 수 있었다. 소련은 미국이 이러한 전개에 항의할 수는 있겠지만, 종국에는—미국이 중시하는 세계의 전략적 핵심 요충지와는 멀리 떨어진 빈국에서 벌어진 일 때문에—데탕트의 전반적 과정을 망치는 위험을 감수하지는 않을 것이라고 생각했다.

국제 무대에서 소련이 미국과 대등해지려는 시도를 저지하는 것이 미국 정책 결정자에게 얼마나 중요한 문제인지를 소련 지도부가 이해하는 데는 몇 년이 더 필요했다. 하지만 지도부가 제3세계 정책으로 인해 소련이 가장 중요하게 여긴 국제적인 목표이던 미국과의 데탕트에 미친 해악을 깨닫기도 전에, 지도부 내에서 마르크스-레닌주의 정치 이론에 입각해 남반구 개입의 가치를 바라보는 의견이 갈리기 시작했다. 군사적 승리 이후 에티오피아 혁명 과정에 소련 자문단이 줄 수 있는 영향은 한정적이라는 사실이 도화선이 되어 1978년 몇몇 고위 전문가들은 제3세계의 일부 민족-민주주의 혁명의 성격에 의문을 제기했다. 가장 논란이 되었던 쟁점은 멩기스투 같은 군사 정권이 아래로부터의 계급 운동을 통한 변혁 없이 얼마나 사회주의적 전환을 달성할 수 있는가였다. 다른 말로 표현하면, 제3세계 정권에 대한 소련과 동유럽 동맹국의 지원이 혁명의 다음 단계로의 진입을 방해할 위험이 있지 않느냐는 점이었다.

영향력 있는 학자들로 구성된 소집단〔대체로 올레크 보고몰로프(Oleg Bogomolov)가 소장으로 있던 세계사회주의체제경제연구소(IEMSS), 에브게니 프리마코프(Evgenii Primakov)가 소장으로 있던 동방학연구소(IOS)가 주축을 이루었다〕 사이에서 이러한 질문은 한층 더 뻗어나갔다. 제3세계의 일부 '진보' 정권은—현지 부르주아와 공동 전선을 형성하지 못했기 때문에 어쩔 수 없이 선택하게 된—노동 계급을 발전시키는 데 필요한 경제·사회 변화와 동떨어진 '보나파르트주의'의 길을 대표하는가? 만약 그렇다면 소련은 변덕스럽고 믿을 수 없는 정권을 후원함으로써 해당 국가에서의 입지를 위태롭게 할 뿐 아니라, 훗날 성장 단계에서 사회주의를 향해 나아갈 수 있는 자연스러운 사회 발전을 저해하고 있는 것인지도 몰랐다. 이와 같은 더 근본적인 마르크스주의적 관점은 소수 지식인 집단에 한정되어 있었다. 하지만 1978년 말에 들어서는 소련의 제3세계 개입에 대한 환멸이 국제부와 KGB 같은 정부 핵심 기관으로 퍼져나갔다.[109]

앞서 언급한 기관 내부에서 1970년대 중반 제3세계에 대한 소련의 개입(특히 앙골라와 에티오피아 개입)을 열성적으로 지지했던 이들이 1970년대 말에 이르러 회의주의자로 돌변한 것은 매우 놀라운 변화였다. 1970년대 초반 한층 적극적인 제3세계 정책을 펼 것을 주장하며 아프리카와 중동의 많은 주요 운동 단체를 직접 감독했던 국제부 부부장 카렌 브루텐츠도 개입 반대론자가 되었다. 1979년 1~6월 브루텐츠는 도발적인 보고서를 작성했다. 여기서 브루텐츠는 제3세계에서의 사회주의 건설이 **현지**의 투입은 매우 극미하고, 과도할 정도로 **소련**만의 사업이 되어버렸다고 주장했다. 그에 따르면 그 이유는 '진정한' 사회주의의 승리에 어떤 계급적 이해관계도 없는 프티부르주아나 군부 지도자들이 여러 신생 정권을 이끌고 있기 때문이었다. 이는 단순히 지도하기 어렵다는 것만이 아니었다. 이들은 아무도 지도받길 원하지 않았다. 소련은 이들에게 계속 개입하면서 해당 국가의 현재 발전 단계와는 아무런 관련도 없는 터무니없는 사업을, 그것도 큰 비용을 치르면서 독려하고 있었다.

브루텐츠는 에티오피아와 이라크 그리고 남예멘을 자신의 주장을 입증하는 사례로 제시했다. 1970년대 후반 바트당 정권에 대한 소련의 지원이 늘어났지만, 바트당 지도부는 좌파 쿠르드족 집단뿐 아니라 현지의 공산당 지도부를 겨냥한 공격을 강화했다. 1978년에는 이라크공산당과 매우 긴밀한 관계를 맺고 있던 동독 인사들이 소련에 이라크공산당의 완전한 와해를 막기 위한 지원을 요청했고, 동독 지도자 에리히 호네커는 이라크 대통령 아흐마드 하산 알바크르(Ahmad Hassan al-Bakr)에게 투옥된 공산주의자를 처형하지 말라는 내용의 청원을 친서로 작성했다. 소련과 동독은 이라크공산당과 이라크바트당 간 중재를 시도했지만 무위로 돌아갔다. 1979년 1월 사담 후세인은 이라크공산당 지도자에게 "관계는 끝났다"며 "이라크공산당과는 함께 이라크를 통치할 수 없으며, 그 책임은 이라크공산당에 있다. 이라크공산당은 군대 내에서 자체적인 조직 사업을 수행하지 않는가. ……이라크 보안대가 저지른 얼마간의 지나친 행동(이라크공산당 탄압 행위—옮긴이)은 유감스럽지만, 바트당의 반격은 불가피했다"고 말했다. 이후 수천 명의 이라크 공산주의자가 처형되거나 감옥에서 죽음을 맞았다.[110]

소련이 볼 때, 남예멘에서의 정치적 상황 역시 딱히 더 이상 진전되지 않았다. 1978년 여름, 예멘사회당 지도자 살림 알리 루바이가 북예멘에서의 쿠데타 시도에 연루되자 정당 내 두 주요 계파가 격렬하게 충돌했다. 루바이는 처형당했고, 남예멘의 새 실권자 압드 알팟타흐 이스마일은 자신의 불안정한 정통성을 해소하기 위해 아덴에 군대를 주둔할 수 있는 권리를 소련에 부여하는 우호 조약을 제안했다. 소련과 더 밀착해 정권을 유지하려 한 것이다. 국제부와 KGB 내 우려의 목소리에도 정치국은 남예멘과의 동맹을 중시해 1979년 10월 20년 만기의 조약을 남예멘과 체결했다. 이와 유사하게 소련과 동독은 이라크에서도 1978~1979년의 사태로 저점을 찍은 관계를 개선하기 위한 단계를 밟고 있었다. 1980년 5월, 독일사회주의통일당 국제부는 이때가 사담 후세인 정권과의 관계를 "새로 시작할" 적기라고 기록했다. 독일사회주의통일당 지도부는 이라크가 중동과 아시아에서 독일민주공화국의 가장 중요한 동맹이며, 바트당이 "제국주의자들에게 패배해서는 안 된다"고 지적했다.[111]

소련의 일부 정책 입안자들 간의 냉소와 환멸 대부분은 의심할 여지없이 제3세계에서 그들의 개인적 차원의 경험에 근거했다. 1970년대 중반까지 소련공산당 지도부 중 극히 소수만이 제3세계 국가에서 장기 체류한 경험이 있었다. 물론 쿠바와 베트남이라는 예외가 있었다. 하지만 이 지역에서 맞닥뜨린 어려움은 제국주의와의 전쟁에서 이 국가들이 가졌던 최전방의 위치로 볼 때 쉽게 묻어둘 수 있었다. 그러나 새로운 동맹국(앙골라, 모잠비크, 소말리아, 에티오피아, 남예멘, 아프가니스탄)이 소련의 조언을 받아들이지 않는다면 이는 전혀 다른 문제였다. 이들 국가에서 복무했던 소련인은 이들 사회 어디에나 산재해 있는 비효율성·미신 그리고 불결함뿐 아니라, 방법론적으로든 이론적으로든 오직 올바른 사회주의로의 이행만으로 극복할 수 있는 것들을 가차 없이 보고했다. 소련인이 제시한 해결책을 매우 시급히 적용해야 했지만, 현지 지도자들은 종종 이와 같은 제안에 완고하게 반응하거나 반감을 드러냈다. 이에 실망한 소련 자문단은 이 모든 사업에 대한 의욕을 꺾거나, 아니면 적어도 규모를 축소하길 원했다. 그들은 현지인이 왜 자신의 계획에 저항하는지 숙고하거나, 자신보다 현지 지도자가 그 국가의 정치적 복잡성을 잘 이해할 수 있다는 사실을 거의 고려하지 않았다. 문제를 해결하기 위해 소련 자문단은 비용 삭감을 권고하거나 소련의 통제를 강화하는 방식을 오갔다. 현장에서 일하는 하급 전문가·분석가·첩보원이 곤경을 피하는 최선의 방법은 소련에서 하던 방식과 마찬가지로 단지 계획을 달성했다는 보고서를 작성해 상부에 보내는 것뿐이었다.

소련 정치국원과 그 주변의 핵심 보좌진 중 절대 다수는 1970년대 말까지 소련의 제3세계 개입을 계속해서 지지했다. 대부분의 당 지도부에 남반구에서 소련이 새로 차지한 지위는 초강대국으로서 소련의 입지뿐 아니라, 국외의 혁명을 이끌 수 있는 능력을 보여주는 반가운 증거였다. 알렉세이 코시긴이나 안드레이 키릴렌코 같은 정치국의 일부 구성원은 소련 경제가 감당해야 하는 비용 때문에 제3세계 개입을 주저했다. 그러나 이와 같은 견해는 새로운 주장이 아니었으며, 전반적인 개입 과정에 별다른 영향을 미치지 못했다. 오히려 소련 국제부와 외교부의 일부 자문단은 거의 처음으로 협력해서 선진 사회주의 국가들이 비용을 더 분담하는 식으로 이를 극복하려는 계획을 짜기 시작했다. 개입 비판론자들은 대체적으로 자신의 입장을 고수했으나, 그런 권고는 부처 바깥으로 확대되지 못했다. 정치국의 구성이 바뀌지 않는 한 누구도 소련 외교 정책의 전반적 재평가를 감행하는 걸 원치 않았다. 어쨌거나 해당 부처의 조언에 의거해 불과 몇 년 전 개입에 찬성표를 던졌던 사람들이 여전히 집권하고 있었다. 1970년대 말에 들어서는 1970년대의 개입주의 지지자와 비판자 모두 부침을 겪고 있는 소련 외교 정책을 극적으로 전환하거나, 정책 목표의 근본적 하향식 재개념화만이 정치국 내의 균형을 바꿀 수 있다는 데 동의했다.[112]

아프리카의 뿔 지역 사람들에게 1970년대 후반의 전쟁과 개입은 비극적인 결과를 불러왔다. 패배한 소말리아의 경우, 시아드 바레 정권이 쇠퇴하면서 국가의 존립 자체가 위험에 처했다. 마르크스주의를 버린 시아드 바레는 전후(戰後) 아랍 국가와 서방의 원조를 얻는 방안에 정권의 명운을 걸었다. 매우 적은 보상이 뒤따르자, 그는 지방에 세금과 부과금을 도입해 정부의 수입을 늘리려고 했다. 이는 1973년부터 정부가 탄압을 가하던 소말리아 내 씨족의 민심에 불을 질렀다. 에티오피아가 소말리아 정부에 맞서는 저항 운동을 선동하자 시아드 바레의 정통성은 급락하기 시작했다. 어쨌든 시아드 바레는 모든 소말리아인이 마르크스, 레닌 그리고 시아드 바레 동지로 이뤄진 사회주의 삼위일체로서 경외해야 할 존재로 교육받은 대상이었다. 그 시아드 바레가 흔들리자 소말리아 국가의 전체 구조가 흔들리기 시작했다. 1988년 시아드 바레가 멩기스투 정권과 동맹을 맺는 방식으로 마지막 국면 전환을 필사적으로 시도했을 때, 소말리아 씨족들은 이제 참을 만큼 참았다고 판단했다. 시아드 바레의 통치가 중앙집권적인 국가를 긍정적으로 볼 만한 모든 장점을 효과적으로 깎아내렸기 때문에, 시아드 바레의 실각은 정권 교체가 아니라 내전과 종족 통치로 이어졌다. 1990년대 미국의 시도를 포함해 소말리아 국가를 다시 반석 위에 올리려는 모든 시도는 현재까지도 완전한 실패로 끝났다.

에티오피아의 경우, 전쟁 승리와 소련의 지원을 통해 멩기스투는 국가와 사회를 탈바꿈하려는 시도를 더 강화할 수 있었다. 토지의 국유화와 협동농장화를 진행하자 초기에는 생산성이 일정 정도 증가했다. 그러나 1979년 이후 점차 그 수확량이 줄어들었다. 위원회의 대안은 국제적인 동맹국들로부터 도움을 얻고, 단기 산출물을 늘리기 위해 한층 집약적인 영농 방법을 쓰는 것이었다. 장작이 필요한 소농의 난립을 초래한 삼림 지대의 국유화와 함께 집약적 농업의 도입은 1980년대 초반 막대한 토양 침식으로 이어졌다. 정권이 군대와 도시를 먹여 살리기 위해 생산을 한계치까지 밀어붙이고 교만하게도 농업 생산물의 수출을 결정했을 때, 위기는 서서히 형성되고 있었다. 수확이 어려운 데다 일부 지역의 농민이 정부의 몰수를 막기 위해 생산물을 시장에서 은닉하는 바람에 농산물 공급이 크게 줄어들었다. 1984년에는 에티오피아 월로(Wollo) 지방에서만 50만~75만 명이 기아로 사망했다. 당시 정권의 구호 책임자이던 다윗 월데 기오르기스(Dawit Wolde Giorgis)의 말을 빌리면 이는 일어날 필요가 없던 기근이었다. 그 기근은 에티오피아를 황폐화시켰고, 아프리카의 뿔 지역에 사회주의를 도입하고자 했던 정권의 꿈 역시 좌절되었다.[113]

08 이슬람주의자의 도전: 이란과 아프가니스탄

1970년대는 제3세계를 둘러싼 냉전적 대립이 최고조에 이른 시기였다. 그러나 동시에 미국과 소련이라는 두 패권 국가의 이데올로기적 전제가 근본적으로 도전받은 시기이기도 했다. 1978~1979년의 이란 혁명은 마르크스주의의 영향을 받은 혁명적 좌파가 기존 질서를 타파한다는 혁명 공식을 뒤흔들었다. 기존의 혁명 공식과는 정반대로, 샤를 타도한 후 《쿠란》과 예언자 무함마드 그리고 궁극적으로 알라로부터 영감을 얻는 이슬람주의자들이 좌파를 권력으로부터 배제했다. 1980년대에 이르면 이슬람 세계에서 과거 좌파 정당의 주요 지지층이던 학생과 지식인은 정치적 이슬람 또는 **이슬람주의** 정당과 운동의 간부로 변모했다. 또 이전에는 서구적 형태의 발전을 지지했으나 그로 인한 변변찮은 경제적 발전이 문화적 자율성을 침해할 수 있음을 뒤늦게 깨달은 사람들은 이제 이슬람주의 정당을 지지하기 시작했다.[1]

이슬람주의는 20세기 초 중동에서 반(反)식민 운동에 기원을 둔 정치 이데올로기다. 위대한 예언자 무함마드의 가르침에 기초를 둔 — 현대적이면서도 범이슬람주의적인 국가를 건설하길 원했던 — 이슬람주의자들의 구상은 16세기 유럽의 종교 개혁가들과 유사했다. 종교의 본래 약속으로 돌아가자고 주장한 점, 종교적 원칙을 국가의 기초로 삼는다는 점에서 그랬다. 공산주의와 마찬가지로 이슬람주의는 정의를 핵심 구호로 강조했다. 이슬람주의자들은 서구 제국주의가 파괴한 칼리파 제도를 복원하고 정통 칼리파 시대로 돌아가면 무슬림이 신으로 회귀할 수 있다고 보았다.[2] 이슬람주의자들은 처음에는 식민지 정부로부터 박해를 받았고 이후에는 식민지 정부의 뒤를 이어 등장한, 좌·우파를 막론한 세속주의 정권의 탄압을 받았다. 이후 여러 국가의 이슬람주의자들은 지하로 잠적해 좌익 혁명 운동과 유사한 조직 형태를 채택했다. 1970년대 중반에 이르면 세속주의 정권은 인구 증가, 불안정한 경제 상황, 이스라엘의 승리로 끝난 두 차례의 중동 전쟁으로 곤경에 처했다. 이에 이슬람주의자들은 이제 그들의 시간이 왔다는 희망을 품었다. 그러나 이란의 시아파 혁명과 소련의 아프가니스탄 침공이라는 두 가지 외부 사건이 없었다면 이슬람주의는 이처럼 강력한 정치 세력으로까지 성장하지 못했을 것이다.

이란 혁명과 냉전

1954년 미국이 지원한 비밀 작전으로 모사데크 정권이 전복된 후, 이란은 중동 지역에서 미국의 가장 밀접하면서도 강력한 동맹 국가였다. 이란 독재 정권의 군주 모하마드 레자 팔라비는 석유의 공급을 보증했다. 석유는 서방에 꼭 필요한 자원이었다. 그 반대급부로 미국은 팔라비 왕조에 무기 및 군사 훈련을 지원했고, 그 결과 이란은 중동에서 가장 강력한 군사력을 갖춘 국가로 변모했다. 미국·영국과의 협력을 통해 샤 정권은 중동 지역 보수주의 소국의 안정 및 서방의 석유 시장과 아라비아반도를 연결하는 해상로의 안전을 보장했다. 1970년대 초 이란은 미국의 핵심 지역 동맹국(다른 지역의 핵심 동맹국은 브라질, 남아공, 인도네시아였다)이었으며, 닉슨 행정부는 이란을 제3세계에서 공산주의의 확산을 막는 방파제 국가로 인식했다.[3]

하지만 샤의 핵심 목표는 이란의 국제적 역할에만 국한되지 않았다. 젊은 시절 외세의 개입으로 이란이 외국과 석유 회사의 여러 세력권으로 잘게 쪼개지던 일을 목도한 샤는 이란을 합리적 정부, 성장하는 경제, 강한 군사력을 갖춘 강력한 현대 국가로 재건설하고자 했다. 이를 달성하기 위해 초기에 샤는 미국을 이란의 목표로 삼았다. 이에 호응해 미국은 존 F. 케네디 당선 이후 이란을 성공적으로 근대화를 추진하고 있는 주요 국가로서 인정했다. 아울러 이란의 민간 부문에 상당한 지원을 제공하고, 자문단을 파견하고, 군사 부문 원조도 확대했다. 국무부 비서실장을 역임한 윌리엄 브루벡(William Brubeck)은 1963년 1월 "샤는 최근 몇 달간 정력적으로 개혁 사업을 발주·추진했으며, 이는 이란의 정치적 상황과 전망을 현저하게 그리고 불가역적으로 바꾸고 있습니다. 이란 정치의 초기 배경을 규정하던 여러 요소가 사라지고, 정치 과정은 새로운 배경 속에서 움직이고, 신세력이 새로운 조건에서 작동하고 있습니다"라고 보고했다.[4]

샤의 '백색혁명(White Revolution: 적색혁명과 달리 피를 흘리지 않는다는 의미에서 '백색혁명'이라는 이름을 얻었다. 백색혁명에는 크게 토지 개혁, 산림 국유화, 국영 기업 민영화, 공업 노동자에 대한 영업 이익 분배, 여성 참정권 확대, 농촌의 식자층 확대를 위한 교육 부대 파견 등이 포함되었다—옮긴이)'은 제3세계에서 진행된 가장 야심 찬

비(非)공산주의적 근대화였다. 이 계획은 서방 경제학자와 여타 사회과학자의 도움으로 진행되었으며, 중공업과 발전소의 대규모 건설 등을 강조했다. 서방 학자들은 이란의 수출 산업(특히 섬유 산업) 효율성 제고, 신기술 도입, 해외 투자 개방을 강조했다. 또 백색혁명은 여전히 대다수 이란인이 일하고 있는 농업 분야에서 더 나은 삶의 조건(정부의 관개 수로 건설 계획 지원, 더 좋은 종자와 비료의 수입)을 제시했다. 그러나 샤는 토지 개혁과 문맹 퇴치 교육, 여성 해방을 통해 농민층의 사회 조건을 급격히 바꾸고 싶어 했다. 또 백색혁명은 경제 진보만큼의 사회 변환을 목표로 삼고 있었다.[5] 샤는 1968년 하버드대학교 명예박사 학위 수락 연설을 통해 다음과 같이 말했다.

왜 우리는 현재의 악을 우리 사회에 그대로 두어야 합니까? 우리가 실현하고자 노력하고 있는 사회와 반대되는 현재의 이란 사회를 우리는 병든 사회로 진단할 수 있습니다. ……과학·기술에 기초한 사실이 있으며, 변화의 과정을 통해 우리는 기술과 과학으로의 약진을 이끌어내야 합니다. 되돌릴 수 없는 진화적 진보는 이와 같은 변화와 연결되어 있습니다. ……예를 들어 토지 개혁, 20퍼센트의 순이익을 내고 있는 공장에서 노동자가 경영에 참여하는 것, 우리가 '백색혁명 군단'이라고 부르는 조직을 창설하는 것 등 말입니다. 여기에는 문맹 퇴치 및 보건·발전 부대 징병 제도도 포함됩니다. ……이란의 젊은이들은 마을로 파견되어 문맹자를 교육하고 보건 서비스를 개선하고, 그 마을을 전반적으로 재건합니다. 젊은이들은 마을 주민과 최신 관념뿐 아니라 진보와 문명의 원칙을 두고 대화를 나눕니다.[6]

케네디·존슨 행정부 모두 샤의 발언을 적극적으로 환영했다. 샤의 발언은 두 행정부 모두가 원했던 발전과 안보의 선행 조건인 근대화를 강조했기 때문이다. 1963년 여름 샤의 개혁 조치를 두고 이슬람 성직자 집단이 반발하는 사태가 발발하자 케네디 대통령은 샤에게 개인 서신을 보냈다. "나는 당신의 개혁 조치에 반대하는 최근의 불행한 시도와 그로 인해 발생한 인명 피해에 위로의 말씀을 전합니다. 나는 모든 이란인에게 사회 정의와 동등한 기회를 주려는 당신의 노력을 이란 국민이 깨달을 때, 그와 같은 시위는 점차 사라지리라 확신합니다." 그리고 다음과 같이 덧붙였다. "그뿐만 아니라 나는 경제의 활력과 성장이야말로 지금 추진하고 있는 기본적인 개혁 조치를 가능케 할 것이라는 데 당신 역시 동의하리라 생각합니다."[7] 이어 케네디는 샤에게 미국 경제 모델의 이점을 전해주었다. 케네디와 존슨 중 누구도 샤의 근대화 계획으로 인해 과거 샤를 지지했던 보수층과 성직자들이 샤를 향한 반감을 키우고 있다는 사실에 주의를 기울이지 않았다. "샤는 이제 2년 전보다 더욱더 적은 비중의 지배 엘리트를 대변하고 있을 뿐입니다." 국무부 정책기획국의 윌리엄 폴크(William R. Polk)는 1963년 12월 테헤란을 방문한 후, 당시 월트 로스토 정책기획국장에게 이렇게 보고했다. "저는 우리가 2년 전보다 더 좋은 상황에 있다고 생각하지 않습니다. 반대로 우리가 상당히 나쁜 상황에 놓여있다고 봅니다."[8]

1963년 백색혁명이 추진되자 샤를 유약한 인물로 보고 있던 이슬람 종교 지도자들은 샤의 개혁 조치에 일제히 반대 목소리를 높였다. 이란 인구에서 다수를 차지하는 시아파는 그 이전의 이슬람주의 사상과는 접점이 거의 없었다. 하지만 대다수 시아파는 그들의 지도자 아야톨라(Ayatollah)가 공식적인 정책 방향을 제시해야 한다고 생각하고 있었다. 게다가 샤의 백색혁명은 종교계의 영향력과 신념에 대한 직접적 도전으로 보였다. 아야톨라 중 한 명인 루홀라 호메이니(그때까지는 이슬람 신비주의 전문가로 알려져 있었다)는 1963년 저항 당시 샤에게 공개적인 경고를 날리며, 샤가 이슬람과 이란의 주권을 손상시키고 있다고 지적했다.

이 저주받은 모자란 이여, 당신은 이미 마흔 다섯 살이나 먹지 않았는가. 지금이 모든 것이 당신을 무엇으로 이끌고 있는지 이제 조금은 스스로 생각해야 할때 아닌가. ……당신은 상황이 어느 순간 바뀔 수 있다는 사실을 전혀 모르고 있고, 지금 당신을 둘러싼 친구들이 언제까지 친구로 남을지도 모르고 있다. 그들은 달러의 친구들이다. 그들에게는 종교도 없고, 충성심도 없다.[9]

샤에게 훈계를 내린 대가는 혹독했다. 이후 호메이니는 14년간 망명 생활을 해야만 했다. 처음 터키에서 시작된 호메이니의 망명 생활은 이라크(호메이니는 1965년 터키를 떠나 이라크의 시아파 성지 나자프로 거처를 옮겼다―옮긴이)를 거쳐 최종적으로 프랑스 파리로 이어졌다. 해외 망명 생활을 통해 호메이니는 이슬람주의 신념과 샤에 반대하는 좌파의 조직 노선을 결합한 이슬람주의 노선의 주창자로 변모했다. 1970년대 초 호메이니는 군주제 철폐를 위한 이슬람 혁명 운동과 종교 전문가들이 이끄는 샤리아(Sharia, 이슬람 율법)에 기초한 이슬람공화국 수립이 이란에 필요하다고 결론 내렸다. 호메이니는 다음과 같이 설교했다. "입헌군주제와 공화국 체제 같은 정권에서는 인민이나 군주의 대표가 입법 과정에 참여하지만 이슬람 정부에서는 의회와 법을 만드는 권능은 오직 전지전능한 신에게 귀속됩니다. 바로 이런 점에서 입헌군주제, 공화제 그리고 이슬람 정부는 근본적으로 다릅니다."[10] 달리 말하면 세속 국가 제도를 수용한 무슬림 국가는 모두 신성모독 행위를 자행하고 있으며, 이는 특정 상황에서는 불신자로부터 무슬림을 해방하는 '성전(聖戰)', 즉 지하드(jihad)가 필요하다는 의미이기도 했다.

호메이니와 그 추종자들이 보기에 미국과 연결된 샤의 개혁에는 희망이 보이지 않았다. 이란에서 추방되기 전 마지막 설교에서, 호메이니는 이란의 왕정을 두고 다음과 같이 말했다.

당신에게 미군과 군사 자문단은 무슨 용도인가? ……나는 왜 이렇게 그들이 백색혁명에 야단법석을 떠는지 이해할 수 없다. 신은 산속 깊은 마을이나 중심지로부터 먼 지방에서는 굶주림으로 가득한 민중, 힘든 상황을 겪고 있는 농민이 많다는 사실을 알고 계신다. ……이란 국민이 오늘날 샤를 매우 혐오하고 있다는 사실을 미국 대통령이 알게 하자. 샤는 우리 무슬림 국가에 불의를 강요하고 있기 때문이다.[11]

샤뿐 아니라 미국도 호메이니의 경고에 주목하지 않았다. 1970년대에 이란은 미국의 가장 중요한 지역 동맹국이었다. 아마 이스라엘만이 미국에 이란보다 더 중요한 동맹국이었을 것이다. 급진 아랍 국가들과 달리 샤는 이스라엘과 협력하기 시작했다. 미국-이스라엘-이란이 협력하게 된 주요 계기는 아흐마드 하산 알바크르와 사담 후세인이 이끄는 이라크 바트당 정권의 출현이었다. 좌익 세속주의 정권인 이라크는 소련과 협력하고 있었다. 1972년 5월 말 모스크바 정상 회담을 마치고 돌아오는 길에 테헤란을 방문한 닉슨 대통령은 샤에게 "아랍 급진주의와 소련의 무기도 아랍인의 목표를 달성할 수 없다는 점을 보여줌으로써" 이 지역의 세력 구도를 미국에 유리한 쪽으로 유지하고자 한다고 설명했다.[12] 미국은 무스타파 바르자니(Mustafa Barzani)의 쿠르디스탄민주당이 주도하는 이라크 북부의 쿠르드 분리주의 운동을 활용해 이라크 상황을 불안정하게 만들고자 했다. 쿠르디스탄민주당은 이란, 미국, 이스라엘로부터 군사 훈련 및 무기 지원을 받았다. 이들이 지원받은 무기에는 1973년 이집트와의 전쟁 때 이스라엘이 노획한 소련제 무기도 포함되어 있었다. 그러나 1974년 말부터 쿠르드 독립 운동은 소련의 지원을 받은 이라크 정부의 반격을 버티지 못했다. 결국 샤는 1975년 전격적으로 이라크와 협정을 체결하는 동시에 이라크에 일부 영토를 할양했다. 샤 정권이 쿠르디스탄민주당을 향한 지원을 끊는 대가로 이라크는 이란인 망명자(이를테면 아야톨라 호메이니)를 억제하는 정책을 취했다. 국경을 통한 이란의 지원이 끊기자 쿠르드족은 재앙에 직면했다. 바르자니는 키신저에게 보낸 서신에서 이렇게 썼다. "모두의 침묵 속에서 우리의 운동과 민중은 믿을 수 없는 방식으로 파괴되었습니다."[13] 당시 인도차이나 문제에 집중하고 있던 미국 행정부는 샤의 의중을 되도록 거스르고 싶지 않았기 때문에 CIA의 지원을 호소한 쿠르드 지도자의 절박한 요청에 응답하지 않았다.[14]

1976년 말엽 샤의 백색혁명은 명백하게 곤란한 상황에 처했다. 이란 정부는 1970년대 초 유가 상승에 힘입어 급속한 경제 팽창 정책을 추진해왔다. 특히 비(非)석유 산업 분야는 국내총생산에서 차지하는 비중이 1972~1976년 2배로 늘었다. 1인당 소득은 3배 넘게 증가했고, 정부 지출은 7배 이상 늘어났다. 1973~1978년의 발전 계획을 새로 유입된 석유 수입을 반영해 조정했다. 결과적으로, 당시 이란 경제가 흡수할 수 있는 양보다 훨씬 많은 돈과 투자가 유입되었다. 1975년부터 인플레이션이 만연하기 시작했고, 부패와 경제 불평등이 증가했다. 토지에 대한 투기 또한 심해져 백색혁명으로 이뤄진 토지 개혁의 성과가 무너졌다. 석유를 통한 수입이 크게 늘어났지만 샤가 원했던 수준의 정부 지출을 맞추지 못했기에 세금 부담이 증가했고, 1960년대식의 외채 도입이 그 어느 때보다 늘어났다. 노동자의 불만을 상쇄하기 위해 정부는 최저임금제를 도입할 수밖에 없었다. 또 "무책임한 부자와 국가의 기생충(중산층 조세 회피자)"을 겨냥한 반(反)투기 운동과 더불어 엄격한 가격 통제 정책을 실시했다.[15]

이 새로운 정책의 결과, 샤 정권과 백색혁명에 반대하는 세력이 최대로 결집했다. 1970년대 후반에 이르면 좌파뿐 아니라 성직자, 대규모 토지 소유자까지 샤 정권이 착취적이고 야만적이며 정의롭지 않다고 여겼다. 그뿐 아니라 많은 노동자와 신중산층, 가게 운영자, 산업가 역시 이 대열에 합류했다. 1977년 중반 샤는 결국 미국 및 서방에서 훈련받은 이란 경제학자의 조언을 수용해 성장 둔화 정책을 시행했다. 그러나 유가가 다시 안정되기 시작하면서 정부 지출 감소는 매우 심각한 경제 후퇴로 이어졌다. 이는 이란 사회 전 영역에 큰 충격을 주었다. 더 이상 공공 부문에서 직장을 얻을 수 없게 된 신중산층의 젊은이들은 정권에 속았다고 생각하기에 이르렀다. 실업자가 늘어나면서 폭압적인 샤 정권을 향한 노골적인 비판이 쏟아졌다. 자유주의 정책과 사법 개혁을 통해 이들을 회유하고자 하는 샤의 정책은 잘 통하지 않았다. 1977년 말 암을 앓고 있던 모하마드 레자 팔라비는 1950년대 초 모사데크의 실각 이후 가장 큰 위기를 맞이했다.[16]

지미 카터 미국 행정부는 이란의 위기를 매우 주의 깊게 살피고 있었다. 남베트남의 사이공 함락 1년 뒤 대통령으로 선출된 카터는 자유민주주의와 미국적 가치를 확산하는 데 미국의 책임이 있다고 강조했다. 그러나 카터는 전임 민주당 출신 대통령들이 즐겨 사용했던 공개 개입이라는 방식을 취하지 않았다. 결과적으로 카터 행정부의 초기 제3세계 정책은 분열적이었다. 미국으로부터 무기나 대출을 원하는 제3세계 국가에 미국식 규범을 소개하는 한편, 카터는 미국이 제3세계에서 공산주의 확산을 막아야 한다고 확신했다. 카터가 생각한 최고의 방법은 미국적 이상의 확산이었다. 전직 조지아 주지사로서 외교 정책 관련 경험이 전혀 없던 카터(1975년 카터의 일본 방문은 거의 취소될 뻔했다. 이는 카터의 선거 운동원 중 누구도 여권을 갖고 있지 않았기 때문이다)는 1977년 11월 샤를 만나 좀더 많은 개혁을 추진해야 할 필요가 있다고 목소리를 높였다. 프랭클린 루스벨트 이후 미국의 모든 대통령을 만나본 경험이 있는 샤는 카터와 대면한 후, 군사력을 동원해 반대 세력을 탄압하는 행위를 미국이 지원하지 않으리라는 걸 재빨리 눈치챘다.[17]

이란과 관련해 카터의 가장 큰 실책은 1978년 1월 샤를 방문하기로 한 결정이었다. (이 여행은 로절린 카터 여사가 신년을 카터 부부의 새로운 친구인 샤 및 황비와 함께 보내는 게 좋겠다고 생각했기 때문에 성사되었다고 한다.) 이는 미국 대통령의 역대 국빈 방문 행사로 보아도 아마 가장 최악의 순간이었을 것이다. 샤는 테헤란에 도착한 카터 대통령 앞에서 반대 세력을 압도하고 있다는 인상을 주어야 했다. 이를 위해 샤의 지도력에 '존경과 칭찬과 사랑'을 표현하는 행사를 준비했다. 그러나 1월 중순부터 테헤란을 비롯한 여러 다른 도시에서 발생한 시위는 샤를 매국노로 비난하고, 망명을 떠난 아야톨라 호메이니를 애국적 인사로 치켜세웠다. 1978년 9월 8일 경찰이 일부 거리를 다시 통제하는 데 성공했지만, 이후 테헤란에서 일어난 시위 때 100명 넘는 시민이 경찰의 진압으로 사망했다. 이로써 정권이 민중을 통제하고 있지 못하다는 게 분명해졌다. 9월 시위 이후 좌파와 온건 이슬람 그리고 이슬람주의자가 모두 샤에 대항하는 연합 전선을 형성했다. 호메이니는 이들의 상징적 구심점이었다.[18]

미국의 이란 전문가들은 이슬람주의자가 아니라 이란 좌파를 미국 입장에서 가장 큰 위협 세력이라고 판단하고 있었다. 이들은 이슬람주의자와 좌파 두 세력이 연합해 단일 전선을 형성하리라는 걸 상상도 하지 못했다. 미국 국무부는 1963년의 대규모 위기를 이렇게 분석했다. "이란 내 공산당의 선전(宣傳)은 반종교적 색채를 띠고 있으며, 샤의 개혁에 동조적입니다. 반면, 물라(mullah) 집단은 전통적으로 러시아와 공산주의에 부정적입니다."[19] 즉 이란 혁명을 바라보는 미국의 시각은 냉전식 사고 틀에 갇혀 있었고, 샤 정권에 반대하는 운동이 이란의 공산주의 정당인 투데당에 이익이 될 것이라고 보았다. 미국이 보기에 투데당은 근대성의 대안적 형태인 소련식 사회주의를 대변했으며, '반동적인' 이슬람주의자(미국인의 눈엔 마땅히 장점이 보이지 않는 부류)와 달리 충분한 집권 능력을 갖춘 세력이었다. 온건 이슬람 반대파 및 이슬람주의자와 개별적 접촉(호메이니는 미국과의 접촉을 강력하게 반대했다)을 추진하던 CIA와 미국 대사관은 현재로서는 샤를 지원하는 것이 유일한 대안이라고 결론 내렸다.

이라크의 사담 후세인 정권에 의해 추방(이는 호메이니가 절대 잊지 않은 굴욕이었다)당한 호메이니는 1978년 가을부터 새로운 망명지 파리에서 이란의 반대 운동을 지도했다. 오디오, 비디오테이프, 삐라를 통해 유통된 호메이니의 언설은 민중에게는 파업과 시위를 독려하고, 군대에는 불경한 정부에 대항하라고 촉구했다. 호메이니는 정치 의제를 폭넓게 설정하기 시작했고 여기에는 독립, 민주주의, 자유라는 가치가 포함되었다. 물론 이 중 대다수는 그 앞에 '이슬람적'이라는 수식어가 붙었지만 말이다. 반대파를 비롯한 모든 정파가 파리에 있는 호메이니 편에 서기 시작했다. 이는 호메이니가 샤에 대항하는 광범위한 세력을 이끌고 있다는 인상을 주기에 충분했다. 그러나 새로운 국가를 어떻게 이끌지를 두고 호메이니는 새로운 동료들의 영향을 거의 받지 않았다. 반대로 호메이니는 그들의 세속주의를 경멸했다. 호메이니는 그들에게 이슬람의 진정한 길로 돌아오라고 훈계하기도 했다. 호메이니는 오직 그와 같은 방법을 통해서만 그들이 혁명에 통합될 수 있다고 믿었다.[20]

1978년 12월 약 100만 명의 시위대가 테헤란으로 행진하며 군주제 폐지와 호메이니의 복귀를 요구하자 샤 정권은 마침내 붕괴했다. 시위는 시아파에게 매우 중요한 모하람(Moharram) 달의 아슈라(Ashura) 기간 중에 진행되었다. 아슈라는 7세기 이맘 후사인(Imam Hussain)의 순교를 기리는 시아파의 성스러운 기간이었다. 시위대의 구호는 시아파의 상징으로 가득했으며, 희생과 정화의 필요성을 강조했다. 초기 시위에서 정치·경제적 요구가 많았다면, 희생과 정화는 호메이니가 원하는 구호이기도 했다. 모하람 시위는 샤 정권의 무력함을 보여주는 동시에, 반대 진영에서 이슬람적 담론의 영향력이 커지고 있다는 사실을 확인해주었다. 1979년 1월 16일 이란을 떠난 샤는 다시는 귀국하지 못했다. 샤가 마지막으로 임명한 모사데크주의 민족주의자 샤흐푸르 바크티야르(Shahpur Bakhtiyar)는 호메이니가 임명한 이슬람 혁명위원회에 권력을 점차적으로 이양했다. 2월 1일 호메이니는 많은 평범한 이란인의 환영을 받으며 테헤란으로 돌아왔고, 이맘(Imam)—구원을 위해 돌아온 예언자의 후예—이라는 칭호를 얻었다.

이란 혁명은 초강대국의 지배에 대항하는 제3세계 반대 운동의 중요한 기점이 되었다. 제2차 세계대전 이후 미국에 대항하는 주요 세력은 좌파였다. 그러나 호메이니가 테헤란으로 복귀하고 이슬람공화국이 수립되자, 미국에 대항할 수 있는 대안 세력—정의를 인간의 결정이 아니라 신의 이름으로 정당화하는 세력—이 현실화되었다. 이슬람주의는 제3세계 자체에 집중한 이데올로기를 제공했으며, 소련과 미국이라는 두 나라의 서구적 근대화 계획을 비난했다.[21] 마치 혁명이 최고조에 달했을 때 테헤란에서 인터뷰에 응한 학생 운동가의 말처럼 말이다.

제국주의는 우리를 착취하며, 온 세계를 지배하고 있습니다. 제국주의는 모든 이를 비굴하게 만들고, 그 자신은 모든 이의 주인이 되고자 합니다. 미국은 사업의 관점에서 이란인과 이란을 좋아할지도 모릅니다. 반면 이슬람공화국은 정의의 관점에서 모든 자유로운, 그리고 독립된 정부를 지지합니다. 인민이 스스로 이슬람공화국을 만들어냈으며, 이슬람공화국은 모든 사람이 원하는 정부 형태입니다. 이 정부는 자유의 친구이자 제국주의·공산주의의 적입니다. 미국 같은 나라는 자유를 원하는 이에게 자유를 주지 않으며, 그들에게 이익이 되는 계급만을 좋아할 뿐입니다.[22]

그러나 **서구적** 근대성을 비난했지만, 이란 이슬람주의자들은 근대성이 제공한 기술과 조직 방법까지 버리지는 않았다. 호메이니는 무슬림이 현대적 발전을 이해하고, 그 현대적 발전을 향한 접근을 늘려야 한다고 줄곧 강조했다. 물론 물질이 무슬림의 사고를 지배하는 것에 대해서는 유보 조건을 달았지만 말이다. 과학의 진보는 이슬람의 목적에 따라 사용해야 했다. 호메이니의 증오는 초강대국뿐 아니라, 정통 이슬람만을 고집하는 일부 성직자를 겨냥하고 있었다. 호메이니의 아들 아흐마드는 호메이니의 업적을 다음과 같이 언급했다. "호메이니의 위업이 이슬람공화국을 수립한 데 있다고요? 그렇지 않습니다. 아버지가 이맘이 되고 이슬람 운동을 역사적 승리로 이끌 수 있었던 이유는 구식의, 어리석은, 허세로 가득찬, 반동적인 성직자 계층과 싸웠다는 데 있습니다."[23]

호메이니의 신정권에게 미국과의 대립 또는 소련과의 대립(특히 호메이니는 소련의 아프가니스탄 침공 이후에는 소련을 강력하게 비판했다)은 이란의 혁명성과 종교적 정당성을 확인할 수 있는 계기였다. 1980년 9월 메카로 가는 순례자에게 보낸 메시지를 통해 호메이니는 국제적 연대와 믿음을 위해 희생할 수 있는 무슬림의 의지에 호소했다.

중립국들이여, 나는 미국이 우리 모두를 파괴하려는 계획을 갖고 있음을 폭로하고자 합니다. 당신들의 사리 있는 판단을 통해 당신들과 공동의 목표를 지닌 우리를 도와주십시오. 우리는 우리 자신의 힘으로 나라를 다스리기 위해 소련이라는 동방과 미국이라는 서방을 모두 등졌습니다. 그렇다고 해서 우리가 동방과 서방의 공격을 모두 받아야 하는 것입니까? 우리의 입장은 세계의 현재 상황과 비교할 때 역사적 예외에 해당합니다. 그러나 우리가 죽거나 순교자가 되거나 패배할 수는 있지만 우리의 목표는 결코 패배하지 않을 것입니다.[24]

호메이니의 반미적 수사법을 거슬러 했지만, 카터 행정부의 많은 이들은 이란 신정권과 일정한 형태의 잠정 협정 체결이 가능하다고 믿었다. 이란-미국 간 문제의 근원은 미국이 이란 내 좌파를 지원하는 데 있다고 생각했기 때문에 국가안전보장회의에서 CIA와 지역 전문가들은 호메이니 정권의 내부자와 연락을 유지하기 위해 노력했다. 이러한 태도는 '이맘을 따르는 학생 집단'이 미국 대사관을 점거하기 전(1979년 11월 4일부터 444일 동안 지속된 사건—옮긴이)까지 이어졌다. 호메이니가 미국 대사관 점거를 공개적으로 지지하고 샤의 미국 방문을 이유로 미국 대사관 직원을 인질로 삼자, 미국은 이슬람주의자가 투데당과 이란 좌파보다 더 다루기 어려운 강력한 적이라는 점을 명확하게 인식했다. 실패로 돌아간 카터의 대사관 구출 작전(1980년 4월 24일 미 대사관 인질들을 구출하기 위해 실시한 '독수리 발톱 작전'을 말한다. 이 작전은 처참한 실패로 끝나고, 그 결과 카터의 인기는 급추락했다—

옮긴이)은 이란 혁명을 상대하는 미국의 무능력을 보여주었다. 위상과 권위를 강화한 호메이니는 이를 계기로 자신에게 반대하는 이란 내부 세력을 외부 지원을 받는 반혁명 세력으로 몰아 제거할 수 있었다.

이란 혁명을 바라보는 소련의 견해는 많은 점에서 미국과 닮아 있었다. 소련공산당 중앙위원회 국제부가 판단하기에 이란은 1945년 당시부터 혁명이 일어날 가능성이 가장 높은 국가 중 하나였다. 소련은 투데당과 이란 좌파뿐 아니라, 샤에 반대하는 이슬람 반대파와 밀접한 관계를 맺고 있었다. 처음에 소련은 1977~1978년 위기 이후, 샤의 권위주의 정권을 모사데크 정부와 유사한 형태의 민족주의적 입헌 정부가 대체할 것이라고 예측했다. 그러나 1978년 말 모하마드 레자 팔라비의 퇴진이 확실해지고 이란 내 파업이 거세지면서, 소련공산당 국제부는 투데당이 향후 이란 정치에서 상당한 역할을 할 수 있을 것으로 기대하기 시작했다. 이와 같은 정세 인식은 투데당 서기장 누레딘 키아누리(Nureddin Kianuri)의 보고를 통해 강화되었다. 소련은 투데당에 호메이니를 혁명 지도자로 인정하고 그와 밀접한 접촉을 유지하는 전략을 추천했다. 투데당 지도부는 성명서를 통해 "단숨에 사회주의를 건설하지 않고 반제국주의 투쟁의 성과를 공고화하는 데 총력을 다할 것"이라고 발표했다. 이어 성명서는 "호메이니의 지도력 아래 반제국주의 투쟁이 적극적으로 진행되고 있음은 명백하다"고 언급했다. "바로 그런 이유에서 가장 중요한 좌파 세력들과 투데당은 호메이니 뒤를 따를 것이다."[25]

1979년 중반, 이란 문제를 둘러싼 매우 다른 두 가지 접근법이 소련에서 등장했다. 하나는 소련공산당 국제부 책임자 보리스 포노마료프가 주장했는데, 정치국 내부에서 다수의 지지를 얻은 점진적 접근법이었다. 이에 따르면 이란 혁명은 반제국주의 혁명이며, 언젠가는 이란 좌파에 기회가 올 터였다. 그런 의미에서 소련은 미국이 주도한 1953년 모사데크 정부 전복 같은 반혁명 조치를 분쇄해야 했다. 또 다른 접근법은 KGB 의장 유리 안드로포프가 주장한 것으로, 이슬람 성직자인 물라 집단이 가까운 미래에 이란 정치의 중심을 차지할 것이라는 의견이었다. 그는 투데당의 세력이 너무 미약하고 분열되어 있어 앞으로도 투데당이 영향력을 확보하기 어려울 것이라는 예측을 덧붙였다. 소련이 기대할 수 있는 가장 좋은 방안은 호메이니와 일정한 타협을 통해 소련을 향한 이란의 수사적 공격 수위를 낮추고, 이란과 이웃한 아프가니스탄의 공산주의 정부에 대한 이란의 간섭을 막는 동시에, 역내 소련의 주요 동맹국인 이라크와 시리아의 '반제국주의 정책'에 '어려움'을 초래하지 않는 것이었다. 테헤란 주재관으로 KGB 베테랑 요원 레오니트 셰바르신(Leonid V. Shebarshin) 소령을 파견한 목적은 이와 같은 소련 내부의 두 가지 입장을 두고 지도부가 결정을 내릴 수 있도록 이란 정세와 관련해 충분한 정보를 확보하기 위해서였다. 셰바르신이 안드로포프에게 보낸 최초의 보고서는 이 두 가지 입장이 서로 모순되지 않는다는 점을 상부에 설득하는 작업이기도 했다. 이 둘은 이란에서 소련의 단기적 기회 요소를 얼마나 낙관적으로 보느냐 정도의 차이밖에 없었다.

이란 혁명을 보는 소련 전문가의 의견 대립은 레오니트 브레즈네프의 관점에도 영향을 미쳤다. 1979년 10월 초 동독 지도자 에리히 호네커와의 대화에서 브레즈네프는 소련-이란 관계가 "그리 긍정적인 방향으로만 진행되지 않고 있습니다"라고 강조하며 "이란과 좋은 관계를 맺기 위한 우리의 노력이 이란에서 마땅한 결과를 내지 못하고 있습니다"라고 말했다. 브레즈네프는 호메이니의 좌파 억압과 소수 민족 탄압을 우려했다. 브레즈네프는 다음과 같이 말했다.

우리는 또한 다른 것들도 알고 있습니다. 이란 혁명은 이란-미국의 군사 동맹을 혁파했습니다. 특히 중동 지역과 관련해 여러 산적한 국제 문제에도 불구하고, 이란이 반제국주의 국가라는 사실은 명백합니다. 제국주의는 다시 이 지역에서 영향력을 확보하기 위해 애를 쓰고 있습니다. 우리는 이와 같은 제국주의의 시도를 무력화하기 위해 노력할 것입니다. 우리는 현재 이란 지도자와 조심스럽게 협력하면서, 이들과 함께 평등하고 상호 호혜적인 관계의 토대를 만들고자 힘쓸 것입니다.[26]

1979년 11월의 미국 대사관 인질 사건 이후, 셰바르신이 작성한 보고서의 논조는 부정적으로 변해갔다. 이란 주재 소련 대사 블라디미르 비노그라도프는 소련을 향한 호메이니의 접근 방식이 우호적이지 않은 것은 사실이지만, 이란이 두 초강대국과 동시에 대립하는 상황을 만들지 않기 위해 매우 조심스럽게 행동하고 있다고 평가했다. 반면 KGB 주재관 셰바르신은 이란의 대(對)소련 정책이 갈수록 험악해지고 있다고 평가했다. 셰바르신의 보고서는 이란의 향후 전망을 크게 세 가지 방향에서 예측했다. 하나는 미국이 성공적으로 이란에 개입해 호메이니 정권을 전복하는 안, 다른 하나는 호메이니 정권이 미국과의 의견 차이를 줄이는 안, 마지막으로 호메이니가 계속 권력을 잡으면서 반소련적 태도를 보이며 전 세계 무슬림에게 공산주의에 대항하는 투쟁을 선동하는 안이었다. 이란 정치의 향방을 감시하면서, KGB 요원들은 이란 혁명위원회의 동향과 관련한 정보를 수집했다.

비노그라도프 대사와 셰바르신의 예측은 그럭저럭 타당했다. 호메이니는 공산주의와 소련이 '또 다른 거대한 악마(다른 거대한 악마는 미국—옮긴이)'라고 공식적으로 비난했지만, 소련과의 공개적 대립은 피했다. 또 소련이 이란에서 목표로 한 것은 '키메라(chimera)'에 가까웠는데, 이는 소련 자체의 중동 정책이 그 원인이었다. 소련은 동맹국인 사담 후세인의 이라크가 1980년 9월 이란을 선제공격하는 걸 막지 못했다. 이라크-이란 전쟁은 중동 지역에 반제국주의 전선을 구축하고자 했던 소련의 계획을 수포로 만들었다. 또 투데당은 이란 내 KGB의 부지런한 정보 수집 활동으로 인해 재앙에 직면했다. 1983년 '소련의 스파이'라는 이유로 이란 이슬람주의자들은 투데당을 철저히 분쇄했다. 수천 명의 공산주의자가 체포당했고, 그중 수백 명이 처형되었다. 소련에 보여주기 위한 조치로 대다수 당 지도자의 목숨을 살려주었으나, 그 대부분이 수감 생활 중 이슬람으로 전향했다. 이는 투데당의 이데올로기 파산을 상징적으로 보여주었다. 세바르신은 이란에서 추방되었으나 곧 모스크바에서 KGB의 외국 정보 담당관으로 일하면서, 자신의 반(反)이슬람 정책을 다시 추진할 수 있는 기회를 얻었다.[27]

이란 혁명은 미국과 소련이라는 초강대국이 제3세계와 조우하는 하나의 분수령이었다. 미국 입장에서, 이란 혁명은 공산주의만이 미국의 힘에 맞서는 포괄적인 현대 이데올로기라는 생각을 무너뜨렸다. 아프가니스탄 전쟁과 소련의 붕괴 이후에야 미국은 이슬람주의가 주요한 도전이라는 점을 명백히 인식할 수 있었다. 이는 무슬림 국가들 내부에서 미국 개입주의를 향한 반감이 늘어났기 때문이다. 소련 입장에서, 호메이니의 승리는 제3세계 혁명을 바라보는 마르크스주의 이론이 맞이한 중대한 문제였다. 좌파적 신념은 '종교적 반동'을 대체할 뿐 아니라, 제국주의의 착취에 맞서는 대안이 되어야 했다. 하지만 이란에서는 그 반대의 일이 벌어졌다. 게다가 호메이니가 주창한 이슬람 국제주의는 중동 지역과 제3세계의 좌파 민족주의 및 반제국주의 운동을 향한 직접적 도전이라는 점에서 우려할 만한 일이었다. 그러나 1980년대 초까지 소련 마르크스주의자들은 이 슬람주의의 부상을 서방 제국주의와의 관련성 아래에서 파악했다. 이들은 이슬람주의 '주류'가 '객관적'으로 서방 제국주의와 관련이 있다고 보았 다. 결국 대다수 소련 정책 결정자는 이란 정권이 궁극적으로는 반공주의 를 공유하는 미국과 관계를 수립할 것이라고 판단했다.

소련과 아프가니스탄 혁명

1970년대 중반 아프가니스탄의 무하마드 다우드(Muhammad Daoud) 정 권의 상황은 많은 면에서 이웃 국가 이란의 샤가 처한 상황과 유사했다. 무하마드 다우드는 1973년 사촌인 무하마드 자히르 샤(Muhammad Zahir Shah)를 무혈 쿠데타로 축출하고 권좌에 올랐다. 다우드는 아프가니스탄 의 왕족이자 근대화주의자였으며 농업을 진흥하고, 통신 수단을 건설하 고, 중앙집권적 국가를 만들기 위해 노력했다. 그러나 세계에서 가장 가 난한 나라이자, 경사진 산맥이 여러 지역을 종족·부족별로 나누고 있는 아프가니스탄에서 다우드의 시도는 달성하기 매우 어려운 과업이었다. 사업의 성과는 미미했다. 오히려 다우드의 개혁은 지역 문제에 국가가 개 입한다는 이유로 현지 지역민의 불만을 샀다. 1977년 다우드는 정치적 위 기를 맞았다. 정권 내부에서는 개혁을 충분히 빠르게 진행하지 않는다는 비판이 나왔고, 종교계를 비롯한 현지 유력자들은 다우드 정권이 아프가 니스탄의 종족·종교적 관습을 뒤집으려 한다고 비난했다.

개혁을 위해 미국에 주목했던 샤와 달리, 다우드는 소련으로부터 근대 화 사업의 주요한 영감을 얻었다. 동시에 다우드는 미국과 소련 두 진영 모두에서 원조를 받는 등 유연한 태도를 취했다. (그만큼 아프가니스탄은 원조가 절실했다.) 소련은 1920년대부터 아프가니스탄 원조에 관여해왔고, 아프가니스탄의 민족주의 정권이 소련 남쪽 국경의 완충 지대로서 제국주의와 제국주의의 동맹국(냉전기 제국주의 국가와 협력했던 이란과 파키스탄)의 영향력을 차단해주리라 생각했다. 그러나 동시에 소련 입장에서 아프가니스탄은 지속적이고 우호적인 원조를 통해 후진적인 나라를 사회주의로 나아갈 수 있도록 돕는 하나의 실험장이었다. 근대화를 원하는 아프가니스탄 엘리트는 소련이 자국의 미래에 즉각적이고 직접적인 모델이 될 수 있다고 보았다. 아프가니스탄 엘리트는 자국의 경제와 국가를 소련처럼 바꾸고 싶어 했으나 계급 투쟁과 프롤레타리아 독재는 피하려 했다. 소련의 원조(또한 이를 통해 제공된 기술)는 아프가니스탄의 많은 도시민이 소련의 산업화 모델이야말로 아프가니스탄의 미래이며, 소련의 지원이야말로 미국의 지원을 받고 있는 이웃 국가 파키스탄과 이란으로부터 안전을 보장받는 조치라 믿게 했다. 다우드가 가장 우려한 반대 세력은 지방의 반(反)근대화론자가 아니었다. 왕족의 일원인 다우드는 지방의 토착 세력을 매수해 그들의 지지를 얻어내고 그들을 다루는 일에 능숙하다고 자부했다. 다우드가 우려한 대상은 도시에 기반을 둔 공산주의자와 이슬람주의 운동가들이었다. 그중에서도 가장 위협적 존재는 공산주의자였다. 정부와 군대 내에도 공산주의 동조자가 상당수 존재했고, 심지어 몇몇 유명한 좌파 지도자는 1973년 쿠데타 직후 초기 1년간 다우드 정권의 안정화를 도왔기 때문에 그 영향력이 상당했다. 1977년 스스로를 '건국자이자 대통령 그리고 공화국의 총리'라고 부르길 좋아했던 다우드는 좌파에 대한 숙청을 개시했다.

탄압이 시작되었을 때 아프가니스탄의 공산주의 정당, 곧 아프가니스탄인민민주당은 창당한 지 얼마 되지 않은 신생 정당이었다. 아프가니스탄인민민주당은 1965년 2개의 소규모 좌익 운동 조직을 모체로 창당되었다. 좀더 역사가 오래된 운동 조직은 '할크(Khalq: '인민'이라는 의미(이하 '할크파'로 통칭)─옮긴이)'─훗날 같은 정파에서 발행하는 잡지의 명칭으로 더 유명해진다─인데, 누르 무하마드 타라키(Nur Muhammad Taraki)가 이 단체의 수장이었다. 1917년생인 타라키는 가난한 시골에서 자란 온화한 성품의 문필가였다. 그러나 정치인으로서는 교조주의적이고 권위주의적 면모를 보였다. 타라키는 자신이 아프가니스탄 공산주의의 지도자라는 사실을 당연시했다. 타라키의 가장 가까운 동료 하피줄라 아민(Hafizullah Amin)─영리하고 정열적이며 열심히 일한다는 평을 듣고 있었다─은 1929년생으로 카불 근교 마을 하급 공무원의 아들이었다.[28] 미국 유학 생활을 한 아민은 그곳에서 마르크스주의자가 되었다. 아민은 자신을 공산당의 주요 조직가라고 생각했다. 그의 야심은 1960년대 초 할크파에 맞서 마르크스주의 공부 모임을 조직한 바브라크 카르말(Babrak Karmal)과 종종 충돌했다. 아민과 동갑인 카르말은 뛰어난 연설가이자 학생 지도자로서 명망 높은 파슈툰(Pashtun) 귀족 가문 출신이었다. 카르말이 조직한 '파르참(Parcham: '깃발'이라는 의미(이하 '파르참파'로 통칭)─옮긴이)'은 아민을 무모하고 매우 저속한 인물로 평가했다. 파르참파는 아프가니스탄인민민주당이 성공하기 위해서는 다른 정당과 폭넓은 동맹 정책을 취해야 한다고 보았다.[29] 다우드의 탄압 정책으로 할크파와 파르참파는 일시적으로 힘을 합쳤지만 두 정파는 대체로 서로 다른 행동을 취했다.

공산주의와 마찬가지로, 무슬림 세계에서 아프가니스탄 이슬람주의는 뒤늦게 성장한 편이었다. 1973년부터 시작된 다우드의 개혁과 대립하면서 부상한 이슬람주의의 지적 기원은 1950년대 후반 카불대학교에서 형성된 이슬람주의 조직에 있었다. 1940년(지은이는 1941년생으로 쓰고 있는데, 오류를 수정했다－옮긴이) 타지크(Tajik) 북부에서 태어난 부르하누딘 라바니 (Burhanuddin Rabbani)는 아프가니스탄 최초의 이슬람주의 학생 운동 지도 자로, 훗날 아프가니스탄이슬람결사(Jamiat-i Islami Afghanistan: 이하 '이슬람 결사'로 통칭－옮긴이)라고 알려진 조직을 이끈 인물이다. 급진 이슬람주의 자가 조직을 이끌었지만 이슬람결사는 아프가니스탄을 이슬람 국가로 만 들기 위해서는 사회의 다른 세력과 연합해야 한다고 보았다. 영향력 면 에서 라바니의 경쟁자는 그보다 상대적으로 젊은 굴부딘 헤크마티아르 (Gulbuddin Hekmatyar)였다. 헤크마티아르는 1947년생으로 아프가니스탄 북부 길자이파슈툰(Ghilzai Pashtun) 지역에서 태어난 급진 이슬람주의자였 다. 이슬람주의 운동에 참여하기 전 헤크마티아르는 카불대학교에서 공 학을 공부했다. 공산주의에 흥미를 가졌던 헤크마티아르는 공산당의 조 직 원리를 다수 차용했다. 카불과 잘랄라바드의 각급 학교와 대학교에 지 하 조직을 유지한 채 많은 주요 이슬람주의 지도자들은 1973년 12월 쿠 데타 시도가 실패로 돌아가자 파키스탄으로 망명을 떠났다. 다우드 정권 에 맞서 투쟁하라는 이슬람주의자의 호소는 대중적 지지를 얻지 못했다. 오히려 다우드 정권은 이를 이슬람주의에 동조하는 많은 이를 탄압하는 빌미로 삼았고, 거의 600명에 가까운 이슬람주의자를 처형했다.[30]

파키스탄에서 아프가니스탄 이슬람주의자는 놀랄 정도의 환대를 받았 다. 당시 집권하고 있던 파키스탄의 줄피카르 알리 부토(Zulfikar Ali Bhutto) 정권이 이슬람주의와 거리가 먼 세속주의 정권이었음에도 그랬다. 심지 어 파키스탄 정부는 이슬람주의자의 목표를 지원하겠다는 의사를 표명 했다. 파키스탄이 아프가니스탄 이슬람주의자를 지원한 동기는 매우 실 용적이었다. 부토는 이슬람주의자를 활용해 아프가니스탄 다우드 정권의 친파슈툰 행보를 견제하고자 했다. 다우드 정권의 정책이 아프가니스탄 뿐 아니라 파키스탄의 파슈툰족에게도 상당한 영향을 미치고 있었기 때문이다. 이뿐 아니라 파키스탄 군부와 정보국에 있던 파키스탄 이슬람주의자들은 아프가니스탄 이슬람주의자의 대의를 돕고 싶어 했다. 무함마드 지아 울하크(Muhammad Zia ul-Haq) 장군이 1977년 7월 쿠데타로 집권한 후 아프가니스탄 이슬람주의자를 향한 파키스탄의 지원은 더욱 확대되었다. 아프가니스탄 국내에서 제한적 형태로밖에 인재를 충원하지 못한 이슬람주의자의 약점은 파키스탄의 든든한 지원으로 충족되었다.

소련은 다우드 정권의 전반적인 진행 방향에 만족을 표했다. 소련은 초기 마르크스주의 공부 모임 형성 때부터 아프가니스탄 공산주의자와 긴밀한 접촉을 유지했다. 마르크스주의 공부 모임에 자금을 지원하고 첩보용 정보를 제공하며 아프가니스탄 내부에서 공산주의자들이 영향력을 확장할 수 있도록 도왔다. 1977년 다우드 정권이 좌익과 결별하자, 소련은 이와 같은 다우드의 조치가 소련과의 관계에 미칠 영향을 우려했다. 특히 KGB는 아프가니스탄과 파키스탄의 긴장 완화를 감지했다. 이에 대응하기 위해 소련은 아프가니스탄 정치에서 아프가니스탄인민민주당의 중요성을 더욱 강조하며, KGB 기지를 통해 종종 아프가니스탄 공산주의자들이 다우드 정권의 탄압으로부터 탈출하는 일을 도왔다. 다우드 정권의 탄압에도 불구하고 소련은 바브라크 카르말과 파르참파(소련은 아프가니스탄인민민주당 정파 내에서 파르참파를 줄곧 선호했다)의 다른 인사들에게 소련이 아프가니스탄 공산주의자가 다우드 정권 내에서 일정한 형태로 협력하는 방안을 선호한다고 귀띔하기도 했다. 1978년 4월 25일 다우드가 많은 아프가니스탄인민민주당 지도자를 체포했지만 소련은 다우드 정권과의 협력노선을 고수했다. 아프가니스탄 주재 소련 대사관은 소련의 조언이 아프가니스탄 공산주의자들에게 통하지 않을 것이라고 경고했다. "현재까지 인신의 자유를 누리는 아프가니스탄인민민주당 중앙위원회 인사 중에는 극단적 행동을 취해 우리에게 위험을 초래할 인물이 있습니다. 그들은 다우드 정권이 파견한 특수 기관의 선동으로 폭력 혁명을 일으킬지도 모릅니다. 우리는 현재와 같은 상황에서 이런 극단적 행동이 아프가니스탄 내 진보 세력의 패배로 이어지리라 판단하고 있습니다."[31]

1972년부터 아프가니스탄 주재 소련 대사를 역임해온 알렉산드르 푸자노프(Aleksandr Puzanov)는 아프가니스탄에 있는 다른 외교관들과 마찬가지로 1978년 4월 27일 카불에서 발발한 할크파의 쿠데타에 심히 놀랐다.[32] 쿠데타 이후 모스크바로 전송한 포괄적인 정세 보고서에서 푸자노프 대사는 신생 정권 및 그 정권의 권력 장악과 관련해 냉정한 평가를 내렸다. "쿠데타는 아주 엉터리로 준비되었으며, 쿠데타의 주역인 누르 무하마드 타라키와 하피줄라 아민은 모두 극좌적 목표에 휘둘리고 있습니다. 그러나 분명히 아프가니스탄인민민주당 정권은 '노동자 대중'의 이익을 대표하고 있습니다. 신정권의 출범은 '노동자 대중'의 이익을 대변한다고 선전했으나 부르주아적 성격을 더해가던 다우드 정권을 향한 노동자 대중의 불신을 표현한 것이었습니다." 푸자노프는 신생 정부가 "친소련 노선으로 나아갈 가능성"을 예측하며 "이를 통해 아프가니스탄에서 소련의 지위를 공고히 하고 강화할 수 있을 것"이라고 말했다. 혁명 지도부는 아프가니스탄의 모든 지역을 통제하고 있는 듯했고, 다우드 지지자를 겨냥한 '대항 조치'를 실시했다.[33]

푸자노프 대사에 따르면, 신생 정권과 관련해 가장 큰 문제는 아프가니스탄인민민주당 내부에서 끊임없이 계속되는 정파 투쟁이었다. 푸자노프는 소련에 있는 상관에게 아프가니스탄인민민주당 내부에 2개의 주요 정파가 있다고 설명했다. "할크파와 파르참파는 차라리 2개의 독립적인 정당 조직이라고 할 수 있습니다. 이 둘은 오랫동안 상호 불신과 두 조직 지도자 간 다툼으로 적대감이 극에 달한 상태였습니다. '혁명'은 이 둘 사이의 분열을 해소하지 못했고, 특히 신생 정권 대부분의 인사를 할크파에서 충원하면서 그 간극은 더욱 커진 상태입니다." 이어서 푸자노프는 "아프가니스탄 지도부의 차이를 극복할 수 있도록 여러 조치를 취해보겠습니다"라고 보고했다.[34]

푸자노프는 이후 19개월 동안 아프가니스탄에서 이와 같은 '조치'를 취하기 위해 노력했다. 하지만 이는 매우 곤란한 과업이라는 사실이 드러났고, 푸자노프의 조치는 아프가니스탄인민민주당 내의 조화를 이끌어내지 못했다. 이는 아프가니스탄 대통령 2명의 사망과 1979년 소련군의 크리스마스 침공으로 이어졌다. 아프가니스탄인민민주당은 하나의 정치 조직으로 기능하기에는 지나치게 분열되어 있었다. 파르참파는 할크파와 그 지도자 타라키와 아민을 '혁명적 몽상가'라고 비꼬았으며, 그들이 아프가니스탄 정치를 전혀 모른다고 지적했다. 다른 한편 할크파는 바브라크 카르말과 그 밖의 파르참파가 '왕족 공산주의자'이며 다우드 정권과 초기에 협력해왔다고 비난했다.

이 두 조직은 소련의 지원을 받기 위해 수년간 경쟁해왔고, 이와 같은 경쟁은 4월 쿠데타 이후에도 지속되었다. 부총리와 외교부 장관을 겸임한 하피줄라 아민은 비밀리에 소련 인사와 접촉해 할크파의 지분을 요구했다. 신생 정부가 할크파 일색이라는 사실이 공공연해졌지만 아민은 "할크파 인사들은 '소비에트주의' 정신을 체화하고 있기 때문에, 소련은 할크파와 함께 일하는 게 더 쉬울 것"이라고 강조하기도 했다. "할크파와 소련 동지의 의견이 불일치하게 되면, 할크파는 지체 없이 소련 동지의 말이 옳다고 말할 것이기 때문입니다." 아민은 비꼬는 투로 다음과 같이 덧붙였다. "만약 그와 같은 상황이 똑같이 주어진다면, 파르참파는 그들의 지도자가 옳다고 말할 것입니다."[35] 아프가니스탄 외교부 장관으로서 아민은 소련에 아프가니스탄인민민주당을 재조직하는 데 따른 자신의 계획을 제시했다. 아민의 계획에 따르면, 할크파는 영향력 있는 직위에서 파르참파를 모두 배제하려 했다.[36]

타라키와의 첫 번째 공식 대화에서 푸자노프 대사는 할크파 지도자가 얼마나 소련과 긴밀한 관계를 맺고자 하는지를 똑똑히 확인할 수 있었다. 1978년 4월 29일 푸자노프 대사와의 만남에서, 타라키는 다음과 같은 말로 포문을 열었다. "아프가니스탄은 마르크스-레닌주의를 따르고 사회주의 건설의 길에 들어설 것이며, 사회주의 진영에 속합니다." 타라키 대통령은 이와 같은 정책을 "조심스럽게" 추구해야 한다고 생각했다. 그리고 당은 진짜 목표를 당분간 인민 앞에서 유보해야만 했다. 타라키는 소련과 정치·경제적으로 긴밀하게 협력한다고 천명했으나, 서방과의 충돌이 꼭 필요한 일은 아니라고 생각한다고 말했다. 타라키가 대결하고자 한 대상은 "보수적 무슬림 국가"인 파키스탄뿐이었다.[37] 5월 17일 푸자노프 대사와 다시 만난 타라키 대통령은 당 건설과 자신의 지위를 보장해줄 소련의 도움(특히 무장력)을 요청했다. 타라키는 소련 전문가의 도움이 "국가 안보"를 위해 필요하다는 점을 강조했고, 푸자노프는 즉시 소련 전문가를 파견하겠다고 약속했다.[38]

파르참파 역시 소련의 지원을 얻기 위해 노력했다. 6월 11일 푸자노프 대사를 만난 누르 아메드 누르(Nur Ahmed Nur)—내무부 장관인 동시에 파르참파에서 바브라크 카르말의 가장 긴밀한 협력자—는 푸자노프 대사에게 아민이 대통령직을 노리고 있으며, 정부 내의 파르참파 숙청을 준비하고 있다고 경고했다. "정치국은 모두 아민을 두려워하고 있습니다. 소련의 지원이 없다면 그 누구도 아민에 대항할 수 없을 것이며, 이는 서류 작업조차 없는 변변찮은 부총리직을 맡고 있는 바브라크 카르말도 마찬가지입니다. 이 국가를 이끄는 단 하나의 힘은 바로 하피줄라 아민입니다"라고 누르는 말했다.[39] 일주일 뒤 푸자노프는 카르말의 가장 친밀한 동맹자 중 한 명인 술탄 알리 케슈트만드(Sultan Ali Keshtmand)를 만났다. 케슈트만드는 푸자노프 대사에게 아프가니스탄인민민주당 내의 정치적 갈등이 매우 심각하다고 전했다. 케슈트만드는 이렇게 강조했다. "불행히도 어떤 사람들은 그들 자신이 당 기구라고 믿고 있습니다. 또 이 사람들(당연히 이는 아민과 타라키를 지칭하는 말이었다)은 소련과의 연계 강화를 임시적인 정책이나 전술적인 책략으로 생각하고 있습니다." 누르와 케슈트만드는 모두 푸자노프 대사에게 바브라크 카르말을 지원해달라고 요청했다.[40]

소련 대사 푸자노프는 이에 동의했다. 다음 날인 6월 12일 푸자노프는 바브라크 카르말의 지위를 논의하기 위해 타라키 대통령을 만났다. 푸자노프는 타라키 대통령에게 자신이 최근에 만난 카르말과의 대화를 소개하면서 카르말이 타라키와 아민을 칭찬했으며 "혁명을 대하는 카르말의 태도는 문제를 일으키지 않는 것"이라고 설명했다. 그러나 타라키는 단호했다. 파르참파의 영향력을 줄이는 데 골몰하고 있던 그는 푸자노프 대사에게 말했다. "당은 단결되어 있으며, 그 단결은 점점 더 강해지고 있습니다." 그리고 다소 격앙된 목소리로 "우리는 당의 단결에 반대하는 자들을 타도하기 위해 증기 롤러(steam-roller: 공사용 차량으로, 증기를 통해 지반을 평평하게 하는 차량—옮긴이)처럼 행동할 것입니다"라고 덧붙였다.[41]

아민이 제안하고 타라키가 동의한 파르참파 숙청은 1978년 7월 1일 개시되었다. 카르말·누르·케슈트만드는 모두 내각 지위에서 해임되었고,

카르말은 7월 5일 체코슬로바키아 주재 대사로 임명되었다. 이는 자신을 아프가니스탄 혁명의 지도자로 생각한 카르말에게 사실상의 추방 조치나 다를 바 없었다. 그러나 카르말은 더 나쁜 일이 일어나지 않은 것을 푸자노프 대사와 소련에 감사해야 했다. 숙청이 개시된 7월 1일 늦은 밤, 생명에 위험을 느낀 카르말은 소련인 친구가 살고 있는 아파트로 가족을 데리고 피신했다. 아프가니스탄 내부의 충돌에 휘말릴 것을 우려한 푸자노프 대사는 아침 일찍 만나자는 카르말의 질긴 요청을 거부했다. 몇 시간 동안 상황을 지켜본 푸자노프는 아민에게 카르말의 행방을 통보해주기도 했다. 하지만 다행히 카르말은 소련의 도움을 받아 겨우 목숨만 부지한 채 체코슬로바키아로 안전하게 이동할 수 있었다.[42]

그러나 푸자노프는 아프가니스탄인민민주당의 종파 투쟁에서 중립 노선을 고수할 수 없었다. 6월 위기에 성공적으로 개입해 조정을 해냈다고 상부에 보고했던 푸자노프 대사는 8월에 외교부 장관 안드레이 그로미코와 소련공산당 국제부장 보리스 포노마료프에게 할크파가 정부 내에서 파르참파를 향한 전면적 숙청을 개시했음을 알릴 수밖에 없었다. 할크파 정권을 붕괴시키려는 카르말 추종자의 조직적인 음모를 적발했다는 이유로 타라키와 아민은 케슈트만드와 그 밖의 다른 아프가니스탄인민민주당 지도자들을 체포했다. 일주일 만에 할크파 정권은 전국적인 색출 작업을 시작해 파르참파와 그 동조자로 추정되는 인물을 모조리 체포했다.[43]

소련은 항상 할크파보다 바브라크 카르말과 파르참파의 노선에 실질적으로 더 가까웠다. 그럼에도 불구하고 푸자노프 대사는 당시 파르참파 편을 드는 방안은 그다지 도움이 되지 않으며, 약자인 카르말 편에서 개입하는 방안은 별다른 이익이 없다는 걸 잘 알고 있었다.[44] 그래서 푸자노프는 타라키나 아민을 만나도 공개적으로 숙청을 언급하지 않았고, 1978년 가을 자행된 몇 건의 체포와 처형을 두고 의문을 제기했을 뿐이다.[45] 그러나 푸자노프는 상부의 지시를 받아 타라키에게 다음과 같이 전했다. "소련은 우리의 친한 친구가 어려운 상황에 놓였을 때, 우리 정치국원 중 한 명이 비공식적으로 그 국가를 방문하는 오래된 관행이 있습니다." 아프가니스탄 대통령 타라키는 이와 같은 푸자노프의 제안을 받아들일 수밖에 없었다.[46]

아프가니스탄을 방문한 소련인은 소련공산당 중앙위원회 국제부장을 20년 넘게 역임한 보리스 포노마료프였다. 소련 외교 정책의 핵심 결정자인 포노마료프는 카불을 방문해 타라키와 아민에게 숙청을 중단할 수 있는지 물었다. "이와 같은 충돌은 매우 우려스러웠습니다." 포노마료프는 훗날 이렇게 회상했다. "그런 숙청은 아무런 실익이 없었습니다. ······ 아민에게는 아마도 다른 이를 탄압하는 이유가 있었겠지요. 그러나 이와 같이 격렬한 방식을 취할 필요는 없었습니다. 이는 아프가니스탄 혁명의 매력을 반감시켰습니다."[47] 이것도 충분치 않았는지 포노마료프는 카불을 떠나기 전 아민이 미국 정보부와 관련이 있다는 KGB의 보고를 받았다.[48] 소련 입장에서 아프가니스탄인민민주당의 상황은 "대혼란"으로 보였다.[49]

포노마료프의 방문은 아프가니스탄에 어떤 변화도 가져오지 못했다. "타라키는 내가 불만스러워하는 이유는 충분하다고 말하며, 내 조언에 고마움을 표했습니다. 그리고 모든 게 전과 크게 다르지 않았습니다."[50] 소련은 할크과 정권을 인정할 수밖에 없었고, 1978년 가을과 겨울 즈음 푸자노프 대사는 타라키 및 아민과 제한적 형태의 군사·경제 원조를 논의하라는 훈령을 받았다. 이는 12월에 있을 소련과 아프가니스탄 우호 협정 비준을 준비하라는 의미였다.[51] 이제 파르참과 지도자들은 수감되거나 동유럽에서 망명 생활을 할 수밖에 없었다.

푸자노프 대사가 아프가니스탄인민민주당 집권자와 아프가니스탄 원조를 두고 의견을 나눌 때마다, 아프가니스탄 지도부는 푸자노프가 소련에 제시한 안보다 더 많은 지원과 기술 지원을 요청했다. 일례로 타라키가 장교와 국경 수비대의 훈련 계획을 요청하자, 푸자노프 대사는 그러한 요청이 지나치게 과하다고 힐난했다. 그럼에도 불구하고 그 요청을 고집하겠다면 직접 모스크바에 방문해보라고 타라키에게 말하기도 했다. 타라키는 요청을 포기했고, 아민은 11월 중순 푸자노프 대사에게 할크파 정권이 "다른 사회주의 형제 국가나 또 우리에게 원조를 주는 우호적인 국가와 더 넓은 범위의 협력을 적극적으로 추구할 것"이라고 공언했다. 그러면서 "하지만 아프가니스탄 지도부는 소련에 최우선순위를 두고 있습니다"라고 덧붙였다.[52]

타라키와 아민의 모스크바 방문은 1978년 12월 중순에 이루어졌다. 이는 소련과 할크파 정권 관계의 분수령이었다. 모스크바 방문 이후 진행된 푸자노프 대사와 아프가니스탄 지도부의 회담은 소련이 아프가니스탄과의 협력을 매우 중시했다는 사실을 잘 보여준다. 이는 1978년 후반부터 1979년 초까지 결정적인 국면을 통과하고 있던 이란 혁명의 여파이기도 했다. 모스크바에서 돌아온 할크파 지도부는 브레즈네프가 아프가니스탄에 매우 신경을 쓰고 있다고 확신했다. 그들은 소련 대사에게 즉각적으로 새로운 원조 요청을 시도했다. 새로운 원조 계획은 이 지역에서 일어나고 있는 변화를 반영했다. 아민은 12월 28일 푸자노프 대사에게 왜 '특수 목적'의 차관 2000만 루블을 요청했는지 설명했다. "이는 국경 지역, 특히 이란에서의 정보 수집과 국내 안보 비용을 충당하기 위한 것입니다."[53]

푸자노프 대사는 할크파 정권과 장기 협정을 맺으려는 소련 지도부의 정책에 의구심을 품었다. 12월 30일 푸자노프는 타라키에게 소련-아프가니스탄 협력이 그다지 효과적이지 않다고 불평했다. 예를 들어 아프가니스탄인이 작성한 경제 지원 신청 서류는 아주 늦게 대사관에 도착했다. 게다가 이 서류는 너무나 복잡해서 이해하는 데에도 많은 시간이 걸렸다. "어떤 사람들은 타라키가 이와 같이 복잡한 문제를 이해 못 할 거라고 생각할 수도 있을 것입니다. 그는 아마도 소련 측에 얼마나 복잡한 결정 과정이 있는지 상상도 못 할 것입니다."[54]

소련 지도부는 푸자노프 대사의 주의에 귀를 기울이지 않았다. 1979년 1월 7일 정치국 회의를 통해 알렉세이 코시긴은 푸자노프에게 새로운 훈령을 내렸다. 이 훈령은 아프가니스탄에 군사·경제 원조를 제공하기 위한 발전 계획을 강조했다.[55] 새로운 지원 계획 대부분은 이반 아르히포프(Ivan Arkhipov) 부총리가 1979년 2월 말 카불을 방문했을 때 최종 조인되었다. 아르히포프가 승인한 이 계획에 따라 소련의 아프가니스탄 원조는 대폭 증가했다. 그 결과 아프가니스탄은 소련의 대외 원조를 가장 많이 받는 국가가 되었다. 타라키는 그럼에도 더 많은 원조를 원했다. 그는 일부 발전 계획을 보류하고 그 금액을 국방용으로 전용하고 싶어 했다. 또 아프가니스탄 국방부가 직접 쓸 수 있는 더 많은 대출을 소련에 요구하기도 했다.[56]

1978년 4월 쿠데타 이후, 아프가니스탄인민민주당 지도부는 당 내부 문제에 주로 집중하고 있었다. 그 결과 아프가니스탄 정권은 지방에서 장악력을 높이는 데는 많은 관심을 두지 않았다. 소련은 줄곧 아프가니스탄 지도부에 지방에서 지지를 얻기 위해 노력하라고 조언했다. 현지 관습을 존중하고, 당에 소속되지 않은 현지 지도자와 관계를 맺기 위해 더 많은 투자를 하라고 말이다. 1979년 2월 말, 아프가니스탄인민민주당 정권이 보기에도 이란-파키스탄 국경에서 무장한 이슬람주의 집단이 군사적 위협이 되리라는 점은 분명해지고 있었다.[57]

아프가니스탄 내전과 아프가니스탄 공산주의의 분열

아프가니스탄 서부에 위치한 헤라트(Herat) 봉기 이후, 아프가니스탄 안팎의 모든 사람은 이제 아프가니스탄이 명백한 위기에 직면했다는 사실을 알 수 있었다. 헤라트 봉기는 1979년 3월 15일 아침 시작되었다. 마을 주민과 이슬람주의 게릴라, 현지 감옥에서 탈옥한 이들이 연합해 아프가니스탄군 최정예 부대와 그 배후의 소련 자문단을 상대로 4일 동안 전투를 벌였다. 이 전투에서 약 5000명이 사망했고, 그중엔 소련인 전문가와 가족도 50명 정도 포함되었다. 분개한 헤라트 주민이 이들을 학살한 것이다. 사망자 대부분은 하피줄라 아민의 요청을 받은 소련의 헤라트 폭격으로 죽은 아프가니스탄인이었다.[58]

헤라트 봉기는 공산주의 쿠데타 이후 아프가니스탄에서 이슬람주의 저항 운동의 대두를 보여주는 하나의 징후였다. 이슬람주의 운동은 그 영향력을 아프가니스탄 전역으로 확장하기 시작했고, 라바니와 헤크마티아르의 조직처럼 서로 다른 다양한 부족과 민족으로부터 지지를 받았다. 이와 같은 충원을 통해 이슬람주의자는 그들의 조직을 공산주의자와 맞서는 대표 단체로 자리매김할 수 있었다. 또 이슬람주의는 이데올로기적으로도 진전을 거두었다. 지방의 많은 아프가니스탄인이 이슬람주의의 핵심 관념(쿠데타로 집권한 공산주의 정권이 자히르 샤와 다우드 정권의 부패·부정의·부도덕의 연장선상에 있다는 점)을 받아들이기 시작했다. 아프가니스탄 지방민은 공산주의자가 현지 공동체에 강요한 사업이 앞선 다우드 정권 때보다 도가 지나치다고 여겼다. 현지 관습과 이슬람법에 차이가 있었지만 아프가니스탄 지방민이 이슬람 국가의 필요성을 인식한 것은 놀라운 일이 아니었다.

또 헤라트 봉기는 이슬람주의자가 현지 지방의 실권자와 협력할 때 저항 운동이 가장 효과적일 수 있다는 점을 보여주었다. 1978~1979년 파키스탄의 후원을 받는 이슬람주의자들은 부족 중심의 지도 체계를 갖춘 현지 조직에 의존했다. 그들은 이 조직을 통해 아프가니스탄 정부에 대항하는 군사 행동을 감행했다. 공산주의 쿠데타 이후, 아프가니스탄 현지에서 이슬람주의자는 일반적으로 환영을 받았다. 아마 공산주의 쿠데타 몇 달 전이었다면, 이슬람주의자 역시 명확한 정치적 목표를 지닌 외부자로서 현지민의 배척을 받았을 것이다. 이슬람주의자의 존재는 현지 저항 운동에 좀더 큰 반(反)중앙집권주의적 반공주의 운동의 일부라는 소속감을 부여했다. 또 이슬람주의자가 가져온 무기와 선물은 아프가니스탄 인민민주당 정권과 싸우고자 하는 조직의 능력을 강화했다. 다른 한편 가장 큰 이슬람주의 조직 중 하나인 라바니의 이슬람결사는 헤라트 지역의 이스마일 칸(Ismail Khan)이나 판지시르(Panjshir) 계곡의 아흐마드 샤 마수드(Ahmad Shah Massoud) 같은 강력한 현지 지도자를 일원으로 받아들이고 싶어 했다. 이들은 단지 명목상으로만 라바니의 지휘를 받고 있을 뿐 사실상 독립 상태였다. 이슬람주의자들은 이와 같은 적은 비용으로 아프가니스탄의 넓은 지역을 변화시킬 수 있는 능력을 확보하기에 이르렀다.

아프가니스탄 이슬람주의자에게 이란 혁명은 중요한 영감의 대상이었다. 교리상의 차이에도 불구하고(아프가니스탄에서 시아파는 소수에 불과하며 자주 탄압을 받았다), 교육받은 아프가니스탄인이라면 누구나 이란어를 읽을 수 있었기 때문에 그들은 호메이니가 초기에 권력을 장악한 방식을 따라 할 수 있었다. 이란 이슬람주의자의 구호와 세계관에서 시아파적 색채를 지운다면 이는 충분히 아프가니스탄 이슬람주의자의 목표에 부합했다. 이슬람 국가 건설, 이슬람 국제주의, 초강대국의 무신론과 물질주의 배격 등이 그랬다. 이는 전통주의적인 물라 집단, 부족 지도자와 이슬람주의자의 다소 조화롭지 않은 동맹을 가능케 했다. 이들의 즉각적인 목표는 카불의 공산주의 정권이 추구하는 개혁을 타도하는 것이었다.

아프가니스탄인민민주당의 경제·사회 개혁은 그 형태 면에서 보면, 1978년 권력을 장악하기 전 아프가니스탄인민민주당의 짧았던 단결 시기의 산물이었다. 개혁은 문맹 퇴치, 남성·여성의 세속주의 교육, 토지 개혁, 국가 주도의 산업화를 강조했다. 하지만 대부분의 개혁은 공허한 구호나 비효율적인 법 제정에 그쳤다. 아프가니스탄인민민주당 정권은 매우 취약했다. 수입도 적고, 훈련받은 인재도 부족했다. 개혁은 아프가니스탄 전역에서 광범위한 저항에 직면했다. 그리고 아프가니스탄인민민주당은 집권 초기부터 이와 같은 저항을 강압적으로 해결하려 했다. 85퍼센트 이상이 시골에 살고 있는 아프가니스탄에서 공산주의자들은 자연스럽게 농업 부문에 사업 역량을 집중했다. 여기에는 농촌 지역의 담보와 부채 문제 개혁(칙령 6), 결혼과 신붓값 개혁(칙령 7), 토지 개혁(칙령 8)도 포함되었다. 이와 같은 모든 조치는 지방의 전통 엘리트를 분노케 했으며, 그 결과 이들은 저항 운동에 적극적으로 참여했다.[59]

헤라트 봉기를 보며, 카불의 소련 자문단은 아프가니스탄 공산주의 혁명의 장래를 우려했다. 3월 19일 봉기를 진압한 날, 푸자노프 대사는 아프가니스탄군에서 일하는 소련군 장교들과 함께 타라키 대통령을 방문했다. 그들은 타라키에게 아프가니스탄 지방의 상황이 얼마나 안 좋은지 설명하고 정책의 변화를 촉구했다. 만남이 끝나갈 무렵, 푸자노프 대사는 타라키 대통령에게 이렇게 조언했다. "전술적으로라도 무장 투쟁에 쏟는 동일한 정도의 힘을 인민을 우리 편으로 만들 수 있는 교육과 선전 사업을 발전시키는 데 쏟는 게 어떻겠습니까."[60]

헤라트 봉기는 아프가니스탄인민민주당과 소련 모두에 상당한 충격을 주었다. 소련공산당 중앙위원회 정치국과 서기국은 아프가니스탄인민민주당 정권을 어떻게 강화할 수 있을지 논의하기 위해 긴급회의를 개최했다. 이때 소련군의 군사 개입도 한 가지 방안으로 거론되었다. 타라키와 아민을 향한 푸자노프 대사의 비판은 점점 더 날카로워지고 있었다. 푸자노프 대사는 특히 헤라트 봉기가 이란의 '간섭'으로 인해 발발했다는 할크파의 주장에 우려를 표했다. 그는 타라키에게 아프가니스탄-이란의 공개적 충돌을 초래하지 말라고 경고하며, 소련은 이란에 '새로운 조치'를 취할 것이라고 말했다. 푸자노프 대사는 타라키가 이런 문제보다는 정부군에 지급한 소련제 무기가 게릴라에게 유입되는 일을 막고, 아프가니스탄군이 이를 적절하게 활용하는 방안에 좀더 신경을 쓰는 게 더 나을 것이라고 생각했다.[61]

푸자노프 대사의 비판에도 불구하고 소련 정부는 대(對)아프가니스탄 투자를 늘리기로 결정했다. 소련은 소련군의 활용을 포함해 군사 공약을 확대한다고 아프가니스탄 지도부에 약속했다. 타라키는 1979년 3월 20일 소련 지도부와 비밀리에 접촉하기 위해 모스크바를 방문했다. 그는 코시긴, 그로미코, 우스티노프, 포노마료프를 늦은 점심 즈음 만났다. 그 자리에서 코시긴 총리는 타라키가 국내외의 적을 상대하기 위해 지나치게 소련에 의존하고 있다고 비판하기 시작했다. 그리고 베트남이 어떻게 자국민을 동원해 미국과 중국을 패퇴시켰는지 말해주었다. "베트남 인민은 침략자의 포위망에 대항해 확고부동하게 조국을 방어해냈습니다." 아프가니스탄에 소련군을 파병하는 문제는 의제에 오르지도 못했다. 이는 소련군의 배치를 둘러싼 부정적인 국제 여론 때문이었다. 게다가 코시긴은 이란이 아프가니스탄과 무력 충돌을 벌이고 싶더라도, 현재 이란 내부의 정치적 혼란 때문에 지금 상황에서는 이를 추진할 수 없을 것이라고 말했다.

한편 다른 소련 지도부 인사는 타라키에게 헤라트 봉기로 아프가니스탄 정권의 위신이 국내외적으로 손상되었다며, 이와 같은 일이 다시는 일어나서는 안 된다고 쌀쌀맞게 말했다. 코시긴과 우스티노프는 추가적인 반란을 막기 위한 소련의 아프가니스탄군 지원 계획을 상세히 소개했다. 그들은 소련군 개입과 이란 및 파키스탄 공격에 대한 소련의 공개적 안전 보장을 제외하고, 타라키가 소련에서 얻고자 한 모든 것을 제공했다.[62]

1979년 3월 20일 저녁 레오니트 브레즈네프와 만난 자리에서 타라키는 아프가니스탄을 어떻게 통치할지에 대해 새로운 강의를 들어야 했다. 브레즈네프는 한수 가르쳐주겠다는 거만한 태도로 아프가니스탄 대통령에게 '애국 전선'과 충성스러운 군대의 필요성을 윽박질렀다. 브레즈네프는 군대를 어떻게 사회주의를 발전시키는 데 활용할 수 있는지 아시아·아프리카의 최신 사례를 들어 강조했다. 브레즈네프는 군대가 '특정한 조건'에서 사회주의 이념의 성장에 일정한 역할을 할 수 있다고 말했다. 또 대중을 상대로 한 정치 사업의 강화와 소련의 10월 혁명 이후 경험을 일반화해서 설명했다.[63] 타라키 대통령은 소련의 새로운 공약을 한가득 챙겨 카불로 귀환했다. 소련은 만약 아프가니스탄이 이란이나 파키스탄의 공격을 받는다면 아프가니스탄을 정치·군사적으로 도울 거라고 약속했다. 아울러 공중 수송을 통한 무기의 이전을 신속하게 이행하고, 차관 변제

기간을 무기한 연장하고, 10만 톤의 밀을 공급하기로 했다. 타라키는 푸자노프 대사에게 소련의 대응에 자신이 매우 만족했다고 귀띔해주었다.[64]

아프가니스탄에 더 많은 개입을 약속하는 동시에, 소련은 아프가니스탄과 이웃 국가의 긴장 완화에 힘썼다. 소련은 대(對)이란 정책뿐 아니라, 아프가니스탄과 그 동쪽 이웃 국가인 파키스탄의 관계 개선을 위해 노력했다. 코시긴 총리는 파키스탄 외교부 장관 사하브자다 야쿠브 칸(Sahabzada Yaqub Khan)을 모스크바에서 만났으며, 푸자노프 대사는 타라키에게 파키스탄과 협정이 필요하다고 강조했다. 푸자노프 대사는 파키스탄 영토에서 대규모 작전을 수행하려는 아프가니스탄의 계획을 비판하고, '빈틈없이' 소련의 지도를 따르라고 타라키에게 경고했다.[65]

헤라트 봉기 이후 아프가니스탄 정부와 이에 반대하는 이슬람주의 세력 간 충돌은 전면적 내전으로 변모해갔다. 초기에 전쟁은 정부군에 좋지 않은 방향으로 진행되었다. 1000여 명의 정부군이 게릴라 진영에 투항하고, 군대는 이슬람주의 조직과의 소규모 전투에서도 패하기 시작했다. 동부의 쿤나르(Kunar)주와 남동부의 팍티아(Paktia)주에서 정부군은 서서히 방어 태세로 돌아설 수밖에 없었고 주요 교두보를 방어하는 데 급급했다. 심지어 카불에서도 상황은 빠르게 악화했다. 반대파는 카불의 여러 지역에서 지하 조직을 가동하기 시작했다.[66]

소련공산당 정치국은 아프가니스탄의 상황을 1979년 4월 12일 회의에서 평가하기에 이르렀다. 그로미코, 안드로포프, 우스티노프, 포노마료프는 공동 보고를 통해 엄중한 아프가니스탄 상황을 정치국 동료들에게 강조했다. "종교적 광신주의가 동방의 무슬림 지역에서 불타고 있으며, 이란에서의 움직임과 사건이 반정부적 아프가니스탄 성직자 계층을 활동하게 만드는 촉발제로 기능하고 있습니다." 아프가니스탄인민민주당 반대파는 잘 조직되어 있지 않았다. 하지만 반대파는 지방에서 상당한 지원처를 확보하고 있었다. 할크파 정권은 카불에서 다른 경쟁자를 앞지르는 데는 성공했으나 그 지위를 강화하지 않을 경우 심각한 난관에 직면할 터였다. 아프가니스탄 정부군 내부의 불만은 높아졌고, 여름에 군대 내에서 반란이 일어날 위험도 컸다. 그로미코, 안드로포프, 우스티노프, 포노마료프 4인방은 아프가니스탄에서의 열 가지 행동 계획을 제안했다. 그들은 가장 먼저 훈련과 무기 이전을 통해 아프가니스탄군을 군사·정치적으로 강화하려 했다. 또 특히 지방의 발전 같은 경제 지원 사업의 확대를 요청했다. 마지막으로 소련공산당 국제부와 카불에 있는 소련 대사관에 아프가니스탄 정부의 정치적 기반을 넓힐 수 있는 계획을 고안해달라고 요청했다.[67]

아프가니스탄 주재 소련 대사관은 모스크바의 요청과 할크파 정권의 현격한 쇠퇴에 대응해 파르참파와 옛 다우드 정권의 인사를 포함한 새로운 연합 정권의 수립을 모색했다. 당시 대사관에서 '정치 조언'을 담당한 바실리 사프론추크(Vasilli Safronchuk) 참사관에 따르면, 소련은 심지어 여기에 몇몇 이슬람주의 조직의 대표를 포함하는 방안을 고려하기도 했다. 그러나 아프가니스탄인민민주당 정권은 소련의 조언에 따르길 거부하고, 그 정책의 실시를 반대했다.[68] 아민은 푸자노프 대사에게 "우리는 적들 한가운데 있습니다. 우리는 강해져야 합니다"라고 말했다.[69]

할크파가 파르참파 인사와 심지어 비(非)아프가니스탄인민민주당 세력 대표를 정부에 받아들이도록 강요한 후 소련은 할크파의 양대 지도자인 타라키와 아민 사이의 갈등을 획책할 계획을 수립했다. 아민은 자신이 군사 문제에서 배제되어 있으며, 타라키 대통령이 권력을 자신에게만 집중하고 있다고 푸자노프 대사에게 불평했다. 이를 경청한 푸자노프 대사는 7월 말, 타라키가 일상적 군사 업무에서 '물러나고' 아민이 이끄는 비상 지도 체제를 구성하는 방안을 제안했다. 푸자노프 대사는 아민을 위험한 인물이라고 보았다. 따라서 푸자노프 대사의 이런 제안은 오히려 타라키로 하여금 야심 가득한 부총리 아민을 의심하게 하려는 목적이 있었다. KGB는 이미 6월에 아민이 자신의 완전한 권력을 쟁취하려 한다고 결론 내린 터였다. 타라키가 아프가니스탄 지도부에서 아민을 숙청하는 게 소련의 목표였다.[70]

푸자노프 대사는 1979년 늦여름, 두 가지 다른 제안을 통해 타라키가 아민을 숙청하는 안에 더 귀를 기울이도록 했다. 푸자노프는 우선 소련군 2개 대대에 상당하는 병력을 모스크바에 요청했다. 이 두 부대는 각각 카불 공항과 (할크파 정부의 중심인 카불의 옛 성채에 위치한) 아르그 대통령궁(Arg Royal Palace)에 주둔할 예정이었다. 6월 28일 정치국은 다소 수정된 형태의 이 계획을 승인하고, 카불 외곽의 바그람 공군 기지에 대대를 파병할 것과 KGB 및 정보총국의 '특별 분견대'를 바그람 공군 기지와 소련 대사관에 배치할 것을 결의했다. 그리고 푸자노프 대사는 보리스 포노마료프의 7월 말 방문을 준비했다. 그러나 포노마료프의 방문도 타라키의 변화를 이끌어내지는 못했다.[71]

아프가니스탄 지도부는 정권을 안정시키기 위해 권력 기반을 넓혀야 한다는 생각을 하지 못했다. 아프가니스탄 주재 소련 대사관은 1979년 8월 아민이 케슈트만드와 수감 중인 그 밖의 다른 파르참파 지도자들의 사형을 집행할 계획이라는 정보를 입수했다. 푸자노프 대사는 타라키에게 강력히 호소했다. "그들은 혁명의 걸출한 지도자이자, 아프가니스탄인민민주당의 당원이자, 아프가니스탄의 지도자입니다." 소련 지도부는 당의 지도자급 인물을 탄압할 때에는 매우 주의할 필요가 있다는 점을 타라

키에게 알려주려 했다.[72]

푸자노프 대사의 노력과 더불어, 소련은 아프가니스탄과 관련해 두 가지 특별 군사 계획을 입안했다. 이 역시 타라키를 압박하려는 계획의 일환이었다. 1979년 4월 중순 소련군 정치총본부장 알렉세이 에피셰프(Aleksei Epishev) 장군이 아프가니스탄군의 전투력을 개선할 수 있는 제안을 들고 카불에 도착했다. 이어서 국방부 차관 이반 페레십킨(Ivan Peresypkin)—1968년 소련군 기동 부대가 체코슬로바키아를 침공하도록 명령한 인물—이 8월 17일 카불에 도착해 약 두 달간 머물렀다. 페레십킨은 아프가니스탄 군대의 전면적 재조직을 수행하는 권한을 부여받았으며, 타라키가 이와 같은 소련의 조치에 긍정적으로 반응하지 않는다면 군사 원조 역시 보류한다는 압박 카드도 지니고 있었다.[73]

1979년 8월 말, 마침내 타라키 대통령이 소련의 뜻을 이해한 것처럼 보였다. 카불의 KGB 대표는 타라키에게 아민을 체포하는 것이야말로 소련-아프가니스탄 관계를 구하는 유일한 방법이라는 점을 명확히 전했다. 타라키는 이에 맞춰 행동할 준비가 되어 있었다. KGB 의장 안드로포프는 9월 1일 정치국에 아프가니스탄 상황에 대비한 일련의 긴급 조치를 조만간 진행할 예정이라고 보고했다. 여기에는 아민 제거, 수감된 정치범의 석방, 광범위한 "민주 연합 정부" 수립 등이 포함되어 있었다. 그뿐 아니라 KGB는 "위기 상황이 악화할 경우"를 대비해 "실업 상태"에 있는 아프가니스탄인민민주당 지도자들의 통합을 시도했다. 아바나에서 열린 비동맹 정상 회담에 참가했던 타라키는 9월 9일 귀국길에 모스크바를 방문했다. 브레즈네프와 그로미코는 타라키에게 아프가니스탄 정권이 토지 개혁이나 교육 정책을 완화하고, 하피줄라 아민을 제거하고, 저명한 파르참파 지도부를 내각에 수용하는 등 정부 내 변화를 준다면 더 많은 군사 지원을 제공하겠다고 약속했다. 타라키는 이에 동의했다. 그러나 카불로 돌아온 타라키는 겁을 먹었다. 아민이 자신에게 대항하는 조치를 준비해왔다는 사실 알게 된 타라키는 소련의 요구를 다시 한 번 거부했다.[74]

소련은 인내심을 잃었다. 그로미코의 긴급 요청에 따라 푸자노프, 페레십킨, 아프가니스탄의 소련군과 KGB 책임자는 1979년 9월 13일 타라키를 수소문했다. 소련은 타라키와 아민에게 즉각 만날 것을 요구했다. 그때 아민은 이미 대통령궁에 있었다. 그는 타라키의 방으로 와서 푸자노프의 일장 연설을 경청했다. 푸자노프는 아프가니스탄의 군사적 비효율성, 정치적 무능력, 터무니없는 개인적 야망 등을 적은 긴 목록을 읽어내려갔다. 대사의 말이 끝나자 타라키는 그를 바라보며 조용히 말했다. "소련 동지들에게 우리가 그들의 걱정에 매우 감사하고 있으며, 그 생각에 동의하고 있다고 알려주십시오. 모든 게 괜찮아질 겁니다." 아민도 이에 가세했다. "저 역시 친애하는 타라키 동지의 말에 동의합니다. ……제가 세상을 떠난다면, 제 마지막 말은 '타라키'일 것입니다."[75]

그러나 가식적인 단결은 아무것도 이루지 못했다. 다음 날 아침, 전날의 만남이 별다른 결론을 내지 못했다는 사실을 깨달은 몇몇 고위급 아프가니스탄인민민주당 지지자(그들은 아민의 해임을 요구했었다)는 소련 대사관에 몸을 숨겼다. 아민은 아프가니스탄군의 몇몇 장군에게 타라키한테 대항할 것을 요구했고, 이 사실을 알게 된 타라키 대통령은 소련에 도움을 청했다. "타라키는 아민을 두고 매우 강한 어조로 말했습니다. 우리가 예전에 그에게 알려주었던 똑같은 혐의를 이야기했습니다. 하지만 우리가 예전에 말했을 때, 그는 아무런 행동도 하지 않았습니다." 푸자노프 대사는 훗날 이렇게 회고했다.[76] 9월 14일 오후, 타라키와 아민은 대통령 공관에서 또다시 만나기로 했다. 여기에는 소련 대표도 참석하기로 되어 있었는데, 아민이 건물로 들어설 때 대통령 경호원 2명이 총으로 아민의 부관 2명을 사살했다. 아민은 다치지 않은 채 탈출에 성공했다. 이후 아민은 소련인을 만나 이렇게 말했다. "소련의 도움만 있다면, 아프가니스탄 혁명은 타라키 없이도 이뤄질 수 있습니다. 하지만 중요한 것은 …… 타라키의 명령이 이제 군대에서도 통하지 않는다는 점입니다."[77] 푸자노프 대사와 소련 대표는 아민 살해 계획을 들은 바 없다고 말했다. 그러나 아민 편에 있던 외교부 장관 샤 왈리 칸(Shah Wali Khan)은 이 사건 이후 사회주의 국가의 대사들을 따로 소집했다. 여기서 샤 왈리 칸은 그들에게 타라키를 만나러 간 아민의 안전을 소련이 보장했는데 소련은 그 약속을 지키지 않았다고 전했다.[78]

탈출한 아민은 자신에게 충성을 맹세한 군사 조직으로 대통령궁을 포위했다. 아민은 정치국 회의를 소집해 타라키를 축출하고 스스로를 아프가니스탄인민민주당의 수장으로 선포했다. 소련이 샤 왈리 칸이 언급한 암살 시도에서 발을 빼려고 하자, 아민은 이렇게 대답했다. "그럼 내가 틀렸단 말입니까? 내 실수가 세계 공산주의 운동에 손해를 입힌단 말입니까? 만약 소련공산당 정치국이 그렇게 생각한다면, 나는 그들의 조언을 따르겠습니다."[79] 그러나 아민은 소련의 조언을 전혀 따르지 않고, 타라키 지지자 및 다른 정적을 겨냥한 새로운 숙청을 즉시 개시했다. 투옥 중이던 다우드 정권과 아프가니스탄인민민주당의 파르참파 인사 다수가 목숨을 잃었다. 목숨만은 살려주라는 소련의 요청에도 타라키는 10월 9일 감옥에서 처형되었다.[80]

아민을 제거하려던 소련의 계획은 완전히 어그러졌다. 이제 아민은 당과 국가의 최고 수장이 되었다. 설상가상으로 정권 초기에 소련을 진심으로 존경하는 것처럼 보였던 아민은 소련과 아프가니스탄 내의 소련인을 미워해야 할 합당한 이유를 얻었다. 아민은 지지자들 앞에서 다음과 같이 말했다. "푸자노프 대사가 나에게 대놓고 거짓말을 했을 때 …… 나는 내가 그자에 대해 생각하는 바를 솔직하게 말할 수 없었습니다. 나는 더 이상 그를 만나거나 이야기를 나누고 싶지 않습니다. 어떻게 이처럼 거짓말쟁이에다 수완도 없는 자가 아프가니스탄 대사를 오래 하고 있는지 정말 알 수 없습니다. 나는 소련 대사가 9월 14일 사건(아민 암살 미수 사건)을 다른 방식으로 설명하려 하고(이 지점에서 아민은 목소리를 높였다), 나에게 거짓을 강요한 일이 너무나 불쾌합니다. 나는 이런 짓을 절대 하지 않을 것입니다."

모스크바에서는 아프가니스탄 사태를 정치국에 보고하기 위한 최고 지도부 회의가 열렸다. 이 회의에서 우스티노프, 유리 안드로포프(KGB 의장), 그로미코, 포노마료프는 초기엔 아프가니스탄에 주둔하는 소련군을 늘리되 아민에 대해서는 일종의 관망 정책을 취하는 방안을 추천했다. 카불에서 아민과 푸자노프 대사의 관계는 험악한 상태로 남아 있었다. 10월 27일 푸자노프 대사는 공포 통치를 계속한다면 소련의 지원을 보류할 것이라고 아민을 위협했다. 이 만남 후, 아민은 푸자노프 대사를 모스크바로 소환하라고 공식 요청했다. 푸자노프 대사는 이제 카불에서 역할이 끝났음을 인정하고, 그로미코에게 전보를 보냈다.[81]

카불을 떠나기 전, 푸자노프 대사는 할크파 정부의 핵심 권력을 차지하고 있는 거의 모든 이를 소집했다. 이 모임의 목적은 아프가니스탄인민민주당 지도부에 아프가니스탄 정권이 소련의 지원에 얼마나 의존하고 있는지를 보여주려는 것이었다. 푸자노프 대사는 아프가니스탄 재무부 장관 압둘 미사크(Abdul Misaq)에게 이듬해 아프가니스탄 정권을 도와주는 비용을 소련 지도부가 걱정하고 있다는 소식을 전했다. 또 아프가니스탄

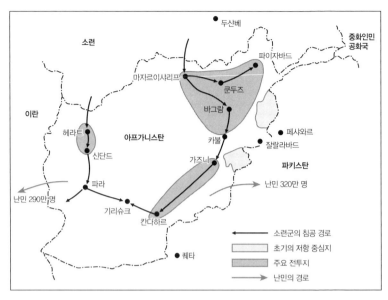

지도 9   아프가니스탄의 소련군

계획부 장관 무하마드 시디크 알렘야르(Muhammad Siddiq Alemyar)에게는
발전된 사회주의 국가인 소련의 경험을 더 배울 필요가 있다고 역설했다.
아프가니스탄 총참모본부 수장은 소련 대사로부터 장교들에게 더 직접적
인 지원을 하고, 아프가니스탄 군인이 소련에서 훈련받을 수 있는 더 넓
은 기회를 제공하겠다는 약속을 받아냈다. 이것이 뜻하는 바는 분명했다.
소련과의 관계를 개선해야만 아프가니스탄 지도부는 그들이 원하는 것을
얻을 수 있을 터였다.[82]

　하피줄라 아민은 소련과 그의 연계가 서서히 희미해진다는 사실을 알
고 있었다. 이에 그는 소련에 자신이 이끄는 아프가니스탄인민민주당 지
도부를 승인할 것과 동시에 미국과의 공개적인 관계를 통해 스스로의 지
위를 보장받으려는 필사적인 시도를 하기에 이른다. 이와 같은 조치는

1970년대 후반 냉전의 대립 속에서 매우 달성하기 어려운 정책 조합이었다.[83] 모스크바의 우스티노프, 안드로포프 그리고 그로미코(이들 3인방은 쇠약해진 레오니트 브레즈네프를 대신해 외교 업무를 거의 전담하고 있었다)는 계속해서 아민과의 만남을 거절했다. 11월 19일 푸자노프 대사와의 마지막 대화에서, 아민은 소련과의 협력을 통해 아프가니스탄이 얼마나 발전했는지 강조했다. 그러나 본국으로 소환된 **기피 인물** 푸자노프 대사는 아민에게 어떠한 선물도 남겨주지 않고 떠났다.[84]

소련 지도부는 이 지역의 상황이 소련에 불리하게 돌아가고 있음을 깨달았다. 이란-미국의 인질 위기가 남아 있었지만, 소련은 여전히 이란이 소련에 적대적으로 변모할 수 있다는 점을 우려했다. KGB는 1979년 10월 중순 이란 지도부가 "소련이 이데올로기 투쟁과 이란에서 좌파 정부를 세우려는 시도를 포기하지 않을 것"이라 확신하고 있다고 보고했다. 소련의 정보에 따르면 이란 이슬람공화국의 목표는 아프가니스탄 정권을 약화시키고, 소련 내 무슬림 공화국에 영향력을 확장하고, 중동 지역의 공산주의 확산을 방지하는 데 있었다.[85]

중동 지역에서 공산주의 확산을 막는다는 이란의 목표는 아프가니스탄에서 점점 더 현실이 되고 있었다. 1979년 10~11월 이슬람주의 아프가니스탄 반군의 위상은 공고해졌고, 아프가니스탄 정규군의 사기는 쿠데타와 아민의 가차 없는 정적 숙청으로 땅에 떨어진 상태였다. 소련은 아프가니스탄의 소련 지휘관을 통해 아프가니스탄 상황이 얼마나 나쁜지 보고받고 있었다. 카피타노프(V. P. Kapitanov)—아프가니스탄 제12사단의 소련 군사고문 책임자로 당시 팍티아주에서 활동했다—는 이슬람주의자들이 군사적으로 공세를 펴고 있고, 아프가니스탄군 장교의 잔인무도함이 현지인의 분노를 불러오고 있으며, 소련제 군사 장비가 일상적으로 파

괴 또는 암시장에서 거래되고 있다고 기록했다.[86]

새로 임명된 아프가니스탄 주재 소련 대사 피크라트 타베예프(Fikrat Tabeev)는 1979년 11월 후반 카불에 도착했다. 타베예프의 부임은 소련에서 아프가니스탄을 향한 무력 개입을 거의 결정했을 때 이루어졌다. 타타르 출신의 소련공산당 중앙위원회 위원 타베예프는 12월 6일 처음이자 마지막으로 아민과 만났다. 아민은 아프가니스탄인민민주당과 소련공산당의 장기적 협력과 관련한 핵심 쟁점을 상의하기 위해 모스크바를 방문해서 브레즈네프를 직접 만나겠다고 주장했다. 타베예프 대사는 아민을 말렸다. 타베예프가 보기에도 아프가니스탄의 상황은 재난에 직면해 있었다. 타베예프는 훗날 다음과 같이 회상했다. "아프가니스탄 정권은 매우 취약했습니다. 아프가니스탄군은 아민의 숙청과 보복으로 수장을 잃은 상태였습니다. 종교계와 농민층 모두 정권에 반대하고 있었습니다. 아민 체제에서 핍박받는 부족 집단 역시 정권에 반대했습니다. 아민 주위에는 아주 몇 명의 앵무새 같은 하인만 남아서 '사회주의 건설'과 '프롤레타리아 독재' 같은 개념을 단순히 반복하고 있을 뿐이었습니다." 타베예프는 1979년 12월 10일 카불을 떠났다.[87]

소련의 개입 결정

소련군의 개입 문제는 헤라트 봉기가 발발한 1979년 3월에 최초로 논의되었다. 소련 지도부는 논의 끝에 "어떤 경우에도 병력 투입은 없을 것"이라고 결론 내렸다. 알렉세이 코시긴 총리와 안드레이 키릴렌코는 끝까지 소련군의 개입에 반대하며, 헤라트 봉기의 책임은 아프가니스탄 공산주의자에게 있다고 주장했다. 안드레이 키릴렌코는 정치국 회의에서 다음과 같이 발언했다. "우리는 그들에게 모든 것을 주었습니다. 지원을 통해 우리는 무엇을 얻었습니까? 우리에게는 아무 이익도 돌아오지 않았습니다. 무고한 사람을 아무런 이유 없이 먼저 처형한 것은 아프가니스탄 정부입니다. 그들은 우리에게 레닌 시대에 소련도 사람들을 처형하지 않았느냐고 반문합니다. 이게 우리가 지금 상대하고 있는 마르크스주의자입니다."[88]

1979년 10월 아민이 타라키 대통령을 살해하자, 소련 지도부는 개입을 결정했다. KGB는 셰바르신이 말한 것처럼 아민이 "사다트와 같은 행위(이집트의 사다트처럼 소련 진영을 떠나 미국과 동맹을 맺는 일)"를 계획하고 있는지 모른다고 의심했다. 이는 "우리의 가장 민감한 국경 지대를 미국이 통제하게 되며, 아프가니스탄 지역에 미국의 정보기관이 설치된다는 것"을 의미했다.[89] KGB는 10월 말부터 카불에 있는 미국인과 아민의 만남을 예의 주시했다. 미국이 이란에서 상실한 중동에서의 지위를 회복하기 위해 눈에 불을 켜고 대체지를 물색하고 있다고 생각했기 때문이다.

아직 개입과 관련한 정치적 명령이 내려진 상황은 아니지만, 1979년 10월 말 즈음 소련 군부는 아프가니스탄을 향한 군사 개입을 대비해 훈련을 실시했다. 이와 같은 명령은 드미트리 우스티노프 국방부 장관이 아프가니스탄에 더 많은 신경을 쓰고 있는 것과 궤를 같이했다. 우스티노프는 개입과 관련한 제안을 정치국 동료들이 조만간 받아들일 것이라 판단하고 있었다. 누가 브레즈네프를 승계할 것인지를 둘러싼 정치국 내부의 쟁투(1979년 가을 최고조에 이르렀다)에서 신중한 접근과 모험적 접근 모두 각각 이점이 있었다. '무모함'과 '나폴레옹처럼 되려 한다'는 치명적 평가가 정치적 야망을 갖고 있던 우스티노프에게 반대하는 근거로 활용될 가능성과 동시에, '강단 있음'과 '우리의 이익을 챙기려 노력한다'라는 평가가 우스티노프에게 찬성하는 근거로 활용될 수도 있었다.

우스티노프의 동료이자 협력자, 때로는 적수이기도 했던 KGB 의장 유리 안드로포프는 1979년 말 군사 개입이라는 선택지로 기울기 시작했다. KGB는 9월부터 아민을 아프가니스탄 지도부에서 축출하려는 여러 작전에 개입했고, 여기에는 아민 암살 시도도 최소 한 번은 포함되었다. 그러나 그 어떤 KGB 작전도 성공하지 못했다. 야망으로 가득한 안드로포프가 만족하지 못한 것은 물론이다. 아울러 이 때문에 결과적으로 안드로포프의 정치적 지위도 약화되었다.[90] KGB는 10월 중순에 이미 체코슬로바키아와 불가리아로 망명해 있던 아프가니스탄인민민주당 인사들과 협력하기 시작했다. 11월 초 KGB는 이들 중 가장 유명한 파르참파 지도자 바브라크 카르말과 반(反)아민 할크파의 사예드 무함마드 굴랴브조이(Sayed Muhammad Gulyabzoi), 아사둘라 사르와리(Asadullah Sarwari)를 모스크바로 불러들였다. 이들은 소련 국제부의 도움을 받고 KGB와의 협력을 통해 아민을 권좌에서 제거하는 계획을 입안했다.[91] 1979년 11월 말 아민이 푸자노프 대사의 교체를 요구한 후, 안드로포프와 우스티노프는 아프가니스탄 문제를 해결하는 유일한 방법은 소련이 군사적으로 개입하고 아민을 물리적으로 제거하는 것이라고 결정했다. 소련군의 개입을 포함해 군사 원조 증강에 대한 아민의 줄기찬 요구는 정치국에 그들의 주장을 제기하는 걸 용이하게 해주었다.

무기 통제 같은 중요한 분야에서 동서 관계의 긴장이 높아진 1979년 말엽의 정세가 안드로포프와 우스티노프의 결정에 영향을 주었을 것이다. 이와 같은 정세는 또한 그들이 정치국의 다른 동료들을 설득하는 데 도움을 주었다. 북대서양조약기구는 신형 중거리 핵미사일(1979년 12월경 서유럽에 배치한 퍼싱미사일과 크루즈미사일—옮긴이)을 유럽에 배치했다. 또 미국 상원이 전략무기제한협상(SALT II)에 대한 비준을 미적거리자, 몇몇 정치국 인사는 소련의 개입이 데탕트에 영향을 줄 것이라는 우려를 불식했다. 아나톨리 도브리닌(Anatoly Dobrynin)은 훗날 이렇게 회상했다. "1979년 겨울 데탕트는 거의 대부분, 이미 사멸한 상태였다."[92] 외교 무대가 암울해지면서, 안드레이 그로미코 외교부 장관(본래 소련 고위 정치인 중 별다른 두각을 드러내지 않은 소심한 인물이었다. 1979년 3월에도 개입에 반대했었다)조차 정치국의 토론 분위기가 변하고 있음을 감지할 수 있을 정도였다.

KGB 의장 안드로포프와 국방부 장관 우스티노프가 소련군을 아프가니스탄으로 보내기 위해서는 두 가지 장벽이 남아 있었다. 먼저 그들은 결정 과정에 참여하는 인물의 수를 최대한 줄일 필요가 있었다. 정치국으로 보내는 다양한 부서와 부처의 형식적 보고서 작성으로 결정이 늦춰지는 걸 막기 위해서였다. 이를 위해 그들은 미하일 수슬로프와 브레즈네프의 외교 정책 수석대표 안드레이 알렉산드로프아겐토프의 도움을 받았다. 카렌 브루텐츠 당시 소련공산당 중앙위 국제부 차장은 알렉산드로프아겐토프의 전화를 받았던 일을 이렇게 회상했다. "먼저 알렉산드로프아겐토프는 내가 무엇을 하고 있는지 물었습니다. 내가 아프가니스탄 관련 보고서를 쓰고 있다고 말하자, 그는 다시 물었지요. '지금 거기서 정확히 무엇을 쓰고 있습니까.' 내가 아프가니스탄 개입과 관련해 부정적인 의견을 적고 있다고 말하자 이렇게 반문했습니다. '그럼 당신은 지금 우리가 아프가니스탄을 미국에 넘겨줘야 한다고 주장하는 겁니까.' 그리고는 즉시 전화를 끊었습니다."[93] 브루텐츠의 보고서는 최종 결정을 내리는 정치국 회의에서 정치국 인사들에게 회람되지도 못했다.[94]

군부 내에서 아프가니스탄 개입에 부정적이던 자플라틴(V. P. Zaplatin)—

아프가니스탄군 정치고문 총책임자의 수석 군사 보좌관—에게도 똑같은 일이 발생했다. 자플라틴은 아민과 지나치게 가깝다는 이유로 '협의'를 위해 12월 초 모스크바로 송환되었다. 모스크바에서 자플라틴은 아프가니스탄 중앙사단 정치국장의 수석 군사 보좌관 카푸친(E. N. Kapustin) 대령의 비밀 전언을 받았다. 카푸친은 "KGB 상장 보리스 이바노프(Boris S. Ivanov)가 아프가니스탄에서 행동을 준비하고 있는데, 이는 저를 비롯한 다른 보좌진이 보기에 매우 경솔하고 어리석은 일이 아닐 수 없습니다"라며 자플라틴에게 고위 지도부에 이를 보고해달라고 요청했다. 자플라틴과 카푸친에게는 불행하게도 이를 상부에 전달하기 위해 선택한 인물은 KGB 요원이었다. 군부에 침투한 자신의 지위를 숨기기 위해 KGB 요원은 카푸친의 전언을 장군에게 개인적으로 보고했다. KGB는 당연히 자플라틴이 모스크바에서 중요한 인물을 만날 수 없도록 조치했다.[95]

개입을 위한 마지막 관문은 소련군을 아프가니스탄에 파견하는 걸 줄곧 소리 높여 반대해온 코시긴이나 키릴렌코 같은 인물을 정치국 회의에서 누르거나 최소한 그들을 중립화하는 것이었다. 우스티노프와 안드로포프는 정치국 회의에서 개입안이 통과되는 유일한 방안은 레오니트 브레즈네프에게 발 빠른 선제 타격의 필요성을 이해시키는 것이라고 생각했다. 브레즈네프(국제 문제에 대해서는 기질적으로 조심스럽고 신중한 인물이었다)는 세계 무대에서 자신의 개인적 지위와 관련한 주장에 설득당하고 말았다. 알렉산드르 랴홉스키(Aleksandr Liakhovskii) 장군에 따르면, 아민의 쿠데타 이후 "아프가니스탄 문제를 바라보는 브레즈네프의 시각은 완전히 바뀌었다. 그는 타라키에게 도움을 주겠다고 개인적으로 약속했기 때문에 아민을 용서할 수 없었다. 아민은 브레즈네프를 완전히 배신하고 타라키를 살해했다. 브레즈네프는 '아프가니스탄에서도 브레즈네프의 약속이 지켜

지지 않는다면, 세계에서 어느 누가 내 말을 믿겠습니까?'라는 말을 자주
하곤 했다".[96]

유리 안드로포프는 12월 초의 유명한 자필 편지에서 개입 이유를 이렇
게 총정리했다.

우리는 아민의 막후 활동과 관련한 정보를 확인하고 있습니다. 이 첩보는 아민
이 서방과의 정치적 관계를 모색하고 있다는 사실을 보여줍니다. 그는 우리 몰
래 미국 정무 대사와 비밀리에 접촉하고 있습니다. 또 부족 지도자들에게 소련
과 거리를 두겠다고 약속하고 있습니다. ……내부 회의에서 그는 소련의 정책
과 우리 전문가의 활동을 비판하고 있습니다. 우리 소련 대사가 카불에서 실
질적으로 추방당하고 말았습니다. 이와 같은 전개는 한편으로는 아프가니스탄
혁명의 국내적 성과를 파괴하고, 다른 한편으로는 아프가니스탄에서 우리의
지위를 위협하고 있습니다. 아민이 자신의 개인적 권력을 확보하기 위해 서방
으로 기울지 않을 것이라는 보장은 이제 없습니다.

그러나 안드로포프는 브레즈네프에게 이 문제의 해결책도 제시할 수
있었다.

최근 우리는 해외에 있는 아프가니스탄 공산주의 집단과 접촉할 수 있었습니
다. 바브라크 카르말 및 사르와리와의 협의를 통해 우리는 그들이 아민에 대항
해 새로운 국가와 당 기구를 만들고자 하는 계획이 있다는 점을 공식적으로 확
인할 수 있었습니다. 그러나 아민은 반대파를 대대적으로 체포하고 있습니다.
500여 명이 체포되었고, 그중 300명이 살해당했습니다. 이와 같은 상황에서 바
브라크 카르말과 사르와리는 그들의 계획을 포기하지 않고 우리에게 군사 원

조를 포함한 도움을 요청해왔습니다. 현재 카불에는 2개 대대가 주둔하고 있기 때문에 그들이 필요하다면 우리는 도움을 줄 수도 있습니다. 그러나 긴급 상황이나 극단적 상황을 대비해 우리는 아프가니스탄-소련 국경에도 부대를 배치해야 할 필요가 있습니다. 만약 이와 같은 조치를 실행한다면 우리는 아프가니스탄 혁명의 성취를 방어하는 문제를 해결하고, 당과 국가를 건설하는 데 레닌주의적 원칙을 아프가니스탄에서 부활시킬 수 있고, 아프가니스탄에서 우리의 지위를 강화할 수 있을 것입니다.[97]

우스티노프 국방부 장관은 정치적 목적을 위해 소련군을 활용한다는 안드로포로프의 계획에는 동의했지만, 안드로포프가 추천한 제한적 개입안을 받아들이고 싶지 않았다. 발렌틴 바렌니코프(Valentin Varennikov) 장군 ─ 당시 총참모부의 작전 계획을 책임지고 있었다 ─ 은 우스티노프가 7만 5000명의 병력을 작전에 투입하길 원했다고 회상했는데, 여기에는 두 가지 이유가 있었다. 먼저 우스티노프는 카불에서 아프가니스탄 정부군이 저항하더라도, 순조롭게 아민 정권을 무너뜨리길 바랐다. 둘째, 우스티노프는 소련군을 아프가니스탄-파키스탄, 아프가니스탄-이란의 국경 수비를 맡는 데 활용할 수 있을 거라고 보았다. 국경 수비를 통해 소련군은 아프가니스탄 이슬람주의 게릴라를 향한 외부의 지원을 막을 수 있을 터였다. 12월 6일 안드로포프는 우스티노프의 계획안을 수용했다.[98]

12월 8일 정오 즈음, 안드로포프와 우스티노프는 브레즈네프와 그로미코를 크렘린에 있는 서기장 집무실에서 만났다. 안드로포프가 브레즈네프에게 제기한 아프가니스탄의 현 상황과 관련한 우려에 덧붙여 안드로포프와 우스티노프는 이제 아프가니스탄의 전략적 상황을 추가로 설명할 수 있었다. 서독이 북대서양조약기구의 '이중 결정(소련의 SS-20 미사일에 대항해 서유럽에 지상 발사 크루즈미사일과 퍼싱투미사일(Pershing II missile)을 배치하는 동시에, 유럽에서 동서 간 중거리 핵무기 균형을 가능한 한 최저 수준으로 유지하기 위해 미소 간 군비 통제 협상을 진행한다는 결정 — 옮긴이)'을 지지하기로 선언하고 이틀 후 열린 이 회의에서 "우스티노프와 안드로포프는 소련 남부 국경의 위기 및 미국이 단거리 미사일을 아프가니스탄에 설치해 카자흐스탄·시베리아 등지의 전략 목표를 겨냥할지도 모른다"고 말했다."⁹⁹ 브레즈네프는 국방부 장관과 KGB 의장의 개략적인 개입 계획을 승인했다.

브레즈네프와 대면한 직후 우스티노프와 안드로포프는 오가르코프(N. Ogarkov) 참모총장을 정치국 회의가 자주 열리는 방 바로 옆에 있는 작은 회의실인 '호두의 방(Walnut Room)'에서 만났다. 이 둘은 오가르코프 참모총장에게 브레즈네프와의 대화를 전달했다. 오가르코프〔이미 우스티노프에게 개입에 부정적인 의견을 피력했던 바렌니코프 장군과 아흐로메예프(S. Akhromeyev)도 이 자리에 동석했다〕는 다시 한 번 왜 소련군을 파병해서는 안 되는지와 관련해 여러 이유를 제시했다. 우스티노프는 오가르코프의 의견을 각하하고, 저녁에는 국방부 고위 관료를 소집해 개입을 준비하라고 명령했다. 이때 우스티노프는 파병 결정이 내려졌다고 말했다.

KGB의 특별 분견대는 12월 초 카불에 이미 침투해 있었다. 특수 부대(스페츠나츠 부대)는 북쪽 바그람 공군 기지에 주둔했다. 다른 KGB 요원들은 아프가니스탄인민민주당 본부인 대통령궁과 라디오 기지에 자리를 잡았다. KGB의 '아가트 작전(Operation Agat)'의 목적은 아민을 제거하고 카르말의 조직이 권력을 장악하게끔 돕는 것이었다. 소련 외교부, 국방부, KGB, 중앙위원회의 국제부 차장들이 모스크바에서 최소한 두 번 이상 만나 조정 절차를 거쳤다. 개입 이후 각 부처의 책임 영역을 논의하기 위해서였다. 그러나 이는 그다지 성공적이지 못했다. KGB와 군사 관련 부처가 자신들의 작전 계획을 드러내고 싶어 하지 않았기 때문이다.

12월 12일 소집된 정치국 회의에서 공식적으로 아프가니스탄 개입안을 승인했다. 회의를 주재한 그로미코는 우스티노프 및 안드로포프와 함께 개입안에 서명했다. 콘스탄틴 체르넨코는 자필로 개입안을 승인하는 의정서〔제목은 "'A'에서의 상황에 대해('A'는 아프가니스탄을 의미―옮긴이)"였다〕를 작성하고, 모든 정치국 인사들로 하여금 의정서에 비스듬하게 서명하도록 했다. 알렉세이 코시긴(그는 당연히 개입에 반대했을 것이다)은 출석하지 않았다. 안드레이 키릴렌코는 주저 끝에 서명했다. 짧은 논의가 끝난 후, 회의실로 들어온 브레즈네프는 다소 떨리는 필체로 하단에 서명했다.

2일 후, 세르게이 아흐로메예프가 이끄는 총참모부 작전국은 아프가니스탄 국경과 멀지 않은 테르메즈(Termez)로 이동했다. 이 중 몇몇 조직은 12월 18일 카불 외곽의 바그람 공군 기지로 옮겨갔다. 주요 작전은 1979년 12월 25일 크리스마스 오후 3시에 개시되었다. 제103공수사단과 제105공수사단 부대가 카불과 아프가니스탄 서부의 신단드로 향했다. 제40군 산하 제5기계화보병사단과 제108기계화보병사단이 쿠슈카(Kushka)와 테르메즈 사이의 국경을 건넜다. 12월 27일 일몰 직전, 700명의 KGB 특수 부대가 다르울아만 궁전(Dar-ul-Aman Palace)에 있는 아민의 공관을 공격했다. 그들은 경호 부대의 완강한 저항을 뚫고 결국 대통령과 그 친척 및 가까운 보좌진을 처형했다.[100] 대통령궁에 대한 KGB 부대의 공격이 시작될 때 카불로 날아온 바브라크 카르말은 스스로를 총리이자 아프가니스탄인민민주당 서기장으로 선언했다. 다음 날, 바브라크 카르말은 함께 망명 생활에서 돌아온 인물들과 함께 지도부를 구성했다. 점령 초기 카르말은 생포된 아민 정권의 지도자들을 취조하고, 그들이 소련과 아프가니스탄 혁명의 관계를 위협했다고 윽박질렀다. "우리와 소련 동지들은 당신들을 진정한 공산주의자라고 생각했소." 카르말은 당의 원로인 굴람 다스타기르 판지셰리(Ghulam Dastagir Panjsheri)에게 말했다. "당신은 모스크바에서 당신과 이야기를 나눈 소련 동지의 이익을 저버렸소."[101] 그러나 소련은 침공 바로 다음 날, 체포된 대부분의 공산주의자를 석방하라고 요구했다. 또한 당의 단결을 명분으로 몇몇 경우 이들이 신정부의 고위 직책을 맡도록 요구하기도 했다.

1970년대 후반과 1980년대 초에 소련의 아프가니스탄 침공은 서방(미국뿐 아니라)에 소련의 공격적 성향을 보여주는 궁극적인 증거였다. 그러나 소련의 정책 결정자들은 이 개입을 방어적인 것이자 최후의 정책 수단이라고 인식했다. 그렇다면 압도적 군사력, 국제적 영향력, 기술적 우월성에도 소련은 왜 할크파 정권의 정책을 바꾸라고 명령하기 위해 무장 개입이라는 수단을 선택할 수밖에 없었을까? 아프가니스탄 개입이 결국은 소련의 국제적 지위에 큰 타격을 주었는데 말이다. 왜 소련은 그들이 보호하기 위해 수많은 노력과 자금을 투입한 정권에 **반대해** 개입할 수밖에 없었을까? 그 대답은 소련 외교 정책의 이데올로기와 현지에 파견되었던 소련 대표의 행동―어느 것도 아프가니스탄 내전과 혁명적 이슬람에 맞서 제대로 작동하지 못했다―에서 찾아봐야 한다.

푸자노프 대사와 카불에서 푸자노프를 도운 이들은 그들의 사명이 봉건적 속박과 서방에 의존하는 아프가니스탄 사회를 사회주의 국가와 사회주의 경제로 발전시키는 일이라고 보았다. 그들은 이 목표를 달성해 소련의 안보를 강화하고, 이 지역에서 소련의 위상을 개선할 수 있으리라고 생각했다. 아프가니스탄인민민주당의 '혁명'은 아프가니스탄 북쪽 국경을 이용한 소련의 원조를 통해 사회주의와 소련의 승리를 '매우 저렴하게' 가져다줄 터였다. 소련에서 높은 점수를 얻기 위해, 아프가니스탄의 사회주의 이행 상황은 확실히 제한된 상징과 사건의 조합으로 채워져 있었다. '4월 혁명' 전개와 언어는 '10월 혁명' 혹은 러시아 혁명의 1970년대 후반 상황(소련 사회-옮긴이)을 따라야만 했다. 마찬가지로 서방으로부터의 독립은 푸자노프 대사와 그 동료들에게 소련과 더 긴밀한 관계를 맺는 것으로 이해되었다. '사회주의'는 소련 자문단이 알고 있는 소련 사회를 의미했다. 특히 소련 사회에서 당의 역할과 관련해 더욱 그러했다.

아프가니스탄의 소련 자문단은 처음부터 타라키 정권에서는 '눈여겨볼 만한 것'이 거의 없다고 보았다. 당파적 이익을 추구하는 당 지도부와 통제력이 미치지 못하는 시골에서 '혁명'은 오래된 종족 및 종파 갈등의 요소가 되었다. 아울러 소련의 이념뿐 아니라 서구적 이념을 혼합한 위험천만한 개혁 계획(소련은 이에 대해 어떠한 동정심도 갖고 있지 않았다)은 모두 소련 지도부에 충실히 보고되었다. 타라키와 아민 정권 시절 아프가니스탄인민민주당은 명백히 실패했지만, 아프가니스탄인민민주당의 수사로 인해 소련은 언젠가는 당내에 '진정한 사회주의자' 지도부가 등장하리라 확신했다. '진정한 사회주의자'가 등장하기 전까지 소련 대사관, 정치·군사 자문단, 기술 전문가는 아프가니스탄 사회주의의 보호자가 되어야 했다. 그들은 단순히 발전 계획을 입안할 뿐 아니라, 이와 같은 계획의 실행도 지도해야 했다.[102]

아프가니스탄 주재 대사관의 솔직한 보고를 통해 1978년 여름 이후 아프가니스탄에서 소련의 목표가 점점 달성하기 어려운 사업이라는 게 명확해졌다. 이는 틀림없이 모스크바의 소련 지도부에도 전달되었을 것이다. 아프가니스탄 지도자들이 지속적으로 소련의 조언에 반대하는 식으로 행동하자, 양측 모두에서 긴장을 감지할 수 있었다. 1978년 늦가을 즈음 소련은 푸자노프 대사와 할크파의 반목 속에서 아프가니스탄을 향한 원조를 줄이거나 중단했을 수도 있었다. 그러나 이는 이란 혁명이라는 중동 지역의 현격한 국제적 변화로 인해 실현되지 못했다.

소련이 아프가니스탄에 더 많은 정책 차원의 관심을 갖게 된 계기는 이란 혁명이었다. 물론 이란에서 좌익이 정권을 잡으리라는 희망은 희박했지만, 소련은 이슬람주의자가 신정부의 핵심을 형성하리라고는 전혀 예상하지 못했다. 1979년 3~4월, 소련 지도부는 이란을 중동 지역의 안보에 도전할 수 있는 잠재적 위험 국가로 보기 시작했다. 그런 의미에서 이제는 소련군이 아프가니스탄에 주둔하는 일이 새로운 중요성을 부여받았다. 아프가니스탄의 전략적 가치는 높아졌다. 요컨대 아프가니스탄은 도청 기지와 첩보 기지로서 매우 유용한 입지를 지니고 있었다. 소련은 이란의 전개 상황을 매우 조심스럽게 관찰했으며, 1979년 중반에는 아프가니스탄의 지역적 가치를 더욱 강조하기 시작했다. 소련은 이란 혁명을 매우 부정적으로 평가하고 있었고, 그 혁명의 여파가 더 넓은 지역에서 소련의 지위를 위협할 가능성 때문에 할크파 정권을 향한 원조를 늘렸다. 아프가니스탄 개입 직후 KGB 본부는 아프가니스탄 지부에 "아프가니스탄의 상황 악화는 이란에서의 사건으로 인한 결과물로 봐야 한다"는 의견을 전달했다.[103] 소련의 새로운 '투자'는 이미 1979년 초부터 시작되었다. 그러나 소련은 아프가니스탄 정권이 살아남는 데 자국의 지분을 늘렸지만, 그에 상응하는 만큼의 영향력을 늘리지는 못했다.

소련이 중동 지역의 외교 정책에 몰두하자 타라키와 아민은 아프가니스탄-이란, 아프가니스탄-파키스탄의 충돌을 활용해 더 많은 소련의 원조를 얻어낼 기회를 얻었다. 푸자노프 대사와 소련 자문단 중 그 누구도 할크파가 이웃 국가를 향해 지니고 있는 적대감의 역사적이고 문화적인 배경을 이해하려 하지 않았다. 타라키와 아민은 모두 초기에 파슈툰 민족주의의 영향을 받았고, 외교 정책의 배후에는 파키스탄에 있는 파슈툰 소수 민족을 통제하려는 목표가 있었다. 그뿐 아니라 타라키와 아민은 이란이 아프가니스탄의 소수 시아파에게 영향력을 행사할까 봐 두려워했다. 이는 그들의 정치적 레퍼토리이기도 했다. 소련 측 인사와의 면담을 통해 할크파 지도자들은 이란의 이슬람주의 급진주의 및 미국과 연계된 파키스탄을 이유로 더 많은 군사 원조를 받아내려 했다.[104]

소련은 파슈툰족의 전통적 외교 정책 목표를 이해하지 못했을뿐더러 아프가니스탄 현지 지도자들이 아프가니스탄인민민주당의 정책 및 소련과의 관계를 어떻게 생각하는지도 전혀 의식하지 못했다. 거만하면서도 종종 대립을 일삼았던 소련 자문단의 방식(여기에는 푸자노프 대사도 포함되었다. 푸자노프는 그의 행동 방식으로 인해 '작은 차르'라는 별명을 얻기도 했다)으로 인해, 아프가니스탄 정권은 현지인의 신뢰를 얻는 데 실패하고 말았다.[105] 저항 세력은 '외세'의 시배에 대한 현지인의 분노를 불러일으키기 위해 기적을 기다릴 필요가 없었다. 외세를 향한 현지인의 분노를 거의 신경 쓰지 않던 소련 자문단은 줄곧 아프가니스탄인민민주당에서 그들의 힘을 과대평가했다. 그들은 아프가니스탄에서 활동하는 여러 지도자 집단의 마음을 살 수 있는 기회가 있었다. 하지만 푸자노프 대사의 열렬하면서도 냉랭한 정치적 선언은 아민의 열정적 호소에 상대가 되지 못했다. 아민은 10년 넘게 아프가니스탄에서 개인적 매력을 발산하며 정치적인 충성파를 확보하는 데 성공했다. 소련 본국에 한 약속에도 불구하고, 소련 대사관은 1978년 가을 파르참파의 숙청을 막지도 못했을뿐더러 그로부터 1년 후에 일어난 타라키의 실각도 저지하지 못했다. 이 두 사건은 모두 소련이 아프가니스탄인민민주당 정권이 맞이할 재앙의 전조로 예측한 것이었다.

1978년 소련 대사관은 아프가니스탄을 향한 소련의 주요 지원이 무기나 군사 훈련이어서는 안 된다고 생각했다. 푸자노프 대사가 본국에 요청한 것은 기술 지원이었으며, 더 중요한 것은 원조 계획의 기초인 교육사업이었다. 이와 같은 관점에서 보면, 아프가니스탄의 사례는 제3세계의 마르크스주의 정권에 주로 무기를 지원했던 소련의 지원 유형과 흥미로운 대조를 이룬다. 이는 아프가니스탄 주재 소련 대사관, 아프가니스탄주재 KGB 지부, 소련 국제부 모두 아프가니스탄에 더 많은 군사 지원을할 경우, 아프가니스탄의 개혁을 더욱 급진화해 정권과 인민의 간극이 더커질 것을 우려했기 때문이다. 타라키 대통령이 무기를 요청했을 때, 푸자노프 대사는 당 건설과 여러 사회 세력과의 동맹 정책을 강화하라는 설교를 하곤 했다.[106]

1979년 초에 이르면, 소련은 아프가니스탄을 향한 대규모 군사 지원제공을 주저하지 않았다. 아프가니스탄 정권의 생존을 위협하는 이슬람주의자의 도전과 이란 혁명으로 인해 소련은 아프가니스탄 내전에 군사적으로 더 큰 개입을 했다. 에피셰프와 페레십킨의 파견이 보여주듯 소련총참모부는 지상 병력의 투입이 아니라 군사 장비, 야전 자문단, 훈련과'특별 작전(여기에는 공중 폭격도 포함되었다)' 같은 형태의 원조가 더 많이 필요하다고 생각했다.[107]

군사 개입에 대한 대안으로 아프가니스탄 주재 소련 대사관, 군사 자문단 그리고 KGB는 1979년 후반 할크파와 반할크파 간 협상을 이끌어내거나, 아민에게 접근해 그의 무자비하고 정력적인 전쟁 행위를 지원하는 일사이에서 선택을 내려야 했다. 몇몇 소련 대표, 특히 사프론추크는 협상을 진행하려 했다. 사프론추크는 파르참파뿐만 아니라 다우드 지지자, 자히르 왕 지지자, 그리고 온건한 이슬람 반대파 역시 협상에 포함하고자 했다. 그러나 사프론추크의 제안은 할크파의 반대로 무산되었고, 이는 소련 지도부의 지지도 받지 못했다. 또한 아민을 지원하는 선택지는 푸자노프 대사와 소련 지도부가 그에 대해 개인적 차원에서 강한 반감을 갖고 있어 폐기되었다. 지도부 중 누군가가 말했듯이 "타라키라는 유령이 길을 막고 있었다".[108]

아프가니스탄에 주재하는 소련 대표 중 어느 누구도 대규모 군사 개입을 추천하지 않았지만, 소련 관료들은 아프가니스탄 정권을 강제로 변화시키는 방안을 두고 서로 다른 입장을 갖고 있었다. 푸자노프와 대사관 참모진은 소련 무장 부대를 아프가니스탄의 주요 지점에 배치해 타라키에게 소련의 '제안'을 강조하는 방안을 만지작거렸다. 이들은 궁극적으로 아프가니스탄 정권에 압력을 가하는 일이 성공할 것이라고 여겼다. 반면 보리스 이바노프와 알렉산드르 모로조프(Aleksandr Morozov)가 이끄는 KGB 아프가니스탄 지부는 소련의 직접적 군사 개입에 비판적이었다. 이들은 오히려 소련 본국이 쿠데타를 계획해 파르참파 지도부를 세우는 방안을 추천했다. 그리고 군사 작전 지도부와 레오니트 고렐로프(Leonid Gorelov) 장군, 아프가니스탄 주재 소련 무관들은 소련의 군사 훈련 지원과 아프가니스탄 정부군에 대한 무기 지원이 궁극적으로 아프가니스탄에서 정치적 실책을 만회하는 데 충분하다고 생각했다.[109]

카터 행정부 시기 미소 관계가 계속 악화했기 때문에 소련 정치국은 미국이 아프가니스탄에서 소련의 지위를 약화시키기 위해 하피줄라 아민과 비밀 접촉을 해오고 있다는 안드로포프와 우스티노프의 지속적인 주장을 수용했다. 미국의 도전이라는 인식, 그리고 지역적으로는 이란발 이슬람주의의 도전이 아프가니스탄 위기의 해결을 시급하게 요청하고 있었다.

아프가니스탄의 상황은 "불안정"에서 "소련의 대응을 기다리는 상황"으로 변모해가고 있었다. 노쇠한 소련 지도부는 그 대응으로서 군사 개입이 아닌 다른 선택지를 고려하지 못했다.[110]

그러나 소련 정치국은 아프가니스탄에서 발생한 일련의 사건을 둘러싼 국제적 반응을 예측하지 못했다. 특히 소련 정치국은 미국의 대응 범위를 완전히 과소평가하고 있었다. 브레즈네프 자신이 개입은 "제한적인 작전"이며 "몇 주 내에 끝날 것"이라고 진정으로 믿고 있는 듯 보였다.[111] 작전의 주요 목적이 하피줄라 아민 지도부를 제거하는 것이었기 때문에, 브레즈네프는 그 목표를 달성하면 아프가니스탄의 상황이 조속히 안정되리라 기대했다. 아프가니스탄에 '진정한 공산주의' 정권이 수립되면, 소련의 가시적 역할은 최소화할 것이기 때문에 브레즈네프는 아프가니스탄 개입으로 인해 발생하는 국제적 비용을 기꺼이 감수하고자 했다.

그러나 소련이 개입하기 전인 1979년 여름이 끝나갈 무렵, 이미 아프가니스탄 공산주의는 자멸한 상태였다. 공산주의보다 더욱더 강력하고 대중적 인기 또한 높은 혁명 세력인 아프가니스탄 이슬람주의자의 저항에 부딪힌 아프가니스탄 공산주의는 안정적인 동맹 세력을 확보하는 국내 및 외교 정책을 입안하지 못했다. 이로 인해 아프가니스탄 공산 정권은 내전에서 승리할 수 없었다. 소련의 대(對)아프가니스탄 기본 정책의 실패는 스스로 살아남을 가능성이 전혀 없는 정권이 소련의 개입을 통해 생존하고 궁극적으로는 성공에 이르리라고 믿었다는 점에 있었다.

이슬람주의자의 반응

소련의 개입은 파키스탄 페샤와르에 근거지를 둔 아프가니스탄 저항 조직, 특히 이슬람주의자에게 새로운 자극이 되었다. 이슬람주의 지도자 중 한 명인 굴부딘 헤크마티아르에 따르면, 반군의 작전은 헤라트 봉기 이후 그다지 성공적이지 못했다. 이는 아프가니스탄인민민주당의 가혹한 탄압뿐 아니라, 전략과 작전 지역을 두고 조직 내 7개 분파가 합의를 이루지 못했기 때문이다. 이슬람주의에 동조하는 사람은 늘었지만, 1979년 여름과 소련군이 도착한 1980년 1월 사이에 반군의 군사 작전은 줄어들었다. 소련이 현지 게릴라를 검거하는 데 아프가니스탄 정부와 협력하고 있다는 사실이 알려지면서, 남아 있는 저항 세력은 이슬람주의 단체로 어렵지 않게 뭉쳤다. 소련의 침공 직후, 파키스탄에 근거지를 둔 이슬람주의 단체를 향한 아프가니스탄 현지의 지지와 외부로부터의 물자 지원이 현저히 늘어났다.

이슬람주의에 비판적이었던 대다수 현지 지휘관들은 왜 이슬람결사와 협력을 시작했으며, 소련 침공 이후에는 왜 다른 이슬람주의 단체와 손을 잡았을까? 가장 기본적인 이유는 이들 단체가 더욱더 개선된 무기와 보급품을 제공할 수 있었기 때문이다. 소련 침공 몇 주 후부터 시작된 미국의 지원을 통해, 망명 단체는 저항에 필요한 무기를 대량 확보한 상태였다. 게다가 아프가니스탄 내 모든 종족은 아프가니스탄 정부를 대신한 소련군의 공개적인 개입 이후, 세속주의 국가를 향한 불신을 공유하고 있었다. 이슬람주의자가 제공한 대안은 완전한 이슬람 정부였다. 그러나 대다수 아프가니스탄인은 이슬람주의자들이 주장하는 정부의 역할을 그다지 매력적으로 여기지 않았다.

이슬람주의자는 이집트, 사우디아라비아, 파키스탄의 마드라사(madrasa, 종교 학교)에서 학습한 외부인이나 아프가니스탄인을 통해 이데올로기 차원의 훈련을 받을 수 있었다. 일부 아프가니스탄 저항 조직 지도자에게 중동의 근본주의적 이슬람주의 분파와 강하게 연결되어 있던 무자혜딘('성스러운 전사'를 의미) 출신 조언자들은 1980~1981년의 상황에서 매우 중요해졌다. 아프가니스탄에 이슬람주의자를 끌어들이는 일은 이슬람주의자들의 엄격한 관행에 때문에 논쟁을 불러일으킬 가능성이 농후했지만 이슬람주의 지도자들인 굴부딘 헤크마티아르, 모하마드 유누스 칼리스(Mohammad Younus Khalis), 압둘 라술 사야프(Abdul Rasul Sayyaf)는 무자혜딘 전사를 그들의 정치 전략과 미래 계획에 활용하기 시작했다. 파키스탄에 있던 이슬람주의 지지자들은 이와 같은 조치를 환영했다. 그들은 '아랍인(출신 배경과 상관없이 이들은 '아랍인'으로 불렸다)'으로 알려진 조언자들에게 동조했으며, 이들이 아프가니스탄 저항 운동에 가져올 국제적 자금과 연결망을 기대했다.

카터 행정부의 강경파들에게, 특히 국가안보 보좌관 즈비그뉴 브레진스키에게 소련의 아프가니스탄 침공은 제3세계에서 소련의 공격적 의도를 보여주는 좋은 사례였다. 소련의 침공 당일 카터에게 보낸 보고서에서 브레진스키는 "이란과 아프가니스탄이 모두 혼란에 빠졌으며, 인도양으로의 직접적 진출을 향한 소련의 오랜 꿈이 현실화되었습니다"라고 썼다.[112] 카터 대통령 자신이 아프리카의 뿔 위기 이후 소련의 활동에 더욱 경각심을 지니고 있었지만, 그의 마음을 바꾼 것은 브레즈네프를 바라보는 브레진스키의 관찰이었다. 브레진스키는 소련의 아프가니스탄 정책이 노골적 침략 행위이며, 걸프 지역에서 미국의 지위를 향한 도전이라고 보았다. 브레진스키의 조언에 따라 카터는 소련을 화해할 수 없는 적대국이라 여겼고, 소련의 아프가니스탄 침공이 1945년 이래 세계 평화에 대한 중대한 위협이라 판단하기 시작했다.[113] 국가안전보장회의에서 미국의 대응책을 논의하며 카터는 브레진스키가 소련를 향한 미국의 곡물 수출 금지, 1980년 모스크바 올림픽 불참 등을 포함한 모든 방안을 지지하는 데 적잖이 놀랐다. 이와 같은 조치는 곤경에 처한 카터의 재선 가능성을 낮출 것이 분명했기 때문이다. 그러나 카터에게는 소련에 대응하는 것과 향후 있을 소련의 침략에 응전하는 것이 자신의 정치적 생존보다 중요했다. "향후 10~20년간 소련의 행동은 이 위기에 대한 우리의 대응에 영향을 받을 것입니다"라고 카터는 말했다. "우리는 …… 최대한 많은 것을 하기 위해 노력해야 하며, 세계대전을 피하면서 소련이 큰 실수를 저질렀음을 똑똑히 보여주어야 합니다."[114]

소련의 아프가니스탄 침공에 카터 대통령이 충격과 분노를 표했지만, 미국 정부는 크게 놀라지는 않았다. 미국 정보 당국은 공중 정찰과 도청을 통해 소련군이 1979년 11월 즈음 아프가니스탄 침공 준비를 마무리했음을 포착한 터였다. 또한 미국은 1979년 7월 아프가니스탄 반공 세력을 향한 직접적인 재정·물질적 지원을 시작했으며, 다음 해에도 이와 같은 지원을 더욱 늘렸다. 카터 행정부의 CIA 책임자 스탠스필드 터너(Stansfield Turner) 제독은 1979년 9월 "여러 강화 조치"를 요구했고, 이 중에는 파키스탄을 향한 자금 지원을 통해 파키스탄이 저항군에게 무기를 제공할 수 있는 방안과 미국이 직접 나서 무기를 파키스탄에 이전하고 이무기를 저항군에게 보급하는 방안이 포함되어 있었다.[115] 그러나 미국의 계획은 아프가니스탄에서 일어난 사건으로 뒤집어졌다.

1980년 2월 소련의 침공 6주 후, 파키스탄으로 날아간 브레진스키는 파키스탄 지도자 무함마드 지아 울하크 장군과 비밀 작전의 확대를 논의하고, 아프가니스탄-파키스탄 국경을 답사하면서 국경선 쪽으로 진열된 칼라슈니코프(Kalashnikov) 소총을 사진으로 남겼다. 워싱턴으로 돌아오는 길에 브레진스키는 사우디아라비아를 방문해 미국이 무자헤딘을 지원하는 것만큼 사우디아라비아가 무자헤딘을 지원할 것을 약속받았다. 1980년 가을 대선에서 카터는 레이건에게 패배했다. 하지만 아프가니스탄이 '소련의 베트남'[116]이 될 수 있다는, 아니 되어야만 한다는 광범위한 합의가 미국 행정부 내에 존재했다. 아프가니스탄에서의 신중한 정책을 지지했던 CIA 국장 터너는 3월에 이미 자신의 패배를 인정했다. 브레진스키에게 보낸 보고서에서 터너는 향후 "소련이 얼마나 공격적으로 나올지는 소련 지도부가 아프가니스탄의 개입을 얼마나 성공적이라고 볼지에 달렸습니다"라고 적었다.[117]

그때부터 미국은 제3세계의 '급진 마르크스주의 정부'를 전복시키기 위한 계획을 새롭게 시작했다. 그 대상에는 예멘과 앙골라 그리고 카리브해의 작은 소국 그레나다도 포함되었다. 브레진스키에게 남아라비아반도는 전략적으로 매우 중요한 우선순위를 부여받았다. 1979년 2월 소련이 지원한 예멘인민민주주의공화국(한때 영국 식민지였다)과 북예멘아랍공화국 간 내전이 발발했다. 아덴항을 통해 에티오피아에 개입한 적이 있는 소련은 새로 집권한 예멘인민민주주의공화국의 극좌파가 북예멘에서 반란을 획책하는 걸 지원했다. 그러나 국경 전쟁의 즉각적 결과는 재통일이 아니라 두 국가의 분열 심화로 이어졌다. 소련은 두 국가 간 전투 중지를 요구했고, 1979년 3월 두 국가는 전투를 멈추었다. 그러나 미국이 볼 때, 예멘에서 발생한 일련의 사건은 소련의 제3세계 개입에 대한 증거였다. 카터 대통령에게 예멘은 브레진스키의 표현을 빌리면 남부 아프리카부터 아프리카의 뿔을 거쳐 중동으로 이어진 '위기의 호(arc of crisis)'에서 소련의 영향력이 확장되는 사례였다. CIA는 아라비아반도에서 마르크스주의 혁명을 조장하는 예멘인민민주주의공화국을 저지하기 위한 미국의 즉각적 개입을 지지했다. 1979년 4월 6일 국가안전보장회의는 북예멘을 향한 비밀 지원을 의결했다. 동시에 미국은 CIA 부국장 로버트 게이츠(Robert Gates)의 표현을 빌리면 남예멘에서 "불화를 조장하는" 린포워드(LEAN FORWARD) 계획을 시행했다.[118]

이슬람 세계를 향한 미국의 개입은 소련의 아프가니스탄 개입을 둘러싼 이슬람권의 반응으로 더욱 용이해졌다. 소련의 결정은 이슬람권의 세속주의적 민족주의 정권(1980년 1월 파키스탄의 이슬라마바드에서 이슬람권 35개국이 모여 아프가니스탄 인민을 향한 소련의 침략을 규탄했다)을 소련으로부터 멀어지게 했을 뿐 아니라, 좌익의 권위를 실추시키고 이슬람주의자가 중동, 북아프리카, 이슬람권 동남아시아에서 청중을 확보하는 일을 용이하게 했다.[119] 많은 이슬람주의자, 특히 당시 새롭게 가입한 이들에게 소련과 공산주의는 이슬람주의의 주적이었으며, 미국은 심정적으로는 아닐지라도 전술적 동맹국이었다. 사우디아라비아 입장에서 아프가니스탄 무자헤딘을 향한 미국의 지원은 필수적이었다. "우리는 작전을 수행하지 않습니다." 사우디아라비아 정보부 총책임자 투르키 알파이잘(Turki al-Faisal) 왕자는 CIA 친구들에게 이렇게 말했다. "우리는 작전을 어떻게 펴는지 모릅니다. 우리가 아는 것은 수표를 발행하는 게 전부입니다."[120]

대사관 인질 사건을 둘러싸고 미국과 격렬한 갈등이 있었지만 새로 등장한 이란 지도부 역시 아프가니스탄을 침공한 소련의 의도를 우려하고 있었다. 이는 이란-이라크 전쟁 이후에도 마찬가지였다. 소련의 아프가니스탄 침공 2일 후, 블라디미르 비노그라도프 이란 주재 소련 대사는 쿰(Qum)에서 호메이니를 만나 소련의 아프가니스탄 침공을 설명하려 했다.

비노그라도프 대사는 미국과의 갈등에서 소련이 이란을 도울 수 있다고 말하며 "아프가니스탄에서 어쩔 수 없이 벌인 소련의 행위"를 양해해달라고 요구했다. 이에 대해 아야톨라 호메이니는 부정적 입장을 피력했다. 호메이니는 "무슬림 국가와 비무슬림 정부 간에 상호 이해는 있을 수 없다"고 단언했다.[121] 이란 순례자들이 1980년 메카로 들고 간 호메이니의 메시지는 미국과 소련 그 어디에도 의존하지 않겠다는 선언이었다.

딴마음을 먹은 초강대국을 당신의 나라와 풍부한 자원으로부터 내쫓으십시오. 이슬람의 영광을 회복하십시오. 그리고 이기적인 논쟁과 우리들 사이의 차이를 잊으십시오. 우리는 모든 것을 이미 보유하고 있습니다. 이슬람 문화에 기댈 것이며, 서양에 대한 모방을 멈추고, 스스로의 힘으로 일어서십시오. 서양과 동양에 열중하는 지식인을 공격하고 자신의 진정한 정체성을 회복하십시오. 외국인에게 고용된 지식인들이 인민과 국가에 입힌 재앙을 기억하십시오. 우리가 분리된 상태로 진정한 이슬람에 대한 충성을 보이지 않는 한, 우리는 우리가 이미 경험한 고통으로부터 계속 고통받을 것입니다. 우리는 오늘날 대중이 지식인을 이끄는 시대에 살고 있으며, 대중은 지식인을 그들이 빠져 있는 동과 서라는 자기 환멸과 모욕으로부터 구해줄 것입니다. 대중은 이전에 그들을 가르쳤던 지식인을 지도합니다.[122]

09 1980년대: 레이건의 공세

1980년 로널드 레이건의 당선으로 미국의 제3세계 정책은 목표가 아니라 그 수단이 변했다. 지미 카터 행정부 후반기 임기 2년 동안, 미국의 제3세계 정책의 골자는 급진 정권에 압박을 가하고 현지의 반공 세력과 동맹 관계를 새로 맺는 것이었다. 이는 레이건 행정부의 주요 우선순위와 방향 면에서 일치했다. 하지만 제3세계 정권을 향한 도덕적 차원의 의심과 보좌진 간 의견 불일치 때문에 초창기 카터 행정부는 정치적 선택을 내리길 주저했다. 반면 레이건은 임기 초부터 정책 방향 설정과 실행을 다른 이들에게 기꺼이 일임했다. 그 결과 때때로 서로 모순적인 다수의 결정이 대통령의 승인 아래 소련과 긴밀한 동맹 관계를 맺고 있다고 여겨지는 니카라과, 아프가니스탄, 앙골라 정권을 상대로 실행되었다. 레이건은 이들 국가에서 소련이 패퇴하고, 이들 국가의 정치적 방향이 바뀌는 걸 보고 싶어 했다. 왜냐하면 그러한 변화야말로 역사가 미국 편에 서 있으며 사회주의는 과거의 유물에 불과하다는 그의 신념을 다시 한 번 확인해줄 것이기 때문이었다. 그러나 레이건은 미국이 베트남 전쟁의 여파를 극복하기 위해서라도 대결 정책으로 인해 발생할 새로운 위기 상황에 노출되어선 안 된다는 사실 역시 잘 알고 있었다. 즉 제3세계에 다시 개입하기 위해 미국은 스스로 싸우길 원하는 동맹 상대를 새로 구해야만 했다. 레이건은 키신저식의 '지역 경찰'을 원하지 않았다. 레이건 혹은 이데올로기에 경도되었던 레이건 행정부의 보좌진이 원한 것은 정확히 그 반대, 즉 그 이유가 무엇이든 상관없이 좌익 정권과 싸우길 원하는 '혁명 세력'이었다.[1]

레이건의 접근 방식은 여러 면에서 볼 때, 카터의 국가안보 보좌관이던 즈비그뉴 브레진스키와 그의 참모진이 입안한 정책 및 방법의 연장선상에 위치했다. 브레진스키는 소련의 아프가니스탄 침공 이전에 이미 카터의 동의를 얻어 제3세계에서 '대항 세력 전략(counterforce strategy)'을 실행했다. 이 정책의 골자는 아시아·아프리카의 소련 동맹국에 대항할 수 있는 세력에 대한 지원이었다. 그런 의미에서 본다면 소말리아 시아드 바레 정권을 향한 카터 행정부의 원조는 일종의 전환점이었다. (브레진스키의 한 참모는 시아드 바레 정권을 "현저하게 불미스럽고 신뢰할 수 없다"고 평가했다.) 카터 행정부는 임기 초기 첫 몇 개월 동안, 인권 탄압을 이유로 몇몇 미국의 옛 동맹국을 향한 무기 공급을 망설였다. 그러나 1978년에 이르러 카터 행정부는 아프리카에서 가장 잔인한 독재자 중 한 명이던 소말리아의 시아드 바레 정권을 지원하기 시작했으며, 시아드 바레가 시작한 오가덴 전쟁에서 그를 구해주었다.[2] 1980년 시아드 바레의 소말리아는 캄보디아의 크메르 루즈, 아프가니스탄의 무자헤딘과 더불어 친소 정권과 싸우며 미국의 원조를 받는 대표적인 원조 수령국이었다.

이는 달리 말하면 이제 미국이 자국의 직간접적 지원을 받는 세력의 행태를 전혀 신경 쓰지 않는다는 사실을 의미했다. 1970년대 말 제3세계에서 나타난 새로운 혁명의 파고(波高), 그리고 소련 개입주의를 두고 미국 엘리트가 공유하고 있던 우려만이 이 놀라운 변화를 설명할 수 있는 유일한 답이다. 부분적으로는 미국 국내 정치에서 신우파의 약진과 자유주의를 향한 반발과도 관련이 있지만, 미국은 제3세계 혁명이 더 이상 소련 개입의 원인이 아니라 결과라고 판단했기 때문에 제3세계 문제에 주목하기에 이르렀다. 1960년대 브레진스키를 포함한 사회과학자 집단이 주창한 '전체주의'라는 개념은 로스토의 근대화 이론이 한 단계 진전한 결과였다. 사회주의 혁명이 '자연적인' 발전 단계를 전복했을 경우, 외부의 지원만이 해당 국가를 민주주의와 자본주의라는 올바른 궤도로 다시 올려놓을 수 있었다.[3] 다시 말해, 데탕트 기간 동안 소련이 자의적으로 왜곡한 '신생 독립국'의 자연적인 발전 궤도를 복구할 수 있는 유일한 세력은 미국뿐이었다. 만약 미국이 이에 실패한다면 이들 국가의 미래뿐 아니라 궁극적으로는 미국 자체가 심각한 위험에 빠질지도 몰랐다.[4]

로널드 레이건은 이론적 깊이는 얕았지만 1970년대 중반부터 제3세계에서 미국이 보여준 '무대응'을 비판해온 주요 인물이었으며, 미국 개입주의의 가장 설득력 있는 대변자였다. 1976년 현직 대통령 제럴드 포드에 맞서 공화당 후보 지명 선거에 출마한 레이건은 데탕트 개념 자체에 공세를 퍼부었다.

미국의 대외 정책을 묘사하자면, 목표 없이 방황 중이라고 요약할 수 있습니다. 앙골라가 그 대표적인 예입니다. 우리는 한쪽 친미 세력에 싸우다 죽는 것을 독려할 정도의 지원만을 해줬을 뿐입니다. 그들이 이길 기회를 얻기에는 너무 적은 지원을 한 것입니다. 그러는 동안 앙골라 내전의 승자는 우리 미국을 증오하고, 패자는 우리를 불신하고, 세계는 미국을 유약하고 불안하게 여겼습니다. 만약 데탕트가 원래 의도한 대로 호혜적인 관계였다면, 우리는 소련에 말썽을 그만 일으키고 앙골라의 일은 앙골라인에게 맡기라고 말할 수 있었을 것입니다. 그러나 일은 그렇게 흘러가지 않았습니다.[5]

1980년 이란 이슬람 혁명과의 대립으로 카터 행정부는 점차 쇠약해졌다. 이어서 대통령직을 넘겨받은 레이건은 여러 종류의 안보 위협을 다음과 같은 구호 아래 하나로 통합했다. "더 이상 우리 자신을 속이지 맙시다. 소련이야말로 오늘날 이 모든 불안정의 원인입니다. 소련이 도미노 게임에 관여하지 않았다면 우리 세계에 분쟁 지대는 애초에 존재하지 않았습니다."[6] 레이건은 미국이 대변하는 모든 가치와 소련 외교 정책의 대전략이 충돌할 수밖에 없다고 굳건히 믿었다. 레이건에게 소련은 '선의 제국'인 미국의 안티테제, 즉 '악의 제국'이었다.

제3세계의 분화와 레이건 공세의 기원

'제3세계'라는 개념은 한때 제국주의의 억압을 받았다는 역사적 기억을 지니고 신생국의 국가 및 경제 건설이라는 도전 과제를 공유하며 이를 통해 서로 단결하는 지역을 의미했다. 그런데 1980년대 초반에 이르면 미국 바깥 지역에서 제3세계라는 개념은 파편화하고 있었다. 1970년대 중반까지만 하더라도 제3세계 정권은 국제연합에서 여전히 비동맹 운동으로 단결할 준비가 되어 있었다. 1973년 중동 전쟁 이후의 석유 금수 조치와 앙골라해방인민운동 정권을 향한 아프리카 대륙의 지원은 제3세계의 단결을 입증하는 두 가지 사례였다. 그러나 1974년 국제연합 총회 결의안을 통해 제3세계 국가들은 이른바 '신국제경제질서(New International Economic Order, NIEO)'라는 경제적 요구를 강조하기 시작했다. 정치적 요구에서 경제적 요구로의 전환은 제3세계 국가들이 하나로 단합할 수 있는 정치적 정체성을 구체화하지 못했다는 징후로도 볼 수 있다. 물론 신국제경제질서가 식민 통치 기간 동안의 피해 보상 같은 정치적 요구를 많이 포함하고 있었지만, 그 주요 얼개는 제3세계의 기본적 정체성을 원자재 생산자에 국한했다. 그러나 결국 원자재 생산자의 단결이라는 관념은 제3세계 엘리트들이 자국의 이익을 더 중시하는 풍조로 이어졌다. 오히려 제3세계 운동이 경제적 요구에 집중하면서 제3세계 국가 중 산업화 국가와 비산업화 국가의 구분이 더욱 첨예해지고 말았다.[7]

1970년대 아시아와 라틴아메리카에서 일부 제3세계 국가의 경제 성장이 이루어졌다. 남한, 대만, 싱가포르, 홍콩, 브라질 그리고 멕시코는 1970년대부터 1980년까지 10년간 평균 7.5퍼센트의 경제 성장률을 기록했다.[8] 대부분 서방 국가의 경제가 정체된 데 비해 이 기간 동안 이들 국가는 매우 인상적인 성장을 이루어 제조업 수출이 매년 평균 13퍼센트 이상 증가했다. 1979년에 이르면 이들 6개 신흥 산업국은 서방 국가의 의류 약 40퍼센트를 공급했고, 가전제품은 물론 자동차 및 조선 시장에서도 선진국과 경쟁했다. 물론 라틴아메리카를 중심으로 빈곤 지역이 여전히 많고 노동자 착취와 환경 파괴가 만연했지만, 수출 주도형 발전 모델의 성공은 많은 제3세계 정권의 집단주의적 경제 발전 방식을 향한 직접적 도전이기도 했다. 1980년대 초 중국이 사회주의에서 시장 주도 개혁으로 이데올로기 차원의 전환을 가속화하자 점점 더 많은 제3세계 엘리트들이 집단주의 이데올로기가 그들이 원하는 경제적 진보를 과연 가져다줄 수

있을지 의문을 제기하기 시작했다.[9]

1960~1970년대에 등장한 많은 좌파 혁명 국가들은 1980년대 초에 실망과 더불어 심각한 좌절을 경험했다. 그중 어떤 국가도 국내 경제 정책에서 자본주의에 대항할 만한 총체적 대안을 제시하지 못했다. 대부분의 경우, 동유럽 국가의 경제 모델을 수입하는 게 유일한 선택지였다. 하지만 동유럽 모델은 대부분 이를 수입한 국가의 사회·경제적 조건에 부합하지 못했다. 국제 시장에 원자재를 공급할 기반 시설이 없는 경우, 국유화 정책은 경제적으로 실패한 것으로 판명되었고, 이는 대개 가장 중요한 지식과 기술을 보유한 현지 부르주아지 계층의 이탈로 이어졌다. 일례로 에티오피아에서는 고학력 엘리트 계층 중 3분의 2가 1974~1980년 해외로 이민을 떠났다.[10]

에티오피아 정권 내부의 정치적 갈등이 증폭되고 그들과 국내 정적 사이의 갈등이 심화한 이유는 국가 차원에서 통합된 경제 모델이 존재하지 않았기 때문이다. 정당성의 주요 원천이 새롭게 형성된 '국민' 정체성인 국가의 경우, 현존하는 체제가 약속한 바를 특히 경제적 측면에서 제공하지 못했을 때, 일부 분파가 현 정부의 정책은 물론 그 정책이 대표하는 '국민'이라는 정체성 자체에 **모두** 반대하리라는 것은 명백했다. 1980년대 초 이후 많은 제3세계 탈식민 국가 내에서 국가 정체성 이전의 토착 정체성이 점차 재등장하기 시작했다. 특히 토착 정체성과 국가 정체성 간 분쟁은 사회주의적 지향을 보인 국가에서 가장 첨예하게 나타났다. 왜냐하면 이 국가들은 이데올로기적으로 토착 정체성의 존재 자체를 인정하지 않고 현지 세력과의 타협을 배제했기 때문이다. 그리고 지방의 반란자들은 해외로부터 지원을 받을 수 있었기 때문에 이러한 분쟁은 곧잘 내전으로 이어졌다. 1980년대 중반에 이르면 좌파 정권이 직면한 대부분의 내부

분쟁은 이슬람주의자의 도전을 제외하면, 대개 이와 같은 종족적 배경을 지니고 있었다.[11]

경제 정책과 정체성을 둘러싼 분쟁이 야기한 문제는 1970년대 말의 급격한 경제 침체로 인해 더욱 악화했다. 제3세계 좌파 국가들은 이미 서방의 공공 원조에서 배제된 상태였으며, 서방 기업은 제3세계 좌파 국가의 정책 미비와 동아시아 경제가 지닌 매력을 이유로 제3세계 좌파 국가와의 무역 및 투자에 관심을 기울이지 않았다. 이는 경제 침체와 더불어 좌파 정권에 큰 압력으로 다가왔다. 수출의 90퍼센트 이상을 원자재에 의존하는 앙골라, 에티오피아, 남예멘, 니카라과 같은 국가는 원자재의 국제 가격 하락으로 인해 큰 타격을 입었다. 이들 국가는 1979년과 1982~1983년 사이에 국가 수입이 반 토막 나기도 했다. 경제 체제의 유연성 부족으로 위기는 더욱 악화해 이들 국가의 생활 수준 역시 크게 하락했다. 또 1983년 에티오피아에서 발생한 가뭄과 대량 기아에서 볼 수 있듯 이들 국가는 자연재해에도 효과적으로 대응하지 못했다.[12]

전 지구적 차원의 변화가 소련의 제3세계 동맹국에만 일련의 위기를 야기하지는 않았다. 소련 경제 또한 이러한 변화로 인해 정체했다. 1979년 이후 소련의 국내총생산 성장률은 심각한 수준으로 하락했다. CIA 수치에 따르면 1979년 소련 국내총생산은 3퍼센트를 상회하는 수준으로 증가할 것이라 예상되었지만, 실제로는 약 0.7퍼센트의 성장밖에 기록하지 못했다. CIA는 대통령에게 올린 보고서에서 소련 경제가 "느리게 기어가고 있다"고 평가했다.[13] 소련 경제가 왜 전반적으로 침체했는지 그 원인을 분석하는 일은 이 책의 범위를 벗어난다. 그러나 1982년 이후 국제 유가(소련은 대외 수출의 상당 부분을 원유에 의존하고 있었다) 하락이 이와 같은 경제 침체에 크게 기여했다는 사실에는 주목할 필요가 있다. 더 나아가 국제 유가 하락은 국내외 경제 활동에서 소련의 자율성을 더욱 저해했다. 소련이 전 지구적 역할을 수행함에 따라 군비 지출(1970년대 후반 소련의 군비는 이미 국내총생산의 25퍼센트를 차지했다)과 사회주의 국가에 대한 지원을 1980년대에도 계속 늘려야만 했다. 이러한 추가 지출은 소련 국내의 자원 부족으로 이어졌다. 이는 소련 사회의 불안정을 초래했고, 소련 인민의 지지를 받지도 못했다. 소련 지도부는 이와 같은 사실을 충분히 인지하고 있었다.

만약 더 젊고 활력 있는 지도부가 존재했다면, 소련의 국제 정치적 목표와 활용 가능한 수단 간 불일치를 조정하는 작업이 상대적으로 용이했을 것이다. 그러나 1981년 소련공산당 정치국 구성원의 중간 연령은 거의 70세였고, 대부분의 소련공산당 지도부는 1970년대 초에 제3세계 공세를 기획하고 실행한 인물들이었다. 이와 같은 소련 지도부의 두 가지 특성이 결합하면서, 지도부 개별 구성원이 정책의 변화가 (소련공산당원이라면 흔히 말하듯) 객관적으로 유용하거나 필요하다고 생각했을지라도 정책 조정의 실현 가능성은 그리 크지 않았다. 1982년 11월 레오니트 브레즈네프 사망 이후 서기장으로 취임한 유리 안드로포프는 과거 KGB 의장으로서 수집한 정보를 통해 소련이 "과잉 확장된" 상태라는 위험성을 인식하고 있었다.[14] 레이건 행정부의 반소련 정책에 직면한 안드로포프는 중국 및 서유럽과의 관계 개선뿐 아니라, 특히 일본과 동남아시아 국가들과 적대감을 완화하는 데 힘을 기울였다.

그러나 안드로포프 지도부는 소련이 처한 곤경과 관련해 근본 해결책을 제시하지 못했다. 1983년 5월 31일 공산당 중앙위원회 회의에서 진행된 토론은 당시 상황을 전형적으로 보여준다. 동료 위원들에게 또 다른 장례식을 알린 후, 안드로포프 서기장은 현 국제 정세에서 소련의 전반적 위상과 관련해 아래와 같은 불평의 말을 남겼다.

서방에서 일어나는 사건의 추이를 살펴보건대, 현재 반소련 연합이 형성되고 있습니다. 물론 이는 우연의 결과가 아니며 매우 위험한 양상입니다. ……우리는 일본과의 관계에서 어느 정도 타협을 봐야 합니다. 예를 들어, 우리는 전략적 가치가 없는 조그마한 섬(쿠릴 열도 ─ 옮긴이)을 일본과 함께 발전시키는 방안을 생각해볼 수 있습니다. 다른 제안도 가능합니다. 저는 개인적으로 일본이 소련과 경제 영역에서 훨씬 적극적인 협력을 제안할 수 있다고 생각합니다.[15]

1983~1984년 소련 지도부 내에서는 여러 나라와 관련해 이와 비슷한 뜬구름 같은 제안이 등장하곤 했다. 하지만 소련 지도부가 애초에 갈등을 야기했던 주요한 쟁점을 다루지 않았기 때문에 이와 같은 제안은 그 어떤 구체적인 성과로도 이어지지 못했다. 예를 들어, 일본 총리 나카소네 야스히로(中曾根康弘)는 북방 도서와 관련한 일본의 주권 문제에 소련이 소극적으로 임하는 한 무역을 포함한 모든 분야에서 소련과 협력할 필요가 하등 없었다. 무엇보다도 일본의 최대 우방국인 미국의 분노를 살 이유가 없었기 때문이다.

안드로포프에게는 소련에 점점 적대적으로 변하는 국제 환경에 대응할 뾰족한 수가 없었다. 우방국에 신중함을 요구하거나 소련 인민에게 어려움을 극복하자고 제안할 뿐이었다. 이데올로기를 기반으로 한 개입주의 사고방식으로 인해 소련은 남한이나 동남아시아 국가 같은 신흥 발전도상국과 경제 협력 관계를 이루지 못하고, 적대 관계로 남아 있을 수밖에 없었다. 이제 개입주의 사고방식은 소련을 국제적 고립 상태로 몰아넣었다. 소련의 현 지위는 제3세계 동맹국들을 통해 가능했지만, 소련의 대외 정책 목표가 자본주의 국가와의 긴장 완화로 수정된 상황에서 이제 제3세계 동맹국들은 '목에 걸린 가시'와 같았다.

로널드 레이건 대통령과 일부 보좌진은 소련이 필연적으로 역사의 패배자가 되리라고 확신했다. 그러나 레이건 행정부의 구성원 중 누구도 소련 지도부의 관점이 얼마나 극적으로 바뀌었는지 이해하고 있지 못했다. 더욱이 레이건 행정부의 중도파와 급진 우파는 소련의 행동을 두고 일정 정도 수사적 비난이 필요하다는 데는 합의했지만, 전쟁 위험 없이 소련을 얼마나 더 압박할 수 있는지에 관해서는 의견이 갈렸다. 그러나 레이건 행정부가 처음 들어설 때만큼은 소련을 향한 수사적 압박의 수위를 완화해야 한다고 생각한 미국과 유럽의 많은 사람에게 레이건 행정부의 첫 한 달은 그야말로 충격이 아닐 수 없었다. 행정부 출범 첫날부터 경제 영역에서 엄격한 통화주의를 고수하고, 소련으로부터 제3세계 탈환을 주장한 급진 우파 집단이 레이건 행정부의 논의를 주도했기 때문이다. 물론 급진 우파의 의제를 실제 정책으로 구현하기 위해서는 레이건의 두 국무장관, 즉 알렉산더 헤이그(Alexander Haig, 1981~1982)와 조지 슐츠(George P. Shultz, 1982~1989) 같은 제도권 인사의 협조가 필요했다. 급진 우파의 힘은 일종의 사명감뿐 아니라 대선에서 미국인이 대통령에게 부여한 사명을 그들이 수행하고 있다는 확고한 신념에 기초하고 있었다. 가끔 정책 결정에 참여할 때 레이건이 보인 행동은 그 역시 국방부와 국무부 관료들의 온건한 정책보다 급진 우파의 과격한 정책을 선호했음을 보여준다.[16]

레이건의 첫 임기 대부분은 제3세계 개입주의 정책의 기본 원칙을 확립하는 데 쓰였다. 그 주요 원인은 급진 우파의 미숙한 정책, 레이건 행정부의 최고 정책 보좌관 간 의견 불일치, 그리고 고위 관료의 저항 때문이었다. 일부 급진 우파 인사는 당시를 회상하며 1981~1982년의 기간을

"잃어버린 해"라고 평가하기도 했다. 소련의 지원을 받는 제3세계 정권과의 전쟁을 조율하기 위한 구체적인 조치가 거의 전무했기 때문이다.[17] 국방부의 리처드 펄(Richard Perle)과 프레드 이클레(Fred Iklé), 국가안전보장회의의 리처드 파이프스(Richard Pipes) 같은 급진 우파 인사들은 국가안전보장회의에서 경험 풍부한 관료들이 그들의 계획에 조롱을 표하자 좌절했다. 일부 사람들은 외부에서 정부를 비난하던 시절을 추억하며 현 상황을 불쾌하다고 여기고 백악관의 직책을 사임하기도 했다. 열성적인 이데올로기 신봉자였던 역사학 교수 리처드 파이프스는 레이건 행정부 초기에 국가안전보장회의의 소련 담당 보좌관으로 임명되었지만, 1982년 하버드대학교로 돌아갔다.[18]

한편 알렉산더 헤이그 국무장관 같은 온건파는 레이건식 수사법을 활용해 제3세계의 적에게 공포를 심어주는 방식으로 적의 행동을 바꾸고자 노력했다. 헤이그의 접근 방식은 1970년대 초 자신이 리처드 닉슨의 보좌진으로서 추천했던 방식과 유사했다. 상대방이 미국 대통령을 국제 분쟁 해결을 위해 극단적 폭력을 사용할 수도 있는 '미친 사람'이라고 여기게 하는 방법이었다. 1981년 11월 말 헤이그 국무장관은 쿠바 외교부 장관 로드리게스와 멕시코시티에서 비밀리에 만나 쿠바에 압력을 가했다.

1975년에 일어난 상황으로 인해 우리는 소련이 미국 내 정세 변화를 지정학적 변화로 판단했다는 결론을 내렸습니다. 나는 지금 워터게이트 사건과 베트남 전쟁을 말하고 있는 겁니다. 이는 소련의 활동이 아프리카·동남아시아·서북아시아 및 서아시아에서 증가하고 있다는 사실에서 분명히 드러납니다. 이를 바탕으로, 옳든 그르든 우리로서는 다음과 같은 결론을 내릴 수밖에 없습니다. 소련과 쿠바 사이에 공표되지는 않았어도 적어도 암묵적 합의가 국제 활동과 관련해 존재한다는 것이지요. 이 모든 일이 결국 미국 국민이 레이건을 대통령으로 선출할 수밖에 없었던 이유입니다.[19]

급진 우파는 카리브해와 중미 지역의 혁명이 향후 미국에 위협이 되리라고 지적했다. 급진 우파는 레이건 대통령이 공산주의자들이 미국을 공격하기 위해 이 지역에 교두보를 마련했다고 생각하고 있다는 사실을 잘 알고 있었다. 취임하고 6주가 채 지나기도 전에 레이건은 다음과 같이 말했다.

우리는 저 아래 엘살바도르에서 벌어지고 있는 테러 활동이 소련, 쿠바, 팔레스타인해방기구 심지어 리비아의 카다피 그리고 공산권 국가들이 실제로 개입한 결과라는 사실을 알아냈습니다. ……그리고 저는 이 점이 매우 중요하다고 생각합니다. 테러리스트와 엘살바도르의 게릴라군이 민중 봉기를 일으키면 시민이 이를 지지하고 지원해서 정부가 무너지리라고 예상했지만, 엘살바도르 시민은 반란 세력에 완전히 반대하고 있습니다. 시민은 그들이 예상한 대로 움직이지 않았습니다.[20]

레이건은 중미 지역에 미국이 개입한다면, 미국 대중이 이를 또 다른 베트남 전쟁의 서곡으로 간주할지 모른다는 정치적 우려를 안고 있었다. 따라서 초기부터 중미 지역에서 미국의 개입은 주로 은밀하게 진행되었고, 이를 위해 현지 병력에 의존하는 방안이 매우 중요했다. 가장 먼저 미국이 중점을 두어야 할 지역은 엘살바도르였고, 어쩌면 과테말라도 포함될 수 있었다. 1981~1982년 레이건 행정부의 다수 의견은 다른 곳에서 혁명 운동을 먼저 진압하기 전에 니카라과 혁명에 개입한다면, 너무 많은 비용이 든다는 점을 지적했다. 그러나 레이건 행정부의 소수파는 니카라과의 산디니스타 정권이야말로 '불안정'의 원천이며, 이들을 제거하는 게 시발점이 되어야 한다는 정반대 의견을 제시하기도 했다. 레이건 행정부의 급진 우파에게 중미 지역은 미국의 전 지구적 지위를 측정하는 척도였다. 중미 지역에서의 실패는 제3세계 냉전에서 미국의 패배를 의미했다.

니카라과에서의 전쟁

1979년 니카라과를 장악한 산디니스타민족해방전선(이하 '산디니스타'―옮긴이)의 주요 지도자들에게 니카라과 혁명을 향한 미국의 적개심은 전혀 놀랄 일이 아니었다. 산디니스타라는 조직의 명칭 자체가 1934년 미국의 지원을 받은 니카라과 국방군이 살해한 급진적 게릴라 지도자 아우구스토 산디노의 이름을 계승한 것이다. 1930년대와 마찬가지로 1970년대에 국방군은 니카라과를 무려 50년 동안 지배하고, 니카라과를 개인 영지처럼 사유해온 소모사 왕조가 운영하고 있었다. 산디니스타의 "소모사를 물리치자"라는 대표적 구호는 빈민의 봉기와 계급 간 단결의 호소, 그리고 극도로 부패한 소모사 정권을 지원한 미국을 겨냥했다.

산디니스타는 쿠바 혁명을 계기로 형성된 라틴아메리카의 정치 운동 중 하나였으며, 쿠바 혁명으로부터 직접적 영감을 얻었다. 니카라과 야당 운동 세력 중 가장 과격한 분파였던 산디니스타는 좀더 온건한 반(反)소모사 자유주의 운동과 세력이 작았던 공산당 모두에게서 비판을 받았다. 특히 무장 투쟁에 우선순위를 두겠다는 산디니스타의 주장은 비판의 주요 대상이었다. 혁명 수행 방법을 두고 산디니스타 사이에서도 합의가 이루어지지 않았다는 점이 더 큰 문제였다. 그 결과 산디니스타는 최소 서로 다른 3개의 파벌로 분열되었다. 결과적으로, 1960년대 말과 1970년대 초에 일어난 봉기는 무참히 실패했다. 본래 산디니스타를 이끌었던 대부분의 지도자가 살해 또는 투옥되었기 때문에 이제 산디니스타 운동의 미래는 대학이나 고등학교에서 새로이 충원된 젊은 세대의 손에 달려 있었다.[21]

산디니스타 내 다른 파벌들이 구체적인 계획을 언급한 것과 달리 다니엘 오르테가(Daniel Ortega)와 움베르토 오르테가(Humberto Ortega) 형제가 이끄는 테르세리스타(Tercerista) 파벌은 소모사 왕조의 분파인 아나스타시오 소모사를 타도하는 방법과 관련해 잘 정립된 계획이 전혀 없었다. 그 이름에서 알 수 있듯 오르테가 파벌의 목표는 '제3의 대안'으로서 산디니스타의 서로 다른 분파 간 관계를 중재하는 역할을 맡았다. 그러나 좌익 조직에서 자주 그러하듯 테르세리스타는 그 자체로 긴밀하게 단결된 조직으로 성장했다. 1977년 테르세리스타는 다른 파벌의 붕괴로 인해 산디니스타의 가장 강력한 세력으로 대두했고, 전략을 끝없이 수정한 끝에 레닌주의와 인민주의를 혼합해 다른 파벌의 인사까지 일부 포섭하는 데 성공했다.

1978년 1월 테르세리스타는 드디어 기회를 얻었다. 카터 행정부를 포함해 이전부터 니카라과의 부르주아지 계층을 자극해오던 소모사 정권이 마나과(Managua)에서 자유주의 인사인 페드로 호아킨 샤모로(Fedro Joaquín Chamorro)를 살해했다. 샤모로 암살은 니카라과 시민의 가두시위와 총파업으로 이어졌다. 비록 성공하지 못했지만 대규모 시위와 총파업은 소모사 정권에 맞서는 격렬한 저항의 신호탄이었다. 테르세리스타는 명목상 비(非)산디니스타 세력이 이끄는 공동 야당 전선을 조직함으로써 좌파와 자유주의 세력 간 갈등을 완화해 통합된 반정부 전선을 구축했다. 그해 8월에는 에덴 파스토라(Eden Pastora)가 이끄는 산디니스타 게릴라가 수도 마나과 중심부의 니카라과 의회를 점령하고 대부분의 지도자를 형무소에서 해방시켰다. 1978년 8월 공세의 성공은 마나과 인근 빈민가의 반정부 폭동으로 이어졌다. 이에 소모사 정권은 미국의 지원을 받은 공군을 통해 빈민가 폭동을 진압하려 했다. 1979년 초 카터는 아나스타시오 소모사야말로 중미의 온건 정책에 큰 걸림돌이라는 사실을 다시금 확인했다. 이에 카터는 소모사 정권에 대한 군사 및 새로운 경제 원조 정책을 중단해 소모사가 권좌에서 내려오도록 압력을 가했다. 동시에 비(非)사회주의 국가이던 베네수엘라와 파나마가 산디니스타에 무기와 군사 훈련을 제공하기 시작했다.[22]

니카라과 혁명 전반에 걸쳐 카터 행정부는 그 결과와 관련해 두 가지 입장을 지니고 있었다. 먼저 카터는 소모사가 사임하기를 원했다. 그러나 동시에 니카라과에서 급진적 사회주의 정권이 들어서 쿠바와 동맹을 맺는 일만큼은 피하고자 했다. 1979년 중반, 니카라과 수도 마나과로 산디니스타군이 진격할 때 카터 행정부의 한 인사는 "소모사를 대체할 중도 세력(예를 들면 온건파)이 없기 때문에 그를 무작정 제거할 수는 없지만 그렇다고 '지는 해'인 그를 다시 세울 만한 명분 또한 없다"고 말했다.[23] 국가안전보장회의에서 브레진스키는 "카스트로주의 같은 산디니스타의 승리가 지니는 대내외적 함의"를 언급하면서 "미국이 자신의 뒷마당조차 간수할 능력도 없는 것처럼 보일 수 있으므로" 직접 개입을 주장했다. 그러나 카터 대통령은 결정을 내리지 못했다. 산디니스타의 결정적 승리를 막기 위해 미국은 니카라과 내전의 휴전과 과도 정부의 구성을 제안하고 미주기구의 개입을 촉구했다. 하지만 수도 마나과는 이미 산디니스타의 수

중에 떨어졌고 소모사는 마이애미로 망명길에 올랐다. 20여 년 만에 라틴 아메리카에서 처음으로 혁명 세력이 승리를 거둔 것은 소모사 정권과 미국뿐 아니라 혁명 세력 자신에게도 놀랄 만한 사건이었다.

산디니스타는 1979년 7월 연립 정부의 다수파를 형성하며 권력을 잡았다. 임기를 시작한 산디니스타는 다수의 강경한 토착주의자와 반미 급진주의자, 오르테가 형제 같은 소수의 마르크스주의자〔지도자격인 다니엘 오르테가와 국방부 장관 움베르토 오르테가, 내무부 장관 토마스 보르헤(Tomás Borge)〕로 구성되었다. 그러나 후자의 집단조차도 순수한 마르크스주의라기보다는 토착주의와 결합한 마르크스주의에 가까웠다. 그들은 산디노를 마르크스 및 레닌과 결합했다. 산디니스타의 주요 인사들은 쿠바로부터 받은 지원을 고마워하는 동시에 다른 중미 국가, 즉 제일 먼저 엘살바도르와 과테말라의 혁명가들을 돕겠다는 의지를 표명한 국제주의 노선을 추구했다. 그러나 1979년 산디니스타의 주요 목표는 전쟁과 소모사의 공포 정치로 인해 폐허가 된 국가의 재건이었다. 여기에는 집을 잃은 수백만 명을 구제하고 경제를 회복하는 일이 포함되었다. 산디니스타는 목표를 달성하기 위해 국유화와 토지 개혁을 실시했다. 이 정책은 대부분의 니카라과 사람에게 인기가 있었다. 하지만 과거 반소모사 투쟁을 함께했던 부르주아지 계층을 격분케 했고, 이로 인해 부르주아지 계층은 신생 산디니스타 정권을 적대시하기에 이르렀다.[24]

산디니스타의 외교 정책에 대해서도 논쟁이 이어졌다. 다수의 니카라과인은 다른 중미 국가의 혁명을 지원하려는 신정권의 의지에 동의했지만, 그러한 개입 정책이 니카라과에 미칠 영향, 특히 이로 인해 촉발될 미국의 대응을 두려워했다. 마찬가지로 대부분의 니카라과인은 소모사 정권과의 전쟁에서 쿠바가 준 도움을 고마워했지만 산디니스타 정권이 피델 카스트로와 너무 밀착해 있다고 생각했다. 소련 및 동유럽과의 관계를 두고는 여론이 더욱 분열되었다. '현실 사회주의' 관련 지식은 물론이거니와 그에 대한 관심 또한 거의 없었기 때문에 대부분의 평범한 니카라과인은 소련 및 동유럽 문제와 관련해 아무런 의견도 내지 못했다. 그리고 수년간 미국의 반소련 선전에 노출되어온 부르주아지 계층과 일부 지식인에게 소련과의 관계 개선은 소모사 정권의 전복을 지지한 사람이라도 절대 받아들일 수 없는 일이었다.

그러나 산디니스타는 혁명적 국제주의 정책과 사회주의 국가들과의 연대를 열렬히 추진했다. 국내에서 일부 반대 여론이 있었지만 산디니스타의 대외 정책을 막을 세력은 없었다. 왜냐하면 혁명과 연대는 산디니스타의 사명이었기 때문이다. 내무부 장관 토마스 보르헤가 설명했듯 "니카라과 혁명은 국경 너머로 나아갈 것입니다. ······우리 혁명은 산디노가 산후안데세고비아(San Juan de Segovia)에서 싸운 순간부터 항상 국제주의 운동이었습니다. 산디노와 함께 전 세계의 국제주의자가 있었습니다. ······산디노와 함께 엘살바도르 민중의 위대한 지도자, 파라분도 마르티(Farabundo Martí)가 있었습니다".[25] 정권 장악 이후 첫 몇 주간 이미 산디니스타는 엘살바도르의 '파라분도 마르티 민족해방전선'을 향한 지원을 확대했다. 또한 산디니스타는 공개적으로 불의와 억압에 맞서 싸우는 다른 혁명 운동을 지원하겠다는 의지를 표명했다. 니카라과에 자문단을 파견하고 산디니스타의 지도자(다니엘 오르테가는 쿠바에서 교육을 받았다)와 친밀한 관계를 유지하고 있던 피델 카스트로조차도 니카라과의 공세적인 대외 정책이 미국의 대응을 불러오지 않을까 우려했다. 그러나 20년 전 쿠바 혁명 당시 카스트로와 마찬가지로 오르테가에게 혁명의 전파는 니카라과 혁명의 핵심이었다. 다른 지역의 혁명을 지원하며 니카라과는 다른

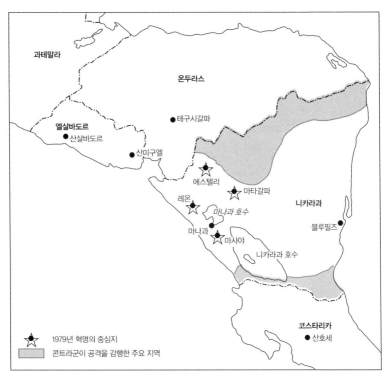

지도 10　니카라과 혁명과 콘트라 전쟁

민중과의 국제주의적 연대를 표명했을 뿐 아니라, 이는 미국에 맞서는 니카라과의 독립과 주권을 상징했다.[26]

　1981년 8월 새로 취임한 레이건 행정부는 미국이 니카라과에 대해 덜 적대적인 정책을 취하는 대신 엘살바도르 혁명에 대한 지원을 멈추라고 산디니스타 정권에 압력을 가했다. 이에 다니엘 오르테가는 다음과 같이 응수했다. "니카라과는 엘살바도르에서 게릴라군의 승리를 희망한다. 엘살바도르 혁명은 우리의 방패이며 우리의 혁명을 더욱 공고히 해줄 것이다."[27] 토머스 엔더스(Thomas Enders) 미 국무부 차관보가 미국의 침공에 맞서겠다는 니카라과의 견해를 조롱하자 오르테가는 "그 결과가 중미 전역(全域)의 전쟁이더라도 산디니스타는 무력으로써 혁명을 방어하기로 결정했다"고 대응했다.[28] 그러나 동시에 오르테가는 "우리는 자살적 행위를 원치 않으며 미국과 대화를 이어나가길 원한다"고 밝히기도 했다.

니카라과의 새로운 정권은 더욱 신중한 태도로 소련과 동유럽권에 접근했다. 산디니스타의 신중한 대(對)소련 정책은 1979~1980년 쿠바에서 열린 회의에서 카스트로와 소련으로부터 받은 조언과 일치했다. 산디니스타가 사회주의 국가와 지나치게 개방적이고 광범위한 관계를 수립한다면 미국의 격한 반응을 자극할지도 몰랐다. 소련 내부 문서에서 잘 드러나듯 초기 소련의 견해는 니카라과 혁명의 향방이 너무나도 불확실하기 때문에 니카라과에 대한 소련의 직접 원조는 낭비이거나, 매우 비효율적이라는 것이었다. 제3세계 개입에 대한 소련의 적극적 태도가 사라지고 있는 시점에서 니카라과 혁명이 발발했기 때문에, 소련 국제부와 KGB는 1979~1980년 대부분의 원조를 쿠바에 집중하길 원했다. 또 소련은 다른 지역의 중미 혁명가들에게 신중히 기다리는 방안을 권고했다. 카스트로는 전술적 이유에서 이러한 소련의 접근 방식에 동의했지만, 소련이 여전히 중미 혁명가들을 더 많이 지원해야 한다고 생각했다. 쿠바와 친밀한 관계를 형성해온 동독 정권도 1980년 니카라과에서 더 많은 행동이 필요하다고 주장하며 산디니스타 지도부와의 독자적 연락망을 구축했다.[29]

1981년 중반 레이건 행정부가 니카라과를 향한 압력을 높이자 산디니스타는 사회주의 진영의 정책이 지나치게 조심스럽다고 판단했다. 카를로스 누녜스 텔레스(Carlos Nuñez Téllez) 산디니스타 의장은 1981년 7월 동독 인사들에게 "사회주의 국가, 특히 동독·소련·쿠바는 니카라과의 진정한 형제"라고 언급하면서, 그렇다면 왜 니카라과를 향한 더 많은 지원을 하지 않는지 추궁했다.[30] 니카라과는 이미 혁명 초기부터 주로 쿠바를 통해 소련제 무기를 공급받았지만, 1981년 8월 모스크바 방문 시 토마스 보르헤는 소련으로부터의 직접적 군사 지원을 받기 위해 노력했다. 그해 11월 움베르토 오르테가는 크렘린을 방문해 대전차미사일, 지대공미사일 및 전투용 헬기의 지원을 포함해 중요한 군사 지원 협약을 맺는 데 성공했다. 소련 방문 후 오르테가는 소련, 동독, 쿠바로부터 직접적인 무기 공급 통로를 확보했을 뿐 아니라 (니카라과 혁명을 초기부터 지지해온) 알제리, 불가리아 그리고 (노후한 미군 무기를 지원할 수 있는) 베트남 등을 연결하는 무기 공급 체계를 구축했다. 다니엘 오르테가는 훗날 한 인터뷰에서 이렇게 설명한 바 있다. "쿠바가 우리에게 줄 수 있는 지원은 우리가 요구하는 종류나 양을 충족시키지 못했기 때문에 니카라과군을 강화하는 데 매우 제한적이었습니다. 그 대신 우리는 알제리와 소련에 지원을 요청했습니다."[31] 1984년 미국과 니카라과의 분쟁이 절정에 이르자 사회주의 진영의 니카라과 동맹국들은 니카라과가 기대한 만큼의 지원을 제공해주지는 못했지만 대량의 중화기 장비를 공급해 미국의 개입 정책 비용을 높였다.[32]

대통령으로 취임하기 훨씬 이전부터 로널드 레이건과 그 지지자들은 중미의 혁명가 집단을 미국의 직접적 위협 요소로 바라보고 있었다. 레이건은 이들을 향해 공세적인 수사(修辭)를 구사했지만, 제3세계에서 미국이 베트남 이후 또 다른 출혈을 감수하는 방안에는 반대했다. 레이건은 니카라과 혁명에 직접 개입하는 걸 주저했다. 그러나 산디니스타가 중미 지역의 다른 혁명 세력(무엇보다도 엘살바도르의 혁명 세력)을 지원하는 일만큼은 저지하기로 결심했다. 1981년 3월 CBS 보도기자 월터 크롱카이트(Walter Cronkite)에게 레이건은 엘살바도르의 상황과 관련해 다음과 같이 말했다.

"소련은 아프가니스탄에서 했던 짓을 엘살바도르에서 똑같이 하려고 합니다. 직접적으로 소련군을 전진 배치하지 않았을 뿐 쿠바와 엘살바도르 게릴라의 괴뢰군을 통해서 소련은 이미 그렇게 하고 있습니다."[33] 1984년에 이르면 산디니스타를 보는 레이건의 견해는 너무나도 단순한 구도로 굳어졌다. 레이건은 다음과 같이 발언했다. "니카라과 사람들은 전체주의의 감옥에 갇혀 있으며, 군부 독재 정권이 그들을 착취합니다. 산디니스타 통치자들은 특권을 누리고 사치스러운 생활을 하며 그들의 혁명이 니카라과 이웃으로 확산할 것이라 자랑합니다. 그뿐만 아니라 이 독재 정권은 수천 명의 쿠바·소련·아랍 급진주의 세력의 지원으로 유지되고 있기 때문에 더욱 위험하고, 이는 니카라과 국민에게 더욱더 모욕적인 상황이 아닐 수 없습니다."[34]

레이건 행정부의 급진 우파에게 키신저의 대외 정책 기조는 '몰가치적'이기 때문에 문제였다. 반면 카터의 대외 정책 기조는 "잘못된 가치관으로 인한 혼동"의 표본이었다. 급진 우파는 이전 두 행정부의 대외 정책을 공격하고 냉전과 관련해 새로운 접근 방식을 도입하기 위한 방편으로서 미국의 라틴아메리카 정책을 활용하고자 했다. 로버트 케이건(Robert Kagan) 같은 국무부의 급진 우파는 라틴아메리카에서 반공 전쟁을 수행해 "소련에 대항하는 전략적 차원의 전쟁뿐 아니라 미국의 올바른 정신을 위한 국내 전쟁"에서 승리하고자 했다. 미국의 국제연합 대사 진 커크패트릭(Jeane J. Kirkpatrick)은 레이건 행정부 내 신보수주의 입장을 대변하며 카터 대통령이 미국의 이익을 제대로 이해하지 못했다고 다음과 같이 비난했다.

카터 행정부는 라틴아메리카 정치 체제의 기본 특성을 고려하지 않았기에 라틴아메리카에서 사회 질서를 유지하는 게 얼마나 힘든지 과소평가했습니다. 또한 한 번 무너진 권위가 자체적으로 회복되는 능력을 과대평가했습니다. 카터 행정부는 혁명 세력이 유익한 변화를 이끌어낼 수 있다고 생각했기 때문에 그들의 목표와 동기를 착각했고, 라틴아메리카 정부의 진짜 문제를 이해하지 못한 채 그들이 폭력적인 전복의 대상이 되도록 방기하고 말았습니다.[35]

1983년 레이건은 1979년 3월 이후 좌익 정권이 지배하던 카리브해의 작은 공화국 그레나다의 혁명 정권을 향한 공세를 감행했다. 그레나다 혁명 세력이 내부 파벌 투쟁으로 자멸하자, 레이건 행정부의 급진 우파는 1983년 10월 제3세계에서 승리를 거둘 수 있는 절호의 기회가 마침내 왔다고 생각했다. 10월 25일 그레나다를 침공한 미군은 수일 내에 그레나다를 장악하고, 그레나다 주민 10만 명을 통제하는 데 성공했다. 가장 열정적인 냉전주의자(Cold Warrior)가 보기에도 카리브해의 조그마한 섬은 별볼일 없는 성과였지만, 급진 우파에게 그레나다 개입에서 거둔 성공은 미국의 자신감을 높여주는 자랑거리였다. 한 급진 우파에 따르면 "그레나다는 우리가 할 수 있다는 사실을 증명"했으며 "공산주의자를 이길 수 있는 방법은 대담함과 결단력이라는 사실을 보여주었다".[36] 즉 그레나다 침공은 세계 전 지역을 대상으로 한 반(反)혁명 전략의 형성에 기여했다.

1981년에 이미 레이건 행정부는 니카라과를 겨냥해 시작한 비밀 전쟁을 진행하고 있었다. 처음에는 CIA가 온두라스에서 소모사 정권의 국방군을 토대로 반(反)산디니스타 세력(아르헨티나군 장교가 이들을 훈련시켰다)을 지원하고 정비했다. 의회의 강력한 반대가 있었지만 레이건 행정부는 합법·비합법적 방법을 모두 동원해 니카라과에서 전쟁을 수행했다. 나중에 밝혀진 사실에 따르면, 미국 행정부는 일명 '콘트라'로 불린 1만 5000명

이상의 반혁명 군대를 무장시키고 훈련·보급·지휘했다. 니카라과 국경 안팎에서 군사력을 동원한 콘트라 작전은 1961년 쿠바 침공 사건(히론 해안 전투) 이후 라틴아메리카에서 수행한 가장 큰 규모의 CIA 작전이었다. 그 거대한 규모 때문에 일부 레이건주의자는 콘트라 전쟁을 십자군과 같은 사명을 지닌 작전으로 여겼다. "미국은 우리의 동맹국이 군사적으로 패배하게 내버려두지 않을 것"이라고 프레드 이클레 국방부 차관은 말했다. "우리는 군사적 교착 상태를 추구하지 않습니다. 우리는 민주주의의 승리만을 추구합니다."[37] 레이건 행정부는 산디니스타와 그 지원 세력에 상황의 엄중함을 알려주기 위해 모든 수단을 동원했다. 1984년 CIA는 산디니스타 정권을 향한 보급품 전달을 막기 위해 니카라과의 주요 항구에 기뢰를 설치하기까지 했다. 1980년대 중반 군사 작전의 제한적 성공에도 불구하고 콘트라 전쟁은 산디니스타 정권을 향한 니카라과 국내의 신뢰를 무너뜨렸다.

미국이 엄청난 군사력과 경제력을 동원해 산디니스타 정권을 압박했는데도 산디니스타와 엘살바도르의 동맹 세력이 그만큼 오랫동안 버틸 수 있었던 것은 그들의 정치적 기획이 갖는 힘 덕분이었다. 혁명 운동에 지원한 이들은 지주나 개입 세력 같은 외부의 압제로부터 자신들의 토지와 존엄성을 지키기 위해 싸웠다. 엘살바도르 혁명에서 캄페시노(campesino: 라틴아메리카의 소작농을 지칭한다—옮긴이)의 역할을 다룬 연구에서, 정치학자 엘리자베스 우드(Elisabeth Wood)는 한 활동가의 다음과 같은 발언을 소개했다.

전쟁 전에 부자들은 우리를 경멸했다. 그들은 우리를 동물처럼 다루었다. 우리는 하루 종일 일해 번 돈으로도 자식을 학교에조차 보내지 못했다. 대안이 없

었다는 것. 이것이 바로 전쟁의 기원이다. 유일한 대안은 절박함으로 인한 광기뿐이었다.[38]

파라분도 마르티 민족해방전선의 한 중간급 간부는 소작농이 느끼던 절박함이 게릴라군의 동원 정책에 얼마나 적절한 조건이 되었는지를 다음과 같이 설명했다.

우리는 민중으로부터 상당히 긍정적인 반응을 얻었고, 많은 참여를 이끌어낼 수 있었다. 이러한 현상의 주된 원인 중 하나는 불평등한 토지 분배 상황이었다. ……게릴라군이 등장해 변화를 위한 움직임을 가져오기 전까지 민중의 분노는 표출되지 못했다. 민중은 혁명의 외침을 **들었다.** 우리는 타레아(tarea)─커피 농장에서 한 노동자마다 분배되는 작업량의 단위─를 줄이라고 요구했다. ……〔그 결과〕 우리 게릴라를 향한 지지는 파도처럼 밀어닥쳤고, 이를 막는 일은 불가능했다.[39]

미국이 협상으로 나아가고자 하는 우익 정권의 움직임을 거부하자 엘살바도르라는 작은 나라에서 전쟁의 참혹성은 더욱 커져갔다. "러시아 혁명 당시 사회민주주의자가 협상을 통해 레닌이 전체주의적 볼셰비즘을 포기하도록 설득할 수 없었듯 미국은 이들(엘살바도르 반군─옮긴이)과 협상을 통해 만족할 만한 수준의 정치적 해결책을 찾을 수 없었다"고 프레드 이클레는 선언했다. 레이건 대통령의 상황 인식은 아래와 같았다.

엘살바도르의 게릴라들은 폭압적인 정부에 대항해서 혁명을 일으키기 위해 소총을 잡은 (순진한) 농민이 아닙니다. 그들은 훈련된 군인이며, 니카라과를 통해 소련과 쿠바로부터 무기를 지원받고 있습니다. 니카라과는 스스로의 결정으로 엘살바도르를 위협하는 공산주의 기지가 되고 말았습니다. 게릴라군 지도자 중 한 명은 전날 공식적으로 그들이 소련의 우방임을 확인했고, 서반구에 공산주의를 전파할 것이라 천명했습니다.[40]

엘살바도르 내전은 니카라과에서 산디니스타의 운신의 폭을 제한했다. 아울러 니카라과 지도부가 더 교조적인 입장을 취하고, 그들 자신이 생각하는 사회 개혁에 반하는 모든 조치를 적대적으로 바라보게끔 했다. 산디니스타의 강압적이고 잘못된 사회·경제 정책으로 인해 니카라과 동부 해안 지방의 소수 민족인 미스키토족(Miskito)을 중심으로 산디니스타 정부에 반대하는 저항 운동이 확산되었다. 대다수 니카라과인은 특히 1980년대 중반 이후 전쟁에 염증을 느끼기 시작했다. 산디니스타는 혁명을 바라보는 회의적인 태도를 적절하게 다루지 못했다. 혁명 이전 시대부터 그자신의 신념으로 인해 그 누구보다 많은 탄압을 받은 토마스 보르헤 내무부 장관은 이미 1982년부터 혁명이 가져올 사회적 분열을 여타 공산주의 혁명 경험을 바탕으로 다음과 같이 정리했다.

우리는 경험을 통해 알고 있습니다. 한편으로는 이러한 사회 집단에 속하는 많은 사람이 새로운 사회에 적응하지 못할 뿐 아니라, 심지어 혁명 과정에서도 궁극적으로 노동자와 농민의 꿈은 악몽으로 끝날 것이며, 특정 계급의 몇몇 우두머리의 꿈만이 낙원으로 끝나리라고 믿었던 사람도 있습니다. ……산디니스타는 니카라과와 미 제국주의 사이에 존재하는 적대적 모순의 본질을 찾아낼 수 있는 지혜와 용기를 지녔습니다. 산디니스타는 니카라과의 정치·경제적 변혁 과정에서 혁명적 계급의 역할을 알고 있으며, 또 알아갈 것입니다. 〔산디니스타는 질적인 변화를 추구해야 할 때는 그 요점을 정확히 알고 있으며, 그동안에는 항상 두 발을 대지에 굳건히 내딛고, 우리의 가장 아름다운 꿈과 현실을 마음속에 간직할 것입니다. 그러나 이런 상황은 때로는 도전을 받기도 하며, 어렵고 무섭기도 합니다─옮긴이.〕 바로 이것이 산디니스타가 우리 민중의 전위대인 이유입니다. 이 점이 바로 산디니스타가 민족의 단결을 이끌고, 그 무엇과도 바꿀 수 없는 전위대인 이유입니다. 단결은 노동자의 이익과 민족적 애국심에 기초를 두어야 합니다.[41]

전쟁이 중미 지역에 끼친 영향은 끔찍했다. 니카라과에서 약 3만 명이 사망했다. 역사학자 윌리엄 레오그란데(William LeoGrande)가 지적했듯 이 수치는 인구 대비로 환산했을 때 미국이 남북전쟁에서, 양차 세계대전에서 그리고 한국전쟁과 베트남 전쟁에서 잃은 인구를 합산한 것보다 많았다. 니카라과에서 10만 명 이상의 난민이 발생했으며, 경제는 통제할 수 없는 인플레이션과 엄청난 실업으로 신음했다. 조그마한 국가인 엘살바도르에서 전쟁의 영향은 더욱 심각했다. 약 7만 명이 사망했다. 암살 부대가 지역 곳곳을 돌아다녔고, 마을과 개인의 삶이 파괴되었다. 엘살바도르 내전은 최근의 라틴아메리카 역사상 가장 잔혹한 사건이었지만, 변화를 가져오기 위한 미국의 노력(10억 달러 규모의 군사 원조와 그 3배 정도 규모의 경제 원조)은 미미한 성과만을 남겼을 뿐이다. 1990년에도 엘살바도르 인구의 90퍼센트 이상은 여전히 빈곤하게 살았다.[42]

비록 인명 피해는 없었지만, 미국에서도 이 전쟁의 결과는 심각한 영향을 미쳤다. 미국 의회를 우회해 콘트라 반군을 지원하려던 레이건 행정부의 시도는 이란-콘트라 사건으로 이어졌다. 이로 인해 신보수주의 의제의 영향력은 대중 사이에서는 물론이거니와 백악관 내부에서도 타격을 입었다. 레이건 측 인사들이 (이란이 레바논 이슬람 세력으로 하여금 미국인 인질을 석방하도록 압력을 가해주길 바라면서) 이란의 이슬람주의 정권에 무기를 팔았다는 사실과 그 무기 판매 자금을 니카라과의 반혁명 세력을 지원하는 데 사용했다는 사실은 레이건 지지자조차 받아들이기 힘든 내용이었다. 반전(反戰) 운동과 의회의 반발로 인해 이란-콘트라 사건은 임기 말미에 레이건 행정부가 대외 개입 정책을 갑작스럽게 철회하는 계기로 작용했다. 그러나 레이건 행정부의 세계관은 여전히 견고했다. 요컨대 냉전은 선과 악의 대결이며, 미국은 그 싸움에서 천사들과 함께했다.

아프가니스탄에서의 전쟁

소련의 아프가니스탄 침공은 그 시작부터 정치적으로 문제가 있었고 군사적으로도 엉망진창이었다. 할크파 내 하피줄라 아민 파벌을 숙청했지만 아프가니스탄인민민주당은 단일한 정당이라고 보기 어려웠다. 오히려 소련군과 함께 아프가니스탄으로 들어온 소련공산당 고위 자문단이 우려스럽게 바라봤듯 소련 지원의 가능성이 커지자 정부 요직을 둘러싼 아프가니스탄 인사 간 다툼이 더욱 격렬해졌다. 1980년 2월부터 소련 지도부는 아프가니스탄인민민주당 서기장 바브라크 카르말에게 종파주의를 통제하고 여러 "이견" 속에서 지도부가 적절한 균형을 잡으라고 "준엄하게 전달해야" 했다.[43] 또한 소련 자문단은 정부 직위에 비공산당 인사를 포함시켜 아프가니스탄인민민주당 체제의 기반을 '확장'하려 했으나 오직 소수의 후보만이 카르말 서기장의 기준에 부합할 뿐이었다. 소련이 추천한 몇몇 인사는 이미 카불을 떠나 파키스탄의 무자헤딘 기지나 다른 곳으로 피신한 상태였다. 처음에 생각했던 것보다 일이 잘 진행되지 않자 소련 민간인 자문단의 규모는 계속 커졌고, 1980년대 중반에는 그 수가 적어도 약 8000명에 이르렀다.

아프가니스탄 침공 이후 몇 달 동안, 아프가니스탄 내 반(反)인민민주당 세력은 여전히 축출된 왕 자히르 샤의 지지자나 종족 또는 씨족 기반 집단의 주도 아래 있었다. 그러나 이러한 구도는 빠르게 변화했다. 소련의 침공은 이슬람주의자 조직이 반대파 세력 내에서 패권을 장악할 수 있는 천금과도 같은 기회였다. 이슬람주의자들은 주로 파키스탄으로부터 군사 지원을 받는 동시에 외부 침입자에 맞서는 종교적이고 민족적인 성전(聖戰)을 향한 대중적 지지에 호소했다. 파키스탄의 북서부 변경 주(州)와 발루치스탄(Baluchistan)주로 넘어온 수만 명에 이르는 아프가니스탄 난민은 구호 물품을 받기 위해 파키스탄 페샤와르에 위치한 7개 조직(칼리스파, 이슬람당, 이슬람결사, 이슬람연맹, 아프가니스탄국민해방전선, 아프가니스탄민족해방전선, 이슬람혁명운동－옮긴이) 중 하나에 등록해야 했다. 1980년 여름 파키스탄에서 이슬람주의 조직은 엄청나게 빠른 속도로 세력을 확장했는데, 이는 분노와 절박함으로 가득한 청년을 난민촌에서 모집하고 파키스탄과 보수적 아랍 국가 그리고 미국으로부터 물품을 지원받은 결과였다.[44]

1981~1982년 아프가니스탄 반대파 세력 내에서는 기이한 구도가 등장했다. 아프가니스탄 내에서 이뤄지는 대부분의 무장 투쟁은 이슬람 혁명보다는 자신의 구역을 지키기 위해 형성된 현지 아프가니스탄 조직이 수행했다. 반면 현지 조직은 필요한 지원을 얻기 위해 파키스탄 페샤와르에 근거를 둔 이슬람주의 조직에 점진적으로 종속되었다. 그 결과, 자히르 샤를 향한 지지는 점점 줄어들었고, 이는 유명한 이슬람 성직자 무함마드 나비 무함마디(Muhammad Nabi Muhammadi)가 이끄는 조직(이슬람혁명운동－

옮긴이)을 포함한 여타 전통적인 당파 또한 마찬가지였다. 그런데 한편으로는 이슬람주의 무자헤딘 단체들 **사이의** 관계 역시 순탄하지는 않았다. 이들 대다수는 1970년대 중반 파키스탄으로부터 지원을 받던 2개의 아프가니스탄 이슬람주의 단체, 곧 굴부딘 헤크마티아르의 이슬람당과 부르하누딘 라바니의 이슬람결사를 중심으로 두 축으로 분열되어 있었다. 이 두 극단주의 단체는 파키스탄의 독재자 지아 울하크 장군과 사우디아라비아 정보국장 투르키 알파이잘 왕자의 압력으로 겨우 불안정한 연합을 이룰 수 있었다. 그러나 이 연합(흔히 '페샤와르 7'이라고 흔히 부르는, 앞에서 언급한 무자헤딘 7개 단체 연합—옮긴이)은 원칙적으로 무함마드 나비 무함마디의 조직과 여타 전통적인 단체들을 반(反)아프가니스탄인민민주당이라는 기치 아래 통합한 것이었다. 7개 주요 망명 조직 간 연합은 1984년에 이르기까지 조직되지 못했고, 이후에도 그들은 협조보다는 적대 관계라고 볼 수 있었다.[45]

1979년 12월 소련이 파병한 '제한된 군사 파견단'은 본래 하피줄라 아민을 제거하고 바브라크 카르말을 아프가니스탄의 지도자로 세운 특수 부대를 보조하는 일종의 지원 부대였다. 하지만 1980년 2월부터 소련 지도부는 바브라크 카르말 정권의 요청을 받아들여 아프가니스탄인민민주당 지도부를 보호하라는 명령 이외에 두 가지 추가적인 군사 임무를 소련군에 하달했다. 첫째는 아프가니스탄 정권의 정책이 '바로잡히는' 동안 무자헤딘을 향한 외부 원조를 막고 아프가니스탄 국경 밖에서 오는 모든 침투를 차단하는 것이었다. 둘째는 아프가니스탄군과 협력해 주요 도시, 도로, 공항 그리고 군사 훈련장과 그 주변을 확보하는 것이었다. 이 두 가지 목표 모두 소련군이 달성하기 힘든 임무라는 게 드러났다. 1980년 첫 두 달 동안 증원을 통해 제40군의 주요 부대(2개 기계화보병사단, 1개 공수사단,

1개 공중강습여단, 그리고 2개 독립기계화보병연대로 이뤄진 총 5만 2000명 규모의 군사력)를 투입했는데도 말이다.[46]

소련이 직면한 군사적 차원의 문제는 총 두 가지였다. 첫째는 소련 침공 이후 아프가니스탄 정부군이 한순간에 붕괴했다는 것이고, 둘째는 아프가니스탄 전역에서 민간인이 무자헤딘에 식수·피난처와 정보를 기꺼이 제공했다는 것이다. 하피줄라 아민이 무자비하지만 능력 있는 군사 지도자였던 반면, 바브라크 카르말은 군사 문제에 관심이 없을 뿐 아니라 간단한 군사 관련 지식조차 거의 없었다. 소련군이 도착한 후 초기 몇 주가 아주 중요했지만 군대 내 하급 병사의 지지를 확보하기 위한 그 어떤 노력도 취하지 않았고, 결과적으로 탈영이 빈번하게 일어났다. 남은 군대의 사기는 바닥으로 떨어졌다. 이를 두고 러시아의 공식 전쟁사는 "그러므로 소련군이 적의 무장 파견대와의 전투에서 정면으로 격렬하게 맞섰다"고 기록했다.[47] 제대로 된 장비나 조직 없이도 아프가니스탄 저항 세력이 아프가니스탄 전쟁 초기 몇 년 동안 소련군에 심각한 피해를 끼칠 수 있었던 데는 아프가니스탄 씨족 사회의 지원이 존재했기 때문이다. 이들의 지원은 아프가니스탄 내에서 기반이 전무한 주요 이슬람주의 조직에 특히 매우 중요했다. 1979년 12월 이후 많은 아프가니스탄인에게 중요했던 사실은 소련군이 아프가니스탄을 침공함으로써 아프가니스탄인민민주당 정부의 문제점이 명확해졌다는 것이다. 아프가니스탄인민민주당 체제는 이교도 침략자의 도구였다. 그리고 이 체제를 무너뜨리는 유일한 방법은 최대한 많은 소련인을 살해하는 것뿐이었다.

소련에 맞선 아프가니스탄 사회의 엄청난 저항을 고려한다면, 소련이 아프가니스탄에서 민간 지원을 강조한 사실은 다소 부적절해 보이기도 한다. 그러나 현재 우리가 확보하고 있는 전쟁 관련 문서를 살펴보면 아프가니스탄 상황의 개선, 그리고 이를 통해 아프가니스탄인민민주당 정권을 강화하는 일은 당시 소련에 매우 중요한 사명이기도 했다. 1980~1989년 동안 투입된 약 30억 달러 규모의 비군사 원조 중 30퍼센트 이상을 여러 형태의 교육 사업에 배정하도록 계획했다. 이는 아프가니스탄인민민주당을 지지하는 새로운 엘리트 계층을 양성하고 4월 혁명 이후 죽임을 당하거나 해외로 피신한 지식인층을 재건하기 위한 시도였다. 중등학교에서 러시아어가 영어 교육을 대체하고, 소련 교과서를 사용하고, 전체 교육 과정 중 4분의 1을 마르크스주의 교육에 할당했다. 소련의 지원을 통해 아프가니스탄인민민주당 정권은 동유럽 모델을 기초로 대규모 문맹 퇴치 교육과 각 사회 수준에서 대중 조직을 설치했다. 카르말은 특히 정부의 주된 목표 중 하나로 여성의 사회 참여를 강조했다. 그러나 이 기획 중 대다수는 훈련된 인원의 부족, 교직원과 교육받은 여성을 겨냥한 반대파의 의도적 협박 및 살해로 좌절되었다.[48]

소련 지도부는 아프가니스탄 작전의 시작부터 전략과 전체적 목표에 의구심을 지니고 있었다. 소련공산당 중앙위원회의 여러 위원들은 1979년 12월 브레즈네프가 내린 결정을 아프가니스탄 정권 교체를 원활하게 진행하기 위한 신속한 개입이라고 보았다. 소련군은 아프가니스탄 저항 세력과 직접 교전하기 위해 파견되지 않았다. 오히려 브레즈네프조차도 1980년 2월에 이미 봄이 시작되면 소련군을 철수하기 시작해 늦가을이면 이를 완료할 수 있으리라 생각했다. 그러나 좀더 직접적인 개입을 주장한 드미트리 우스티노프 국방부 장관과 유리 안드로포프 KGB 의장의 의견은 달랐다. 이들에 따르면 현 아프가니스탄 정권은 취약하며 저항 세력은 의도적으로 민간인을 포함한 소련인을 노리고 있었다. 50명 넘는 소련 군인과 민간인이 살해당한 1979년 벽두에 칸다하르(Kandahar)의 봉기—KGB는 이 기회를 놓치지 않고 브레즈네프에게 이들이 어떻게 죽었는지 그 섬뜩한 내용을 상세히 설명했다—는 작전을 확장하기 위한 근거였다. 개입론자들은 아프가니스탄 정권이 취약하기 때문에 개입해야 한다는 논리에는 조심스럽게 접근했지만, 일종의 확장된 현장 유지책으로서 소련의 존재를 통해 아프가니스탄 공산주의자를 재조직하고 그들이 자립할 수 있도록 하자고 주장했다.[49]

이러한 불확실성 아래서 소련은 당연하게도 1980년 이후부터 소련군 주둔에 관한 국제적 해결책을 찾기 위해 노력했다. 1980년 3월에 이미 소련공산당 중앙위원회 산하 아프가니스탄위원회는 소련군 철수를 대가로 소련과 미국이 보장하는 아프가니스탄-파키스탄 양자 간 불간섭 조약의 체결을 제안했다. 아프가니스탄 침공에 대해 개인적으로 회의적이던 소련의 정책 보좌진이 파악한 문제는 소련과 아프가니스탄 정부 모두 현재 아프가니스탄에서 발생한 **모든** 게 외부로부터의 아프가니스탄 내 반정부 활동 지원에서 기인한다고 보았다는 점이다. 다시 말해, 아프가니스탄위원회의 해결책이 현실화하기 위해서는 파키스탄이 무자헤딘을 더 이상 지원하지 않는 방안(분명히 파키스탄은 이를 거부할 터였다)을 포함해 아프가니스탄 내에서의 게릴라 활동이 완전히 멈춰야만 했다. 이는 파키스탄을 포함해 누가 원한다고 해서 실현할 수 있는 사항이 아니었다. 쉽게 예상할 수 있듯 소련의 제안은 1982년 제네바에서 시작된, 국제연합이 지원하는 근거리 협상으로 이어졌지만 실제로는 정치적 영향력이 전혀 없었다. 1980년 초 냉전 분위기 속에서 아프가니스탄은 일종의 신호였다. 세계 많은 국가들이 보기에 아프가니스탄 침공은 소련 확장주의의 상징이었고, 무자헤딘은 이에 맞서는 저항 의지를 담고 있는 세력으로 여겨졌다.

파키스탄의 군사 지도자 무함마드 지아 울하크 장군에게 소련의 아프가니스탄 침공은 기회인 동시에 위험이기도 했다. 비록 이를 위기보다는 기회 요인으로 보았지만 말이다. 지아 울하크는 침공 초기 단계부터 아프가니스탄 전쟁으로 자신이 후원하는 이슬람주의 운동이 국제적 지원을 받는 아프가니스탄 저항 세력의 중추로 대두할 것이라고 예상했다. 또한 이는 자신의 쿠데타, 줄피카르 알리 부토 처형, 1979년 현지 이슬람주의자들의 파키스탄 주재 미국 대사관 방화 공격 사건으로 인해 파키스탄이 미국과 영국으로부터 받은 오명을 씻을 수 있는 기회를 의미했다. 다시 말해, 지아 울하크는 소련의 아프가니스탄 침공을 통해 동시에 두 가지 목표를 이룰 수 있었다. 먼저 자신이 지하드를 이끈다는 꿈을 현실화하고, **다음은** 그렇게 함으로써 파키스탄이 서방 진영의 지원을 받을 수 있었다. 제3세계 국가들이 소련을 비판하자 지아 울하크의 계획은 달성하기 용이해졌다. 이슬람회의(Islamic Conference)는 소련의 아프가니스탄 침공을 비난했으며, 비동맹 운동 또한 1981년 2월 뉴델리의 외무장관 회의에서 비판 결의안을 채택했다. 특히 뉴델리에서 열린 비동맹 운동 외교장관 회의에서는 인도의 온건한 결의안이 아니라 상대적으로 강경했던 파키스탄의 결의안을 채택했다. 이슬람 세계에서 이란은 물론 지아 울하크 정권에 절대로 우호적이지 않은 리비아조차 아프가니스탄 무자헤딘을 지원하려는 지아 울하크의 정책에 동참하기를 원했다.[50]

파키스탄에서 아프가니스탄 이슬람주의자들과 150만 명의 난민에 대한 지원을 조직하는 일을 맡은 총책임자는 정보부장 악타르 압두르 라만(Akhtar Abdur Rahman) 장군이었다. 지아 울하크의 인도사관학교 동기이자 영국에서 독립하기 전 마지막 졸업 기수인 라만 장군은 인도를 향한 증오와 지하드에 대한 헌신으로 유명한 인물이었다. 보급품 지원과 운동 조직을 정치적으로 관리하는 일은 파키스탄 정보부가 맡았다. 라만 장군은 파키스탄 정보부를 중심으로, 사우디아라비아와 미국을 아프가니스탄 게릴라의 주요 자금원으로 삼고 이집트와 중국은 소련제 무기를 제공하는 일련의 체계를 창출해냈다. 라만은 또한 무자헤딘 양성을 위한 훈련소를 설립했는데, 특히 헤크마티아르의 이슬람당 계열 조직원을 우대했다. 이 훈련소의 교관은 파키스탄인이었으나 새로 제공받은 무기의 사용법을 교육하기 위해 미국과 영국 교관이 파견되기도 했다. 1984년 이후부터 CIA는 아프가니스탄과 해외 무자헤딘을 위한 훈련소를 이집트에서 운영하는 일을 도왔다. 추측하건대 걸프 지역 중 한 국가 이상에서도 운영을 지원했던 것으로 보인다. 보고된 바에 따르면, 걸프 국가의 훈련소를 방문한 라만 장군은 이를 두고 대체로 비판적인 태도를 취했다. 왜냐하면 훈련소의 전투원 모집과 훈련이 자신의 직접적 관리 밖에서 이뤄졌기 때문이다.[51]

1983년까지 미국은 무자헤딘을 향한 지원을 카터 행정부가 세워둔 틀 속에서 진행했다. 이는 미국이 적은 양의 무기와 여타 지원 물품을 구매하고, 이를 제3세계 국가를 통해 아프가니스탄 저항 세력에 전달했음을 의미한다. 파키스탄이라는 대리인을 통해 제공되는 미국의 원조는 첫 2년 동안 사우디아라비아 및 여타 아랍 국가가 제공한 규모와 비교했을 때 현저히 적었다. 국무부와 CIA 모두 미국-파키스탄 관계가 좀더 긴밀한 협조를 취하기에는 냉랭한 상태라고 판단하고 있었다. 또한 미국 관료 (특히 국무부) 사이에서는 소련과 직접적 대결 구도를 취하는 데 상당한 반발이 존재했다. 왜냐하면 그 누구도 미국의 추가적 개입이 어떻게 이뤄져야 하는지와 관련해 확고한 전략이 없었기 때문이다. 그러나 이러한 소극적인 태도의 가장 중요한 원인은 CIA와 서방 세계 정보부 모두 공유하고 있던 무자헤딘을 향한 회의감이었다. 그 결과 시간이 지나자 무자헤딘은 소련에 의미 있는 규모의 피해를 주고 싶어도 줄 수가 없었다. 그러므로 아프가니스탄 저항 세력에 투자하는 것은 실패할 수밖에 없는 도박이었다. 오히려 파키스탄과의 관계 개선에 사용하는 것이 더 효율적인 방안이었으며, 이를 통해 파키스탄에서 소련의 추가 개입을 막아야만 했다.[52]

지아 울하크 장군 그리고 "대체로 무해한 권위주의 정권"이라고 불린 파키스탄과 친교를 맺기 위해 미국은 엄청난 자금과 노력을 투입했다.[53] 1981년 미국은 파키스탄에 F-16제트전투기 40대를 포함해 6년 기한으로 32억 달러 규모의 경제 및 군사 지원 계획을 제공했다.[54] 1982년 11월에 통과된 미국의 국가 첩보 보고서는 분명하게 절제된 표현을 사용해 파키스탄을 다음과 같이 평가했다. "미국-파키스탄 경제 원조와 무기 거래는 확실히 파키스탄의 국제적 위상을 제고하고, 파키스탄 정권의 자기 확신을 강화했습니다." 1982년 12월 자신의 첫 워싱턴 방문에서 지아 울하크 장군은 파키스탄의 핵무기 계획에 대한 미국의 암묵적 용인을 포함해 추가적인 요구 사항을 제시했다. 비록 레이건과 슐츠 국무장관은 파키스탄의 핵무기 개발을 경고했지만, 슐츠는 레이건 대통령에게 "미국이 핵 문제를 어떻게 다루느냐에 따라 아프가니스탄의 자유 전사를 지원하는 데 파키스탄의 협조 범위가 지대한 영향을 받으리라는 점 또한 인지해야 합니다"라고 말했다.[55] 미국의 원조를 더 확보하기 위해 지아 울하크는 또한 "중국과의 강한 유대감"을 노골적으로 강조하는 것을 잊지 않았다. 중국 정부는 "그들의 정책과 합의에 신의를 지키고 있습니다"라고 언급하는 식으로 말이다.[56]

미국과 지하드

1983년에 이르면 여러 상황적 조건이 결합하면서 미국은 아프가니스탄에 한층 적극적으로 접근했다. 미국-파키스탄 관계가 개선되었을 뿐 아니라, 미국 내에서 아프가니스탄 상황을 두고 레이건 행정부의 급진 우파와 의회 내 활동가 의원 사이에 일종의 정치적 연합 전선이 형성되었다. 이 두 세력은 모두 무자헤딘 게릴라의 무장과 지원에 미국이 좀더 적극적으로 나서기를 요구했다. 의회 내 강경파 중 가장 대표적인 의원은 폴 송가스 (Paul Tsongas, 민주당-매사추세츠)와 고든 험프리(Gordon Humphrey, 공화당-뉴햄프셔) 상원의원, 그리고 찰스 윌슨(Charles Wilson, 민주당-텍사스)과 돈 리터 (Don Ritter, 공화당-펜실베이니아) 하원의원이었는데, 이들은 미국이 아프가니스탄 게릴라에게 더 많은 지원을 보장해야 한다고 주장했다. 몇몇 주요 국방부 자문〔이클레, 펄 그리고 펄의 부보좌관 엘리 크라코프스키(Elie Krakowski)〕 그리고 2명의 국무부 차관보〔엘리엇 에이브럼스(Elliot Abrams)와 폴 월포위츠(Paul Wolfowitz)〕는 의회의 의견을 활용해 좀더 최신 무기와 미국의 군사 훈련을 "아프가니스탄의 자유 전사", 즉 무자헤딘에 제공해야 한다고 압력을 가했다.[57] 근동 담당 국무부 차관보 니컬러스 벨리오츠(Nicholas Veliotes), 그리고 미국의 원조 확대에 관해 회의적이던 파키스탄 주재 외교관조차도 이제 입장을 바꾸기 시작했다. 이에 따라 파키스탄 주재 미국 대사는 1983년 6월 슐츠 국무장관에게 다음과 같은 서신을 보냈다.

이 시점에서 우리의 아프가니스탄 정책을 재고할 필요가 있습니다. 현재 우리가 채택하고 있는 일련의 정책이 우리가 원하는 결과, 즉 소련군의 완전 철수로 이어지지 못할 가능성이 꽤 큽니다. ……현재 사망률이라면 소련은 이를 끊임없이 감내할 수 있습니다. ……우리는 이제 그들이 치러야 할 대가가 늘어날 수 있다는 사실을 보여주어야 합니다. ……무자헤딘은 아프가니스탄에서 소련에 대항해 싸워 교착 상태를 가져올 수 있을지 모릅니다. 하지만 장기적으로 봤을 때 소련의 지구력과 무자헤딘의 제한된 자원이 승부를 결정할 것입니다.[58]

파키스탄을 향한 소련의 위협이 줄어들고, 그레나다 작전의 성공으로 개입을 향한 열광이 확산되자 1983년 가을 아프가니스탄 정책을 둘러싼 당국자 간 대결에서 미국 급진 우파는 승리를 거머쥘 수 있었다. 그래도 새로운 아프가니스탄 접근법을 채택한 까닭은 무자헤딘의 전투력, 그리고 백악관·국방부·CIA가 작성한 자금 증원, 무기 수송, 전투원 모집에 관한 새로운 계획 때문이었다. 아프가니스탄 전쟁 발발 3년 후인 1983년에 이르면 무자헤딘은 단순히 살아남았을 뿐 아니라, 몇몇 지역을 소련군과 그 동맹 세력으로부터 분명히 탈환하고 있었다. 레이건 행정부의 급진 우파가 즐겨 지적했듯이 아프가니스탄은 헝가리도, 체코슬로바키아도 아니었다. 소련은 침공 이후 정치적 해결책을 찾지 못했고 군사적 저항은 계속될 터였다. 비이슬람주의 저항군 지도자 압둘 하크(Abdul Haq)가 주도한, 1983년 카불 인근에서 이뤄진 일련의 대담한 습격이 언론에 많이 보도되었고, 이는 소련이 문제에 봉착했다는 느낌을 강하게 주었다.[59]

미국에서 힘의 균형을 깨뜨린 것은 윌리엄 케이시(William Casey) CIA 국장의 개입이었다. 케이시는 아프가니스탄에서 "소련이 피를 흘리도록" 해야 한다고 언제나 주장해온 인사였다. 그러나 1983년 말 그는 소련을 아프가니스탄에서 봉쇄할 수 있을 뿐만 아니라 실제로 격퇴할 수 있다고 믿기 시작했다. 전형적인 냉전주의자 케이시가 볼 때 아프가니스탄에서의 승리는 중대한 결과를 낳을 수 있었다. 1984년 초 케이시가 참모진에게 설명한 바에 따르면 현 정세는 다음과 같았다. "소련은 엄청나게 과도하게 확장되어 있으며, 위험에 처해 있다. 만약 미국이 소련을 계속 압박하고 마침내 한 지역에서라도 승리한다면, 이는 [미래의 대안은 공산주의에 있다는] 신화를 산산조각 낼 것이다. 그리고 소련은 무너지기 시작할 것이다."[60] 케이시는 니카라과에서 소련을 무너뜨릴 한 방을 기대했지만, 1983~1984년에 이르면 중미 개입을 둘러싼 미국 내 반발과 콘트라의 의심쩍은 전투력을 고려했을 때 아프가니스탄을 더 나은 대안으로 보고 있었다. 케이시는 동료에게 "여기에 아프가니스탄의 매력이 있다"고 말했다. "주로 크고 나쁜 미국인이 현지인을 때려잡는 것처럼 그려진다. 아프가니스탄에서는 완전히 반대 상황이 일어나고 있다. 러시아인이 작은 애를 때려잡는다. 우리는 아프가니스탄 전쟁을 우리의 전쟁으로 만들지 않는다. 무자헤딘에게는 필요한 모든 동기가 있다. 우리는 그들에게 도움을, 그저 더 많은 도움을 주기만 하면 될 뿐이다."[61] 1982년 말에 설립된 CIA의 아프가니스탄 전담팀은 1984년 1월 어느 날 아프가니스탄 저항 세력에 더 많은 무기·훈련 및 자금을 제공하는 내용으로, 새로우면서도 더 공세적인 미국의 전략을 개발하라는 임무를 하달받았다.[62]

미국의 원조 계획이 활성화한 첫 2년 동안, 무자헤딘에 제공한 대부분의 무기는 이른바 소브마트[SOVMAT(Soviet Material의 약어―옮긴이)]를 통해 확보되었다. 소브마트 사업은 세계 여러 지역에서 노획한 소련제 무기나 이집트 같은 소련의 옛 동맹국에서 확보한 물품을 제공했다. 1985년 초 소브마트 사업이 공급난에 봉착하자 CIA는 제3세계의 유령 회사를 통해 동유럽권 국가(특히 불가리아)에서 무기를 구매하기 시작했다. 1985년 말 CIA는 무자헤딘을 위한 소련제 무기 생산 공장을 이집트에 건설하는 데 일조했다. 1984년에는 파키스탄 정보부 요원과 아프가니스탄 무자헤딘 전투원에게 특수 훈련을 제공하는 계획을 버지니아주에 있는 미 육군훈 련소 두 곳과 캠프피어리(Camp Peary)와 포트피켓(Fort Pickett)에서 실행했 다. 또 CIA는 이슬람주의 자선 단체를 통해 무자헤딘에 자금을 제공했다. 최소 두 곳의 자선 단체가 주로 북아프리카로부터 아프가니스탄에서 싸 울 무슬림 지원병을 모집했다.[63]

1985년 무자헤딘을 지원하기 위해 미국과 보수적 아랍 국가들, 그리고 자발적인 조직이 긴밀히 협력하고 주요 작전을 수행하는 매우 복잡한 연 락망이 구축되었다. 지원 자금은 엄청난 속도로 늘어났다. 아랍의 주요 기부금뿐 아니라, 불굴의 하원의원 찰스 윌슨(밥 우드워드(Bob Woodward) 에 따르면 윌슨은 이 전체 시스템을 굴러가게 한 인물이었다) 주도로 의회가 확보한 추가적인 자금을 지하드에 배분했다.[64] 1985년 말에는 이란-콘트라 자금 또한 아프가니스탄에 배정되었다. 그러자 자금이 과잉 공급되어 케이시 국장은 그 일부를 캄보디아와 에티오피아의 '자유 전사' 쪽으로 돌리는 계획을 세우기도 했다.[65] 이 작전을 수행할 때 CIA가 가장 선호한 곳은 바로 파키스탄인 아가 하산 아베디(Agha Hassan Abedi)와 몇몇 주요 사우 디 인사가 이사로 포진한 중동계 다국적 국제상업대부은행(Bank of Credit and Commerce International, BCCI)이었다.[66] 어떤 경우에는 기부금이 여러 목적을 달성할 수 있을 만큼 규모가 클 때도 있었다. 예를 들어 브루나이 의 술탄이 기부한 금액은 니카라과·캄보디아 그리고 아프가니스탄 모두 를 위해 사용되었다.

1984~1985년 아프가니스탄을 향한 지원이 상당히 늘어났지만 행정 부와 의회의 몇몇 급진 우파는 서방의 첨단 무기 없이는 무자헤딘이 언 제나 소련과 동맹국에 비해 군사적으로 뒤처질 수밖에 없다고 주장했

다. 1984년 초부터 CIA의 클레어 조지(Clair George) 같은 몇몇 관료는 저항 세력에 스팅어 지대공미사일을 제공하는 데 찬성했다. 비록 이 미사일을 실제 교전에서 사용한 적은 없지만 무자헤딘이 공중 공격에 대항할 수 있는 능력을 얻을 것으로 여겨졌다.[67] 행정부의 다수 인사들은 스팅어 미사일의 제공에 반대했다. 스팅어 미사일에 대한 소련의 대응이 불러올 우려와 더불어 자칫 그것이 '다른 세력'의 수중에 떨어졌을 경우 발생할 수 있는 상황과 관련한 우려 때문이었다. 합동참모부 또한 스팅어 미사일 제공 정책에 격렬히 반대했고, 케이시의 CIA 참모진 또한 그러했다. 조지 슐츠 국무장관이 급진 우파의 편에 서서 스팅어 미사일 제공 계획에 찬성하면서 상이한 의견 간 힘의 균형이 무너졌다. 슐츠는 1985년 고르바초프가 취임한 이후 소련이 아프가니스탄 전쟁 노력을 강화하리라는 보고에 영향을 받았다.[68] 레이건은 1985년 4월 스팅어 미사일을 무자헤딘과 앙골라완전독립민족동맹(UNITA)에 제공하기로 결정했다. 사실 아프리카에서 스팅어 미사일은 4월에 이미 쿠바 공군을 상대로 사용된 적이 있었다. 스팅어 미사일은 아프가니스탄에서 1985년 9월 26일 최초로 사용되어 잘랄라바드 공항에 접근하던 4대의 소련 헬리콥터 중 3대가 격추당했다.

파키스탄 정부와 정보부 입장에서 미국의 무자헤딘 지원 확대는 신의 축복이었다. 파키스탄이 대부분의 원조를 배정한 까닭에 지아 울하크 장군은 이에 대한 자신의 공적을 주장할 수 있었고, 자의적으로 아프가니스탄 저항 세력의 정치적 지형도 조작할 수 있었다. 파키스탄 정보부의 아프가니스탄 국장 모하마드 유사프(Mohammad Youssaf) 장군이 말했듯이 "CIA는 파키스탄 카라치까지의 수송을 계획하고 비용을 지불했으며, 우리 정보부에 도착일을 통보했다. 수송선이 도착하자마자 파키스탄 정보부가 보관과 배분을 맡았다".[69] 파키스탄 정보부는 이슬람주의 운동 세력(특히 헤크마티아르가 이끄는 이슬람당)이 대부분의 원조, 그리고 특히 신무기를 배정받도록 했다.[70] 1986년 지아 울하크는 벌써부터 소련이 곧 철수할 것이라고 믿었으며, 공산당이 무너지고 아프가니스탄을 장악하기 위한 전투가 이미 시작되었다고 생각했다. 그는 최대한 이로부터 미국을 배제하고자 했다. 한편 헤크마티아르와 여타 극단적 이슬람주의자는 아프가니스탄과 난민촌에서 좀더 온건적인 무자헤딘 단체에 테러를 가하기 시작했다. 이슬람당과 압둘 라술 사야프가 이끄는 이슬람연맹 같은 여타 급진주의자는 추종자들에게 "거대한 악마"인 소련과 미국 **모두** 비난의 대상이라는 점을 상기시켜줬다.[71] CIA가 헤크마티아르를 더 많이 지원하기 위해 노력했지만 그는 자신을 방문한 사람에게 "우리는 미국인이 믿는 바를 믿지 않는다"고 말했다.[72]

아프가니스탄은 소련군이 전세를 유지하기 매우 어려운 지역이었다. 1981년 이래로 전쟁은 유혈 교착 상태로 전환되었고, 100만 명 넘는 아프가니스탄인과 최소 2만 5000명의 소련군이 사망했다. 잘 계획된 작전에도 불구하고, 소련군은 작전 지역을 완벽하게 통제할 수 없었다. 그들은 반군 거점에 진출한 후 몇 주 또는 몇 달 동안 이를 점령하는 데는 성공했으나, 무자헤딘의 집중 공격이나 여타 요충지를 향한 공격으로 인해 철수할 수밖에 없었다. 예를 들어 1985년 소련은 판슈지르(Pansjir) 계곡의 아흐마드 샤 마수드 기지에 최소 아홉 번의 공세를 펼쳤으나 의미 있는 승리를 거두지 못했다. 소련군은 이와 같은 제한적이고 장기화한 전쟁을 수행하기에 적절한 지원도 받지 못했다. 불충분한 정보와 마르크스-레닌주의의 틀로 인해 작전은 무용지물이 되었다. 1980년대 중반 9만~12만 명에 이르는 소련군은 본국으로 순환 배치될 당시 사기가 매우 떨어져 있

었다. 그들은 아프가니스탄에서 소련군의 무력함과 병사들에게 가해진 잔혹함을 목격한 터였다.[73]

소련의 침공 이후 아프가니스탄인민민주당은 아프가니스탄에서 유의미한 정치 세력으로 자리 잡지 못했다. 불안정하고 음울한 바브라크 카르말보다 더 나은 지도자가 있었더라도, 아프가니스탄 공산주의를 다시 세우기 위해서는 기적이 필요했다. 실패 원인은 흔히 알려진 바와 달리 소련의 개입에 대한 아프가니스탄인민민주당 내 '민족주의적' 반동이 아니라, 종파 간 다툼으로 대부분 당원이 당에 대한 신뢰를 완전히 잃어버렸기 때문이다. 물론 헌신적인 공산주의자는 여전히 남아 있었다. 하지만 그들은 이제 자신들이 소련을 지원하는 이유를 혁명이 아니라 '반동적인' 이슬람이 가져올 유혈 사태를 막기 위해서라고 설명했다. 1985년에 이르면 아프가니스탄인민민주당 안팎의 과거 공산주의자 중 많은 이들이 공산주의가 아닌 종족 정체성에 사상적으로 의지하기 시작했다. 소련군 철수 후, 이 종족 정체성은 아프가니스탄의 정치를 결정지을 중요한 요소로 대두했다.

원조·무역·이데올로기

레이건 행정부, 미국 신보수주의 운동, 그리고 미국의 일반적인 우파가 보기에 제3세계 좌익 급진주의는 미국과 대립하는 지구적 위협의 일부였다. 하지만 이러한 위협이 존재하는 이유는 이전 미국 행정부가 이에 맞서서 미국의 가치를 지켜내는 데 실패했기 때문이었다. 레이건 지지자들은 자국이 비난받는 것에 지쳐 있었다. 특히 미국인은 국제연합 무대에서

삼류에 지나지 않는 파산한 독재 정권이 소련에 빌붙어 자국민을 빈곤과 노예로 이끌어놓고서는 미국을 비난하는 걸 참아내기 힘들었다. 많은 미국인은 왜 미국이 반미 정권에 발전 원조를 계속 줘야 하는지 자문했다. 왜 미국 납세자들은 그들이 보기에 세계에서 미국의 지위를 위태롭게 하는 국제연합 조직을 계속 지원해야 하는가? 미국 우파는 지금이야말로 미국의 임무를 거스르는 제3세계 정권을 향해 반격을 가해야 할 때라고 주장했다.

제3세계에 맞서는 일은 1970년대 내내 신우파 운동이 미국의 힘을 되찾기 위해 시작한 거대한 기획의 일부였다. 이는 냉소적이고 이기적인 유럽인, 야단스럽고 부당 이득을 취하는 일본인, 그리고 무책임하고 부패한 제3세계 지도자의 공격을 받는 미국이라는 인상을 반영하고 있었다. 미국의 신보수주의자가 보기에 미국은 이들과 함께 도덕적 타락의 공범이 되기보다는 당당하게 이들의 행위를 비판하고 세계 발전의 진정한 모범으로서 스스로를 다잡아야 했다. 그럴 때에만 미국은 레이건의 표현을 빌리면 "악의 제국"인 소련과의 대결 속에서 진정한 동맹국을 얻고, 승리하기 위해 필요한 도덕적 힘을 확보할 수 있었다. 레이건주의자에게 냉전은 승리해야만 하는 종말론적 대결이었다. "우리는 오늘날 인간의 정신을 지키기 위한 고난의 결정적 시기, 그리고 개인의 자유와 대의 정부 그리고 신 아래 법의 지배라는 위대한 문명의 이념이 사라질 것인지 영원할 것인지 결정될 시기에 살고 있습니다."[74] 레이건은 이렇게 말했다.

신임 국제연합 대사 진 커크패트릭은 레이건 연합의 한 축을 이루는 신보수주의파를 대표해 피노체트의 칠레 같은 '권위주의' 정권과 소련·쿠바 그리고 히틀러의 독일 같은 '전체주의' 정권을 구분하자고 강력히 주장했다. 그녀에 따르면 전자는 전쟁이나 개입 없이도 개혁을 달성할 수 있으나 후자는 그렇지 못했다. 근대화 이론은 이 둘 사이의 차이를 포착하지 못했다.

혁명적 '사회주의' 또는 공산주의 국가가 민주화를 이룬 경우는 없지만, 우익 독재 국가는 때때로 민주주의로 이행하기도 한다. 충분한 시간, 유리한 경제·사회·정치 상황, 유능한 지도자, 그리고 대의 정부를 향한 아래로부터의 강력한 요구가 있다면 말이다. ……[미국이 후원하는 변화가] 가능한 상황은 주로 혁명 게릴라의 압력을 받고 있는 비공산주의 독재 국가에 존재한다. 소련은 오늘날 공격적이고 확장주의적인 세력인 만큼 현상 타파 세력인 반군은 자주 소련의 지원을 받고 무장한다. 미국이 추상적으로만 '변화'를 약속하면 이는 우리가 소련 의존국과 무책임한 극단주의자인 아야톨라 호메이니, 종국에는 야세르 아라파트를 암묵적으로 지지하는 일과 같다.[75]

레이건은 자신의 전임자 카터가 "미국에 우호적인 권위주의 국가를 끊임없이 꾸짖었던 반면 적대적인 권위주의 및 전체주의 국가에는 그렇지 않았다"고 책망하면서, 자신은 제3세계의 억압적인 좌익 정권을 향해 거리낌 없이 할 말을 다 하겠다는 결심을 했다고 전했다. 대외 지원의 측면에서 레이건은 카터 행정부가 "세계에서 자신의 선의를 증명하고 재증명하고 또다시 증명해야 한다는 전제를 토대로 움직였습니다"라고 비난했다. 카터와 달리 레이건은 "문명적이지 않은 세계에서 미국 홀로 문명적이라는 사실을 증명할 필요는 없다"고 생각했다.[76] 레이건은 모든 미국 대외 원조에 분명한 정치적 조건을 설정하기를 선호했다. 이는 국제연합, 세계은행, 국제통화기금 같은 다자 기구를 통한 원조에서도 마찬가지였다. 처음부터 레이건 행정부는 이전의 어느 미국 정부보다도 적극적으로 적국의 무역, 통화, 신용에 타격을 주어 경제 전쟁을 수행하기를 원했다. "그들이 비명을 지르게 만들어라"는 정권의 이데올로기적 열정이 정점을 찍은 레이건 제1기에 백악관 복도에서 흔히 들을 수 있는 구호였다.

국제연합에 의구심을 품었던 레이건주의자들은 미국의 대외 경제 정책을 위한 도구로서 브레턴우즈 기구, 즉 세계은행과 국제통화기금에 주목했다. 하지만 이 기구는 케인스주의 모델을 토대로 작동해왔다는 문제가 있었다. 비록 1970년대 말 한층 보수적인 방향으로 천천히 선회하긴 했지만, 적극적 레이건주의자들에게 그 변화는 충분치 않았다. 적극적 레이건주의자들의 목표는 이 두 국제기구를 완전히 통화주의와 시장 이데올로기로 전환하고, 한편으로는 최대한 그들의 신용 자원을 이용해 미국의 안보 목적을 달성하는 것이었다. 그들의 구호는 **이행 조건**(지원의 선제 조건으로서 대내외적으로 시장주의 정책의 채택을 의미)과 **조정**(정부 쿼터, 보조금 그리고 국제통화기금 전문가의 관리하에 기존 사회 정책의 철폐를 의미)이었다. 1980년대 초까지 지속된 미국의 경제력을 통해 1981~1983년 미국은 세계은행과 국제통화기금을 개조하는 데 성공했다. 이는 1980년 대선 과정에서 불거진 신보수주의자의 의견과는 상반된 결과이기도 했다. 대선 당시 그들은 미국 경제가 자유 낙하하고 있다고 주장했기 때문이다. 1983년 국제통화기금 총재는 다음과 같이 감탄했다. "조정은 이제 거의 보편적이다. ……그 이전에는 이와 같이 확장 및 수렴된 조정 정책을 실행한 적이 없었다."[77]

1981~1982년 전 세계적 불황과 그 여파가 아니었으면 브레턴우즈 체제 장악, 무엇보다 전 세계에 새로운 경제 기준을 제시하기란 어려웠을 것이다. 1970년대의 경제적 둔화 마지막에 찾아온 불황은 자본주의 세계

의 대부분 정부들이 새로운 해결책을 찾아야 한다는 걸 의미했다. 레이건 행정부와 영국 대처 정부의 매우 이데올로기적인 접근법은 많은 지도자가 국내외 경제에 필요하다고 생각한 근본적인 개혁으로 보였다. 동시에 불황으로 인해 대부분의 제3세계 국가들이 의존하고 있던 원료의 국제 가격이 급격하게 하락했다. 이로써 제3세계 국가들이 지니고 있던 국내 발전 계획이 무너졌고, 그들은 이제 국제 신용 기구에 휘둘릴 수밖에 없었다.

원료 가격의 하락은 1980년대 제3세계 정치와 국제 동맹 관계에 잔혹하고 결정적인 영향을 끼쳤다. 1980~1982년 국제 가격은 무려 평균 40퍼센트 하락했다. 사회학자 로버트 우드(Robert E. Wood)의 예시를 보면, 이는 탄자니아 같은 국가에서 1981년에 트럭 한 대를 구입하기 위해 "5년 전보다 4배 더 많은 면화, 3배 더 많은 커피, 3배 더 많은 캐슈너트, 그리고 10배 더 많은 담배"를 생산해야 하는 것을 의미했다.[78] 빈곤 국가 또는 포괄적인 사회 전환을 이룩하고자 하는 (그러한 이유로 안정적인 대외 수입이 필요한) 국가는 가격 하락에 치명타를 입었다. 부채 그리고 몇몇 경우에는 부실 경영 및 부패와 함께 교역 조건의 악화는 1980년대 제3세계의 성장을 끝장냈고, 1인당 GDP가 라틴아메리카에서 4.5퍼센트, 아프리카에서 8.3퍼센트 하락하는 원인으로 작용했다.

대내외 생산 여건이 악화하는 동안, 제3세계 정권은 지난 10년에 걸쳐 쌓인 대외 부채로 인해 타격을 입었다. 채무가 처음 발생한 때와 조건이 동일하게 유지되었다고 하더라도 걷잡을 수 없이 늘어난 부채를 상환할 국가는 거의 없었다. 레이건의 군비 확장과 미국 재정 부채가 치솟자 국제 금리는 1980년대 초 급격하게 증가했다. 인플레이션으로 인해 1980년 평균 7퍼센트의 마이너스 금리가 1982년 말에는 거의 22퍼센트의 플러스 금리로 전환되었다. 제3세계가 만기에 맞춰 부채를 상환할 방법은 없었으며, 몇몇 국가(특히 만기 임박한 채무가 거대했던 국가)는 사실상 파산 선고를 받았다. 1982년 8월 멕시코의 채무 불이행 선언은 전체 세계 경제 체계에 공포의 전율을 전달했다. 멕시코에 적용된 국제통화기금의 긴급 구제 이행 조건은 미국의 전반적인 목적과 정확히 일치했으며, 이는 모든 제3세계 국가의 경제적 운신의 폭이 점차 줄어들고 있음을 보여주는 하나의 신호였다.

이른바 '워싱턴 합의(제3세계에 시장주의적 변화를 적용하기 위한 미국 정부와 국제 금융 기구의 공동 목표)'를 실현하는 동안, 레이건 행정부의 정책은 재정 건전성과 자유 무역 사상에 그다지 부합하지는 않았다. 첫 번째 임기 동안, 레이건 행정부는 미국 국내 시장에서 불공정한 경쟁이라고 판단되는 상황을 교정하기 위해 보호무역주의적 색채가 분명한 정책을 실행했을 뿐 아니라, 정부의 재정 적자가 미국 역사상 최대에 이르렀다. 현실적으로 미국 정부는 군비 확장 사업을 위해 국제 시장에 존재하는 대부분의 신용을 끌어가 국제 부채 위기를 악화시켰을 뿐 아니라, 여타 통화 대비 달러 가격을 높이 유지해 대부분 미국 달러로 지불해야 하는 제3세계 국가의 부채 상환을 더욱 어렵게 했다. 동시에 미국 정부는 부채 위기를 해결할 정치적 결단을 내리지도 않았다. 이 때문에 제3세계 부채는 1980년대 동안 더욱 증가했다. 1945년 이후 국제 경제에 대한 주요 조사가 지적하듯 레이건의 정책은 "예정되어 있었고 이데올로기적일" 뿐만 아니라 "공격적일 만큼 이기적"이었다.[79]

거의 종교와도 같은 열정으로 제3세계 국가에 처방된 워싱턴 합의라는 발전 모델은 미국이 스스로를 위해 실행한 정책보다 현저히 덜 유연했다. 재정 긴축 및 통화의 평가 절하와 함께, 워싱턴 합의하의 정책은 가격 및 무역 자유화, 민영화 그리고 몇몇 경우에는 공공 서비스의 완전한 철폐를 그 내용으로 했다. 국제통화기금의 우수한 학생(모로코, 코트디부아르, 베네수엘라 그리고 필리핀)은 필요한 경제 재조정의 시기를 이겨냈을지 몰라도 사회적으로는 끔찍한 대가를 치러야만 했다. 이 네 국가 모두에서 빈곤이 현저히 증가했고, 이는 현재까지도 정치적 안정과 국가의 결속에 치명적 영향을 끼치고 있다. 아프리카에서 가장 빈곤한 국가 중 하나이자 추가 융자를 위해 국제통화기금의 구조 개혁을 받아들인 말리 같은 경우, 독립 이후 20퍼센트 넘게 하락했던 신생아 사망률이 1980~1985년 25퍼센트나 다시 상승했다. 동시대 에티오피아의 사회주의 실험의 경우(7장 참조) 정부의 정책이 기아와 영양실조의 직접적 원인이라 하기는 어렵지만, 이로 인한 위기를 감내하기란 쉬운 일이 아니었다.[80]

그러나 제3세계 국가들이 1980년대 초 시장 경제로 전환한 까닭은 경제적 비효율성과 세계 금융 기구로부터의 압박 때문만은 아니었다. 동아시아 자본주의 국가의 놀라운 경제 성장과 특히 중국의 빠르고 성공적인 개혁·개방으로 인해 아시아뿐 아니라 제3세계 전역에서 사회주의 정책에 대한 신뢰가 퇴조했다. 연평균 7퍼센트가 넘는 비사회주의 동아시아 국가의 경제 성장률과 중국의 놀라운 연 9퍼센트 성장은 다른 나라들의 주목을 끌 수밖에 없었다. 1984년에 이르면 불과 몇 년 전만 하더라도 동유럽과 쿠바로부터 경제 정책을 배우고자 했던 제3세계 지도자(가나의 제리 롤링스(Jerry Rawlings), 말리의 무사 트라오레(Moussa Traoré) 그리고 콩고인민공화국의 드니 사수응게소(Denis Sassou-Nguesso))는 동아시아의 기적을 따르고자 했다. 이들 제3세계 지도자 대부분이 사회주의와 계획 경제를 포기하고 채택한 방안은 국제통화기금의 정책이 아니라, 자금 대출이었다. 그러나 동아시아의 기적을 따른 그들의 순례길은 국제 시장으로의 조정을 택한 이유를 정당화하는 데 적당했다.

중국의 개혁·개방이야말로 제3세계 정치인에게 아마도 가장 큰 충격이었을 것이다. 마르크스주의 이데올로기에 관한 중국의 장광설에 익숙하던 제3세계 사회주의자들은 1980년대 중국이 얼굴을 바꿔 열정적으로 시장 경제를 수용했을 때 도저히 믿을 수 없다는 반응을 보였다. 제3세계의 대다수 사람들은 1970년대 중국-미국 간 동맹은 중국 입장에서 순전히 양국의 공통된 이데올로기적 적국인 소련을 상대하기 위한 실용적 선택으로 여겼다. 그러나 1984년에는 소련으로부터의 분리가 중국에 시장 가치를 인정하는 사회·경제 체제와 일당 독재라는 정치 체제의 새로운 길을 열어준 사실이 분명해졌다. 중국의 사례를 통해 몇몇 제3세계 지도자는 정치권력을 독점하는 동시에 자국 경제를 재조정할 수 있다고 생각했다. 많은 이들에게 국제 자본주의 체제에 맞서는 대결과 인민에 맞서는 싸움을 동시에 포기한 중국의 정치 모델은 중국의 경제 발전만큼이나 매혹적이었다.

당시 모잠비크처럼 부채의 수렁에 허덕이고, (남아공의 지원을 받는) 반군과의 유혈 사태가 지속되고, 사회 기반 시설이 누더기가 된 국가에 미국과의 타협은 놀랍지 않은 선택이었다. 사회주의적 신념에도 불구하고 소련과 동독의 자문에 진저리가 난 모잠비크 지도자 사모라 마셸(Samora Machel)은 이미 1982년 미국과의 점진적 화해 정책을 추진했다. 마셸은 1980년 짐바브웨의 독립으로 이어진 랭커스터하우스 회담을 이끌어내는 데 결정적 역할을 한 실용적인 사회주의자였다. 그는 또한 짐바브웨의 새로운 수장 로버트 무가베(Robert Mugabe)에게 자신의 앞선 실수처럼 사회주의를 건설하는 길을 택하지 말라고 조언했다. 1984년 늘어나는 미국의 압박 아래 마셸은 남아공 정부와 함께 서로의 반군 세력을 지원하지 않기로 합의했다. 이후 모잠비크에서 아프리카민족회의의 활동은 대폭 줄어들 수밖에 없었다. 이른바 은코마티 협정(Nkomati Accords)은 남부 아프리카 정세에서 일종의 분기점이었다. 왜냐하면 이는 급진 아프리카 정권이 최초로 남아공과 맺은 협정일 뿐 아니라, 사회주의 정책 및 소련과의 동맹이 모잠비크 같은 국가에 극도로 제한적인 이익만을 준다는 사실을 보여준 사건이었기 때문이다. 2년 후 남아공의 협정 폐기와 1986년 남아공에서 일어난 비행기 사고로 인한 마셀의 사망에도 불구하고 은코마티 협정은 아프리카민족회의를 포함한 다른 단체 및 국가들에 대내외 정책을 조정하는 계기였다.[81]

1985년 미하일 고르바초프의 선출과 함께 시작된 소련 내부의 변화 이전부터, 많은 제3세계 급진주의 국가들은 소련식 마르크스-레닌주의 이념에서 탈피하기 시작했다. 미국의 압력(레이건식으로는 '전략적 융자 거부')으로 인해 실질적으로 세계 경제 체제로부터 고립되어 있던 아프가니스탄, 에티오피아, 니카라과를 제외한 소련의 모든 제3세계 동맹국은 (북한을 제외하고) 1985년 이전부터 여러 형태의 시장 지향적 개혁을 실행하고 있었다. 동아시아 '모델'은 물론 냉전 동안 도입된 여타 모델과 마찬가지로 제3세계의 상황에 부적절했다. 그러나 앞에서 확인했듯 이러한 변화를 야기한 데는 추진 요인과 유인 요인이 있었다. 많은 급진주의 국가에서 국민이 고통을 겪기 시작했고, 그들이 대체한 정권 때보다 더 악화한 경제 상황에 직면했다. 몇몇 경우에는 지도자 자신이 계획 경제를 더 이상 신뢰하지 않았으며, 분배 정책을 유지한 채 더 나은 경제 모델로 나아가길 원했다. 하지만 가장 중요한 것은 유인 요인이었다. 서방은 정상적인 경제 교류의 전제 조건으로 '구조 개혁'을 요구했다. 이는 세계 경제로 냉전이 극적으로 확대된 결과였으며, 미국에 승리를 가져다줬다.

1983~1984년에는 소련과 제3세계에서 사회주의에 극적인 반전으로 이어질 서로 다른 역사적 전개가 서로 수렴하고 있었다. 소련에서는 정치·경제의 침체가 계속되었고, 아프가니스탄 전쟁의 결과로서 국제적 고립이 심화되었다. 미국에서는 레이건, 재무장 그리고 반혁명 개입이 있었다. 제3세계에서는 마르크스주의적 구상에 대한 환멸과 (서방의 압력으로 인해) 시장 지향적 경제를 향한 점진적 이행이 이뤄졌다. 많은 경우, 모잠비크의 사례처럼 새로운 경제 모델에 대한 탐색은 동시에 평화와 국경 내 화해를 향한 갈구였다. 민중과 정부 모두 국내 불안, 대중 조직 운동, 그리고 혁명을 위한 끝없는 희생과 믿음에 지쳐 있었다. 이는 일종의 조건부 항복이었으며 마지못해 이루어진 것이지만, 한 세대 이전의 혁명이 그러했듯 이제 시장 경제로의 이행이 유일한 길인 것처럼 보였다.

10 고르바초프의 철수 결정과 냉전 종식

제3세계에서 소련의 지위를 향한 미국의 공격은 소련이 아시아·아프리카 및 라틴아메리카 정책을 두고 스스로 의구심을 품던 시기에 이루어졌다. 초기에는 레이건이 반혁명 운동을 확산하려 시도했지만, 이는 소련의 철수에 영향을 주지 못했다. 오히려 1987년 초까지 미국의 압력으로 인해 소련은 제3세계의 곤경으로부터 빠져나오는 길을 찾기가 **더욱** 어려웠다. 브레즈네프 사후 공위(空位) 기간 내내 소련 지도부는 유럽 지역 바깥에서의 사회주의 전망을 놓고 논의를 계속했지만(아프가니스탄 침공 이전과 비교하면 훨씬 절제된 형태이기는 했다) 이데올로기, 동맹, 위협 인식, 당내 경쟁 등으로 인해 근본적으로 새로운 결론을 내릴 수 없었다. 그러나 1980년대 초반 아프가니스탄이 소련의 제3세계 문제에서 점점 더 중요한 위상을 점하자 소련이 그로부터 정치적 이익을 얻을 수 없고 외교 관계에서 제3세계가 더 이상 (10년 전에 그래 보였듯) 엄청난 기회가 아니라 갈수록 문젯거리가 되어가고 있다는 점이 확실해졌다.

권력을 잡기 전까지 미하일 고르바초프는 제3세계에 대해 소련의 인텔리겐치아와 거의 동일한 인식을 지니고 있었다. 고르바초프의 시각은 다른 인텔리겐치아와 마찬가지로 1970년대 중반의 자신만만함에서 1980년대 중반의 회의감이라는 궤적을 거쳐왔다. 권좌에 오를 당시 고르바초프의 의식은 사회주의의 지구적 전망을 바라보는 일반적 낙관주의, 그리고 마르크스주의 서적 탐독이 그에게 불어넣은 조심스러운 태도 사이에서 분열되어 있었다. 고르바초프는 제3세계 경험이 풍부한 국제부 출신의 보좌진이 하는 경고를 듣기도 했다. 몇몇 보좌진은 1970년대 후반 제3세계 사회주의에 관한 비판적 논의를 만들어낸 당사자들이었다. 그럼에도 처음에 고르바초프는 자신이 동유럽의 동맹국과 소련을 개혁할 수 있다고 생각했던 것과 마찬가지로 아프리카·아시아·라틴아메리카의 동맹국과 소련의 관계를 바꿀 수 있으리라 믿었다. 고르바초프는 이 목표를 이루기 위해 소련은 군건한 태도와 현실주의를 적절하게 혼합해야 하며, 사회주의로 향하는 국가들 내에서는 '올바른 지도력'이 있어야 한다고 주장했다. 이는 이전에 이미 있던 교훈이었다. 이후 고르바초프는 이와 구분되는 자기만의 교훈을 만들어나가기 시작했다.

고르바초프의 공세

미하일 고르바초프는 자본주의 세계 질서를 바라보는 마르크스주의적 분석을 제3세계 국가와 소련의 관계를 진전해나가기 위한 출발점으로 삼았다. 1985~1986년 고르바초프와 그의 보좌진은 아시아·아프리카·라틴아메리카 사회주의에서 일련의 일시적 좌절을 목격했다. 이러한 좌절은 미국의 경제적 부상, 동아시아·동남아시아에서 자본주의의 확대, 일부 제 3세계 국가의 현지 부르주아지가 미국 중심의 세계 경제에 성공적으로 통합되었다는 사실을 의미했다. 그러나 지구 자본주의의 구조적 상황은 1970년대의 위기와 크게 다르지 않았다. 미국은 이미 서유럽 및 일본과의 국제적 경쟁에 직면해 있었기 때문에 추후 발생할 경제 침체는 미국과 제 3세계 엘리트 간 갈등뿐 아니라, 점차 제2차 세계대전 이후 미국이 맺어 왔던 연합 내부의 갈등으로 이어질 터였다. 고르바초프는 집권 당시 '전 후 시대'가 종식되었으며 '중간 단계'로서 사회주의로 나아갈 잠재력이 향상했다고 으스대길 좋아했다.

그러나 고르바초프와 그의 보좌진들은 제3세계 사회주의가 어려움을 겪는 이유가 전적으로 객관적 원인에만 있다고 보지는 않았다. 제3세계 각국의 현지 공산당과 소련은 모두 제국주의자의 손바닥에서 노는 실수 를 저지르고 말았다. 고르바초프는 여러 실책 중 소련의 실수를 가장 좋 지 못하다고 생각했다. 소련 지도부는 제3세계 정당과 국가를 올바른 길 로 인도할 수 있는 계급 투쟁과 사회주의 건설의 경험을 지니고 있어야만 했기 때문이다.

고르바초프는 제3세계 정책의 실패가 소련 국내 정책의 실패와 연관이 있다고 보았다. 소련의 가장 큰 문제는 개별 국가의 '객관적 조건'에 기초 한 사회주의를 향한 명확하고도 장기적인 경로 설정의 부재였다. 고르바 초프는 1970년대 후반과 1980년대 초 개혁가들(그중 일부는 이제 고르바초프 의 보좌진으로 일하고 있었다)이 처음으로 제기한 비판을 수용했다. 즉 소련은 제3세계 혁명가들을 진지하게 분석하지 않았고, 허영심·부주의 같은 과 도한 성급함 때문에 정치 이론의 중요한 측면을 제쳐두었다는 것이다. 소 련 전문가들은 에티오피아의 멩기스투 같은 지도자에게 사회주의 건설은 적어도 한 세대의 시간이 필요한 매우 길고 서서히 진행되는 과정이라고 말하지 않았다. 그 대신 에티오피아 등지의 사람들에게 '사회주의 의식'과 '이상을 향한 헌신' 같은 '주관적' 요소를 통해 더 높은 발전 단계로의 진전을 성취할 수 있다고 말했다. 고르바초프는 제3세계에서 사회주의의 진전과 개인적으로 관련 있는 '몇몇' 소련 지도자 때문에 주관주의가 팽배해졌다고 주장했다.[1]

고르바초프는 레닌주의적 의미에서 정확한 정치 이론이 없기 때문에 사회주의적인 제3세계 지도자들 사이에서 극좌파적 입장이 범람한다고 생각했다. 그중 가장 큰 문제는 다른 정치·사회 집단과의 협력 정책 폐기였다. 일부 제3세계 지도자들은 제국주의 및 국내 반동 세력과 맞서는 싸움에서 국내 동맹 세력의 수를 극대화하는 대신, 현재의 발전 단계에 맞지 않는 급진적 경제·사회 정책을 통해 의도적으로 그들의 수를 최소화했다. 소련은 제3세계 지도자, 특히 앙골라나 아프가니스탄 같은 나라의 지도자가 사회주의로 나아가는 길에서 어느 단계에 있는지 오해하도록 그냥 내버려두었다. 그들의 현실은 사회주의 건설도 심지어 자본주의의 점진적 해체 단계도 아니며, '진보적' 부르주아지와의 폭넓은 협력이 자연스러울 뿐 아니라 필수적으로 필요한 전(前) 자본주의 단계였음에도 말이다.

고르바초프는 소련의 정책 실책이 공산주의자와 진보 세력이 저지른 일련의 실수와 겹치며 1980년대 중반 사회주의 세계가 곤경에 직면했다고 주장했다. 많은 제3세계 정권은 부분적으로는 국내 정책의 실패로 인해 사회주의 국가, 특히 소련의 원조에 지나치게 의존하고 있었다. 고르바초프는 진보적인 제3세계 정권을 계속 지원하겠다는 의향을 갖고 있었다. 하지만 1986년 초에 이미 그러한 지원은 현지 정권의 정책 '수정'과 소련 및 동유럽 국가 그리고 쿠바같이 이미 사회주의를 수립한 국가 간 '조정'을 통해 이루어질 것임을 분명히 했다. 달리 말하면, 제3세계 정권들이 이제 스스로 더 많은 역할을 부담하거나 소련의 동맹국이 원조 자금을 더 부담할 경우에만 소련은 1980년대 중반 수준의 원조를 계속할 수 있을 터였다.

그러나 고르바초프가 제3세계 및 소련의 국내 상황을 점점 더 비관적으로 바라보았지만 이것이 처음부터 그가 아프리카·아시아 및 라틴아메리카에서 더 방어적인 접근을 취했다는 걸 의미하지는 않는다. 고르바초프와 그의 보좌진들은 이전 소련 지도자들이 '사회주의 진영의 전리품'을 방어하려는 의지가 부족했다고 비판했다. 그들은 이와 같은 의지 부족이 부분적으로는 브레즈네프 세대의 지도부가 우선순위를 제대로 잡지 못한 데서 비롯되었다고 보았다. 고르바초프의 핵심 외교 정책 보좌관 아나톨리 체르냐예프에 따르면, 우선순위 선정과 관련해 소련의 실책은 크게 두 가지였다. 먼저 소련은 인도, 이라크, 남아공처럼 중요한 제3세계 국가가 아니라 에티오피아나 기니비사우처럼 중요도가 낮은 국가에 우선순위를 부여했다. 또 소련 지도부는 제국주의의 진출에 신속하고 결단력 있게 대응하지 못했다. 1983년 미국의 그레나다 침공에 대한 소련의 반응이 상대적으로 부족했다는 점, 혹은 1984년 남아공과의 은코마티 협정을 통해 모잠비크의 제국주의 진영으로의 이탈이 자주 언급되는 사례였다. 두 원칙이 다소 충돌하는 것처럼 보일 수도 있었다. 소련이 레이건의 그레나다 공격에 좀더 강경하게 대응하지 않은 주된 이유는 바로 '향신료의 섬(그레나다의 별칭—옮긴이)'을 관리하는 일이 소련 입장에서 별로 중요하지 않다고 판단했기 때문이니 말이다. 그러나 이는 제국주의 세계가 사회주의 진영을 맹공격하는 시점에 무엇보다도 소련의 적극적인 정책을 원하던 고르바초프에게는 유용한 출발점이었다.

아나톨리 체르냐예프는 새로운 소련 지도자 고르바초프에게 제3세계 문제에 대한 조언을 해주기에 가장 적합한 인물이었다. 1970년부터 소련 공산당 중앙위원회 국제부에서 일한 그는 소련과 아프리카·아시아·라틴아메리카 관계의 흥망성쇠를 지근거리에서 관찰해왔다. 또 주요 인물이었던 적은 없지만 정책 토론에도 줄곧 참여했다. 1970년대 후반 아나톨리 체르냐예프는 카렌 브루텐츠를 위시한 개입 반대론자와 많은 견해를 공유했다. 이는 체르냐예프의 상대적인 과묵함과 온건함에도 불구하고 고르바초프가 권력을 잡기 전까지 그가 더 높은 자리로 승진하지 못한 이유이기도 했다. 1986년 초 고르바초프는 알렉산드로프아겐토프를 대신해 체르냐예프를 수석 외교 보좌관으로 선발했다.

아나톨리 체르냐예프와 카렌 브루텐츠는 1985년 소련이 제3세계 관계에서 진전을 이루는 데 아프가니스탄 전쟁이 방해물이라고 여겼다. 이는 소련 외교부의 많은 주요 인사가 공유하고 있는 견해이기도 했다. 이들은 아프가니스탄 침공을 진정으로 지지한 적이 없었다. 이들이 보기에 아프가니스탄에서의 실책은 그 개입이 군사적으로 실패했고, 제3세계와 유럽에서 인기가 없다는 사실뿐만이 아니었다. 아프가니스탄 갈등을 해결하지 못하는 한 소련을 아프가니스탄으로 이끈 사고방식이 쉽게 무너지지 않을 거라는 게 진짜 문제였다. 1979년 소련의 아프가니스탄 침공 결정을 내린 일부 지도자는 여전히 강력한 실세였다. 1985년 여름까지 외교부 장관을 역임한 안드레이 그로미코는 이제 명목상 국가원수인 소련 최고회의 상무회 주석이 되었으며, 보리스 포노마료프는 1986년 봄까지 소련 공산당 국제부장을 맡고 있었다. 또 아프가니스탄 개입을 당 엘리트의 합의를 통해서만 취소할 수 있는 집단 결정으로 여겼다는 사실도 무시할 수 없었다.

고르바초프가 자신에게 승계된 아프가니스탄의 난국에 대해 취한 첫 번째 조치는 전쟁뿐 아니라 미국 및 파키스탄과의 외교 협상에서 한층 결단력 있고 공세적인 정책을 취하는 것이었다.[2] 1985년 여름 소련 군사 자문단은 고르바초프의 지시를 받아 이듬해인 1986년까지 아프가니스탄 정권과 소련의 군사적 지위를 강화하기 위한 계획을 수립했다. 이는 1986년 중반부터 시작할 소련군의 단계적 철수를 준비하기 위함이었다. 고르바초프는 아프가니스탄에서 해결책을 이끌어내는 방식 자체를 결코 포기하지 않았다. 고르바초프는 전임자가 약속한 무기한 개입을 피하고 철군 일정을 미리 확정하기를 원했다. 하지만 동시에 고르바초프는 새로운 공세 정책이 제대로 이루어지지 않을 경우, 소련이 영원히 아프가니스탄에서 '피를 흘리게 하려는' 서방의 음모에 놀아나고 싶지 않았다. 고르바초프가 1985년 11월 제네바에서 열린 첫 회담에서 로널드 레이건 대통령에게 말했듯 서방은 소련군의 단기간 내 철수를 진심으로 원하지 않고 있었다. "당신은 소련군이 아프가니스탄에 있기를 바랍니다. 길면 길수록 더 좋겠죠."[3]

고르바초프는 1985년 10월 초 모스크바에서 열린 아프가니스탄 지도자 바브라크 카르말과의 포괄적인 회담에서 새로운 전략을 제시했다. 고르바초프는 1985년 봄부터 끊임없이 더 많은 원조를 요청하는 카르말의 행태에 실망했지만, 아프가니스탄 내전이 더 장기화하는 것과 카르말 정권의 붕괴를 피하기 위해서는 아프가니스탄에서 소련이 딜레마 상황에 처해 있다는 걸 조심스럽게 피력해야 한다고 판단했다. 따라서 아프가니스탄의 정치·경제 개혁을 요구하면서도, 고르바초프는 아프가니스탄 정권에 더 많은 경제 원조 및 아프가니스탄 정권이 더 많은 군사적 공세를 취할 수 있도록 도와야 했다. 고르바초프는 소련 정치국 동료들 앞에서 카르말에게 했던 말을 솔직히 털어놓았다.

1986년 여름까지 당신은 당신의 대의를 스스로 방어하는 방법을 알아내야 할 것입니다. 우리는 당신을 돕겠지만 군부대가 아니라 무기만을 지원할 것입니다. 아프가니스탄 정권이 생존하길 원한다면 스스로 정권의 기반을 확장해야 합니다. 사회주의를 잊고 무자헤딘 지휘관과 적대 조직의 지도자를 포함한, 진정으로 영향력 있는 세력과 거래해야 합니다. 당신은 이슬람을 부활시키고, 전통을 존중하고, 인민이 혁명을 통해 가시적 혜택을 얻을 수 있다는 사실을 보여주어야 합니다. 제대로 된 군대를 만들고 공무원과 물라의 봉급을 올려주십시오. 개인 간 사적 거래를 지원하십시오. 아프가니스탄에서는 가까운 시일 내에 다른 형태의 경제(사회주의-옮긴이)를 건설할 수 없기 때문입니다.[4]

한편 소련군의 새로운 작전 책임자 미하일 자이체프(Mikhail M. Zaitsev)가 게릴라 문제를 해결하기 위해 공세 전략을 취함에 따라 아프가니스탄 전쟁의 규모는 대폭 증가했다. 아프가니스탄-파키스탄 국경을 통해 이뤄지는 무자헤딘의 보급을 차단하기 위해 6000명에 달하는 정보총국의 특수 부대(스페츠나츠)를 파견했다. 많은 수의 소련 정규군과 아프가니스탄 정부군이 아프가니스탄으로 진입하려는 무자헤딘 게릴라를 매복 공격하기 위해 아프가니스탄-파키스탄 국경 부근에 배치되었다. 또 소련은 아프가니스탄 국경을 넘어서는 공중 폭격과 포격을 늘려 파키스탄을 압박하고자 했다. 1985~1986년 공중 폭격이 2배 증가했고, 1986년에는 횟수로 1400건이 넘었다. 그러나 자이체프는 전투 희생자를 최소화하기 위해 게릴라와 교전 상황이 발생할 경우 전방에서 소련군의 개입을 축소하라는 명령을 받기도 했다. 1986년 소련의 아프가니스탄 개입 비용이 크게 늘어났다. CIA 수치에 따르면 아프가니스탄 개입 비용은 약 30퍼센트 이상 증가했는데, 그 원인은 주로 항공 폭격이 늘어났기 때문이다.[5]

그러나 동시에 전쟁을 끝내는 결정을 내리기가 더욱 어려워졌다. 이는 파키스탄 정보부가 사주한 소련 내 여러 무자헤딘의 작전 때문이었다. 이 작전의 배후는 CIA 국장 윌리엄 케이시와 파키스탄의 이슬라마바드에 있는 CIA 지부였다. 우리는 여전히 이러한 작전의 전모를 충분히 알지 못하지만, 1985년 후반부터 무자헤딘의 소련 침투 작전은 여러 차례 이뤄졌다. 국경을 넘어 소련으로 건너온 많은 사람이 《쿠란》 사본을 배포하고, 대의를 위해 사보타주와 매복 공격을 할 수 있는 우즈베크인과 타지크인을 모집했다. 1987년 4월 그중 한 팀이 소련 내 우즈베키스탄공화국 깊은 지역의 산업 공장을 공격해 8명이 사망하고 40명이 부상을 입는 사건이 발생했다. 이에 고르바초프는 크게 분노했다. 그는 공격이 계속 이어진다면 "파키스탄의 안보와 영토 보전에 심각한 결과"를 초래할 것이라며 파키스탄을 위협했다. 하지만 동시에 이 공격은 아프가니스탄 전쟁에 더욱 박차를 가하길 원하고 미국 및 파키스탄과 아프가니스탄 문제를 둘러싼 합의를 이루어낼 수 있다고 믿지 않는 소련 내 세력에 정치적 명분을 제공했다.[6]

고르바초프는 파키스탄 무자헤딘 수용소에 수감된 소련군 병사의 처우에 격분했다. 그는 여러 차례 미국에 항의했지만 아무 소용이 없었다. 1986년 12월 소련 정보원이 파키스탄 북서 변경의 고라바르사크(Gora Varsak)산 인근에 있는 헤크마티아르 부대에 억류된 19명의 소련군 병사를 발견한 후, 고르바초프는 인내심을 잃었다. 그는 신임 주미 대사 유리 두비닌(Iurii Dubinin)에게 강력히 항의하라고 지시했다.

책임은 …… 전적으로 미국 당국자에게 있습니다. 파키스탄 고라바르사크산 등지의 반혁명 훈련소에 있는 미국 특수 부대 대표가 소련 시민을 향한 분노를 조장하고 소련군이 조국을 배반하도록 유혹하고 있다는 사실을 압니다. 사실상 사형 집행관과 교도관의 기능을 맡은 미국 대표의 그러한 행동은 인간의 마음으로 이해할 수 있는 수준을 넘어섭니다. 이는 도덕의 가장 기본적인 규범에 위배됩니다.[7]

고르바초프와 그의 보좌진들이 아프가니스탄 전쟁을 끝내기 위해 애쓰는 동안, 일부 당 지식인(이들은 1970년대 말과 1980년대 초반 제3세계 정책에 의구심을 표했다가 혼쭐이 난 적이 있었다)은 1985~1986년 변화의 필요성을 지도부에 이해시키려 했다. 이들 비판적 지식인은 신임 수석 외교 보좌관 체르냐예프에게 성공적으로 접근했고, (특히 1986년 여름 오랫동안 주미 소련 대사를 지낸 아나톨리 도브리닌이 포노마료프를 대신해 국제부장으로 취임한 이후) 국제부의 전문가들과 점점 더 많이 협의를 진행할 수 있었다. 그러나 고르바초프 집권 첫 2년 동안 이들은 국제부 내에서도 여전히 소수파에 불과했다. 1985년 여름에 〈세계 경제와 국제 문제(World Economy And International Affairs)〉(많은 비판적 지식인의 피난처가 된 세계경제·국제관계연구소(IMEMO)에서 펴낸 잡지)에 발표된, 제3세계 문제를 분석한 논문은 당시 다수파의 기조를 잘 보여준다.

1970년대 자본주의적 생산의 내부 모순은 다시금 심각하게 악화해 자본주의의 일반적 위기는 더욱 심화되었다. ……과학기술 혁명의 성취를 두고 자본주의적 적용이 보여준 반인도주의적 본성, 그리고 그 적용의 파괴적인 사회·경제·생태학적 결과는 점점 더 생생하게 드러나고 있다. ……사회주의로의 진정하고 실질적인 이행은 자본주의 질서의 혁명적 분쇄를 통해 이루어진다. 이는 역사적 경험이 보여주는 것처럼 자본주의 체제에서 개별 국가 또는 국가군이 연속적으로 이탈하면서 일어난다.[8]

고르바초프 자신의 공적·사적 견해는 이와 같은 마르크스주의적 입장을 반영했다. 체르냐예프에 따르면 "1986년 봄 고르바초프는 제3세계의 부채 문제를 우려했다. 그는 전문가들에게 보고서와 부채 계산을 요구했고, 그들이 부채 문제는 제국주의의 탐욕과 착취 그리고 국제 경제가 결합된 복잡한 문제이기 때문에 그 원인을 단순화할 수 없다고 결론 내릴 때마다 화를 냈다". 심지어 고르바초프는 레이건과의 첫 일대일 회담에서도 제3세계 혁명과 그 원인을 두고 자신의 이해 방식을 밀고 나갔다.

미국의 혁명을 분쇄해야 한다고 생각한 사람들이 있었습니다. ……오랫동안 수백만 명이 인도, 인도네시아, 알제리에서 그러한 투쟁에 참여했습니다. ……소련은 해당 사회가 준비되어 있지 않다면 삶의 방식을 강요할 수 없다고 생각합니다. ……미국은 소련이 전능하다고, 그리고 고르바초프가 매일 눈을 뜰 때마다 어느 나라에 혁명을 일으킬지 생각한다고 여겨서는 안 됩니다.[9]

고르바초프는 제네바 회의에 참석한 레이건이 제3세계에서 소련의 역할을 공격하자 이렇게 대답했다. "제3세계 국가들이 정치적 독립을 우선 추진하고, 다음으로 자신들의 자원과 노동을 관리하려 애쓰는 것은 지극히 자연스러운 발전 과정입니다."[10]

고르바초프가 철저하게 보고받은 제3세계 지역은 바로 중앙아메리카였다. 고르바초프는 니카라과에서 미국의 행동을 전형적인 제국주의 침략이라고 보았으며, 소련이 니카라과를 돕기 위해 더 많은 역할을 해야한다고 주장했다. 고르바초프 집권 1년차에 소련의 대(對)니카라과 경제지원은 40퍼센트 넘게 증가했다. 이는 부분적으로 1985년 5월 미국이 니카라과에 부과한 무역 제재에 대한 대응이었다. 1985년 5월 다니엘 오르테가가 모스크바를 방문했을 때 이미 고르바초프는 니카라과에 소련산석유를 저렴하게 공급하는 데 동의했다. 또한 고르바초프는 쿠바인들에게 미국이 산디니스타를 전면 공격한다면 쿠바가 니카라과를 도울 때 소련이 재보급하고 지원할 것이라고 강조했다. 고르바초프는 어떤 경우에도 니카라과를 제국주의자의 처분에 맡기지 않겠다고 천명했다.[11]

고르바초프는 제3세계와 관련한 문제에서 유럽 좌파와의 관계 개선을 열망했다. 그는 아프가니스탄 전쟁이 유럽의 사회주의자와 공산주의자 사이에서 인기가 없다는 걸 알고 있었으며, 국제부에 소련이 왜 아프가니스탄에 있는지를 설명하기 위한 '공세'를 펴라고 지시했다. 소련 선전의 핵심은 학교, 기초 시설 및 문화 유적을 파괴하고자 하며 여성 및 소수 민족의 교육과 사회 참여 권리를 부정하는 이슬람주의자로부터 스스로를 지키려는 아프가니스탄 진보파를 붉은 군대가 돕는다는 것이었다. 1970년대 중반 이후 소련의 제3세계 개입을 비판해온 이탈리아 공산주의자들은 이와 같은 소련의 새로운 주장에도 그들의 의견을 굽히지 않았다. 고르바초프가 이해하지 못한 것은 1980년대 중반 이탈리아공산당과 서유럽의 공산당이 소련을 국제 정치에서 긍정적인 세력으로 간주하지 않았다는 점이다. 이탈리아공산당이 소련의 인권 문제를 솔직하게 비판하고에티오피아·아프가니스탄·폴란드 문제에 분노를 표하자, 소련의 새로운선전 노력으로는 봉합할 수 없는 균열이 나타났다.[12]

1986년 초반부터 고르바초프는 기본적으로 마르크스주의적이던 제3세계를 둘러싼 이해 및 미국과 데탕트를 이루고자 하는 소망 사이에서 꽤나 심각한 갈등을 겪고 있었다. 고르바초프는 레이건 대통령과의 첫 만남을 통해 레이건이 정치적 의제 최상위에 '제3세계에서 소련의 팽창주의'를 배치했다는 사실을 잘 알고 있었다. 제네바 정상 회담 준비를 위한 미국의 국가 안보 각서는 다음과 같이 제시했다. "기본 교서: 우리는 여러 국가가 무장 개입과 전복을 통해 영향력을 확대하려는 시도를 멈추길 원한다."[13] 미국은 미소 간 다른 쟁점을 해결하기 전에 소련이 이 영역에서 먼저 굴복하는 모습을 보고 싶어 했다. 이는 고르바초프도 잘 알고 있듯 완곡하지 않은, 말 그대로 '협박 전략'이었다. 그러나 고르바초프는 미국이 군비 통제 문제같이 고르바초프에게 훨씬 중요한 분야에서 협상을 계속한다면, 미국인들이 '지역 분쟁'이라고 부르는 문제를 놓고 대화를 시도할 최소한의 의사가 있었다. 따라서 슐츠 국무장관은 자신과 레이건 대통령이 제네바 회담을 끝내고 돌아오던 중 만난 북대서양조약기구 국가의 지도자들에게 이렇게 말할 수 있었다. "소련이 지역 문제에 관해 정기적으로 회의를 열 준비가 되어 있으며, 이를 매우 중요하게 생각하고 있습니다." 그러한 전략은 노르웨이 총리 코레 빌로크(Kåre Willoch)가 회의에서 발언했듯 "동서 접촉을 촉진함으로써 점차 소련을 유럽 문명의 주류로 재통합하려는 시도"였다.[14]

그러나 1986년의 고르바초프는 유럽 문명에 통합될 생각이 없었다. 만약 그 통합이 제3세계에서 소련 역할의 포기를 의미한다면 말이다. 1986년 봄에 열린 제27차 소련공산당 대회에서 고르바초프는 아프가니스탄 전쟁을 "피 흘리는 상처"라고 공개적으로 언급했지만, 3월 2일 피델 카스트로 쿠바 국가평의회 의장과의 정상 회담에서 "앙골라, 에티오피아, 모잠비크 그리고 반제국주의의 길을 걷고 있는 다른 아프리카 국가를 지속적으로 관리할 필요성"을 주장했다.[15] 고르바초프는 미국은 그렇게 하지 않는데 왜 소련만 제3세계에서 억제력을 보여야 하는지 이해할 수 없다고 동료들에게 반복적으로 토로했다. 고르바초프는 미국의 리비아 공습 이후 열린 1986년 4월 15일의 정치국 회의에서 레이건 행정부를 비난했다. "우리는 이 깡패 집단과 함께 일할 수 없습니다. 셰바르드나제(E. Shevardnadze) 외교부 장관은 5월에 워싱턴에 가지 않을 것입니다. ……우리는 이 행정부와는 중요한 문제를 해결할 수 없다는 암시를 던져야 합니다."[16]

아프가니스탄 철수

1986년 말, 고르바초프와 그의 주요 보좌진 모두에게 공세적인 아프가니스탄 전략이 효과가 없다는 사실이 분명해졌다. 무자헤딘에 무기를 거의 무제한 공급하겠다는 미국의 의지, 게릴라 조직의 개선, 그리고 파키스탄과 아랍인 중심의 외국 출신 전투원들이 아프가니스탄 저항 운동에 합류하기 시작하면서 아프가니스탄에서 철수하기 전 전쟁에서 좀더 우위를 차지하는 게 거의 불가능할 정도로 소련의 전쟁 비용은 높아지고 말았다. 1987년 2월 고르바초프는 거의 절망한 상태였다.

물론 우리는 다른 생각 없이 신속하게 아프가니스탄을 떠날 수 있으며, 우리가 과거 지도자의 실수에 대답할 필요는 없다고 주장할 수 있습니다. 그러나 우리는 그렇게 할 수 없습니다. 인도와 아프리카는 우리가 짐을 싸서 떠나면 민족 해방 운동에서 소련의 권위에 타격을 입을 것이라고 말합니다. 우리가 아프가니스탄을 떠난다면 제국주의가 제3세계에서 또 다른 공격을 시작할 것입니다 ……100만 명에 달하는 우리 병사가 아프가니스탄을 거쳤습니다. 그리고 우리는 우리 국민에게 왜 우리가 전쟁에서 승리하지 못했는지를 설명할 수 없을 것입니다. 우리는 끔찍한 손실을 입었습니다. 이는 무엇 때문입니까? 우리는 조국의 명성을 훼손시켰고, 이는 너무나 괴로운 일입니다. 우리는 도대체 왜 이 병사들을 잃었단 말입니까?[17]

무엇보다도 고르바초프는 아프가니스탄 전쟁이 소련과 소련의 국제적 위상에 미친 영향에 사로잡혀 있었다. 1986년 말과 1987년 초에 열린 정치국 회의에서 그는 "가장 중요한 것은 미국이 아프가니스탄에 진입하도록 해서는 안 된다는 점"을 강조했다.[18] 그러나 고르바초프는 아프가니스탄 철수의 '대안'이 무엇인지도 잘 알고 있었다. 그는 직접 이렇게 말한 적도 있다. "20만 명의 군대를 추가로 아프가니스탄에 파견한다면 모든 정책(즉 페레스트로이카)이 무너질 것입니다."[19] 그리고 "아프가니스탄에서 다시 곤경에 처한다면 우리는 큰 타격을 입을 것입니다. 바로 그게 서방이 원하는 것입니다. 즉 그들은 우리가 곤경에 빠져 추락하는 모습을 보고자 합니다. 그들의 관심은 우리의 외교 정책이 아니라 사회주의에 어떤 일이 벌어질지입니다".[20]

고르바초프가 마음을 굳히고 있는 동안, 궁극적으로 철수를 가능케 한 몇 가지 조건이 무르익고 있었다. 제27차 당대회 이후 소련공산당과 소련 내에서 고르바초프의 입지는 점차 강화되었다. 만일 고르바초프의 정적들이 반기를 들길 원한다면, 당대회 이전에 행동에 나서야만 했다. 당대회에서는 개혁의 일반적 개념과 고르바초프가 추진한 구조 조정안이 승인되었다. 서방과의 관계도 서유럽 지도자들과의 접촉을 통해 점차 탄탄핵됐다. 이제 고르바초프는 자신과 일부 보좌진이 취임 당시부터 두려워했던 종류의 전쟁 위협에 직면하지 않으리라고 비로소 이해할 수 있었다. 고르바초프와 영국 보수당 마거릿 대처 총리의 관계는 특히 중요했다. 1987년 3월 대처가 모스크바를 방문했을 때, 고르바초프는 서방과 소련의 인식이 갈라지게 된 문제를 두고 열띤 토론을 벌였다. 고르바초프는 제3세계의 대변동에는 사회·경제적 원인이 있다고 여전히 주장하면서도 "우리는 사회주의 혁명을 세계에 확산시킨다는 교리를 추구한 적이 결코 단 한순간도 없습니다"라고 말했다.[21] 분명히 몇몇 문제에서 소련이 무엇을 '잘못'했는지를 두고 고르바초프의 인식은 과거 반대자들의 인식을 닮아가고 있었다.

1987년 중반 고르바초프가 좀더 용이하게 소련군 철수를 결정할 수 있었던 또 다른 이유는 바로 서방 세계가 라틴아메리카 지역에 대한 미국의 개입으로 인해 곤경에 처해 있었다는 데 있다. 1987년 니카라과를 향한 레이건의 전쟁은 서유럽에서 인기가 없었으며, 미국조차 궁지에 몰리고 있었다. 1986년 11월 레이건은 미국 정부가 (레바논의 친이란 단체에 붙들려 있는 미국 인질을 석방하기 위해) 이란에 비밀리에 무기를 팔아 그 매각 자금을 (의회가 엄격하게 제한한) 니카라과 콘트라 반군을 지원하는 데 사용했는지 밝혀야만 했다. 소련은 1987년 5월부터 8월까지 이어진 이 의혹에 관한 텔레비전 청문회를 면밀히 검토했다. 그리고 많은 정책 결정자들은 앞으로 미국이 직접 개입을 자제할 것이며, 아프가니스탄에서도 그러하리라고 확신했다.[22]

마지막으로, 소련은 비합리적이라고 판단하던 바브라크 카르말을 아프가니스탄 비밀경찰의 수장이던 모하마드 나지불라(Mohammad Najibullah, 당시 38세)로 교체하는 데 성공했다. 이는 아프가니스탄에서 단계적 철수를 향한 길이 열렸음을 의미했다.[23] 이 작전을 놓고 소련 내부에서는 상당한 갈등이 존재했다. 많은 소련 지도자가 카불에서 궁중 쿠데타를 일으키려고 소련이 사주했을 당시 일어난 두 번의 선제 쿠데타를 기억하고 있었다. 그러나 이번에 바브라크 카르말은 자신을 지지하는 일부 파르참파의 시위에도 불구하고 소련의 지시에 복종했으며, 1986년 5월 '건강상의 이유'로 아프가니스탄인민민주당 서기장직을 평화적으로 사임했다. 그러나 나지불라가 당과 군대를 장악하는 데는 6개월 이상의 시간이 걸렸다. 파르참파는 나지불라 지지파와 카르말 지지파로 거의 반반으로 분열되었다. 그리고 카르말은 1986년 11월 상징적인 자리에 가까운 대통령직을 사퇴해야만 하는 상황에서도 영향력을 일부 유지했다. 1987년 5월 카르말이 8년 전 붉은 군대가 자신을 아프가니스탄으로 데려오기 전에 살던 곳인 소련으로 돌아가기로 결정한 후에야 종파 간 갈등이 치열했던 아프가니스탄인민민주당에 안정이 찾아왔다.

1986년 11월 13일 정치국 회의에서 고르바초프는 처음으로 동료들에게 "가능한 한 빨리 이 과정을 끝내야 한다"고 자신의 견해를 분명히 밝혔다. 1985년 말 정치국에서의 토론이 '군사·정치적 방법의 혼합'에 중점을 두었던 반면, 1986년 11월에 열린 중요한 회의에서 고르바초프는 무슨 일이 벌어지든 소련군을 1988년 말까지 전부 철수해야 한다고 주장했다. 고르바초프의 동료들은 이 관점에 대부분 동의를 표했다. 아마 세르게이 아흐로메예프 장군이 가장 나아간 의견을 제시했을 것이다. 심지어 이런 말까지 했으니 말이다.

〔아프가니스탄에〕 소련군이 점령하지 않았던 땅은 하나도 없습니다. ……발생하고 해결되지 않은 군사 문제도 전혀 없습니다. 그러나 여전히 결과를 내지

못하고 있습니다. 모든 문제는 군사적 결과에 뒤따른 정치적〔행동〕이 없었다는 데 있습니다. 중앙에는 권위가 있지만 지방에는 아무것도 없습니다. 우리는 카불과 일부 주의 중심부를 통제하지만 점령한 영토에서는 권위를 세울 수 없습니다. 우리는 아프가니스탄 인민과의 전쟁에서 패배했습니다.

1987년 초 소련의 철수 전략이 드디어 개시되었다. 이 전략은 세바르드나제가 위원장을 맡은 정치국급의 특별위원회에서 수립되었고 고르바초프가 철수 논의 전반을 책임졌다. 하지만 주된 실무는 KGB가 맡았다. 여기에는 두 가지 이유가 있었다. 첫째, 고르바초프는 아프가니스탄의 정치적 문제가 실제로 무엇인지 또 이를 어떻게 극복할지 가장 잘 알고 있는 소련 국가 기구는 단연코 KGB라고 평가했다. 둘째, 나지불라는 1980~1987년 아프가니스탄 국가정보국을 이끌 때뿐 아니라 정치 활동 내내 KGB와 긴밀히 협력해온 경험이 있었다.[24] KGB의 제1총국장 블라디미르 크류치코프(Vladimir A. Kryuchkov)는 나지불라가 소련의 철수를 대비한 새로운 중재 및 동맹 구축 정책을 실행하도록 돕는 역할을 맡았다.

크류치코프에 따르면 이 새로운 전략은 미래에 가능할지도 모르는 공상에 기반을 두지 않고 당시 아프가니스탄의 '발전 단계'에 맞춰 고안되었다. 나지불라는 아프가니스탄에서 '민족 해방'을 수행해야 했고, 이를 위해 연합할 세력이 필요했다. 나지불라는 부르주아지, 이슬람 성직자, 비(非)이슬람 반공주의자는 물론 온건파 게릴라 지도자 및 전(前) 왕인 자히르 샤 세력의 대표들과도 연합을 맺어야 했다. 내부 회의에서 나지불라와 소련 자문단은 1979년 소련의 침략뿐 아니라 1978년 공산주의 쿠데타조차도 (그리고 1973년 공산주의자들이 왕에게 대항한 쿠데타에 참여한 것조차도) '비참한 실수'이자 '정치적 오류'였다고 비판했다. 아프가니스탄의 새로운 지도자 나지불라는 1987년 1월 중순 (일반적으로 준수되지는 않았지만) 일방적 휴전을 선언하고 '국가 화해 위원회'를 소집하며, 야권 세력을 내각에 포함하겠다고 제안했다. 그는 또 최고 부족 협의회를 창설했다. 최고 부족 협의회는 사회주의를 거의 언급하지 않은 새로운 헌법을 통과시켰다. 그러나 가장 중요한 조치는 나지불라가 1987년 중반 무렵 파키스탄에 기반을 둔 파슈툰 저항 단체와 비밀 회담을 통해 부족 정체성에 기초를 둔 연맹을 호소한 것이었다. 실은 나지불라 자신이 강력한 세력을 자랑하던 아마드자이(Ahmadzai) 계열의 파슈툰족이었다.

1982년부터 국제연합이 제네바에서 계속 이어나가고자 했던 아프가니스탄과 파키스탄의 국제 협상은 고르바초프와 나지불라의 정책 변화에 따라 그 의미가 새삼 중요해졌다. 제네바 회담을 중재한 에콰도르 외교관 디에고 코르도베스(Diego Cordovez)는 소련군 철수와 함께 국제적 보장이 이어지는 해결책을 추진했다. 이는 1982년 유리 안드로포프가 제시한 안과 아주 비슷했다. 하지만 이때 소련-미국 간 직접 대화를 통해 구체적 합의가 이루어질 가능성이 열렸다. 1987년 중반까지 소련 외교관들은 미국 외교관에게 소련은 제3세계에 관한 두 나라 사이의 더 넓은 합의의 일부로서 아프가니스탄에서 철수하기를 원한다는 점을 분명히 밝혔다. 그러나 소련은 1988년 말에 아프가니스탄에서 철수할 것이라는 고르바초프의 고집(이 내용은 1987년 11월 말 나지불라가 공표했다) 때문에 외교적으로 큰 어려움을 겪었다. 소련이 스스로 부과한 기한이 있기에 미국과 (아프가니스탄 이슬람주의 지도자 사이에서 더 급진적인 이슬람주의를 선호하게 된) 파키스탄은 협상을 오래 끌어도 불리할 것이 없었다.

1987년 12월 워싱턴에서 이뤄진 레이건과 고르바초프 간 정상 회담은 미국과 파키스탄이 무자헤딘을 지지하기 위해 개입하지 않는다는 보장을 충분히 하지 않는다고 하더라도, 소련은 아프가니스탄에서 철수할 것이라는 점을 보여주었다. 고르바초프는 제3세계 분쟁에서 "지역적이고 정치적인 해결을 지지하는 비중이 늘어나고 있다"고 언급하면서 자신의 발언을 틀 짓고, 이어 아프가니스탄에 대한 견해를 분명히 밝혔다. "아프가니스탄은 사회주의 국가로 간주할 수 없습니다. 비사회주의적 특성이 너무 많기 때문입니다. 다당제, 부족주의, 자본가 그리고 종교적 요소가 그 예입니다. 반면 우리 소련인은 현실주의자들입니다. 우리는 아프가니스탄의 사회주의화를 바라지 않습니다." 소련이 원한 것은 파키스탄의 독재자 지아 울하크 장군이 제네바 협상에서 취하고 있는 매우 강경한 친이슬람주의 노선을 완화하는 데 미국이 협력하는 것, 그리고 소련군 철수 이후 아프가니스탄 반군을 더 이상 지원하지 않겠다는 미국의 의지였다. 레이건의 지지가 "소련이 다른 지역의 분쟁 상황에 대해 미국의 의도를 판단하는 데 도움을 줄 것"이라고 고르바초프는 덧붙였다. 이는 중앙아메리카 지역에 대한 외부 간섭이 줄어들면 소련이 니카라과에 무기 판매를 중단한다는 제안이기도 했다.[25] 그러나 레이건은 이와 같은 보장을 하는 대신 제네바에서 무슨 일이 일어나든 무자헤딘을 계속 지원하겠다는 약속을 공표해버리고 말았다.

미국으로부터 거의 아무것도 얻지 못하리라는 걸 깨달은 고르바초프는 전형적인 방식으로 도박을 결정했다. 그는 1988년 2월 8일 소련 텔레비전 방송으로 성명서를 발표했다. 이 성명서는 아프가니스탄을 둘러싼 합의가 '거의' 이루어졌으며 그해 봄 제네바에서 합의문에 서명할 것이고, 모든 소련군은 서명 후 1년 이내에 아프가니스탄에서 철수할 것이라는 내용을 담고 있었다. 어떤 측면에서 이 도박은 성공했다. 나지불라는 합의문에 서명하지 않을 경우 소련의 반감을 사리라는 걸 깨달았다. 파키스탄의 지아 울하크는 (미국인들의 조언에 따라) 자신이 서명해도 아무것도 잃지 않을 거라고 믿기 시작했다. 그 결과, 4월 14일의 제네바 합의는 아프가니스탄의 평화와 관련해 전혀 의미가 없었다. 소련군은 1989년 2월 15일에 철수할 예정이었지만 미국은 소련이 나지불라 정권과의 협의를 파기할 경우에만 무자혜딘 게릴라 지원을 멈출 터였다. 무자혜딘 지도자들은 소련이라는 존재가 점차 미미해지자 쉬이 찾기 어려웠던 하나 된 목소리로 그들이 참여하지 않은 평화 협정 체결 과정을 비난했다. 지아 울하크는 자신의 동료, 그리고 미국과 무자혜딘에 제네바 합의문은 단순한 종이 쪼가리라는 점을 분명히 밝힌 바 있었다. 1988년 8월 비행기 추락 사고로 지아 울하크가 사망한 이후에도 파키스탄은 아프가니스탄에서 이슬람 정권의 수립을 계속 추구했다.[26]

1989년 2월 15일 추운 겨울 아침, 소련군의 마지막 사령관 보리스 그로모프(Boris Gromov) 중장은 아무다리야(Amu Darya)강 위에 놓인 다리를 건너 아프가니스탄에서 우즈베키스탄으로 귀환했다. 거의 10년 전에 붉은 군대는 아프가니스탄으로 왔었다. 뒤도 돌아보지 않은 채 신속하게 아프가니스탄을 떠난 그로모프의 모습은 소련의 아프가니스탄 개입을 바라보는 대다수 소련인의 심정을 대변했다. 고르바초프의 개혁으로 새로운 지평이 열린 사회에서 대부분의 소련인은 더 이상 과거를 되돌아보지 않으려 했다. 대다수 소련인에게 아프가니스탄 개입은 소련 정부가 제3세계에서 자행했던, 사랑받지 못하고 점차적으로 불필요해진 역할의 상징이기도 했다. 그들에게 아프가니스탄 철수는 실패한 개입의 끝을 의미했다. 1989년 불과 몇 년 전에 존재했던 소련의 지구적 역할에 기초한 자부심은 더 이상 없었다. 이는 소련 체제를 둘러싼 믿음의 부족뿐 아니라 국내에서 인민이 빈곤한 채로 삶을 꾸리는 동안 지도자들은 해외에서 자원을 낭비했다는 확신으로 변모했다.

고르바초프의 글라스노스트 정책으로 인해 아프가니스탄에서의 모험주의 정책을 놓고 소련 국내에서의 비판도 늘어났다. 반면 고르바초프는 권좌에 머문 이후 3년 동안 당내 엘리트들이 아프가니스탄이라는 수렁에 어떤 형태로든 다시 개입하는 걸 막기 위해 투쟁해야만 했다. 첫째, 파키스탄의 뻔뻔한 제네바 협약 위반을 이유로, 일부 군 장성과 고위 KGB 요원들은 줄곧 제한된 형태로 소련군이 아프가니스탄에 주둔해야 한다고 주장했다. 고르바초프는 이와 같은 주장에 맞서 확고히 버텨야만 했다. 그로모프가 다리를 건너고 불과 몇 주 후, 무자헤딘의 잘랄라바드 점령이 이루어졌다. 그리고 나지불라의 지원 요청으로 소련공산당 정치국 안에 셰바르드나제, 크류치코프, 드미트리 야조프(Dmitry Yazov) 신임 국방장관으로 이뤄진 강력한 개입 찬성파 연합이 형성되었다. 이들은 무자헤딘의 공격에 맞선 반격으로서 소련의 공습을 요구했다. 그러나 고르바초프는 아프가니스탄의 군사 상황과 무관하다는 이유로 자신의 결정을 고수하며 물러서지 않았다. "나는 모든 폭격을 단호히 반대합니다. ……내가 서기장인 한 누구도 우리가 전 세계에 대고 한 약속을 어기지 못하도록 하겠습니다."[27] 결국 나지불라 정권은 무자헤딘의 내분, 소련의 무기 공급, 급진 이슬람 단체가 카불을 장악하는 것이 과연 현명한 일인지를 고민한 미국의 회의(懷疑)에 힘입어 고르바초프 정권보다 오래 살아남았다. 소련이 붕괴한 후인 1992년 초 아프가니스탄인민민주당 체제도 무너졌다. 4년 뒤 파키스탄이 후원한 탈레반(본래 무자헤딘의 한 분파)이 수도를 점령하고 은신처에서 나지불라를 끌고 나와 고문하고 살해했다. 그리고 한때 나지불라가 대통령으로 취임했던 궁전 밖에서 시체를 다시 교수형에 처했다. 아프가니스탄 공산주의는 이렇게 짧지만 피로 점철되었던 길의 끝에 도달했다.

소련군 철수의 원인

아프가니스탄에서의 불명예 퇴장은 소련의 제3세계 정책이 실패했다는 지구적 상징이었다. 소련 공산주의자들은 이웃 국가 아프가니스탄(소련은 1920년대 이래로 아프가니스탄 정치에 깊이 관여해왔다)의 좌익 정권을 영속화하는 데 실패했을 뿐 아니라, 아프가니스탄 개입은 국내 및 제3세계에서 소련의 대외 정책을 향한 지지를 무너뜨렸다. 대부분의 소련인은 처음에 일정한 결과를 낳는 것처럼 보였던 아프가니스탄 개입 정책을 두고 전쟁 비용과 신통치 못한 결과물을 이유로 분개했다. 소련 정권이 기초한 정당성의 상당 부분이 해외에서의 초강대국 역할에 기반을 두고 있었기 때문에 아프가니스탄에서의 실패는 소련 외교 정책의 핵심 개념, 즉 소련의 군사력과 사회주의의 지구적 진전에 치명적이었다.

제3세계에서 소련의 아프가니스탄 개입은 지식인과 정치 지도자 사이에서 공산주의를 벗어나 다른 유형의 정체성, 가장 흔하게는 민족주의, 부족 또는 종교적 정체성으로 옮겨가는 현상을 가속화했다. 많은 이슬람 국가에서 아프가니스탄 전쟁은 그 포문을 열었다. 1940~1950년대 세대가 이슬람**에서** 세속 사회주의로 바뀌었을 때와 마찬가지로, 1970년대 후반과 1980년대의 젊은이들은 사회주의에서 정치적 이슬람으로 정치적 지향을 바꾸었다. 이런 전환과 연관된 사람은 대개 동일한 인물들이었다. 아프가니스탄의 급진적 이슬람 지도자들은 **모두** 젊은 시절 좌파 조직과 관련이 있었다. 고르바초프가 승리가 아니라 아프가니스탄 철수를 강조하는 쪽으로 입장을 바꾸자 북아프리카에서 인도네시아에 이르는 전체 이슬람권에서 정치에 참여하는 대다수 젊은이들은 이미 시선을 모스크바에서 메카로 옮겼다.

소련의 국내 인식 및 국제적 맥락을 본다면, 아프가니스탄 전쟁은 이미 소련 내에서 진행되고 있던 과정을 가속화하는 데 그쳤을지 모르지만, 아프가니스탄 철수 결정은 고르바초프 지도부의 의식적인 선택이었다. 경제적 비용, 인적 손실 그리고 국내외 비판에도 불구하고, 만약 소련이 원했다면 아프가니스탄은 1985년의 상황을 오랫동안 유지했으리라는 점은 확실하다. 그러나 1987년 초 고르바초프는 소련군을 철수하기로 결정했고, 이후 2년 동안 그 수단과 시기 문제는 종종 혼란스러웠을지라도 철군이라는 정치적 방향은 분명했다. 고르바초프와 그의 동료들은 왜 그렇게 행동했을까?

이 절에서는 고르바초프가 그런 결정을 내린 직접적 원인에 초점을 맞추겠지만, 물론 언급할 필요가 있는 장기적이고 좀더 광범위한 원인이 많이 존재한다. 이 논의에서는 1970년대 후반 이후 제3세계를 둘러싼 소련의 사고방식이 변화했다는 게 가장 중요하다. 아프가니스탄과 관련한 고르바초프의 결정 상당수는 이미 1980년대 초에 대안으로 존재했을 뿐(브레즈네프 통치 말기에 이미 철군 방안이 존재했다) 아니라, 소련의 아프리카·아시아 및 라틴아메리카 정책을 둘러싼 소련공산당 내 비판도 1979년 이후 줄곧 지속되었다. 또 소련 경제의 어려움은 사실 고르바초프의 모든 정책에서 그러했듯 아프가니스탄과 연관해서도 중요했다. 소련이 1980년대 초반에 겪었던 잉여 소득의 극적 감소(주로 주요 원자재 수출 가격의 하락 효과)는 전비(戰費) 지출로 허덕이던 계획 경제에서 최악의 상황을 초래했다. 또한 아프가니스탄 전쟁을 둘러싼 소련 국내외의 비판 역시 중요했다. 1985년 이전 소련에 뼈아픈 비판을 한 이들은 서유럽 공산당과 제3세계의 급진파였다. 1985년 이후에는 아프가니스탄 전쟁에 대한 소련 내 불만도 표출되었다. 처음에 그 불만은 당 지도부에 투서하는 방식으로 나타났으며, 대중 매체를 통해 점점 더 늘어났다.

그럼에도 불구하고 철군 결정에는 좀더 직접적인 원인이 있었다고 볼 수 있다. 이러한 관점에서 아프가니스탄 철수에는 세 가지 주된 이유가 있었다. 첫째, 제3세계 사회주의를 바라보는 소련 내부의 비판으로, 이런 시각을 가진 이들이 고르바초프의 선출직 고문으로 뽑혀 그들의 의견이 당 지도부에도 유입되었다. 둘째, 소련은 제3세계에서 미국과 타협함으로써 미국의 적개심을 제거할 수 있으리라는 희망을 품고 있었다. 셋째, 소련은 민족 자결 원칙을 이데올로기 차원에서 고수했다. 이는 고르바초프의 레닌 독해를 통해 이루어졌으나 소련공산당이 아프가니스탄에서 쫓겨나고 소련 자체가 붕괴하는 결과로 이어졌다.

지난 몇 년 동안 우리는 소련공산당과 연구소 내에서 1970년대 말과 1980년대 초반에 진행된 제3세계 혁명의 성격에 관한 마르크스주의 논쟁을 재발견할 수 있었다. 소련의 공식 정책을 둘러싼 주요 비판은 에티오피아, 앙골라, 아프가니스탄 같은 혁명의 계급적 내용에 대한 소련의 오해에 초점을 맞추었다. 소련의 공식 정책에 비판적인 이들은 소련이 '전위' 마르크스주의자의 민족 해방 혁명을 지원한 게 아니라, 멩기스투 같은 일부 정권이 부르주아지에 대항해 봉건주의적 이익을 대표하며 발전의 힘을 **후퇴시키고** 있다고 주장했다. 소련은 이러한 체제를 지원해 결국 역사의 잘못된 편에 섰다. 계속되는 아프가니스탄 전쟁으로 인해 잠잠해졌던 이런 비판은 1980년대 중반 새롭게 대두해 고르바초프의 결정을 뒷받침하는 핵심 배경이 되었다.

소련의 제3세계 개입에 대한 비판은 근본적으로 마르크스주의적이었고 또한 1986년 말부터 글라스노스트 정책의 결과로서 점점 더 공개적으로 드러났기 때문에 강력했다. 물론 이는 먼저 아프가니스탄과 관련해 소련의 정책에서 무엇이 잘못이었는지를 설명하기도 했지만 점차 다른 제3세계에 대한 소련의 잘못된 개입을 설명하는 논리가 되었다. 사회주의를 위한 해당 나라들의 준비가 미비했다면, 소련의 정책을 세운 전체 기반 역시 잘못되었을 터였다. 이는 그 자체로는 소련의 철수를 옹호하는 주장이 아니었다. 하지만 외국 동지와의 연대라는 강력한 이데올로기적 개념이 아니라 제국주의의 공격에 대항하는 제3세계 국가를 향한 지원이라는 좀더 제한된 개념으로서 변화가 필요했다는 사실을 분명하게 시사했다. 일찍이 1920년대, 1950년대, 1960년대의 전환에서 볼 수 있듯이 그러한 조정은 물론 소련 역사에서 새로운 내용은 아니었다. 그러나 이는 소련이 쉽게 선택할 수 있는 조정이었고, 설령 다른 전략적 교리를 택하더라도 이에 입각해 제3세계에서 냉전을 지속할 수 있었다.

진정으로 새로운 현상은 소련의 지원에 의존한 제3세계 동맹국의 수, 소련의 과거 정책을 두고 통제되지 않은 채 공개적으로 표출된 다양한 의견, 그리고 이러한 비난이 소련이 지원했던 국가와 운동에 직접적으로 영향을 미친 정도였다. 한편으로 제3세계에서 소련의 지분은 이전 시대보다 더 높았다. 다른 한편으로 고르바초프가 개시한 소련 사회의 변화는 과거 (그리고 점점 더 현재의) 정책에 대한 마르크스주의적 또는 비마르크스주의적 분석을 촉구했다. 1987년 이후 그 결과는 고르바초프가 바랐던 수준 이상으로 진행된 소련의 개입주의와 제3세계의 소련 원조 수령자를 향한 비판이었다. 아프리카·아시아·라틴아메리카의 사회주의 발전에 입발림 상찬을 하면서도, 많은 평론가들은 소련의 개입에 비용이 과도하게 든다는 점을 지적했으며 무엇을 성취했는지를 놓고도 매우 솔직하게 의문을 제기했다. 라칙 아바코프(Rachik M. Avakov)는 1987년 11월 소련의 선도적 국제 문제 잡지 〈세계 경제와 국제 문제〉에서 "'그들(제3세계 국가들―옮긴이)은 어려움을 겪었다'거나 '내부 반동 세력의 저항과 식민주의의 결과를 극복해야 했다'는 허울 좋은 말만 할 뿐이었다. 그들은 이런 의식을 통해 경제·국내·대외 정책의 실패를 포함해 사회주의를 지향하는 국가에서 발생하는 위기와 기타 부정적 과정에 대한 진정한 분석을 대체했다"고 지적했다.[28]

같은 잡지에 실린 중요한 논문에서 중동 전문가 게오르기 미르스키 (Georgii Mirskii)는 "계급 요인의 역할에 중점을 둔 우리의 장학금은 아시아와 아프리카 사람들의 내적인 종족·종교적 다양성에 아무런 비중을 두지 않았다"며 "동양 사회는 문자 그대로 민족·종족·종교·부족 그리고 주인-후견인 측면에서 잠재적 갈등으로 가득 차 있다"고 지적했다.[29] 미르스키와 유명한 제3세계 전문가 노다리 시모니아(Nodari Simoniia)는 1987년 후반 열린 세미나에서 소련공산당 국제부의 주요 인사들에게 소련은 제3세계를 향한 전체적인 접근 방법을 수정해야 하며, 제3세계가 어떻게 **되어야만 하는** 것보다는 그것이 실제로 어떤지에 더 초점을 맞춰야 한다고 말했다. 극단주의, 테러 및 내전 같은 제3세계 불안정의 결과 중 일부가 소련에 기회가 아닌 위험이 될 수도 있다는 그들의 경고를 소련 국제부는 진지하게 받아들였다. 소련 국제부는 포노마료프 퇴임 이후 소련의 제3세계 정책에 대한 근본적인 비판자가 되었다. 국제부는 소련의 제3세계 동맹을 포기하지 않으려 하면서도 소련의 원조 사용처에 엄격한 기준을 설정해 원조 수령국의 내부 변화를 지원하는, 변화된 관계를 구상했다.

또 KGB는 소련과 제3세계 관계에 새로운 환경을 조성하는 데 중요한 역할을 담당했다. KGB 지도부가 (제3세계 국가의―옮긴이) 부정부패, 그릇된 관리 정책, 이중 거래(서방과 소련 모두로부터 재정 지원을 받는 동일한 사업의 수행을 포함해)와 관련한 증거를 제출하라고 요청하자 KGB 지부장들은 그러한 사례에 관한 기밀 보고서를 끝없이 제공했다. 그중 일부는 1986년 중반부터 고르바초프의 집무실 책상에 올라갔으며, 이에 고르바초프는 크게 분노했다. 고르바초프는 보좌진에게 자신이 진정으로 존경해온 제3세계 지도자 중 일부가 도덕적으로 매우 타락한 변절자였다고 개인적으로 말한 적도 있었다. 고르바초프는 상황을 어떻게 다루어야 할지 질문했다. 이를 비롯한 많은 문제를 책임지고 있던 핵심 보좌관 체르냐예프는 1986년 고르바초프를 위해 일하기 시작할 때부터 소련이 제3세계에서 철수해야 한다고 확신하고 있었다. 그러나 이는 고르바초프가 듣고 싶어 하는 대답이 아니었다. 고르바초프는 항상 그랬듯 개혁을 추진하면서 소련의 지위를 확보하기 위한 공세 방법을 모색하고 있었다.[30]

1986년의 남예멘 위기는 고르바초프 자신의 제3세계관과 소련이 해외의 개혁에 영향을 미치는 능력에서 볼 때 일대 전환점이었다. 소련은 거의 20년 동안 예멘인민민주주의공화국(중동 지역의 유일한 마르크스-레닌주의 국가)의 주요 동맹국으로서 많은 원조를 제공했다. 1980년 남예멘은 인도, 에티오피아, 이라크, 베트남에 이어 소련의 원조를 다섯 번째로 많이 받는 국가였다. 집권 정당인 예멘사회당 지도자들은 소련이나 동독에서 주로 훈련을 받았고, 실용주의적인 대통령 알리 나시르 무함마드(Ali Nasir Muhammad)는 1980년 당의 급진적 분파를 제압한 이래로 소련의 호의를 샀다. 국제부와 KGB의 보고서는 남예멘 집권층 내 대립이 부족 갈등의 연장선상에 있다고 강조했지만, 소련 정치국은 남예멘이 비교적 안정적이라고 믿는 쪽을 택했다. 1986년 1월 쿠데타 시도 후 아덴에서 심각한 충돌이 일어났을 때, 소련은 그 어떤 대처도 전혀 준비하지 못한 상태였다. 고르바초프의 첫 번째 지시는 내전의 격화 속에 소련 시민을 안전한 곳으로 대피시키는 일이었다. 한 달간의 살육극 끝에 1만 명 넘는 사람이 사망했고, 남예멘 군대는 소련의 장비를 사용해 아덴을 쑥대밭으로 만들었다. 이때가 되어서야 소련은 예멘 집권당에 단결된 모습을 겨우 보일 수 있었다. 고르바초프가 남예멘의 재건에 필요한 원조를 제공하는 동안, 제3세계 사회주의를 향한 그의 믿음은 가혹한 시험대에 올랐다. 체르냐예프는 예멘 사태 발발 후 고르바초프가 "우리는 그곳에 무엇을 위해 있는가?"라고 반복적으로 물었다고 회상했다.[31]

남예멘 내전은 소련의 주요 동맹국에 충격을 주었다. 1986년 2월 멩기스투와 대화를 나누던 동독의 에리히 호네커는 "그레나다에서와 마찬가지로 남예멘 사건은 좌익 소아병이 어떤 결과로 이어지는지를 잘 보여줍니다"라고 말했다. 고르바초프와 다른 지도자들의 차이점은 그가 남예멘뿐 아니라 제3세계와 소련 관계 전반에 걸쳐 '난장판을 정리하는' 조치를 취하길 원했다는 것이다. 고르바초프는 심지어 원조를 늘릴 생각도 있었다. 그러나 소련의 원조는 제3세계 지도자들이 고르바초프가 제시하는 단서 조항을 수용하고, 과거의 실수를 시인하고, '민족 화해'와 인권 존중을 포함한 개혁 계획을 제시할 때에만 가능했다. 소련의 제3세계 동맹국 중 어느 누구도 그러한 계획을 갖고 나서지 않자 고르바초프는 소련에 대한 그들의 끊임없는 요구를 비난하면서 제3세계 지도자를 향한 분노를 공공연하게 표출했다. 1987년 4월 에티오피아의 멩기스투와 만났을 당시 고르바초프는 그에게 다른 곳에서 지원을 받으라고 말했다. 몇 달 후 다니엘 오르테가 대통령이 니카라과 경제가 쇠퇴하고 있으며 미국이 콘트라 반군에 2억 7000만 달러를 줬다고 말하자 고르바초프는 오르테가가 2억 7000만 달러를 소련에 요구하지 않길 진심으로 희망한다고 내뱉었다. "다른 곳에 물어보라"가 제3세계 지도자들이 1987년 중반 이후 소련으로부터 들은 일관된 응답이었다.

소련에 아프가니스탄은 최우선 의제였으며, 여러 면에서 소련이 제3세계 다른 지역에서 철수하는 일정표를 결정했다. 이에 더해 1988년 초부터 무르익어가던 에티오피아 위기 역시 고르바초프의 의제가 되었다. 1988년 4월 반군이 에리트레아와 에티오피아의 여러 지역에서 공격을 감행하자 멩기스투는 소련에 군사적 증원을 요청하는 광적인 전언을 보내기 시작했다. 도브리닌과 셰바르드나제 외교부 장관은 정치적 이유보다는 감정적 이유로 옛 동맹국을 포기하기가 어려워 에티오피아를 향한 추가 원조를 주장했고, 국방부 장관 드미트리 야조프도 이 방안을 지지했다. 체르냐예프를 비롯한 여러 사람의 간접적 지원을 받은 세르게이 아흐로메예프 참모총장은 에티오피아에 대한 추가 원조를 반대했다. 체르냐예프는 고르바초프에게 개인적으로 이렇게 말했다. "정치국 회의에서도, 대중적으로도 당신은 항상 다른 이들에게 진정한 정치적 결정을 내리라고 촉구하고 있습니다. 그러나 여기서 우리는 옛날 방식을 그대로 유지하고 있습니다. 친구가 요청하면 우리는 즉시 줍니다. 우리의 무기는 아무것도 바꾸지 못할 것입니다. 이는 군사력으로 모든 것을 해결하려는 희망 없는 작업으로 멩기스투를 밀어 넣을 것입니다."[32] 결국 고르바초프는 에티오피아 정권에 매우 제한적인 원조만을 제공했다. 멩기스투 정권의 인권 상황을 둘러싼 KGB의 보고를 들은 후, 고르바초프가 멩기스투를 향해 지니고 있는 개인적 불쾌감이 이런 결정에 중요한 역할을 한 것으로 보인다.

동유럽의 동맹국들과 마찬가지로 소련의 많은 제3세계 동맹국은 소련의 정책이 근본적으로 바뀌고 있다는 걸 쉬이 이해하지 못했다. 일부는 고르바초프의 제안에 따라 정책을 조정하려 했지만 그것이 정권의 생존을 위협하고 있다는 사실을 발견했다. 다른 이들은 소련의 정책에 저항했다. 피델 카스트로 쿠바 국가평의회 의장은 1987년 3월 동독 사절단에게 특히 "실용적 지식을 결여한 이론가들이 너무나 많은, 많은 다른 나라와 연결되어 있는 대국에서 개혁 실험을 시작했다는 사실은 지옥과 같은 이야기입니다"라고 말했다.[33] 소련의 '이론가'들은 카스트로의 적대감에 응답했다. 체르냐예프는 일기에 이렇게 적었다.

'수염 난 사람(카스트로 – 옮긴이)'은 혁명을 파괴했으며 지금은 그 나라를 파괴하고 있다. ……라틴아메리카의 어느 국가도 이제 쿠바를 진지하게 받아들이지 않는다. 이제 더 이상 쿠바는 누구에게도 '모범'이 아니다. 쿠바적 요소는 쇠퇴했다. ……카스트로가 우리와 결별할 경우, 그는 단지 자신의 명을 재촉할 뿐이다. 그리고 우리는 매년 50억 루블을 절약할 뿐 아니라 정치적으로도 이득을 얻을 것이다. 누가 이에 항의할 것인가? '사회주의 진영'의 독단주의자, 종파주의자, 그리고 과거에 사로잡힌 죽어가는 공산당만이 이에 항의할 것이다.[34]

대부분의 제3세계 동맹을 바라보는 고르바초프의 우려가 커졌지만 소련 정부가 대외 원조를 대폭 감축하는 데는 오랜 시간이 걸렸다. 대외 원조 감축은 점점 더 강력해지고 독립성을 갖추게 된 의회(즉 최고 소비에트(Supreme Soviet))의 압력을 받은 후 1990년이 되어서야 마침내 이루어졌다. 1989년 후반 엘레나 에로페이예바(Elena Erofeieva)와 그 밖의 다른 학자들이 소련의 제3세계 원조 관련 정보와 통계치를 처음으로 공개하자 대중의 반발은 상당했다. 많은 사람이 소련 경제가 급격히 붕괴하는 동안, 왜 소련 정부가 875억 루블 상당의 큰 금액, 그것도 날로 증가하는 액수를 제3세계에 제공했는지 반문했다. 한 비평가가 관찰한 것처럼 소련이 이들 국가가 이행할 수 있도록 돕는 발전 모델은 소련 자체에서 크게 실패한 모델과 동일했기에 이 지원금을 돌려받을 확률은 거의 없었다. 1990년 1월의 걸프 전쟁에 영향을 받아 그해 6월 중순 최고 소비에트는 소련의 모든 대외 원조, 특히 군사 원조의 삭감을 명령했다. 고르바초프는 마지못해 기존 모든 원조 협약의 재평가를 요구하는 대통령 명령을 발동해야만 했다.[35]

1990년에 이르러 소련 인민의 환멸과 냉소는 소련의 제3세계 개입을 어렵고 위험한 정치적 제안으로 만들고 말았다. 그러나 1991년 8월 소련 공산당을 사실상 파괴한, 쿠데타 실패 직후까지 고르바초프가 자신이 필요하다고 생각하는 곳에 언제 어디서나 개입할 수 있는 힘을 사용했다는 사실에는 변함이 없다. 소련과 제3세계 동맹국 관계의 문제는 고르바초프가 대중의 실망감을 상당 부분 **공유**했으며, 개입하지 않는 쪽을 더 선호했다는 데 있었다. 유명한 외교 문제 평론가 드미트리 볼스키(Dmitrii Volskii)는 1988년 12월 당시 지배적이던 감정을 다음과 같이 요약했다.

일부 아프리카 또는 아시아 국가가 우리의 많은 언론 기관이 묘사한 모습과 완전히 다른 것으로 밝혀지는 일이 여러 번 일어났습니다. 사실 정권이 무너지고 나서야 이와 같은 사실을 확인할 수 있었습니다. 그때가 돼서야 '민족주의-애국 세력'이 권력을 잡자마자 봉건적인 왕자처럼 행동했다는 사실이 알려졌습니다. 인민의 돈으로 입안된 '중요한 산업 계획'은 오직 그들의 탐욕을 채우기 위해 필요했다는 게 밝혀졌습니다. '진보적 변화'와 '국가 독립 강화'의 길을 걷기 시작한 후, 국가가 경제적 재앙에 도달했으며 이에 피로감을 느끼고 분개한 사람들이 마침내 인내심을 잃고 통치자를 전복시켰다는 게 뒤늦게 알려졌습니다.[36]

고르바초프는 단기적으로는 소련에 제3세계가 그다지 중요하지 않다고 확신했다. 1986년 중반부터 고르바초프는 아프리카·아시아 및 라틴 아메리카에서의 갈등을 이용해 미국과 공통분모를 찾아냄으로써 유럽 문제, 군축 및 무역 같은 다른 의제에서 자신의 입지를 키워나갈 수 있을 거라고 믿었다. 보좌진으로부터 영향을 받은, 제3세계 혁명을 바라보는 고르바초프의 비판적 견해는 레이건과 부시 행정부의 가혹한 요구에 고르바초프가 순응하도록 했다. 결국 그러한 견해는 1985~1986년 이전의 소련 정책이 잘못되었으며, 좌익 정권은 (애당초 살아남을 권리가 있다면) 스스로 살아남아야 한다는 함의를 띠고 있었다. 아프가니스탄 협상이 종지부에 이르자 고르바초프는 이제 이를 자신이 미국의 용어를 따라 '지역 분쟁'이라고 부르는 문제를 해결하기 위한 하나의 모델로서 활용할 수 있길 희망했다. 1987년의 '10월 혁명 70주년 기념 연설'은 계급 투쟁을 강조하는 대신 "평등한 기반에서 이익의 균형을 요구하는 상호 연결된 세계"에 대한 고르바초프의 견해를 제시했다. 그는 제3세계에서 "모순된 이해관계의 만화경"을 보았다. "정치적 독립을 위한 투쟁 단계에서 나타났던 해방의 충동은 점점 약해지고 있습니다. ……새로운 충동이 형성되는 요인은 다양하고 이질적입니다."[37]

미소 무기 감축 협상에 관여한 소련의 젊은 부차관보 안드레이 콜로솝스키(Andrei Kolosovskii)는 자신의 상사 셰바르드나제 외교부 장관이 승인한 1988년 6월 기사에서 제3세계 문제와 관련해 미국을 대하는 급진적인 새로운 방안을 암시했다.

우리는 발전도상국에 대한 견해가 필요하다. 그들은 상당 부분 탈이데올로기적이고, 그곳에서 벌어지는 일은 독특하며, 이들은 두 사회 경제 체제 간 경쟁에서도 독립적이다. ⋯⋯〔경험은〕 미국인과 다투는 모든 정권이 사회 진보, 정의와 민주주의 과정을 결코 따르지 않는다는 점을 분명히 보여준다. ⋯⋯외부 세계가 다른 지역의 사건에 대한 우리의 평가 및 우리의 친구와 동맹국의 선택에 민주주의와 인권 존중의 기준이 항상 존재한다고 보고 있을 때, 사회주의가 주는 인상은 매우 매력적으로 변모할 것이다.[38]

1988년 10월 훗날 러시아 대통령 보리스 옐친 내각의 초대 외교부 장관을 역임한 또 다른 소련 외교부 관리 안드레이 코지레프(Andrei Kozyrev)는 더욱 급진적인 언설을 내놓았다. 코지레프는 〈세계 경제와 국제 문제〉에 "소련은 미국이나 다른 나라와의 계급 투쟁 상태"에 빠질 이유가 더 이상 없다고 썼다. "⋯⋯제국주의를 향한 저항에서 사회주의와 발전도상국의 계급적 이익이 일치하는 신화는 비판을 견뎌낼 수 없다. 첫째, 대부분의 발전도상국이 이미 서구식 발전 모델을 고수하거나 그쪽으로 향하는 경향이 있기 때문이다. 둘째, 그들이 자본주의가 아니라 자본주의의 부족으로 인해 더 고통을 받고 있다는 점에서 그러하다."[39]

미국인에게 고르바초프의 제3세계 인식 변화는 너무 좋아서 믿기 어려울 정도였다. 그러나 미국인은 고양된 기분으로 새로운 공산주의 지도자의 경제·정치적 어려움뿐 아니라 이상주의, 관대함, 때로는 순진함을 이용했다. 1987년 12월 워싱턴에서 열린 정상 회담에서 소련은 코스타리카 대통령 오스카르 아리아스(Oscar Arias)가 제시한 지역 평화 과정을 미국이 지지한다면 니카라과에 무기 공급을 중단하겠다고 제안했다. 그러나 미국은 조지 부시가 1989년 대통령으로 취임한 이후 특히 중앙아메리카 지역에서 더 많은 소련의 양보를 요구했다. 1988년 5~6월 모스크바 정상 회담에서 고르바초프가 미국이 남부 아프리카에서 조나스 사빔비의 앙골라완전독립민족동맹(이하 '민족동맹'ㅡ옮긴이) 지원을 그만둔다면 소련도 앙골라해방인민운동(이하 '인민운동'ㅡ옮긴이) 지원을 중단하겠다고 제안했을 때 레이건 대통령은 "사빔비의 유일한 목표는 인민이 자신의 운명을 선택할 수 있는 정부를 설립하는 것"이라고 주장했다. 첫날 회담을 마치며 고르바초프는 레이건에게 자신이 작성한 쪽지를 전달했다. 그는 여기에 두 사람이 모두 서명하길 희망했다.

두 세계의 지도자는 오늘날 세계에서 자리 잡은 현실에 대한 이해를 바탕으로, 어떤 분쟁도 군사적으로 해결할 수 없으며 해결되어서도 안 된다고 믿는다. 그들은 평화 공존을 국제 관계의 보편적 원칙으로 간주한다. 모든 국가의 평등, 내정 불간섭 및 사회·정치적 선택의 자유는 국제 관계에서 빼앗을 수 없고 의무적인 기준으로 인정되어야 한다.

보좌진이 레이건 대통령에게 여기에 서명하지 말라고 당부했다 해도 별로 놀라운 일은 아니었을 것이다. 고르바초프는 "대통령에겐 선택의 여지가 있었다. 하지만 분명히 대통령 자신의 것인 권위의 행사를 바라지 않거나 꺼리는 것처럼 보였다"며 분개했다.[40] 고르바초프는 외교 정책을 추진하는 데 매우 개인적으로 일을 처리했다. 그 때문에 어떤 미국 대통령도 제3세계를 바라보는 자국의 접근 방식 전체를 근본적으로 재평가하지 않고는 그러한 합의에 서명할 수 없으며, 그 자신과 달리 레이건이나 부시는 근본적으로 접근 방식을 바꿀 의도가 전혀 없다는 사실을 이해하지 못했다.

고르바초프와 그의 보좌진ㅡ특히 훗날 독립한 조지아(Georgia)의 대통령이 된 셰바르드나제 외교부 장관ㅡ은 20세기 주요 강대국의 그 어떤 지도자보다도 민족 자결의 중요성에 대한 이해가 높았다. 고르바초프는 20세기가 시작될 때 자유주의자와 혁명가 모두가 요구했던 것, 즉 세계 사람들이 외국의 개입 없이 그들 자신의 운명을 결정한다는 확고하고도 이상주의적인 헌신을 실천했다. 이는 미국이 지키려 하지 않는다는 게 매우 분명해진 다음에도 고르바초프가 고수한 원칙이었다. 고르바초프의 소련에서 이 원칙이 지녔던 힘은 그가 권좌에서 마지막 몇 달을 맞이했을 때를 통해서만 비로소 이해할 수 있다. 고르바초프는 역사상 최초로 연합 국가를 구성하는 공화국들이 연방 국가를 소멸시키기로 한 투표 결과에 따라 사임하기에 이른다.

제3세계의 종식

1980년대 말에 이르면 제3세계는 더 이상 의미 있는 정치·경제적 개념이 아니었다. 1970년대부터 아시아·라틴아메리카·아프리카의 여러 지역에서는 서로 다른―대부분 상반되는―방향에서 여러 변화가 있었다. 경제적 측면에서, 몇몇 동아시아 그리고 동남아시아 국가는 제조품을 앞세운 세계 시장 참여를 통해 급격한 자본주의적 성장을 경험하고 있었다. 반면 라틴아메리카의 경우, 엄청난 부채와 사회적 불평등이 증가하면서 경제 성장이 정체하고 있었다. 1980년대에 대부분 아프리카 국가의 경제는 재난 상태에 가까웠으며, 국민소득이 급격하게 하락해 대부분의 사람을 빈곤 상태로 내몰았다. 정치적으로 라틴아메리카는 시장 경제와 민주주의는 병행한다는 미국식 믿음에 따라 군부 독재를 청산하고 민주화의 길에 들어섰다. 몇몇 동아시아의 비공산주의 국가도 느리지만 이와 같은 방향으로 움직였다. 아프리카, 발칸반도, 남아시아의 일부 지역에서는 종족 정체성이 정치 이데올로기를 대체하고 분쟁의 중심에 섰다. 제3세계의 중심부라 할 수 있는 대서양부터 아프리카, 태평양의 아시아 지역까지 펼쳐진 무슬림 세계에서는 정치적 이슬람이 대두해 때로는 세속 정치를 대체하기도 했다. 냉전 종식 무렵 제3세계는 분열되고 있는 것처럼 보였다.

(사람들이 어떻게 상상했든) 3개의 세계 대신 1990년대에는 '지구화'라는 개념이, 아니 더 정확하게는 '미국화'라는 개념이 등장했다. 특히 금융 시장을 비롯해 전 세계적 시장은 홀로 남은 초강대국 미국을 중심으로 확장하는 자본주의 세계와 밀착했다. 소비주의와 자유민주주의가 새롭게 대두하는 지구적 중산층의 핵심 가치로 여겨졌다. 서방에서 교육받은 개혁가들은 적어도 얼마 동안은 자유로운 시장자본주의가 지구촌의 유일한 게임의 법칙이라는 점을 믿어 의심치 않았다. 이 새로운 지구적 도시 계층에게 환영받은 전자 네트워크의 변두리이자 지구촌 바깥 '마을'에는 냉전에 희생된 제3세계인이 존재했다. 그중 대다수는 그들이 어떻게 자기를 규정하고 도시 안에 살든 바깥에 살든, 미국화에 분노하거나 저항하는 경향이 있는 빈곤한 마을이나 빈민굴에 살든 농민이었다.

이와 같은 새로운 분열은 새로운 갈등의 씨를 뿌렸다. 이는 이 책에서 다룬 냉전의 종식 무렵 몇몇 국가의 사례에서 잘 드러난다. 아프가니스탄에서 나지불라 정권이 1992년 최종적으로 붕괴했을 때, 급진 이슬람주의 정당인 이슬람당—헤즈비이슬라미(Hezb-i-Islami)—이 정권을 차지할 가능성이 높아 보였다. 그러나 이슬람당은 여러 부족과 정치·사회 문제에서 덜 극단적이던 이슬람주의 집단의 반발을 샀다. 계속된 내전을 거치면서 카불은 대부분 파괴되었고, 아프가니스탄은 1995~1996년 파키스탄과 사우디아라비아의 지원을 받은 탈레반 운동이 등장하기 전까지 부족별로 쪼개지기 시작했다. 탈레반의 성공 비결은 전쟁과 불안정 속에서 많은 사람이 지극히 갈구하던 평화와 안정을 약속했기 때문이다. 또 탈레반 지도부가 급진 이슬람주의자보다는 좀더 전통적인 인사들처럼 보였기 때문이다. 2001년 탈레반은 아프가니스탄 영토의 90퍼센트를 통제했고, 아프가니스탄은 1978년 이후 처음으로 통합된 정부를 가질 수 있을 것 같았다.

혁명적 이슬람주의와 달리 반동적이고 근본주의적인 운동을 표방한 탈레반은 그들 지도자가 사우디아라비아의 이슬람주의자 오사마 빈 라덴과 그가 이끄는 극단주의 조직 알카에다〔아랍어로 '기초(base)'라는 의미〕와 대(對)소련 전쟁 시절 인연을 맺었다는 점에서 불행했다. 오사마 빈 라덴은 아랍의 많은 젊은이가 아프가니스탄에서 공산주의 침략자를 격퇴하기 위한 전쟁에 참여할 때 두각을 드러냈다. 오사마 빈 라덴이 탈레반의 숙적 굴부딘 헤크마티아르와 동맹을 맺기도 했지만, 몇몇 탈레반 지도자는 오사마 빈 라덴에게 진 빚이 있다고 생각했다. 1996년 5월 오사마 빈 라덴이 1980년대의 용사들과 함께 아프가니스탄으로 돌아왔을 때, 탈레반은 그에게 은신처를 제공했다. 그리고 오사마 빈 라덴이 카불과 아프가니스탄 북부 지역을 탈레반이 차지하는 데 도움을 주면서 이 둘의 관계는 더욱 돈독해졌다. 그사이 이슬람주의 조직과 사우디아라비아 정부 그리고 CIA가 소련과 싸우기 위해 비밀리에 조직한 이슬람주의자들은 그들이 믿는 신념〔전 지구에서 이슬람 공동체 움마(ummah)를 방어해야 한다는 신념〕에 따라 전투에 나섰다. 여기에는 보스니아, 체첸, 알제리 그리고 쿠르드인이 살고 있는 이라크 지역이 포함되었다. 대부분 북아프리카인, 사우디아라비아인, 팔레스타인인, 요르단인이었던 이들 중 일부는 1990년대에 오사마 빈 라덴의 광신(狂信)과 그가 지니고 있던 물적 자원 그리고 비이슬람 세계에 남아 있는 '거대한 악마', 곧 미국을 직접 타격하겠다는 빈 라덴의 의지에 감명을 받고 알카에다에 합류했다.

알카에다에 동조했던 아프가니스탄과 세계 무슬림 중 많은 사람은 그들 국가의 부패와 비효율적인 정부뿐 아니라, 무슬림 세계를 향한 서방의 영향력에 분개했다. 1990년대 후반 거대한 이슬람주의 조직이 정치적으로 온건한 길을 선택하고 알제리·리비아·시리아·이라크 같은 세속주의 좌파 정권을 대체한다는 목표를 세웠던 것과 달리, 알카에다는 정반대의 노선을 택했다. 알카에다는 정치적 행동을 위해 테러를 선호했다. 이와 같은 행동의 결과, 오사마 빈 라덴과 그 추종자들은 미국의 아프가니스탄과 이라크 점령 전까지 이슬람주의 운동에서 점점 고립되었다. 그러나 이슬람주의가 혁명적 이데올로기로서 정체하는 양상을 보이고, 점점 정치적 주류가 되는 길을 선택했지만 무슬림 세계에서는 냉전 시기 축적된 분노가 가득했다. 이런 분노는 알카에다 같은 테러리스트 조직이 등장하는데 토양이 되었다. 이는 1970년대 후반 유럽에서 생겨난 독일의 적군파나 이탈리아의 붉은 여단을 제외하면, 대부분의 급진 좌파가 정치에 참여하기 시작한 것과 유사한 상황이었다.

냉전이 파괴적 결과를 낳은 인도차이나에서는 냉전 종식으로 나아가는 협정이 맺어졌다. 많은 이들이 바란 것만큼 포괄적인 협정은 아니었지만 말이다. 1986년에 이미 베트남은 캄보디아에서 베트남군을 철군하기 시작했다. 그러나 중국과 미국 그리고 동남아시아 국가들이 크메르 루즈와 그 동맹 세력을 지원하자 베트남군의 철수는 쉽지 않았다. 1988년 베트남은 1980년대 말까지 모든 베트남 병력을 캄보디아에서 철군하겠다고 공언했다. 그러나 고르바초프가 중국과의 협상에 매우 적극적이고, 다른 동남아시아 지역의 개방을 통한 경제 성장을 꾀하던 베트남의 입장이 합치되어 베트남군의 철군 속도는 더욱 빨라졌다. 1989년 5월 고르바초프가 중국을 방문(소련공산당 최고 지도자로서는 30년 만의 일이었다)하기 직전, 베트남은 그해 9월 말까지 모든 병력을 철군하겠다고 약속했다. 미국은 이에 대응해 처음으로 비(非)크메르 루즈 세력에 대한 지원을 늘려 베트남과 동맹을 맺은 캄보디아 정부(캄푸치아인민공화국 - 옮긴이)에 맞서 싸우도록 했다. 1991년 말에 이르면 동남아시아국가연합(베트남과 캄푸치아인민공화국은 동남아시아국가연합이 자국의 침체된 경제를 회복시켜줄 거라고 기대했다)이 국제연합 감시 아래 협상안을 선포했다. 그러나 1998년 폴 포트가 사망할 때까지 크메르 루즈와의 전쟁은 계속되었다.

아프리카에서는 냉전 종식 국면의 변화가 더욱더 거셌다. 멩기스투 하일레 마리암이 집권하고 있던 에티오피아에서는 우리가 이미 살펴보았듯 1987년부터 어려움이 가중되고 있었다. 에티오피아 정권은 소련의 원조를 연기한 고르바초프의 결정에 분개를 표할 뿐 별다른 정책적 결과물을 내놓지 못했다. 반대파의 군사적 공세에 대항해 멩기스투는 국호를 에티오피아인민민주주의공화국으로 개칭하고, 마르크스-레닌주의를 향한 자신의 신념을 다시금 공표했다. 멩기스투는 동맹 세력을 모색하기 위해 쿠바와 동독에 더욱더 접근했으나 두 국가 모두 큰 도움이 되지 않았다. 1989년 5월 멩기스투가 동독의 베를린에 방문했을 때, 군부의 쿠데타가 발발했다. 쿠데타는 무위에 그쳤다. 하지만 에티오피아 정권은 소련 원조의 삭감 때문이 아니라, 주요 수출품 가격이 하락하자 경제 붕괴에 직면했다. 낙담한 멩기스투는 에티오피아 제국의 오랜 동맹국이던 이스라엘과의 접촉을 시도했다. 이스라엘은 에티오피아의 소수 민족인 유대인이 이스라엘로 이민 오는 걸 허락하는 조건으로 에티오피아에 원조를 제공했다. 1990년 초 멩기스투는 공동 농장 제도를 폐지하고 시장 개혁을 시작했다. 또한 미국과 협력할 준비가 되어 있음을 공개적으로 표명했다. 에티오피아공산당은 에티오피아민주연합당으로 당명을 변경했다.

그러나 이는 멩기스투의 적들이 보기에 너무 작고, 너무 늦고, 믿을 수 없는 개혁이었다. 과거 마르크스주의 정당이던 티그레이인민해방전선이 수도 아디스아바바로 진격해왔다. 또 에리트레아인민해방전선은 에리트레아를 거의 해방시켰고, 조정위원회의 주력 부대 20만 명을 아스마라에서 포위했다. 1991년 5월 21일 미국은 새로운 티그레이인민해방전선이 이끄는 에티오피아 신연방 정부를 승인했고, 멩기스투는 짐바브웨로 급하게 망명을 떠났다. 이틀 뒤 동유럽의 예를 따라 아디스아바바의 인민들은 도시 중심부에 있던 거대한 레닌 동상(소련 이외 지역에서는 가장 비싼 레닌 동상이었다)을 철거했다. 에리트레아는 1993년 독립을 얻었고, 에티오피아 민족주의자에게 남은 것은 멩기스투의 사회주의 이상이 실패한 결과, 곧 파괴와 기아뿐이었다.

앙골라의 상황은 어땠을까. 남아공 정부는 미소 데탕트를 자기 나름대로 해석했다. 그리고 미국은 인민운동을 무너뜨리기 위해 조나스 사빔비의 민족동맹을 다시금 지원했다. P. W. 보타가 이끄는 남아공국민당 우파는 앙골라가 분열되고, 앙골라에 주둔하고 있는 쿠바군이 철군하거나 전쟁에서 패하기를 바랐다. 이를 통해 남아공 정부는 '독립 반투스탄(independant Bantu homeland: 아파르트헤이트 정책에 따라 남아공 내에 지정한 흑인 거주 구역─옮긴이)'을 조직한 것처럼 나미비아와도 유사한 합의를 이끌어내려 했다. 보타는 아프리카민족회의를 남아공 내부에서 분쇄하고, 국경 근처에 아프리카민족회의가 군사 기지를 설치하는 걸 막고자 했다. 인민운동은 또 나름대로 민족동맹을 축출하길 원했으며, 이를 통해 국가를 재

통합하고 국내 개혁과 미국과의 관계 개선을 위한 토대를 구축하길 바랐다. 인민운동과 쿠바군의 공세는 앙골라 남부의 쿠이투쿠아나발르(Cuito Cuanavale)에서 저지되었다. 5000명 넘는 남아공군이 앙골라-남아공 국경을 넘어 공격을 감행했기 때문이다. 1987년 11월 에티오피아-소말리아의 오가덴 전쟁 이후, 아프리카에서 가장 큰 전투가 쿠이투쿠아나발르를 놓고 발발했다. 앙골라인민해방군과 쿠바군은 남아공군의 공격으로 쿠이투쿠아나발르 북쪽에서 격퇴되었다. 이에 피델 카스트로는 1988년 1월부터 3월까지 1만 5000명의 쿠바 정규군을 앙골라에 파병해 반격을 감행했으며, 남아공이 쿠이투쿠아나발르에서 철군하지 않는 한 쿠바가 나미비아에서 싸울 수도 있다는 신호를 남아공 정부에 보냈다. 이는 쿠바의 소련 자문단을 깜짝 놀라게 한 조치였다.

카스트로의 행동에 경악한 미국과 소련은 쿠바가 남아공과 격돌하겠다는 의지를 보이자마자 협상 국면에 들어가기 위한 협력을 시작했다. 쿠이투쿠아나발르와 나미비아 국경에서 사망한 남아공 병사의 수가 늘어나자, 몇몇 국민당 및 군 지도부가 철군을 선호하기 시작했다. 1988년 7월 앙골라·쿠바·남아공은 뉴욕에서 정전 협정에 서명했고, 미국이 이 협정을 보증했다. 12월에 체결된 최종 협정에서 카스트로와 인민운동은 모든 쿠바 병력을 27개월 내에 앙골라에서 철군하겠다고 동의했다. 남아공은 앙골라의 국경을 인정하고 나미비아 해방 조직인 남서아프리카인민기구와의 정전 및 나미비아의 독립을 다룬 국제연합 결의안 435호를 실천하겠다고 약속했다. 역설적으로 이 지역에 대한 개입을 계속한 외부 세력은 이제 미국뿐이었다. 1990년 미국은 그 이전까지 지속해오던 조나스 사빔비의 민족동맹에 대한 원조를 8000만 달러로 2배 늘렸다. 민족동맹은 미국으로부터 1985~1991년 2억 5000만 달러가 넘는 원조를 받았는데, 여기에는 스팅어 지대공미사일 같은 고급 무기도 포함되었다.

그러나 나미비아가 1991년 남아공으로부터 독립하고 소련과 쿠바의 철군, 그리고 인민운동 정부가 미국과의 관계 개선을 서두르자 조나스 사빔비의 시간은 얼마 남지 않았다. 사빔비가 인민운동이 다수 의석을 차지한 1992년 선거 결과에 불복하고 내전을 감행하자, 미국은 이제 인민운동을 지지하는 쪽으로 노선을 변경했다. 사빔비는 충분한 장비를 확보하고 있을 뿐 아니라, 앙골라 다이아몬드 광산의 통제권과 미국 및 유럽의 친구와 협력자 덕분에 내전을 10년 넘게 끌 수 있었다. 2002년 2월 인민운동 정부는 서방의 다국적 기업과 협력해 앙골라의 광산 사업을 개발하기 시작했다. 그리고 민족동맹에 제공한 미국의 무기가 중동 지역에 공급되고 있다는 소문이 돌자, 사빔비의 운은 다하고 말았다. 앙골라인민해방군이 매복 공격을 감행해 잠비아 국경 근처에서 사빔비를 총격전 끝에 사살하는 데 성공한 것이다. 백악관에서 레이건의 환대를 받은 지 18년 만에 총격을 당한 사빔비의 시신은 그가 죽은 마을의 나무에 매달렸다. 1967년 볼리비아군이 체 게바라의 시신을 다룬 것이 연상될 정도였다. 이는 쿠바 혁명 이래 시작된 냉전이 돌고 도는 모습을 잘 보여준다.[41]

앙골라에서 내전과 외세 개입의 효과는 그야말로 재앙에 가까웠다. 아프리카에서 가장 부유한 국가로 발전할 가능성이 있던 앙골라는 빈곤과 기아에 시달렸다. 공공 서비스와 기반 시설은 정부의 모든 수입을 전쟁 수행에 활용하면서 붕괴하고 말았다. 정치적으로는 인민운동 역시 쇠퇴했다. 인민운동 조직은 점점 부패하고 이기적으로 변모해갔다. 내전 이후 석유와 광물 수출로 국가의 소득은 늘었지만, 전쟁의 피해에서 고통을 겪고 있는 국민에게 큰 도움이 되지 않았다. 인권감시센터는 "앙골라의 지뢰 피해 비율은 세계 소득 수준에서 볼 때 가장 높은 축에 속한다"고 최근 보고서에서 밝힌 바 있다. "앙골라의 900만 인구 중 지뢰로 손을 잃은 사람이 수천 명을 넘는다. 7만 명이 지뢰로 장애인이 되었다. 이를 미국의 규모에 비유해보면 175만 명이 상해를 입었다는 걸 의미한다."[42]

냉전 이후 가장 현격한 변화를 보여준 건 남아공의 아프리카민족회의였다. 1980년대 후반 남아공의 아파르트헤이트 정권은 국제적 제재, 날이 갈수록 커지는 미국의 무개입, 앙골라에서의 군사적 패배로 후퇴하고 있었다. 남아공의 유명한 백인 정치가들은 이제 아프리카민족회의와 비공식적인 대화에 나설 수밖에 없었다. 이 과정에서 남아공공산당 안팎에 있던 아프리카민족회의의 젊은 세대는 국유화와 사회주의로의 급격한 전환이 그들의 목표가 아님을 분명하게 밝혔다. 소련에서 훈련을 받기도 했던 타보 음베키(Thabo Mbeki)는 더 이상 마르크스와 레닌을 인용하지 않았으며, 아프리카민족회의 정부가 들어서더라도 사업에 아무런 지장이 없을 거라고 기업인에게 보증했다. 1978년 캐나다에서 "흑인 자본주의란 결점을 보충할 자격이 없는 기생 상태(parasitism)"를 의미한다고 조소했던 것과 달리, 이제 음베키는 **더 많은** 흑인 자본주의자가 시장 경제에서 백인 자본주의자와 경쟁하길 바란다는 점을 명확히 밝혔다.[43] P. W. 보타의 후계자 데클레르크(F. W. de Klerk)가 넬슨 만델라를 석방하고 (1994년 아프리카민족회의가 승리를 거둔) 자유선거를 허용하자 훗날 넬슨 만델라의 후계자가 된 음베키는 안정적이고 자본주의적인 남아공을 보증하는 인물이 되었다.

아프리카민족회의는 과거의 모든 빚을 잊지 않았다. 석방된 후, 넬슨 만델라의 첫 외국 방문지는 쿠바였다. 1991년 7월 넬슨 만델라는 피델 카스트로와 함께 마탄사스(Matanzas)의 연단에 올라 쿠바 혁명 38주년을 축하했다. 환영하는 군중 속에서 만델라는 남아공 해방에 기여한 쿠바의 역할을 치하했다. 쿠바인들 앞에서 만델라는 다음과 같이 말했다.

쿠이투쿠아나발르 전투를 통해 앙골라는 평화와 주권을 회복할 수 있었습니다. 인종주의 군대가 패배하자 나미비아의 민중이 독립을 얻을 수 있었습니다. 공격적이던 아파르트헤이트 세력의 결정적 패배는 백인 억압자는 패하지 않는다는 신화를 무너뜨렸습니다. 아파르트헤이트 군대의 패배는 남아공의 민중이 투쟁하는 데 많은 영감을 주었습니다. 쿠이투쿠아나발르 전투에서 남아공군이 승리했다면 아마 우리 조직은 합법화되지 못했을 것입니다.[44]

그러나 쿠바 입장에서는 냉전 종식이 쿠바 인민의 어려움이 줄어드는 걸 의미하지 않았다. 통상(通商) 금지를 포함해 쿠바를 국제적으로 고립시키려는 미국의 조치가 계속되었다. 1989년 동유럽에서 발생한 일련의 사건에 큰 충격을 받은 카스트로는 공산주의의 파멸을 의미하는 노선을 따르려 하지 않았다. 1989년 1월 체코슬로바키아의 강경파 서기장 밀로시 야케시(Miloš Jakeš)가 쿠바를 방문하자, 고르바초프는 "카스트로는 페레스트로이카가 마르크스-레닌주의, 혁명, 사회주의, 동료에 대한 배신행위 그리고 기회주의이자 최악의 수정주의라고 저주했다. 그리고 이제 피델 카스트로는 야케시에게 쿠바는 공산주의 최후의 보루이자 끝까지 공산주의에 충실할 것이라고 말했다"고 기록했다.[45] 쿠바는 이 말을 지켰다. 에리히 호네커가 동독 지도자 자리에서 물러나기 2주일 전, 그러니까 베를린 장벽이 붕괴하기 한 달 전 카스트로는 에리히 호네커에게 개인적 전언을 보내 "공산주의자의 강력하고 지속적인 연대와 독일민주주의공화국에 가해지는 제국주의의 압력과 모략에 대한 쿠바 인민의 강력한 반대"를 재천명했다. 카스트로는 호네커에게 "형제로서 당신을 지지합니다"라고 말하기도 했다.[46]

1989년 12월 동유럽의 마지막 남은 공산주의 정권이 붕괴하고 다른 제

3세계의 급진적 정권들이 과거의 적대국인 미국과의 평화 협상을 위해 분주하게 움직이자, 카스트로는 앙골라에서 목숨을 잃은 쿠바인을 위한 추도사를 읊었다.

이제 제국주의는 동유럽 사회주의 국가가 〔제3세계에 대한〕 거대한 약탈에 참여하길 원하고 있습니다. 이는 자본주의의 개혁을 외치는 이론가들에게 전혀 문제가 되지 않습니다. 이는 왜 이와 같은 국가에서 아무도 제3세계의 비극을 이야기하지 않는지를 설명해줍니다. 그리고 불만을 품은 군중은 반공을 외치면서 자본주의를 향해 달려가고 있습니다. ……만약 이와 같은 현재 상황에서 다른 일이 벌어진다면, 이와 같은 요구가 미국이 자신의 개념을 포기하는 데 이르지 못한다면, 우리가 어떤 새로운 관념을 이야기할 수 있단 말입니까? …… 강력하고 규율 잡히고 존경받는 당 없이 혁명을 발전시키고 진정한 사회주의 개혁을 추진하기란 불가능합니다. 사회주의를 향한 비방, 사회주의의 가치 파괴, 당에 대한 불신, 전위당의 해체, 당의 영도적 지위 포기, 사회적 규율의 제거, 모든 곳의 혼란과 무정부 상태를 야기하는 방식으로는 이러한 과정을 달성할 수 없습니다.[47]

카스트로가 계속 싸워나가는 동안, 정치적 다원주의와 국내에서의 시장 개혁 요구에 직면한 니카라과 정부는 라틴아메리카 국가들이 조직한 콘타도라(Contadora) 평화 협상에서 제기된 형식을 따라 반대파와의 협상에 돌입했다. 1989년 2월 협상을 통한 합의의 골격이 잡혔다. 산디니스타는 콘트라 반군이 군사 활동을 중단하는 데 동의한다면, 그로부터 1년 후 자유롭고 공정한 선거를 치르기로 합의했다. 소련이 지속적으로 산디니스타 정부를 군사적으로 지원했지만(소련은 당시 신생 부시 행정부를 상대하기 위해 애쓰고 있었다), 다니엘 오르테가는 콘트라 반군이 해체되지 않으리라는 게 확실해졌지만 이 시간표를 그대로 이행하라는 압력을 받았다. 소련 외교부의 라틴아메리카 담당자 유리 파블로프가 소련(사실 소련은 한 번도 민주적인 선거를 조직해본 적이 없었다)이 니카라과에 민주주의를 가르칠 수 있다는 걸 미국이 믿지 않는다는 점을 항의하자, 미국은 국무장관이 고르바초프에게 '중국식 물고문'이라고 썼던 용어를 다시금 적용했다. 국무장관 제임스 베이커는 부시 대통령에게 "우리는 그들에게 계속 말할 것입니다. '물을 떨어뜨려라, 떨어뜨려라, 떨어뜨려라.' 그들이 중미 문제를 해결할 때까지 말입니다. 만약 그러지 않는다면 그들은 더 풀기 어려운 문제에 직면할 것입니다"라고 말했다.[48]

니카라과 협정은 여러 국내·국제적 요인으로 인해 체결되었다. 미국의 엄청난 지원을 받은 콘트라 반군과의 싸움에서 산디니스타가 꽤 잘 버티고 있었지만 니카라과 경제는 니카라과에 대한 미국의 경제 전쟁으로 완전히 황폐해 있었다. 이란-콘트라 사건 때문에 미국 정부는 콘트라 반군에게 추가적인 지원을 하기 어려웠다. 그러나 산디니스타는 미국의 온두라스 군사 개입(그리고 1989년 12월 미국의 파나마 침공)을 통해 미국이 전면적인 전쟁을 결정할 수 있을 것이라고 확신했다. 고르바초프 역시 미국의 환심을 얻기 위해 니카라과에서의 선거를 촉구했다. 심지어 피델 카스트로도 국제적인 감시 아래 선거를 진행하는 방안이 좋다고 인정할 정도였다. 물론 카스트로는 산디니스타가 우익 야당 방송의 재개를 허용하고, 국유화한 자산을 개인 사업자들에게 되돌려주는 조치를 취한 걸 아쉬워했지만 말이다.

1990년 2월 산디니스타가 선거에서 패배하자, 중미의 다른 좌익 운동도 무장 투쟁을 포기하기 시작했다. 1991년 엘살바도르의 파라분도 마르

티 민족해방전선은 여전히 엘살바도르를 우익과 군부가 통제했지만 국제
연합이 보증한 평화 협정을 체결했다. 이 평화 협정은 엘살바도르에서 발
생한 인권 침해를 다루지 않았다. 하지만 파라분도 마르티 민족해방전선
을 합법 정당으로 인정해 엘살바도르의 가난한 사람들과 농민이 정치 체
제 안에서 목소리를 낼 수 있도록 했다. 게릴라에게 친화적인 토지 방위
위원회 회원이던 한 여성은 1992년 인터뷰에서 다음과 같이 자문했다.

과연 무엇을 위한 전쟁이었을까요? 그건 토지 문제에 대한 해결책을 찾기 위
해서였습니다. 우리는 이미 우리가 자유로워질 것이라는 걸 확신합니다. 이런
점에서 우리는 이미 승리했습니다. 더 높은 소득요? 누가 알겠습니까? 그러나
우리를 노예로 여기지 않는다는 점에서 우리는 승리한 것입니다.[49]

그녀의 말은 냉전의 종식과 제3세계의 종식을 요약해준다. 이 책에서
다룬 많은 정치·경제적 충돌은 여전히 풀리지 않은 상태로 남아 있으며
아시아, 아프리카, 라틴아메리카의 많은 사람은 식민주의와 냉전이 그들
로부터 앗아간 인간적 존엄성을 일부라도 되찾기 위한 행동에 나서고 있
다. 제3세계라는 개념은 서서히 옅어져 다양한 견해·체계·관념의 복합
체(multitude)로 변화해나가고 있다. 이는 제3세계가 성취한 것, 그리고 초
래한 비용을 넘어선 그 이상의 것이 되었다는 사실을 드러낸다. 몇몇 지
역에서는 교조적이고 통합된 확실함이 이제 관용적이고 다원적인 모습으
로 변모했다. 또 다른 지역에서는 과거의 확실함이 새로운 확실함으로 바
뀌었다. 그러나 민중이 노예가 아니라는 점은 모두에게 똑같이 이득을 줄
게 분명하다.

결론: 혁명, 개입 그리고 초강대국의 붕괴

아직까지도 많은 사람은 냉전을 두 초강대국이 군사력과 전략적 통제를 둘러싸고 대부분 유럽 지역에서 벌인 경쟁이라고 생각한다. 이 책은 이런 기존의 시각과 달리 냉전에서 가장 중요한 측면은 군사나 전략, 유럽 지역에서 벌어진 일이 아니라 대개 제3세계의 정치·사회적 발전과 관련이 있었다고 본다. 탈식민지화와 제3세계의 급진화는 냉전의 직접적 산물은 아니지만, 많은 부분 냉전의 영향을 받았다. 이 두 가지 과정은 현재 우리가 알고 있는 세계의 많은 부분을 형성했다는 점에서 매우 중요하다. 냉전의 영향 중 일부는 단순한 우연이었지만, 그중 많은 부분은 초강대국의 직접 개입을 통해 형성되었다. 냉전기 혁명과 개입은 오늘날의 파국적 결과로 이어진 범유럽 국가와 세계 다른 지역과의 관계 유형을 형성했다.

역사적으로, 특히 남반구의 시각에서 보면 냉전은 방법을 조금 달리한 식민주의의 연장이었다. 충돌의 과정에서 보면 냉전은 주로 이데올로기 측면에서 통제와 지배에 초점을 두었다. 이를 위해 초강대국과 현지 동맹국이 취한 방법은 유럽 식민주의의 최종 국면에서 나타난 양상과 놀라울 정도로 유사했다. 거대한 사회·경제 사업으로 지지자에게는 근대성을 약속하고, 반대자나 그 진보의 길에 방해가 되는 자들에게는 죽음을 선사하는 방식 말이다. 제3세계 입장에서 볼 때, 냉전은 식민지 시기와 하나의 연속체라 할 수 있었다. 냉전을 유럽의 제3세계 지배라고 본다면 그 시작은 1945년 또는 1917년이 아니라, 유럽 제국주의 국가끼리 아프리카를 분할한 1884년 베를린 회의(원서에는 1878년으로 되어 있으나 유럽 열강이 아프리카 분할을 결정한 것은 1884년 회의 때다—옮긴이)부터이다. 아니면 포르투갈이 아프리카에 최초의 식민지를 건설한 1415년을 기점으로 삼을 수도 있다. 장기적으로 지속된 유럽의 지배라는 관점에서 보면, 초강대국의 대립이나 이데올로기의 대립 역시 새로운 현상은 아니었다. 냉전 이전에도 제3세계에 개입한 강대국들은 자주 충돌하곤 했으며, 때때로 이런 충돌은 경쟁하는 관념의 산물이었다. 1902년 조지프 콘래드(Joseph Conrad)가 《어둠의 심연(Heart of Darkness)》(이 책은 가장 예리한 식민주의 비판서이기도 하다)에서 언급했듯이 말이다.

지구의 정복이란 대개 우리와 피부색이 다르거나 코가 좀 낮은 자들로부터 땅을 강탈하는 일을 의미하므로, 실상을 깊숙이 들여다보면 결코 보기 좋은 일이 아닐세. 그런 추악한 행위를 구원해줄 수 있는 것은 이상뿐이라네. 그 이면에 있는 이상, 감상적인 허식이 아닌 이상, 그리고 그 이상에 대한 사심 없는 믿음 말이야. 모셔놓고 앞에서 경배하며 제물을 바칠 수 있는 그런 이상 말일세.[1]

본질적으로 반식민주의라는 기원을 공유한 제3세계와 초강대국이라는 두 역사적 기획이 모두 지배의 구(舊)형태와 유사한 관계로 결착되었다는 점은 냉전사의 비극이다. 제3세계와 초강대국 간 충돌의 강도, 그들이 이 승부에 걸려 있다고 생각한 내기물, 상대가 승리할 경우 예상되는 결과를 둘러싼 묵시록에 가까운 공포가 이 비극이 생긴 이유였다. 비록 냉전기 내내 미국과 소련이 식민주의라는 형식에 반대해왔지만, 이 두 국가가 자국의 근대성을 제3세계에 부과하는 방식은 이전의 유럽 제국, 특히 19세기 말부터 20세기 초반의 영국과 프랑스 제국과 크게 다르지 않았다. 미국과 소련의 방법은 제3세계 사회의 문화·인구 그리고 생태의 변화를 유도하는 방향으로 이루어졌고, 저항하는 사람에게는 가혹한 군사적 조치가 뒤따랐다. 사회 정의와 개인의 자유라는 창설 이념은 자기 지시적 이데올로기로 위축되었고, 그 출발점은 인류학자 제임스 스콧이 데이비드 하비의 개념을 따라 명명했듯 "고도 근대성"으로 나타났다. 데이비드 하비의 설명을 보자.

지식과 생산의 표준화한 조건하에서 직선적 진보를 향한 믿음, 절대적 진리, 이상적 사회 질서를 위한 합리적 계획의 신뢰 …… 그 결과 나타난 근대성 역시 …… 실증주의적, 기술 관료적 그리고 합리주의적이었는데, 이는 전위적이며 엘리트적인 기획가, 예술가, 건축가, 비평가의 작품에서도 나타났다. …… 유럽 경제의 '근대화'는 빠르게 진행되었고 국제 정치와 세계 무역의 전면적 공세는 후진적인 제3세계에 자애롭고 진보적인 '근대화 과정'을 촉발한다는 명분으로 정당화되었다.[2]

20세기 중반 즈음 제3세계 일부는 식민 통치에 항거했으며, 이후 전개된 혁명은 소련이나 미국의 고도 근대성에 종종 영향을 받았다. 지구적으로 극심한 불안정 시기에 미국과 소련처럼 고도로 이데올로기화한 정권은 자국 내의 강력한 반발이 없는 경우, 줄곧 제로섬 게임으로 보이는 판에 개입하기를 선택하곤 했다. 더 놀라운 점은 이와 같은 초강대국의 개입을 방조하고 용이하게 한 현지 엘리트의 역할이다. 현지 엘리트는 그들의 국내적 목표를 일반적이며 국제적인 이데올로기를 향한 신념과 연결시켰고, 그중 다수는 초강대국이 혁명의 단계에 일정한 형태로 개입하길 원했다. 심지어 일부 극단적 소수파는 미국과 소련의 개입을 통해서만 달성할 수 있는 경제·정치·군사적 의제를 설정했다. 많은 이들은 개선을 목표로 한 중앙집권적 계획을 받아들이길 강요(때때로 이는 외국의 개입과 동시에 진행되었다)하면서 농민층과 전쟁을 벌이기도 했다. 제3세계 엘리트는 근대화를 통한 근대성의 달성과 농민 계급의 소멸을 궁극적 목표로 삼았다는 점에서 이들이 연합한 초강대국보다 더 나아갔다. 이 목표를 달성하기 위해 제3세계 엘리트는 가장 극단적 형태의 폭력도 서슴지 않았다.

냉전 이데올로기와 초강대국의 개입은 다수의 제3세계 국가를 반영구적인 내전 상태로 몰아넣는 데 일조했다. 몇몇 경우 이미 식민지 시기 말엽에 폭력적 충돌을 겪기도 했지만, 이데올로기 차원에서 대립하는 두 초강대국의 존재는 이와 같은 충돌을 영구화했으며 합의의 도출을 어렵게 했다. 전쟁은 크게 두 가지 이유에서 영속화했다. 현지 엘리트는 자신들이 설정한 목표가 매우 필요하며 윤리적이라고 확신했다. 그들은 범유럽 세계의 삶과 자국인의 삶 사이에 놓여 있는 격차를 목도하고, 변화가 단순히 가능할 뿐 아니라 이를 필수적이라고 생각하기에 이르렀다. 그러한 목표 의식은 기아, 질병, 무관심, 부정의를 타파하기 위해서는 그 어떠한 수단도 동원할 수 있다는 신념을 통해 더욱 강화되었다. 게다가 냉전기 두 초강대국은 현지 엘리트가 매력을 느낀 진보에 대한 윤리적 강박 관념을 공유했다. 어떻게 이러한 진보를 이룰 수 있는지를 두고 미국과 소련은 서로가 서로에게 영향을 받기도 했다. 어디에서나 변화를 향한 확신을

찾을 수 있었다.[3]

대다수 농민이 살았던 조건을 직시한다면, 혁명과 이 혁명에 반대하는 이들 사이에서 윤리적 중립을 취하기란 쉽지 않았다. 체 게바라가 1965년 알제에서 열린 아시아·아프리카 연대 회의에서 한 "제국주의의 죽음과 윤리적 세계의 탄생"이라는 연설처럼 말이다.

식민주의·신식민주의라는 속박을 끊기 위한 반제국주의 투쟁은 정치적 투쟁과 전쟁을 통해 전개되고 있습니다. 이는 후진성과 빈곤에 맞선 투쟁과 동떨어져 있지 않습니다. 모두 풍요롭고 공정한, 새로운 사회를 창조하기 위한, 같은 여정의 한 단계일 뿐입니다. ……우리는 가장 진보한 기술을 동원해 발전이라는 전투에서 승리해야 합니다. 봉건주의부터 자동화 시대, 핵 시대라는 긴 오르막길을 바닥에서부터 시작할 수는 없습니다. ……기술의 대약진이 필요합니다. ……거대한 공장을 건설하고 농업을 적절히 발전시켜야 합니다.[4]

서구화한 제3세계 엘리트는 대개 자신이 지고의 목적으로 여긴, 진보를 위한 냉전기 계획을 입안했다(물론 이러한 진보 뒤에 군사 개입이 이어졌다). 일례로 아프가니스탄 공산주의 정권은 최초의 주요 정책으로 토지 개혁을 선언했다. 여기에는 오래된 전(前) 봉건·봉건 관계의 철폐, 남성과 여성의 사회·경제·정치·문화·시민적 측면의 평등권 보장, 보편 교육과 무상 의료 보장, 문맹 퇴치와 실업의 철폐가 포함되었다.[5] 당시 아시아의 가장 빈곤한 국가이자 문자 해독률 24퍼센트, 평균 수명 42세밖에 되지 않는 아프가니스탄에서 이와 같은 목표를 실현하는 게 변화를 위한 현실적 의제라고 믿었던 것이다. 이를 현실화하기 위해서는 엄청난 의지와 노력이 필요했지만 말이다.[6] 하지만 하피줄라 아민은 아프가니스탄 대통령이 되자마자 다음과 같이 선언했다.

인민은 역사의 창조자이며, 인민이야말로 사회 혁명의 승리를 통해 가장 중요한 사회의 진화를 이루어냅니다. 세계 노동자의 위대한 지도자 레닌은 다음과 같이 말한 바 있습니다. 혁명은 억압받고 착취당한 자들의 축제라고 말입니다. 혁명의 시대에 대중은 새로운 사회를 창조할 수 있습니다. 이 시간에 인민은 기적을 창조할 수 있습니다.[7]

냉전 국제 체제의 양극적 속성으로 인해 제3세계 정권/운동은 국내에서 진행되는 사업이 얼마나 어리숙한지와 관계없이 얼마든지 초강대국과 동맹을 맺을 수 있었다. 대체로 이와 같은 동맹은 '적의 적은 내 친구'라는 이유로 반자동적으로 이루어졌다. 또 다른 경우 동맹은 경제적 필요나 전략적 고려하에 체결되었다. 하지만 더 많은 경우 냉전기 동맹은 이데올로기 차원의 유대감에서 체결되었고, 이를 통해 동맹국 간 이념과 목적이 서로 동기화되었다. 이는 매우 특별한 사상(mind)의 만남을 가능케 했다. 여기에는 권위주의적 발전을 추구하는 남베트남 엘리트가 미국 근대화 이론을 통해 공산주의에 맞선 공동 투쟁을 벌이고자 한 사례가 포함된다. 남베트남 엘리트와 미국 근대화 이론가들이 합작해 추구한 전략촌 건설(이는 소련과 에티오피아의 공산주의자가 그들의 적으로 규정한 농민층에게 한 일과 유사했다)과 같은 방법은 매우 자기도취적인 현대적 사업이었다. 1961년 월트 로스토 아래서 일했던 젊은 조언자 케네스 영(Kenneth Young)의 언급처럼 말이다.

수년간 베트남의 각 마을은 …… 마을을 독자적으로 보조할 수 있는 군락을 형성할 수 있었습니다. 한편 새로운 농업 센터(agro center)는 '마을 공동체 거주지' 중심부에 건설할 수 있습니다. 여기에는 시장과 버스 터미널, 상점, 만남의 광장, 중학교, 직업 훈련 기관, 가설 활주로, 헬리콥터 착륙장과 충분한 땅이 포함됩니다. 농업 센터는 완벽하게 현대적입니다. 이는 옛 마을을 파괴하지 않으면서도, 마을의 삶을 '미래화'할 수 있습니다.[8]

그러나 놀랄 정도로 많은 경우 제3세계 농민은 투쟁을 선택했다. 농민의 저항은 매우 다른 형태를 띠었고, 고도 근대성을 추구하는 이들이 원하는 이데올로기적 형태를 좀처럼 띠지 않았다. 대부분의 경우 농민은 자신의 마을, 신앙, 가족을 위해 싸웠다. 베트남과 알제리와 같은 사례처럼, 대다수 농민은 전쟁 중 자기 방어를 하는 동시에 농민에게 일정한 존엄과 존경을 표하는 다른 형태의 근대성을 선택하기도 했다. 일반적으로 전투는 중앙집권화한 권력에 대항해 이루어졌다. 그러한 권력이 에티오피아와 아프가니스탄처럼 '공동체적' 가치를 대변한다고 선포한 경우에도 마찬가지였다. 지도자가 하나의 수입 이데올로기를 대변하길 선택했지만 농민은 이데올로기가 아니라 베르트랑 바디의 표현을 빌리면 마을에까지 마수를 펼치는 "수입된 국가(imported state)"에 대항해 싸우는 길을 택했다. 농민의 전투는 식민지 시대에 그랬던 것처럼 일종의 방어전이었다. 또 농민의 반란이 이런저런 이념적 지향을 강요하는 국가를 무너뜨리는 데 일조했을 때에도 마찬가지였다.

냉전기 제3세계에서 벌어진 전쟁의 결과는 매우 파괴적이었다. 이는 대개 농민과의 전쟁이었고, 여기서 승리하기 위해서는 전투나 폭격이 아니라 농민을 기아와 갈증 속에 몰아넣으면 그만이었다. 이 전쟁은 재산을 파괴하는 방식이 아니라 생명을 파괴하는 방식으로 진행되었다. 쿠르

디스탄, 과테말라, 베트남, 앙골라, 에티오피아에 이어 여러 국가의 농민
은 땅에서 쫓겨나 복종과 굶주림 사이에서 선택을 해야만 했다. 전투 종
식 선언 이후에도, 정부는 일부 농민층에 대한 전쟁을 이어나갔다. 국제
통화기금과 세계은행이 사용한 1980년대 말의 예리한 표현을 빌리면 제
3세계 정부의 '부실 경영'과 '무관심'은 사실 완강하게 저항하는 농민 공
동체의 수자원, 관개 체계, 유목 생활을 파괴하기 위한 전쟁의 일환이었
다. 또 **문화적** 폭력은 때로 물리적 폭력만큼 악했다. 수백만 명이 종교와
언어, 가족 구조, 심지어 이름까지 진보의 틀에 맞추기 위해 교정을 강요
받았다.

이미 식민지 시기 후반부에 농민 공동체를 향한 공격으로 '정체성지상
주의'라 일컬을 만한 새로운 이데올로기적 저항의 형태가 등장했다. 이들
은 근대성 담론 바깥의 다른 정체성을 주장했다. 새로운 정체성이란 식
민주의가 강요한 정체성, 무의미해진 계획화된 행동과 복종의 유형 그리
고 물질적 보상이 부족한 정체성을 거부하고 이를 완전히 대체하는 흐름
을 뜻했다.[9] 사회주의와 미국화의 매력이 모두 감소하자, 민족성과 종교
(이는 모두 냉전 이데올로기가 거부하려고 노력한 정체성이었다)는 제3세계 활동가에
게 매우 중요해졌다. 리처드 라이트는 일찍이 반둥 회의에서 이를 감지한
바 있었다. "서구의 태도와 관행으로 촉발된 인종 의식은 방어적인 종교
적 열정과 천천히 섞이고 있다. 이곳 반둥에서, 그 둘은 하나로 합쳐진다.
인종과 종교라는 공감의 체계는 감정적 민족주의로 표현되며, 이는 국가
의 경계를 넘어 서로를 녹이고, 서로를 하나로 묶는다."[10]

제3세계에 냉전이 남긴 폐허 속에서 정체성지상주의자가 등장했다. 이
들에게 범유럽적 서구는 적이었다. 북반부에 넓게 포진한 범유럽적 서구
는 남반구(오스트레일리아, 뉴질랜드, 심지어 라틴아메리카)에도 식민화한 전초 기

지를 두고 있었다. 지금까지는 아주 소수의 정체성지상주의자만이 국가 권력을 획득하는 데 성공했을 뿐이다. 그들은 대개 현지의 경쟁자보다 세력이 약했기 때문에 존재를 알리기 위해 테러를 감행했다. 2001년 9월 11일 미국에서처럼 말이다. 만약 정체성지상주의자가 목표한 대로 국가 권력을 장악한다면, 그들의 분개와 원한은 새로운 형태의 파시즘으로 이어질 수도 있다. 이는 지역과 세계에 새로운 형태의 폭력과 불안정을 가져올 것이 분명하다. 분명히 밝은 미래는 아니지만, 나는 이와 같은 예측이 현실성을 지닌다고 본다. 이런 관점에서 보면 지금까지의 테러는 박탈과 전쟁으로부터 나온 악의 일부에 불과할지도 모른다.

냉전의 효과는 냉전 경쟁의 승자인 미국과 패자인 소련의 미래를 결정했다. 소련이 냉전에서 패해 붕괴하면서 소련식 사회주의뿐 아니라 제국으로서 러시아도 끝장났다. 1990년대 중반 비(非)러시아 공화국의 독립, 경제 붕괴, 체첸 전쟁(1994년부터 시작된 체첸 전쟁을 두고 러시아 정부는 이슬람주의자의 소행이라고 주장했으나, 대다수 체첸인은 민족 해방 투쟁의 관점에서 이를 해석했다)으로 인해 지구적 초강대국으로서 소련의 역할은 대부분의 러시아인에게 일장춘몽으로 남았다. 러시아인은 다소 냉소적으로 소련 붕괴 이후 과거의 경험을 부정하고, 자본주의 세계의 시민으로서 자신을 규정하고자 했다. 일부 러시아인은 인종주의적 주장을 하기도 했다. 또 어떤 이들은 제3세계 정권과 운동이 소련을 이용해먹었다고 주장했다. 부패한 제3세계 관료가 평범한 러시아인이 생산한 부를 자신들의 배를 채우는 데활용했다는 것이다. 소련이 니카라과·베트남·팔레스타인해방기구에 얼마나 많은 자금을 주었는지에 대한 뜬소문이 돌기 시작했고, 일부 러시아인은 남아공의 아프리카민족회의를 명시적으로 비판했다. 1993년 12월 노벨상 발표(넬슨 만델라와 데클레르크가 노벨 평화상을 공동 수상했다—옮긴이) 이후, 〈이즈베스티야〉의 한 평론가는 "노벨상이 만약 3년 전 남아공의 아파르트헤이트 정책을 혼자 힘으로 종식시킨 데클레르크에게 주어졌다면, 이는 받아들일 만한 결과였을 것이다. 과연 넬슨 만델라가 한 일이 무엇이 있단 말인가? 만델라를 감옥에서 풀어준 이도 데클레르크이고, 아프리카민족회의를 합법화할 수 있는 길을 열어준 것도 그 아닌가?"라고 일갈했다.[11]

러시아인이 소련 붕괴 이후의 폐허를 어떻게 인식했든 대외 개입의 직접적 경제 비용이 소련 몰락의 주요 원인이라고 볼 수는 없다. 소련의 마지막 10년을 기준으로 볼 때, 소련이 제3세계에 대한 군사·민간 원조에 지출한 비용은 총 국가 지출 중 약 2.5퍼센트에 못 미치는 정도였다. 물론 이는 당시 다른 국가와 비교해볼 때 상대적으로 높은 수치라고 할 수 있다. 그러나 여기에는 당시 진행되고 있던 아프가니스탄 전쟁 비용이 포함되었다는 사실을 감안해야 한다. 아프가니스탄 전비는 제3세계 관련 비용의 절반 가까이를 차지하고 있었다. 실물 경제의 관점에서 보면, 계획 경제가 유지되었을 경우 경제 침체와 쇠퇴 기간에도 소련은 얼마든지 대외 개입을 유지할 능력이 충분히 있었다.

러시아 경제의 관점에서 보면, 소련은 미국을 의식한 군사비 지출을 감당할 수 없었다. 국가 지출의 3분의 1에 해당하는 엄청난 군사비 지출로 인해 경제의 자원과 생산성을 고갈시키는 방식으로 소련은 약화되었다. 1970년대 말부터 경제 성장이 전체적으로 둔화하고 있는데도 소련공산당 지도부가 취할 수 있는 예산상의 선택지는 극히 제한적이었다. 당시 소련 경제는 외부 조건에 민감하게 반응할 수밖에 없는, 세계 시장으로의 천연자원 수출을 통한 외화 수입에 크게 의존했다. 그 자체로서는 그다지 크지 않았던 자국민의 압력에 대처하는 국가의 능력 역시 하락하고 있었다.

국민으로부터의 압력은 민주화 이후 당연히 더 커질 터였다.[12]

소련이 몰락하던 이 지점에서 제3세계 개입에 대한 담론이 등장했다. 아시아, 아프리카, 라틴아메리카에 대한 지속적 개입을 두고 재앙에 가까웠던 정치적 비용이 문제되었다. 이는 모스크바와 다른 도시의 소련인이 경제 침체 속에서 생활 수준을 걱정할 때와 시간적으로 맞물렸다. 그 대표적 사례였던 아프가니스탄 전쟁은 사상자 수만큼 자원 낭비 차원에서 문제가 되었다. 1980년대 말에 이르면, 소련의 아프가니스탄 개입을 주장했던 지도자는 모두 어리석은 사람 또는 부정직한 사람으로 평가되었다. 또 많은 사람은 아프가니스탄 전쟁에 대한 비판과 더불어 전쟁을 수행한 방식 때문에 기존에 지니고 있던 소련에 대한 신념을 상실했다. 경제 위기와 더불어 체르노빌 핵 재앙(1986년 우크라이나에서 발생한 핵발전소 사고로 인해 주변 지역이 엄청난 피해를 입었다—옮긴이), 동유럽의 혁명, 소련이 불필요한 전쟁에 참여해 실패할 것이 분명한 정권을 원조했다는 인상은 소련 정부의 정당성을 잠식했다. 이는 소련 정부가 국가를 부실하게 운영하고 있으며 실패를 거듭해왔다는 인상을 주었다. 1991년 8월 소련공산당 보수파의 쿠데타 시도에도 불구하고 크렘린의 여러 엘리트들이 쿠데타 반대 입장을 고수하고 소련공산당을 포기할 수 있었던 것은 정확히 이와 같은 이유 때문이었다.

소련 엘리트에게 소련의 대외 개입은 마르크스주의 정치 이론을 무너뜨리는 데 일조했다. 1970년대에 선언한 것처럼, 제3세계 신생 정권은 소련식 사회주의의 '반영물'로 보였다. 그러나 심지어 소련공산당 고위급 간부의 눈에도 제3세계 정권은 좋아하려야 좋아할 수 없었다. 많은 경우, 제3세계의 소련 동맹국은 소련이 대표하는 진보한 사회주의적 인본주의를 그저 흉내 내고 있는 것처럼 보였다. 그러나 소련 엘리트는 제

3세계 국가의 행태가 어느 정도 소련의 이데올로기와 관행을 반영한 것이라는 점을 인식하고 있기도 했다. 1980년대 말에 이르면, 소련 엘리트는 사회주의의 거울상인 제3세계 국가를 통해 소련 자체의 잘못된 점을 반추해보기도 했다. 일부 소련 엘리트에게 사회주의는 근대성을 약속하고 잘 작동하고 있는 자본주의와 달리 영구적인 저발전을 의미했다. 여전히 많은 엘리트가 사회주의의 틀에서 사고하고 있었지만, 사회주의라는 근대성을 고수하는 것은 이제 소련의 희생을 의미했다. 1991년 8월 쿠데타 시도를 통해 스탈린주의로의 복귀가 현실화할 가능성이 보이자, 결국 소련 엘리트는 당과 사회주의를 포기했다. 그들의 선택 이후 러시아 사회의 민주화와 1990년대식 무자비한 국가적 자원의 약탈이 가능해졌다.

소련은 붕괴했지만 다른 하나의 초강대국, 즉 미국은 이제 우리 시대의 '초(超)초강대국'이 되었다. 신냉전사 연구를 통해 분명해지고 있듯 미래 역사가들은 미국의 초초강대국화의 기원을 1990년대로 잡지 않을 것이다. 오히려 많은 역사가들은 20세기 말이 아니라, 20세기 초부터 미국은 초초강대국이었다고 주장할 것이다. 이와 같은 관점에서 보면 냉전은 2개의 동등한 초강대국의 대립이 아니라, '훨씬 더 강한' 초강대국(물론 힘의 제한은 있었지만)과 다른 초강대국 간 대결이었다. 미국은 이제 모든 것 이상을 확보했다. 힘, 성장, 관념 그리고 근대성 말이다. 힘, 성장, 관념, 근대성 분야에 이르는 미국의 팽창은 국내적으로든 국제적으로든 냉전의 역사에서 매우 중요한 한 부분을 차지한다.

카를 마르크스는 미국이 20세기의 주요한 혁명적 힘이 될 거라고 예측했다는 점에서 옳았다. 미국은 오래된 경제·정치·문화적 형태를 일소하고, 지구적 강대국으로 성장했다. 무역과 금융 시장을 변화시켰고, 새로운 형태의 세계 경제를 창조했다. 자국에 맞섰던 적(독일, 일본, 소련)을 차례로 격파했으며, 그들의 정치와 사회를 재편한 민주주의 혁명의 조건을 설정했다. 미국은 유럽 동맹국 내부와 유럽 국가 간 관계를 규율하는 근본적 변화를 촉진하는 동시에, 특권과 복종을 일소하고 좀더 개방적인 사회를 만들어냈다. 또한 유럽연합으로 귀결되는 초국가 차원의 통합 과정에 일조했다. 미국은 새로운 형태의 시청각 문화와 그 문화에 자극을 받는 소비 형태를 창출했다. 반복되는 개입을 통해, 천연자원을 향한 자국의 필요에 따라, 그리고 가장 중요하게는 발전 구상을 통해서 제3세계를 만들어냈다.

이와 같은 거대한 변화 과정을 관찰하면서, 어떤 역사가들은 권력과 도덕을 혼동하기도 했다. 일부 역사가들은 미국이 세계를 위해 일반적으로 선한 일을 해왔다고 가정하면서, 미국의 국제적 역할의 원인과 그 원리에는 미국에 내재하는 도덕심이 존재한다고 보았다. 이와 같은 근시안적 결론은 오직 이데올로기를 통해서만 설명할 수 있다. 미국이 추구하는 미래 구상과 자기 자신을 동일시함으로써, 이러한 구상이 지니고 있는 도덕적 측면이 다른 모든 면을 가린다는 점에서 말이다. 이와 같은 해석은 의도가 행위의 성격을 모두 규정한다고 보는 태도다. 이는 학문적 접근으로서 잘못되었을 뿐 아니라, 소련의 사례가 잘 보여주듯 매우 위험한 관점이라고 할 수 있다. 미국은 여러 가지 이유에서 여전히 전 세계 많은 사람에게 매력적인 사회지만, 이와 같은 사실로 미국이 아시아·아프리카·라틴아메리카에서 저지른 여러 폭력에 면죄부를 줄 수는 없다.

제3세계의 시각에서 보면 미국이 개입한 결과는 진정으로 암울했다. 미국은 선한 세력(미국은 의심할 여지없이 그렇게 믿었겠지만)이 아니었으며, 미국의 급습은 많은 사회를 황폐화시켰다. 제3세계는 스스로 초래한 일의 결과로 향후 재난에 취약해지고 말았다. 지금까지 미국이 생각했던 경제 성장과 민주주의의 안정적 조합은 남한과 대만이라는 두 반쪽 국가에서 만 가능했으며, 1945년부터 미국이 직간접적으로 개입한 약 30개국에 이르는 나라에서는 현실화되지 못했다. 이 성적표가 보여주는 인간적 비극의 결과는 적에게든 친구에게든 심대했다. 게다가 이는 많은 국가에 여전히 진행 중인 비극으로서 아직 태어나지 않은 세대까지 파괴하고도 남을 지뢰와 그 밖의 무기가 배치되어 있는 상태다.

냉전 종식은 동유럽과 소련의 평화적 협상을 통한 항복을 통해 이루어졌다. 무서운 점은 이와 같은 평화로운 종식 때문에 제3세계에 대한 개입의 재앙적 결과가 잘 보이지 않았다는 것이다. 즉 공산주의 붕괴가 최소한 부분적으로라도 미국 외교 정책의 성공 덕이라면, 이는 미국의 외교개입 중 흔히 최악의 수로 평가되는 베트남 개입과 더불어 재평가받아야할 것이다. 어떤 이들은 역사를 되짚어 올라가 미국의 제3세계에 대한 반공산주의 개입으로 인해 동남아시아를 비롯한 각 지역이 내부로부터 자본주의적 변화를 추구할 시간을 벌 수 있었다고 주장한다. 이와 같은 변화는 결과적으로 1990년대 금융과 시장의 진정한 지구화의 길을 준비했다. 달리 말하면, 미국의 희생으로 탈냉전기 호황에 참여할 의지를 지닌국가와 개인이 등장할 수 있었다는 얘기다. 냉전의 궁극적 승리로 미국은자유의 힘을 그들 나름대로 보여주었고, 이를 통해 세계를 자유민주주의와 시장 경제로 변모시켜놓았다는 것이다.

이와 같은 승리주의는 1990년대에 걸프 전쟁이나 소말리아 내전, 코소보 내전에도 불구하고 미국의 개입에 대해 왜 상대적 침묵이 가능했는지를 설명해준다. 물론 그 당시에는 미국의 지구적 우위를 향한 직접적 위협이 존재하지 않았다. 1980년대의 광분 이후, 미국인 전체에 전쟁기피

중이 존재했다. 경제가 발전하고 소비주의가 더 많은 미국인에게 더 많은 상품을 제공하면서, 대다수 사람은 제3세계에서의 충돌과 제3세계의 고통에 별로 신경 쓰지 않아도 되었다. CIA의 아프가니스탄 전문가 밀턴 비어든(Milton Bearden)은 이렇게 말한 적이 있다. "우리는 진심으로 낭가르하르(Nangarhar: 아프가니스탄 동부에 있는 주―옮긴이)의 장기적 미래를 신경 쓰고 있는가? 아마도 아닐 것이다. 당연하게도 우리는 그들에게 전혀 신경 쓰지 않는다."[13] 클린턴 행정부는 다른 문제들에 신경 쓰기 바빴다. 예를 들면 부채 위기, 세계 빈곤의 증가, 시한폭탄 같은 한반도와 팔레스타인의 안보 위기 등 그것이다. 클린턴 행정부는 낭가르하르(현재 탈레반의 온상 중 하나다) 같은 지역의 문제는 제3세계가 개선되면 자연스럽게 해결될 거라고 봤기에 아직도 충분한 시간이 있다고 판단했다. 제3세계는 미국 정보기관의 감시망에서도 사라졌다. 한 CIA 요원이 2001년 여름에 언급했듯이 말이다. "설사를 달고 사는 작전(제3세계에서 진행하는 힘든 작전―옮긴이)은 수행되지 않는다."[14]

역사의 자연적 발전을 신뢰하던 1990년대가 지나가고, 2001년 9월 미국을 향한 이슬람주의자의 공격 이후 시작된 새롭고도 걷잡을 수 없는 미국의 개입은 일탈이 아니라, 조금 더 극단적 형태를 지닌 냉전기 미국 외교 정책의 연속이었다. 물론 가장 큰 차이는―이제는 소련의 몇몇 사례에도 그러했듯―미국의 개입을 견제할 만한 다른 초강대국이 존재하지 않았다는 점이다. 그러나 개입주의 이데올로기는 그대로였고, 목표 또한 동일했다. 즉 시장의 변화와 지구적 수준의 심성 변화를 통해야만 미국이 진정으로 안전해질 수 있다는 것이었다. 새로운 공세가 진행되었다. 거대한 도발과 큰 목표 그리고 그에 따른 구호를 그 어느 때보다 전면에 내세웠다. 부시 행정부 국무부의 공식 대변인 리처드 바우처(Richard Boucher)

가 이라크 침공을 앞두고 추수감사절에 런던에서 행한 연설을 보자.

나는 나 자신을 당당하고 단순한 미국인이라고 선언합니다. 나는 자유를 권리
라고, 책임이라고, 운명이라고, 그리고 절대 질 수 없는 힘이라고 믿습니다. 그
리고 공직자인 나에게 자유는 신념을 넘어섭니다. 자유는 외교 정책입니다. 미
국은 가차 없이 자유를 방어할 것입니다. ……나에게 자유는 모든 것을 의미합
니다. 분명하고 간단하지요. 미국은 자유를 대표하며, 자유를 지키며, 자유를
증진하고, 자유의 공동체를 확대합니다. 우리는 이런 일을 하는 것이 옳다고
생각하기 때문입니다.[15]

미국이 주도한 이라크 침공과 점령은 자유와 안보가 오늘날까지도 미
국 외교 정책의 동인으로 남아 있는지를 보여주는 전형적 사례다. 가장
강력한 국가가 전쟁에 임할 때 종종 그러하듯 개입이 진행되면 될수록 안
보 측면은 사라져버린다. 이라크의 경우에도 화학·생물학 무기, 핵무기
를 감춰둔 무기고(이는 침공의 직접적 이유였다)가 발견되지 않았으며 안보 위
협의 감소라는 목적에서 시작된 침공은 하나의 희극으로 전락했다. 남은
것은 자유를 향한 이데올로기적 여정이었으며, 이는 결과적으로 이라크
를 끝나지 않는 악몽 같은 충돌의 장으로 만들었다. 냉전기에 많은 나라
가 이미 이런 과정을 똑같이 겪었다.

미국 개입주의는 언젠가 끝날까? 나는 그렇지 않다고 보지만, 아예 불
가능하다고도 생각지 않는다. 이 책이 보여주었듯 미국은 존재 그 자체부
터 개입주의 국가였으며, 지구적 초강대국으로 성장하면서 개입은 미국
의 영구적인 국가사업이 되었다. 그러나 베트남 전쟁 반대 운동, 중앙아
메리카 개입 반대 시위, 이라크 침공과 점령에 반대하는 미국 역시 존재

했다. 이와 같은 반개입주의 운동이 제일 강력했던 시기는 외부에서의 전쟁이 내부 발전을 저해한다는 걸 잘 보여줄 때였다. 이데올로기 용어를 빌려 말하자면, 제퍼슨이 언급하기도 한 개입주의 '애호'와 민주주의 '원칙' 간 연결을 끊어내는 유일한 방법은 모든 민주주의 국가가 그러하겠지만 무엇이 국가에 가장 좋은지를 설득하는 것이다. 미국이 지금 무엇을 필요로 하는지, 미국의 개입에 대한 지구적 저항이 증가하면 미국의 민주주의적 실천이 국내에서 어떤 저항을 맞게 되는지에 대한 진지한 토론이 시급하다. 외교 정책을 진정으로 재설정하지 않는다면 미국 민주주의는 소련 사회주의와 동일한 운명을 맞이할 것이다.

냉전 종식 무렵에는 세계 인구의 4분의 1에 해당하는 이들이 생활 수준이 넉넉한 지역에 살고 있었다. 하지만 지금 이 수치는 6분의 1로 감소했으며, 그 격차는 점점 더 빨리 확대되고 있다. 장기적으로 보면 소수 특권층은 그들의 경제·정치·군사적 명령을 세계에 내리기 어려워질 것이다. 계속 진행되고 있는 빈곤화의 과정이 반전(反轉)하지 않는다면, 대다수 빈곤층은 미국과 범유럽 국가들의 판을 뒤엎을 것이다. 마치 미국과 범유럽 국가가 그들에게 수세기 동안 그래왔듯이 말이다. 이와 같은 맥락에서 보면, 2001년 9월 11일 뉴욕 쌍둥이 빌딩에 대한 테러는 냉전기 루안다나 카불 사람들이 겪은 것과 크게 다르지 않다. 현대사의 관점에서 보면, 2001년 9월 11일의 충격은 그것이 발생한 장소에 있지, 테러라는 살인적 행위 그 자체에 있지 않다.

우리의 미래는 장차 발생할지도 모르는 폭력적 충돌을 방지하기 위해 우리의 행동을 어떻게 성찰하는지에 따라 결정될 것이다. 냉전의 큰 교훈 중 하나는 이렇다. 일방적 군사 개입은 이점으로 작용하지 않으며 국경의 개방, 문화적 상호 작용과 공정한 경제 교환이 모두에게 이점을 준다는 사실이다. 이는 평화주의자의 주장이 아니다. 나는 공격받았을 때의 자위권을 강력하게 옹호한다. 그러나 중요한 것은 세계가 이데올로기적으로 더욱더 다양해지고 있으며, 소통이 우리를 더 가까이 만들고 있다는 점이다. 충돌을 방지하는 유일한 방법은 다양성을 인정하는 행동을 국제적으로 조직하고, 필요하다면 재앙을 미연에 방지하기 위한 다자적 차원의 행동을 취해야 한다는 점이다. 냉전은 지구적 개입을 주도했던 체제가 정확히 이 반대 방향으로 행동한 비극적 사례였다.

약어표

AIOC	Anglo-Iranian Oil Company (앵글로-이란 석유회사)
ANC	African National Congress (South Africa) (아프리카민족회의)
ARAMCO	Arabian-American Oil Company (아라비아-아메리카 석유회사)
ASEAN	Association of South East Asian Nations (동남아시아국가연합)
BOSS	Bureau of State Security (South Africa) (남아공 국가안전보장국)
CC	Central Committee (소련공산당 중앙위원회)
CCP	Chinese Communist Party (중국공산당)
CIA	Central Intelligence Agency (US) (미국 중앙정보국)
Comintern	Communist International 〔코민테른(공산주의 인터내셔널)〕
CPP(m-l)	Communist Party of Philippines (Marxist-Leninist) 〔필리핀공산당(마르크스-레닌주의)〕
CPSU	Communist Party of the Soviet Union (소련공산당)
CWIHP	Cold War International History Project (냉전 국제사 프로젝트)
DCI	Director of Central Intelligence (US) 〔중앙정보국장(CIA 국장)〕
DPK	Democratic Party of Kurdistan (쿠르디스탄민주당)

DPRK	Democratic People's Republic of Korea 〔조선민주주의인민공화국(북한)〕
ELF	Eritrean Liberation Front (에리트리아해방전선)
EPLF	Eritrean People's Liberation Front (에리트리아인민해방전선)
EPRP	Ethiopian People's Revolutionary Party (에티오피아인민혁명당)
FAPLA	Forças Armadas Popular para Libertação de Angola (People's Armed Forces for the Liberation of Angola) 〔앙골라해방인민무장군(앙골라인민해방군)〕
FLN	Front de Libération Nationale (Algeria) (알제리 민족해방전선)
FMLN	Frente Farabundo Martí para la Liberación Nacional (Farabundo Martí Front for National Liberation, EI Salvador) (파라분도 마르티 민족해방전선)
FNLA	Frente Nacional de Libertação de Angola (National Front for the Liberation of Angola) 〔앙골라해방민족전선(민족전선)〕
FRELIMO	Frente de Libertação de Moçambique (Mozambiquan Liberation Front) (모잠비크해방전선)
FRETILIN	Frente Revolucionária de Timor Leste Independente (Revolutionary Front of Independent East Timor) (동티모르독립혁명전선)
FSLN	Frente Sandinista de Liberación Nacional (Sandinista National Liberation Front, Nicaragua) 〔산디니스타민족해방전선(니카라과)〕
GDR	German Democratic Republic 〔독일민주공화국(동독)〕
GRU	Glavnoie razvedivatelnoie upravleniie (Chief Intelligence Directorate of the General Staff, USSR) (소련 총참모부 정보총국)
IBRD	International Bank for Reconstruction and Development (국제부

홍개발은행)

ICP   Iraqi Communist Party (이라크공산당)

IMF   International Monetary Fund (국제통화기금)

ISI   Inter-Services Intelligence (Pakistan) (파키스탄 정보국)

KGB   Komitet gosudarstvennoi bezopasnosti (Committee for State

        Security, USSR) (소련 국가보안위원회)

KhAD   Khadimat-e atal'at-e dowlati (State Information Service [Security],

        Afghanistan) (아프가니스탄 국가정보국)

MCP   Malayan Communist Party (말라야공산당)

MFA   Movimento das Forças Armadas (Armed Forces Movement, Portugal)

        (포르투갈 국군운동)

MIT   Massachusetts Institute of Technology (매사추세츠공과대학교)

MNC   Mouvement National Congolais (Congolese National Movement)

        (콩고민족운동)

MO   Mezhdunarodnyi otdel (International Department of the Central

        Committee of the CPSU, USSR) [소련공산당 중앙위원회 국제부(국제부)]

MPLA   Movimento Popular de Libertação de Angola (People's Movement

        for the Liberation of Angola) [앙골라해방인민운동(인민운동)]

NAM   Non-Aligned Movement (비동맹운동)

NIEO   New International Economic Order (신국제경제질서)

NLF   National Liberation Front (Vietnam) [남베트남민족해방전선(베트콩)]

NPA   New People's Army (Philippines) (필리핀 신인민군)

NSC   National Security Council (US) (국가안전보장회의)

OAS   Organization of American States (미주기구)

OAU	Organization of African Unity (아프리카통일기구)
OPEC	Organization of the Petroleum Exporting Countries (석유수출국기구)
PAIGC	Partido Africano da Independência da Guiné e Cabo Verde (기니·카보베르데독립아프리카당(독립아프리카당)〕
PDPA	People's Democratic Party of Afghanistan (아프가니스탄인민민주당)
PDRE	People's Democratic Republic of Ethiopia (에티오피아인민민주주의공화국)
PDRY	People's Democratic Republic of Yemen 〔예멘인민민주주의공화국(남예멘)〕
PGT	Partido Guatemalteco del Trabajo (Guatemalan Workers' Party) (과테말라노동당)
PKI	Partai Komunis Indonesia (Indonesian Communist Party) (인도네시아공산당)
PLO	Palestinian Liberation Organization (팔레스타인해방전선)
PMAC	Provisional Military Administrative Council (Ethiopia) 〔임시군사행정위원회(에티오피아)〕
POMOA	Provisional Office for Mass Organizational Affairs (Ethiopia) 〔대중조직문제를위한임시사무국(에티오피아)〕
PRC	People's Republic of China (중화인민공화국)
PRI	Partido Revolucionario Institucional (Institutional Revolutionary Party, Mexico) (멕시코 제도혁명당)
SACP	South African Communist Party (남아공공산당)
SALT	Strategic Arms Limitation Talks (전략무기제한협상)
SED	Sozialistische Einheitspartei Deutschlands (Socialist Unity Party,

GDR) (독일사회주의통일당)

SpetsNaz Voiska spetsialnogo naznacheniia (special purpose forces, USSR)
(소련 특수 부대)

TANU Tanganyika African National Union (탕가니카아프리카민족연합)

TPLF Tigray People's Liberation Front (티그레이인민해방전선)

UAR United Arab Republic (통일아랍공화국)

UNITA União Nacional para a Independência Total de Angola (National
Union for the Total Liberation of Angola) 〔앙골라완전독립민족동맹(민족
동맹)〕

USSR Union of Socialist Soviet Republics 〔소비에트사회주의공화국연방(소련)〕

VWP Vietnam Workers' Party (베트남노동당)

WSLF Western Somalia Liberation Front (서소말리아해방전선)

주

서론

1. Jasper Griffin, "It's All Greek!," *New York Review of Books*, 18 December 2003. 고대 세계를 냉전사 연구자의 시각으로 바라보면 많은 사실을 새삼 발견할 수 있다. 기원전 433년경 그리스 세계의 강국이었던 아테네에 동맹을 제안했던 케르키라(Kerkira: 현재의 코르푸섬—옮긴이) 사람들의 모습과 냉전기 제3세계 현지 엘리트들의 역할(3장 참조)은 매우 유사하다. "아테네인 당신들이 우리 케르키라인의 부탁을 들어주신다면 우리의 요청은 여러모로 여러분에게 이익이 될 것입니다. 첫째, 여러분은 남을 해코지하는 것이 아니라 남에게 부당하게 공격당하는 사람을 도와주게 되는 것입니다. 둘째, 우리는 절체절명의 위기에 놓인 만큼 여러분이 우리를 구해주면 두고두고 여러분께 고마워할 것입니다." Thucydides, *The History of the Peloponnesian War, trans.* Richard Crawley (Oxford: Oxford University Press, 1960), ch. 1, § 33. (투퀴디데스, 천병희 옮김, 《펠로폰네소스전쟁사》, 숲, 2011, 1장 33절, 53쪽—옮긴이.)

2. George Orwell, "You and the Atomic Bomb," *Tribune*, 19 October 1945. (조지 오웰, 이한중 옮김, "당신과 원자탄," 《나는 왜 쓰는가》, 한겨레출판, 2010, 213쪽—옮긴이.)

3. 1980년대 후반부터 1990년대 초까지 프랑스에서 진행된 제3세계주의와 관련한 치열한 논쟁은 Claude Liauzu, *L'enjeu tiers-mondiste: débats et combats* (Paris: L'Harmattan, 1987) 참조. 제3세계주의의 역사적 배경에 대해서는 Denis Pelletier,

Economie et humanisme: de l'utopie communautaire au combat pour le tiers-monde: 1941-1966 (Paris: Editions du Cerf, 1966) 참조.

4. 나는 이매뉴얼 월러스틴의 용어를 빌렸다. Immanuel Wallerstein, "Cultures in Conflict? Who are We? Who are the Others?," Y. K. Pao Distinguished Chair Lecture, Center for Cultural Studies, Hong Kong University of Science and Technology, 20 September 2000. (이매뉴얼 월러스틴의 공식 홈페이지에서 확인할 수 있다. https://www.iwallerstein.com/cultures-in-conflict-who-are-we-who-are-the-others/—옮긴이.)

5. Nirad Chaudhury, *The Autobiography of an Unknown Indian* (London: Macmillan, 1951). 〔인용한 문장은 이 책에 붙인 니라드 차우드후리의 제사(題詞)이다—옮긴이.〕

01 자유의 제국: 미국 이데올로기와 대외 개입

1. William Jennings Bryan, "Imperialism," *Under Other Flags: Travels, Lectures, Speeches* (Lincoln: Woodruff-Collins Printing Co., 1904). (http://www.americanrhetoric.com/speeches/wjbryanimperialism.htm에서 확인할 수 있다—옮긴이.)

2. Bradford Perkins, *The Cambridge History of American Foreign Relations*, vol. I, *The Creation of a Republican Empire, 1776-1865* (Cambridge: Cambridge University Press, 1993), p. 93에서 인용한 제퍼슨의 말. (1785년 10월 13일 토머스 제퍼슨이 G. K. 판 호겐도르프에게 보낸 글이다. https://founders.archives.gov/documents/Jefferson/01-08-02-0497에서 확인할 수 있다—옮긴이.)

3. Michael H. Hunt, *Ideology and US Foreign Policy* (New Haven, CT: Yale University Press, 1987). (마이클 H. 헌트, 권용립·이현휘 옮김, 《이데올로기와 미국 외교》, 산지니, 2007—옮긴이.)

4. "제퍼슨이 존 애덤스에게" (1813년 10월 28일), Joyce Appleby and Terence Ball, eds., *Thomas Jefferson: Political Writings* (Cambridge: Cambridge University Press, 1999), p. 190. (https://founders.archives.gov/documents/Jefferson/03-06-02-0446에서 확인할 수 있다—옮긴이.)

5. "제퍼슨이 라파예트 후작에게" (1813년 11월 30일), *Ibid.*, pp. 191-192. (https://founders.archives.gov/documents/Jefferson/03-07-02-0005에서 확인할 수 있

다—옮긴이.)

6. 1781년 미국의 연합규약(Articles of Confederation)은 캐나다의 연합 가입 자격을 분명하게 포함하고 있었다.

7. 프레더릭 혹시가 설득력 있게 보여주었듯이 아메리카 원주민을 대상으로 자행된 집단 학살은 그들을 향한 관념 차원의 적대감뿐 아니라 토지와 자원을 향한 미국인의 욕망이 반영된 결과였다. Frederick Hoxie et al. eds., *Native Americans and the Early Republic* (Charlottesville: University of Virginia Press, 1999).

8. Matthew Frye Jacobson, *Barbarian Virtues: The United States Encounters Foreign Peoples at Home and Abroad, 1876-1917* (New York: Hill & Wang, 2000), p. 83.

9. *The Cambridge History of American Foreign Relations* (Cambridge: Cambridge University Press, 1993), vol. I, pp. 149-150에서 인용한 애덤스의 말(1821년 7월 4일). (https://millercenter.org/the-presidency/presidential-speeches/july-4-1821-speech-us-house-representatives-foreign-policy에서 확인할 수 있다—옮긴이.)

10. 매슈 프라이 제이컵슨(Matthew Frye Jacobson)이 지적했듯이 윌리엄 워커는 결국 니카라과의 게릴라가 아니라 코닐리어스 밴더빌트(Cornelius Vanderbilt, 미국의 해운·철도 사업가—옮긴이)에 의해 쫓겨난다. 워커가 밴더빌트의 해운 이익을 침해했기 때문이다. *Barbarian Virtues*, p. 39.

11. Arthur S. Link, *Woodrow Wilson: Revolution, War, and Peace* (Arlington Heights: Harlan Davidson, 1979), p. 117.

12. Richard Wright, *Black Boy* (New York: Library of America, 1991 〔1943/1944〕), 15장.

13. "루즈벨트의 1938년 연두 교서" (1938년 1월 3일), *The Public Papers and Addresses of Franklin D. Roosevelt*, (New York: Macmillan, 1941), p. 1. (https://archive.org/details/4926315.1938.001.umich.edu에서 확인할 수 있다. 쪽수를 추가했다—옮긴이.)

14. "루스벨트가 외교협회에서 한 라디오 연설" (1944년 10월 21일), *Vital Speeches*, 11 (1 November 1944), p. 38. (http://www.presidency.ucsb.edu/ws/?pid=16456dptj 에서 확인할 수 있다—옮긴이.) 제1차 세계대전과 제2차 세계대전을 미국인이 어떻게 연결해 이해했는지는 John Fousek, *To Lead the Free World: American Nationalism and the Cultural Roots of the Cold War* (Chapel Hill: University

of North Carolina Press, 2000), pp. 35-43 참조.

15. Lars Schoultz, *Beneath the United States: A History of US Policy Toward Latin America* (Cambridge: Harvard University Press, 1998), p. 386.

16. Eric Foner, *The Story of American Freedom* (New York: Norton, 1998), p. 134. 1950년대 필리핀의 에밀리오 아기날도(1869~1964)는 미국적 자유를 찬양하는 책을 썼다. Emilio Aguinaldo and Vicente Albano Pacis, *A Second Look at America* (New York: R, Speller, 1957). 1952년까지 필리핀은 미국의 원조를 가장 많이 받는 제3세계 국가였다.

17. 미 육군 영화 〈일본에서 우리의 과업〉(1945), John W. Dower, *Embracing Defeat: Japan in the Wake of World War II* (New York: Norton, 2000), p. 215에서 인용. (존 다우어, 최은석 옮김, 《패배를 껴안고》, 민음사, 2009, 271-272쪽. 일부 번역은 역자가 수정했다. 이 영화는 유튜브에서 확인할 수 있다 — 옮긴이.)

18. Paul G. Hoffman, *Peace Can Be Won* (New York: Doubleday, 1951), p. 130.

19. Robert E. Wood, *From Marshall Plan to Debt Crisis: Foreign Aid and Development Choices in the World Economy* (Berkeley: University of California Press, 1986), p. 1.

20. *Major Speeches and Debates of Senator Joseph McCarthy Delivered in the United States Senate, 1950-1951* (New York: Garden Press, 1975), p. 160. (쪽수를 추가했다 — 옮긴이.)

21. Joyce Kolko and Gabriel Kolko, *The Limits of Power: The World and United States Foreign Policy, 1945-1954* (New York: Harper & Row, 1972), p. 558.

22. *Official Proceedings of the Democratic National Convention Held in Kansas City, July 4, 5 and 6, 1900* (Chicago: McLellan Printing Co., 1900), pp. 221-222. 〔이는 윌리엄 제닝스 브라이언의 "후보 수락 연설"(1900년 8월 8일)이다. https://archive.org/details/official00demo에서 확인할 수 있다 — 옮긴이.)〕

23. "Statement of Students for a Democratic Society, National Convention Meeting in Port Huron, Michigan, June 11-15, 1962." (포트휴런 선언은 http://www.vlib.us/amdocs/texts/porthuron.htm에서 확인할 수 있다. 축약 번역본이 한국미국사학회 엮음, 《사료로 읽는 미국사》, 궁리, 2006, 432-435쪽에 수록되어 있다 — 옮긴이.)

24. Matthew Frye Jacobson, *Barbarian Virtues*, p. 46.

25. Robert E. Lipsey, "US Foreign Trade and the Balance of Payments, 1800-1913," Stanley L. Engerman and Robert E. Gallmen eds., *The Cambridge Economic History of the United States*, vol. II (Cambridge: Cambridge University Press, 2000); Irving B. Kravis, "Trade as a Handmaiden of Growth: Similarities between the Nineteenth and Twentieth Centuries," *Economic Journal*, 80 (1970), pp. 850-872도 참조.

26. Lance E. Davis and Robert J. Cull, "International Capital Movements, Domestic Capital Markets, and American Economic Growth, 1820-1914," *The Cambridge Economic History of the United States*, vol. II, pp. 733-812.

27. 새로운 해외 시장 진출이 중요했던 이유는 주로 미국 상품에 더 높은 '가격 탄력성'을 제공하기 위해서였다. 기술 발전으로 생산이 증가했을 때, 국내 시장에서 가격의 급락을 피하기 위해 미국은 잉여 상품을 해외로 수출해야만 했다. Robert E. Lipsey, "US Foreign Trade and the Balance of Payments, 1800-1913," pp. 700-732 참조.

28. Bennett D. Baack and Edward John Ray, "Tariff Policy and Comparative Advantage in the Iron and Steel Industry, 1870-1929," *Explorations in Economic History*, 11 (1974), pp. 103-121.

29. 신이민법과 냉전의 관계는 다음을 참조. Eric Foner, *The Story of American Freedom*, pp. 281-282.

30. Robert E. Wood, *From Marshall Plan to Debt Crisis*, p. 124.

31. H. W. Brands, *The Specter of Neutralism: The United States and the Emergence of the Third World, 1947-1960* (New York: Columbia University Press, 1989), p. 108.

32. Robert E. Wood, *From Marshall Plan to Debt Crisis*, p. 124.

33. Eric Foner, *The Story of American Freedom*, p. 271. 다음도 참조. Robert W. Haddow, *Pavilions of Plenty: Exhibiting American Culture Abroad in the 1950s* (Washington, DC: Smithsonian Institution Press, 1997); Karal Ann Marling, *As Seen on TV: The Visual Culture of Everyday Life in the 1950s* (Cambridge: Harvard University Press, 1996).

34. Social Science Research Council, *Annual Report 1956-1957* (Washington, DC: SSRC, 1957), pp. 19-20.

35. Gabriel Almond, "Introduction," Gabriel Almond and James S. Coleman eds., *The Study of Developing Areas* (Princeton: Princeton University Press, 1960), pp. 3-4.

36. Max F. Millikan and W. W. Rostow, *A Proposal: Key to an Effective Foreign Policy* (New York: Harper & Row, 1957) pp. 2-8.

37. *Ibid.*, p. 8.

38. *Public Papers of the Presidents of the United States (PPP-US)*, *John F. Kennedy*, vol. I. (Washington D.C.: US Printing Office, 1962), pp. 204-206. 이는 존 F. 케네디의 "대외 원조를 위한 의회 특별 연설"(1961년 3월 22일)이다. (http://www.presidency.ucsb.edu/ws/?pid=8545에서 확인할 수 있다—옮긴이.)

39. Henry A Kissinger, *The Necessity for Choice: Prospects of American Foreign Policy* (London: Chatto & Windus, 1960). (헨리 키신저, 우병규 옮김, 《선택의 필요성》, 휘문출판사, 1978, 401-403쪽). 키신저는 근대화 이론의 접근법을 취하면서도 동시에 제3세계의 도전에 대항할 미국의 능력에는 의구심을 표했다. "지난 15년 동안 이루어진 공산주의 제국의 성장을 고려한다면, 어떠한 러시아인도 자신의 정치 체제가 근본적으로 잘못되었다는 사실을 인정하지 않을 것이다. ……만일 쟁점이 단지 경제 발전을 추구하는 상대적 능력의 비교에 그칠 따름이라면 결과는 (공산주의에 유리하도록) 이미 결정되어 있다." (헨리 키신저, 같은 책, 394쪽.)

40. Gerard T. Rice, *The Bold Experiment: JFK's Peace Corps* (Notre Dame: University of Notre Dame Press, 1985), p. 15에서 인용. 평화봉사단에 관해서는 Elizabeth Cobbs Hoffman, "Decolonization, the Cold War, and the Foreign Policy of the Peace Corps," Peter L. Hahn and Mary Ann Heiss eds., *Empire and Revolution: The United States and the Third World since 1945* (Columbus: Ohio State University Press, 2001), pp. 123-153도 참조.

41. "슐레진저가 케네디 대통령에게" (1961년 3월 10일), Michael E. Latham, *Modernization as Ideology: American Social Science and Nation-Building in the Kennedy Era* (Chapel Hill: University of North Carolina Press, 2000), p. 81에서 인용.

42. "케네디 대통령과 모부투의 대화록" (1963년 5월 31일), *Foreign Relations of the United States (FRUS)*, *1961-1963*, vol. XX, pp. 858-863. (https://history.state.gov/historicaldocuments/frus1961-63v20/d423에서 확인할 수 있다—옮긴이.)

43. "로스토가 케네디 대통령에게" (1961년 11월 11일), *FRUS, 1961-1963*, vol. I, pp. 574-575. (https://history.state.gov/historicaldocuments/frus1961-63v01/d233에서 확인할 수 있다―옮긴이.)

44. Michael E. Latham, *Modernization as Ideology*, p. 189.

45. Martin Luther King Jr., Speech at Riverside Church, New York City, 4 April 1967, in *I have a Dream: Writings and Speeches that Changed the World* (San Francisco, CA: Harper, 1992), pp. 138-139. (마틴 루서 킹, 채규철·김태복 옮김, 《나에게는 꿈이 있습니다》, 예찬사, 1993, 149-150쪽. 베트남 전쟁 반대로 유명한 이 연설문은 http://kingencyclopedia.stanford.edu/encyclopedia/documentsentry/doc_beyond_vietnam/에서 확인할 수 있다―옮긴이.)

46. "맬컴 X의 뉴욕 팜가든스 연설" (1964년 4월 8일), *Malcolm X Speaks* (New York: Pathfinder Press, 1965), p. 50. (http://malcolmxfiles.blogspot.kr/2013/07/the-black-revolution-april-8-1964.html에서 확인할 수 있다―옮긴이.)

02 정의의 제국: 소련 이데올로기와 대외 개입

1. Andreas Kappeler, *Rußland als Vielvölkerreich: Entstehung, Geschichte, Zerfall* (Russia as a Multiethnic Empire: Foundation, History, Collapse) (Munich: C.H. Veck, 1992), p. 146에서 인용.

2. Andreas Kappeler, *Rußland als Vielvölkerreich*, p. 163에서 인용.

3. Dominic Lieven, *Empire: The Russian Empire and its Rivals* (London: John Murray, 2000), p. 218에서 인용.

4. *Ibid.*, p. 257.

5. Lenin, "The Heritage We Renounce," *Collected Works*, (4th English edn.; Moscow: Progress, 1972), vol. II, pp. 493-534. (https://www.marxists.org/archive/lenin/works/1897/dec/31c.htm#fwV02P533F01에서 확인할 수 있다―옮긴이.)

6. 러시아 혁명의 원인에 대한 가장 포괄적인 설명은 Richard Pipes, *The Russian Revolution 1899-1919* (New York: Knopf, 1990)이다. 혁명의 구조적 원인에 대한 비교적 시각은 Theda Skocpol, *States and Social Revolutions: A Comparative Analysis of France, Russia and China* (Cambridge: Cambridge University Press,

1979) 참조. (테다 스카치폴, 《국가의 사회혁명: 혁명의 비교연구》, 까치, 1993―옮 긴이.)

7. Nikolai Berdiaev, "Materialism Destroys the Eternal Spirit." (영어 번역본은 http://www.amerika.org/texts/materialism-destroys-the-eternal-spirit-nicholas-berdyaev/에서 확인할 수 있다―옮긴이.)

8. Sergei N. Bulgakov, "Geroizm I podvizhnichestve," *Vekhi: sbornik statei o russkoi intelligentsii* (Landmarks: A Collection of Articles about the Russian Intelligentsii) (1909; Moscow: Novosti, 1990), p. 33. (세르게이 불가코프, 이인 호·최선 편역, 《인텔리겐찌야와 혁명》, 기린원, 1989, 83쪽. 원문에서 생략한 부분 을 일부 추가했다―옮긴이.) 로버트 잉글리시의 뛰어난 책도 참조. Robert English, *Russia and the Idea of the West: Gorbachev, Intellectuals, and the End of the Cold War* (New York: Columbia University Press, 2000), p. 23.

9. Lenin, "The Attitude of the Workers Party to Religion," May 1909, *Collected Works*, vol. XV, pp. 402-413." (블라디미르 레닌, 《레닌 저작집 4-3》, 전진출판사, 2005, 406쪽―옮긴이.) 레닌의 이 글은 흥미롭게도 아나톨리 루나차르스키(Anatoli Lunacharskii)의 《마르크스주의와 종교(Marxism and Religion)》(1907)에 응답하기 위해 쓰였다. 루나차르스키는 훗날 소련 문화부 장관을 역임하며 수많은 교회를 폐 쇄하지만, 이 책을 집필할 당시만 하더라도 프롤레타리아 독재를 위한 투쟁과 신국 (神國)을 위한 투쟁이 유사하다고 주장했다. 루나차르스키에 따르면 오웬과 바쿠닌, 마르크스는 갓 태어난 프롤레타리아에 경배를 드린 3명의 '동방 박사'였다.

10. Lenin, "The Right of Nations to Self-Determination," *Collected Works*, vol. XX, pp. 393-454. (블라디미르 레닌, 편집부 엮음, 《맑스-레닌주의 민족운동론》, 벼리, 1989, 120쪽―옮긴이.)

11. Lenin, "Report on Foreign Policy, Delivered at a Joint Meeting of the All-Russia Central Executive Committee and the Moscow Soviet," 14 May 1918, *Collected Works*, vol. XXVII, pp. 365-381. (https://www.marxists.org/archive/lenin/works/1918/may/14.htm에서 확인할 수 있다―옮긴이.)

12. Lenin, "Manifesto to the Ukrainian People, with an Ultimatum to the Ukrainian Rada," 3 December 1917, *Collected Works*, vol. XXVI, pp. 361-363. (https://www.marxists.org/archive/lenin/works/1917/dec/03.htm에서 확인할 수 있다― 옮긴이.)

13. Stalin, "The Immediate Tasks of Communism in Georgia and Transcaucasia: Report to a General Meeting of the Tiflis Organisation of the Communist Party of Georgia," 6 July 1921, *Works* (Moscow: Foreign Languages Publishing House, 1953), vol. V, pp. 90-102. 인용문은 pp. 95-96. 이 글은 본래 *Pravda Gruzii*, 108 (13 July 1921)에 발표되었다. (https://www.marxists.org/reference/archive/stalin/works/1921/07/06.htm에서 확인할 수 있다—옮긴이.)

14. Lenin, "The Question of Nationalities or 'Autonomisation'," December 30, 1922, *Collected Works*, vol. XXXVI, pp. 593-611. (영어 번역본은 https://www.marxists.org/archive/lenin/works/1922/dec/testamnt/autonomy.htm, 우리말 번역본은 http://www.bolshevik.org/hangul/publications/LeninFightAgainstStalin.htm에서 확인할 수 있다—옮긴이.)

15. Reinhard Eisener, "The Emergence of the Ferghana Basmacia," on http://www.yeniturkiye.com

16. Karl Marx, "The Future Results of the British Rule in India," *New York Daily Tribune*, 22 July 1853. (칼 맑스, 《칼 맑스 프리드리히 엥겔스 저작선집》 제2권, 박종철출판사, 1990, 85쪽. https://marxists.catbull.com/archive/marx/works/1853/07/22.htm에서 확인할 수 있다—옮긴이.)

17. Lenin, *Imperialism: The Highest Stage of Capitalism: A Popular Outline* (1917; London: Pluto, 1996). (블라디미르 레닌, 이정인 옮김, 《제국주의론: 자본주의의 최고 단계》, 아고라, 2018, 206-207쪽. 일부 번역은 수정했다. https://www.marxists.org/archive/lenin/works/1916/imp-hsc/ch10.htm에서 확인할 수 있다—옮긴이.)

18. Lenin, "Address to the Second All-Russia Congress of Communist Organisations of the People of the East," 22 November 1919, *Polnoe sobranie sochinenii* (Collected Works) (5th edn.; Moscow: Gos. izd-vo polit. lit-ry, 1960-1970), vol. XXXIX, pp. 318-331. (https://www.marxists.org/archive/lenin/works/1917/dec/02.htm에서 확인할 수 있다—옮긴이.)

19. Lenin, "Letter to the Propaganda and Action Council of the Peoples of the East," December 1921, V. I. Lenin, *Ibid.*, vol. XXXIXIV, p. 282. (https://www.marxists.org/archive/lenin/works/1921/dec/17.htm에서 확인할 수 있다—옮긴이.)

20. Chernomordyuk to Mongolian People's Revolutionary Party Leader, n.d., Bat-

Erdene Batbayar, *Twentieth-Century Mongolia,* ed. C. Kaplonski, trans. D. Sühjargalmaa et al. (Cambridge: White House Press, 1999), p. 304에서 인용. 몽골과 소련의 전반적인 관계는 Irina Morozova, *The Comintern and Revolution in Mongolia* (Isle of Skye: White Horse Press, 2002) 참조.

21. Kai Schmidet-Soltau, *Eine Welt zu gewinnen! Die antikoloniale Strategi-Debatte in der Kommunistischen Internationale zwichen 1917 und 1929 unterbesonderer Berucksichtigung der Theorien won Manabendra Nath Roy* (A World to Gain! The Debate over Anti-Colonial Strategy in the Communist International between 1917 and 1929, with Particular Attention to the Theories of Manabendra Nath Roy) (Bonn: Pahl Rugenstein, 1994) 참조.

22. Ayse Azade Rorlich, "Mirsaid Sultan Galiev and National Communism," on http://www.yeniturkiye.com에서 갈리예프의 말 인용.

23. *Zhizn natsionalnostei* (Nationalities Life), 38 (5 October 1919). (갈리예프는 민족위원회에서 발행하는 잡지 〈민족의 삶〉 편집위원을 역임했다―옮긴이.)

24. 미르사이드 술탄 갈리예프는 1928년 투옥되어 1940년 감옥에서 총살당했다. 갈리예프를 다룬 좋은 입문서로는 Ayse Azade Rorlich, "Mirsaid Sultan Galiev and National Communism." 또한 Alexandre Bennigsen and Chantal Lemercier-Quelquejay, *Sultan Galiev: Le père de la révolution tiers-mondiste* (Paris: Fayard, 1986); Alexandre Bennigsen and Chantal Lemercier-Quelquejay, *Les movements nationaux chez les Musulmans de Russie,* 2 vols. (Paris: Mouton, 1960, 1964); Alexandre Bennigsen and S. Enders Wimbush, *Muslim National Communism in the Soviet Union: A Revolutionary Strategy for the Colonial World* (Chicago: University of Chicago Press, 1979), pp. 191-254; Hélène Carrère d'Encausse and Stuart R. Schram, *Marxism and Asia: An Introduction with Readings* (London: Allen Lane, 1969), pp. 178-180 참조. 갈리예프의 저작은 최근 타타르스탄에서 발간되었다. *Statei, vystupleniaa, dokumenty* (Articles, Speeches, Documents) (Kazan: Tatarskoe knizhnoe, 1992); *Izbrannie trudy* (Selected Works) (Kazan: Gazyr, 1998); B. F. Sultanbekov and D. R. Sharafutdinov, comps., *Neizvestnyi Sultan Galiev: rassekrechennye dokumenty I materialy* (The Unknown Sultan Galiev: Declassified Documents and Materials) (Kazan: Tatarskoe knizhnoe, 2002) 참조.

25. Ken Post, *Revolution's Other World: Communism and the Periphery, 1917-1939* (Houndsmills: Macmillan, 1997), p. 79.

26. 楊奎松, 《中共與莫斯科的關係》(臺北: 東大圖書股體限公司, 1997). 스탈린주의적 세계관을 이해하기 위한 핵심 저작으로는 *History of the Communist Party of the Soviet Union(Bolsheviks): A Short Course* (Moscow: Foreign Languages Publishing House, 1939); Joseph Stalin, *Foundations of Leninism* (New York: International Publishers, 1932). (이오시프 스탈린, 윤시인 옮김, 《레닌주의의 기초/레닌주의의 제문제》, 두레, 1990—옮긴이.)

27. 농업 집단화라는 범죄를 다룬 가장 좋은 개관서는 Robert Conquest, *The Harvest of Sorrow: Soviet Collectivization and the Terror-Famine* (London: Pimlico, 1986, 2002). 또한 Lynne Viola, *Peasant Rebels under Stalin: Collectivization and the Culture of Peasant Resistance* (Oxford: Oxford University Press, 1996); Anne Applebaum, *GULAG: A History of the Soviet Camps* (London: Allen Lane, 2003) 참조. 농업 집단화의 비참함을 증언한 자료집으로는 Viktor Danilov et al., eds., *Tragediia sovetskoi derevni: kolleckticizatsiia i raskulachivanie: dokumenty i materialy, 1927-1939* (The Tragedy of the Russian Village: Collectivization and Dekulakiation, 1927-1939), 3 volumes, to date (Moscow: ROSSPEN, 1999-).

28. Ken Post, *Revolution's Other World*, p. 136.

29. W. E. B. Du Bois, "On the U.S.S.R," The Labor Defender (November 1928), *The Completed Published Works of W. E. B. Du Bois* (Milwood: Kraus-Thompson Organization, 1982), vol. II (1910-1934), p. 302에서 인용. 듀보이스는 소련을 동경했고, 91세의 나이로 1961년 미국공산당에 가입한다.

30. "게오르기 디미트로프의 일기" (1937년 11월 7일), Ivo Banac ed., *The Diary of Georgi Dimitrov, 1933-1949* (New Haven: Yale University Press, 2003), p. 65.

31. "게오르기 디미트로프의 일기" (1939년 9월 7일), *Ibid.*, p. 115.

32. 소련공산당 중앙위원회에 새로이 등장한 조직은 초창기에 국제정보부로 불렸으나 1946년부터 외교정책부, 1958년부터 국제부라고 불렸다. Iurii A. Poliakov, "Polse rospuska kominterna (After the Dissolution of the Comintern)," *Novaia i noveishaia istoriia*, 1 (2003): 106-116.

33. "게오르기 디미트로프의 일기" (1940년 11월 25일), Ivo Banac ed., *The Diary of*

Georgi Dimitrov, p. 137.

34. "터키와의 문화적 관계에 대해 전(全)러시아협회가 당 중앙위원회에 보낸 보고서" (1946), Artiom Ulunian, "Soviet Cold War Perceptions of Turkey and Greece, 1945-1958," *Cold War History*, 3.2 (January 2003): 40에서 인용.

35. 당 중앙위원회에 따르면 "우리 정부가 제출한 제안(터키해협의 소련-터키 공동 방위—옮긴이)은 이치에 맞다. 그것은 이 제안이 흑해 주변 국가들이 터키해협의 접근권을 지키는 일이 얼마나 중요한지에 대한 100년 이상의 역사적 경험을 반영한 것이기 때문이다. 나폴레옹 전쟁 당시 터키해협을 러시아-터키가 공동으로 방위했던 사례처럼 터키해협의 공동 방위는 두 국가의 이익을 완전히 보장할 뿐 아니라 각 국가의 흑해 영토에 대한 진정한 안보를 제공했다". K. V. Bazilevich, "On 'the Black Sea Straits': The History of the Question" (1946년 10월 18일 모스크바에서의 대중 강연), Artiom Ulunian, "Soviet Cold War Perceptions of Turkey and Greece, 1945-1958," p. 40에서 인용.

36. "리트비노프가 몰로토프에게" (1945년 6월 22일), Arkhiv Vneshnei Politiki Rossiiskoi Federatsii (러시아연방외교정책문서고, AVPRF), f. 0431/1, op. 1, pa. 5, d. 33, pp. 8-19; Sergei Mazov, "SSSR i sudba byvshykh italianskikh koloniov (1945-1950 gg) (The USSR and the Fate of the Former Italian Colonies)," N. Komolov ed., *Rossia i Italiia* (Moscow: Nauka, 1998), pp. 211-241. 이 논문은 약간 바뀐 형태로 *Cold War History*, 3.3 (2003): 49-78에 게재되어 있다. Apollon Davidson and Sergei Mazov eds., *Rossiia i Afrika: Dokumenty i materialy. XVIII v.-1960* (Russia and Africa: Documents and Materials. The Eighteenth Century to 1960), vol. II, *1918-1960* (Moscow: IVI RAN, 1999) 참조.

37. "리트비노프가 몰로토프에게" (1945년 6월 22일), AVPRF, f. 0431/1, op. 1, pa. 5, d. 33, pp. 17-18.

38. AVPRF, f. 0431/1, op. 1, pa. 5, d. 33, p. 45. 훗날 몰로토프는 그와 같은 입장을 고수하기가 매우 어려웠다고 회고했다. Feliks Chuev, *Sto sorok besed s Molotovim* (One Hundred and Forty Conversations with Molotov) (Moscow: Terra, 1992), p. 103.

39. "스탈린이 몰로토프에게" (1946년 11월 20일), Vladimir Pechatnov, "Foreign Policy Correspondence between Stalin, Molotov, and other Politburo Members, September 1945-December 1946," *Cold War International History Project* (이

하 'CWIHP') Working Paper, 26 (1999), p. 22. 리트비노프의 원래 제안은 영국 제국주의와 맞서는 일을 피하지 않았다. 에리트레아와 이탈리아령 소말리아는 "흑해와 극동을 연결하는 중간 기지인 동시에 그 주변 지역의 아랍 국가와 에티오피아에 영향력을 행사할 수 있는 수단이 될 수 있습니다". 소말리아의 항구에 "해군(과 공군) 기지를 설치한다면 4개의 중요한 해로(남아프리카, 수에즈-봄베이, 수에즈-콜롬보, 잔지바르-봄베이)를 위협할 수 있습니다. 그렇기에 이 지역은 영국에 매우 중요한 의미를 지닙니다". 에리트레아의 전략적 중요성은 다음과 같이 정의되었다. "1. 아비시니아(에티오피아—옮긴이)로의 관문, 2. 아비시니아, 소말리아, 영국령 수단, 사우디아라비아, 예멘과 아덴에서 군사적 조치를 취할 수 있는 잠재적 교두보, 3. 홍해와 바브엘만데브해협의 해로 통제권," AVPRF, f. 0431/1, op. 1, pa. 5, d. 33, pp. 9-13. Sergei Mazov, "SSSR i sudba byvshykh italianskikh koloniov (1945-1950 gg)," p. 52에서 인용.

40. 호메이니에 대해서는 Hamid Algar, "Religious Force in Twentieth-Century Iran," The Cambridge History of Iran, vol. VII, From Nadir to the Islamic Republic (Cambridge: Cambridge University Press, 1991), p. 752 참조. 호메이니는 1943년 《비밀의 폭로(Kashf al-Asrar)》를 집필했는데, 이 책에서 예언자들이 신을 향한 깊은 명상을 통해 인간의 사회·정치적 변화를 위해 투쟁해왔다고 주장했다. 호메이니 또한 외세의 지배와 샤 같은 외세 대리인의 지배를 비판했다.

41. "베리야(Beria)가 스탈린에게" (1944년 8월 16일), Arkhiv Prezidenta Rossiiskoi Federatsii (러시아연방대통령문서고, APRF), f. 6, op. 6, pa. 37, d. 37, pp. 15-18.

42. "전러시아공산당(볼셰비키) 중앙위원회 정치국이 미르 바기로프에게" (1945년 7월 6일), Fernande Beatrice Scheid, "Stalin, Bagirov and Soviet Policies in Iran, 1939-1946," Ph.D. Dissertation, Yale University Press, 2000, pp. 259-260에서 인용.

43. Natalia I. Yegorova, "The 'Iran Crisis' of 1945-1946: A View from the Russian Archives," CWIHP Working Papers, 15 (1996), p. 11. 바기로프의 목표에 대해서는 Fernande Beatrice Scheid, "Stalin, Bagirov and Soviet Policies in Iran, 1939-1946," p. 253 참조.

44. "투데당 중앙위원회가 전러시아공산당(볼셰비키) 중앙위원회에" (1945년 9월 11일 추정), Rossiiskii Gosudarstvennyi Arkhiv Sotsialno-Politicheskoi Istorii (러시아국

립사회정치사문서고, RGASPI), f. 17, op. 128, d. 819, p. 182; Report by representatives of Tudeh, 11 October 1945, RGASPI, f. 17, op. 128, d. 819도 참조. 소련은 투데당 정치국 위원이던 아르다시르 오바네시안(Ardeshir Ovanessian)으로부터 스탈린의 이란 정책에 대한 이란 공산주의자들의 정치적 반응을 포함한 상세한 보고를 받고 있었다. 러시아국립사회정치사문서고(RGASPI)에 소장되어 있는 1945년 9월 21일부터 10월 5일까지의 편지 참조.

45. 1945년 8월 투데당과 긴밀한 관련을 맺고 있던 이란 장교들이 반란을 일으켜 테헤란으로 진군하려던 계획은 실패로 돌아갔다. 이후 소련은 이란 공산주의자를 불신하게 되었다.

46. "바기로프가 아타키시예프(Atakishiev)에게" (1945년 11월 15일), Fernande Beatrice Scheid, "Stalin, Bagirov and Soviet Policies in Iran, 1939-1946," p. 285에서 인용.

47. William Eagleton Jr., The Kurdish Republic of 1946 (Oxford: Oxford University Press, 1963), pp. 43-62, 103. 카지 무하마드에 대해서는 pp. 34-35 참조.

48. 카밤에 대한 영국의 입장은 Sir Claremont Skrine, World War in Iran (London: Constable, 1962), pp. 231-237 참조.

49. 카밤에 대한 소련의 기록은 AVPRF, f. 94, op. 37e, pa. 362a, d. 1, pp. 10-13 참조.

50. "카밤과 몰로토프의 대화록" (1946년 2월 23일), AVPRF, f. 94, op. 37e, pa. 362a, d. 1, p. 27.

51. 이 대화의 전체 기록은 러시아연방외교정책문서고(AVPRF)에 특별 수록되어 있다. "Sovetskoiranskie peregovori v Moskbe i Tegerane v fevrale-aprele 1946g—kratikaia spravka," AVPRF, f. 94, op. 37e, pa. 362a, d. 1. 이 대화에 대한 투데당의 반응은 "투데당 정치국 아르다시르 오바네시안과의 대화록" (1946년 2월 15일), RGASPI, f. 17, op. 128, d. 848, pp. 11-12 참조.

52. "카밤과 몰로토프의 대화록" (1946년 2월 25일), AVPRF, f. 94, op. 37e, pa. 362a, d. 1, p. 37.

53. Ibid., pp. 40-42.

54. "바기로프와 피셰바리의 대화록" (1946년 4월 4~5일), Fernande Beatrice Scheid, "Stalin, Bagirov and Soviet Policies in Iran, 1939-1946," p. 335에서 인용.

55. "스탈린이 피셰바리에게" (1946년 5월 8일), Natalia I. Yegorova, "The 'Iran Crisis' of 1945-1946," pp. 23-24에서 인용.

56. "정치국에 제출된 첩보 요약" (1947년 6월 23일), Fernande Beatrice Scheid, "Stalin,

Bagirov and Soviet Policies in Iran, 1939-1946," p. 353에서 인용.

57. "스탈린이 마오쩌둥에게" (1948년 4월 20일), APRF, f. 39, op. 1, d. 31, p. 28.

58. "모스크바에서 진행된 스탈린과 김일성의 대화" (1950년 4월), *DPRK Report* (Moscow), no. 23 (March-April 2000)에서 인용.

59. RGASPI, f. 558, op. 11, d. 313, pp. 13-14, Larisa Efimova, "Stalin and the Revival of the Communist Party of Indonesia," 미출간 원고에서 인용. 인도네시아공산당이 제국주의에 복무하는 내부 반동의 지배를 혁파하고, 이를 민주적 연합정부로 대체하겠다는 계획을 제시하자 스탈린은 이와 같은 제안이 옳지 못하다고 강조했다. 스탈린은 인도네시아공산당이 소련이나 중국 또는 다른 인민민주주의 국가와 연합해야 한다는 주장에 대해서도 비슷한 비관적 의견을 개진했다.

60. Khrushchev, "Speech to a Closed Session of the CPSU Twentieth Party Congress," 25 February 1956, Thomas P. Whitney ed., *Khrushchev Speaks!: Selected Speeches, Articles, and Press Conferences, 1949-1961* (Ann Arbor: University of Michigan Press, 1963), pp. 259-265.

61. *Sovetskoe vostokovedenie* (Soviet Oriental Studies), 1 (1956): 6-9.

62. 중앙위원회의 두 조직을 다룰 때는 줄여서 '국제부'로 쓰고자 한다. 실제로 이 두 조직은 포노마료프의 지휘 아래 거의 하나의 부서처럼 운용되었다.

63. Odd Arne Westad ed., *Brothers in Arms: The Rise and Fall of the Sino-Soviet Alliance, 1945-1963* (Stanford: Stanford University Press, 1998).

64. "흐루쇼프와 마오쩌둥의 대화록" (1959년 10월 2일), APRF, f. 52, op. 1, d. 499, pp. 1-33.

65. United Nations, General Assembly, Official Records, Fifteenth Session, pp. 68-84. (흐루쇼프 연설의 영어 번역문은 http://sourcebooks.fordham.edu/mod/1960khrushchev-un1.html에서 확인할 수 있다—옮긴이.)

66. "흐루쇼프의 연설" (1961년 1월 6일), Thomas P. Whitney ed., *Khrushchev Speaks!* pp. 52-61.

03 혁명가들: 반식민주의 정치와 그 변환

1. 제2차 세계대전이 발발했을 때 식민지에 살고 있던 사람들은 약 8억 명에 달했다. Mary Evelyn Townsend, *European Colonial Expansion Since 1871* (Chicago: J.

P. Lippincott, 1941), p. 19.

2. 아시아·아프리카의 식민화 과정에 대한 좋은 자료로는 Thomas R. Metcalf, *Ideologies of Raj* (Cambridge: Cambridge University Press, 1994); John D. Hargreaves, *West Africa Partitioned* (Houndmills: Macmillan, 1974, 1985); Ronald Oliver and G. N. Sanderson eds., *The Cambridge History of Africa*, vol. VI, *From 1870 to 1905* (Cambridge: Cambridge University Press, 1985); Nicolas Tarling, *Imperialism in Southeast Asia: A Fleeting Passing Phase* (London: Routledge, 2001)가 있다. 좋은 개관으로는 David B. Abernethy, *The Dynamics of Global Dominance: European Overseas Empire, 1415-1980* (New Haven: Yale University Press, 2000), 특히 pp. 81-104 참조.

3. 마이크 데이비스는 제3세계의 기근이 있었기에 제국주의자의 침투가 용이했다고 지적한다. Mike Davis, *Late Victorian Holocausts: El Niño and the Making of the Third World* (London: Verso, 2001). 이에 대한 구체적 증거로는 데이비스의 책 117-210쪽 참조. 식민화의 첫 번째 단계였던 유럽 제국주의 시기에 식민지에서 조직화한 장기간의 저항이 많지 않았던 것은 사실이다. 그러나 저항 자체가 없었다고 할 수는 없다. 몇몇 저항은 심지어 제국주의자를 매우 성공적으로 격퇴했다. 1840년대 체첸과 마오리족의 저항, 1879년 이산들와나(Isandlwana)에서 줄루족의 저항과 1896년 아두와(Aduwa)에서 에티오피아의 저항의 그 예다.

4. 런던정경대학교가 대표적인 사례다. 1895년에 설립된 이 학교의 이념은 '교육과 경제, 효율성, 평등과 제국'이었다. 오늘날 런던정경대학교는 탈식민 상황에 대해 숙고할 수 있는 여러 기회를 제공하고 있다.

5. David B. Abernethy, *The Dynamics of Global Domination*, p. 386.

6. Nirad Chaudhury, *A Passage to England* (London: Macmillan, 1959), p. 19.

7. 영국 식민사를 연구한 역사학자 크리스토퍼 베일리(Christopher Bayly)는 기술의 전파로 인해 19세기 후반 여러 반식민 저항이 가능해졌다고 보았다. 그 대표적인 예로 남아공 내 소수 민족인 코사족의 투쟁과 마오리족의 전쟁을 들었다. 이뿐 아니라 중국, 인도, 자메이카, 캅카스의 주요 저항도 이와 같은 기술 전파의 결과였다.

8. James C. Scott, *Seeing like a State: How Certain Schemes to Improve the Human Condition have Failed* (New Haven, CT: Yale University Press, 1998), p. 97. (제임스 C. 스콧, 전상인 옮김, 《국가처럼 보기: 왜 국가는 계획에 실패하는가》, 에코리브르, 2010, 159쪽―옮긴이.)

9. M. N. Roy, "Open Letter to His Excellency Woodrow Wilson, President of the United States of America, 1917," M. N. Roy, *Selected Works* (Oxford: Oxford University Press, 1987-), vol. I, p. 25.

10. Nehru, incomplete review of Bertrand Russell's *Roads to Freedom* (1919), S. Gopal, ed., *Selected Works of Jawaharlal Nehru*, vol. I (New Dehli: Oriental Longman, 1972), pp. 140-144. (http://nehruportal.nic.in/selected-works-jawaharlal-nehru-volume-1#page/1/mode/2up에서 확인할 수 있다—옮긴이.)

11. Samaren Roy, *The Restless Brahmin: The Early Life of M. N. Roy* (Bombay: Allied Publishers, 1970).

12. 로이의 원래 이름은 나렌드라나트 바타차리아(Narendranath Bhattacharya)였다.

13. 중국공산당은 1921년 7월 창당했으며, 13명의 대표 중 적어도 3명은 경찰 요원이었다. 陳永發, 《中國共産革命七十年》(臺北: 聯經出版社業公司, 1998).

14. Stuart R. Schram, *Mao's Road to Power; Revolutionary Writings, 1912-1949*, vol. I, *The Pre-Marxist Period, 1912-1920* (Armonk, NY: W. E. Sharpe, 1992), p. 318, [마오쩌둥의 〈상강평론(湘江評論)〉 창간 선언문(1919년 7월 14일)]. 원서는 中共中央文獻研究室 中共湖南省委《毛澤東早期文稿》編輯組 編, 《毛澤東早期文稿》(長沙: 湖南人民出版社, 1995). (다케우치 미노루 엮음, 신현승 옮김, 《청년 모택동》, 논형, 2005, 168쪽—옮긴이.)

15. 20세기 초 식민적 상황이 얼마나 유동적이었는지는 이로부터 9년 전(1911년—옮긴이) 프랑스에 도착한 호치민이 프랑스 대통령에게 식민 행정가가 될 수 있는 훈련 학교에 들어갈 수 있도록 허락해달라고 요청하는 편지를 썼다는 점에서 잘 드러난다. 이 편지에서 호치민은 "저는 제 동포의 일과 관련해 프랑스에 도움이 되고 싶으며, 동시에 제 동포가 제 배움을 통해 이익을 얻길 원합니다"라고 썼다. Sophie Quinn-Judge, *Ho Chi Minh: The Missing Years* (Berkeley: University of California Press, 2002), p. 32. (호치민의 편지 전문은 윌리엄 J. 듀이, 정영목 옮김, 《호치민 평전》, 푸른숲, 2003, 93-94쪽에 실려 있다—옮긴이.)

16. *Ibid.*, p. 32.

17. Roger K. Paget (ed and trans), *Indonesia Accuses! Soekarno's Defence Oration in the Political Trial of 1930* (Oxford: Oxford University Press, 1975), p. 78.

18. Political Manifesto, 1 July 1927, Karl Bermann ed., *Sandino without Frontiers: Selected Writings of Augusto César Sandino on Internationalism, Pan-Ameri-*

canism, and Social Questions (Hampton, Comoita Publishing, 1988), pp. 48-51. (산디노의 1927년 정치 선언 영어 번역본은 http://www.latinamericanstudies. org/sandino/sandino7-1-27.htm에서 확인할 수 있다. 이해를 위해 저자가 원문에서 일부 생략한 부분을 함께 번역했다—옮긴이.)

19. 마하트마 간디의 사례는 정확히 이와 반대된다. 간디의 입장은 Mahatma Gandhi, *Experiments with Truth*, vol. I (Ahmedabad: Navajivan, 1927) 참조. "평화는 무기의 대결에서 오는 것이 아니라, 무장하지 않은 민족이 행하는 정의에서 나온다." (마하트마 간디, 함석헌 옮김, 《나의 진리 실험 이야기》, 한길사, 2000 [1927]에 잘 요약되어 있다—옮긴이.)

20. Frantz Fanon, *The Wretched of the Earth*, preface by Jean-Paul Sartre (New York: Grove Weidenfeld, 1991 [1961]), p. 73. (프란츠 파농, 남경태 옮김, 《대지의 저주받은 자들》, 그린비, 2004, 118쪽—옮긴이.)

21. Aimé Césaire, *Discourse on Colonialism* (New York: Monthly Review Press, 1972), pp. 21-23. (에메 세제르, 이석호 옮김, 《식민주의에 대한 담론》, 그린비, 2011, 22-23쪽—옮긴이.)

22. Kemal, "Speech on the Tenth Anniversary of the Founding of the Republic," 1 November 1932. (영어 번역문은 http://www.columbia.edu/~sss31/Turkiye/ata/onuncuyil.html에서 확인할 수 있다—옮긴이.)

23. 식민지의 효과를 가장 잘 요약한 저서는 David B. Abernethy, *The Dynamics of Global Domination*, pp. 363-386.

24. Ho, Declaration of Independence of the Democratic Republic of Viet-Nam, 2 September 1945. (호치민, 배기현 옮김, 《호치민: 식민주의를 타도하라》, 프레시안북, 2007, 101-104쪽—옮긴이.)

25. Boucif Mekhaled, *Chroniques d'un massacre, 8 mai 1945: Sétif, Guelma, Kherrata* (Paris: Syros, 1995). 이후 벌어진 싸움에서 100명 넘는 프랑스 식민주의자가 살해당했으며 알제리인 사망자 수는 1000명에서 6000~7000명에 이르렀다. 1947년 3월 마다가스카르(말라가시)에서 세티프 사건과 유사한, 프랑스에 저항하는 반식민 항쟁이 일어났다. 이 항쟁에서는 1만 명 이상이 사망했다. Solofo Randrianja, *Sociétés et luttes anticoloniales à Madagascar, 1896-1946* (Paris: Karthala, 2001).

26. David B. Abernethy, *The Dynamics of Global Domination*, p. 167.

27. 〈독립(Independence)〉, 2002년 1월 18일 방송된 BBC 시리즈 〈아프리카 이야기 (The Story of Africa)〉에서 인용.

28. 1909년에 태어난 은크루마는 미국 링컨대학교에서 정치학 학위를 취득했으며, 이후 영국 런던정경대학교에서 수학했다. 골드코스트(가나—옮긴이)가 1957년 영국으로부터 독립하기 전 영국 감옥에 2년간 수감되어 있었다. 인용문은 은크루마의 자서전 초기 회상 부분이다. Kwame Nkrumah, *Ghana: The Autobiography of Kwame Nkrumah* (Edinburgh: T. Nelson, 1957), p. x.

29. David B. Abernethy, *The Dynamics of Global Domination*, p. 164.

30. Kwame Nkrumah, *Ghana*, p. x.

31. Nehru, "Response to the speech of the leader of the Soviet delegation to the Indian Science Congress," 7 January 1947, *Selected Works of Jawaharlal Nehru*, second series, vol. I (New Delhi: Jawaharlal Nehru Memorial Fund, 1984), pp. 380-381. (http://nehruportal.nic.in/selected-works-jawahar-lal-nehru-second-series-1#page/1/mode/2up에서 확인할 수 있다—옮긴이.)

32. David B. Abernethy, *The Dynamics of Global Domination*, p. 334.

33. 제임스 C. 스콧의 탄자니아 사례(스콧의 책 7장이 탄자니아의 사례를 다룬다—옮긴이) 참조. 토지 개혁이 가장 성공적으로 진행된 지역은 대만이었다. 대만은 지주의 토지에 대한 보상으로 산업과 서비스 영역의 지분을 확보할 수 있는 권리를 부여했다.

34. Tom Molony and Kenneth King eds., *Nyerere: Student, Teacher, Humanist, Statesman* (Edinburgh: Edinburgh University Press, 2000).

35. Cabral, Eduardo Mondlane Memorial Lecture delivered at Syracuse University, New York, on 20 February 1970; Amílcar Cabral, *Unity and Struggle: Speeches and Writings* (London: Heinemann, 1980), p. 146에서 인용. (카브랄의 연설 원고는 http://www.historyisaweapon.com/defcon1/cabralnlac.html에서 확인할 수 있다—옮긴이.)

36. 조지 래밍의 후기 작업을 집대성한 《망명의 즐거움》은 카리브해 지역의 정치·인종·문화를 국제적 관점에서 접근하고 있다. George Lamming, *The Pleasures of Exile* (London: Michael Joseph, 1960).

37. Matthew Connelly, *A Diplomatic Revolution: Algeria's Fight for Independence and the Origins of the Post-Cold War Era* (Oxford: Oxford University Press,

2002), p. 47.

38. 반둥 회의 개막 연설에서 수카르노는 반둥 회의의 두 가지 선례로서 1928년 브뤼셀 회의와 1949년 뉴델리 회의를 언급했다.

39. Richard Wright, *The Colour Curtain: A Report on the Bandung Conference* (London: Dobson, 1956), pp. 134-135. (이 책의 서문은 군나르 뮈르달이 썼다. 쪽수를 추가했다—옮긴이.)

40. 회의 기간 동안 공공시설에 대한 네루 총리의 염려는 그의 성장 배경과 일정한 관련을 맺고 있다. 그는 인도네시아 주재 인도 대사에게 이렇게 말했다. "우리는 반둥 회의 준비가 미흡하다는 지적을 해서는 안 됩니다. 인도네시아인은 이와 같은 지적에 매우 민감하므로 우리가 이와 같은 지적을 한다면 회의는 엉망이 될 것이기 때문입니다. 인도네시아에 면박을 준다면, 세계의 모든 국가들이 인도네시아가 회의를 제대로 준비할 수 없다거나, 회의가 매우 나쁘게 조직되었다고 생각할 것입니다. ……무엇보다도 하나 기억해야 할 사실은, 이와 같은 사실이 인도네시아에서는 자주 망각되고 있다는 점입니다. 예를 들어 목욕 시설과 화장실의 적절한 제공 등 말입니다. 사람은 화실(畵室) 없이는 살 수 있지만, 욕실과 화장실 없이는 살 수 없습니다." Nehru to B. F. H. B. Tyabji, 20 February 1955, *Selected Works,* second series, vol. XXVIII, pp. 99-100. (http://nehruportal.nic.in/selected-works-jawahar-lal-nehru-second-series-28#page/138/mode/2up에서 확인할 수 있다—옮긴이.)

41. "수카르노의 연설" (1955년 4월 18일), *Let a New Asia and a New Africa Be Born!* (Jakarta: Ministry of Foreign Affairs, 1955). (http://library.michaelputra.com/2009/07/let-a-new-asia-and-new-africa-be-born/에서 확인할 수 있다—옮긴이.)

42. *Ibid.*

43. *Ibid.*

44. 롱펠로의 시 원문. "A cry of defiance and not of fear, A voice in the darkness, a knock at the door, And a word that shall echo for evermore."

45. "반둥에서 열린 아시아·아프리카 회의 폐막 연설" (1955년 4월), Nehru, *Selected Works*, second series, vol. XXVIII, pp. 101-102. (http://nehruportal.nic.in/selected-works-jawahar-lal-nehru-second-series-28#page/140/mode/2up에서 확인할 수 있다—옮긴이.)

46. '평화 공존'은 1920년 4월 18일 레닌이 〈뉴욕 이브닝 저널(New York Evening Journal)〉과의 인터뷰에서 처음으로 사용한 용어다. "아시아에서 소련의 계획요? 그것은 유럽과 같습니다. 모든 국가의 인민·노동자·농민과의 평화 공존입니다."

47. 力平·馬芷蓀,《周恩來年譜》제2권 (北京: 中央文獻, 1997); 熊華源,《周恩來初登世界舞台》(瀋陽: 遼宁人民出版社, 1999).

48. "반둥에서 열린 아시아·아프리카 회의 폐막 연설" (1955년 4월 22일), Nehru, Selected Works, second series, vol. XXVIII, p. 108에서 인용.

49. Ibid., p. 100.

50. Bandung 1955 (Colombo: Government Press, n.d.), pp. 30-31에서 인용. (국회도서관 입법조사국 엮음,《제3세계 관계자료집》, 국회도서관, 1978, 21-22쪽—옮긴이.)

51. "반둥에서 열린 아시아·아프리카 회의 폐막 연설" (1955년 4월), Nehru, Selected Works, second series, vol. XXVIII, p. 124에서 인용.

52. Matthew Connelly, Diplomatic Revolution, p. 96.

53. "미하일 카피차(Mikhail Kapitsa) 전 외교부 부부장과의 인터뷰" (1992년 9월 8일).

54. 이 회의의 준비 과정에 대해서는 "네루와 카르델리의 대화록" (1955년 7월 5일), Arhiv Srbije i Crne Gore (세르비아·몬테네그로연방문서고, ASCG), A CK SKJ IX, 42/V-13 참조.

55. "올레그 트로야놉스키(Oleg Troianovskii) 전 국제연합 주재 소련 대사와의 인터뷰" (1992년 9월 14일).

56. "네루와 가말 압델 나세르의 대화록" (1955년 5월 1일), Nehru, Selected Works, second series, vol. XXVIII, p. 220.

57. James D. LeSueur, Uncivil War: Intellectuals and Identity Politics During the Decolonization of Algeria (Philadelphia: University of Pennsylvania Press, 2001) 참조. (사르트르의 말은 프란츠 파농, 남경태 옮김,《대지의 저주받은 자들》그린비, 2004, 45쪽에서 확인할 수 있다—옮긴이.)

58. "민주사회를위한학생위원회의 포트휴런 선언" (1962년 6월 11~15일). (http://www.vlib.us/amdocs/texts/porthuron.html에서 확인할 수 있다—옮긴이.)

59. Piero Gleijeses, Conflicting Missions: Havana, Washington, and Africa, 1959-1976 (Chaper Hill, NC: University of North Carolina Press, 2002), p. 39.

60. 2020년 현재 비동맹 운동의 회원국은 120개국이다. (현재 시점으로 수정했다—

옮긴이.)

61. "베오그라드에서 개최한 '제1차 비동맹 회의 선언문'" (1961년 9월), http://ris.org. in/others/NAM-RIS-Web/NAM%20Declaration%20%26%20Docs/NAM%20Summit-1-Sep%206-%201961-FinalDocument-BelgradeDeclaration-min.pdf. (국회입법 조사국 엮음,《제3세계 관계자료집》, 국회도서관, 1978, 93-103쪽. 인용문은 97쪽 참조―옮긴이.)

62. Cabral, "Speech given on the occasion of the day dedicated to Kwame Nkrumah, 13 May 1972," *Unity and Struggle*, p. 116. 은크루마는 부쿠레슈 티 병원에서 1972년 4월 27일 암으로 사망했다. (https://libya360.wordpress. com/2014/10/03/amilcar-cabral-imperialism-betrayal-and-the-african-liberation-struggle/에서 확인할 수 있다―옮긴이.)

63. 아밀카르 카브랄은 1966년 1월 3~12일 쿠바의 아바나에서 개최한 제1차 아프리 카·아시아·라틴아메리카 연대 회의에서 포르투갈 식민지에 대항하는 인민과 민 족주의 조직을 대표해 "이론의 무기(The Weapon of Theory)"라는 제목의 연설 을 했다. 이 연설에서 카브랄은 마르크스주의로의 전환을 명확히 선언했다. *Unity and Struggle*, pp. 119-137에서 인용. (벤 튜록 엮음, 박영호 옮김,《20세기 혁명사 상》, 동녘, 1986), 109-119쪽―옮긴이.)

04 제3세계의 형성: 혁명과 대립하는 미국

1. Angus Maddison, *The World Economy: A Millennial Perspective* (Paris: OECD Development Centre, 2001). (https://theunbrokenwindow.com/Development/ MADDISON%20The%20World%20Economy―A%20Millennial.pdf에서 확인할 수 있다―옮긴이.)

2. "NSC 68: Unites States Objectives and Programs for National Security," *Foreign Relations of the United States (FRUS), 1950*, vol. I, pp. 237-286. (국가안전보장 회의 문서 제68호는 https://www.mtholyoke.edu/acad/intrel/nsc-68/nsc68-1.htm 에서 확인할 수 있다. 축약 번역본이 한국미국사학회 엮음,《사료로 보는 미국사》, 궁리, 2006, 369-374쪽에 수록되어 있다―옮긴이.)

3. "NSC 51, US policy towards Southeast Asia, 1 July 1949," Declassified Documents Reference System (비밀해제문서참고시스템, DDRS).

4. CIA의 "인도네시아에서 네덜란드의 '치안 행동' 결과 (1949년 1월 27일)" 보고서, DDRS, p. 1. (https://www.cia.gov/library/readingroom/docs/DOC_0000258552. pdf에서 확인할 수 있다. 쪽수를 추가했다—옮긴이.)

5. "애치슨 국무장관과 슈티커르(Stikker)·클레펜스(van Kleffens)의 대화록" (1949년 3월 31일), *FRUS, 1949*, vol. IV, pp. 258-261. (https://history.state.gov/histori caldocuments/frus1949v04/pg_258에서 확인할 수 있다—옮긴이.) Robert J. McMahon, *Colonialism and Cold War: The United States and the Struggle for Indonesian Independence, 1945-49* (Ithaca: Cornell University Press, 1981), p. 293도 참조.

6. 당시 국무부에서 인도네시아 업무 조정을 담당했던 프레더릭 놀팅(Frederick Nolting) 의 기억에 따르면 수카르노는 미국 정책 결정자들이 보기에 그가 추구하는 방향이 옳든 그르든 진정한 인도네시아 민족주의자로 인식되었다고 한다. 수카르노는 소련 에서 교육을 받지도 않았으며, 공산주의자라는 혐의도 없었다. 훗날 수카르노에 대 한 미국의 인식이 바뀌었지만 그럼에도 불구하고 미국은 수카르노를 진정한 대중 적 민족주의자로 이해했다. 1975년 6월 버지니아주 샬러츠빌에서 리처드 D. 맥킨 지가 프레더릭 놀팅와 진행한 인터뷰. Harry S. Truman Presidential Library, p. 7. 놀팅은 1961~1963년 베트남 주재 미국 대사를 역임했다. (놀팅의 인터뷰는 https:// www.trumanlibrary.org/oralhist/nolting.htm에서 확인할 수 있다—옮긴이.)

7. "쿠알라룸푸르 총영사 헨드릭 판 오스(Hendrik Van Oss)가 애치슨 국무장관에게 보 낸 비밀문서(1950~1952)" (1951년 12월 4일), Record Group(RG) 84, US National Archives at College Park, MD (NA-CP).

8. "루트킨스(Lutkins) 영사가 볼드윈(Baldwin)에게 보낸 쿠알라룸푸르 총영사 비밀 문서(1950~1952)" (1952년 1월 25일), RG 84, NA-CP. Thor-Egil Eide. "Outside the Perimeter? An Inquiry into US-Malayan Relations, 1948-1957," hovedfag dissertation, University of Oslo, 1998.

9. "에드워드 랜스데일이 마닐라에서 쓴 일기" (1947년 8월 17, 24일), Hoover Institu- tion Archives Stanford, CA.

10. Michael McClintock, *Instruments of Statecraft: US Guerrilla Warfare, Counter- insurgency, and Counterterrorism, 1940-1990* (New York: Pantheon Books, 1992), 4장, p. 110. (http://www.statecraft.org/chapter4.html에서 확인할 수 있다. 쪽수를 추가했다—옮긴이.) 또 이 작전과 관련한 미국의 공식 역사 참조. Lawerence

M. Greenberg, "The Hukbalahap Insurrection: A Case Study of a Successful Anti-Insurgency Operation in the Philippines, 1946-1955," on https://history.army.mil/books/coldwar/huk/huk-fm.htm.

11. "매카시의 상원 연설" (1950년 12월 6일), *Major Speeches and Debates by Senator Joseph McCarthy Delivered in the US Senate 1950-1951* (New York: Garden Press, 1975), pp. 157-160에서 인용.

12. "아이젠하워의 메모" (1950년 4월 29일), Alfred D. Chandler ed., *The Papers of Dwight D. Eisenhower* (Baltimore: Johns Hopkins University Press, 1981), vol. XI, p. 1092에서 인용.

13. Robert D. Schulzinger, *A Time for War: The United States and Vietnam, 1941-1975* (Oxford: Oxford University Press, 1997), p. 55에서 인용.

14. *Ibid.,* p. 58.

15. Stephen Kinzer, *All the Shah's Men: An American Coup and the Roots of Middle East Terror* (Hoboken: John Wiley, 2003), p. 158.

16. *Ibid.*, p. 107.

17. *Ibid.*, p. 70.

18. James F. Goode, *The United States and Iran: In the Shadows of Mussadiq* (New York: St. Martin's Press, 1997), p. 82.

19. "국가안전보장회의 회의록" (1953년 3월 4일), *FRUS, 1952-1954*, vol. X, p. 693. (https://history.state.gov/historicaldocuments/frus1952-54v10/d312에서 확인할 수 있다—옮긴이.)

20. CIA, "Cladestine Service History: Overthrow of Premier Mossadeq of Iran, November 1952-August 1953." on https://archive.org/details/CIA-Mossadeq-Iran-1953 참조. CIA 내부에서 회람된 이란 쿠데타에 대한 사후 보고서를 2000년 〈뉴욕타임스〉가 공개했다. 이 보고서는 이란에서 활동하던 CIA 팀이 이란인 동료와 협업하는 데 겪었던 어려움을 강조하고 있다. "특히 쿠데타 계획에 참여했던 이란인 모두가 그들이 맡은 행동을 취하지 않았다는 점이 분명해졌다. 그리고 심지어 행동한 이들 역시 그들이 해야 할 일을 정확하게 따르지 않았다. ……초기 군사 작전이 제대로 이루어지지 않은 것은 이란인에게 책임이 있다. 그들은 기지가 매우 중요하다고 판단한 작전 지도를 받아들이길 거부했다." 이는 특히 거리 시위를 지휘할 예정이었던 테헤란의 깡패 두목 '무식한' 샤반 자파리(Shaban Jafari)를 지칭

한 것이다. (CIA, "비밀 작전사," p. 90. 쪽수를 추가했다—옮긴이.)

21. Douglas Little, *American Orientalism: The United States and the Middle East Since 1945* (London: I. B. Tauris, 2003), p. 217.

22. Gamal Abdel Nasser, "The Philosophy of the Revolution (1954)," in Sylvia G. Haim, ed., *Arab Nationalism: An Anthology* (Berkeley, CA: University of California Press, 1962), pp. 230-231. (가말 압델 나세르, 원용찬 옮김, 《혁명의 철학》, 고구려문화사, 1958〔1954〕, 88쪽, 중략 이후 부분은 109-110쪽. 나세르가 인용한 것은 이탈리아 극작가 루이지 피란델로(Luigi Pirandello)의 《작가를 찾는 6명의 등장인물》이다. 영어 번역본은 https://archive.org/details/ThePhilosophyOfTh eRevolutionBookI에서 확인할 수 있다—옮긴이.)

23. Douglas Little, *American Orientalism*, p. 166.

24. Mark Kramer, "New Evidence on Soviet Decision-Making and the 1956 Polish and Hungarian Crises," *Cold War International History Project Bulletin*, 8-9 (1996/1997); Csaba Bekes, "The 1956 Hungarian Revolution and World Politics," *Cold War International History Project Working Paper*, 16 (Washington: Woodrow Wilson Center, 1996); M. J. Cohen, "Prologue to Suez: Anglo-American Planning for Military Intervention in a Middle East War, 1955-1956," *Journal of Strategic Studies*, 26.2 (June 2003): 152-183.

25. Douglas Little, *American Orientalism*, p. 174에서 인용.

26. *Ibid.*, p. 176.

27. "The Suez Canal Problem, 26 July-22 September 1956," *US Department of State Publication*, no 6392 (Washington: GPO, 1956), pp. 345-351.

28. Douglas Little, *American Orientalism*, p. 178.

29. Rossiiskii Gosudarstvennyi Arkhiv Sotsialno-politicheskoi Istorii (러시아국립사회정치사문서고, RGASPI), f. 3, op. 12, d. 995, pp. 1-19.

30. "트루먼 대통령이 에드워드 제이컵슨(Edward Jacobson: 미국의 유대인 사업가로 트루먼과의 친분을 통해 미국이 친이스라엘 정책을 펼 수 있도록 활발하게 로비했다—옮긴이)에게 보낸 편지" (1948년 2월 27일). (https://www. trumanlibrary.org/whistlestop/study_collections/israel/large/documents/index. php?documentdate=1948-02-27&documentid=42&pagenumber=1에서 확인할 수 있다—옮긴이.)

31. "Draft: The Position of the United States with Respect to Palestine, NSC," 17 Feburary 1948. (https://www.trumanlibrary.org/whistlestop/study_collections/ israel/large/documents/newPDF/38.pdf에서 원문을 확인할 수 있다―옮긴이.) 통합참모본부는 이스라엘-팔레스타인 분리 정책에 비관적이었다. 이는 수많은 아랍인의 반감을 살 것이며, 이를 빌미로 소련이 주도하는 국제연합군이 중동 지역에 주둔할 수 있기 때문이었다.

32. Isaac Alteras, *Eisenhower and Israel: US-Israeli Relations, 1953-1960* (Gainesville: University of Florida Press, 1993); Abraham Ben-Zvi, *Decade of Transition: Eisenhower, Kennedy, and the Origins of the American-Israeli Alliance* (New York: Columbia University Press, 1998). 아브라함 벤즈비의 핵심 주장은 아이젠하워의 두 번째 임기를 거치면서 미국의 정책이 현격히 변화했다는 것이다.

33. Audrey R. Kahin and George McT. Kahin, *Subversion as Foreign Policy: The Secret Eisenhower and Dulles Debacle in Indonesia* (New York: New Press, 1995), p. 75.

34. *Ibid.,* p. 94.

35. *Ibid.,* p. 124.

36. 1958년 7월까지 미국과 중화민국 조종사는 대만에서 출격하는 폭격 임무를 수행했다.

37. "국가안전보장회의 회의록" (1958년 8월 7일), *FRUS, 1958-1960*, vol. XIV, p. 20. (https://history.state.gov/historicaldocuments/frus1958-60v14/d6에서 확인할 수 있다―옮긴이.)

38. Gerhard Th. Molin, *Die USA und der Kolonialismus: Amerika als Partner und Nachfolger der belgischen Macht in Afrika 1939-1965* (Berlin: Akademie Verlag, 1996), p. 153. 니에마이어는 독일 이민자 출신으로서 국무부 정책기획국에서 근무했다. 〔그는 훗날 *An Inquiry into Soviet Mentality* (New York: Praeger, 1956)의 저자로 유명하다.〕

39. Jonathan E. Helmreich, *United States Relations with Belgium and the Congo, 1940-1960* (Newark: University of Delaware Press, 1998), pp. 149-182. 그리고 같은 저자의 *Gathering Rare Ores: The Diplomacy of Uranium Acquisition, 1943-1954* (Princeton: Princeton University Press, 1986).

40. Matthew Connelly, *A Diplomatic Revolution: Algeria's Fight for Independence*

and the Origins of the Post-Cold War Era (Oxford: Oxford University Press, 2002), p. 50.

41. 미군 내 인종차별 정책 폐지에 대한 탁월한 개관으로는 Morris J. MacGregor Jr., *Integration of the Armed Forces 1940-1965* (Washington: Center of Military History, 1985) 참조. 1948년 7월 26일 트루먼 대통령이 서명한 행정명령 9981호로 원칙적으로는 군대 내 인종 통합 정책이 시작되었지만, 실제 군대 내 모든 조직에 이와 같은 조치를 전면적으로 실행하는 데에는 상당한 시일이 필요했다.

42. Gerhard Th. Molin, *Die USA und der Kolonialismus*, pp. 101-102.

43. Thomas Borstelmann, *Apartheid's Reluctant Uncle: the United States and Southern Africa in the Early Cold War* (Oxford: Oxford University Press, 1993), p. 129.

44. George McGhee, *Envoy to the Middle World: Adventures in Diplomacy* (New York: Harper & Row, 1983), pp. 143-144.

45. "아이젠하워 대통령과 크리스천 허터 국무장관의 대화록" (1960년 3월 24일), *FRUS, 1958-1960*, vol. XIV, pp. 741-742. (https://history.state.gov/historicaldocuments/frus1958-60v14/d346에서 확인할 수 있다—옮긴이.)

46. "아이젠하워 대통령과 해럴드 맥밀런 영국 총리의 대화록" (1960년 3월 28일), *Ibid.*, p. 746. (https://history.state.gov/historicaldocuments/frus1958-60v14/d346에서 확인할 수 있다—옮긴이.)

47. NIE 73-60, "The Outlook for South Africa" (19 July 1960), *Ibid.*, p. 754. (https://history.state.gov/historicaldocuments/frus1958-60v14/d352에서 확인할 수 있다—옮긴이.)

48. "애버렐 해리먼이 러스크 국무장관에게" (1964년 7월 1일), *FRUS, 1964-1968*, vol. XXIV, p. 742. (https://history.state.gov/historicaldocuments/frus1964-68v24/pg_742에서 확인할 수 있다—옮긴이.) 미국의 앙골라해방민족전선 지원은 "앙골라(이 제목은 비밀 해제되지 않았다): 국무부 정보와 연구부 보고서" (1967년 3월 6일), *Ibid.*, pp. 770-771 참조. (https://history.state.gov/historicaldocuments/frus1964-68v24/pg_770에서 확인할 수 있다—옮긴이.)

49. "국무부가 리스본 대사관에" (1968년 2월 8일), *Ibid.*, p. 781. (https://history.state.gov/historicaldocuments/frus1964-68v24/pg_781에서 확인할 수 있다—옮긴이.)

50. "대외 원조에 대한 의회 특별 연설" (1961년 3월 22일), *Public Papers of the Presidents of the United States (PPP-US)*, *John F. Kennedy*, vol. I, pp. 340-343. (http://www.presidency.ucsb.edu/ws/?pid=8545에서 확인할 수 있다―옮긴이.)

51. "체스터 볼스가 케네디 대통령에게: 아프리카 임무에 대한 보고서" (1962년 10월 15일~11월 9일) DDRS.

52. Mary L. Dudziack, *Cold War Civil Rights: Race and the Image of American Democracy* (Princeton: Princeton University Press, 2002), p. 131.

53. "맬컴 X의 뉴욕 팜가든스 연설" (1964년 4월 8일), *Malcolm X Speaks* (New York: Pathfinder Press, 1965), p. 55. (http://malcolmxfiles.blogspot.kr/2013/07/the-black-revolution-april-8-1964.html에서 확인할 수 있다―옮긴이.)

54. Matthew Connelly, *A Diplomatic Revolution*, p. 253.

55. Lumumba, "Speech on Independence Day," 30 June 1960. (https://www.marxists.org/subject/africa/lumumba/1960/06/independence.htm에서 확인할 수 있다―옮긴이.)

56. "국가안전보장회의 회의록" (1960년 5월 5일), *FRUS, 1958-1960*, vol. XIV, p. 274. (https://history.state.gov/historicaldocuments/frus1958-60v14/d101에서 확인할 수 있다―옮긴이.) 미국의 콩고 정책이 콩고 내 사업을 추진하는 세력 간 충돌을 통해 결정되었다는 다소 확실하지 못한 설명으로는 David N. Gibbs, *The Political Economy of the Third World Intervention: Mines, Money, and US Policy in the Congo Crisis* (Chicago: University of Chicago Press, 1991), 특히 pp. 28-33, pp. 193-208 참조. 미국의 콩고 개입에 대한 탁월한 개관은 Lise A. Namikas, *Battleground Africa: The Cold War and the Congo Crisis: Cold War in the Congo, 1960-1965* (Stanford: Stanford University Press, 2013) 참조. (원저에는 나미카스의 박사 학위 논문을 소개하고 있으나, 이 번역본에서는 이후에 출간한 단행본을 소개했다―옮긴이.)

57. "국가안전보장회의 회의록" (1960년 7월 21일), DDRS.

58. "커밍(Cumming)이 허터 국무장관에게" (1960년 7월 25일), *FRUS, 1958-1960*, vol. XIV, p. 356에 인용된 루뭄바의 발언. (https://history.state.gov/historicaldocuments/frus1958-60v14/pg_356에서 확인할 수 있다―옮긴이.) 카탕가 지역에 대한 소련의 입장은 "Shaba: etnoregionalizm I natsionalnaia politika(Shaba: Ethnoregionalism and National Policy)," *Vostok*, 2 (1993): 47-56 참조.

59. Madeleine G. Kalb, *The Congo Cables: The Cold War in Africa from Eisenhower to Kennedy* (New York: Macmillan, 1982), p. 37.

60. "크리스천 허터 국무장관과 루뭄바의 대화록" (1960년 7월 27일), *FRUS, 1958-1960*, vol. XIV, pp. 359-366. (https://history.state.gov/historicaldocuments/frus1958-60v14/pg_359에서 확인할 수 있다—옮긴이.)

61. "국가안전보장회의 회의록" (1960년 8월 18일), *Ibid.*, p. 424. (https://history.state.gov/historicaldocuments/frus1958-60v14/pg_424에서 확인할 수 있다—옮긴이.)

62. 국가안전보장회의에서 논의한 "통합참모본부 보고서" (1960년 8월 1일), *Ibid.*, p. 373에서 인용.

63. *Alleged Assassination Plots Involving Foreign Leaders: An Interim Report of the Select Committee to Study Governmental Operations with Respect to Intelligence Activities, United States Senate; Together with Additional, Supplemental and Separate Views* (이하 '미 상원 중간 보고서') (New York: Norton, 1976)에 인용되어 있는, 덜레스가 킨샤사의 CIA 요원에게 내린 지시. p. 15. (https://www.intelligence.senate.gov/sites/default/files/94465.pdf에서 확인할 수 있다—옮긴이.) "국가안전보장회의 특별위원회의 논의 요약문" (1960년 8월 25일), *Ibid.*, pp. 60-61도 참조.

64. "콩고 레오폴드빌(킨샤사) 주재 미국 대사관이 국무부에" (1960년 9월 18일), *FRUS, 1958-1960*, vol. XIV, p. 494. (https://history.state.gov/historicaldocuments/frus1958-60v14/d220에서 확인할 수 있다—옮긴이.)

65. *Interim Report, US Senate* and Madeleine G. Kalb, *The Congo Cables*, p. xi. 루뭄바에 대한 영국의 시각은 Alan James, *Britain and the Congo Crisis* (Houndsmills: Macmillan, 1996) 참조.

66. "영국 주재 미국 대사관이 국무부에" (1960년 9월 13일), *FRUS, 1958-1960*, vol. XIV, p. 486. (제목을 추가했다. https://history.state.gov/historicaldocuments/frus1958-60v14/d213에서 확인할 수 있다—옮긴이.)

67. Carl Mydans and Shelley Smith Mydans, *The Violent Peace* (New York: Athenaeum, 1968), pp. 53-63.

68. 루뭄바의 사망에 대한 벨기에 의회조사단의 보고서 제목은 다음과 같다. Chambre des Représentants de Belgique, "Enquête parlementaire chargée de déterminer

les circonstances exactes de l'assassinat de Patrice Lumumba et l'implication éventuelle des responsables politiques belges dans celui-ci(벨기에 하원에 제출된, 파트리스 루뭄바 살해와 관련해 정확한 상황 및 살해 과정에 벨기에 정치인이 개입했는지 여부에 대한 조사 보고서)" (2001년 11월 16일). 이 조사는 조사위원회를 대신해 다니엘 바크켈렌 등이 이끌었다. Daniel Bacquelaine et al., doc no. 50 0312/006, 16 November 2001. (http://affaire-lumumba.be/commission.html 에서 확인할 수 있다―옮긴이.) Ludo De Witte, *The Assassination of Lumumba* (London: Verso, 2002)도 참조.

69. "대화록" (1963년 5월 31일), *FRUS, 1961-1963*, vol. XX, pp. 858-863. (제목을 추가했다. https://history.state.gov/historicaldocuments/frus1961-63v20/d423에서 확인할 수 있다―옮긴이.)

70. "콩고 레오폴드빌(킨샤사) 주재 미국 대사관이 국무부에" (1963년 10월 25일), Madeleine Kalb, *The Congo Cables*, p. 377에서 인용.

71. "콩고 문제에 대한 국가안전보장회의 회의록" (1964년 8월 11일), DDRS.

72. "린든 존슨 대통령과 조지 볼의 전화 통화록" (1964년 11월 25일), DDRS.

73. "린든 존슨 대통령과 딘 러스크 국무장관의 전화 통화록" (1964년 11월 26일 오후 12시), 테이프 번호 6486, Lyndon Baines Johnson Presidential Library, Austin, Texas (LBJL).

74. "린든 존슨 대통령과 월터 로이서(Walter Reuther) 미국자동차노조 위원장의 전화 통화록" (1964년 11월 24일 오전 10시), 테이프 번호 6474, LBJL.

75. Piero Gleijeses, *Conflicting Missions*, p. 72. 이에 대한 소련의 입장은 Iurii Vinokurov, "Pvstanscheskoe dvizhenie 1963-1965 gg. v Kongo (The Rebel Movement of 1963-1965 in the Congo)," *Narody Azii I Afriki*, 5 (1981): 102-109 참조.

76. "고들리 콩고 주재 미국 대사가 국무부에" (1965년 10월 30일), DDRS.

77. Piero Gleijeses, *Conflicting Missions*, p. 65에서 인용한 아흐메드 벤 벨라의 발언.

78. "맬컴 X의 팜가든스 연설" (1964년 4월 8일), *Malcolm X Speaks*, p. 55. (http://malcolmxfiles.blogspot.kr/2013/07/the-black-revolution-april-8-1964.html에서 확인할 수 있다―옮긴이.)

79. Lars Schoultz, *Beneath the United States: A History of US Policy Toward Latin America* (Cambridge: Harvard University Press, 1998), p. 115.

80. Jürgen Buchenau, *In the Shadow of the Giant: The Making of Mexico's Central American Policy, 1876-1930* (Tuscaloosa: University of Alabama Press, 1996).

81. "아우구스토 세사르 산디노가 라틴아메리카 통치자들에게 보내는 편지" (1928년 8월 4일), (http://www.latinamericanstudies.org/sandino/sandino8-4-28.htm에 서 확인할 수 있다—옮긴이.)

82. CIA, "Soviet Objectives in Latin America," ORE 16/1, 1 November 1947. (https://www.cia.gov/library/readingroom/document/0000256978에서 확인할 수 있다—옮긴이.)

83. CIA, Special Estimate, "Probable Developments in the World Situation through Mid-1953," 24 September 1951. (https://www.cia.gov/library/readingroom/docs/DOC_0000119697.pdf에서 확인할 수 있다—옮긴이.)

84. CIA, Information Report, "Personal Political Orientation of President Arbenz/ Possibility of a Left-Wing Coup," September 1952. (https://history.state.gov/historicaldocuments/frus1952-54Guat/d27에서 확인할 수 있다—옮긴이.)

85. Piero Gleijeses, *Conflicting Missions*, p. 150에서 인용한 아르벤스의 발언. 아르벤스의 농업 정책에 대해서는 *Ibid.*, pp. 149-170; Douglas W. Trefzger, "Guatemala's 1952 Agrarian Reform Law: A Critical Reassessment," *International Social Science Review*, 77. 1-2 (2002): 32-46 참조.

86. CIA, Special Report on the Political Situation of Guatemala and its Relation to Hemispheric Security, 3 March 1953. (https://www.cia.gov/library/readingroom/docs/DOC_0000914959.pdf에서 확인할 수 있다—옮긴이.) Memorandum for Director of Central Intelligence, "Indications of Soviet Involvement in ALFHEM shipment; Possibility of Futher Shipments," 20 May 1953. (https://www.cia.gov/library/readingroom/docs/DOC_0000923464.pdf에서 확인할 수 있다—옮긴이.)

87. Nick Cullather, *Secret History: The CIA's Classified Account of its Operations in Guatemala, 1952-1954* (Stanford: Stanford University Press, 1999), p. 69.

88. *Ibid.*, pp. 62-63.

89. Russ Olson, "You can't Spit on a Foreign Policy," *SHAFR Newsletter* (2000년 9월).

90. Che Guevara, *Back on the Road: A Journey to Central America* (London:

Vintage, 2002), p. 67.

91. Nick Cullather, *Secret History*, p. 110.

92. "알렉시스 존슨(Alexis Johnson)과 맥조지 번디 그리고 다른 이들의 대화록" (1964년 3월 28일), 주제: 브라질, DDRS.

93. "린든 존슨 대통령과 조지 볼 국무차관, 토머스 만(Thomas Mann) 국무부 차관보의 전화 통화록" (1964년 3월 31일 오후 2시 38분), 테이프 번호 2718, LBJL.

94. "린든 존슨 대통령과 토머스 만의 전화 통화록" (1964년 4월 3일 오후 12시 6분), 테이프 번호 2843, LBJL. "린든 존슨 대통령과 맥조지 번디의 전화 통화록" (1964년 4월 14일 오후 12시 50분), 테이프 번호 3025, LBJL. 4월 1일 린든 존슨 대통령을 만난 맥나마라 국무장관은 대책 본부의 상황을 보고했다. "오늘 아침 보급팀이 출발해 아마 4월 11일 정도면 산투스(Santos) 주변에 도착할 것입니다. 무기와 총알은 뉴저지에서 비행기에 탑재했으며, 브라질에 도착하기까지는 약 16시간 정도가 걸린다고 합니다. 석유, 석유와 관련한 기름 제품, 윤활유 등은 현재 해군에서 가장 빠른 급유선에 실려 카리브해의 아루바(Aruba)에서 방향을 바꿔 브라질로 향하고 있습니다. 이 배는 4월 10일이나 11일 사이 브라질에 도착할 것입니다. 또 엑슨모빌(Exxon Mobil)이 전세를 낸 노르웨이 유조선이 남대서양에서 차량과 항공기용 가솔린을 싣고 오고 있습니다. 이 배는 4월 5일이나 6일 정도 목적지인 부에노스아이레스에 도착할 것입니다." "대화록" (1964년 4월 1일), *FRUS, 1964-1968*, vol. XXXI. 대책 본부는 브라질의 쿠데타가 성공한 것이 확실해진 4월 3일 소집되었다. (https://history.state.gov/historicaldocuments/frus1964-68v31/d202에서 확인할 수 있다—옮긴이.)

95. "리우데자네이루(브라질) 주재 미국 대사관이 국무장관에게" (1964년 6월 10일), DDRS. 쿠데타 직전까지 미국-브라질 관계는 Michael W. Weis, "The Twilight of Pan-Americanism: The Alliance for Progress, Neo-Colonialism, and Non-Alignment in Brazil, 1961-1964," *International History Review*, 23-2 (2001): 322-344 참조. 브라질 측의 기록으로는 Maria Celina Soares D'Araújo, Gláucio Ary Dillon Soares, Celso Castro, *Visões do golpe: a memória militar de 1964* (Vision of a Coup: On Military Memories of 1964) (Rio de Janeiro: Relume Dumará, 1994) 참조.

96. CIA, "The Policies of the Castelo Branco Regime in Brazil: Achievements and Potential Conflicts," 31 December 1964, DDRS.

97. Dwight H. Perkins et al., *Economics of Development* (New York: Norton, 2001), p. 121.

98. "브라질 주재 미국 대사관이 국무장관에게" (1964년 9월 25일), DDRS.

99. "우루과이 주재 미국 대사관이 국무장관에게" (1965년 7월 27일), DDRS.

100. CIA, Intellegence Information Cable, 26 April 1965, DDRS.

101. "린든 존슨 대통령과 맨스필드(Mansfield)의 전화 통화록" (1965년 4월 30일 오전 11시 51분), 테이프 번호 7410, LBJL.

102. "린든 존슨 대통령과 포타스 그리고 맥나마라의 전화 통화록" (1965년 4월 30일 오전 10시 50분), 테이프 번호 6504, LBJL.

103. "린든 존슨 대통령과 맥조지 번디의 전화 통화록" (1965년 5월 1일 오후 2시 21분), 테이프 번호 7506, LBJL.

104. "린든 존슨 대통령과 포타스의 전화 통화록" (1965년 5월 16일 오후 12시 30분), 테이프 번호 6505, LBJL.

105. Clara Nieto, *Masters of War: Latin America and United States Aggression from the Cuban Revolution through the Clinton Years* (New York: Seven Stories Press, 2003), p. 101.

106. "프랑스 주재 미국 대사관이 국무장관에게" (1965년 5월 4일), DDRS.

107. 존슨의 주요 보좌진들은 존슨 대통령이 도미니카공화국의 불안정한 상황과 관련해 카스트로를 비난하는 행위를 조금은 주의해야 한다고 생각했다. 위기가 최고조에 달했을 때, 맥나마라 국방장관은 존슨 대통령에게 다음과 같이 말했다. "대통령 각하, 저는 도미니카와 쿠바의 관련성을 증명하는 일이 상당히 어렵다고 생각합니다. 나머지 사람들은 이를 말할 수 있고, 그걸 굳이 증명하지 않아도 됩니다. ……대통령께서는 카스트로가 무엇을 꾸미고 있는지 알지 못합니다. 우리는 도미니카공화국 내의 어떤 조직이 카스트로의 훈련을 받았는지 증명하기 위해 노력했습니다. **우리**는 많은 사람을 훈련시켰습니다. 카스트로도 많은 사람을 훈련시켰습니다. 나는 이 일이 대통령의 지위와 명성을 지나치게 위태롭게 만든다고 생각합니다. ……〔불명확함〕 저는 카스트로가 이 일을 지도하거나, 혹은 도미니카에 들어온 사람들을 통제하고 있다는 증거를 본 적이 없습니다." "존슨 대통령과 맥나마라의 전화 통화록" (1965년 4월 30일 오후 5시 5분), 테이프 번호 6504, LBJL.

108. "코머가 맥조지 번디에게" (1965년 7월 7일), DDRS.

109. Kevin H. O'Rourke and Jeffrey G. Williamson, *Globalization and History: The Evolution of a Nineteenth-Century Atlantis Economy* (Cambridge: MIT Press, 1999) 참조.

110. Kunibert Raffer and H. W. Singer, *The Economic North-South Divide: Six Decades of Unequal Development* (Northampton: Edward Elgar, 2001), p. 25. 물론 제3세계의 개별 국가마다 국제 무역이 갖는 위상은 달랐다. 이를테면 전후 에티오피아 경제에서 국제 무역은 13퍼센트 정도의 비중을 차지했으며, 나이지리아의 경우는 48퍼센트였다.

111. 1963년부터 1986년까지 산업 생산은 1년 평균 3.9퍼센트 성장했으나, 천연자원의 소비는 1년에 약 1.5퍼센트밖에 증가하지 않았다. Dwight H. Perkins et al., *Economics of Development*, p. 635.

112. US Agency for International Development, *US Overseas Loans and Grants and Assistance from International Organizations: Obligations and Loan Author-izations, July 1, 1945-September 30, 2001* (Washington: Office of Planning and Budgeting, Bureau for Program Policy and Coordination, Agency for International Development). (이 문서는 현재 최신 정보를 반영한 2013년판을 볼 수 있다. https://www.usaid.gov/sites/default/files/documents/1868/USOver seasLoansGrantstheGreenBook2013.pdf에서 확인할 수 있다―옮긴이.)

113. "존 F. 케네디의 대외 원조에 대한 의회 특별 연설" (1961년 3월 22일), *Public Papers of the Presidents of the United States (PPP-US)*, *John F. Kennedy*, vol. I, pp. 204-206. (http://www.presidency.ucsb.edu/ws/?pid=8545에서 확인할 수 있다―옮긴이.)

114. Lizette Alvarez, "Lifting History's Curtain: Nixon Considered Seizing Oil Fields in 1973," *International Herald Tribune*, 2 January 2004.

05 쿠바와 베트남의 도전

1. "니키타 흐루쇼프의 소련공산당 중앙위원회 12월 전원회의 연설," (1963년 12월 13일), Rossiiskii gosudarstvennyi arkhiv noveishei istorii (러시아국립현대사문서고, RGANI), f. 2, op. 1, d. 679, pp. 126-127.

2. 1958년 등장한 '3개 세계론' 개념의 기원과 마오쩌둥의 '중간지대론' 개념의 사용에

대해서는 中共中央文獻研究室 編,《毛澤東傳: 1949-1976》(北京: 中央文獻出版社, 2003), 제2권, pp. 905-909 참조.

3. "FBI의 후버 국장이 백악관의 젠킨스(Jenkins)에게: 1964년 1월 인도네시아를 방문한 캐나다, 불가리아 공산주의자에 대한 FBI 보고서" (1964년 4월 7일), Declassified Documents Reference System (비밀해제문서참고시스템, DDRS).

4. "모스크바에서 진행된 소련 대표와 중국 대표의 대화록" (1963년 7월 12일), Stiftung Archiv der Parteien und Massenorganisationen in Bundesarchiv, Berlin (동독의 정당및대중조직문서고, SAPMO-BArch), DY-30, JIV 2/207 698.

5. Sergei Radchenko, "North Korea: The Soviet Union's Unreliable Ally," http://www.radchenko.net/nkresearch.shtm.

6. Kim Il Sung, *The President Situation and the Task of our Party (Report at the KWP Party Conference—05.10.66)* (Pyongyang: Foreign Languages Publishing House, 1970), p. 6. (편집부 엮음,《북한 '조선로동당'대회 주요 문헌집》, 돌베개, 1988, 426쪽—옮긴이.)

7. "중국 주재 소련 대사관이 외교부에: 소련공산당 중앙위원회가 1963년 2월 21일과 3월 30일에 보낸 편지에 대한 중국공산당 중앙위원회의 반응" (1963년 5월 17일), Arkhiv Vneshnei Politiki Rossiiskoi Federatsii (러시아연방외교정책문서고, AVPRF), f. 0100, op. 56, pa. 506, d. 67, p. 94. 나에게 이 문서를 살펴보기를 권해준 세르게이 라첸코에게 감사의 말을 전한다. Sergei Radchenko, "The China Puzzle: Soviet Politics and the Conflict with Beijing, 1962-1969," Ph.D. Thesis, London School of Economics, 2005.

8. 소련 외교부 극동국, "제3세계에서 중국공산당 지도부의 분열 행위에 대한 보고서" (1963년 12월 10일), AVPRF, f. 0100, op. 56, pa. 506, d.67, p. 197.

9. *Ibid.*, p. 206.

10. *Ibid,* p. 209.

11. *Ibid,* p. 210.

12. "점심 식사 중 코시긴의 개인 발언" (1967년 2월 10일), National Archives of the United Kingdom, Public Record Office (영국국가문서고 공문서보관소, PRO), PREM 13/1840, p. 65.

13. "존슨 대통령과 전직 대통령 아이젠하워의 전화 통화록" (1967년 6월 25일), *Foreign Relations of the United States (FRUS), 1964-1968,* vol. XIV. (https://history.state.

gov/historicaldocuments/frus1964-68v14/d237에서 확인할 수 있다―옮긴이.)

14. *Pravda*, 2 September 1964, p. 2.

15. Andrei Aleksandrov-Agentov, *Ot Kollontai do Gorbacheva: Vospominaniia diplomata sovetnika A. A. Gromyko, pomoshchnika, L. I. Brezhneva, Iu. V. Andropova, K. U. Chernenko I M. S. Gorbacheva* (From Kollontai to Gorbachev: The Memoirs of a Diplomat and Adviser to A. A. Gromyko, and Aide to L. I. Brezhnev, Iu. V. Andropov, K. U. Chernenko, and M. S. Gorbachev) (Moscow: Mezhdunarodnye otnosheniia, 1994), p. 12.

16. 피델 카스트로, "연설" (1959년 1월 21일). (http://lanic.utexas.edu/project/castro/db/1959/19590121.html에서 확인할 수 있다―옮긴이.)

17. Leycester Coltman, *The Real Fidel Castro* (New Haven: Yale University Press, 2003), p. 133.

18. *Ibid.*

19. *Ibid.*, p. 185.

20. http://www.pacifica.org/programs/slcuba.html.

21. Piero Gleijeses, *Conflicting Missions: Havana, Washington, and Africa, 1959-1976* (Chapel Hill: University of North Carolina Press, 2002), p. 18.

22. Leycester Coltman, *The Real Fidel Castro*, p. 175.

23. "독일민주공화국(동독) 외교부 차관보 빈저(Winzer)가 울브리히트(Ulbricht)에게" (1960년 10월 28일), SAPMO-BArch, Büro Walter Ulbricht, DY 30/3465.

24. Aleksandr Fursenko and Timothy Naftali, *One Hell of a Gamble: Khrushchev, Castro, and Kennedy, 1958-1963* (New York: Norton, 1998), pp. 71, 160-165.

25. "피델 카스트로와 아나스타스 미코얀의 대화록" (1962년 11월 3일), "Mikoyan's Mission to Havana: Cuban-Soviet Negotiations, November 1962," *Cold War International History Project (CWIHP) Bulletin*, 5에서 인용. (http://www.latinamericanstudies.org/cold-war/Mikoyan-talks.pdf에서 확인할 수 있다―옮긴이.)

26. 피델 카스트로, "대학에서의 연설" (1965년 3월 13일), Havana Domestic Radio and Television Services in Spanish 0341, GMT, 20 April 1965. (http://lanic.utexas.edu/project/castro/db/1965/19650314.html에서 확인할 수 있다. 이 연설은 3월 14일 아바나 라디오와 텔레비전을 통해 방송되었다―옮긴이.)

27. 피델 카스트로, "히론 해안 전투 기념식에서의 연설" (1965년 4월 20일), Havana

Domestic Radio and Television Services in Spanish 0341, GMT, 20 April 1965. (http://lanic.utexas.edu/project/castro/db/1965/19650420.html에서 확인할 수 있다. 이 연설은 아바나 라디오와 텔레비전을 통해 방송되었다―옮긴이.)

28. Ernesto Guevara, *Guerrilla Warfare* (New York: Monthly Review Press, 1961), 1장, p. 15. 이에 대한 비판적 논평으로는 Matt D. Childs, "An Historical Critique of the Emergence and Evolution of Ernesto Che Guevara's Foco Theory," *Journal of Latin American Studies*, 27 (1995): 593-624 참조.

29. "월트 로스토가 존슨 대통령에게" (1967년 10월 11일), *FRUS, 1964-1968*, vol. XXXI. (https://history.state.gov/historicaldocuments/frus1964-68v31/d171에서 확인할 수 있다―옮긴이.)

30. Ernesto Guevara, *The African Dream: The Diaries of the Revolutionary War in the Congo* (London: Harvill Press, 2000), p. 224.

31. *Ibid.*, pp. 226-227.

32. Chin Peng, *Alias Chin Peng: My Side of History* (Singapore: Media Masters, 2003), p. 354.

33. "레오니트 소콜로프(Leonid Sokolov) 베트남 주재 소련 대사와 팜반동(Pham Van Dong)의 대화록" (1960년 5월 3일), AVPRF, f. 059, op. 15, pa. 28, d. 6, pp. 101-104.

34. Mari Olsen, *Soviet-Vietnam Relations and the Role of China 1949-1964: Changing Alliances*, Routledge, 2006. (저자는 마리 올슨의 2004년 오슬로대학교 박사 학위 논문을 소개하고 있으나, 이 번역본에서는 좀더 접근성이 높은 단행본으로 변경해 소개했다―옮긴이.)

35. "미하일 지먀닌(Mikhail Zimyanin)과 리즈민(李志民)의 대화록" (1957년 9월 18일), AVPRF, f. 079, op. 12, pa. 17, d.6, p. 69.

36. Matthew Jones, *Conflict and Confrontation in Southeast Asia: Britain, the United States, Indonesia and the Creation of Malaysia* (Cambridge: Cambridge University Press, 2001).

37. Sukarno and Cindy Adams, *Sukarno: An Autobiography* (Indianapolis: Bobbs-Merrill, 1965), p. 297.

38. John Legge, *Sukarno: A Political Biography*, 3rd edn. (Singapore: Archipelago Press, 2003), p. 396.

39. "카이로에서 티토와 수카르노의 대화록" (1964년 10월 5일), Arhiv Srbije i Crne Gore (세르비아·몬테네그로연방문서고, ASCG), A CK SKJ IX, 43/IV-30.

40. "후버 CIA 국장이 백악관의 젠킨스에게: 1964년 1월 인도네시아를 방문한 캐나다와 불가리아 공산당에 대한 FBI 보고서" (1964년 4월 7일), DDRS.

41. "인도네시아 주재 소련 대사관이 외교부 장관에게: 인도네시아공산당 신문 〈하리안 라크자트(Harian Rakjat)〉가 소련의 국내 및 대외 정책을 논평한 것에 대한 보고서" (1965년 4월)," RGANI, f. 5, op. 55, d. 144, pp. 4-14; "아이디트에 대한 대사관 보고서" (1965년 봄 무렵), AVPRF, f. 091, op. 16, pa. 22, d. 20, pp. 2-8. 소련공산당 국제부의 문서들은 현재 모스크바에 있는 러시아국립현대사문서고(RGANI)에 소장되어 있다. 이 문서고는 냉전 후반기 소련의 제3세계 정책을 연구할 때 가장 중요한 곳이다. 매우 다양한 출처를 지닌 문서를 대거 소장하고 있다. 소장 문서에는 대사관 보고서, 정치국이나 당 서기장에게 보고하기 위해 작성한 문서, 정보 요약 보고서, 다른 국가 지도자들과의 대화록 등이 포함되어 있다. 그러나 불행하게도 아직까지 러시아국립현대사문서고의 대부분 자료는 공개되지 않았다.

42. "인도네시아 주재 소련 대사관이 국제부에: 인도네시아공산당 지도부의 지위에 대하여" (1964년 초로 추정), RGANI, f. 5, op. 55, d. 116, p. 7. 중국의 동남아시아 정책에 대한 소련의 입장에 대해서는 Ibid., pp. 10-14도 참조.

43. "인도네시아 주재 소련 대사가 국제부에: 1965년 9월 30일 사건과 연결된 인도네시아의 정치 상황에 대하여" (1965년 10월 16일), RGANI, f. 5, op. 33, d. 218. 나에게 이 중요한 자료를 소개해준 팔 요한센(Pål Johansen)에게 감사한다. "소련과 나수티온의 관계에 대해서는 "인도네시아 주재 소련 대사와 나수티온 장군의 대화록" (1964년 5월 29일)", RGANI, f. 5, op. 55, d. 116, pp. 18-22 참조. "CIA의 정보 보고서: 인도네시아의 세력 균형을 위한 수카르노의 행동과 계획" (1965년 5월 14일), DDRS도 참조.

44. "인도네시아 주재 미국 대사관이 국무부에" (1964년 8월 24일), FRUS, 1964-1968, vol. XXVI, (https://history.state.gov/historicaldocuments/frus1964-68v26/d63에서 확인할 수 있다—옮긴이.)

45. "CIA가 준비한 메모: 인도네시아 군부에 대한 비밀 지원" (1965년 11월 9일), Ibid. (https://history.state.gov/historicaldocuments/frus1964-68v26/d172에서 확인할 수 있다—옮긴이.)

46. Theodore Friend, Indonesian Destinies (Cambridge: Belknap, 2003).

47. "코머가 존슨 대통령에게" (1966년 3월 12일), *FRUS, 1964-1968*, vol. XXVI. (https://history.state.gov/historicaldocuments/frus1964-68v26/d201에서 확인할 수 있다―옮긴이.)

48. "국가안전보장회의 제557차 회의록" (1966년 5월 10일), *FRUS, 1964-1968*, vol. IV. (https://history.state.gov/historicaldocuments/frus1964-68v04/d135에서 확인할 수 있다―옮긴이.)

49. Jose Maria Sison, *The Philippine Revolution: The Leader's View* (New York: Crane Russak, 1989), 특히 pp. 27-32.

50. 한스위르겐 크랄, 1968년 법정에서의 발언. Lutz Schulenburg ed., *Das Leben Ändern, die Welt verändern!* (Hamburg: Nautilus, 1998), p. 391.

51. Günther Grass, *Denkzettel: Politische Reden und Aufsätze* (Darmstadt: Luchterhand, 1978), p. 85.

52. "닉슨 대통령이 해리 로빈스 홀더먼(Harry Robins Haldeman) 수석 보좌관, 존 에얼릭먼(John Ehrlichman) 내정 담당 보좌관, 헨리 키신저 국가안보 보좌관에게 보낸 각서" (1970년 3월 2일), *FRUS, 1969-1976*, vol. I, p. 204. (https://history.state.gov/historicaldocuments/frus1969-76v01/d61에서 확인할 수 있다―옮긴이.)

53. "국가안전보장회의의 마셜 라이트가 헨리 키신저에게" (1970년 1월 10일), *Ibid.*, vol. I, p. 163. (https://history.state.gov/historicaldocuments/frus1969-76v01/d49에서 확인할 수 있다―옮긴이.) 세계 도처에 있는 정책 보좌관의 요청을 수용해 라이트는 다음과 같이 덧붙였다. "사실, 제가 보기엔 적어도 우리가 아프리카와 국제연합에서 무엇을 하고 있는지 적극적으로 설명할 수 있는 틀이 없는 듯합니다. 진짜 이유를 우리는 말할 수 없습니다. 그렇다면 과제는 우리의 역할이 본질적으로는 부정적이라도 최대한 긍정적인 면모를 전면에 내세워서, 우리의 실제 모습보다 더 적극적으로 더 통합된 정책처럼 보일 수 있도록 하는 것입니다."

54. "키신저 국가안보 보좌관이 닉슨 대통령에게 보낸 보고서: 제2차 세계대전 이후 국제 정치의 변화에 대한 분석과 그 변화가 미국 대외 정책의 기본 가정에 주는 함의" (1969년 10월 29일), *Ibid.*, p. 139. (https://history.state.gov/historicaldocuments/frus1969-76v01/d41에서 확인할 수 있다―옮긴이.)

55. "의회 지도부(legislative leadership) 회의 메모" (1970년 2월 17일), *Ibid.*, p. 192. (https://history.state.gov/historicaldocuments/frus1969-76v01/d59에서 확인할 수 있다―옮긴이.)

56. 1969년 7월 25일 아시아 순방 중 닉슨 대통령은 괌에서 기자들을 만났다. *Ibid.*, p. 92. (https://history.state.gov/historicaldocuments/frus1969-76v01/d29에서 확인할 수 있다―옮긴이.)

57. "닉슨 대통령과 키신저의 대화록" (1970년 10월 12일), *Ibid.* (https://history.state.gov/historicaldocuments/frus1969-76v01/d75에서 확인할 수 있다―옮긴이.)

58. 1947년부터 1967년까지 소련의 중동 정책에 대한 유용한 자료선집으로는 V. V. Naumkin, (chief ed.), *Blizhnevostochnyi konflikt: iz dokumentov Arkhiva vneshnei politiki Rossiiskoi Federatsii* (The Near East Conflict: From the Documents of the Foreign Policy Archive of the Russian Federation) (2 vols.; Moscow: Mezhdunarodnyi fond "Demokratiia," 2003) 참조.

59. Mohammad H. Heikal, *The Road to Ramadan* (New York: Ballantine, 1975), p. 80. 이집트의 소련 비판에 대한 개관으로는 "이집트 주재 유고슬라비아 대사와의 대화록" (1967년 가을), ASCG, A CKJ IX, 43/IV-75 참조.

60. "헝가리 부다페스트에서 개최된 사회주의 국가의 공산당·노동당 회의에서 나온 중동 상황에 대한 대화록" (1967년 7월 11~12일), CWIHP, p. 28. (http://digitalarchive.wilsoncenter.org/document/113622.pdf?v=379a6ab71cd7009eaad89a3fe2f5cf35 에서 확인할 수 있다―옮긴이.)

61. Fred Wehling, *Irresolute Princes: Kremlin Decision Making in Middle East Crises, 1967-1973* (London: Palgrave, 1997), p. 72.

62. Isabella Ginor, "Under the Yellow Arab Hamlet Gleamed Blue Russian Eyes: Operation Kavkaz and the War of Attrition, 1969-1970," *Cold War History*, 3-1 (2002): 127-156. 또한 Isabella Ginor, "The Russians were Coming: The Soviet Military Threat in the 1967 Six-Day War," *Middle East Review of International Affairs*, 4-4 (December, 2002) 참조.

63. "저자와 공산당 중앙위원회 국제부 제1부장이던 카렌 브루텐츠의 인터뷰" (1993년 10월 5일, 모스크바). 이사벨라 지노(Isabella Ginor)는 당시 이집트에서 활동한 소련군이 5만 명이라고 주장하면서 블라디미르 보로노프(Vladimir Voronov)가 텔아비브 신문 〈에크호(Ekho)〉에 기고한 1999년 9월 13일 기사를 인용하고 있다.

64. "비에르바흐(Bierbach) 이집트 주재 독일민주공화국 대사가 정치국에 올린 긴급 전보" (1972년 7월 18일), SAPMO-BArch, DY 30 JIV 2/2J/4221. 이에 대한 개관으로는 Vladimir Safonov ed., *Grif "sekretno" sniat: kniga ob uchastii sovetskikh*

voennosluzhashchikh v arabo-izrailskom konflikte (Secret Classification Removed: A Book on the Participation of Soviet Military Servicemen in the Arab-Israeli Conflict) (Moscow: Sovet veteranov boevykh deistvii v Egipte, 1997); Vladimir A. Zolotarev et al., *Rossiya (SSSR) v lokal'nykh voynakh I vooruzhennykh konfliktakh vtoroy poloviny XX veka* (Russia 〔USSR〕 in Local Wars and Military Conflicts in the Second Half of the Twentieth Century) (Moscow: Ministerstvo oboroni Rossiiskoi Federatsii, 2000); 그리고 M. S. Meier et al., eds., *Togda v Egipte: kniga op pomoshchi SSSR Egiptu v voennom protivostoianii s Izrailem* (When in the Egypt: A book on the Soviet Support for Egypt in the Wars to Resist Israel) (Moscow: Institut stran Azii I Afriki pri MGU im. M V. Lomonosova, 2001) 참조.

65. "그뤼네베르크〔Grüneberg, 국제부(Abteilung Internationale Vertretungen, AIV)〕가 정치국에: 아라파트의 독일민주공화국 방문에 대한 보고서" (1974년 8월 6~8일), SAPMO-BArch, DY-30 JIV 2/2J/5412. 이라크에 대해서는 "이라크공산당 제1서기 아지즈 모하메드(Aziz Mohamed)의 독일민주공화국 방문에 대한 보고서" (1973년 10월 27~11월 5일), SAPMO-BArch, DY-30 JIV 2/2J/5007. "시리아공산당의 상황에 대해 정치국에 올린 국제부 보고서" (1974년 6월 20일), DY-30 JIV 2/2J/5337 참조.

66. "키신저가 국무장관에게: 대통령과 이란 샤의 대화 결과" (1972년 7월 25일), DDRS.

67. William V. Broe, (Chief, Western Hemisphere Division), "Memorandum for the Record: Genesis of Project FUBELT," 16 September 1970, 국무부 정보자유법 전자열람실(State Department Freedom of Infromation Act Electronic Reading Room)에서 열림. 이 문서는 https://nsarchive2.wu.edu/NSAEBB/NSAEBB8/docs/doc03.pdf에서 확인할 수 있다—옮긴이.)

68. 리처드 헬름스(Richard Helms), "칠레 대통령과의 만남" (1970년 9월 15일), 참석: 존 미첼(John Mitchell)과 헨리 키신저. (문서는 수기로 작성되었으며, https://nsarchive2.gwu.edu/NSAEBB/NSAEBB437/docs/Doc%203%20-%20Handwritten%20instructions%20from%20Nixon%20Sep%2015%201970.pdf에서 확인할 수 있다—옮긴이.)

69. "키신저가 닉슨 대통령에게 보낸 각서: 국가안전보장회의 모임, 11월 6일—칠레" (1970년 11월 5일), Nixon Presidential Materials Project (닉슨 대통령 기록 사업,

NPMP), NSC IF, box H029. Tanya Harmer, "US-Chilean Relations and Nixon's Cold War in Latin America 1970-1973," Ph. D. Thesis, London School of Economics, 2006.

70. "키신저가 분커(Bunker)에게" (1972년 1월 15일), NPMP, NSC Series, box 872, President's Files, Lord-Vietnam Negotiations.

71. Celeste A. Wallander, "Third World Conflict in Soviet Military Thought," *World Politics*, 42-1 (October 1989): 31-37; Bruce D. Porter, *The USSR in Third World Conflicts: Soviet Arms and Diplomacy in Local Wars 1945-1980* (Cambridge: Cambridge University Press, 1984), pp. 36-59. 또 Samuel P. Huntington, "Patterns of Intervention: Americans and Soviets in the Third World," *National Interest* (Spring 1987): 39-47.

72. 이들과 더불어 1970년대 초 소련의 적극적인 제3세계 정책을 지지하던 인물은 당시 소련공산당 중앙위원회 선동선전부의 임시부장이던 알렉산드르 야코블레프 (Aleksandr Iakovlev)와 그의 참모 바딤 메드베데프(Vadim Medvedev)였다. 자글라딘, 브루텐츠, 샤흐나자로프와 마찬가지로 야코블레프와 메드베데프는 15년 후 고르바초프 개혁의 선봉에 서게 된다.

73. Karen N. Brutents, *Sovremennye natsionalno-osvoboditelnye revoliutsii: Nekotorye voprosy teorii* (Contemporary National Liberation Revolutions: Some Theoretical Questions) (Moscow: Politizdat, 1974). 브루텐츠의 관점은 1969년에 출간한 저작에 기초를 두고 있다. Karen N. Brutents, *Politika imperializma SShA v rzvivaiushchikhsia stranakh* (US Imperialist Policy towards Developing Countries) (Moscow: Znanie, 1969).

74. Samuel Huntington, "Patterns of Intervention," p. 43. 소련 외교를 둘러싼 소련 내 이익 집단 간 경쟁에 대해서는 Jan S. Adams, "Incremental Activism in Soviet Third World Policy: The Role of the International Department of the CPSU Central Committee," *Slavic Review*, 48-4 (Winter 1989): 614-630 참조. 이에 대한 소련 내부의 의견은 전 KGB 제1국장 레오니트 세바르신의 증언 참조. Leonid V. Shebarshin, *Ruka Moskvy: Zapiski nachalnika sovetskoi razvedki* (The Arm of Moscow: Reports by the Head of Soviet Intelligence) (Moscow: Tsentr-100, 1992); Shebarshin, *Iz zhizni nachalnika razvedki* (From the Life of the Head of Intelligence) (Moscow: Mezhdunarodnye otnoshenii, 1994).

06 탈식민지화의 위기: 남부 아프리카

이 장의 일부 내용은 Odd Arne Westad, "Moscow and the Angolan Crisis, 1974-1976: A New Pattern of Intervention," *Cold War International History Project (CWIHP) Bulletin*, 8-9를 기초로 썼다.

1. T. R. H. Davenport and Christopher Saunders, *South Africa: A Modern History* (5th edn.; Houndsmills: Macmillan, 2000), p. 392에서 인용.

2. "딘 러스크 국무장관과 카에타누의 대화록" (1968년 11월 19일), *Foreign Relations of the United States (FRUS), 1964-1968*, vol. XII. (https://history.state.gov/historicaldocuments/frus1964-68v12/d176에서 확인할 수 있다―옮긴이.)

3. 아고스티뉴 네투가 1960년 리스본 옥중에서 쓴 시 〈성급함(Haste)〉, Antonio Agostinho Neto, Marga Holness trans, *Sacred Hope* (London: Journeyman, 1988), p. 129. 앙골라해방인민운동의 역사에 대한 상반된 관점은 다음을 참조. Lúcio Lara, *Documentos e comentários para a história do MPLA* (Lisbon: Dom Quixote, 2000); Mario Pinto de Andrade, in collaboration with José Eduardo Agualusa, *Origens do nacionalismo africano: continuidade e ruptura nos movimentos unitários emergentes da luta contra a dominaçao colonial portuguesa, 1911-1961* (Lisbon: Dom Quixote, 1997).

4. "전(全) 포르투갈 식민지 민족주의자 조직들의 회의(Conferência das Organizações Nacionalistas das Colónias Portuguesas, CONCP) 제2차 회의에서의 인터뷰" (1965년 10월 3~8일). 저자가 소장한 문서(프랑스어)를 번역한 것이다. (https://www.marxists.org/subject/africa/cabral/1965/tnmpc.htm에서 확인할 수 있다―옮긴이.)

5. Interdepartmental Group for Africa (National Security Council), "Study in Response to National Security Memorandum 39: Southern Africa," 9 December 1969, Declassified Documents Reference System (비밀해제문서참고시스템, DDRS). 이 문서는 https://history.state.gov/historicaldocuments/frus1969-76v28/d17에서 확인할 수 있다―옮긴이.)

6. "남아공 외교부 장관과 키신저 국무장관의 대화록" (1973년 10월 5일), South African Department of Foreign Affairs Archives (남아공외교부문서고, SADFAA), 1/33/3, vol. 31.

7. Piero Gleijeses, *Conflicting Missions: Havana, Washington, and Africa, 1959-*

1976 (Chapel Hill: University of North Carolina Press, 2002), p. 187.

8. *Ibid.*, p. 189.

9. 1967년 6월 24일 브레즈네프는 소련을 방문 중이던 폴란드 정치국의 제논 클리츠코 (Zenon Kliszko)에게 "우리는 카스트로에게 쿠바가 위험한 행보를 하고 있으며 소련은 많은 부분에서 이에 동의하지 않는다고 공개적으로 말했다"고 전했다. (http:// digitalarchive.wilsoncenter.org/document/113621.pdf?v=b01fa94f85e5171be839 32a872aee956에서 확인할 수 있다—옮긴이.)

10. 독일민주공화국 외교부, "쿠바의 정치·이데올로기 발전에 대한 보고서" (1971년 4월 21일), Stiftung Archiv der Parteien und Massenorganisationen in Bundesarchiv, Berlin (동독의 정당및대중조직문서고, SAPMO-BArch), DY-30 JIV 2/2J/3429. "유고슬라비아 공산주의자 동맹 최고 회의의 쿠바-유고슬라비아 관계 보고서" (1966년 5월 23일), Arhiv Srbije i Crne Gore (세르비아·몬테네그로연방문서고, ASCG), A CK SKJ IX, 67-148.

11. "돌루스(Dohlus)가 호네커에게: 돌루스와 라울 카스트로의 1973년 6월 22일 대화록 동봉" (1973년 7월 3일), SAPMO-BArch, DY-30 JIV 2/2J/5652.

12. "저자와 카렌 브루텐츠의 인터뷰" (1994년 12월 17일). "독일민주공화국 국제부가 독일사회주의통일당 정치국에 남부 아프리카에 관해 올린 보고서" (1975년 1월 30일), SAPMO-BArch, DY-30 JIV 2/2J/5652도 참조.

13. "KGB가 국제부에" (1970년 4월 13일), Rossiiskii gosudarstvennyi arkhiv noveishei istorii (러시아국립현대사문서고, RGANI), f. 5, op. 62, d. 535, pp. 7-9. 루사카에서 개최된 제3차 비동맹 정상 회의 준비 과정에 대한 분석이 주를 이룬 보고서는 이 회담이 소련 외교의 성공이라고 평가했다. 보고서는 루사카 회의에서 중국의 영향력은 약화하고 있으며, 미국은 제3세계에서 고립되고 있다고 적었다. 다음도 참조. "KGB(의 안드로포프)가 국제부에" (1970년 5월 6일), *Ibid.*, pp. 32-35. 브레즈네프의 사고방식에 KGB가 미친 영향은 다음을 참조. "저자와 올레그 트로야놉스키 전 국제연합 주재 소련 대사의 인터뷰" (1992년 9월 14일), 모스크바.

14. "KGB가 국제부에" (1970년 6월 4일), RGANI, f. 5, op. 62, d. 536, pp. 73-76. "KGB(의 체브리코프)가 국제부에" (1970년 11월 26일), RGANI, f .5, op. 62, d. 535, pp. 115-118. 후자의 보고서는 영국 보수당의 자료에 기초해 유럽 국가들의 대포르투갈 정책에 대한 평가에 기초했다. 미국의 아프리카 정책에 관한 주요 보고서에서 총참모본부의 정보부(이하 '정보총국')는 아프리카가 미국에 전략적 측면과 천

연자원 측면에서 점점 더 중요해지고 있으며 "자본주의 국가들은 아프리카에 기지 협정과 군사 원조 계획을 강요"하고 있다고 썼다. *Ibid.*, p. 80.

15. "소련 총참모본부 정보총국(Glavnoie razvedivatelnoie upravleniie, GRU)이 국제부에" (1970년 9월 15일), RGANI, f. 5, op. 62, d. 535, pp. 63-68. "정보총국이 국제부에: 아프리카에서 중화인민공화국의 입지를 약화시키기 위한 평가와 방향" (날짜 불명), *Ibid.*, pp. 96-101.

16. "KGB(의 안드로포프)가 국제부에" (1970년 5월 6일), *Ibid.*, p. 35.

17. "아프리카에서 중국의 군사·경제·정치 활동에 관한 정보총국 보고서" (1970년 9월 15일), *Ibid.*, pp. 63-68. "아프리카에서 우리의 영향력을 확대하고 중국의 영향력을 축소할 방법에 관한 정보총국 보고서" (1970년 10월 5일), *Ibid.*, pp. 96-101.

18. "공산주의자와 노동자 정당의 국제 회담 보고서 (모스크바, 1969년): 런던 아프리카 민족회의(ANC) 관련 기록", Mayibuye Archives, University of the Western Cape, Belleville, South Africa (ANC Papers, MA-UWC), box 21 (SACP; ANC: Dr. Y. Dadoo). 다음도 참조. 독일민주공화국 국제부, "유수프 다두(Yossuf Dadoo)의 독일민주공화국 방문 관련 보고" (1973년 11월 26~30일), SAPMO-BArch, DY-30 JIV 2/2J/5069. "정보총국이 정치국에: 남아공의 군사·정치적 잠재력", RGANI, f. 5, op. 62, d. 535, pp. 38-62.

19. Vladimir Shubin, ANC: *A View from Moscow* (Belleville, South Africa: Mayibuye Books, 1999), pp. 84-100; Joe Slovo, "Thoughts on the Future of the Alliance," April 1969, ANC Papers, MA-UWC, box 21 (SACP; ANC: Dr. Y. Dadoo). 아프리카민족회의 일부 병력을 다른 아프리카 국가(예, 알제리)로 재배치하려던 소련의 시도는 다음을 참조. "정보총국(?)이 국제부에" (1970년 9월 29일), RGANI, f. 5, op. 62, d. 535, pp. 92-94.

20. "V. N. 베주클라드니코프(V. N. Bezukladnikov: 잠비아의 소련인 자문)가 국제부에: 앙골라해방인민운동 구성원을 군사 훈련을 위해 받아달라는 요청 건으로 소련공산당 중앙위원회로 보낸 네투의 편지 동봉" (1970년 6월 24일), RGANI, f. 5, op. 62, d. 535, pp. 99-102; "D. Z. 벨로콜로스 잠비아 주재 소련 대사가 국제부에" (1970년 7월 14일), RGANI, f. 5, op. 62, d. 536, pp. 195-200.

21. "벨로콜로스 잠비아 주재 소련 대사가 국제부에" (1970년 7월 25일), RGANI, f. 5, op. 62, d. 536, pp. 215-218. "앙골라 주재 소련 대사관이 국제부에: 포르투갈 식민주의자에 맞선 앙골라 인민 저항의 전개 전망" (날짜 불명, 1970년 10월경), *Ibid.*,

pp. 219-228, 224. 소련 정보 당국은 네투가 여전히 중국이라는 선택지를 남겨두고 있다고 의심했다. "KGB가 국제부에" (1970년 10월 8일), *Ibid.*, p. 212 참조.

22. "자이르 주재 소련 대사관이 국제부에: 앙골라해방민족전선과 앙골라해방인민운동 간 화해 문제에 관하여" (1973년 1월 16일), RGANI, f. 5, op. 66, d. 843, pp. 4-9. "벨로콜로스 잠비아 주재 소련 대사가 국제부에" (1973년 10월 10일), RGANI, f .5, op. 66, d. 844, pp. 121-123.

23. "네투가 잠비아 주재 소련 대사관에 보낸 편지" (1972년 12월 7일), RGANI, f. 5, op. 66, d. 844, pp. 2-5.

24. John Marcum, *The Angolan Revolution*, vol. II, *Exile Politics and Guerrilla Warfare, 1962-1976* (Cambridge: MIT Press, 1978), p. 199.

25. "앙골라민족해방운동의 페드루 반 두넴(Pedro Van Dunem)이 소련공산당에" (1972년 12월 11일), RGANI, f. 5, op. 66, d. 844, p. 22. "자이르 주재 소련 대사관이 국제부에: 앙골라해방민족전선과 앙골라해방인민운동의 화해 문제에 관하여" (1973년 1월 16일), RGANI, f. 5, op. 66, d. 843, pp. 4-9. "자이르 주재 소련 대사관이 국제부에: 앙골라해방인민운동과 앙골라해방민족전선의 관계 문제에 관하여" (1973년 4월 12일), RGANI, f. 5, op. 66, d. 843, pp. 54-57. "네투가 소련공산당에" (1973년 6월 23일), RGANI, f. 5, op. 66, d. 844, p. 91. "벨로콜로스 잠비아 주재 소련 대사가 국제부에: 다니엘 치펜다와의 대화" (1974년 2월 7일), RGANI, f. 5, op. 67, d. 758, pp. 5-8.

26. "벨로콜로스 잠비아 주재 소련 대사가 국제부에" (1973년 10월 25일), RGANI, f. 5, op. 66, d. 844, pp. 118-120. "E. I. 아파나센코 콩고-브라자빌 주재 소련 대사가 국제부에: 앙골라해방인민운동의 상황에 관하여" (1974년 3월 30일), RGANI, f. 5, op. 67, d. 758, pp. 37-45, 특히 p. 40. "벨로콜로스 잠비아 주재 소련 대사와 올리버 탐보의 대화: 앙골라해방인민운동의 전망에 관한 논의" (1973년 7월 5일), RGANI, f. 5, op. 66, d. 844, pp. 82-86도 참조.

27. "국제부가 사회주의통일당 정치국으로 보낸 네투의 독일민주공화국 체류 보고서" (1971년 11월 14~27일), SAPMO-BArch, DY-30 JIV 2/2J/3880.

28. António de Spínola, *Portugal e o future: análise da conjuntura nacional* (Lisbon: Arcádia, 1974).

29. 1974년 4월 혁명 주도자에 대한 태도와 우려는 다음을 참조. Manuel Bernardo, *Equívocos e realidades: Portugal, 1974-1975* (2 vols.; Lisbon: Nova arrancada,

1999); Jamie Nogueria Pinto, *O fim do estado nova e as origens do 25 de Abril* (2nd edn.; Lisbon: DIFEL, 1995).

30. 4월 혁명 이전 포르투갈에 대한 미국의 목적은 다음을 참조. "국무장관의 직원회의에 관한 기록" (1974년 1월 28일), Nixon Presidential Materials Project (닉슨 대통령 기록 사업, NPMP). 이 문서의 존재를 알려준 마리오 델 페로에게 이 문서와 아래에 인용한 문서(주 31)를 공유해준 것에 감사드린다.

31. "키신저 국무장관과 페드로 코르티나 마우리(Pedro Cortina Mauri) 에스파냐 외교부 장관과의 대화록" (1974년 10월 9일), NPMP.

32. "유카로프(A. Iukalov) 탄자니아 주재 소련 대리대사가 국제부에" (1974년 5월 22일), RGANI, f. 5, op. 67, d. 758, pp. 70-71. "아파네셴코 콩고-브라자빌 주재 소련 대사가 국제부에" (1974년 6월 8일), *Ibid.*, pp. 78-81.

33. John Marcum, *The Angolan Revolution*, vol. II, pp. 245-248.

34. *Ibid,* pp. 249-250; George Write, *US Policy Towards Angola: The Kissinger Years, 1974-1976* (Leeds: University of Leeds Press, 1990), pp. 18-23.

35. "아파나셴코 콩고-브라자빌 주재 소련 대사가 국제부에" (1974년 10월 10일), RGANI, f. 5, op. 67, d. 758, pp. 121-122. John Marcum, *The Angolan Revolution*, vol. II, pp. 251-253도 참조.

36. John Marcum, *The Angolan Revolution*, vol. II, p. 25. 다음은 이 사건을 앙골라해방인민운동의 관점에서 보여준다. Michael Wolfers and Jane Bergerol, *Angola in the Front Line* (London: Zed Books, 1983), pp. 109-122.

37. "아파나셴코 콩고-브라자빌 주재 소련 대사가 국제부에" (1974년 12월 4일), RGANI, f. 5, op. 68, d. 1962, pp. 11-12. 레이먼드 가소프(Raymond Garthoff)는 소련의 결정이 "1975년 1월에 있었던 미국의 앙골라 단체 지원보다는 빨랐지만, 이는 1974년 11월 앙골라해방민족전선의 군사 활동 이후에 이루어졌다"고 정확한 결론을 내린 바 있다. Raymond Garthoff, *Détente and Confrontation: American-Soviet Relations from Nixon to Reagan* (rev. edn.; Washington: Brookings Institute, 1994), p. 507.

38. "콩고-브라자빌 주재 소련 대사관이 국제부에" (1974년 12월 25일), RGANI, f. 5, op. 68, d. 1941, pp. 17, 21.

39. 알보르 협정에 대한 소련의 반응은 "슬리프첸코(S. A. Slipchenko) 탄자니아 주재 소련 대사와 소련 국제부 대표 그리고 올리버 탐보(아프리카민족회의)의 대화

록" (1975년 3월 21일), RGANI, f. 5, op. 68, d. 1982 참조. John Marcum, *The Angolan Revolution*, vol. II, pp. 257-258; Raymond Garthoff, *Détente and Confrontation*, pp. 533-534도 참조.

40. "푸티린(B. Putilin) 콩고-브라자빌 주재 소련 대사관 제1서기가 국제부에" (1975년 1월 말 무렵), RGANI, f. 5, op. 68, d. 1941, pp. 10-21. "아파나셴코 콩고-브라자 빌 주재 소련 대사가 국제부에" (1975년 1월 30일), RGANI, f. 5, op. 68, d. 1962, p. 26. CIA가 몇 년간 '정보 수집 관계'를 맺고 있던 올덴 호베르투를 향한 미국의 직접적 지원은 1975년 7월까지 '비군사 장비'에 한정되어 있었다. "키신저 국무장 관을 위한 요점 정리: 앙골라에 대한 국가안전보장회의 회의" (1975년 6월 27일), National Security Archives (국가안보문서고, NSArch), Angola collection. 다음 저서는 앙골라에서의 CIA 작전에 관한 유용한 설명을 제공한다. Robert E. Gates, *From the Shadows: The Ultimate Insider's Story of Five Presidents and how they Won the Cold War* (New York: Simon & Schuster, 1996), pp. 65-69.

41. "S. A. 슬리프첸코 탄자니아 주재 소련 대사가 국제부에" (1975년 2월 6일), RGANI, f. 5, op. 68, d. 1982, pp. 48-54, 특히 p. 51. "S. A. 슬리프첸코 탄자니아 주재 소 련 대사가 국제부에" (1975년 8월 24일), *Ibid.*, pp. 238-246.

42. "콩고-브라자빌 주재 소련 대사관이 국제부에" (1975년 4월 14일), RGANI, f. 5, op. 68, d. 1941, pp. 50-53, 특히 p. 53. 앙골라 단체 간 관계는 Franz-Wilhelm Heimer, *The Decolonization Conflict in Angola, 1974-76: An Essay in Political Sociology* (Geneva: Institut Universitaire de Hautes Etudes Internationales, 1979) 참조.

43. "알도신(V. V. Aldoshin) 탄자니아 주재 소련 대리대사가 국제부에" (1975년 4월 20일), RGANI, f. 5, op. 68, d. 1982, pp. 153-156. "소련 과학아카데미 아프리카 연구소가 국제부에: 앙골라의 탈식민지화 과정과 제국주의 열강의 정책" (1975년 6월 19일), RGANI, f. 5, op. 68, d. 1941, pp. 87-110. "콩고-브라자빌 주재 소련 대사관이 국제부에" (1975년 4월 14일), RGANI, f. 5, op. 68, d. 1941, pp. 50-53.

44. "저자와 중국의 아프리카 전문가와의 인터뷰" (2004년 5월, 베이징).

45. "S. A. 슬리프첸코 탄자니아 주재 소련 대사가 국제부에: 쿠바의 외교관이자 훗 날 앙골라 대사를 역임한 오스카르 오라마스와의 대화록" (1974년 12월 30일), RGANI, f. 5, op. 68, d. 1982, pp. 3-7. "아파나셴코 콩고-브라자빌 주재 소련 대사가 국제부에: 콜롬비에 알바레스(A. Columbié Alvarez) 쿠바 대사와의 대화

록" (1975년 1월 10일), RGANI, f. 5, op. 68, d. 1962, pp. 17-18. 다음도 참조.
Jorge I. Dominguez, *To Make a World Safe for Revolution: Cuba's Foreign
Policy* (Cambridge: Harvard University Press, 1989), pp. 130-137; William
M. LeoGrande, "Cuban-Soviet Relations and Cuban Policy in Africa," *Cuban
Studies*, 10-1(January 1980): 1-48.

46. "남부 아프리카의 상황에 관한 국제부 보고서" (1975년 1월 30일), SAPMO-BArch,
DY-30 JIV 2/2J/5652.

47. Nina D. Howland, "The United States and Angola, 1974-88: A Chronology,"
Department of State Bulletin, 89.2143 (February 1989): 16-19; John Stockwell,
In *Search of Enemies: A CIA Story* (London: André Deutsch, 1978), pp. 40-57.
"너새니얼 데이비스(Nathaniel Davis) 아프리카 담당 외교차관보가 조지프 시스
코(Joseph Sisco) 차관에게" (1975년 7월 12일), "시스코 차관이 브렌트 스코크로
프트 국가안보 보좌관 대리에게" (1975년 7월 15일), NSArch, Angola collection
도 참조. 미국의 비밀 군사 원조는 미국 민간원조와 해당 지역의 동맹(특히 자이르)
으로부터 미국이 조달한 군사와 재정 원조를 합친 것이었다. "국제관계위원회 내
아프리카소위원회 청문회, 미국 하원 제95차 의회, 제2회기" (1978년 5월 25일).
(https://babel.hathitrust.org/cgi/pt?id=mdp.39015078706705;view=1up;seq=1에
서 확인할 수 있다―옮긴이.) Raymond Garthoff, *Détente and Confrontation*,
pp. 560-570도 참조.

48. John Stockwell, *In Search of Enemies*.

49. 남아공의 정책에서 이러한 측면을 논의해준 데이비드 토틸(David Tothill) 대사에
게 감사를 전한다.

50. "보타 미국 주재 남아공 대사가 남아공 외교부 장관에게" (1975년 1월 8일), SADFAA,
1/33/3, vol. 30.

51. "미국 주재 남아공 대사관에서 남아공으로: 콜비와 월터스(Walters)의 회담 기록"
(1975년 3월 25일), *Ibid*.

52. "국가안전보장국이 남아공 외교부 장관에게: 상상도 할 수 없는 일을 피할 수 없게
되었을 때" (1975년 9월 16일), SADFAA, 1/33/3, vol. 31. "E. M. 멀론 앙골라 주
재 남아공 총영사가 외교부에" (1975년 4월 23일), SADFAA, 1/22/3, vol. 5. "쿠체
(Coetzee) 국가안전보장국 요원이 외교부 장관에게: 앙골라완전독립민족동맹을 끌
어들이는 건에 관하여" (1975년 6월 5일)도 참조.

53. 1975년 6~7월의 남아공 외교부 보고는 SADFAA, 1/22/3, vols. 5-6 참조. 남아공방위군문서고를 열람한 남아공 군사사가의 훌륭한 개괄은 다음을 참조. Peter Stiff, *The Silent War: South African Recce Operations 1969-1994* (Cape Town: Galago, 1999); Hilton Hamann, *The Days of the Generals: The Untold Story of South Africa's Apartheid-Era Military Generals* (Cape Town: Zebra Press, 2001).

54. "뷰케스(Beukes) 미국 주재 남아공 대사가 남아공 외교부 장관에게: 앙골라 문제와 그 결과가 미국-남아공 관계에 미칠 영향" (1976년 2월 9일), SADFAA, 1/33/3, vol. 32. "미국 주재 남아공 대사관이 대사관 통신을 통해 케이프타운과 프리토리아의 외교부에: 미국의 지도부 사태와 남아공 관계의 영향" (1976년 2월 26일), *Ibid.* 미국-남아공 접촉 전체를 보려면 "The United States of America: Further Developments of the Situation in 1974/1975," n.d., SADFAA, 1/33/3, vol. 31 참조.

55. "아파나센코 콩고-브라자빌 주재 소련 대사가 국제부에" (1975년 6월 14일), RGANI, f. 5, op. 68, d. 1962, p. 137. "아파나센코 콩고-브라자빌 주재 소련 대사가 국제부에", RGANI, f. 5, op. 68, d. 1962, pp. 180-182. 소련이 콩고인민공화국과 겪은 어려움은 AIV, "Zur internationalen Position der VR Kongo," n.d. (1974), SAPMO-BArch, DY-30 IV B 2/20/293도 참조.

56. "아파나센코 콩고-브라자빌 주재 소련 대사가 국제부에" (1975년 7월 4일), RGANI, f. 5, op. 8, d. 1962, pp. 136-138. "슬리프첸코 탄자니아 주재 소련 대사가 국제부에" (1975년 2월 10일), RGANI, f. 5, op. 68, d. 1982, pp. 44-47, 특히 p. 46.

57. "나우모프(K. Naumov) 탄자니아 주재 소련 대사관 고문이 국제부에" (1975년 8월 2일), RGANI, f. 5, op. 68, d. 1982, pp. 226-227. "아파나센코 콩고-브라자빌 주재 소련 대사와 앙리 로페스(Henri Lopez) 콩고-브라자빌 총리의 대화록" (1975년 6월 17일), RGANI, f .5, op. 68, d. 1962, pp. 113-114. 쿠바의 역할은 "푸티린 콩고-브라자빌 주재 소련 대사관 제1서기가 국제부에" (1975년 4월 14일), RGANI, f. 5, op. 68, d. 1941, pp. 50-53 참조. Edward Gonzalez, "Cuba, the Soviet Union, and Africa," in David E. Albright ed., *Communism in Africa* (Bloomington, IN: Indiana University Press, 1980)도 참조.

58. "마나소프(M. A. Manasov) 쿠바 주재 소련 대리대사가 국제부에" (1975년 8월 15일), RGANI, f. 5, op. 68, d. 1941, p. 122. 이 문서는 소련 대사관에 카스트로의 전

언을 가져온 오스카르 시엔푸에고스(Oscar Cienfuegos)와 마나소프의 대화록이다. 소련 국제부 기록에서는 이 전언의 사본이 발견되지 않았다. "저자와 소련의 제1부외상을 역임한 게오르기 코르니옌코(Georgi M. Kornienko)와의 인터뷰" (1993년 10월 5일. 이하 '코르니옌코 인터뷰', 모스크바). "저자와 카렌 브루텐츠의 인터뷰" (1994년 10월 3일). 다음에 서술한 카렌 브루텐츠의 인터뷰 참조. Odd Arne Westad ed., *Workshop on US-Soviet Relations and Soviet Foreign Policy Toward the Middle East and Africa in the 1970s* 〔1994년 10월 1~3일 리세부(Lysebu)에서의 구술 기록. Oslo: Norwegian Nobel Institute, 1994〕 (이하 'Lysebu I'), pp. 68-69.

59. "디아스 아르궤에스가 라울 카스트로에게" (1975년 8월 11일), Piero Gleijeses, *Conflicting Missions*, p. 255에서 재인용. 이 문서와 함께 앙골라 개입을 다룬 중요한 쿠바 문서는 아바나의 쿠바혁명군국방정보센터(Centro de Información de la Defensa de las Fuerzas Armadas Revolucionarias)에 있을 것으로 예상되는데, 이 문서고는 아직 학자들에게 공개되지 않았다.

60. "아파나센코 콩고-브라자빌 주재 소련 대사가 국제부에" (1975년 8월 17일), RGANI, f. 5, op. 8, d. 1962, p. 196-203, 특히 p. 196. 모스크바에서 카레이라의 대화에 대한 기록은 발견되지 않았다.

61. "저자와 코르니옌코의 인터뷰" (1994년 10월 2일). "저자와 브루텐츠의 인터뷰" (1998년 6월 4일).

62. "저자와 브루텐츠의 인터뷰" (1998년 6월 4일).

63. 훗날 게오르기 코르니옌코는 소련 지도부가 쿠바를 막으려 했다고 회고했다. "나는 기니의 코나크리에 있는 우리 대사가 보내온 전보에 적힌 많은 내용 중 쿠바 대사가 그에게 다음 날 쿠바군을 태운 항공기 몇 대가 앙골라로 가는 길에 연료를 채우기 위해 코나크리에 착륙할 것이라고 말했다는 내용을 읽었습니다. 나는 그로미코 외교부 장관에게 여기에 관해 아는 게 있느냐고 물었습니다. 그로미코는 안드로포프 KGB 의장에게 전화를 했고, 안드로포프는 그레치코(Grechko) 국방장관에게 전화를 했습니다. 당시 이를 알고 있던 이는 아무도 없었습니다. 모두가 이 비행기의 앙골라행에 반대했고, 즉시 정치국에 보고해 카스트로를 저지하자고 말했습니다. 보고서를 작성하고, 결정 사항을 전달받아 카스트로에게 보내는 데는 몇 시간 정도 걸렸습니다. 그때쯤 비행기는 계속 날아가고 있었습니다. 당신은 당연히 궁금할 것입니다. 어떻게 그럴 수가 있느냐고 말입니다. 쿠바에는 소

런 항공기가 배치되어 있고, 쿠바에는 소련군이 일부 존재했습니다. ……제가 확인을 해보니 엄밀하게 말하자면 우리 측 인사들이 개입하긴 했었습니다. 우리 비행기는 쿠바 측의 이용을 위해 배치되어 있었고, 우리 자문단이 개입하긴 했지만, 그들은 이미 정치적 결정이 〔모스크바에서〕 내려졌다고 굳게 믿고 있었습니다." "저자와 코르니옌코의 인터뷰" (1993년 10월 5일). 글레이헤세스는 쿠바 측 문서에 근거해 항공기가 소련이 아니라 쿠바 것이었다고 주장했으며 (*Conflicting Missions*, p. 265) 당시 항공기에 탑승한 쿠바군은 전투 요원이 아니라 주로 교관들이었다고 강조했다 (*Conflicting Missions*, p. 271). 다음도 참조. Gabriel García Márquez, "Operation Carlota: Cuba's Role in Angolan Victory," *Venceremos*, 4-5 (February 1977): 1-8; Arthur Jay Klinghoffer, *The Angolan War: A Study in Soviet in the Third World* (Boulder, CO: Westview Press, 1980), pp. 109-120.

64. "콩고-브라자빌 주재 소련 대사관이 국제부에" (1975년 9월 15일), RGANI, f .5, op. 68, d. 1941, pp. 118-121. "슬리프첸코 탄자니아 주재 소련 대사가 국제부에" (1975년 10월 30일), RGANI, f. 5, op. 68, d. 1982, pp. 313-320. 쿠바 개입 당시 앙골라의 군사 상황은 아직 논쟁 중에 있다. 쿠바 문서에 근거해 앙골라 전쟁을 연구해온 글레이헤세스는 1975년 10월 전반기 동안 앙골라해방인민운동이 승기를 잡고 있었다고 판단한다(글레이헤세스가 저자에게 보낸 사적 의견). 모스크바로 보낸 (그리고 짐작건대 아바나로도 보낸) 앙골라해방인민운동의 보고서는 훨씬 덜 낙관적이다. "나우모프가 국제부에" (1975년 10월 3, 20일), RGANI, f. 5, op. 68, d. 1982, pp. 268-270, 280-281 참조.

65. "저자와 코르니옌코의 인터뷰" (1994년 10월 4일). "슬리프첸코 탄자니아 주재 소련 대사가 국제부에" (1975년 10월 30일), RGANI, f. 5, op. 68, d. 1982, pp. 313-320. "나우모프가 국제부에" (1975년 10월 20일), *Ibid.*, pp. 280-281. 저자와 코르니옌코, 브루텐츠 그리고 다른 이들은 'Lysebu I'에서 소련 개입의 이유를 논의한다. Jiri Valenta, "Soviet Decision-Making on the Intervention in Angola," in David E. Albright ed., *Communism in Africa* (Bloomington, IN: Indiana University Press, 1980)도 참조. 해당 문제를 다룬 국제부의 일부 문서는 아직 기밀 해제되지 않았다.

66. "콩고-브라자빌 주재 소련 대사관이 국제부에" (1975년 9월 15일), RGANI, f. 5, op. 68, d. 1941, p. 118. 콩고-브라자빌 대사관은 앙골라해방민족전선이 1975년 8월까지도 계속 루마니아와 북한으로부터 지원을 받고 있다고 강조했다. "저자와 코

르니옌코의 인터뷰" (1993년 10월 5일). Karen N. Brutents, *Tridtsat let na Staroi Ploshchadi* (Thirty Years at Staroia Ploshchad) (Moscow: Mezhdunarodnie otnosheniia, 1998), pp. 203-215도 참조.

67. "슬리프첸코 탄자니아 주재 소련 대사가 국제부에: 줄리어스 니에레레와의 대화" (1975년 11월 3일), RGANI, f. 5, op. 68, d. 1962, pp. 305-307.

68. "소련공산당 중앙위원회 서기국 카드 색인, 제192차 회의" (1975년 11월 5일), RGANI. "아파나센코 콩고-브라자빌 주재 소련 대사가 국제부에" (1975년 11월 4일), RGANI, f. 5, op. 68, d. 1962, pp. 230-231. 글레이헤세스는 쿠바 '포병 연대'가 10월 말 키판곤두 전투에 연루되지 않았으며, 이를 콜롬비에 대사가 과장했거나, 잘못 말했거나, 아니면 소련 대사가 말을 잘못 전했을 가능성이 높다고 지적한다. 하지만 쿠바군이 전투에 합류했다는 데에는 의심의 여지가 없다.

69. Hilton Hamann, *Days of Generals: The Untold Story of South Africa's Apartheid-Era Military Generals* (Struik Publishers, 2007), pp. 34-36.

70. "G. A. 즈베레프 앙골라 주재 소련 대리대사가 국제부에 보낸 정치 보고서" (1976년 3월 1일), RGANI, f. 5, op. 9, d. 2513 (이하 '즈베레프 보고서'), 부록 참조. 글레이헤세스는 쿠바 측 문서를 열람한 후 1976년 1월 전까지는 소련이 공수 작전을 도왔다는 기록이 없다는 걸 발견했다.

71. "즈베레프 보고서."

72. *Ibid.*, 부록. 앙골라에 대한 소련의 논의는 소련 과학아카데미 미국·캐나다연구소 소장 게오르기 아르바토프의 설명도 참조. Georgy Arbatov, *The System: An Insider's Life in Soviet Politics* (New York: Times Books, 1992), p. 194. 이 대목에서 브레즈네프의 수석 외교정책 고문 안드레이 알렉산드로프아겐토프는 소련이 아프리카에서의 "국제주의적 책무를 피할 수 없습니다"라고 말한 바 있다.

73. "즈베레프 보고서," pp. 13-23. "류코프(V. N. Rykov) 알제리 주재 소련 대사가 국제부에" (1975년 12월 20일), RGANI, f. 5, op. 69, d. 2513, pp. 1-4. "소련공산당 중앙위원회 서기국 카드 색인, 제197차 회의" (1975년 12월 23일), RGANI. 소련 작전참모부의 문서고는 아직 학자들에게 공개되지 않았다. 동독 문서고에 따르면, 남아공 공산주의자들은 앙골라 전투를 위한 지원자를 보내겠다고 제안했지만 네투가 남아공 정부를 더 자극하지 않기 위해 이를 거절했다고 한다. "루디 구트만 (Rudi Guttmann) 국제부 차장과 유수프 다두의 대화록" (1975년 11월 18일, 베를린), SAPMO-BArch, DY-30 JIV 2/2/J6091.

74. Donald Rothchild and Caroline Hartzell, "The Case of Angola: Four Power Intervention and Disengagement," in Ariel E. Levite, Bruce W. Jentleson, and Larry Berman eds., *Foreign Military Intervention: The Dynamics of Protracted Conflict* (New York: Columbia University Press, 1992), pp. 163-208.

75. "B. 푸티린 앙골라 주재 소련 대사관 제1서기가 국제부에 보낸 보고서: 앙골라해 방인민운동의 상황에 관하여" (1976년 3월 27일), RGANI, f. 5, op. 69, d. 2513, pp. 29-34; Arthur Jay Klinghoffer, *The Angolan War*, pp. 61-71.

76. John Stockwell, *In Search of Enemies*, pp. 227-248; Fred Bridgland, *Jonas Savimbi: A Key to Africa* (London: Coronet Books, 1988), pp. 174-181.

77. "Lysebu I에 나오는 카렌 브루텐츠의 발언", pp. 76-77.

78. John H. Chettle, "Some Suggestions for a New Foreign Policy for South Africa," National Archives of South Africa (남아공국가문서고, NASA), 144/1, Annex Jacket 1977. 존 체틀은 남아공의 주요 사업 조직인 남아공재단의 미국 담당관이 었다.

79. "앙골라 주재 소련 대사관이 국제부에: 쿠바의 라울 카스트로와 호르헤 리스케트 그리고 소련 국방부의 I. F. 포노마렌코와 두벤코(A. I. Dubenko) 간 회담에서 논의한 내용 보고" (1976년 5월 15일), RGANI, f. 5, op. 69, d. 2513 (이하 '라울 카스트로 논의'), pp. 42-48. 베트남에 관해서는 "저자와 미하일 카피차 전 외교부 부부장의 인터뷰" (1992년 9월 7일, 모스크바) 참조. 다음도 참조. Galia Golan, *The Soviet Union and National Liberation Movements in the Third World* (New York: Unwin Hyman, 1988); Mark Katz, *The Third World in Soviet Military Thought* (Baltimore, MD: Johns Hopkins University Press, 1982); Neil Matheson, *The "Rules of the Game" of Superpower Military Intervention in the Third World, 1975-1980* (Washington, DC: University Press of America, 1982).

80. "즈베레프 보고서" (1976년 3월 1일), RGANI, f. 5, op. 9, d. 2513, pp. 13-23, 특히 pp. 15-16.

81. *Ibid.*, p. 23. "앙골라 주재 소련 대사관이 국제부에: 쿠바의 라울 카스트로와 호르헤 리스케트 그리고 소련 국방부의 I. F. 포노마렌코와 A. I. 두벤코 간 회담에서 논의한 내용 보고" (1976년 5월 15일), RGANI, f. 5, op. 69, d. 2513, pp. 42-48. 쿠바-소련 관계사는 Jorge I. Dominguez, *To Make a World Safe for Revolution*, pp. 78-84 참조.

82. "즈베레프 보고서" (1976년 3월 1일), RGANI, f. 5, op. 9, d. 2513, pp. 13-14.

83. "즈베레프가 국제부에: 라울 발데스 비보 쿠바공산당 국제부장에게 보낸 즈베레프의 메모 동봉" (1976년 5월 28일), RGANI, f. 5, op. 69, d. 2513, pp. 53-54. "앙골라 주재 소련 대사관이 국제부에: 쿠바의 라울 카스트로, 호르헤 리스케트와 소련 국방부의 I. F. 포노마렌코와 A. I. 두벤코 간 회담에서 논의한 내용 보고" (1976년 5월 15일), RGANI, f. 5, op. 69, d. 2513, p. 45. 쿠바 병력의 규모는 "호네커와 카스트로의 대화록" (1977년 4월 3일), SAPMO-BArch, DY-30 JIV 2/201/1292 참조.

84. "B. 푸티린 앙골라 주재 소련 대사관 제1서기가 국제부에 보낸 보고서: 앙골라해방인민운동의 상황에 대하여" (1976년 3월 27일), RGANI, f. 5, op. 69, d. 2513, pp. 29-34.

85. *Ibid.*

86. "앙골라 주재 소련 대사관이 국제부에 보낸 보고서: 1976년 2분기의 정보와 선전 작업에 대하여" (1976년 6월 21일), *Ibid.*, pp. 60-62. 하지만 대사관은 프랑스어로 된 레닌 전집 '일부'를 처분하는 데 어려움을 겪었다. 그러나 이는 놀라운 일은 아니었다. 앙골라 인구 90퍼센트 이상이 글을 읽을 줄 몰랐고, 그나마 읽을 줄 아는 인구는 대부분 포르투갈어를 사용했기 때문이다.

87. "라울 카스트로 논의". "쿠다시킨(F. D. Kudashkin) 앙골라 주재 소련 참사관이 국제부에" (1976년 7월 30일), *Ibid.*, pp. 82-83. 연말에 소련 당국은 앙골라에서 마르크스-레닌주의 전위 정당을 찾는 데 어려움을 겪었다. "톨루베예프(N. P. Tolubeev) 쿠바 주재 소련 대사가 국제부에 보낸 메모: 호르헤 리스케트와의 대화록 동봉" (1976년 12월 10일), *Ibid.*, pp. 121-123.

88. 피델 카스트로에 관해서는 Gabriel García Márquez, "Operation Carlota," pp. 1-2 참조. "라울 카스트로 논의," p. 46. "즈베레프가 국제부에 보낸 메모: 즈베레프와 라울 발데스 비보의 대화록" (1976년 5월 28일), *Ibid.*, pp. 49-54.

89. "라울 카스트로 논의," *Ibid.*, pp. 43, 47.

90. "앙골라 주재 소련 대사관이 국제부에" (1976년 8월 15일), *Ibid.* 이러한 우려는 1976년 내내 지속되었다. "독일사회주의통일당 대표단의 앙골라 방문에 대한 보고서" (1976년 12월 6~12일), SAPMO-BArch, DY-30 IV B 2/20/72 참조.

91. "저자와 카렌 브루텐츠의 인터뷰" (1993년 10월 5일). 논의는 Steven R. David, "Soviet Involvement in Third World Coups," *International Security*, 11 (Summer 1986): 3-36 참조.

92. "'1975'라는 제목의 기록," box 1, Dadoo Papers, MCH05, Mayibuye Centre, University of Western Cape, Belleville, South Africa (Mayibuye Centre).

93. "현 남아공 상황에서 나타난 몇 가지 부정적 요소" (1974년), box 3, Dadoo Papers, MCH05, Mayibuye Centre.

94. 피델 카스트로, "몬카다 병영 공격 23주년 기념일 연설" (1976년 7월 26일). 카스트로 연설 데이터베이스, http://lanic.utexas.edu/project/castro/db/1976/19760726.html.

95. Wolfers and Bergerol, *Angola in the Front Line*, pp. 85-99는 알베스의 쿠데타 에 대한 전반적으로 신뢰할 만한 기록이지만, 알베스의 정치적 지지층에 대한 분석 은 다음도 참조. Jean-Michel Mabeko-Tali, *Dissidencia e poder de estado—O MPLA perante si proprio* (Dissidence and State Power: The MPLA Encounters Itself)(1962-1977) (2 vols.; Luanda: Nzila, 2001). 앙골라의 공식 기록은 "독일 민주공화국의 당과 국가 대표의 리비아·앙골라·잠비아·모잠비크 방문 보고서" (1979년 2월), SAPMO-BArch, DY-30 JIV 2/201/1454 참조. 알베스는 권력 탈 취를 용이하게 하기 위해 일부 소련 장교, 특히 루안다의 두 KGB 요원과의 가까 운 사적 관계를 이용했을 수도 있다. "1976~1977년 앙골라에 주둔했던 소련 장 교와 저자의 인터뷰" (1998년 9월, 모스크바). 향후의 소련-앙골라 관계는 Scott Christopher Monje, "Alliance Politics in Escalating Conflict: The Soviet Union and Cuba in Angola, 1974-1991," Ph.D. Dissertation, Columbia University, 1995; Mark Webber, "Soviet-Angolan Relation, 1975 to the Present," Ph.D. thesis, University of Birmingham, 1991 참조.

96. Mark Hertsgaard, "The Secret Life of Henry Kissinger: Minutes of a 1975 Meeting with Lawrence Eagleburger," *The Nation*, 29 October 1990에서 재인 용. 중국의 역할에 관해서는 Steven F. Jackson, "China's Third World Foreign Policy: The Case of Angola and Mozambique, 1961-93," *China Quarterly*, 142 (1995): 388-422 참조.

97. "국가안전보장회의 회의록" (1976년 4월 7일), Gerald Ford Presidential Library. (https://www.fordlibrarymuseum.gov/library/document/0312/1552402.pdf에서 확인할 수 있다―옮긴이.)

98. *Ibid.*

99. Henry Kissinger, *Years of Renewal* (New York: Simon & Schuster, 1999), p. 934.

100. "보타가 멀러(Muller, 포르스테르)에게" (1976년 5월 15일), SADFAA, 1/33/3,

vol. 33. "보타가 푸리에(Fourie)에게(포르스테르를 대신하여)" (1976년 6월 7일), *Ibid*.도 참조. 키신저에 대한 갱신된 남아공 국가안전보장국(BOSS) 정보는 같은 파일에 위치해 있다.

101. William Burr and Michael L. Evans eds., "East Timor Revisited: Ford, Kissinger, and the Indonesian Invasion, 1975-76," National Security Archive Electronic Briefing Book no. 62 (December 2001)에서 재인용. (http://nsarchive2.gwu.edu/NSAEBB/NSAEBB62/에서 확인할 수 있다―옮긴이.)

102. "레이건의 라디오 방송: 미국을 복원하기 위하여" (1976년 3월 31일). (https://patriotpost.us/pages/429-ronald-reagan-to-restore-america에서 확인할 수 있다― 옮긴이.) 키신저는 레이건이 자신이 한 적도 없는 말을 했다며 레이건의 발언을 부정했다. 앙골라에 대한 더 많은 논쟁은 Thomas J. Noer, "International Credibility and Political Survival: The Ford Administration's Intervention in Angola," *Presidential Studies Quarterly*, 23-4 (1993): 771-785 참조.

103. "제럴드 포드와 지미 카터 간 대선 토론" (1976년 10월 6일). (http://www.debates.org/index.php?page=october-6-1976-debate-transcript에서 확인할 수 있다―옮긴이.)

104. Zbigniew Brzezinski, *Power and Principle: Memoirs of the National Security Adviser* (New York: Fanar, Straus, Giroux, 1983), pp. 149-150.

07 사회주의의 전망: 에티오피아와 아프리카의 뿔

이 장을 준비하기 위해 러시아문서고를 방문했을 때 도움을 준 일리야 가이두크(Ilya Gaiduk)에게 감사를 전한다.

1. "저자와 아나톨리 체르냐예프의 인터뷰" (2002년 4월 20일, 워싱턴). 예멘인민민주주의 정권에 대해서는 Fred Halliday, *Revolution and Foreign Policy: The Case of South Yemen, 1967-1987* (Cambridge: Cambridge University Press, 2002) 참조.

2. 에티오피아 혁명에 대해서는 매우 다양한 관점에 입각한 유용한 저작들이 있다. Andargachew Tiruneh, *The Ethiopian Revolution 1974-1987: A Transformation from an Aristocratic to a Totalitarian Autocracy* (Cambridge: Cambridge University Press, 1993); Teferra Haile-Selassie, *The Ethiopian Revolution*

1974-1991: From a Monarchical Autocracy to a Military Oligarchy (London: Kegan Paul, 1997); Edmond J. Keller, *Revolutionary Ethiopia: From Empire to People's Republic* (Bloomington: Indiana University Press, 1988); Fred Halliday and Maxine Molyneux, *The Ethiopian Revolution* (London: New Left Books, 1981); Edmond J. Keller and Donald Rothchild eds., *Afro-Marxist Regimes: Ideology and Public Policy* (Boulder: Lynne Rienner, 1987) 참조.

3. Bruce D. Porter, *The USSR in Third World Conflicts: Soviet Arms and Diplomacy in Local Wars, 1945-1980* (Cambridge: Cambridge University Press, 1984), p. 200.

4. 1983~1984년 에티오피아가 받은 비군사 부문 원조 총액은 5억 4200만 달러로, 사하라 이남 아프리카에 제공된 전체 원조의 60퍼센트를 상회하는 수치였다. Abraham S. Becker, "The Soviet Union and the Third World: The Economic Dimension," Andrzej Korbonski and Francis Fukuyama eds., *The Soviet Union and the Third World: The Last Three Decades* (Ithaca: Cornell University Press, 1987), p. 78 참조.

5. Andargachew Tiruneh, *The Ethiopian Revolution*, p. 13

6. 말년의 하일레 셀라시에에 대한 평가는 Ryszard Kapuscinski, *The Emperor: Downfall of an Autocrat* (New York: Vintage Books, 1984) 참조.

7. "존슨 대통령과 하일레 셀라시에의 대화록" (1967년 2월 14일), *Foreign Relations of the United States (FRUS), 1964-1968*, vol. XXIV, p. 565. (https://1997-2001.state.gov/about_state/history/vol_xxiv/ze.html에서 확인할 수 있다—옮긴이.)

8. "국가 첩보 특별 보고서 76.1-61" (1961년 1월 24일), *FRUS, 1961-1963*, vol. XXI, pp. 425-428. (https://history.state.gov/historicaldocuments/frus1961-63v21/d271에서 확인할 수 있다—옮긴이.)

9. 에티오피아 혁명, 기독교 선교사 그리고 서구 마르크스주의의 관계에 대해서는 탁월한 저작 Donald L. Donham, *Marxist Modern: An Ethnographic History of the Ethiopian Revolution* (Berkeley: University of California Press, 1999), 특히 pp. 126-127 참조.

10. Andargachew Tiruneh, *The Ethiopian Revolution*, pp. 17-34.

11. Teferra Haile-Selassie, *The Ethiopian Revolution*, pp. 86-93.

12. Andargachew Tiruneh, *The Ethiopian Revolution*, pp. 66-81.

13. 하일레 셀라시에 황제는 1974년 9월 12일 체포되었는데, 체포 당시 병마로 인해 주위에서 무슨 일이 일어나는지 인지하지도 못하는 상태였다. 황제는 그로부터 1년 후 살해당했다. 에티오피아 군주제는 여전히 공식적으로는 하일레 셀라시에의 아들이 승계했다. 그러나 유럽에 유학 중이던 왕자는 슬기롭게도 귀국하지 않는 방안을 선택했다. 군대의 수장이자 6월부터 위원회의 실질적 수반이던 아만 안돔 장군은 아마도 에리트레아 해방 운동과의 협상을 시도했다는 이유로 살해당했을 것이다. Paul B. Henze, *Layers of Time: A History of Ethiopia* (New York: St. Martin's Press, 2000), pp. 285-287 참조.

14. René Lefort, *Ethiopie: la révolution hérétique* (Paris: François Maspero, 1981), p. 63.

15. 아직 영어로든 암하라어로든 멩기스투를 다룬 훌륭한 전기가 출간되지 않았다. 이 정보는 1970년대 후반 멩기스투와 함께 일했던 소련인 고문으로부터 얻은 것이다.

16. Andargachew Tiruneh, *The Ethiopian Revolution*, pp. 85-112.

17. Donald L. Donham, *Marxist Modern*, p. 33.

18. Andargachew Tiruneh, *The Ethiopian Revolution*, pp. 131-151; Haile Selassie, *The Ethiopian Revolution,* pp. 207-209도 참조.

19. Teferra Haile-Selassie, *The Ethiopian Revolution,* p. 172. '전국 민족-민주혁명 계획'은 전에티오피아사회주의운동(All Ethiopia Socialist Movement, MEISON)의 수장으로서, 멩기스투와 관계가 틀어지기 전까지 위원회의 핵심 이론가였던 하일레 피다(Haile Fida)가 고안한 것이 거의 확실하다. 하일레 피다는 1979년 처형되었다. 하일레 피다의 부관이자 또 다른 핵심 마르크스주의자 지식인이던 네가데 고베제(Negade Gobeze)는 쿠바로 망명했다.

20. Andargachew Tiruneh, *The Ethiopian Revolution*, pp. 182-184

21. Paul B. Henze, *Layers of Time,* p. 285.

22. "키신저 국무장관이 포드 대통령에게" (1975년 5월 18일), Declassified Documents Reference System (비밀해제문서참고시스템, DDRS). "로버트 잉거솔 국무차관이 포드 대통령에게" (1975년 4월 28일), DDRS도 참조. 로버트 잉거솔 국무차관은 포드 대통령에게 에티오피아에 군사 무기 특별 판매를 확대할 것을 요청했다. "이런 상황에 대처하는 데에는 미국이 극도의 유연성을 가지는 것이 바람직합니다."

23. "스코크로프트가 키신저 국무장관에게" (1976년 초봄쯤), DDRS.

24. "국가안전보장회의 회의록" (1976년 5월 11일), DDRS. 위원회의 초기 외교 관계에 대해서는 Fred Halliday, *Revolution and Foreign Policy*, pp. 213-262 참조.

25. "헨즈가 브레진스키에게" (1977년 3월 28일), DDRS.

26. "헨즈가 브레진스키에게" (1977년 4월 22일), DDRS.

27. "브레진스키가 지미 카터 대통령에게" (1977년 6월 3일), National Security Archives (국가안보문서고, NSArch), Carter-Brezhnev collection.

28. "아도우 미국 주재 소말리아 대사와 카터 대통령 그리고 브레진스키의 대화록" (1977년 6월 16일), NSArch, Carter-Brezhnev collection. (https://history.state. gov/historicaldocuments/frus1977-80v17p1/d20에서 확인할 수 있다―옮긴이.)

29. "헨즈가 브레진스키에게" (1977년 8월 17일), DDRS. 또한 "사이러스 밴스 국무장관과 황화(黃華) 중국 외교부 장관의 베이징에서의 대화록" (1977년 8월 23일) 참조. (https://history.state.gov/historicaldocuments/frus1977-80v13/d48에서 확인할 수 있다―옮긴이.) 밴스 국무장관은 "프랑스, 영국 그리고 독일은 …… 우리가 소말리아에 다른 종류의 장비를 제공해야 한다고 동의했습니다"라고 말하며 미국은 소말리아인이 군사적 목표를 달성할 것이라는 사실을 확실히 믿고 있다고 확인해주었다. 뒤이어 1977년 9월 밴스는 '소련의 친구〔에티오피아를 지칭하는 것으로 추정〕'에게 소말리아 항구 베르베라 주변의 소련 미사일 사진을 건넸다는 사실을 황화에게 알려주었다. "대화의 필기록" (1977년 9월 28일). (https://history.state. gov/historicaldocuments/frus1977-80v13/d62에서 확인할 수 있다―옮긴이.)

30. "에티오피아 주재 소련 대사관이 그로미코 외교부 장관에 보낸 보고서" (1974년 3월), Rossiiskii gosudarstvennyi arkhiv noveishei istorii (러시아국립현대사문서고, RGANI), f. 5, op. 67, d. 796, pp. 40, 46.

31. *Ibid.*, p. 49.

32. "에티오피아 주재 소련 대사관이 그로미코 외교부 장관에 보낸 보고서" (1974년 6월 9일), *Ibid.*, p. 223.

33. RGANI, f. 5, op. 67, d. 797, p. 292.

34. "시니친과 에니오 페레다의 대화록" (1974년 9월 21~22일), *Ibid.* 시니친의 기록은 에티오피아 문제에 대한 그의 역할을 자세하게 묘사하지는 않는다. Sergey Sinitsyn, *Missiya v Efiopii: Efiopiya, Afrikanskiy Rog i politika SSSR glazami sovetskogo diplomata, 1956-1982 gg* (Mission to Ethiopia: Ethiopia and the Horn of Africa through the Eyes of a Soviet Diplomat, 1956-1982) (Moscow: XXI vek, 2001)

참조.

35. "라타노프 에티오피아 주재 소련 대사가 국제부에" (1975년 3월), RGANI, f. 5, op. 68, d. 1985, p. 121.

36. "로마시킨과 폐섹 게다의 대화록" (1974년 11월 1일), RGANI, f. 5, op. 67, d. 797, pp. 338-339. 에티오피아 주재 소련 대사관이 작성한 "소련-에티오피아 관계의 발전에 대한 위원회 지도자의 발표와 향후 정치 영역에서 소련의 행보에 대한 소련 대사관의 의견서" (1976년 4월 23일), RGANI, f. 5, op. 69, d. 2580, p. 37도 참조.

37. "에티오피아 주재 소련 대사관의 1974년 정치 보고서," RGANI, f. 5, op. 67, d. 798, p. 67.

38. "라타노프 에티오피아 주재 소련 대사와 타파리 벤티의 대화록" (1975년 1월 25일), RGANI, f. 5, op. 68, d. 1989, pp. 12-18.

39. "콩고노동당 제2차 당대회에 대한 보고서", Archives of the Central Committee of the Italian Communist Party, Fondazione Istituto Gramsci, Rome (그람시연구 소문서고, PCI Archives), 202, vol. IV, I° bimestre 1975, p. 11.

40. "소련 정부를 대표한 에티오피아 주재 소련 대사의 성명서", RGANI, f. 5, op. 68, d. 1989, pp. 53-54. 이 성명서는 에티오피아-소말리아 분쟁은 협상을 통해 해소되어야 한다고 강조했다.

41. "라타노프 에티오피아 주재 소련 대사와 타파리 벤티 및 기타 에티오피아 지도부의 대화록" (1975년 3월 11일), Ibid., pp. 81-83.

42. Edmond J. Keller, Revolutionary Ethiopia, pp. 196-201.

43. "키신저 국무장관이 포드 대통령에게" (1975년 5월 18일), DDRS. "제임스 린(James T. Lynn)이 포드 대통령에게" (1975년 5월 21일), DDRS. "키신저 국무장관이 포드 대통령에게" (1975년 6월 24일), DDRS. Fred Halliday, Revolution and Foreign Policy, p. 222. David A. Korn, Ethiopia, the United States and the Soviet Union, 1974-1985 (London: Croom Helm, 1986), pp. 12-13도 참조.

44. "라타노프 에티오피아 주재 소련 대사가 국제부에" (1975년 3월), RGANI, f. 5, op. 68, d. 1985, p. 128.

45. "라타노프 에티오피아 주재 소련 대사가 국제부에" (1975년 3월 20, 24일), RGANI, f. 5, op. 68, d. 1989, p. 135.

46. "라타노프 에티오피아 주재 소련 대사가 국제부에" (1975년 4월 9일), RGANI, Ibid.,

pp. 123-126. 에티오피아 군대 내 미국과 소련의 무기 공존에 대해서는 "라타노프 대사와 위원회 정치위원장 시사이 합테의 대화록" (1975년 4월 9일), *Ibid.*, pp. 121-122 참조.

47. *Ibid.*, pp. 167-173.

48. "라타노프 에티오피아 주재 소련 대사와 타파리 벤티의 대화록" (1975년 7월 15일), RGANI, *Ibid.*, p. 204.

49. 예를 들어 다음을 참조. "라타노프 에티오피아 주재 소련 대사와 타파리 벤티의 대화록" (1975년 7월 15일), *Ibid.*, pp. 201-205. "라타노프 에티오피아 주재 소련 대사와 에티오피아 국방부 장관 아얄류 만데프로의 대화록" (1975년 8월 6일), *Ibid.*, pp. 228-230. "시니친과 시사이 합테의 대화록" (1975년 9월 20일), *Ibid.*, pp. 262-264.

50. "시니친과 실레시(Silesi) 중위의 대화록" (1975년 3월 24일), RGANI, *Ibid.*, p. 138.

51. "라타노프 에티오피아 주재 소련 대사가 그로미코 외교부 장관에게" (1976년 3월 27일), RGANI, f. 5, op. 69, d.2580, pp. 22-24.

52. "에티오피아 주재 소련 대사관이 모스크바에" (1976년 4월 23일), RGANI, *Ibid.*, p. 46.

53. "에티오피아의 무장력이 에티오피아의 정치적 삶에 미치는 역할과 위상에 대하여" (1975년 1월 31일), RGANI, f. 5, op. 68, d.1985, p. 38.

54. "에티오피아 주재 소련 대사관이 모스크바에" (1976년 6월 21일), *Ibid.*, p. 168.

55. 이를테면 "소련-에티오피아 관계의 발전에 대한 위원회 지도자들의 발표와 향후 정치 영역에서 소련의 행보에 대한 대사관의 의견서" (1976년 4월 23일), RGANI, f. 5, op. 69, d. 2580, pp. 34-54 참조.

56. "라타노프 에티오피아 주재 소련 대사와 위원회 의장 타파리 벤티의 대화록" (1975년 7월 15일), RGANI, f. 5, op. 68, d.1989, p. 204.

57. "에티오피아 주재 소련 대사관이 외교부에: 소련-에티오피아 고위급 협상 가능성에 대한 제안과 고찰" (1976년 6월 16일), RGANI, f. 5, op. 69, d. 2580, pp. 60-95. "모스크바에서 진행된 소련-에티오피아 고위급 회담 결과에 대한 에티오피아의 반응" (1976년 9월 11일), *Ibid.*, pp. 143-156도 참조.

58. RGANI, *Ibid.*, p. 148.

59. "라타노프 에티오피아 주재 소련 대사와 멩기스투 하일레 마리암의 대화록" (1975년 2월 21일), RGANI, f.5, op. 68, d.1989, p. 57.

60. Edmond J. Keller, *Revolutionary Ethiopia*, p. 197.

61. "에티오피아 주재 소련 대사관의 1976년 정례 보고서," RGANI, f.5, op. 73, d. 1634, pp. 1-11.

62. *Ibid*.

63. "에티오피아 주재 소련 대사관이 외교부에: 에리트레아 평화 구축 문제에 대하여" (1975년 6월 22일), RGANI, f. 5, op. 68, d. 1987, p. 33.

64. David A. Korn, *Ethiopia, the United States and the Soviet Union, 1974-1985*, p. 29.

65. "독일사회주의통일당 중앙위원회 대표단의 소말리아민주공화국 방문 보고서" (1977년 1월 31~2월 1일), RGANI, f. 5, op. 77, d. 1618, pp. 1-5.

66. "소련 외교부 제3국 아프리카처의 소말리아-에티오피아 영토 분쟁에 관한 보고" (1977년 2월 2일), RGANI, f. 5, op. 73, d. 1632, pp. 39-44. (http://digitalarchive. wilsoncenter.org/document/111623에서 확인할 수 있다―옮긴이.)

67. "라타노프 에티오피아 주재 소련 대사와 멩기스투의 대화록" (1977년 2월 4, 19일), RGANI, f. 5, op. 73, d. 1636, pp. 31-32, 33-38.

68. "멩기스투가 호네커 서기장에게" (1977년 3월 9일)," Stiftung Archiv der Parteien und Massenorganisationen in Bundesarchiv, Berlin (동독의 정당및대중조직문 서고, SAPMO-BArch), DY-30 2419.

69. MI-8T 기종(중형 수송형 헬리콥터―옮긴이)으로 추정.

70. "라타노프 대사, 베르하누 바예(Berhanu Bayeh), 멩기스투 하일레 마리암의 대화 록 (날짜 불명)," RGANI, f. 5, op. 73, d. 1636, pp. 46, 50, 55-57, 58.

71. David A. Korn, *Ethiopia, the United States and the Soviet Union, 1974-1985*, p. 29.

72. "소련공산당 중앙위원회가 독일사회주의통일당 중앙위원회에: 멩기스투의 모스크 바 방문에 관한 정보" (1977년 5월 13일), SAPMO-BArch, JIV 2/202/583. (http:// digitalarchive.wilsoncenter.org/document/111847에서 확인할 수 있다―옮긴이.) "쿠르트 자입트와 사담 후세인의 대화록: 바트당 30주년 행사 중" (1977년 4월 6~ 13일), SAPMO-BArch, DY-30 IV B 2/20/87. 사담 후세인은 에티오피아 내에서 여전히 미국이 지속적이고 강한 영향력을 행사하고 있다고 발언한 바 있다.

73. "에티오피아 내 미국의 영향력을 축출하기 위한 위원회의 조치에 대하여" (1977년 5월 26일), RGANI, f. 5, op. 73, d. 1633, p. 198. Diana L. Ohlbaum, "Identity

and Interests in Soviet Foreign Policy: The Case of Ethiopia, 1974-1991," Ph.D. Dissertation, Johns Hopkins University, 1998 참조.

74. 대부분 에티오피아 쪽의 자료를 사용한 참고하기에 좋은 개관적인 논문이 있다. Gebru Tareke, "The Ethiopia-Somalia War of 1977 Revisited," *International Journal of African Historical Studies*, 33-3 (2000): 635-667.

75. "라타노프 에티오피아 주재 소련 대사와 멩기스투의 대화록" (1977년 8월 26일), RGANI, f. 5, op. 73, d. 1636, pp. 88-89. 소련 정치국 구성원들은 이 대화록을 회람했다.

76. "에티오피아 주재 소련 대리대사 S. 시니친과 베르하누 바예 소령의 대화록: 1977년 3월 중순의 쿠바-예멘 중재 노력에 대하여" (1977년 3월 18일), RGANI, f. 5, op. 73, d. 1638, pp. 93-97. (http://digitalarchive.wilsoncenter.org/document/111842에 서 확인할 수 있다―옮긴이.)

77. "호네커와 카스트로의 대화록" (1977년 4월 3일), SAPMO-BArch, DY-30 JIV 2/201/ 1292. (http://digitalarchive.wilsoncenter.org/document/111844에서 확인할 수 있다―옮긴이.)

78. Arkhiv Prezidenta Rossiiskoi Federatsii (러시아연방대통령문서고, APRF), f. 3, op. 120, d. 37, pp. 44, 48.

79. "소련공산당 중앙위원회가 독일사회주의통일당 중앙위원회에 보낸 보고서: 소말 리아 부통령 모하마드 알리 사만타르의 소련 방문에 대하여" (1977년 5월 말~6월 초), SAPMO-BArch, DY-30 JIV 2/202 584. (http://digitalarchive.wilsoncenter. org/document/111615에서 확인할 수 있다―옮긴이.)

80. "라타노프 에티오피아 주재 소련 대사와 멩기스투의 대화록" (1977년 7월 21, 31, 8월 1일), RGANI, f. 5, op. 73, d. 1636, pp. 110-112, 125-126.

81. "라타노프 에티오피아 주재 소련 대사와 쿠바 군사 장교 아르날도 오초아의 대화 록" (1977년 7월 17일), *Ibid.*, pp. 141-146. (http://digitalarchive.wilsoncenter. org/document/111849에서 확인할 수 있다―옮긴이.)

82. "멩기스투의 총동원 연설" (1977년 8월 21일), Haile-Selassie, *Revolutionary Ethiopia*, p. 214에서 인용.

83. "니콜라이 포드고르니의 아프리카 방문에 대해서 소련공산당 중앙위원회가 독일사 회주의통일당 중앙위원회에 보낸 보고서" (1977년 3월 31일), SAPMO-BArch, JIV 2/202 584. (이 문서의 일부를 http://digitalarchive.wilsoncenter.org/document/

111610에서 확인할 수 있다. 날짜도 확인 가능하다—옮긴이.)

84. David A. Korn, *Ethiopia, the United States and the Soviet Union, 1974-1985*, p. 41.

85. 소련 공군의 작전 계획를 둘러싼 초기 논의를 알고 싶다면 "라타노프 에티오피아 주재 소련 대사와 레게세 아스파우의 대화록" (1977년 8월 9일), RGANI, f. 5, op. 73, d. 1636, p. 106 참조.

86. Edmond J. Keller, *Revolutionary Ethiopia*, p. 206.

87. "소련공산당 중앙위원회가 독일사회주의통일당 중앙위원회에 보낸 멩기스투 하일레 마리암의 모스크바 비밀 방문(1977년 10월 30~31일)에 대한 정보" (1977년 11월 8일), SAPMO-BArch, JIV 2/202/583. (http://digitalarchive.wilsoncenter. org/document/110963에서 확인할 수 있다—옮긴이.)

88. "라타노프 에티오피아 주재 소련 대사와 동독 외교관의 대화" (1977년 12월 6일), SAPMO-BArch, DY-30 IV 2/2.035/126. (http://digitalarchive.wilsoncenter.org/ document/110964에서 확인할 수 있다—옮긴이.)

89. "보리스 N. 포노마료프와 독일사회주의통일당의 파울 마르콥스키(Paul Markovski) 의 대화록" (1978년 2월 10일), SAPMO-BArch, DY-30 IV 2/2.035/127. (http:// digitalarchive.wilsoncenter.org/document/110967에서 확인할 수 있다—옮긴이.)

90. "아디스아바바에서 진행된 독일사회주의통일당의 에버하르트 하인리히(Eberhard Heinrich)와 라타노프 에티오피아 주재 소련 대사의 대화록" (1978년 3월 13일), SAPMO-BArch, DY-30 IV 2/2.035/127.

91. 소련의 직접 개입에 대해서는 "소련-에티오피아 관계에 대한 소련 외교부 제3국 아프리카처의 배경 보고서" (1978년 4월 3일), RGANI, f. 5, op. 75, d. 1175, pp. 24-32 참조. (http://digitalarchive.wilsoncenter.org/document/110975에 서 확인할 수 있다—옮긴이.) 리비아의 중재 시도에 대해서는 "소말리아-에티오 피아 충돌과 관련된 리비아의 제안에 대한 소련의 반응" (1978년 4월), SAPMO-BArch, DY-30 IV 2/2.035/127 참조. (http://digitalarchive.wilsoncenter.org/ document/110978에서 확인할 수 있다—옮긴이.) 소련의 군사 개입에 대한 러시 아 측 자료는 매우 적지만 P. A, Golitsyn, "Treia moia voina:o roli sovetskikh voennykh v Efiopii v otrazhenii somaliiskoi agressii (My Third War: The Role of Soviet Soldiers in Ethiopia in Repelling the Somalian Aggression)," *Voenno-istoricheskii zhurnal*, 3 (1994): 54-60 참조. 미국의 즉각적 반응에 대해서는 "특별

조정위원회 회의 (1978년 1월 26일), box 28, subject file-meetings, Brzezninski collection, Jimmy Carter Presidential Library 참조.

92. 에티오피아에서 어떤 기회와 어려움이 있었는지에 대해서는 "소련 외교부와 소련 공산당 중앙위원회 국제부가 작성한 소말리아-에티오피아 충돌에 대한 배경 보고서" (1978년 4월 3일), RGANI, f. 5, op. 75, d. 1175, pp. 13-23 참조. (http://digitalarchive.wilsoncenter.org/document/110977에서 확인할 수 있다—옮긴이.)

93. 당 문제와 관련해 아프가니스탄과의 흥미로운 비교는 Eremias Abebe, "The Vanguard Party: Imperial Instrument of Soviet Third World Policy(1976-1986) (A Comparative Study of Soviet Party-to-Party Relations with Afghanistan and Ethiopia)," Ph.D. Dissertation, University of Maryland, 1994 참조.

94. 소련은 에리트레아인민해방전선의 전통적인 경쟁자 에리트레아해방전선과의 관계를 재검토하려 했으나, 그 또한 허사로 돌아갔다. 독일사회주의통일당 국제부, "소련 연대위원회에서 아흐메드 나세르(Ahmed Nasser, 에리트레아해방전선 분파의 지도자)와의 대화에 대한 정보" (1978년 6월 7~8일), SAPMO-BArch, DY-30 IV 2/2.035/127. (http://digitalarchive.wilsoncenter.org/document/111900에서 확인할 수 있다—옮긴이.)

95. "저자와 카렌 브루텐츠 인터뷰" (1993년 10월 5일).

96. "독일사회주의통일당의 프리델 트라펜(Friedel Trappen)과 카렌 브루텐츠의 대화록" (1977년 11월 7일), SAPMO-BArch, DY-30 IV 2/2.035/126. (http://digitalarchive.wilson center.org/document/110960에서 확인할 수 있다—옮긴이.) 팔레스타인의 중재자는 훗날 팔레스타인해방기구의 분파로 바그다드에 위치한 파타혁명평의회 의장에 오른 아부 니달(Abu Nidal)이었다. "모스크바에서 독일사회주의통일당의 마르콥스키와 포노마료프의 대화록" (1978년 2월 10일), SAPMO-BArch, DY-30 IV 2/2.035/127). (http://digitalarchive.wilsoncenter.org/document/110967에서 확인할 수 있다—옮긴이.)

97. 독일사회주의통일당 국제부, "카를로스 라파엘 로드리게스 쿠바 부통령과 아바나에서 나눈 대화에 대한 보고서" (1978년 2월 13일, 아바나), SAPMO-BArch, DY-30 IV 2/2.035/127. (http://digitalarchive.wilsoncenter.org/document/110968에서 확인할 수 있다—옮긴이.)

98. "에티오피아-에리트레아 회담에 대해 호네커가 브레즈네프에게 보낸 서한 초안" (1978년 4월 19일), SAPMO-BArch, DY-30 IV 2/2.035/12. (http://digitalarchive.

wilsoncenter.org/document/110979에서 확인할 수 있다ー옮긴이.)

99. "바이어라허(Bayerlacher) 에티오피아 주재 독일민주공화국 대사가 독일민주공화국 외교부에" (1978년 4월 11일), SAPMO-BArch, DY-30 2419.

100. "독일사회주의통일당의 프리델 트라펜과 로스티슬라프 울리아노프스키(소련공산당 중앙위원회 국제부)의 대화록" (1978년 5월 11일), SAPMO-BArch, DY-30 IV 2/2.035/127. (http://digitalarchive.wilsoncenter.org/document/111899에서 확인할 수 있다ー옮긴이.) "독일사회주의통일당의 람베르츠(Lamberz)와 페페(PePe) 에티오피아 주재 쿠바 대사의 대화록" (1978년 3월 3일, 아디스아바바), SAPMO-BArch, DY-30 IV 2/2.035/127도 참조. (http://digitalarchive.wilsoncenter.org/document/110973에서 확인할 수 있다ー옮긴이.) 에리트레아 분쟁에 있어 동독의 비밀 개입을 개관적으로 다룬 글로는 "독일사회주의통일당 국제부, "에리트레아 문제를 평화적으로 해결하기 위한 1970년대 독일사회주의통일당의 노력과 활동의 전개 과정에 대한 정보" (1979년 말쯤), SAPMO-BArch, DY-30 2419 참조.

101. 소련 주재 독일민주공화국 대사관, "독일사회주의통일당 그라보브스키(Grabowski)와 시니친(당시 소련 외교부 제3국 아프리카처장)의 대화록" (1978년 6월 19일), SAPMO-BArch, DY-30 IV 2/2.035/127. (http://digitalarchive.wilsoncenter.org/document/111903에서 확인할 수 있다ー옮긴이.)

102. "소련공산당 중앙위원회 정치국 회의록" (1978년 7월 14일), APRF, f. 3, op. 120, d. 40, pp. 45, 10-12. (http://digitalarchive.wilsoncenter.org/document/111906에서 확인할 수 있다ー옮긴이.)

103. 7월 14일 회의 전 정치국에서 진행된 보고에서, 그로미코·안드로포프·포노마료프는 이렇게 발언했다. "에티오피아 주재 소련 대사와 쿠바 동지가 제공한 정보에 따르면 오가덴의 승리 이후, 에티오피아 지도부 일부에서 민족주의적 분위기를 드러내는 사건이 속속 일어나고 있습니다. 이는 이미 에티오피아와 다른 여러 국가의 사회주의 공동체 관계에 부정적 영향을 미치고 있습니다. 특히 에티오피아 측에서, 무엇보다도 이 나라들과의 협력 진척에 대한 불만족이 표출되고 있으며, 무역-경제 관계의 전개와 관련한 항의가 제기되고 있습니다. 이는 전부 사실에 기초한다고 할 수는 없습니다. 이러한 분위기는 에티오피아 지도부의 에리트레아 문제 해결을 둘러싼 접근에서 어떤 식으로든 드러나고 있습니다." APRF, f. 3, op. 91, d. 272, pp. 140-143.

104. Zbigniew Brzezinski, *Power and Principle: Memoirs of the National Security*

Adviser (New York: Fonar, Straus, Giroux, 1983), p. 189. 더 넓은 지역에서 나타난 결과를 바라보는 미국 행정부의 관점은 "국무부가 이란 주재 미국 대사관 등에" (1977년 12월 13일), box 27, subject file-meetings, Brzezinski collection, Jimmy Carter Presidential Library 참조.

105. "카터 대통령과 그로미코 외교부 장관의 대화" (1978년 5월 27일), NSArch, Carter-Brezhnev collection. 소련은 소련의 개입 정도에 대해 거짓으로 답함으로써 소련의 동기를 바라보는 카터의 의심을 강화했다. 그로미코는 카터 대통령에게 "에티오피아에 소련 장성이 있다는 것은 헛소문에 불과합니다. ······아프리카에 소련의 나폴레옹은 없습니다. 대통령께서 전적으로 터무니없는 정보를 들은 게 분명합니다"라고 말했다. (1977년 12월) 공수작전이 개시되자, 그로미코 외교부 장관은 툰(Toon) 미국 대사에게 에티오피아로 수송되는 소련 무기는 얼마 되지 않는다고 말했다. "그로미코와 툰의 대화록" (1977년 12월 12일), box 27, subject file-meetings, Brzezinski collection, Jimmy Carter Presidential Library.

106. "국가안전보장회의 특별조정위원회 회의록" (1978년 3월 2일), Odd Arne Westad ed., *The Fall of Détente: Soviet-American Relations during the Carter Years* (Oslo: Scandinavian University Press, 1997), p. 267에서 인용.

107. "카터 대통령이 브레진스키에게" (1978년 5월 17일), NSArch, Carter-Brezhnev collection. "헨즈가 브레진스키에게: 카터 행정부와 아프리카의 뿔, 우리가 배운 교훈" (1978년 3월 10일), box 28, subject file—meetings, Brzezinski collection, Jimmy Carter Presidential Library도 참조.

108. 로널드 레이건, "보수 정치 활동 위원회에서의 연설" (1978년 3월 25일).

109. 프리마코프의 관점에 대해서는 Zakon neravnomernosti razvitiia i istoricheskoi sudby osvobodivshikhsia stran (The laws of uneven development and the historical fate of newly independent countries), *Miriovaia ekonomika i mezhdunarodinie otnosheniia*, 12 (1980): 27-39 참조. 보고몰로프의 관점에 대해서는 〈모스크바 뉴스〉 30호(1989)에 발표한 Oleg Bogomolov, "Some Considerations of the Foreign Policy Results of the 1970s (Main Points)," 20 January 1980 참조. 로버트 잉글리시에 따르면 소련공산당 중앙위원회에 올린 이 보고서는 소련의 제3세계 정책을 향한 매우 비판적 논평을 세계사회주의체제 경제연구소(IEMSS)의 외교 정책 분야 책임자인 뱌체슬라프 다시체프(Viacheslav Dashichev)가 저술했다고 한다. Robert English, *Russia and the Idea of the*

West: *Gorbachev, Intellectuals, and the End of the Cold War* (New York: Columbia University Press, 2000), p. 304.

110. "아지즈 모하메드와 파울 베르너(Paul Werner, 독일사회주의통일당 정치국원)의 대화록(1979년 2월 19일): 사담 후세인과 이라크 공산주의 지도자들의 1979년 1월 24일 회의록 동봉," SAPMO-BArch, DY-30 IV B 2/20/87. 다음도 참조. "독일사회주의통일당 국제부의 빈켈만(Winkelmann)이 작성한 바트당의 이라크 공산당 탄압에 대한 보고서" (1978년 5월 24일). "호네커가 알바크르에게" (1978년 5월 20일). "알바크르의 답신" (이 글을 작성한 시점은 명확하지 않지만 호네커는 이 편지를 1976년 6월 11일 읽었다), *Ibid.*

111. 국제부, "독일사회주의통일당과 이라크 바트당의 현재 관계에 대한 문제" (1980년 5월 22일), SAPMO-BArch, DY-30 IV B 2/20/87.

112. "에티오피아 내 '서구화주의자'는 특정 사회주의 국가들이 에티오피아와의 경제 협력을 발전시키는 데 소극적이라는 사실을 서방 국가와의 관계 개선에 이용하려 듭니다. 비록 다른 이유에서이지만, 에티오피아에 대해 소극적인 지원 의사를 보이는 나라들에는 폴란드, 헝가리, 불가리아 그리고 루마니아가 있습니다." 〔에티오피아 주재 소련 대사관, "에티오피아와 서방 국가들의 관계에 대한 배경 보고서" (1978년 8월 14일), RGANI, f. 5, op. 75, d. 1173, pp. 155-161.〕

113. Joseph Tubiana, comp., *La révolution Ethiopienne comme phénomène de société: essais, témoignages et documents* (Paris: Harmattan, 1990), p. 235에서 다윗의 발언 인용. Robert D. Kaplan, *Surrender or Starve: The Wars Behind the Famine* (Boulder: Westview Press, 1988)도 참조. 위원회의 정책이 낳은 결과는 다음의 저작에 낱낱이 드러난다. Markos Ezra, *Ecological Degradation, Rural Poverty, and Migration in Ethiopia: A Contextual Analysis* (New York: Population Council Press, 2001). 에티오피아 적색 테러의 희생자들을 위한 훌륭한 추모 웹사이트가 있다. http://www.ethiopians.com/qey_shibir.htm.

08 이슬람주의자의 도전: 이란과 아프가니스탄

이 장의 일부 내용은 저자가 발표한 논문을 참고해 재구성했다. Odd Arne Westad, "Concerning the situation in 'A': New Russian Evidence on the Soviet Intervention in Afghanistan," *Cold War International History Project Bulletin*, 8-9 (1996/1997):

128-132; Odd Arne Westad, "Prelude to Invasion: The Soviet Union and the Afghan Communists, 1978-1979," *International History Review*, 16-1 (1994): 49-64; Odd Arne Westad, "Nakanune vvoda sovetskikh voisk v Afghanistan, 1978-1979 (On the Eve of Sending Soviet to Afghanistan, 1978-1979)," *Novaia i noveishaia istoriia*, 2 (1994): 19-35.

1. 이에 대한 훌륭한 개관은 Kirsten E. Schulz, "The Rise of Political Islam, 1928-2000," Antony Best et al. eds., *The Twentieth Century: An International History* (London: Routledge, 2003) 참조.

2. 초기 이슬람의 각성에 영향을 준 주요 인물로는 자말 알딘 알아프가니(Jamal al-Din al Afghani, 1839~1897), 무함마드 압두(Muhammad Abdu, 1849~1905) 그리고 특히 무함마드 라시드 리다(Muhammad Rashid Rida, 1865~1935)가 있다.

3. Mark J. GasiMuhammad Rashid Rida, orowski, *US Foreign Policy and the Shah: Building a Client State in Iran* (Ithaca: Cornell University Press, 1991); Barry Rubin, *Paved with Good Intentions: The American Experience in Iran* (Oxford: Oxford University Press, 1980) 참조.

4. "윌리엄 브루뻭 국무부 비서실장이 맥조지 번디 국가안보 보좌관에게" (1963년 1월 21일), *Foreign Relations of the United States (FRUS), 1962-1963*, Near East, vol. XVIII, p. 311. (https://history.state.gov/historicaldocuments/frus1961-63v18/d136에서 확인할 수 있다—옮긴이.)

5. 이에 대한 비판으로는 Ali M. Ansari, "The Myth of the White Revolution: Mohammad Reza Shah, 'Modernization' and the Consolidation of Power," *Middle Eastern Studies*, 37-3, (2001): 1-24 참조.

6. 모하마드 레자 팔라비, "하버드대학교에서의 연설" (1968년 6월 13일), on http://www.sedona.net/pahlavi/harvard.html.

7. "국무부가 이란 주재 미국 대사관에: 케네디-팔라비의 대화를 포함하여" (1963년 7월 16일), *FRUS, 1961-1963*, vol. XVIII, p. 646. (https://history.state.gov/historicaldocuments/frus1961-63v18/d297에서 확인할 수 있다. 쪽수를 추가했다—옮긴이.)

8. "윌리엄 폴크가 월트 로스토에게" (1963년 12월 17일), *Ibid.*, vol. XVIII, p. 845. (https://history.state.gov/historicaldocuments/frus1961-63v18/d387에서 확인할 수 있다. 쪽수를 추가했다—옮긴이.)

9. Baqer Moin, *Khomeini: Life of the Ayatollah* (London: I. B. Tauris, 1999), p. 104에서 인용.

10. *Ibid.*, p. 155. (이 부분은 호메이니의 이슬람 정부론이다—옮긴이.)

11. 루홀라 호메이니, "미국에 권리를 넘겨주는 것: 쿰에서의 연설" (1964년 10월 27일). 〔영어 번역본은 Hamid Algar (ed. and trans), *Islam and Revolution: Speeches and Declarations of Imam Khomeini* (Berkeley: Mizan Press, 1981), pp. 184-186. http://www.en.islamic-sources.com/download/E-Books/Humanities/Islam-and-Revolution.pdf에서 확인할 수 있다—옮긴이.〕

12. Henry Kissinger, *Years of Renewal* (New York: Simon & Schuster, 1999), p. 582.

13. Jonathan Randal, *Kurdistan: After Such Knowledge, What Forgiveness?* (London: Bloomsbury, 1998), p. 175.

14. Henry Kissinger, *Years of Renewal*, pp. 592-596; Jonathan Randal, Kurdistan, pp. 153-193.

15. Mohammed Reza Pahlavi, *Answer to History* (New York: Stein & Day, 1980), p. 156. Abbas Milani, *The Persian Sphinx: Amir Abbas Hoveyda and the Riddle of the Iranian Revolution* (Washington D.C.: Mage, 2000)도 참조. 이 란 혁명을 둘러싼 다양한 해석에 대해서는 Farhad Kazemi, "Models of Iranian Politics, the Road to the Islamic Revolution, and the Challenge of Civil Society," *World Politics*, 47.4 (July 1995): 555-580 참조.

16. 이란 혁명의 경제적 배경에 대해서는 Robert E. Looney, *Economic Origins of the Iranian Revolution* (New York: New York University Press, 1982) 참조. 정치적 '전통주의자'와 성직자 계층의 관계에 대해서는 Gholi Majd, *Resistance to the Shah: Landowners and Ulama in Iran* (Gainesville: University Press of Florida, 2000) 참조. 정권에 대항하는 이슬람주의자를 국가별로 비교한 저서로 는 A. Banuazizi and M. Weiner eds., *The State, Religion and Ethnic Politics: Afghanistan, Iran, and Pakistan* (Syracuse: Syracuse University Press, 1986) 참조.

17. Peter G. Bourne, *Jimmy Carter: A Comprehensive Biography from Plains to Postpresidency* (New York: Scribner, 1997), p. 453.

18. *Ibid.,* pp. 266, 453.

19. "탤벗(Talbot)이 딘 러스크 국무장관에게" (1963년 6월 6일), *FRUS, 1961-1963*, vol. XVIII, p. 570. (https://history.state.gov/historicaldocuments/frus1961-63v18/d263에서 확인할 수 있다―옮긴이.)

20. Mohsen M. Milani, *The Making of Iran's Islamic Revolution: From Monarchy to Islamic Republic* (2nd edn.; Boulder: Westview Press, 1994).

21. S. A. Arjomand, "Iran's Islamic Revolution in Comparative Perspective," *World Politics*, 38 (1986): 383-400.

22. Paul Vieille and Farhad Khosrokhavar, *Le discours populaire de la revolution Iranienne* (Paris: Contempéranité, 1990), vol. 2, p. 354. (https://archive.org/details/lediscourspopula01viei에서 확인할 수 있다―옮긴이.)

23. Baqer Moin, *Khomeini*, p. 276.

24. 루홀라 호메이니, "순례자에게 보내는 메시지" (1980년 9월 12일), Hamid Algar (ed. and trans), *Islam and Revolution*, p. 306.

25. Tulsiram, *History of Communist Movement in Iran* (Bhophal: Grafix, 1981), pp. 157-158; Dr. Zayar, "The Iranian Revolution: Past, Present and Future," http://www.marxist.com/the-iranian-revolution-past-present-future.htm. 이란 혁명에 대한 소련의 입장으로는 Richard Herrmann, "The Role of Iran in Soviet Perception and Policy, 1946-1988," Nikki R Keddie and Mark J. Gasiorowski eds., *Neither East Nor West: Iran, the Soviet Union and the United States* (New Haven: Yale University Press, 1990), pp. 63-69.

26. "브레즈네프와 호네커의 대화록" (1979년 10월 4일), Stiftung Archiv der Parteien und Massenorganisationen in Bundesarchiv, Berlin (동독의 정당및대중조직문서고, SAPMO-BArch), DY-30, JIV 2/201/T342.

27. 이란 이슬람주의자들은 공산주의자의 목록뿐 아니라 공산주의 첩보 활동의 '증거'를 확보하고 있었다. 이슬람주의자들은 영국 정보부를 통해 이와 같은 정보(세바르신의 KGB 요원 중 한 명인 블라디미르 쿠지치킨(Vladimir Kuzichkin) 소령이 1982년 6월 서방으로 망명하면서 이란 내 공산주의자의 동향이 알려졌다)를 얻었다. 세바르신과 울리아놉스키 소련공산당 국제부장 대리는 투데당 인사가 소련의 요원이었다는 사실을 부인했으나, KGB가 투데당 지도자와 '연락'을 해왔다는 사실은 인정했다. Alexei Vassiliev, *Russian Policy in the Middle East: From Messianism to Pragmatism* (Reading: Ithaca Press, 1993), p. 165. 이란 좌파의 붕괴를 다룬

영어로 된 가장 탁월한 저작은 Sepehr Zabih, *The Left in Contemporary Iran: Ideology, Organization and the Soviet Connection* (London: Croom Helm, 1986); Maziar Behrooz, *Rebels with a Cause: The Failure of the Left in Iran* (London: I. B. Tauris, 1999). 1980년대에 초점을 맞춘 소련-이란 관계에 대해서는 Haim Shemesh, *Soviet-Iraqi Relations, 1968-1988: In The Shadows of the Iraq-Iran Conflict* (Boulder: Lynne Rienner, 1992) 참조.

28. David Gai and Vladimir Snegirev, "Vtorzhenie: opyt zhuernalistskogo rassledovaniia (Invasion: The Experience of Journalistic Investigation)," *Znamia*, 3 (1991): 200.

29. 타라키, 아민, 카르말을 다룬 전기적 정보에 대해서는 Beverley Male, *Revolutionary Afghanistan: A Reappraisal* (New York: St. Martin's Press, 1982), pp. 20-51 참조. 바브라크 카르말의 배경에 대해서는 〈트루트(Trud)〉(1991년 10월 24일)에 게재된 인터뷰 참조.

30. 헤크마티아르는 파키스탄의 도움을 받아 아프가니스탄에서 탈출할 수 있었다. "저자와 굴부딘 헤크마티아르의 인터뷰" (1985년 3월 12일).

31. Vasiliy Mitrokhin, "The KGB in Afghanistan," *Cold War International History Project Working Paper*, 40 (Washington: Woodrow Wilson Center, 2002), p. 26. (https://www.wilsoncenter.org/sites/default/files/WP40-english.pdf에서 확인할 수 있다—옮긴이.) KGB 역시 푸자노프 아프가니스탄 주재 소련 대사의 평가에 동의했다. 같은 날 전송된 전보에서 KGB는 "이스라엘의 모사드가 아프가니스탄인민민주당의 군사 조직을 자극해 정부를 타격할 가능성을 배제할 수는 없다"고 보고했다. *Ibid.*

32. 알렉산드르 푸자노프는 소련 외교 관계에서 꽤 높은 서열의 인물이었다. 그는 카불에 오기 전 여러 국가의 대사를 역임(주북한 대사(1955~1962), 주유고슬라비아 대사(1962~1967), 주불가리아 대사(1967~1972)—옮긴이)했으며, 소련공산당 중앙위원회의 일원이기도 했다. David A. Welch and Odd Arne Westad eds., *The Intervention in Afghanistan and the Fall of Détente: Transcript of an International Conference, Lysebu, September, 1995* (Norwegian Novel Institute, 1995), p. 12. 아프가니스탄 쿠데타에 대한 미국의 반응은 *Afghanistan: The Making of US Policy, 1973-1990: Guide and Index* (Alexandria: Chadwyck-Healy, 1990) 참조. (http://nsarchive2.gwu.edu/nsa/publications/afghanistan/

afghanistan.html에서 확인할 수 있다—옮긴이.) 소련의 일반적인 정책에 대해서
는 Steven R. David, "Soviet Involvement in Third World Coups," *International
Security*, 11-1 (Summer 1986): 3-36 참조.

33. "푸자노프 아프가니스탄 주재 소련 대사가 국제부에 보낸 정기 보고서: 아프가니스탄
민주공화국의 국내 정치 상황에 대하여" (1978년 5월 5일), Rossiiskii gosudarstvennyi
arkhiv noveishei istorii (러시아국립현대사문서고, RGANI), f. 5, op. 75, d. 1179,
pp. 2-6, 16. 푸자노프 아프가니스탄 주재 소련 대사의 보고서는 소련 외교부와 당
국제부에 동시에 전송되었다.

34. *Ibid.*, p. 13-14, 16.

35. "시모넨코(Simonenko), 간콥스코프(Gankovskov), 스미르노프(Smirnov)가 국제
부에" (1978년 5월 23일), RGANI, f. 5, op. 75, d. 1181, p. 7.

36. "하피줄라 아민이 소련공산당 중앙위원회에" (1978년 5월 23일), RGANI, f. 5,
op. 75, d. 1182, pp. 1-8. 아민은 5월 중순에 잠깐 모스크바를 방문했다.

37. "푸자노프 아프가니스탄 주재 소련 대사가 국제부에 보낸 정기 보고서: 아프가니스
탄의 국내 정치 상황에 대하여" (1978년 5월 5일), RGANI, f. 5, op. 75, d. 1179,
pp. 7, 9-10.

38. "푸자노프 아프가니스탄 주재 소련 대사가 국제부에" (1978년 5월 17일), RGANI,
f. 5, op. 75, d. 1181, pp. 1-3.

39. "푸자노프 아프가니스탄 주재 소련 대사가 국제부에" (1978년 6월 11일), *Ibid.*,
pp. 10-11, 13.

40. "푸자노프 아프가니스탄 주재 소련 대사가 국제부에" (1978년 6월 17일), *Ibid.*,
pp. 18-19. "푸자노프 아프가니스탄 주재 소련 대사가 국제부에" (1978년 6월 11일),
Ibid., p. 13.

41. "푸자노프 아프가니스탄 주재 소련 대사가 국제부에" (1978년 6월 18일), *Ibid.*,
pp. 25-27.

42. "푸자노프 아프가니스탄 주재 소련 대사가 국제부에" (1978년 8월 26일), *Ibid.*,
p. 77.

43. *Ibid.*, pp. 75-76.

44. *Ibid.*, pp. 76-77.

45. David Gai and Vladimir Snegirev, "Vtorzhenie," p. 201.

46. "푸자노프 아프가니스탄 주재 소련 대사가 국제부에" (1978년 8월 26일), RGANI,

f. 5, op. 75, d. 1181, p. 77.

47. David Gai and Vladimir Snegirev, "Vtorzhenie," p. 201.

48. *Ibid.* 아민을 의심한 KGB의 입장에 대해서는 Alexandr Morosov, "Kabulskii resident," *Novoe vremia*, 41 (1991): 29 참조. 모로조프는 1975~1979년에 아프가니스탄 카불의 KGB 상주 대표였다.

49. David Gai and Vladimir Snegirev, "Vtorzhenie," p. 201. "저자와 미하일 카피차 전 외교부 부부장의 인터뷰" (1992년 9월 7일).

50. *Ibid.*

51. "푸자노프 아프가니스탄 주재 소련 대사가 국제부에" (1978년 11월 14일), RGANI, f. 5, op. 75, d. 1181, pp. 123-129.

52. "푸자노프 아프가니스탄 주재 소련 대사가 국제부에" (1978년 12월 17일), RGANI, f. 5, op. 76, d. 1044, p. 8. "푸자노프 아프가니스탄 주재 소련 대사가 국제부에" (1978년 11월 14일), RGANI, f. 5, op. 76, d. 1181, p. 125.

53. 이란에 대해서는 "푸자노프 아프가니스탄 주재 소련 대사가 국제부에" (1978년 12월 28일), RGANI, f. 5, op. 76, d. 1045, pp. 4-5. "푸자노프 아프가니스탄 주재 소련 대사가 국제부에" (1979년 1월 15일), *Ibid*, pp. 1-3 참조. 첩보 정보에 대해서는 "푸자노프 아프가니스탄 주재 소련 대사가 국제부에" (1978년 12월 28일), *Ibid*, p. 5 참조.

54. "푸자노프 아프가니스탄 주재 소련 대사가 국제부에" (1978년 12월 30일), RGANI, f. 5, op. 76, d. 1044, pp. 6-7, 9.

55. "소련공산당 중앙위원회 제137차 정치국 회의 의정서 요약본" (1979년 1월 7일), osobaia papka (OP), RGANI, f. 89, op. 14, d. 24. 이 파일의 문서는 크렘린의 대통령문서고에서 러시아국립현대사문서고(RGANI)로 1992년 후반에 이관되었다.

56. "아르히포프 부총리가 국제부에" (1979년 2월 28일), RGANI, f. 5, op. 76, d. 1044, pp. 20-23, 26-27.

57. "푸자노프 아프가니스탄 주재 소련 대사가 국제부에" (1978년 7월 1일), RGANI, f. 5, op. 75, d. 1181, p. 31. "푸자노프 아프가니스탄 주재 소련 대사가 국제부에" (1978년 8월 22일), *Ibid.*, pp. 64-69. "푸자노프 아프가니스탄 주재 소련 대사가 국제부에" (1979년 2월 19일), RGANI, f. 5, op. 76, d. 1045, pp. 23-24.

58. Anthony Hyman, *Afghanistan under Soviet Dominion, 1964-1991* (3rd edn.; Houndsmills: Macmillan, 1992), pp. 100-101.

59. Fred Halliday and Zahir Tanin, "The Communist Regime in Afghanistan 1978-1992," *Europe-Asia Studies*, 50 (1998): 1357-1380.

60. "푸자노프 아프가니스탄 주재 소련 대사가 국제부에" (1979년 3월 19일), RGANI, f. 5, op. 76, d. 1044, pp. 36-38.

61. "소련공산당 중앙위원회 서기국(Kartoteka Sekretariata TsK KPSS, KSTsK) 제151차 회의 자료" (1979년 3월 20일), RGANI, item 25. "푸자노프 아프가니스탄 주재 소련 대사가 국제부에" (1979년 3월 25일), RGANI, f. 5, op. 76, d. 1044, pp. 40-41.

62. "코시긴, 그로미코, 우스티노프, 포노마료프와 타라키의 대화록" (1979년 3월 20일), OP, RGANI, f. 89, op. 14, d. 26.

63. "브레즈네프와 타카리의 대화록" (1979년 3월 20일), OP, RGANI, f. 89, op. 14, d. 25.

64. "푸자노프 아프가니스탄 주재 소련 대사가 국제부에" (1979년 3월 22일), RGANI, f. 5, op. 76, d. 1044, p. 29. 타라키는 헤라트 봉기 이후 소련과의 직통 전화를 사용하고 있었다. 타라키와 코시긴 총리의 3월 18일 대화는 *Moskovskie novosti*, 7 June 1992, p. 12에 실려 있다. 모스크바와 타라키의 통화 내용에 대해서는 "소련공산당 중앙위원회 서기국 제150차 회의 자료" (1979년 3월 13일), item 10, RGANI 참조.

65. "푸자노프 아프가니스탄 주재 소련 대사가 국제부에" (1979년 4월 10일), RGANI, f. 5, op. 76, d. 1044, pp. 43, 45-46.

66. Mark Urban, *War in Afghanistan* (2nd edn.; Houndsmills: Macmillan, 1990), pp. 32-36.

67. "아프가니스탄의 상황과 관련한 우리의 향후 입장: 소련공산당 중앙위원회 정치국 제149차 회의록 발췌본" (1979년 4월 12일), RGANI, f. 89, op. 14, d. 27. 이 문서에는 그로미코, 안드로포프, 우스티노프, 포노마료프가 서명했다.

68. "사프론추크(Safronchuk) 참사관이 국제부에" (1979년 7월 2일), RGANI, f. 5, op. 76, d. 1046, pp. 38-40. "브루스 암스터츠(Bruce J. Amstutz)가 국무부에" (1979년 6월 25일), 비밀 회선 4888. "브루스 암스터츠가 국무부 등에" (1979년 7월 18일), 비밀 회선 5433. "브루스 암스터츠가 국무부에" (1979년 7월 19일), 비밀 회선 5463. 이 문서는 모두 National Security Archives (국가안보문서고, NSArch), *Afghanistan: The Making of U.S. Policy, 1973-1990*에서 확인할 수 있다. 사프론추크 참사관은 아프가니스탄 주재 정무공사였던 암스터츠에게 소련

이 아프가니스탄 정부를 '재조직'할 계획이 있다는 사실을 알려주었다. 이는 미국이 아프가니스탄을 향한 소련의 군사 개입을 비판할 것을 미리 대비하기 위해서였다. Vasiliy Safronchuk, "Afganistan vremen Taraki (Afghanistan in Taraki's Time)," *Mezhdunarodnaia zhize*, 12 (1990): 86-96.

69. David Gai and Vladimir Snegirev, "Vtorzhenie," p. 201에 인용된 푸자노프 아프가니스탄 주재 소련 대사의 발언.

70. "푸자노프 아프가니스탄 주재 소련 대사가 국제부에" (1979년 7월 21일), RGANI, f. 5, op. 76, d. 1045, p. 94. "이바노프와 오사드치(Osadchy)가 KGB 본부에" (1979년 6월 16, 7월 16일). 이 문서는 Vasiliy Mitrokhin, "The KGB in Afghanistan"에 인용되어 있다.

71. David Gai and Vladimir Snegirev, "Vtorzhenie," pp. 218, 223. "푸자노프 아프가니스탄 주재 소련 대사가 국제부에" (1979년 7월 21일), RGANI, f. 5, op. 76, d. 1045, pp. 95-97. Aleksandr Lakhovsky, *Tragedia i doblest afghana* (Afghan Tragedy and Valor) (Moscow: Iskona, 1995), pp. 84-89.

72. "푸자노프 아프가니스탄 주재 소련 대사가 국제부에" (1979년 8월 6일), RGANI, f. 5, op. 76, d. 1044, pp. 81-84.

73. 에피셰프 장군의 파견에 대해서는 Arkhiv Prezidenta Rossiiskoi Federatsii (러시아연방대통령문서고, APRF), *Afghanistan*, p. 77 참조. "고렐로프가 오가르코프에게" (1979년 3월 14일), RGANI, f. 5, op. 76, d. 1045, p. 216. 페레십킨 차관 파견에 대해서는 "페레십킨이 우스티노프에게" (1978년 8월 20, 25일), *Ibid.*, p. 217도 참조. 우스티노프가 페레십킨의 귀환과 관련해 정치국에 보고한 문서는 APRF, f. 3, op. 82, d. 149, pp. 120-122 참조. 또한 G. N. Sevostianov, "Dokumenty sovetskogo rukovodstva o polozhenii v Afganistane, 1979-1980," (Documents of the Soviet Leadership on the Situation in Afgahnistan, 1979-1980), *Novaia i noveishaia istoriia*, 3 (1996): 91-99도 참조. 군부의 관점에 대해서는 Artem Borovik, "Afganistan: podvodia itogi," (Afghanistan: The Conclusions) *Ogonyok*, 12 (1989): 6-8, 30-31 참조. 이는 발렌틴 바렌니코프 장군과의 인터뷰이다.

74. David Gai and Vladimir Snegirev, "Vtorzhenie," pp. 204-208. "저자와 미하일 카피차 전 외교부 부부장의 인터뷰" (1992년 9월 7일). Bhabani Sen Gupta, *Afghanistan: Politics, Economics and Society* (London: Pinter, 1986), p. 82.

75. David Gai and Vladimir Snegirev, "Vtorzhenie," p. 205. 소련 무관은 레프 고렐

로프였고, KGB 아프가니스탄 요원은 보리스 이바노프였다.

76. *Ibid.*

77. "푸자노프 아프가니스탄 주재 소련 대사와 아민 총리의 9월 14일 대화를 기록한 일기"(1979년 9월 19일), Vasiliy Mitrokhin, "The KGB in Afghanistan," p. 62. (쪽수를 추가했다—옮긴이.)

78. Alexandr Morosov, "Kabulskii resident," *Novoe vremia*, 41 (1991), pp. 28-31. 당시 테헤란의 KGB 상주 대표였던 레오니트 셰바르신은 KGB가 아민의 암살 시도와 아무런 관련이 없다고 말했다. "저자와 셰바르신의 대화"(1995년 9월 18일, 오슬로). David A. Welch and Odd Arne Westad eds., *The Intervention in Afghanistan and the Fall of Détente*, pp. 78-79. 이 사건에 대한 미트로킨(Mitrokhin)의 설명은 당시 KGB 보고서에 근거한 것인데, 소련 정보기관이 연루되었는지는 여전히 불분명하다.

79. "보그다노프가 블라디미르 크류치코프(KGB 정보총국장)에게 보낸 아민과의 만남에 대한 보고서"(1979년 10월 9일), Vasiliy Mitrokhin, "The KGB in Afghanistan," p. 67에서 인용. (쪽수를 추가했다—옮긴이.)

80. David Gai and Vladimir Snegirev, "Vtorzhenie," p. 210.

81. "푸자노프 아프가니스탄 주재 소련 대사가 국제부에"(1979년 10월 27일), RGANI, f. 5, op. 76, d. 1045, p. 112.

82. "푸자노프 아프가니스탄 주재 소련 대사가 국제부에: 압둘 미사크(아프가니스탄 재무부 장관)과의 대화록"(1979년 11월 5일), *Ibid.*, pp. 125-126. "푸자노프 아프가니스탄 주재 소련 대사가 국제부에: 무하마드 시디크 알렘야르(아프가니스탄 계획부 장관)와의 대화록"(1979년 11월 10일), *Ibid.*, pp. 134-136. "아프가니스탄 주재 소련 대사가 국제부에: 야쿠브 소령(Major Yaqub, 총참모부장)과의 대화록"(1979년 11월 13일), *Ibid.*, pp. 140-143. 푸자노프 아프가니스탄 주재 소련 대사는 마흐무드 소마(Mahmoud Soma, 고등교육부 장관), 파키르 무하마드 파키르(Faqir Muhammad Faqir, 내무부 장관), 샤 왈리 칸(외교부 장관) 역시 만났다.

83. "암스터츠가 국무부에"(1979년 9월 30일), 회선 7232. "아처 블러드(Archer K. Blood)가 국무부에"(1979년 10월 28일), 회선 7726. 이 두 문서는 NSArch, *Afghanistan*에 수록되어 있다. 사프론추크와의 대화에서 아민은 특히 미국과의 관계를 강조해서 말했다. "사프론추크가 국제부에"(1979년 10월 29일), RGANI, f. 5, op. 76, d. 1046, pp. 67-70.

84. "푸자노프 아프가니스탄 주재 소련 대사가 국제부에" (1979년 11월 19일), RGANI, f. 5, op. 76, d. 1045, pp. 144-146.

85. "KGB의 게오르기 트시네프(Georgi Tsinev)가 국제부에 보낸 보고서: 대외 안보에 대한 이란 지도부의 정책" (1979년 10월 10일), RGANI, f. 5, op. 76, d. 1355, pp. 18-20 참조.

86. Vasiliy Safronchuk, "Afganistan vremen Amina," (Afghanistan in Amin's Time) pp. 124-142. "V. P. 카피타노프가 국제부에" (1979년 늦가을 무렵), RGANI, f. 5, op. 76, d. 1337, pp. 5-7. 군사적 상황에 대해서는 Mark Urban, *War in Afghanistan*, pp. 36-37 참조.

87. "타베예프 아프가니스탄 주재 소련 대사가 국제부에" (1979년 12월 6일), RGANI, f. 5, op. 76, d. 1045, pp. 152-153. Pavel Demchenko, "Kak eto nachinalos v Afanistane," (How it Began in Afghanistan) *Ekho planety*, 46 (1989): 26-32.

88. "소련공산당 정치국 회의록" (1979년 3월 18일), Odd Arne Westad ed., *The Fall of Détente: Soviet-American Relations during the Carter Years* (Oslo: Scandinavian University Press, 1997), p. 302.

89. "저자와 셰바르신의 대화" (1995년 9월 18일, 오슬로).

90. *Ibid.* David A. Welch and Odd Arne Westad eds., *The Intervention in Afghanistan and the Fall of Détente*, pp. 75-94도 참조.

91. Vasiliy Mitrokhin, "The KGB in Afghanistan," p. 87.

92. David A. Welch and Odd Arne Westad eds., *The Intervention in Afghanistan and the Fall of Détente*.

93. *Ibid.*, p. 177.

94. Karen N. Brutents, *Tridtsat let na Staroi Ploshcahdi* (Thirty Years at Storoia Ploshchad) (Moscow: Mezhdunarodnie Otnosheniia, 1998), pp. 451-504.

95. 아민이 사살된 이후 KGB는 카푸친이 "침묵했으며 고립되었다"고 보고했다. Vasiliy Mitrokhin, "The KGB in Afghanistan," p. 94.

96. David A. Welch and Odd Arne Westad eds., *The Intervention in Afghanistan and the Fall of Détente, p.* 81.

97. *Ibid.*, pp. 90-91. 이 문서는 1979년 12월 2일에 작성된 것으로 보인다. 이는 아나톨리 도브리닌 대사가 리세부 회의를 준비하면서 러시아연방대통령문서고(APRF)에 있던 문서를 복사한 것이다.

98. David A. Welch and Odd Arne Westad eds., *The Intervention in Afghanistan and the Fall of Détente*, pp. 83-86. "저자와 바렌니코프의 인터뷰" (1995년 9월 18일, 오슬로). 모스크바의 최종 결정에 대한 설명은 1995년 9월에 열린 리세부 회의와 추후 이뤄진 이 회의 러시아 참석자들과 저자의 인터뷰에 기초했다. Diego Cordobez and Selig S. Harrison, *Out of Afghanistan: The Inside Story of the Soviet Withdrawal* (Oxford: Oxford University Press, 1995), pp. 44-49.

99. David A. Welch and Odd Arne Westad eds., *The Intervention in Afghanistan and the Fall of Détente*, pp. 91-92에 인용된 아나톨리 도브리닌 대사의 발언.

100. 다르울아만 궁전을 향한 공격에서 KGB는 상당한 손실을 입었다. 적어도 100명 정도의 요원이 사망했다. 미트로킨에 따르면 너무 많은 요원이 사망했기 때문에 KGB 의장 안드로포프는 불필요한 주목을 피하기 위해, 영광스러운 국제 임무를 수행하다 목숨을 잃은 KGB 요원을 애도하며 복도에 그들의 초상화를 거는 전통을 이어나가지 못했다. Vasiliy Mitrokhin, "The KGB in Afghanistan," p. 98.

101. 굴람 판지셰리는 소련의 아프가니스탄 침공에서 불명확한 역할을 수행했다. 믿을 만한 KGB 정보원(암호명 '리처드')에 따르면 판지셰리는 아민에 대항하는 음모에 연루되어 있었으나, 이를 재고하고 소련 개입 전까지 당 지도부를 지지하는 듯 보였다. 1980년 1월 감옥에서 석방된 판지셰리는 아프가니스탄인민민주당 정치국에 복귀했다.

102. "푸자노프 아프가니스탄 주재 소련 대사의 정치 보고서: 아프가니스탄민주공화국의 국내 정치 상황에 대한 몇 가지 측면에 대해서" (1979년 4월 4일), RGANI, f. 5, op. 76, d. 1042, pp. 1-15. "푸자노프 아프가니스탄 주재 소련 대사의 정치 보고서: 아프가니스탄민주공화국에서의 토지 개혁 실행과 이러한 조치가 국내 정치상황의 전개에 미친 영향에 대해서" (1979년 6월 27일), *Ibid.*, pp. 16-27.

103. Vasiliy Mitrokhin, "The KGB in Afghanistan," p. 106.

104. Beverley Male, *Revolutionary Afghanistan*, p. 28. "푸자노프 아프가니스탄 주재 소련 대사가 국제부에" (1979년 2월 19일), RGANI, f. 5, op. 76, d. 1045, pp. 23-24.

105. Anthony Hyman, *Afghanistan under Soviet Dominance, 1964-1991*, p. 106.

106. "푸자노프 아프가니스탄 주재 소련 대사가 국제부에" (1978년 7월 1, 18일), RGANI, f. 5, op. 75, d. 1181, pp. 29-33, 36-40. "푸자노프 아프가니스탄 주재 소련 대사의 정치 보고서: 아프가니스탄민주공화국에서의 토지 개혁 실행과 이

러한 조치가 국내 정치 상황의 전개에 미친 영향에 대해서" (1979년 6월 27일), RGANI, f. 5, op. 76, d. 1042, pp. 16-27도 참조. 소련의 개입과 관련해 탁월한 비교사적 고찰을 한 책으로는 Bruce D. Porter, *The USSR in Third World Conflicts: Soviet Aims and Diplomacy in Local Wars, 1945-1980* (Cambridge: Cambridge University Press, 1984) 참조. 새뮤얼 헌팅턴은 소련과 미국의 개입을 유형화하고자 시도했다. 그는 소련이 군사 원조를 제공할 준비가 되어 있다는 점을 강조했다. 이러한 주장에 대해서는 Samuel P. Huntington, "Patterns of Intervention: America and the Soviets in the Third World," *National Interests* (Spring 1987): 39-47 참조.

107. Russia General Staff, Lester W. Grau and Michael A. Gress (trans and ed.), *The Soviet-Afghan War: How a Superpower Fought and Lost* (Lawrence: University of Kansas Press, 2002).

108. "저자와 미하일 카피차 전 외교부 부부장의 인터뷰" (1992년 9월 8일).

109. KGB에 대해서는 Alexandr Morosov, "Kabulskii resident," *Novoe vremia*, (1991), no. 38, pp. 36-39, no. 39, pp. 32-33, no.40, pp. 36-37, no. 41, pp. 28-31; David Gai and Vladimir Snegirev, "Vtorzhenie," p. 226에서 인용한 보리스 포노마료프의 발언 참조. 군부의 입장에서 대해서는 *Ibid.*, p. 218에서 인용한 이반 페레십킨의 발언 참조.

110. 특히 KGB는 아프가니스탄의 상황에서 두 가지 위협 요소가 등장하고 있다고 보았다. "하나는 미국이 아프가니스탄 반군에 재정·군사 원조를 제공하는 것, 다른 하나는 미국이 이를 통해 호메이니의 환심을 얻음으로써 인질 석방 문제에서 타협을 이루어내길 원한다는 것"이었다. "KGB 본부가 중국 베이징의 KGB 지부에 보낸 전언" (1980년 1월 8일), Vasiliy Mitrokhin, "The KGB in Afghanistan," p. 106. 이 내용은 미트로킨의 문서를 공개할 때는 누락되었다.

111. 브레진스키는 이와 같은 언급을 1980년 1월 중순 아나톨리 도브리닌 미국 주재 소련 대사와의 대화에서 한 적이 있다. "저자와 아나톨리 도브리닌 미국 주재 소련 대사의 인터뷰" (1995년 9월 22일, 오슬로).

112. "브레진스키가 카터 대통령에게" (1979년 12월 26일), NSArch, Carter-Brezhnev collection.

113. "프랭크 레이놀드(Frank Reynold)와 카터 대통령의 인터뷰" (1979년 12월 31일). 이 인터뷰는 〈뉴욕타임스〉 1980년 1월 1일자에 실렸다.

114. "국가안전보장회의 회의록" (1980년 1월 2일), NSArch, Carter-Brezhnev collection.

115. Robert E. Gates, *From the Shadows: The Ultimate Insider's Story of Five Presidents and how they Won the Cold War* (New York: Simon & Schuster, 1996), p. 147.

116. 이는 브레진스키의 표현이다. "브레진스키가 카터 대통령에게" (1979년 12월 26일), NSArch, Carter-Brezhnev collection.

117. "터너가 소련의 제3세계 정책에 대한 CIA 보고서와 관련해 브레진스키에게 보낸 개인 비밀 서신" (1980년 4월 중순), Robert Gates, *From the Shadows*, p. 148에서 인용.

118. *Ibid.*, p. 150.

119. Henry S. Bradsher, *Afghan Communism and Soviet Intervention* (Oxford: Oxford University Press, 1999), p. 105.

120. Steve Coll, *Ghost Wars: The Secret History of the CIA, Afghanistan, and Bin Laden: From the Soviet Invasion to September 11, 2001* (Harmondsworth: Penguin, 2004), p. 72에서 인용한 투르키 왕자의 발언. 전쟁 초기 아프가니스탄 이슬람주의자를 재정적으로 지원한 주요 인사였던 투르키 왕자에 대해 스티브 콜은 다음과 같이 평했다. "그는 사우디아라비아의 엄격한 이슬람 투사, 여성 인권 옹호자, 백만장자이자 일 중독자이며, 신앙심 깊은 인물이자 바나나 칵테일 마니아이며, 음모에 능하지만 지식을 갖춘 왕자이다. 그리고 미국인의 진정한 친구인 동시에, 반미 세력을 관대하게 재정적으로 지원하는 인물이기도 하다." *Ibid.*, p. 73.

121. Vasiliy Mitrokhin, "The KGB in Afghanistan," p. 106. 비노그라도프의 조금은 부정확한 설명도 참조. Vinogradov, "Audientsiin na rassvetie" (Audience at Dawn), *Mezhdunarodnaia zhizn* (1991).

122. 루홀라 호메이니, "순례자에게 보내는 메시지" (1980년 9월 12일), Hamid Algar (ed. and trans), *Islam and Revolution*, p. 304.

09 1980년대: 레이건의 공세

1. 레이건의 제3세계 정책에 대해서는 다양한 참고문헌이 있다. 가장 좋은 개관서는 James M. Scott, *Deciding to Intervene: The Reagan Doctrine and American*

Foreign Policy (Durham: Duke University Press, 1996). 다음도 참조. Peter W. Rodman, *More Precious than Peace: The Cold War and the Struggle for the Third World* (New York: Schribner's Sons, 1994); Robert A. Kagan, *A Twilight Struggle: American Power and Nicaragua, 1977-1990* (New York: Free Press, 1996); Chester Crocker, *High Noon in Southern Africa: Making Peace in a Rough Neighborhood* (New York: Norton, 1992). 뒤에 언급한 3권의 책은 모두 레이건 행정부의 국무부에서 일했던 전직 관료의 저작이다.

2. "저자와 게리 식(Gary Sick)의 대화" (1995년 9월 18일, 노르웨이 리세부 호텔).

3. '전체주의'라는 개념은 1920년대 이탈리아 파시스트가 그들의 정치적 목표를 설정할 때 처음 사용한 말이다. 이 용어는 나치 독일, 이탈리아, 일본의 패배 이후 하나의 학문 개념으로 정착했고, 1951년 출간된 한나 아렌트(Hannah Arendt)의 《전체주의의 기원(The Origins of Totalitarianism)》을 통해 널리 확산되었다.

4. 브레진스키의 사고방식에는 미국의 역할에 대한 묵시록적 구상뿐 아니라, 소련이 미국의 행동을 통해 무언가를 배울 수 있다는 키신저식 사고가 혼재해 있었다.

5. 로널드 레이건, "미국을 복원하기 위하여" (1976년 3월 31일). (https://reaganlibrary. archives.gov/archives/reference/3.31.76.html에서 확인할 수 있다—옮긴이.)

6. *Wall Street Journal*, 3 June 1980.

7. 이에 대한 탁월한 연구는 Jagdish N. Bhagwati ed., *The New International Economic Order: The North-South Debate* (Cambridge: MIT Press, 1977) 참조.

8. Kofi Buenor Hadjor, *The Penguin Dictionary of Third World Terms* (Harmondsworth: Penguin, 1993), p. 223.

9. 국가 정책 간 흥미로운 비교는 Peter B. Evans, *Embedded Autonomy: States and Industrial Transformation* (Princeton: Princeton University Press, 1995) 참조. 또 서구 전문가의 입장에 대해서는 William Easterly, *The Elusive Quest for Growth: Economist's Adventures and Misadventures in the Tropics* (Cambridge: MIT Press, 2001) 참조.

10. Forrest D. Colbrun, *The Vogue of Revolution in Poor Countries* (Princeton: Princeton University Press, 1994), 특히 pp. 97-105 참조.

11. 냉전기 제3세계 국가와 민족 개념에 대해서는 Bertrand Badie, *L'État importé: Essai sur l'occidentalisation de l'ordre politique* (Paris: Fayard, 1992), 특히 pp. 169-200 참조. 또한 Dawa Norbu, *Culture and the Politics of Third*

World Nationalism (London: Routledge, 1992); Nicola Weber and Andreas Biermayer, *Das Chamäleon Ideologie im Kontext einer "Neuen Ordnung" mit alten Strukturen* (Münster: Lit, 1993)도 참조.

12. Martin Ravallion and Shaohua Chen, "Distribution and Poverty in Developing and Transition Economies: New Data on Spells during 1981-1993," *World Bank Economics Review*, 11 (1997) 참조.

13. CIA, "The Soviet Economy in 1978-1979 and Prospects for 1980: A Research Paper," June 1980. (https://www.cia.gov/library/readingroom/docs/DOC_0000 292304.pdf에서 확인할 수 있다-옮긴이.) 최근의 러시아 자료는 1970년대에 소련 경제의 하락세가 두드러졌으며, 1979년이 특히 어려운 해였다고 평가하고 있다. V. A. Vinogradov (chief ed.), *Ekonomicheskaia istoriia Rossii XIX-XX vv: sovremennyi vzgliad* (The Economic History of Russia in the Nineteenth and Twentieth Centuries: A Contemporary View) (Moscow: Rosspen, 2000) 참조.

14. 1983년 안드로포프는 소련의 대외 관계를 논하며 '한도를 넘었다'는 러시아어 표현인 perekhitrit를 사용한 바 있다. "저자와 미하일 카피차 전 외교부 부부장의 인터뷰" (1992년 9월 8일, 모스크바).

15. "소련공산당 정치국 회의록" (1983년 5월 31일), *Cold War International Project Bulletin*, 4, 1994. (https://www.wilsoncenter.org/sites/default/files/CWIHP_Bulletin_4.pdf에서 확인할 수 있다-옮긴이.)

16. Beth Fischer, *The Reagan Reversal: Foreign Policy and the End of the Cold War* (Columbia: University of Missouri Press, 1997); James M. Scott, *Deciding to Intervene*, pp. 14-39.

17. "'냉전 국제사 프로젝트' 아프가니스탄 회의에서 엘리 크라코프스키의 발언" (2002년 4월, 워싱턴).

18. "저자와 리처드 파이프스의 인터뷰" (1993년 5월, 오슬로).

19. "보로트니코프(V. Vorotnikov)가 소련공산당 중앙위원회에" (1981년 12월 15일), Rossiiskii gosudarstvennyi arkhiv noveishei istorii (러시아국립현대사문서고, RGANI), f. 5, op. 84, d. 584, pp. 1-27. "로드리게스 쿠바 외교부 장관과 헤이그 국무장관의 대화록" (1981년 11월 23일), National Security Archives (국가안보문서고, NSArch). (http://digitalarchive.wilson center.org/document/111221.pdf?v =b4e928aec5e96a182e5b8fb76b1b9855에서 확인할 수 있다-옮긴이.) 중미 지역

을 향한 헤이그의 발언에 대한 로드리게스의 응답은 다음과 같았다. "소련은 그들이 참여하고 싶지 않은 혁명 과정에 얽히는 일을 극도로 피합니다." p. 10. (쪽수를 추가했다—옮긴이.)

20. 로널드 레이건, "CBS 뉴스 월터 크롱카이트(Water Cronkite)와의 인터뷰" (1981년 3월 3일). (https://www.reaganlibrary.gov/research/speeches/30381c에서 확인할 수 있다—옮긴이.)

21. 산디니스타민족해방전선의 역사에 대한 탁월한 개관은 Matilde Zimmermann, *Sandinista: Carlos Fonseca and the Nicaraguan Revolution* (Durham: Duke University Press, 2000); Dennis Gilbert, *Sandinista: The Party and the Revolution* (Oxford: Basil Blackwell, 1988) 참조.

22. 이에 대한 탁월한 개관은 Thomas W. Walker ed., *Nicaragua in Revolution* (New York: Praeger, 1982) 참조.

23. Robert A. Kagan, *A Twilight Struggle*, p. 91.

24. 산디니스타의 주요 지도자 토마스 보르헤의 회상 참조. Tomas Borge, *The Patience Impatience: From Boyhood to Guerilla, A Personal Narrative of Nicaragua's Struggle for Liberation* (Willimantic: Curbstone Press, 1992).

25. Robert A. Kagan, *A Twilight Struggle*, p. 197.

26. 오르테가 자신의 증언 참조. *60 preguntas a un sandinista: entrevista a Daniel Ortega Saavedra* (Sixty Questions to a Sandinista: Interview with Daniel Ortega Saavedra) (Managua: Radio la Primerisima, 1994).

27. Robert A. Kagan, *A Twilight Struggle*, p. 192.

28. 엘살바도르를 향한 미국의 지원 대부분은 이미 카터 행정부 시기에 준비된 것이었다. 이에 대해서는 "Presidential Determination on Nicaraguan Support for Salbadorean Guerrillas," 1 October 1981, box 33, subject file: meetings, Brzezinski collection; Jimmy Carter Presidential Library; Bob Woodward, *Veil: The Secret Wars of the CIA, 1981-1987* (New York: Simon & Schuster, 1987) 참조. 이 대화의 최초 기록은 니카라과 정부가 국제사법재판소(ICJ)에 제출한 것이다. 국제사법재판소, "니카라과에 대한 군사 및 준군사적 활동" (1986년 6월 27일). (http://www.icj-cij.org/files/case-related/70/6505.pdf에서 확인할 수 있다—옮긴이.) William M. LeoGrande, *Our Own Backyard: The United States in Central America, 1977-1992* (Chapel Hill: University of North Carolina Press, 1988),

p. 120.

29. "보로트니코프 쿠바 주재 소련 대사와 라울 카스트로의 대화록" (1979년 9월 1일), *Cold War International History Project Bulletin*, 8-9. "독일민주공화국의 니카라과 방문 보고서" (1981년 6월), Stiftung Archiv der Parteien und Massenorganisationen in Bundesarchiv, Berlin (동독의 정당및대중조직문서고, SAPMO-BArch), JIV 2/20/14.

30. "국제부와 카를로스 누녜스 텔레스의 대화록" (1981년 7월 20일), SAPMO-BArch, JIV 2/20/149.

31. "다니엘 오르테가와 CNN 냉전 시리즈 인터뷰", http://web.archive.org/web/20070813051512/http://edition.cnn.com/SPECIALS/cold.war/episodes/18/interviews/ortega/. (CNN 냉전 시리즈는 http://nsarchive2.gwu.edu/coldwar/interviews/에서 전체 인터뷰를 확인할 수 있다―옮긴이.)

32. 1981~1984년 니카라과와 동유럽권의 관계에 대해서는 "에리히 호네커와 다니엘 오르테가의 대화록" (1984년 6월 20일, 베를린), SAPMO-BArch, DY-30 JIV 2/201/1586 참조. Danuta Paszyn, *The Soviet Attitude to Political and Social Change in Central America, 1979-1990: Case-Studies on Nicaragua, El Salvador and Guatemala* (Houndsmills: Macmillan, 2000), pp. 39-55도 참조.

33. 로널드 레이건, "CBS 뉴스 월터 크롱카이트와의 인터뷰" (1981년 3월 3일). (http://www.presidency.ucsb.edu/ws/?pid=43497에서 확인할 수 있다―옮긴이.)

34. "미국의 중미 정책에 대한 확대지원작업반(Outreach Working Group)의 평가" (1984년 7월 18일). (https://reaganlibrary.gov/archives/32-archives/speeches/1984/3728-71884d에서 확인할 수 있다―옮긴이.)

35. 이 글의 원본은 〈코멘터리(Commentary)〉(1981년 1월호)에 발표되었다. 이후 "미국 안보와 라틴아메리카(US Security and Latin America)"라는 제목으로 Jeane J. Kirkpatrick, *Dictatorships and Double Standards: Rationalism and Reason in Politics* (New York: Simon & Schuster, 1982), p. 89에 수록되었다.

36. "저자와 익명의 레이건 행정부 고위 관료의 인터뷰" (1999년 8월, 워싱턴).

37. Fred C. Ikle, "US Policy for Central America: Can We Succeed?" 이클레는 레이건 행정부의 국방부 정책차관이었다.

38. Elizabeth Wood, *Insurgent Collective Action and Civil War in El Salvador* (Cambridge: Cambridge University Press, 2003), p. 201.

39. *Ibid.*, pp. 117-118.

40. 로널드 레이건, "국내·국제 정책에 대한 고등학생과의 문답" (1983년 3월 25일). (http://www.presidency.ucsb.edu/ws/index.php?pid=41103에서 확인할 수 있다—옮긴이.)

41. 토마스 보르헤, "니카라과 연설: 혁명은 새로운 사회 창조" (1982년 5월 1일), *Intercontinental Press*에 재수록 (1982년 5월 31일). (다니엘 오르테가 외, 아시아·아프리카·라틴아메리카 연구회 옮김, 《영원한 조국 니카라구아》, 눈, 1989, 46, 50쪽—옮긴이.)

42. 엘살바도르 내전의 효과에 대해서는 Margaret L. Popkin, *Peace without Justice: Obstacles to Building the Rule of Law in El Salvador* (University Park: Pennsylvania State University Press, 2000); Manuel Montobbio, *La metamorfosis de pulgarcito: Transicion politica y proceso de paz en El Salvador* (Barcelona: Icaria, 1999) 참조.

43. 이는 행동보다는 말이 쉬웠다. 헨리 브래드셔가 지적했듯이 카르말은 신정부 내각의 제1부총리로 사르와리를 임명했다. 사르와리는 제2부총리 케슈트만드가 1978년 수감되었을 때, 그를 고문했다는 혐의를 받고 있었다. Henry S. Bradsher, *Afghan Communism and Soviet Intervention* (Oxford: Oxford University Press, 1999), p. 121.

44. Gilles Dorronsoro, *La revolution afghane: des communistes aux taleban* (Paris: Karthala, 2000). 특히 pp. 109-154. 도롱소로의 책은 1980년대 아프가니스탄 정치에 대한 가장 탁월한 입문서다.

45. 파키스탄 정보국의 부책임자 모하마드 유사프 장군에 따르면 "1984년 초에 지아 울하크 장군의 인내심은 한계에 달했다. 지아 울하크 장군은 새벽 2시에 명령을 내려 무자헤딘을 7개 조직의 연합체로 구성하고, 72시간 내에 공동 성명을 발표하라고 지시했다. 장군은 만약 무자헤딘 조직이 이를 거부할 경우 무엇을 할 지에 대해서는 아무 말도 덧붙이지 않았다. 7개 조직의 지도자들은 파키스탄, 즉 지아 울하크 장군의 지원 없이는 아무것도 할 수 없다는 사실을 잘 알고 있었다." Mohammad Yousaf and Mark Adkin, *Afghanistan-The Bear Trap: The Defeat of a Superpower* (Havertown: Casemate Publishers, 2001 [1992]), p. 35. 유사프 장군의 저서는 파키스탄 정보국이 아프가니스탄 저항 운동에 어떻게 개입했는지를 보여주는 최고의 책이다. (저자의 쪽수 인용은 1992년판에 의거한 것이다—

옮긴이.)

46. Russian General Staff, Lester W. Gran and Michael A. Gress (trans and ed.) *The Soviet-Afghan War: How a Superpower Fought and Lost* (Lawrence: University of Kansas Press, 2002).

47. *Ibid.*, p. 19.

48. Gilles Dorronsoro, *La revolution afghane*, pp. 193-227; Fred Halliday and Zahir Tanin, "The Communist Regime in Afghanistan 1978-1992," *Europe-Asia Studies*, 50 (1998): 1357-1380.

49. "저자와 도브리닌의 인터뷰." 또한 Odd Arne Westad and David A. Welch, *The Intervention in Afghanistan and the Fall of Détente* (Norwegian Nobel Institute, 1995) 참조. 이는 노르웨이 리세부 호텔에서 개최된 국제학술회의 자료집이다.

50. 지아 울하크의 목표에 대해서는 "이슬람 질서, 우리의 목표"(1980년 6월 3일) 연설 참조. Mohammad Zia ul Haq, *Islamic Order, Our Goal* (Islamabad: Directorate of Films and Publications, Ministry of Information and Broadcasting, Government of Pakistan, 1980).

51. "저자와 익명의 정보원의 인터뷰" (1986, 1991년). 안타깝게도 정보원의 이름을 밝힐 수는 없다.

52. "엘리 크라코프스키, 밀턴 비어든, 니컬러스 벨리오츠의 '냉전 국제사 프로젝트' 학술회의("아프가니스탄 전쟁의 국제사에 대하여, 1979-1989")와 관련한 구술 증언" (2002년 4월 29~30일, 워싱턴).

53. "국무장관이 파키스탄 주재 미국 대사관에" (1982년 11월), NSArch, Afghanistan collection. 이글버거(Eagleburger) 국무차관이 스피어스(Spiers) 파키스탄 주재 미국 대사에게 보낸 문서이다.

54. "벨리오츠가 슐츠 국무장관에게" (1982년 11월 29일), NSArch, Afghanistan collection.

55. "슐츠 국무장관이 레이건 대통령에게" (1982년 11월 29일), NSArch, Afghanistan collection.

56. "슐츠 국무장관과 지아 울하크의 대화록" (1982년 12월 6일), NSArch, Afghanistan collection.

57. 송가스와 리터는 1982년에 이미 무자헤딘에 더욱 효과적인 물자 지원을 하자는 결의안을 제안한 바 있었다. 이 결의안은 1984년까지 통과되지 못했는데, 이는 레이

건 행정부가 아프가니스탄의 '자유 전사'에 대한 지원뿐 아니라 니카라과 같은 다른 지역의 '자유 전사'를 지원하는 일을 연동하려고 했기 때문이다. 니카라과의 경우, 의회 내 다수가 그 지원 정책에 반대했다. 또 미국 의회는 아프가니스탄 지원을 위한 자금을 어디서 마련할 수 있는지에 대해서도 의문을 품고 있었다.

58. "파키스탄 주재 미국 대사관이 국무부에" (1983년 6월), NSArch, Afghanistan collection.

59. "저자와 엘리 크라코프스키의 대화" (2002년 4월 29일).

60. Jay Winik, *On The Brink: The Dramatic Behind the Scene Saga of the Reagan Era and the Men and Women who Won the Cold War* (New York: Simon & Schuster, 1996), p. 447. 또 맥팔레인이 슐츠에게, "미국-소련 관계: 미래를 위한 틀" (1984년 2월 24일), NSArch, Afghanistan collection 참조. 이 문서에 따르면 맥팔레인은 소련이 취하고 있는 제3세계에서의 기본 원칙 때문에 소련과 미국은 제3세계 문제에서 타협을 보기 어려울 것이라고 말했다.

61. Joseph E. Persico, *Casey: From the OSS to the CIA* (New York: Viking, 1990), p. 226.

62. 레이건의 새로운 전략은 다음에 요약되어 있다. National Security Decision Direct-ive (국가 안보 정책 결정 지시, NSDD) 166, "US Policy, Programs, and Strategy in Afghanistan," 27 March 1985. (https://fas.org/irp/offdocs/nsdd/nsdd-166.pdf 에서 확인할 수 있다—옮긴이.)

63. CIA의 파키스탄 지국장은 밀턴 비어든이었다. 그는 1986년 아프가니스탄에서 싸우고 있는 외국 출신 무자헤딘을 2000~3000명으로 추정했다. "저자와 밀턴 비어든의 대화" (2002년 4월 19일, 워싱턴). 이 네트워크의 전체 범위를 그려내는 것은 여전히 어려운 일이다. 파키스탄 훈련소뿐 아니라, 이집트의 훈련소 한 곳 그리고 현지에서 운영하지만 CIA의 도움을 받는 훈련소가 걸프 국가 중 한 나라 내에 하나 정도는 있었을 것으로 추정된다. 중국은 몇몇 아프가니스탄인과 외국인 무자헤딘을 중국 남서부 훈련소에서 훈련시켰을 것이다. 대처 정부는 그 명성에 걸맞게 아프가니스탄 지원을 '민영화'하고 파키스탄 정보부 전문가를 육성하기 위해 용병단에 공금을 지원했다. "1985~1986년 페샤와르에서 저자가 모은 정보. 찰스 쿠건(Charles Coogan)과 밀턴 비어든 그리고 저자의 대화" (2002년 4월, 워싱턴). 불행하게도 많은 이들이 자료로 삼고 있는 John K. Cooley, *Unholy Wars: Afghanistan, America, and International Terrorism* (2nd edn.; London: Pluto Press, 2000)

(존 쿨리, 소병일 옮김, 《추악한 전쟁》, 이지북, 2001 — 옮긴이)은 신뢰성이 떨어지는 책이다. 쿨리가 사용한 여러 정보는 1980년대 소련의 허위 선전에 기초한 것이 많다. "저자와 바실리 미트로킨의 인터뷰"(2001년 10월, 런던). Vasiliy Mitrokhin, "The KGB in Afghanistan," *Cold War International History Project Working Paper*, 40 (Washington: Woodrow Wilson Center, 2002)도 참조.

64. 유사프 장군에 따르면 월슨 하원의원은 1980년대 중반 파키스탄 정보부 요원을 대동하고 아프가니스탄을 자주 방문했다. "월슨은 무자헤딘처럼 옷을 입고 탄띠를 가슴에 두른 채 하얀 조랑말을 탄 사진을 찍을 당시 매우 즐거워 보였다. 경련을 일으킬 정도의 포격이 시작되자 그는 무척 흥분했다. ……우리는 스팅어 지대공미사일을 여러 기 보유하고 있었기 때문에 소련군 헬리콥터를 사정거리 내로 유인하려 했다. 무자헤딘은 월슨에게 스팅어 미사일의 성능을 보여주고 싶어 했다. 월슨 역시 소련군 헬리콥터가 격추되는 것을 보고 싶어 했다. 불행히도 소련군 헬리콥터는 멀리 떨어져 있었다." Mohammad Yousaf, *Afghanistan-Bear Trap*, pp. 54-55.

65. Bob Woodward, *Veil*. "저자와 레이건 행정부 고위 관료의 인터뷰"(1999년 8월, 위싱턴).

66. 오랫동안 사우디 왕가와 빈 라덴 가문의 계좌가 있던 국제상업대부은행(빈 라덴의 형제 중 한 명이 이 은행의 이사회에서 일했다)은 1991년에 문을 닫았다. 국제상업대부은행 사건에 대해서는 "존 케리와 행크 브라운 상원의원이 외교위원회에 제출한 보고서"(1992년 12월) 참조. (https://info.publicintelligence.net/The-BCCI-Affair.pdf에서 확인할 수 있다—옮긴이.)

67. 무자헤딘은 영국제 블로파이프(Blowpipe) 지대공미사일과 소련에서 제작한 경량 SA-7 미사일을 1983년부터 보유하고 있었다. 초기에는 효과적이었으나 헬리콥터나 폭격기는 쉽사리 이와 같은 무기를 피했다.

68. 슐츠의 보좌관이던 니컬러스 벨리오츠에 따르면, 슐츠는 1983년부터 소련에 대한 압박을 높이는 방법을 강구하고 있었다. 슐츠는 특히 파키스탄 방문 당시 아프가니스탄 난민의 피난 행렬에 큰 인상을 받았다. "저자와 니컬러스 벨리오츠의 인터뷰"(2002년 4월, 위싱턴).

69. Mohammad Yousaf, *Afghanistan-Bear Trap*, p. 73. 또 Steve Coll, *The Ghost Wars: The Secret History of the CIA, Afghanistan, and Bin Laden from Soviet Invasion to September 11, 2001* (Harmondsworth: Penguin, 2004) 참조.

70. 파키스탄 정보부의 아프가니스탄 책임자였던 유사프 장군은 헤크마티아르를 다음

과 같이 평했다. "헤크마티아르는 아프가니스탄에 이슬람 국가를 건설하려고 하는 신실한 인물이다. 내가 아는 한 그는 최고의 행정가이자 매우 정직한 인물이다. 그는 부유하지만, 매우 검소한 삶을 살고 있다. 가차없고, 오만하고, 비타협적이고, 엄격한 원칙주의자이다. 그리고 미국을 좋아하지 않는다." Mohammad Yousaf, *Afghanistan-Bear Trap*, p. 73.

71. 압둘 사야프 조직은 매우 흥미로운 궤적을 보여준다. 1980년대 압둘라지크 잔잘라니(Ustadz Abdurajack Janjalani)는 아프가니스탄 무자헤딘 활동을 하다가 1989년 필리핀으로 돌아갔다. 온건한 이슬람 설교자이자 진행자였던 압둘라지크 잔잘라니는 아프가니스탄의 경험을 거치며 아둘 사야프라는 이슬람주의 반란 조직의 수장으로 거듭났다.

72. 헤크마티아르의 조직은 온건한 종교 지도자나 망명 중인 아프가니스탄 지식인을 특정해 협박하거나 암살했다. 아프가니스탄의 주요 독립 지식인이었던 사예드 알리(바하우딘) 마지루흐가 1989년 2월 11일 페샤와르에서 암살된 것은 매우 끔찍한 일이었다. 헤크마티아르의 미국관은 "저자와 헤크마티아르의 인터뷰" (1985년 3월 12일) 참조. 반면 CIA는 계속해서 헤크마티아르의 조직을 보호하고자 했다. "굴부딘은 당신이 두려워하는 것만큼 나쁜 사람은 아닙니다." 한 CIA 요원은 프랑스 요원에게 이렇게 말했다고 한다. Steve Coll, *The Ghost Wars*, p. 151.

73. Russian General Staff, *The Soviet-Afghan War*, 특히 7장 "전투 지원(Combat Support)"과 9장 "사기(Morale)".

74. 로널드 레이건, "우리의 의제는 승리다" (1982년 2월 26일). (http://reagan2020.us/speeches/The_Agenda_is_Victory.asp에서 확인할 수 있다―옮긴이.)

75. Jeane Kirkpatrick, "Dictatorship and Double Standards," *Commentary* (November 1979). (https://www.commentarymagazine.com/articles/dictatorships-double-standards/에서 확인할 수 있다―옮긴이.)

76. 로널드 레이건, "세계에서 미국의 목적" (1978년 3월 25일). (http://reagan2020.us/speeches/Americas_World_Purpose.asp에서 확인할 수 있다―옮긴이.) 미국의 동맹국은 여전히 제외되었다. "모부투 대통령은 국제통화기금의 권고 사항에 맞추어 경제 개혁이라는 대담하고 어려운 계획을 시행하고 있습니다. 그는 진보적인 인권 정책 역시 추구하고 있습니다." "맥팔레인 국가안보 보좌관이 레이건 대통령에게 보낸 보고서" (1984년 2월 27일), box 42, African Affairs, NSC Executive Secretariat, Ronald Reagan Presidential Library.

77. Robert Wood, *Insurgent Collective Action*, p. 300에 인용된 자크 드 라로지에르 총재의 발언. 흥미로운 점은 1980년대 자유시장주의를 십자군처럼 전파하던 두 IMF 총재(자크 드 라로지에르와 1987년 그의 뒤를 이은 미셸 캉드쉬)가 모두 그들이 졸업한 프랑스 국립행정학교의 비통화주의 전통에서 전향을 감행한 인물이라는 것이다.

78. Robert Wood, *Insurgent Collective Action*, p. 267.

79. Philip Armstrong, Andrew Glyn and John Harrison, *Capitalism since 1945* (Cambridge: Blackwell, 1991), p. 293. (필립 암스트롱·앤드류 글린·존 해리슨, 김수행 옮김, 《1945년 이후의 자본주의》, 동아출판사, 1993, 420쪽—옮긴이.)

80. 이브라이마 라이의 뛰어난 소설 《거미줄》 참조. Ibrahima Ly, *Toiles d'araignées* (Paris: Hartmattan, 1985). Eric Toussant, *La bourse ou la vie: la finance contre les peuples* (Paris: Editions Sysllepse, 1998), p. 157.

81. South African Truth and Reconciliation Commission, "The Case of Samora Machel." (http://www.withmaliceandforethought.com/pdf/samora_machel.pdf 에서 확인할 수 있다—옮긴이.)

10 고르바초프의 철수 결정과 냉전 종식

1. 고르바초프의 생각이 어떻게 발전해왔는지에 대해서는 아나톨리 체르냐예프의 여러 회고록을 참조. 특히 Anatoly Cherniaev, Robert D. English and Elizabeth Tucker (trans and ed.), *My Six Years with Gorbachev* (University Park: Pennsylvania State University Press, 2000). 그리고 고르바초프의 다른 핵심 보좌관인 알렉산드르 N. 야코블레프의 회고록도 참조.

2. "고르바초프와 라울 카스트로의 대화록" (1985년 4월 5일), Gorbachev Foundation Archives (고르바초프재단문서고). 고르바초프와 파키스탄 지도자 지아 울하크의 만남은 지아 울하크가 체르넨코의 장례식을 위해 모스크바를 방문했을 때 이루어졌다. 지아 울하크의 가까운 지인에 따르면 고르바초프와 지아 울하크의 대화는 소련 측의 비난과 위협으로 가득했다고 한다.

3. "레이건과 고르바초프의 대화록" (1985년 11월 19일) 제2차 본회의, National Security Archives (국가안보문서고, NSArch), p. 3. (http://nsarchive2.gwu.edu//NSAEBB/ NSAEBB172/Doc17.pdf에서 확인할 수 있다. 원저에는 없는 문서 쪽수를 추가했

다―옮긴이.)

4. 아나톨리 체르냐예프, "일기" (1985년 10월 17일), *My Six Years with Gorbachev*, p. 42.

5. CIA, Directorate of Intelligence, "The Cost of Soviet Involvement in Afghanistan: An Intelligence Assessment," February 1987, pp. iv, 2. (https://www.cia.gov/library/readingroom/docs/DOC_0000499320.pdf에서 확인할 수 있다―옮긴이.)

6. Mohammad Yousaf with Mark Adkin, *Afghanistan-The Bear Trap: The Defeat of a Soviet Superpower* (Havertown: Casemate Publishers, 2001〔1992〕), 12장; Steve Coll, *Ghost Wars: The Secret History of CIA, Afghanistan and Bin Laden, from Soviet Invasion to September 11, 2001* (Harmondsworth: Penguin, 2004), pp. 161-162. "저자와 게오르기 코르니옌코 전 소련 외교부 제1부부장의 인터뷰" (1993년 10월 5일).

7. "유리 두비닌 미국 주재 소련 대사와 마이클 아머코스트(Michael Armacost) 국무부 정무차관의 대화록" (1986년 12월 1일), Declassified Documents Reference System (비밀해제문서참고시스템, DDRS). 미국 요원들은 무자헤딘에 체포된 소련군을 최소한 몇 번 심문 조사했다. "저자와 전직 CIA 요원의 인터뷰" (1999년 11월, 워싱턴).

8. *Mirovaia ekonomika i mezhdunarodnye otnosheniia*, 5 (1985). 특히 같은 호에 실린 Leonid Abalkin, "Leninskoia teoriia imperializma v svete sovremennykh realnosti" (The Leninist Theory of Imperialism in Light of Contemporary Realities) 참조.

9. "레이건과 고르바초프의 대화록" (1985년 11월 19일), NSArch, p. 6. (http://nsarchive2.gwu.edu//NSAEBB/NSAEBB172/Doc15.pdf에서 확인할 수 있다. 쪽수를 추가했다―옮긴이.)

10. "레이건과 고르바초프의 대화록" (1985년 11월 19일), 제2차 본회의, NSArch, p. 1 (http://nsarchive2.gwu.edu//NSAEBB/NSAEBB172/Doc17.pdf에서 확인할 수 있다. 쪽수를 추가했다―옮긴이.)

11. "저자와 아나톨리 체르냐예프의 인터뷰" (2002년 4월 20일, 워싱턴). "호네커와 카스트로의 대화록" (1986년 3월 2일, 모스크바), Stiftung Archiv der Parteien und Massenorganisationen in Bundesarchiv, Berlin (동독의 정당및대중조직문서고, SAPMO-BArch), DY-30 2462. 카스트로는 "레이건 행정부가 니카라과나 엘살바도

르에 군사적으로 개입하지 않으리라고 예측할 수는 없다"고 말하기도 했다.

12. 소련과 이탈리아공산당의 갈등 양상은 "엔리코 베르링구에르(Enrico Berlinguer)와 안드레이 키릴렌코, 바딤 자글라딘의 대화록" (1975년 3월 24일, 볼로냐), Archives of the Central Committee of the Italian Communist Party, Fondazione Istituto Gramsci, Rome (그람시연구소문서고, PCI Archives), 204, vol. III, 2 bimestre, 1975. 소련 국내 상황에 대한 이탈리아공산당의 비판은 〈루니타(l'Unità)〉(1976년 12월 6일) 참조. 그리고 이탈리아공산당의 소련 제3세계 정책 비판에 대한 소련의 반응은 "소련공산당 중앙위원회가 이탈리아공산당 중앙위원회의 엔리코 베르링구에르에게" (1977년 3월 7일), PCI Archives, 297, 1496-1497 참조.

13. National Security Decision Directive (국가 안보 정책 결정 지시, NSDD) 194, "Meeting with Soviet Leaders in Geneva: Themes and Perceptions," 25 October 1985, NSArch, p. 2. (https://reaganlibrary.archives.gov/archives/reference/Scanned%20NSDDS/NSDD194.pdf에서 확인할 수 있다. 쪽수를 추가했다―옮긴이.)

14. "북대서양조약기구 이사회 특별회의의 대화록" (1985년 11월 22일), NSArch. (이 회의는 1985년 11월 21일 개최된 북대서양조약기구 정상 회담 이후 열렸다―옮긴이.)

15. Anatoly Cherniaev, My Six Years with Gorbachev, p. 52.

16. 아나톨리 체르냐예프, "정치국 회의록" (1986년 4월 15일), NSArch.

17. 아나톨리 체르냐예프, "정치국 회의록" (1987년 2월 23일 또는 26일로 추정), NSArch. 체르냐예프의 책은 이와 조금 다르다. Anatoly Cherniaev, My Six Years with Gorbachev, p. 106.

18. 아나톨리 체르냐예프, "정치국 회의록" (1986년 11월 13일), NSArch.

19. 아나톨리 체르냐예프, "정치국 회의록" (1987년 2월 23, 26일), NSArch.

20. 아나톨리 체르냐예프, "정치국 회의록" (1986년 12월 12일), NSArch.

21. Anatoly Cherniaev, My Six Years with Gorbachev, p. 100. 아나톨리 체르냐예프, "정치국 회의: 고르바초프가 대처의 방문을 논하며" (1987년 4월 2일), Gorbachev Foundation Archives.

22. 1987년 5월 윌리엄 케이시의 죽음은 이와 같은 인식을 강화했을 것이다.

23. 새로운 서기장 나지불라는 1987년 10월까지 나지브(Najib)로 알려져 있었다. 나지브는 '신에게 속하는'이라는 뜻을 지닌 '울라(Ullah)'라는 이름을 훗날 덧붙였다. 소련은 이와 같은 개명을 독려했으나 개인적으로 나지불라를 만날 때는 그를 계속 나지브라고 불렀다.

24. 아프가니스탄 국가정보국은 Khadimat-e atal'at-e dowlati이며, 약어로 KhAD라고 표기한다.

25. "레이건과 고르바초프의 대화록" (1987년 12월 9일, 워싱턴). "레이건과 고르바초프의 점심 식사 대화록" (1987년 12월 10일). 이 두 문서는 모두 국가안보문서고 (NSArch)에 소장되어 있다.

26. 유사프에 따르면 지아 울하크는 제네바 협정이 체결된 이후에 전술적 목적 아래 카불의 권력 분할에 찬성할 의향이 있었다고 한다.

27. Anatoly Cherniaev, *My Six Years with Gorbachev*, p. 208.

28. Rachik M. Avakov, "Novoe mishlenie I problema izucheniia razvivaiushchikhsia stran (The New Thinking and Problem of Studying the Developing Countries)," *Mirovaia ekonomika I mezhdunarodnye otnosheniia*, 11 (1987): 48-62.

29. *Ibid.*

30. KGB와 아프가니스탄 사례에 대해서는 Vladimir Kriuchkov, *Lichnoe delo* (Private File) (Moscow: Olimp, 1996), 특히 제1권 참조.

31. 게오르기 샤흐나자로프의 예멘에 대한 기록 참조. Georgy Shakhnazarov, *Tsena svobody: Reformatsiia Gorbacheva glazami ego pomoshchnika* (The Price of Freedom: Gorbachev's Reformation through the Eyes of his Assistant) (Moscow: Rossika Zevs, 1993), pp. 386-387.

32. Anatoly Cherniaev, *My Six Years with Gorbachev*, p. 145.

33. "귄터 클레버(Günther Kleber, 동독 사회주의통일당 정치국원)와 카스트로의 대화록" (1987년 3월 26일, 아바나), SAPMO-BArch, DY-30 2462.

34. Anatoly Cherniaev, *My Six Years with Gorbachev*, pp. 204-205. (이는 체르냐예프가 작성한 1989년 1월 15일의 일기이다—옮긴이.)

35. "엘레나 에로페이예바와의 인터뷰", *Izvestia*, 10 July 1989. 1990년 6월 13일 소련 최고 소비에트 결의안.

36. Dmitri Volskii, *Izbetia*, 22 December 1988.

37. *Pravda*, 3 November 1987. 고르바초프의 볼셰비키 혁명 70주년 기념 연설.

38. Andrei I. Kolosovskii, "Regionalye knoflikti I globalnaia bezupasnost (Regional Conflicts and Global Security)," *Mirovaia ekonomika I mezhdunarodnye otnosheniia*, 6 (1988): 32-41.

39. Andrei Kozyrev, "Confidence and the Balance of Interest," *International Affairs*,

11 (Moscow, 1988): 3-12.

40. "레이건과 고르바초프의 대화록" (1988년 5월 29, 6월 1일), NSArch.

41. 레이건은 1987년에 다음과 같이 썼다. "사빔비 대통령에게. 나는 당신이 최근 전
장에서 매우 바쁘다는 사실을 잘 알고 있습니다. ……나는 이 기회를 통해 당신
과 앙골라완전독립민족동맹의 자랑스러운 병사들이 앙골라에 자유를 가져오기 위
한 투쟁에서 승리하기를 간절히 바랍니다. 힘든 앞으로의 몇 주, 몇 달 동안 나는
당신과 같은 입장을 취할 것입니다" 〔"레이건이 사빔비에게" (1987년 8월 10일),
box 91630, Herman Cohen files, White House Staff files, Ronald Reagan
Presidential Library〕. 미국-앙골라, 소련-앙골라 관계의 전개는 José Patrício,
Angola-E.U.A.: Os Caminhos do Bom-Senso (Lisbon: Dom Quixote, 1998);
Michael McFaul, "The Demise of the World Revolutionary Process: Soviet-
Angolan Relations under Gorbachev," *Journal of Southern African Studies*,
16.1 (1990): 165-189 참조. 앙골라 평화 협상은 Chester A. Crocker, *High Noon
in Southern Africa: Making Peace in a Rough Neighborhood* (New York:
Norton, 1992); Anthony G. Pazzanita, "The Conflict Resolution Process in
Angola," *Journal of Modern African Studies*, 29-1 (1991): 83-114 참조. 이
에 대한 소련의 관점은 M. V. Mairov, "Mezhduanrodnoe posrednichestvo: iz
opyta otechestvennoi diplomatii (International Mediation: The Experience of
Patriotic Diplomacy)," *Novaia i noveishaia istoriia*, 6 (2000): 17-34 참조.

42. Human Rights Watch Arms Project, "Still Killing: Landmines in Southern
Africa," on https://www.hrw.org/reports/1997/lmsa/.

43. 타보 음베키, "캐나다 오타와에서의 연설" (1978년 2월 19~22일). (https://www.
marxists.org/subject/africa/anc/1978/historical-injustice.htm에서 확인할 수 있
다—옮긴이.) 이를 1990년 11월 26일 남아공 신문 편집자들 앞에서 행한 음베키
의 연설과 비교해보라. Sean Jacobs and Richard Calland eds., *Thabo Mbeki's
World: The Politics and Ideology of the South African President* (London: Zed
Books, 2003)도 참조.

44. 넬슨 만델라, "쿠바 마탄사스(Matanzas)에서의 연설" (1991년 7월 26일). (http://
db.nelsonmandela.org/speeches/pub_view.asp?ItemID=NMS1526&pg=item에
서 확인할 수 있다—옮긴이.)

45. Anatoly Chernaiev, *My Six Years with Gorbachev*, p. 204.

46. "카스트로가 호네커에게" (1989년 10월 3일), SAPMO-BArch, DY-30 2462.

47. 피델 카스트로, "앙골라에서 산화한 쿠바 국제주의자들을 추모하는 연설" (1989년 12월 7일). (http://lanic.utexas.edu/project/castro/db/1989/19891207.html에서 확인할 수 있다―옮긴이.)

48. Robert A. Kagan, *A Twilight Struggle for the Third World* (New York: Free Press, 1996), p. 644.

49. Elizabeth Wood, *Insurgent Collective Action and Civil War in El Salvador* (Cambridge: Cambridge University Press, 2003), p. 1. (쪽수를 추가했다―옮긴이.)

결론: 혁명, 개입 그리고 초강대국의 붕괴

1. Joseph Conrad, *Heart of Darkness* (1902; Harmondsworth: Penguin 1994). (조지프 콘래드, 이석구 옮김, 《어둠의 심연》, 을유문화사, 2008, 17쪽―옮긴이.)

2. James C. Scott, *Seeing Like a State* (New Haven: Yale University Press, 1998), p. 377. (제임스 C. 스콧, 전상인 옮김, 《국가처럼 보기: 왜 국가는 계획에 실패하는가》, 에코리브르, 2010, 571-572쪽 각주 3 참조―옮긴이.)

3. 현지 정부만 농민층을 파괴한 것은 아니었다. 반정부 세력의 파괴 행위에 대해서는 Thandika Mkandawire, "The Terrible Toll of Post-Colonial 'Rebel Movements' in Africa: Towards an Explanation of the Violence against the Peasantry," *Journal of Modern Africa Studies*, 40-2 (2002): 181-215 참조.

4. 체 게바라, "연설" (1965년 2월 24일), John Gerassi ed., *Venceremos! The Speeches and Writings of Ernesto Che Guevara* (New York: Macmillan, 1968), pp. 378-385. (https://www.marxists.org/archive/guevara/1965/02/24.htm에서 확인할 수 있다―옮긴이.)

5. A. M. Baryalai ed., *Democratic Republic of Afghanistan Annual: 1979* (Kabul: Kabul Times Publishing Agency, 1979), pp. 62-70.

6. United Nations Development Program, *Human Development Report 1990*. http://hdr.undp.org/sites/default/files/reports/219/hdr_1990_en_complete_nostats.pdf

7. 하피줄라 아민, "연설" (1979년 9월 17일), Emine Engin ed., *The Revolution in*

Afghanistan 〔n.p. (Istanbul?)〕: Işçinin Sesi, 1982〕. Lenin, "Two Tactics of Social-Democracy in the Democratic Revolution," *Collected Works*, (4th English edn.; Moscow: Progress, 1972), vol. IX, pp. 15-140 참조. (레닌의 원문은 다음과 같다. "혁명은 피억압자와 피착취자의 축제이다. 인민 대중이 새로운 사회 질서의 창조자로서 혁명기보다 더 적극적으로 나설 수 있을 때는 없다. 그러한 때에 인민은 점진주의적 진보라는 제한되고 속물적인 잣대로 잰다면 기적과 같은 일을 행할 수도 있다." V. I. 레닌, 이재욱·이용재 옮김, 《민주주의 혁명과 사회민주주의의 두 가지 전술》, 돌베개, 2015, 167쪽—옮긴이.)

8. David Milne, "America's Mission Civilisatrice: The Strategic Hamlet Program for South Vietnam" (미출간 논문).

9. Bertrand Badie, *La fin des territoires: Essai sur le désordre international et l'utilité sociale du respect* (Paris: Fayard, 1995), p. 214.

10. Richard Wright, *The Color Curtain: A Report on the Bandung Conference* (London: Dobson, 1956), p. 140. (쪽수를 추가했다—옮긴이.)

11. Boris Piliatskin, *Izvestia*, 10 December 1993; Moscow Protestant Chaplaincy's Task Force on Racial Attacks, "Report on Anti-African Racism in Moscow" http://mpcrussia.org/task-force-against-racism/; Daniel Williams, "From Russia with Hate: Africans Face Racism," *Washington Post*, 12 January 1998. 인종주의가 러시아의 캅카스 전쟁에 어떤 영향을 주었는지에 대해서는 Roman L. Meredith, "Making Caucasians Black: Moscow since the Fall of Communism and the Racialization of non-Russians," *Journal of Communist Studies and Transition Politics*, 18-2 (2000): 1-27 참조.

12. 러시아 경제학자 Stanislav Menshikov, "Stsenarii razvitiya VPK," *Voprosy ekonomiki*, 7 (July 1999). (제목을 추가했다—옮긴이.)

13. Steve Coll, *Ghost Wars: The Secret History of the CIA, Afghanistan, and Bin Laden, from the Soviet Invasion to September 11, 2001* (Harmondsworth: Penguin, 2004), p. 173.

14. Ruel Marc Gerecht, "The Counterterrorist Myth," *Atlantic* (July-August 2001). (제목을 추가했다—옮긴이.)

15. Richard Boucher, "The pilgrims' voyage was about freedom," *Independent*, 29 November 2002. (제목을 추가했다—옮긴이.)

옮긴이의 글

이 책은 노르웨이 출신 역사학자로 세계 냉전사학계를 주도하고 있는 오드 아르네 베스타의 *The Global Cold War: Third World Interventions and the Making of Our Times* (Cambridge University Press, 2007)를 번역한 것이다. 베스타의 저작 가운데 중국과 세계의 관계를 다룬 《잠 못 이루는 제국(Restless Empire)》(2014)이 번역·출판되었지만, 그의 생애와 학문적 이력은 아직 잘 알려져 있지 않다. 여기서 이 책을 출간하기 전까지 저자의 이력을 살피고, 책의 내용과 의의를 간략하게 짚어보고자 한다.

1960년 노르웨이 서부 해안가의 올레순(Ålesund)이라는 작은 마을에서 태어난 베스타는 오슬로대학교에서 역사와 철학 그리고 현대언어학을 공부했다. 베스타가 유년기를 보낸 노르웨이는 소련의 이웃 나라인 동시에 북대서양조약기구의 창립국으로 동서 냉전의 최전선 국가였다. 오슬로대학교의 얌전한 학생으로서 평탄한 삶을 살 수도 있었지만, 베스타는 노르웨이를 떠나 1980년대 모잠비크와 파키스탄에서 국제 원조 활동에 참여했다. 이 체험을 통해 그는 동서 냉전과 남북 문제를 겹쳐 바라보는 넓은 시야를 길렀다.

포르투갈과의 전쟁을 거치며 모잠비크는 1975년 그토록 고대하던 독립을 쟁취했으나 평화는 쉽사리 오지 않았다. 이웃 국가인 남아프리카공화국과 로디지아(현재의 짐바브웨)의 백인 정권이 모잠비크 내 반정부 세력을 지원하기 시작하면서 모잠비크는 기나긴 내전(1977~1992)에 돌입했다. 1980년대 초 베스타는 모잠비크를 방문했고, 국제 원조 활동 중 루스 퍼스트를 만났다. 루스 퍼스트는 백인이지만 조국 남아프리카공화국의 아파르트헤이트 정책에 반대하는 열정 넘치는 언론인이었다. 남편 조 슬로보와 함께 모잠비크로 망명해 반아파르트헤이트 운동을 펼치던 루스 퍼스트는 1982년 남아프리카공화국 요원이 보낸 소포 폭탄에 목숨을 잃고 말았다. 이러한 비극적 사건이 있었지만, 독립 직후 모잠비크를 비롯해 남부 아프리카의 혁명적 분위기는 제3세계를 바라보는 베스타의 원체험을 구성했다.

1980년대 중반 국제 원조 활동을 위해 파키스탄으로 간 베스타는 이곳에 머무르며 아프가니스탄 전쟁(1979~1989)을 지근거리에서 관찰했다. 그리고 페샤와르에서 사에드 알리 마지루흐를 만났다. 아프가니스탄 출신의 박학다식한 학자로 반소련 운동을 활발히 전개하던 마지로흐는 반소련 운동 내부의 알력 다툼 속에서 이슬람주의자에게 살해당했다. 그런 와중에도 베스타는 이슬람 근본주의자들을 직접 인터뷰하기도 하면서 이와 같은 처참한 폭력의 동인을 이해하기 위해 노력했다. 당시 베스타는 노스캐롤라이나대학교 역사학과에서 미국 외교사를 전공으로 박사학위 논문을 준비하던 대학원생 신분이었지만, 동시대에 전개되던 소련-아프가니스탄 전쟁을 향한 관심의 끈을 놓지 않았다. (지금도 그는 현실에서 진행 중인 여러 사건에 대해 활발히 목소리를 내고 있다.)

노스캐롤라이나대학교 역사학과에서 베스타는 마이클 헌트(Michael H.

Hunt)의 지도를 받았다. 마이클 헌트는 일국의 외교 문서 분석을 통해 이 뤄지던 전통적인 외교사 연구를 확장해 외교의 실천에서 이데올로기 분석의 중요성을 강조하며, 미국과 세계의 관계성을 중시했다. 1980년대 헌트는 미중 화해 분위기 속에서 미국과 중국의 초기 관계사 및 중국공산당 외교의 기원을 역사적으로 추적하고 있었다. 베스타는 헌트의 지도 아래 미중 관계에서 매우 중요한 사건인 국공 내전기를 다루기로 결심한다. 베스타가 1990년 내놓은 박사 학위 논문 〈냉전과 혁명: 소련-미국의 대립과 국공 내전의 기원(Cold War and Revolution: Soviet-American Rivalry and the Origins of the Chinese Civil War, 1944~1946)〉의 내용을 여기에서 자세히 다룰 수는 없지만, 미국과 소련 간 '냉전'과 중국에서의 '혁명'을 겹쳐 읽으려는 베스타의 시선을 확인할 수 있다. 이 논문에서 흥미로운 것은 베스타가 미국과 소련의 대립인 냉전 체제가 도래하면서 중국의 국공 내전이 격화했다고 본다는 점이다. 이는 냉전기 제3세계의 혁명을 바라보는 베스타의 시선과도 통하는 지점이다.

박사학위 논문을 마무리한 뒤, 본격적인 학자의 삶을 시작할 때 소련의 해체와 이어진 냉전 종식을 직접 경험한 것도 베스타 개인의 학문적 경력에서는 매우 큰 행운이었다. 노르웨이의 노벨연구소(1990~1998)에 재직하면서 베스타는 '냉전의 전사들' 및 다수의 냉전 연구자와 직접 교류했다. 이 시기 대표적인 활동은 1995년 9월 노르웨이 오슬로 리세부 호텔에서 열린 '아프가니스탄 개입과 데탕트의 몰락(The Intervention in Afghanistan and the Fall of Détente)'이라는 학술회의였다. 이 학술회의에서 베스타는 아프가니스탄 전쟁을 둘러싼 미국과 소련의 주요한 정책 결정자들을 만나 인터뷰하면서 자신의 현장 경험을 좀더 넓은 정책 결정 과정 속에 자리매김했다.

1998년부터 런던정경대학교 국제사 교수로 일하기 시작한 베스타는 박사학위 논문의 연장선상에서 2003년 중국의 국공 내전(1946~1950)을 다룬 《결정적 만남(Decisive Encounters)》을 출간한 데 이어 《냉전: 자료와 증언으로 본 역사(The Cold War: A History in Documents and Eyewitness Account)》라는 두툼한 자료집을 내놓았다. 노르웨이어·독일어·프랑스어·영어는 물론 중국어·러시아어에도 능통한 그는 다양한 현장 경험과 해박한 지식을 바탕으로, 냉전 이후 공개되기 시작한 여러 국가의 문서고에 있는 자료를 섭렵한 후 문제의식을 대폭 확장해 《냉전의 지구사(The Global Cold War)》(2005)를 출간했다. 그리고 2년 후 이 책을 소폭 수정해 지금의 판형으로 다시 출간했다. 지구사(Global History)의 관점을 표방한 이 책은 냉전 종식 이후 출간된 냉전사 관련 저술에서 매우 중요한 연구로 손꼽힌다.

영어 'Cold War'의 번역어인 '냉전'이라는 말은 그야말로 '차가운〔冷〕 전쟁〔戰〕'을 뜻한다. 개념은 이를 활용하는 이들의 인식 틀을 규정한다. 냉전이라는 말을 사용하는 순간, 우리는 자연스럽게 긴장 상태이지만 전쟁은 일어나지 않는 상황을 떠올린다. 냉전기 유럽은 이와 같은 개념이 잘 부합하는 사례다. 독일이 동독과 서독으로 나뉘고 서유럽과 동유럽이 분열되었지만, 미국이 이끄는 북대서양조약기구와 소련이 이끄는 바르샤바조약기구의 직접적 군사 충돌은 일어나지 않았다. 각지에 스파이가 암약하고 핵전쟁의 공포가 만연했지만, 유럽의 냉전은 사실상 '차가운 평화' 상태였다. 냉전 개념을 문자 그대로 받아들이면 우리는 은연중에 유럽의 경험을 특권화하고, '유럽식' 개념을 중심으로 냉전을 바라보게 된다.

그러나 냉전이라는 시간대의 공간적 범위는 전 지구에 걸쳐 있었다. 유럽식 냉전 개념만으로는 파악되지 않는 현상이 무척 많다. 유럽 바깥 지역의 냉전 경험은 '차가운 평화'는커녕 '뜨거운 전쟁'으로 점철되어 있기 때문이다. 베스타는 기존의 협소한 냉전 개념이 유럽 중심적이라는 점을 간파하고, '뜨거운 전쟁'까지 포괄하는 '글로벌 냉전(Global Cold War)'이라는 새로운 개념을 제시했다. 일본어 번역판(2010)에서는 '글로벌 냉전사(グローバル冷戦史)', 중국어 번역판(2014)에서는 '전구냉전(全球冷战)'으로 번역한 'Global Cold War'를 한국어로 옮기면 '전 지구적 냉전' 또는 '지구의 냉전' 정도가 될 것이다. 요컨대 제목 선정에서 우리가 생각해볼 수 있는 것은 이 책에서 베스타가 냉전의 공간적 확장을 목표로 했다는 점이다. 그러나 영어 개념을 그대로 옮기면 한국어로 다소 어색한 감이 있어 옮긴이는 차선책으로 '냉전의 지구사'라는 제목을 택했다. '지구사'는 아직 대중적으로 널리 쓰이는 개념은 아니지만, 독자들이 냉전을 단순히 미국과 소련의 대립이 아니라 우리가 지금 살고 있는 지구의 모습을 형성한 시대로 이해해주길 바랐기 때문이다. 완전히 만족스러운 번역은 아니겠지만 독자들이 베스타가 냉전은 그 자체로서 지구적 현상이었고, 냉전사는 지구사일 수밖에 없다는 점을 제목에서 강조하고 있다는 사실을 염두에 두고 이 책을 읽어나갔으면 좋겠다.

그렇다면 냉전은 어떻게 전 지구적 현상이 되었을까. 이는 이 책 원서의 부제인 '제3세계의 개입과 현대의 형성(Third World Interventions and the Making of Our Times)'에서 유추해볼 수 있다. 저자의 접근법을 옮긴이 나름대로 해석하면 다음과 같다.

제3세계에 개입하는 주체는 냉전기의 두 초강대국인 미국과 소련이다.

18세기부터 1960년대까지를 다루는 이 책의 전반부는 미국과 소련 중심의 지구사에 집중한다. 요컨대 지금까지 많은 연구들이 냉전의 주체로서 미국과 소련을 너무나 자연스럽게 가정하고 두 나라가 유럽에서 경쟁하는 것을 다루어왔다면, 이 책은 미국과 소련의 역사를 먼저 서술한다. 베스타는 미국과 소련을 유럽사의 확장판이 아니라, 보편적 가치(자유와 정의)를 담보한 '제국'으로 해석한다. 그리고 냉전이 단순히 유럽에서 미국과 소련으로 힘의 패권이 교체되는 시기가 아니라 제국주의가 제국 간 경쟁으로 바뀌는 시대 자체의 변화이며, 미국과 소련이라는 특수한 나라가 국제 정치를 이끌어갔기에 냉전이 비로소 지구화할 수 있었다고 본다.

이를 좀더 자세히 살펴보자. 제1차 세계대전을 기점으로 유럽 제국주의는 위기에 봉착했다. 유럽이 위기에 빠지자 비유럽 지역에서 탈식민 독립 운동이 시작되었다. 그리고 이 시점에 미국과 소련이 세계 무대에 본격적으로 등장했다. 미국은 '자유'라는 가치에 의거해 유럽의 식민 지배를 부정적으로 인식했으며, 소련은 '정의'라는 관점에서 유럽 중심의 기존 질서를 혁파하고자 했다. 그렇기에 탈식민 독립 운동가들에게도 미국과 소련은 매력적인 존재였다. 제2차 세계대전 이후 유럽 제국주의 국가들이 다시금 식민 질서를 복원하려 하자 탈식민 독립 운동은 이에 맞서 저항했고, 미국과 소련은 적어도 유럽 제국주의 편에 서지는 않았다. 또한 미국과 소련은 제3세계 지역을 직접 지배하지 않았다. 다만 제3세계의 정치·사회적 발전을 위해 적극적으로 '개입'했다. 냉전기 비유럽 지역에서 벌어진 전쟁과 내전은 미국과 소련의 개입과 함께 봐야만 제대로 이해할 수 있다는 것이 저자의 주장이다.

하지만 미국과 소련의 제3세계 개입만을 다루었다면, 이 책은 미국사와 소련사에 대한 저자의 독창적 해석에도 불구하고 지금과 같은 학문적 명성을 누리지 못했을 것이다. 'Third World Interventions'의 뜻은 '제3세계에 대한 개입'이기도 하지만 '제3세계의 개입'을 뜻하기도 한다. 이책 후반부는 제3세계가 어떻게 미국과 소련에 적극적으로 '개입'했고, 이를 통해 우리가 살고 있는 현대사가 어떻게 역동적으로 형성되었는지를 보여준다.

베스타는 미국과 소련의 제3세계 개입 과정에 제3세계 엘리트들이 어떤 역할을 했는지 꼼꼼한 외교 문서 분석을 통해 살피고 있다. 냉전기 제3세계의 집권자나 반대파 모두 미국과 소련이라는 동맹국을 선택할 수 있었다. 적의 적은 나의 편이라는 논리가 자연스럽게 통용되던 시대였기 때문이다. 그렇기에 미국과 소련의 세력 균형이 유지되더라도 제3세계는 자주 내전과 혁명에 돌입했고, 제3세계의 판도 변화에 따라 미국과 소련의 세력 균형이 흔들리는 상황이 자주 발생했다. 이와 같은 관점 아래 냉전은 점점 더 미국과 소련만의 이야기를 넘어선다. 중화인민공화국, 쿠바, 베트남이 등장하고 냉전을 다루는 베스타의 시선은 한층 넓어진다. 앙골라 내전과 에티오피아 혁명을 돌아보고, 아프리카에서 발생한 일련의 위기가 미국과 소련의 데탕트를 어떻게 무너뜨리고 아프가니스탄 전쟁으로 이어지는지를 살펴본다.

베스타가 특히 주목하는 시기는 1970년대다. 이때 제3세계는 각기 민족주의, 사회주의, 이슬람주의라는 선택지 중 하나를 택하거나 이 중 몇가지를 조합하는 선택을 내린다. 그리고 1970년대의 선택이 남긴 성공과실패의 유산이 미국과 소련뿐 아니라 제3세계를 포괄하는 현대 세계를 형성했다고 본다. 그 결과 소련은 아프가니스탄이라는 수렁에 빠져 몰락의 길로 들어섰고, 레이건 행정부의 선택은 제3세계의 여러 국가를 무너뜨리고 이어 소련의 변화와 몰락에도 영향을 주었다.

냉전기에 직면했던 이와 같은 문제는 소련의 해체 이후 완전히 끝났을까? 저자의 관점에 따르면, 미국의 개입주의와 제3세계 문제는 여전히 존재한다. 아프가니스탄과 이라크 침략 그리고 이후의 이슬람 국가 등장, 현재까지 계속되는 미국-이란의 갈등 등에서 알 수 있듯 미국은 여전히 제3세계 문제에서 어려움을 겪고 있다. 이전과 같은 제3세계주의의 깃발은 존재하지 않지만, 난민 문제를 비롯해 제3세계에서 출발한 여러 문제는 이제 다시금 미국과 유럽 그리고 동아시아라는 중심부에도 일종의 되먹임(feedback)을 주고 있다. 여전히 제3세계의 '개입'은 끝나지 않았다.

★ ★ ★

이 책의 번역을 시작한 건 2015년의 일이다. 그러나 공교롭게도 초벌 번역을 거의 마무리할 즈음 저자의 *The Cold War: A World History* (Basic Books, 2017)가 출간된다는 소식을 접했다. (이 책의 존재로 인해 옮긴이는 '냉전의 세계사'라는 제목을 택할 수 없었다.) 저자로부터 그 얘기를 전해들은 옮긴이는 깊은 고민에 빠졌다. 따끈따끈한 신간이 있는데 출간한 지 10년이 지난 학술서를 지금 이 시점에 번역하는 것이 한국어권 독자들에게 어떤 의미가 있을까.

그럼에도 번역을 감행한 데에는 크게 두 가지 이유가 있다. 먼저 이 책의 주장처럼 우리가 현재 살아가고 있는 세계는 여전히 냉전의 유산 아래 존재하고 있기 때문이다. 1989/1991년 직후 냉전이라는 시간은 이제 완전히 과거의 유산이 되었다는 인식이 존재하기도 했지만, 냉전을 완전히 대체하는 새로운 시대는 아직 도래하지 않았다. 이토록 혼란스럽게 전개되는 작금의 현실을 깊이 있게 이해하려면 현재 속에 여전히 존재하는 과

거인 냉전의 역사를 잘 알아야 할 필요가 있다. 그런 점에서 지금도 여전히 이 책의 가치가 있다고 판단했다.

두 번째는 이 책을 통해 냉전을 바라보는 한국인의 협소한 인식을 넓히고 싶다는 기대 때문이다. 많은 한국인은 한반도가 냉전의 중심에 있었다고 생각하는 편이다. 그러나 오히려 그렇기 때문에 한국인은 냉전기 한반도 바깥에서 무슨 일이 벌어졌는지 잘 알지 못한다. 이는 분단과 한국전쟁이라는 강렬한 냉전적 체험을 겪었기 때문이기도 하지만, 냉전의 다양한 측면을 다루는 책들이 한국어로 소개되지 않은 점도 한몫했다고 판단했다. 그렇기에 지구사의 관점에서 냉전을 넓게 바라보려 시도한 이 책을 번역하는 일이 한국 사회에 신선한 지적 자극을 줄 수 있으리라 생각했다. 저자의 말처럼 이 책을 통해 한국사와 세계사를 바라보는 사려 깊은 시각을 기를 수 있길 바란다.

물론 어려운 부분도 있을 것이라 짐작한다. 이는 독자만의 책임이라 할 수 없다. 한국 자체가 냉전기에 제3세계와 깊이 있는 교류를 하거나 관계를 형성하지 못했다. 그리고 냉전기에 급속한 경제 성장을 경험한 이후 한국인에게는 이제 제3세계 국가라는 의식이 거의 존재하지 않는다. 2000년대 초 활발하게 논의된 동아시아 협력 구상도 잘 이뤄지지 못했고, 동아시아인이라는 정체성 또한 형성되지 못한 상태다. 그렇기에 지구사로 촘촘히 연결된 여러 지역의 역사를 이해하는 일이 한국인의 관점에서 그리 녹록지 않은 게 우리의 현실이다.

그럼에도 대서양(유럽) 세계의 팽창을 통해 만들어진 현재의 서양사 중심의 '세계사'에 균열을 내고 좀더 보편적인 지구사가 가능하기 위해서는 동아시아, 그리고 독특한 역사를 갖고 있는 한반도인의 경험을 반드시 지구사의 틀 내에서 설명할 수 있어야 할 것이다. 한국어로 번역한 이 책이 그와 같은 지적 도전의 출발점이 된다면 옮긴이로서 더할 나위 없는 기쁨일 것이다. 그리고 이를 위해 다른 지역의 냉전 경험을 애정 어린 시선으로 살피고 냉전을 비교사적으로, 지구사적으로 이해하려는 노력이 선행되어야 함은 두말할 필요도 없다. 냉전사를 공부하는 즐거움은 나의 개인사가 지역사와 국가사 그리고 지구사와 종횡무진으로 연결된다는 걸 발견할 수 있다는 데 있다. 《냉전의 지구사》가 독자들에게 이와 같은 즐거움을 나누어주는 책이 되길 희구한다.

감사의 말을 몇 마디 덧붙이고 싶다. 2001년 9월 11일 사건이 일어났을 때, 당시 중학생이던 나는 아버지와 함께 이를 뉴스 생중계로 보고 있었다. 거대한 폭력의 스펙터클 앞에서 어쩔 줄 몰라 하는 나에게 아버지는 미국이 '테러리스트'인 오사마 빈 라덴을 아프가니스탄 전쟁에서 오랫동안 지원해왔다는 사실을 알려주셨다. 그러면서 왜 오사마 빈 라덴이 한때 같은 편이었던 미국을 이처럼 끔찍한 방법으로 공격했는지를 이해해야 한다며, 팔레스타인 문제를 포함해 중동에서 미국이 벌인 여러 만행을 차근차근 짚어주셨다. 이후 미국의 아프가니스탄과 이라크 침략, 우리나라의 이라크 파병 논쟁 등을 경험하면서 한반도와 국제 정치가 얼마나 밀접히 연결되어 있는지 서서히 깨달았다. 그리고 폭력의 악무한(惡無限)을 이해하기 위해 냉전사 및 국제 정치에 관심을 기울이기 시작했다. 아버지는 아마 잊고 계시겠지만 그때의 대화 덕분에(?) 《냉전의 지구사》 번역 작업에 도전했다고 할 수 있겠다.

묵직한 이 책을 번역하는 과정에서 많은 분께 따뜻한 도움을 받았다.

먼저 저자 베스타 교수님은 바쁜 와중에도 한국어판 서문을 작성해주셨다. 추천사를 써주신 케임브리지대학교 권헌익 교수님은 이 책의 번역을 강력히 추천하고 2017년에는 저자와 직접 만나는 기회를 마련해주셨다. 냉전을 바라보는 다원적 인식이 이 책을 통해 조금이라도 더 진전될 수 있다면 권헌익 교수님도 충분히 만족하시리라. 성공회대학교의 백원담 교수님은 저자가 방한했을 당시 긴장감 넘치는 대담("북핵, 냉전, 동아시아, 세계," 〈황해문화〉 96호, 2017)을 통해 한국 냉전 연구의 흐름과 저자의 작업이 지닌 의미를 찬찬히 되짚어주셨다. 미국 및 소련과 제3세계의 관계에만 집중한 나머지 제3세계가 제3세계에, 혹은 제3세계가 제1, 2세계에 개입한 양상을 저자가 소홀히 다루고 있다는 백원담 교수님의 지적은 무척 예리한 비판이라 할 수 있다. 이는 앞으로 옮긴이를 포함해 한국과 아시아의 냉전 연구자들이 깊이 천착해야 할 대목이다. 서울과학기술대학교의 김남섭 교수님은 묵직한 학술서를 여러 권 번역한 경험에 기초해 옮긴이의 작업을 진심으로 응원해주셨다. 김남섭 교수님의 작업처럼 좋은 번역을 통해 이 책이 학술계에 조금이라도 기여할 수 있으면 좋겠다. 옮긴이를 볼 때마다 언제 책이 나오냐고 묻던 한국냉전학회의 선생님들께도 이제 책으로 인사드릴 수 있게 되어 후련하다.

이 책을 처음으로 꼼꼼히 읽은 건 2015년 서울대학교 사회과학대학의 지원을 받아 진행한 '학부생 고전 강독 프로그램'을 통해서였다. 냉전사의 고전인 존 루이스 개디스(John Lewis Gaddis)의 작업과 비교하며 이 책을 읽어야 했기에 세미나 준비는 고전(苦戰)의 연속이었지만, 이를 통해 토론을 더욱 흥미롭게 진행할 수 있었다. 이 세미나에 참여한 오석주(1장, 9장), 김동욱(2장, 10장), 강유지(6장, 7장)는 책의 번역과 이후 교정 및 색인 작업에도 함께해주었다. 번역도 번역이지만 함께 모여 공부한 그 순간을 더 소중히 생각하고 있음을 이들도 알 거라 믿는다. 함께 공부의 길을 걷고 있는 권헌규, 류기현, 김도민, 우희원, 용채영은 바쁜 와중에도 일부를 읽고 번역에 대한 의견을 주었다. 2쇄 교정에는 김일환과 서지민이 큰 도움을 주었다. 이 책에 좋은 문장이 있다면 이는 모두 그들의 덕이다. 모두에게 감사의 말을 전한다.

한 권의 책이 나오기 위해서는 원고뿐만 아니라 이를 편집하고 제작하는 사람들의 몫도 무척 중요하다. 어려운 출판 환경 속에서 출간을 흔쾌히 결정해주신 에코리브르 박재환 대표님께 감사드린다. 냉전사의 두 대가인 개디스와 베스타가 예일대학교의 동료 교수가 되었듯 독자들이 에코리브르 출판사를 통해 한국어로 된 개디스와 베스타의 책을 비교하면서 읽을 수 있으면 좋겠다. 마지막으로 이 책의 출간을 그 누구보다 기뻐하고 격려해준 김연수에게도 사랑의 인사를 전한다. 이 드넓은 지구에서 그녀를 만날 수 있었던 건 참으로 놀라운 기적이었다. 그녀가 나에게 그렇듯 나 역시 그녀에게 영원한 격려이자 위로이고 싶다.

2021년 2월, 파주에서

번역자를 대표하여

옥창준

참고문헌

Abebe, Ermias. "The Vanguard Party: Imperial Instrument of Soviet Third World Policy (1976-1986) (A Comparative Study of Soviet Party-to-Party Relations with Afghanistan and Ethiopia)," Ph.D. Dissertation, University of Maryland, 1994.

Abernethy, David B. *The Dynamics of Global Dominance: European Overseas Empires, 1415-1980* (New Haven, CT: Yale University Press, 2000).

Algar, Hamid. "Religious Force in Twentieth-Century Iran," *The Cambridge History of Iran*, vol. VII, *From Nadir to the Islamic Republic* (Cambridge: Cambridge University Press, 1991).

Alteras, Isaac. *Eisenhower and Israel: US-Israeli Relations, 1953-1960* (Gainesville, FL: University of Florida Press, 1993).

Alvarez, Lizette. "Lifting History's Curtain: Nixon Considered Seizing Oil Fields in 1973," *International Herald Tribune*, 2 January 2004.

Andrade, Mário Pinto de, and José Eduardo Agualusa. *Origens do nacionalismo africano: continuidade e ruptura nos movimentos unitários emergentes da luta contra a dominaçao colonial portuguesa, 1911-1961* (Lisbon: Dom Quixote, 1997).

Ansari, Ali M. "The Myth of the White Revolution: Mohammad Reza Shah, 'Modernization' and the Consolidation of Power," *Middle Eastern Studies*, 37.3 (2001).

Applebaum, Anne. *GULAG: A History of the Soviet Camps* (London: Allen Lane, 2003).

Arbatov, Georgi. *The System: An Insider's Life in Soviet Politics* (New York: Times Books, 1992).

Arjomand, S. A. "Iran's Islamic Revolution in Comparative Perspective," *World Politics*, 38 (1986).

Armstrong, Philip, Andrew Glyn, and John Harrison. *Capitalism Since 1945* (Cambridge, MA: Blackwell, 1991) (필립 암스트롱·앤드류 글린·존 해리슨, 김수행 옮김, 《1945년 이후의 자본주의》, 동아출판사, 1993).

Avakov, Rachik M. "Novoe mishlenie I problema izucheniia razvivaiushchikhsia stran" (The New Thinking and Problem of Studying the Developing Countries), *Mirovaia ekonomika i mezhdunarodnye otnosheniia*, 11 (1987).

Baabar (Bat-Erdene Batbayar). *Twentieth-Century Mongolia*, ed. C. Kaplonski, trans. D. Sühjargalmaa et al. (Cambridge: White Horse Press, 1999).

Baack, Bennett D., and Edward John Ray. "Tariff Policy and Comparative Advantage in the Iron and Steel Industry, 1870-1929," *Explorations in Economic History*, 11 (1974).

Badie, Bertrand. *La fin des territoires: Essai sur le désordre international et l'utilité sociale du respect* (Paris: Fayard, 1995).

_____. *L'État importé: Essai sur l'occidentalisation de l'ordre politique* (Paris: Fayard, 1992).

Banuazizi, A., and M. Weiner, eds. *The State, Religion and Ethnic Politics: Afghanistan, Iran, and Pakistan* (Syracuse, NY: Syracuse University Press, 1986).

Becker, Abraham S. "The Soviet Union and the Third World: The Economic Dimension," in Andrzej Korbonski and Francis Fukuyama, eds., *The Soviet Union and the Third World: The Last Three Decades* (Ithaca, NY: Cornell University Press, 1987).

Behrooz, Maziar. *Rebels with a Cause: The Failure of the Left in Iran* (London: I. B. Tauris, 1999).

Békés, Csaba. "The 1956 Hungarian Revolution and World Politics," *Cold War International History Project Working Paper*, 16 (Washington, DC: Woodrow

Wilson Center, 1996).

Ben-Zvi, Abraham. *Decade of Transition: Eisenhower, Kennedy, and the Origins of the American-Israeli Alliance* (New York: Columbia University Press, 1998).

Bernardo, Manuel. *Equívocos e realidades: Portugal, 1974-1975*, 2 vols. (Lisbon: Nova arrancada, 1999).

Bhagwati, Jagdish N., ed. *The New International Economic Order: The North-South Debate* (Cambridge, MA: MIT Press, 1977).

Borovik, Artem. "Afganistan: podvodia itogi" (Afghanistan: The Conclusions), interview with General Valentin Varennikov, *Ogonyok*, 12 (1989).

Borstelmann, Thomas. *Apartheid's Reluctant Uncle: the United States and Southern Africa in the Early Cold War* (Oxford: Oxford University Press, 1993).

Boucher, Richard. "The Pilgrims' voyage was about freedom," *Independent*, 29 November 2002.

Bourne, Peter G. *Jimmy Carter: A Comprehensive Biography from Plains to Postpresidency* (New York: Scribner, 1997).

Bradsher, Henry S. *Afghan Communism and Soviet Intervention* (Oxford: Oxford University Press, 1999).

Brands, H. W. *The Specter of Neutralism: The United States and the Emergence of the Third World, 1947-1960* (New York: Columbia University Press, 1989).

Bridgland, Fred. *Jonas Savimbi: A Key to Africa* (London: Coronet Books, 1988).

Brutents, Karen N. *Tridtsat let na Staroi Ploshchadi* (Thirty Years at Staroia Ploshchad) (Moscow: Mezhdunarodnie otnosheniia, 1998).

Brzezinski, Zbigniew. *Power and Principle: Memoirs of the National Security Adviser, 1977-1981* (New York: Farrar Straus & Giroux, 1983).

Buchenau, Jürgen. *In the Shadow of the Giant: The Making of Mexico's Central American Policy, 1876-1930* (Tuscaloosa, AL: University of Alabama Press, 1996).

Chaudhury, Nirad. *The Autobiography of an Unknown Indian* (London: Macmillan, 1951).

Childs, Matt D. "An Historical Critique of the Emergence and Evolution of Ernesto Che Guevara's *Foco* Theory," *Journal of Latin American Studies*, 27 (1995).

Chuev, Feliks. *Sto sorok besed s Molotovim* (One Hundred and Forty Conversations with Molotov) (Moscow: TERRA, 1992).

Cohen, Michael J. "Prologue to Suez: Anglo-American Planning for Military Intervention in a Middle East War, 1955-1956," *Journal of Strategic Studies*, 26.2 (June 2003).

Colburn, Forrest D. *The Vogue of Revolution in Poor Countries* (Princeton, NJ: Princeton University Press, 1994).

Coll, Steve. *The Ghost Wars: The Secret History of the CIA, Afghanistan, and Bin Laden from Soviet Invasion to September 11, 2001* (Harmondsworth: Penguin, 2004).

Coltman, Leycester. *The Real Fidel Castro* (New Haven, CT: Yale University Press, 2003).

Connelly, Matthew. *A Diplomatic Revolution: Algeria's Fight for Independence and the Origins of the Post-Cold War Era* (Oxford: Oxford University Press, 2002).

Conquest, Robert. *The Harvest of Sorrow: Soviet Collectivization and the Terror-Famine* (London: Pimlico, 2002[1986]).

Cordovez, Diego, and Selig S. Harrison. *Out of Afghanistan: The Inside Story of the Soviet Withdrawal* (Oxford: Oxford University Press, 1995).

Crocker, Chester. *High Noon in Southern Africa: Making Peace in a Rough Neighborhood* (New York: W. W. Norton, 1992).

Cullather, Nick. *Secret History: The CIA's Classified Account of its Operations in Guatemala, 1952-1954* (Stanford: Stanford University Press, 1999).

David, Steven R. "Soviet Involvement in Third World Coups," *International Security*, 11.1 (Summer 1986).

Davis, Lance E., and Robert J. Cull. "International Capital Movements, Domestic Capital Markets, and American Economic Growth, 1820-1914," in Stanley L. Engerman and Robert E. Gallman, eds., *The Cambridge Economic History of the United States*, vol. II (Cambridge: Cambridge University Press, 2000).

Davis, Mike. *Late Victorian Holocausts: El Niño and the Making of the Third World* (London: Verso, 2001) (마이크 데이비스, 정병선 옮김, 《엘니뇨와 제국주의로 본 빈곤의 역사》, 이후, 2008.

Demchenko, Pavel. "Kak eto nachinalos v Afganistane" (How it Began in Afghanistan), *Ekho planety*, 46 (1989).

Dominguez, Jorge I. *To Make a World Safe for Revolution: Cuba's Foreign Policy* (Cambridge, MA: Harvard University Press, 1989).

Donham, Donald L. *Marxist Modern: An Ethnographic History of the Ethiopian Revolution* (Berkeley, CA: University of California Press, 1999).

Dorronsoro, Gilles. *La révolution afghane: des communistes aux tâlebân* (Paris: Karthala, 2000).

Dower, John W. *Embracing Defeat: Japan in the Wake of World War II* (New York: W. W. Norton, 2000) (존 다워, 최은석 옮김, 《패배를 껴안고》, 민음사, 2009).

Dudziak, Mary L. *Cold War Civil Rights: Race and the Image of American Democracy* (Princeton, NJ: Princeton University Press, 2002).

Eagleton, Willian, Jr. *The Kurdish Republic of 1946* (Oxford: Oxford University Press, 1963).

Easterly, William. *The Elusive Quest for Growth: Economists' Adventures and Misadventures in the Tropics* (Cambridge, MA: MIT Press, 2001).

English, Robert. *Russia and the Idea of the West: Gorbachev, Intellectuals, and the End of the Cold War* (New York: Columbia University Press, 2000).

Evans, Peter B. *Embedded Autonomy: States and Industrial Transformation* (Princeton, NJ: Princeton University Press, 1995).

Ezra, Markos. *Ecological Degradation, Rural Poverty, and Migration in Ethiopia: A Contextual Analysis* (New York: Population Council Press, 2001).

Fischer, Beth. *The Reagan Reversal: Foreign Policy and the End of the Cold War* (Columbia, MO: University of Missouri Press, 1997).

Foner, Eric. *The Story of American Freedom* (New York: W. W. Norton, 1998).

Fousek, John. *To Lead the Free World: American Nationalism and the Cultural Roots of the Cold War* (Chapel Hill: University of North Carolina Press, 2000).

Friend, Theodore. *Indonesian Destinies* (Cambridge: Belknap, 2003).

Fursenko, Aleksandr, and Timothy Naftali. *One Hell of a Gamble: Khrushchev, Castro, and Kennedy, 1958-1963* (New York: W. W. Norton, 1998).

Garthoff, Raymond. *Détente and Confrontation: American-Soviet Relations from Nixon to Reagan* (rev. edn.; Washington, DC: Brookings Institute, 1994).

Gasiorowski, Mark J. *US Foreign Policy and the Shah: Building a Client State in Iran* (Ithaca, NY: Cornell University Press, 1991).

Gates, Robert E. *From the Shadows: The Ultimate Insider's Story of Five Presidents and how they Won the Cold War* (New York: Simon & Schuster, 1996).

Gerecht, Ruel Marc. "The Counterterrorist Myth," *Atlantic* (July/August 2001).

Gibbs, David N. *The Political Economy of Third World Intervention: Mines, Money, and US Policy in the Congo Crisis* (Chicago, IL: University of Chicago Press, 1991).

Gilbert, Dennis. *Sandinista: The Party and the Revolution* (Oxford: Basil Blackwell, 1988).

Ginor, Isabella. "'Under the Yellow Arab Hamlet Gleamed Blue Russian Eyes': Operation Kavkaz and the War of Attrition, 1969-70," *Cold War History*, 3.1 (2002).

____. "The Russians Were Coming: The Soviet Military Threat in the 1967 Six-Day War," *Middle East Review of International Affairs*, 4.4 (December 2002).

Gleijeses, Piero. *Conflicting Missions: Havana, Washington, and Africa, 1959-1976* (Chapel Hill, NC: University of North Carolina Press, 2002).

Golan, Galia. *The Soviet Union and National Liberation Movements in the Third World* (New York: Unwin Hyman, 1988).

Golitsyn, P. A. "Tretia moia voina: o roli sovetskikh voennykh v Efiopii v otrazhenii somaliiskoi agressii" (My Third War: The Role of Soviet Soldiers in Ethiopia in Repelling the Somalian Aggression), *Voenno-istoricheskii zhurnal*, 3 (1994).

Gonzalez, Edward. "Cuba, the Soviet Union, and Africa," in David E. Albright, ed., *Communism in Africa* (Bloomington, IN: Indiana University Press, 1980).

Goode, James F. *The United States and Iran: In the Shadows of Mussadiq* (New York: St. Martin's Press, 1997).

Griffin, Jasper. "It's All Greek!," *New York Review of Books*, 18 December 2003.

Gupta, Bhabani Sen. *Afghanistan: Politics, Economics and Society* (London: Pinter, 1986).

Haddow, Robert W. *Pavilions of Plenty: Exhibiting American Culture Abroad in the 1950s* (Washington, DC: Smithsonian Institution Press, 1997).

Hadjor, Kofi Buenor. *The Penguin Dictionary of Third World Terms* (Harmondsworth: Penguin, 1993).

Haile-Selassie, Teferra. *The Ethiopian Revolution 1974-1991: From a Monarchical Autocracy to a Military Oligarchy* (London: Kegan Paul, 1997).

Halliday, Fred. *Revolution and Foreign Policy: The Case of South Yemen, 1967-1987* (Cambridge: Cambridge University Press, 2002).

Halliday, Fred, and Maxine Molyneux. *The Ethiopian Revolution* (London: New Left Books, 1981).

Halliday, Fred, and Zahir Tanin. "The Communist Regime in Afghanistan 1978-1992," *Europe-Asia Studies*, 50 (1998).

Hamann, Hilton. *Days Of The Generals: The Untold Story of South Africa's Apartheid-era Military Generals* (Cape Town: Struik Publishers, 2007).

Hargreaves, John D. *West Africa Partitioned* (Houndmills: Macmillan, 1985〔1974〕).

Harmer, Tanya. "US-Chilean Relations and Nixon's Cold War in Latin America 1970-1973," Ph.D. Thesis, London School of Economics, 2006.

Heikal, Mohammad H. *The Road to Ramadan* (New York: Ballantine, 1975).

Heimer, Franz-Wilhelm. *The Decolonization Conflict in Angola, 1974-76: An Essay in Political Sociology* (Geneva: Institut Universitaire de Hautes Etudes Internationales, 1979).

Helmreich, Jonathan E. *Gathering Rare Ores: The Diplomacy of Uranium Acquisition, 1943-1954* (Princeton, NJ: Princeton University Press, 1986).

____. *United States Relations with Belgium and the Congo, 1940-1960* (Newark, DE: University of Delaware Press, 1998).

Henze, Paul B. *Layers of Time: A History of Ethiopia* (New York: St. Martin's Press, 2000).

Herrmann, Richard. "The Role of Iran in Soviet Perception and Policy, 1946-1988," in Nikki R. Keddie and Mark J. Gasiorowski, eds., *Neither East Nor West: Iran, the Soviet Union and the United States* (New Haven, CT: Yale University Press, 1990).

Hertsgaard, Mark. "The Secret Life of Henry Kissinger: Minutes of a 1975 Meeting with Lawrence Eagleburger," *The Nation*, 29 October 1990.

Hoffman, Elizabeth Cobbs. "Decolonization, the Cold War, and the Foreign Policy of the Peace Corps," in Peter L. Hahn and Mary Ann Heiss, eds., *Empire and Revolution: The United States and the Third World since 1945* (Columbus, OH: Ohio State University Press, 2001).

Howland, Nina D. "The United States and Angola, 1974-88: A Chronology," *Department of State Bulletin*, 89.2143 (February 1989).

Hoxie, Frederick, et al., eds. *Native Americans and the Early Republic* (Charlottesville: University of Virginia Press, 1999).

Human Rights Watch Arms Project. "Still Killing: Landmines in Southern Africa," https://www.hrw.org/reports/1997/lmsa/.

Hunt, Michael H. *Ideology and US Foreign Policy* (New Haven, CT: Yale University Press, 1987) (마이클 H. 헌트, 권용립·이현휘 옮김, 《이데올로기와 미국 외교》, 산지니, 2007).

Huntington, Samuel P. "Patterns of Intervention: America and the Soviets in the Third World," *National Interests*, 7 (Spring 1987).

Hyman, Anthony. *Afghanistan under Soviet Domination, 1964-91* (3rd edn.; Houndsmills: Macmillan, 1992).

Jackson, Steven F. "China's Third World Foreign Policy: The Case of Angola and Mozambique, 1961-93," *China Quarterly*, 142 (1995).

Jacobson, Matthew Frye. *Barbarian Virtues: The United States Encounters Foreign Peoples at Home and Abroad, 1876-1917* (New York: Hill & Wang, 2000).

James, Alan. *Britain and the Congo Crisis, 1960-63* (Houndmills: Macmillan, 1996).

Jones, Matthew. *Conflict and Confrontation in Southeast Asia, 1961-1965: Britain, the United States, Indonesia and the Creation of Malaysia* (Cambridge: Cambridge University Press, 2012[2001]).

Kagan, Robert A. *A Twilight Struggle: American Power and Nicaragua, 1977-1990* (New York: Free Press, 1996).

Kahin, Audrey R., and George McT. Kahin. *Subversion as Foreign Policy: The Secret Eisenhower and Dulles Debacle in Indonesia* (New York: New Press,

1995).

Kalb, Madeleine G. *The Congo Cables: The Cold War in Africa from Eisenhower to Kennedy* (New York: Macmillan, 1982).

Kaplan, Robert D. *Surrender or Starve: The Wars Behind the Famine* (Boulder, CO: Westview Press, 1988).

Kappeler, Andreas. *Rußland als Vielvölkerreich: Entstehung, Geschichte, Zerfall* (München: C. H. Veck, 1992).

Kapuscinski, Ryszard. *The Emperor: Downfall of an Autocrat* (New York: Vintage Books, 1984).

Katz, Mark. *The Third World in Soviet Military Thought* (Baltimore, MD: Johns Hopkins University Press, 1982).

Kazemi, Farhad. "Models of Iranian Politics, the Road to the Islamic Revolution, and the Challenge of Civil Society," *World Politics*, 47.4 (July 1995).

Keller, Edmond J. *Revolutionary Ethiopia: From Empire to People's Republic* (Bloomington, IN: Indiana University Press, 1988).

Keller, Edmond J., and Donald Rothchild, eds. *Afro-Marxist Regimes: Ideology and Public Policy* (Boulder, CO: Lynne Rienner, 1987).

Kinzer, Stephen. *All the Shah's Men: An American Coup and the Roots of Middle East Terror* (Hoboken, NJ: John Wiley, 2003).

Kissinger, Henry. *Years of Renewal* (New York: Simon & Schuster, 1999).

Klinghoffer, Arthur Jay. *The Angolan War: A Study in Soviet Policy in the Third World* (Boulder, CO: Westview Press, 1980).

Kolko, Joyce, and Gabriel Kolko. *The Limits of Power: The World and United States Foreign Policy, 1945-1954* (New York: Harper & Row, 1972).

Korn, David A. *Ethiopia, the United States and the Soviet Union, 1974-1985* (London: Croom Helm, 1986).

Kramer, Mark. "New Evidence on Soviet Decision-Making and the 1956 Polish and Hungarian Crises," *Cold War International History Project Bulletin*, 8-9 (Winter 1996/1997).

Kravis, Irving B. "Trade as a Handmaiden of Growth: Similarities between the Nineteenth and Twentieth Centuries," *Economic Journal*, 80 (1970).

Kriuchkov, Vladimir. *Lichnoe delo* (Private File) (Moscow: Olimp, 1996).

Lara, Lúcio. *Documentos e comentários para a história do MPLA* (Lisbon: Dom Quixote, 2000).

Latham, Michael E. *Modernization as Ideology: American Social Science and Nation-Building in the Kennedy Era* (Chapel Hill, NC: University of North Carolina Press, 2000).

Lefort, René. *Ethiopie: la révolution hérétique* (Paris: François Maspero, 1981).

Legge, John. *Sukarno: A Political Biography* (3rd edn.; Singapore: Archipelago Press, 2003).

LeoGrande, William M. "Cuban-Soviet Relations and Cuban Policy in Africa," *Cuban Studies*, 10.1 (January 1980).

____. *Our Own Backyard: The United States in Central America, 1977-1992* (Chapel Hill: University of North Carolina Press, 1988).

LeSueur, James D. *Uncivil War: Intellectuals and Identity Politics During the Decolonization of Algeria* (Philadelphia, PA: University of Pennsylvania Press, 2001).

Liakhovskii, Aleksandr. *Tragdia i doblest afgana* (Afghan Tragedy and Valor) (Moscow: Iskona, 1995).

Liauzu, Claude. *L'enjeu tiers-mondiste: débats et combats* (Paris: L'Harmattan, 1987).

Lieven, Dominic. *Empire: The Russian Empire and its Rivals* (London: John Murray, 2000).

Lipsey, Robert E. "U.S. Foreign Trade and the Balance of Payments, 1800-1913," in Stanley L. Engerman and Robert E. Gallman, eds., *The Cambridge Economic History of the United States*, vol. II (Cambridge: Cambridge University Press, 2000).

Little, Douglas. *American Orientalism: The United States and the Middle East Since 1945* (London: I. B. Tauris, 2003).

Looney, Robert E. *Economic Origins of the Iranian Revolution* (New York: New York University Press, 1982).

Ly, Ibrahima. *Toiles d'araignées* (Paris: L'Harmattan, 2000[1982]).

Mabeko Tali, Jean-Michel. *Dissidências e poder de estado: o MPLA perante si próprio (1962-1977)*, 2 vols. (Luanda: Nzila, 2001).

MacGregor Jr., Morris J. *Integration of the Armed Forces 1940-1965* (Washington, DC: Center of Military History, United States Army, 1985).

Maddison, Angus. *The World Economy: A Millennial Perspective* (Paris: OECD Development Centre, 2001).

Majd, Gholi. *Resistance to the Shah: Landowners and Ulama in Iran* (Gainesville, FL: University Press of Florida, 2000).

Male, Beverley. *Revolutionary Afghanistan: A Reappraisal* (New York: St. Martin's Press, 1982).

Marcum, John. *The Angolan Revolution*, vol. II, Exile Politics and Guerrilla Warfare, 1962-1976 (Cambridge, MA: MIT Press 1978).

Marling, Karal Ann. *As Seen on TV: The Visual Culture of Everyday Life in the 1950s* (Cambridge, MA: Harvard University Press, 1996).

Márquez, Gabriel García. "Operation Carlota: Cuba's Role in Angolan Victory," *Venceremos*, 4.5 (February 1977).

Matheson, Neil. *The Rules of the Game of Superpower Military Intervention in the Third World, 1975-80* (Washington, DC: University Press of America, 1982).

Mazov, Sergei. "SSSR I sud'ba byvshikh italianskikh koloniy (1945-50 gg.)" (The USSR and the Fate of the Former Italian Colonies), in N. Komolova, ed., *Rossia i Italiia* (Moscow: Nauka, 1998).

McClintock, Michael. *Instruments of Statecraft: U.S. Guerrilla Warfare, Counter-insurgency, and Counterterrorism, 1940-1990* (New York: Pantheon, 1992).

McMahon, Robert J. *Colonialism and Cold War: The United States and the Struggle for Indonesian Independence, 1945-49* (Ithaca: Cornell University Press, 1981).

Meier, M. S., et al., eds. *Togda v Egipte...: kniga o pomoshchi SSSR Egiptu v voennom protivostoianii s Izrailem* (When in Egypt: A Book on the Soviet Support for Egypt in the Wars to Resist Israel) (Moscow: Institut stran Azii i Afriki pri MGU im. M. V. Lomonosova, 2001).

Mekhaled, Boucif. *Chroniques d'un massacre. 8 mai 1945: Sétif, Guelma, Kherrata*

(Paris: Syros, 1995).

Menshikov, Stanislav. "Stsenarii razvitiya VPK," *Voprosy ekonomiki*, 7 (July 1999).

Meredith, Roman L. "Making Caucasians Black: Moscow since the Fall of Communism and the Racialization of non-Russians," *Journal of Communist Studies and Transition Politics*, 18.2 (2000).

Metcalf, Thomas R. *Ideologies of the Raj* (Cambridge: Cambridge University Press, 1994).

Milani, Abbas. *The Persian Sphinx: Amir Abbas Hoveyda and the Riddle of the Iranian Revolution* (Washington, DC: Mage, 2000).

Milani, Mohsen M. *The Making of Iran's Islamic Revolution: From Monarchy to Islamic Republic* (2nd edn.; Boulder, CO: Westview Press, 1994).

Mitrokhin, Vasiliy. "The KGB in Afghanistan," *Cold War International History Project Working Paper*, 40 (Washington, DC: Woodrow Wilson Center, 2002).

Mkandawire, Thandika. "The Terrible Toll of Post-Colonial 'Rebel Movements' in Africa: Towards an Explanation of the Violence against the Peasantry," *Journal of Modern Africa Studies*, 40.2 (2002).

Moin, Baqer. *Khomeini: Life of the Ayatollah* (London: I. B. Tauris, 1999).

Molin, Gerhard Th. *Die USA und der Kolonialismus: Amerika als Partner und Nachfolger der belgischen Macht in Afrika 1939-1965* (Berlin: Akademie Verlag, 1996).

Monje, Scott Christopher. "Alliance Politics in Escalating Conflict: The Soviet Union and Cuba in Angola, 1974-1991," Ph.D. Dissertation, Columbia University, 1995.

Montobbio, Manuel. *La metamorfosis de pulgarcito: Transición política y proceso de paz en El Salvador* (Barcelona: Icaria, 1999).

Morosov, Aleksandr. "Kabulskii resident," *Novoe vremia*, 41 (1991).

Morozova, Irina. *The Comintern and Revolution in Mongolia* (Isle of Skye: White Horse Press, 2002).

Namikas, Lise A. "Battleground Africa: The Cold War and the Congo Crisis, 1960-1965," Ph.D. Dissertation, University of Southern California, 2002. [*Battleground Africa: The Cold War and the Congo Crisis: Cold War in the Congo, 1960-*

1965 (Stanford: Stanford University Press, 2013)〕.

Nasser, Gamal Abdel. "The Philosophy of the Revolution" (1954), in Sylvia G. Haim, ed., *Arab Nationalism: An Anthology* (Berkeley, CA: University of California Press, 1962).

Nieto, Clara. *Masters of War: Latin America and United States Aggression from the Cuban Revolution through the Clinton Years* (New York: Seven Stories Press, 2003).

Noer, Thomas J. "International Credibility and Political Survival: The Ford Administration's Intervention in Angola," *Presidential Studies Quarterly*, 23.4 (1993).

Norbu, Dawa. *Culture and the Politics of Third World Nationalism* (London: Routledge, 1992).

O'Rourke, Kevin H., and Jeffrey G. Williamson. *Globalization and History: The Evolution of a Nineteenth-Century Atlantis Economy* (Cambridge, MA: MIT Press, 1999) (케빈 H. 오루크·제프리 G. 윌리엄슨, 홍하정 등 옮김, 《세계화의 역사: 경제사적 고찰》, 한국문화사, 2004).

Ohlbaum, Diana L. "Identity and Interests in Soviet Foreign Policy: The Case of Ethiopia, 1974-1991," Ph.D. Dissertation, Johns Hopkins University, 1998.

Oliver, Ronald, and G. N. Sanderson, eds. *The Cambridge History of Africa*, vol. VI, *From 1870 to 1905* (Cambridge: Cambridge University Press, 1985).

Olsen, Mari. "Changing Alliances: Moscow's Relations with Hanoi and the Role of China, 1949-1964," Ph.D. Dissertation, University of Oslo, 2004 〔*Soviet-Vietnam Relations and the Role of China 1949-64: Changing Alliances* (London; New York: Routledge, 2006)〕.

Olson, Russ. "You can't Spit on a Foreign Policy," *SHAFR Newsletter* (September 2000).

Orwell, George. "You and the Atomic Bomb," *Tribune*, 19 October 1945 (조지 오웰, 이한중 옮김, "당신과 원자탄," 《나는 왜 쓰는가》, 한겨레출판, 2010).

Pahlavi, Mohammed Reza. *Answer to History* (New York: Stein & Day, 1980).

Paszyn, Danuta. *The Soviet Attitude to Political and Social Change in Central America, 1979-1990: Case-Studies on Nicaragua, El Salvador and Guatemala*

(Houndmills: Macmillan, 2000).

Pechatnov, Vladimir. "The Allies are pressing on you to break your will... Foreign Policy Correspondence between Stalin, Molotov, and other Politburo Members, September 1945-December 1946," *Cold War International History Project Working Paper*, 26 (Washington, DC: Woodrow Wilson Center, 1999).

Pelletier, Denis. *Economie et humanisme: de l'utopie communautaire au combat pour le tiers-monde: 1941-1966* (Paris: Editions du Cerf, 1966).

Persico, Joseph E. *Casey: The Lives and Secrets of William J. Casey: from the OSS to the CIA* (New York: Viking, 1990).

Piliatskin, Boris. *Izvestia*, 10 December 1993.

Pinto, Jaime Nogueira. *O fim do estado nova e as origens do 25 de Abril* (2nd edn.; Lisbon: DIFEL, 1995).

Pipes, Richard. *The Russian Revolution 1899-1919* (New York: Knopf, 1990).

Poljakov, Jurij. "Posle rospuska Kominterna" (After the Dissolution of the Comintern), *Novaja i Novejšaja Istorija*, 1 (2003).

Popkin, Margaret L. *Peace without Justice: Obstacles to Building the Rule of Law in El Salvador* (University Park, PA: Pennsylvania State University Press, 2000).

Porter, Bruce D. *The USSR in Third World Conflicts: Soviet Aims and Diplomacy in Local Wars, 1945-1980* (Cambridge: Cambridge University Press, 1984).

Post, Ken. *Revolution's Other World: Communism and the Periphery, 1917-39* (Houndmills: Macmillan, 1997).

Radchenko, Sergey. "The China Puzzle: Soviet Politics and the Conflict with Beijing, 1962-1969," Ph.D. Thesis, London School of Economics, 2005.

Raffer, Kunibert, and H. W. Singer. *The Economic North-South Divide: Six Decades of Unequal Development* (Northampton, MA: Edward Elgar, 2001).

Randal, Jonathan. *Kurdistan: After Such Knowledge, What Forgiveness?* (London: Bloomsbury, 1998).

Randrianja, Solofo. *Société et luttes anticoloniales à Madagascar (1896 à 1946)* (Paris: Karthala, 2001).

Ravallion, Martin, and Shaohua Chen. "Distribution and Poverty in Developing and Transition Economies: New Data on Spells during 1981-93," *World Bank Economics Review*, 11 (1997).

Rice, Gerard T. *The Bold Experiment: JFK's Peace Corps* (Notre Dame, IN: University of Notre Dame Press, 1985).

Rodman, Peter W. *More Precious than Peace: The Cold War and the Struggle for the Third World* (New York: Charles Scribners's Sons, 1994).

Rothchild, Donald, and Caroline Hartzell. "The Case of Angola: Four Power Intervention and Disengagement," in Ariel E. Levite, Bruce W. Jentleson, and Larry Berman, eds., *Foreign Military Intervention: The Dynamics of Protracted Conflict* (New York: Columbia University Press, 1992).

Roy, Samaren. *The Restless Brahmin: The Early Life of M. N. Roy* (Bombay: Allied Publishers, 1970).

Rubin, Barry. *Paved with Good Intentions: The American Experience and Iran* (Oxford: Oxford University Press, 1980).

Russian General Staff. *The Soviet-Afghan War: How a Superpower Fought and Lost*, trans. and ed. Lester W. Grau and Michael A. Gress (Lawrence, KN: University of Kansas Press, 2002).

Safonov, Vladimir, ed. *Grif "sekretno" sniat: kniga ob uchastii sovetskikh voennosluzhashchikh v arabo-izrailskom konflikte* (Secret Classification Removed: A Book on the Participation of Soviet Military Servicemen in the Arab-Israeli Conflict) (Moscow: Sovet veteranov boevykh deistvii v Egipte, 1997).

Safronchuk, Vasilii. "Afganistan vremen Amina (Afghanistan in Amin's Time)," *Mezhdunarodnaia zhizn*, 1 (1991).

Scheid, Fernande Beatrice. "Stalin, Bagirov and Soviet Policies in Iran, 1939-1946," Ph.D. Dissertation, Yale University Press, 2000.

Schoultz, Lars. *Beneath the United States: A History of U.S. Policy Toward Latin America* (Cambridge, MA: Harvard University Press, 1998)

Schulze, Kirsten E. "The Rise of Political Islam, 1928-2000," in Antony Best et al., eds., *The Twentieth Century: An International History* (London: Routledge, 2003).

Schulzinger, Robert D. *A Time for War: The United States and Vietnam, 1941-1975* (Oxford: Oxford University Press, 1997).

Scott, James C. *Seeing Like a State: How Certain Schemes to Improve the Human Condition have Failed* (New Haven, CT: Yale University Press, 1998) (제임스 C. 스콧, 전상인 옮김, 《국가처럼 보기: 왜 국가는 계획에 실패하는가》, 에코리브르, 2010).

Scott, James M. *Deciding to Intervene: The Reagan Doctrine and American Foreign Policy* (Durham, NC: Duke University Press, 1996).

Sevostianov, G. N. "Dokumenty sovetskogo rukovodstva o polozhenii v Afganistane, 1979-1980" (Documents of the Soviet Leadership on the Situation in Afghanistan, 1979-1980), *Novaia i noveishaia istoriia*, 3 (1996).

Shakhnazarov, Georgii. *Tsena svobody: Reformatsiia Gorbacheva glazami ego pomoshchnika* (The Price of Freedom: Gorbachev's Reformation through the Eyes of his Assistant) (Moscow: Rossika Zevs, 1993).

Shemesh, Haim. *Soviet-Iraqi Relations, 1968-1988: In The Shadow of the Iraq-Iran Conflict* (Boulder, CO: Lynne Rienner, 1992).

Shubin, Vladimir. *ANC: A View from Moscow* (Belleville, South Africa: Mayibuye Books, 1999).

Sinitsyn, Sergei. *Missiya v Éfiopii: Éfiopii, Afrikanskii Rog i politika SSSR glazami sovetskogo diplomata, 1956-1982 gg.* (Mission to Ethiopia: Ethiopia and the Horn of Africa through the Eyes of a Soviet Diplomat, 1956-1982) (Moscow: XXI vek, 2001).

Skocpol, Theda. *States and Social Revolutions: A Comparative Analysis of France, Russia and China* (Cambridge: Cambridge University Press, 1979) (테다 스카치폴, 한창수·김현택 옮김, 《국가의 사회혁명: 혁명의 비교연구》, 까치, 1981).

Skrine, Sir Clarmont. *World War in Iran* (London: Constable, 1962).

Stiff, Peter. *The Silent War: South African Recce Operations 1969-1994* (Cape Town: Galago, 1999).

Stockwell, John. *In Search of Enemies: A CIA Story* (New York: W. W. Norton, 1978).

Tareke, Gebru. "The Ethiopia-Somalia War of 1977 Revisited," *International Journal of African Historical Studies*, 33.3 (2000).

Tarling, Nicolas. *Imperialism in Southeast Asia: A Fleeting Passing Phase* (London: Routledge, 2001).

Thucydides. *The History of the Peloponnesian War*, trans. Richard Crawley (Oxford: Oxford University Press, 1960) (투퀴디데스, 천병희 옮김, 《펠로폰네소스전쟁사》, 숲, 2011).

Tiruneh, Andargachew. *The Ethiopian Revolution 1974-1987: A Transformation from an Aristocratic to a Totalitarian Autocracy* (Cambridge: Cambridge University Press, 1993).

Toussant, Eric. *La bourse ou la vie: La finance contre les peuples* (Paris: Editions Syllepse, 1998).

Townsend, Mary Evelyn. *European Colonial Expansion Since 1871* (Chicago, IL: J. P. Lippincott, 1941).

Trefzger, Douglas W. "Guatemala's 1952 Agrarian Reform Law: A Critical Reassessment," *International Social Science Review*, 77.1-2 (2002).

Tubiana, Joseph, comp. *La Révolution éthiopienne comme phénomène de société: essais, témoignages et documents* (Paris: L'Harmattan, 1990).

Tulsiram. *The history of Communist movement in Iran* (Bhopal: Grafix, 1981).

Ulunian, Artiom. "Soviet Cold War Perceptions of Turkey and Greece, 1945-1958," *Cold War History*, 3.2 (January, 2003).

Urban, Mark. *War in Afghanistan* (2nd edn.; Houndsmills: Macmillan, 1990).

U.S. Agency for International Development (USAID). *U.S. Overseas Loans and Grants: Obligations and Loan Authorizations, July 1, 1945-September 30, 2001* (Washington, DC: Office of Planning and Budgeting, Bureau for Program Policy and Coordination, Agency for International Development).

Valenta, Jiri. "Soviet Decision-Making on the Intervention in Angola," in David E. Albright, ed., *Communism in Africa* (Bloomington, IN: Indiana University Press, 1980).

Vassiliev, Alexei. *Russian Policy in the Middle East: From Messianism to Pragmatism* (Reading: Ithaca Press, 1993).

Vieille, Paul, and Farhad Khosrokhavar. *Le Discours populaire de la Révolution iranienne*, vol. II (Paris: Contemporanéité, 1990).

Vinogradov, V. A., chief ed. *Ekonomicheskaia istoriia Rossii XIX-XX vv: sovremennyi vzgliad* (The Economic History of Russia in the Nineteenth and Twentieth Centuries: A Contemporary View) (Moscow: Rosspen, 2000).

Vinokurov, Iurii. "Povstancheskoe dvizhenie 1963-1965 gg. v Kongo" (The Rebel Movement of 1963-65 in the Congo), *Narody Azii I Afriki*, 5 (1981).

Viola, Lynne. *Peasant Rebels under Stalin: Collectivization and the Culture of Peasant Resistance* (Oxford: Oxford University Press, 1996).

Walker, Thomas W., ed. *Nicaragua in Revolution* (New York: Praeger, 1982).

Wallander, Celeste A. "Third World Conflict in Soviet Military Thought," *World Politics*, 42.1 (October 1989).

Wallerstein, Immanuel. "Cultures in Conflict? Who are We? Who are the Others?," Y. K. Pao Distinguished Chair Lecture, Center for Cultural Studies, Hong Kong University of Science and Technology, 20 September 2000.

Webber, Mark. "Soviet-Angolan Relation, 1975 to the Present," Ph.D. Thesis, University of Birmingham, 1991.

Weber, Nicola, and Andreas Biermayer. *Das Chamäleon Ideologie im Kontext einer "Neuen Ordnung" mit alten Strukturen* (Münster: Lit, 1993).

Wehling, Fred. *Irresolute Princes: Kremlin Decision Making in Middle East Crises, 1967-1973* (London: Palgrave, 1997).

Westad, Odd Arne. "Concerning the situation in 'A': New Russian Evidence on the Soviet Intervention in Afghanistan," *Cold War International History Project Bulletin*, 8-9 (Winter 1996/1997).

Westad, Odd Arne. "Nakanune vvoda sovetskikh voisk v Afghanistan, 1978-1979 (On the Eve of Sending Soviet Troops to Afghanistan. 1978-1979), *Novaia i noveishaia istoriia*, 2 (1994).

Westad, Odd Arne. "Prelude to Invasion: The Soviet Union and the Afghan Communists, 1978-1979," *International History Review*, 16.1 (1994).

Westad, Odd Arne, ed. *Brother in Arms: The Rise and Fall of the Sino-Soviet Alliance, 1945-1963* (Stanford, CA: Stanford University Press, 1998).

Whitney, Thomas P., ed. *Khrushchev Speaks: Selected Speeches, Articles, and*

Press Conferences, 1949-1961 (Ann Arbor: University of Michigan Press, 1963).

Williams, Daniel. "From Russia with Hate: Africans Face Racism," *Washington Post*, 12 January 1998.

Winik, Jay. *On the Brink: The Dramatic Behind-the-Scenes Saga of the Reagan Era and the Men and Women who Won the Cold War* (New York: Simon & Schuster, 1996).

Witte, Ludo De. *The Assassination of Lumumba* (London: Verso, 2002).

Wolfers, Michael, and Jane Bergerol. *Angola in the Front Line* (London: Zed Books, 1983).

Wood, Elizabeth. *Insurgent Collective Action and Civil War in El Salvador* (Cambridge: Cambridge University Press, 2003).

Wood, Robert E. *From Marshall Plan to Debt Crisis: Foreign Aid and Development Choices in the World Economy* (Berkeley: University of California Press, 1986).

Woodward, Bob. *Veil: The Secret Wars of the CIA, 1981-1987* (New York: Simon & Schuster, 1987).

Wright, George. *U.S. Policy Towards Angola: The Kissinger Years, 1974-76* (Leeds: University of Leeds Press, 1990).

Yegorova, Natalia I. "The 'Iran Crisis' of 1945-1946: A View from the Russian Archives," *Cold War International History Project Working Paper*, 15 (Washington, DC: Woodrow Wilson Center, 1996).

Yousaf, Mohammad, and Mark Adkin. *Afghanistan—The Bear Trap: The Defeat of a Superpower* (Havetown, PA: Casemate Publishers, 2001[1992]).

Zabih, Sepehr. *The Left in Contemporary Iran: Ideology, Organisation and the Soviet Connection* (London: Croom Helm, 1986).

Zayar, Dr. "The Iranian Revolution: Past, Present and Future," http://www.marxist.com/the-iranian-revolution-past-present-future.htm.

Zimmermann, Matilde. *Sandinista: Carlos Fonseca and the Nicaraguan Revolution* (Durham, NC: Duke University Press, 2000).

Zolotarev, Vladimir A., et al. *Rossiya(SSSR) v lokal'nykh voynakh i vooruzhennykh konfliktakh vtoroy poloviny XX veka* (Russia[USSR] in Local Wars and Military Conflicts in the Second Half of the Twentieth Century) (Moscow: Ministerstvo oboroni Rossiiskoi Federatsii, 2000).

Zubok, Vladislav M. "Mikoyan's Mission to Havana: Cuban-Soviet Negotiations, November 1962," *Cold War International History Project Bulletin*, 5 (Spring 1995).

楊奎松.《中共與莫斯科的關係》(臺北: 東大圖書股體限公司, 1997).

中共中央文獻研究室 編.《毛澤東傳: 1949-1976》(北京: 中央文獻出版社, 2003), 제2권.

陳永發.《中國共産革命七十年》(臺北: 聯經出版社業公司, 1998).

찾아보기